Découvrez l'histoire par les archives de presse

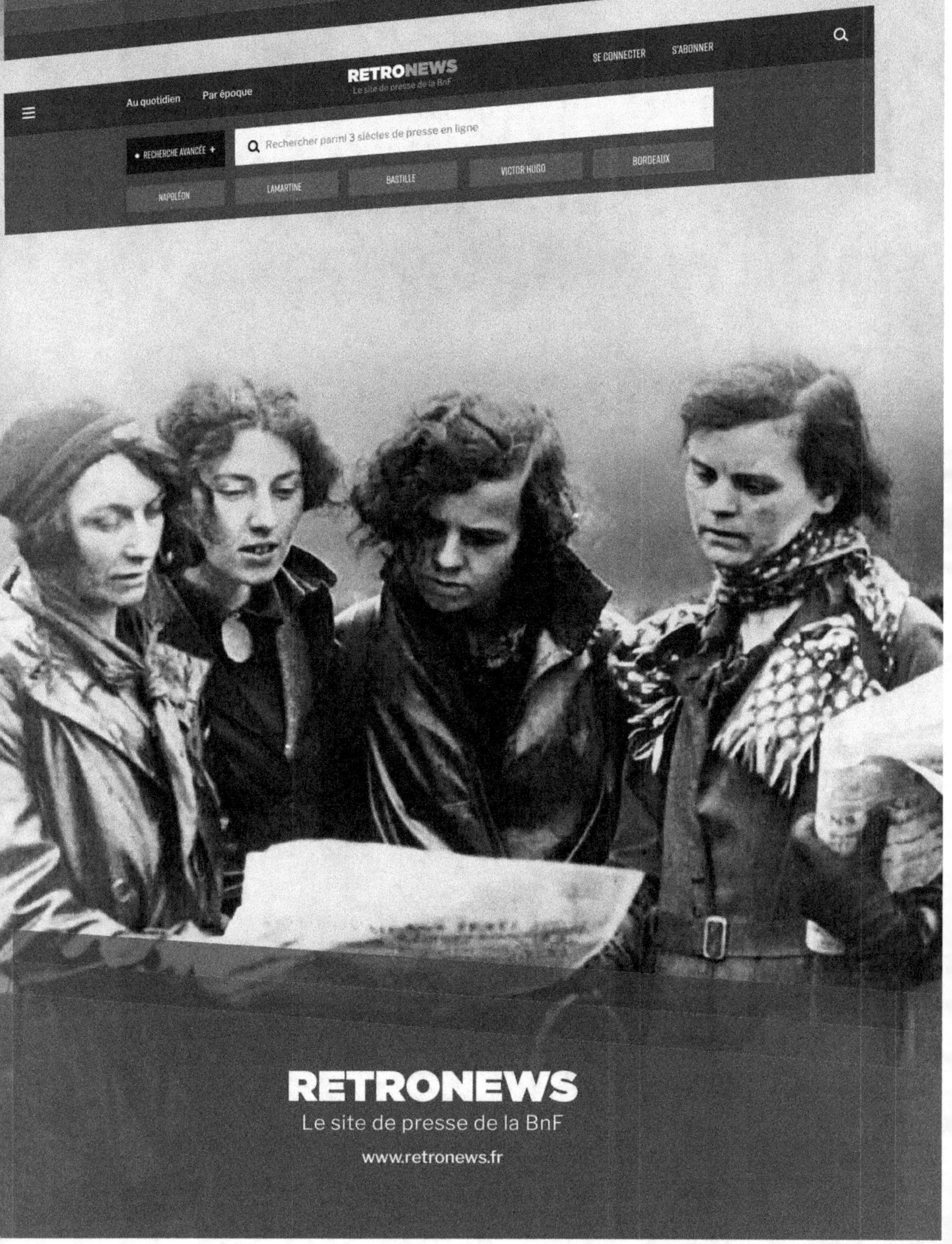

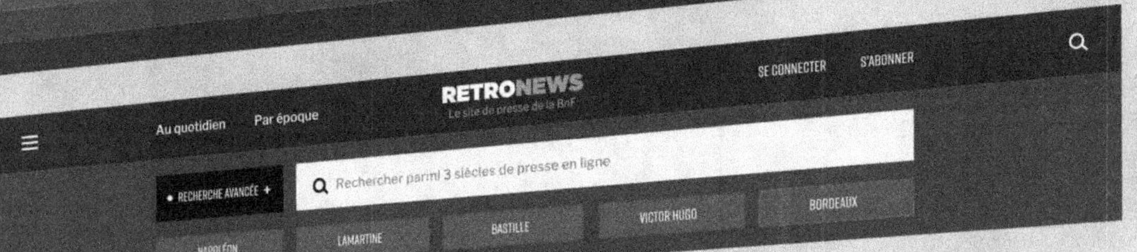

RETRONEWS

Le site de presse de la BnF

www.retronews.fr

bonne, Math. Kerner (à la Sphère), 1664, pet. in-12, fig., vél.   20 fr.

Edition très joliment imprimée sortie des presses de Foppens à Bruxelles et qui se joint à la collection des Elsevier. Outre la figure de la *Procession de la Ligue* qui fait partie de l'édition, on a ajouté deux autres figures, celles du charlatan espagnol et du charlatan lorrain, qui ne se trouvent que dans l'édition de 1677 du même imprimeur. — Bel exemplaire.

18725. **Menagii** (Ægid.) poëmata. — Poésies françaises de Gilles Ménage suiv. de ses poésies italiennes. Amstelod., ex offic. Elzeviriana, 1663, pet. in-12, dem.-rel., mar. vert.   5 fr.

18726. **Curiosités de l'histoire de France,** par P. L. (Paul Lacroix), bibliophile Jacob. 1858, in-12, br.   4 fr.

Fêtes des fous. — Le roi des Ribauds. — Les Francs-Taupins. — Les fous des rois de France. — Le journal de la santé de Louis XIV. — La chanson de Malbrough. — Etc., etc.

18727. **Conquestes du grand Charlemagne,** roi de France, av. les faits héroïques des 12 pairs de France et en grand Fiera ras ; et le combat fait par lui contre le petit Olivier. Troyes, Garnier, s. d. (xviii° siècle), pet. in-8, couv. pap. 2 fr. 50

18728. **Millevoye.** Œuvres précéd. d'une notice biograph. et littér. par de Pongerville. 1838, 2 vol. in-8, portr. d'apr. Deveria et fig. de Johannot, dem.-rel., v. viol., n. rogn.   8 fr. 50

18729. **Révolution.** Almanach des Prisons ou anecdotes sur le régime intérieur de la Conciergerie, du Luxembourg, etc., et sur différ. prisonniers qui ont habité ces maisons sous la tyrannie de Robespierre avec les chansons, couplets qui y ont été faits. An III (1794), frontispice gravé représentant la guillotine avec des têtes coupées rangées en monceaux au bas. — Second tableau des Prisons de Paris sous le règne de Robespierre, pour serv. de suite à l'Almanach des Prisons, conten. différ. anecdotes sur plus. prisonniers, avec les couplets, pièces de vers, lettres et testaments qu'ils ont faits (1794), front. gravé par Louvion. — Troisième tableau des Prisons sous Robespierre (1794), frontisp. représentant une séance de Club. — Ens. 3 tom. en 1 vol. in-18, dem.-rel., mar. rouge.   15 fr.

Les trois parties réunies de cet ouvrage curieux se trouvent très difficilement.

18730. **Bibliothèques** (Dissertation sur les) av. une table alphabét. tant des ouvrages publ. sous le titre de bibliothèques que des catalogues imprimés de plus. cabinets de France et des pays étrangers (par le présid. Durey de Noinville). 1758. — Catalogue alphabét. des dictionnaires en toutes sortes de langues et à toutes sortes de sciences et d'arts (par le même). — 2 part. en 1 vol. pet. in-8, cart. à la Brad.   4 fr.

18731. **Apologie pour Hérodote** ou traité de la conformité des merveilles anciennes av. les modernes, par Henri Estienne, nouv. édit. av. des remarques par Le Duchat. La Haye, 1735, 3 tom. en 2 vol. pet. in-8, br., non rogn.   12 fr.

Cette édition contient les passages retranchés. Elle est estimée à cause des notes de Le Duchat. Exemplaire non rogné.

18732. **Bruti** (Joa. Michael.) Florentinæ historiæ libri octo. Lugd. (excudeb. Jac. Faurus), 1582, pet. in-4, cartouche doré sur les plats, vél.   2 fr.

18733. **Impression de Cologne.** Fundamentum eterne felicitatis cum libro de Miseria conditionis humane. (In fine :) Liber de Contemptu Mundi sive de miseria humane conditionis, editus ab Innocentio papa tertio Colonie per Martinum de Werdena prope domum Consulatus in vico Burgensi (vel die Burgerstraes), commorantem impressus anno Domini Millesimo quingentesimo nono (1509). Pet. in-8, gothique, grande figure sur bois de la Vierge et de sainte Anne sur le titre, répétée à la fin, cart.   20 fr.

18734. **Mare Magnum** (Incipit) id est indulgentie, privilegia, gratie et indulta cum multis aliis bullis dispersis per venerabilem sacro pagine bachalarium fratrem Joannem Mariam de Poluciis de Novolario cum tabula per alphabetum ordinata fideliter et juste in unum redactis almi ordinis fratrum et sororum gloriosissimi Dei genitricis semperque virginis Marie di Monte Carmelo... In-fol., goth. de 50 lignes à la page, vieille reliure du temps en v. estampé.   25 fr.

Recueil des indulgences et privilèges de l'ordre du Carmel. Cette édition paraît correspondre au N° 10752 de Hain. La dernière bulle est datée du 10 des Calendes de septembre 1477. — L'impression est attribuée par ce bibliographe aux presses d'André Torresani de Asula à Venise.

18735. **Livres armoriés.** C. Julius Cæsar sive historiæ Imperatorum Cæsarumque Romanorum ex antiquis numismatibus restitutæ liber primus : accessit C. Julii Cæsaris vita et res gestæ Huberto Goltz. Herbipolita Veuloniano auctore et sculptore. Brugis Flandrorum, 1562-63. In-fol., av. nombr. pl. gravées de médailles, v. fauve, fil, cartouche au milieu des plats, dos orné, tr. dor. (Rel du temps).   50 fr.

Cet exemplaire a appartenu à Nicolas Moreau, Sr d'Auteuil, bibliophile du xvi° siècle, qui était trésorier de France en la généralité de Paris. Il a fait apposer ses armes au-dessus du cartouche de chacun des plats du milieu (d'azur au chevron d'or, accompagné de trois têtes de Mores de sable, tortillées d'argent, 2 en chef, 1 en pointe). Cette addition à la reliure primitive a été faite en 1565, comme l'indique la note suivante de la main même de Nic. Moreau, qu'on lit au bas du titre : « *Ex libris Nicolai Morelli xxij mo die Januarii anno 1565.* » — L'auteur de cet ouvrage, Hubert Goltz, antiquaire, peintre et graveur, avait monté une imprimerie particulière dans sa maison à Bruges, où il imprima cet ouvrage. On trouve à la fin une liste par pays et par villes des possesseurs de cabinets de médailles et d'antiquités. La série concernant les amateurs français est particulièrement curieuse. Il y avait alors des numismates collectionneurs à Cambrai, à Valenciennes, à Lille, à Toulon, à Aix, à Marseille, à Agde, à Montpellier, à Nîmes. à Avignon, à Valence, à Lyon, à Cavaillon, à Nevers, à Moulins, à Bourges, à Limoges, à Cahors, à Toulouse, à Bordeaux, à Bayonne, à Poitiers, à Tours, à Amboise, à Orléans, à Sens, à Chartres, à Beauvais, à Amiens, à Ecouen, à Paris, etc., etc. Parmi ces curieux on trouve des noms tels que François II, Catherine de Médicis, Anne de Montmorency, François de Lorraine, duc de Guise ; Gaspard de Coligny ; le cardinal Georges d'Armagnac, Jeanne d'Albret, reine de Navarre ; Diane de Poitiers ; Jean Grolier, le chancelier Michel de l'Hopital ; le poète Jean Daurat ; Philibert de Savoie, etc., etc.

18736. **Livre minuscule.** Exercice du Chrétien. A Paris, chez J. François Hérissant, 1733, v. br.   25 fr.

Ce livre est d'un format tellement exigu qu'il ne

peut être déterminé. Il ne mesure, reliure comprise, que 33 millimètres de hauteur sur 20 de largeur, et peut être tenu dans le creux de la main. C'est une curiosité typographique, un véritable bibelot, — Il se compose de 187 pages chiffrées, plus 3 ff. non chiffr. pour la table. L'exemplaire est bien complet, mais très fatigué.

18737. Démosthène. Plaidoyers civils, trad. en français avec arguments et notes par R. Dareste. 1875, 2 vol. in-12, br. 3 fr.

18738. Mercati (Mich.) Metallotheca opus posthumum auctoritate et munificentia Clementis XI a tenebris in lucem eductum opera et studio J. M. Lancisii. Romæ, 1717-19. In-fol., front. gravé, fig. et 2 portr., vél. 12 fr.
Exemplaire bien complet, avec l'*appendix* et le portrait de Lancisi, qui manquent souvent.

18739. Du Bellay (Les œuvres françoises de), gentilhomme Angevin et poète excellent de ce temps. Paris, Fédér. Morel, 1568-69, 8 part. en 1 gros vol. in-8, vel. 50 fr.
Très belle édition des œuvres complètes du poète Du Bellay. — Bel exemplaire, très grand de marges et bien conservé.

18740. Anciens Noëls du XVIᵉ siècle. Cantiques de Noels nouveaux par Toussaint Le Roy, chanoine du Mans. Au Mans, Jér. Olivier, 1605, pet. in-8, derelié. 10 fr.
Ces vieux recueils de Noëls sont des livres introuvables aujourd'hui. Cet exemplaire n'a pas de titre et ne commence qu'à la page 19. Il y manque en outre les pages 63-64, et à la place on trouve égarées les pages 9-10 du commencement. Le volume ne va pas plus loin que la page 284, et la fin manque. Aux pages 27-31 on trouve le Noël : *Quand Gabriel print la vollée*, cité par Hauréau dans son *Histoire littéraire du Maine*, qui se chante sur l'air : *Benist soit l'oeil noir de Madame.* — Piqûres de vers dans le haut de la marge de quelques cahiers.

18741. Doux plaisirs de la poésie (Les) ou recueil de diverses pièces de vers. Lyon, Barth. Rivière, 1666, in-12, v. br. 6 fr.
Volume rare. L'auteur est Louis Moréry, l'auteur du *Dictionnaire historique* qui porte son nom. Il a signé de ses initiales L. M. l'épître dédicatoire. — Manque un feuillet, pages 93-94.

18742. Cantenac (Benech de), chanoine de l'église métropolitaine et primatiale de Bourdeaux. Satyres nouvelles, avec d'autres pièces du même auteur faites depuis quelques années. Amsterdam, Vᵉ Chayer, s. d. (fin du XVIIᵉ siècle), pet. in-8, dem.-rel., v. ant., non rogné. 12 fr.
Volume peu commun. — Ces poésies seraient, d'après Viollet-Leduc et Brunet, du même auteur qui avait déjà publié en 1662 et 1664 un recueil de pièces galantes, parmi lesquelles se trouvait l'*Occasion perdue et recouverte*, qui a aussi été attribuée à Corneille.

18743. Chappuzeau. Damon et Pythias, ou le triomphe de l'amour et de l'amitié. Amsterdam, J. Ravesteyn, 1657, pet. in-12, cart., dem.-rel. 4 fr.
Jolie petite édition qui s'annexe aux Elsevier.

18744. Anciens conteurs. Les Neuf Matinées du Seigneur de Cholières, dédiées à Monseign. de Vendosme. Paris, J. Richer, 1585, pet. in-8, dem.-rel., mar. vert. 20 fr.
Edition originale. — Exemplaire grand de marges.

18745. Divertissements curieux (Les) ou le Thrésor des meilleures rencontres et mots subtils de ce temps. Lyon, J. Huguetan, 1650. Pet. in-8, frontisp. gravé, vél. (Bel exemplaire). 30 fr.
Ce recueil de contes galants et de plaisanteries contient beaucoup d'histoires et d'anecdotes lyon-

naises. Il est rare et recherché et difficile à trouver en bon état avec le frontispice gravé qui manque souvent.

18746. Boufon de la Cour (Le) ou remède préservatif contre la mélancolie. Paris, Cl. Barbin, s. d. (vers 1680). Pet. in-12, dem.-rel., v. bleu. 5 fr.
Petit conteur peu commun. — Cette édition est une contrefaçon faite à Bruxelles par Vleugart à l'imitation des éditions de Hollande.

18747. Palmerin d'Angleterre (Histoire du preux, vaillant et très victorieux chevalier), fils du Roy Dom Edouart, conten. plus. faits d'armes et amours et les estranges adventures par luy mises à fin; ensemble les poèmes admirables des princes Florian du Désert, son frère et Florendos, fils de Primaléon de Grèce. Première partie. Paris, J. d'Ongoys, imprimeur, 1574. In-8, vél. 10 fr.

18748. Gériléon d'Angleterre (Le premier et second livre de la plaisante et délectable histoire de), conten. la morale et plaisante histoire des émerveillables faicts d'armes, hautes prouesses et insignes amours d'iceluy, avec plus. autres adventures, nouvellem. mis en françois par Estienne de Maison-Neufve, Bourdelois. 1586, 2 tom. en 1 vol. in-8, couv. en pap. 6 fr.
Volume rare. — Il manque les ff. 52-53 du premier livre.

18749. Huon de Bordeaux (Histoire de), pere (*sic*) de France et duc de Guienne, conten. les faits et actes héroïques compris en deux livres, autant beau et récréatif discours que de longtemps ait été leu. Troyes, Jean Oudot, imprimeur et marchand-libraire, rue du Temple, à la Bonne Conduite, s. d. — Livre second de Huon de Bordeaux, pair de France et duc de Guienne. Troyes, Jacques Oudot, demeurant rue du Temple, 1701. 2 part. en 1 vol. in-4, à 2 col., v. fauve. 10 fr.
Le volume a été séparé en deux dans le dos de la reliure.

18750. Révolution. Le Publiciste de la République française par Marat, l'ami du peuple, député à la Convention, auteur de plusieurs ouvrages patriotiques. De l'imprimerie de Marat, 1793. In-8, br. 6 fr.
Nᵒˢ 182 à 241 (30 avril-14 juillet 1793) de ce journal révolutionnaire.

18751. Rabutin (Roger de), comte de Bussy. Les Mémoires. 1696, 3 vol. — Les Lettres de Roger de Rabutin, comte de Bussy, 1706-09. 7 vol. — Ens. 10 vol. in-12, v. gr. 8 fr.

18752. Comte de Paris. De la situation des ouvriers en Angleterre. 1873, in-8, br. 3 fr.

18753. Protestantisme. Bulla apostolica contra errores Martini Lutheri et sequacium. (In fine :) Datum Romæ apud S. Marcum anno Incarnationis dominice millesimo quingentesimo vigesimo (1520), XVII Kalendas Julii. Impressum prius Romæ, per Jacobum Mazochium, de mandato S. D. N. Papæ et deinde Parisii per Badium. Pet. in-4, cart. 20 fr.
Première édition, publiée en France, de la bulle contre Luther et ses adhérents. — Rare.

18754. Maux de ce monde (La source et origine des) par l'incorrection des pères et mères envers leurs enfants (et de l'inobédience d'iceux, ensemble de la trop grande liberté donnée aux servans et servantes).

Paris, Séb. l'Escuyer, contre les murs du Palais (vers 1600). In-16, v. 6 fr.

Petit livre fort rare, que nous n'avons trouvé cité nulle part. Il se termine par cette devise anagrammatique de l'auteur : *In te virtus epulans.* P. v. — Il manque deux feuillets parmi les pièces liminaires mais l'ouvrage est complet par lui-même. Le coin du bas du titre et des deux premiers feuillets de préface est déchiré, avec emportement de texte.

18755. **Poissons** (Histoire universelle des) et autres monstres aquatiques, avec leurs pourtraicts et figures exprimez au plus pres du naturel. Paris, Nic. Bonfons, 1584. In-16 de 93 pag., titre avec encadrement, nombr. fig. s. bois dans le texte, v. jaspé. 12 fr.

Petit livre très rare, non cité par Brunet, orné de curieuses figures sur bois, dont quelques-unes représentant des monstres marins les plus invraisemblables. On trouve dans ce volume la manière d'accommoder les poissons comestibles de mer et d'eau douce, ainsi que l'indication de quelques remèdes secrets et empiriques qu'on en tirait à cette époque. — Exemplaire provenant des collections Huzard et Yeméniz. La marge supérieure de quelques ff. est fortement rognée.

18756. **Collège des Grassins, à Paris.** Oratio funebris in gratiam D. Æmonis in vita æconomiæ Grassinorum sapientissimi et vigilantissimi moderatoris a Joa. Debonnaire in eadem familia preceptore classico constituta, huic insertantur quædam traditiones non mediocriter instituendæ vitæ et informandis moribus idoneæ ab eodem Debonnaire concinnatæ, Parisiis, ex typogr. Dion. à Prato, 1580. Marque d'imprimeur s. le titre, pet. in-8, dem.-vél. 4 fr.

18757. **Maison de Coligny** (Preuves de l'histoire de l'illustre), tirées des chaîtes de div. églises et abbayes et de plus. autres titres, mémoires, chroniques, etc., par le Sr du Bouchet. 1662, in-fol., v. 35 fr.

Exemplaire aux armes de Marguerite-Delphine de Valbelle, fille unique du marquis de Tourves (Valbelle), président au Parlement de Provence, mariée le 1er juin 1723 à son cousin André Geoffroy de Valbelle, marquis de Rians, baron de Meyrargues, maître de camp de cavalerie, 1er enseigne des gens d'armes de la garde du Roy, mort le 1er février 1735. (Note du baron Pichon, qui avait payé l'exemplaire 80 fr.).

18758. **Nobiliaire des Pays-Bas** (Supplément au) et de Bourgogne, ou mélanges de généalogie et de chronologie, avec le blason des armoiries ; seconde édition, reveue, corrigée et mise en ordre. A Louvain, 1772, 1 vol. in-12, br. — Supplément au Nobiliaire des Pays-Bas et du Comté de Bourgogne, par M. D*** (de Visiano), S. D. H. (Sr de Hove). 1420-1455. Louvain, 1775, 1 vol. in-12, v — Suite du Supplément au Nobiliaire des Pays-Bas et du duché de Bourgogne, 1555-1686. Malines, 1779, 4 vol. in-12, br. — Ens. 6 vol. in-12. 20 fr.

18759. **Joinville** (Jan Sire, seigneur de), seneschal de Champagne. Histoire et cronique du très-chrestien roy Sainct-Loys. 1609, pet. in-12, dem.-rel., mar, bleu. 5 fr.

18760. **Nevers** (Duc de), prince de Mantoue, gouverneur et lieutenant général pour les roys Charles IX, Henry III et Henry IV en diverses provinces du royaume. Mémoires, enrichis de plus. pièces du temps, de 1574 à 1595, recueillis par Le Roy de Gomberville. 1665, 2 vol. in-fol., portr., v. brun. 45 fr.

Bel exemplaire, en parfait état.

18761. **L'Injustice terrassée** aux pieds du Roy. A.B. (Sans lieu, ni date, vers 1605). Pet. in-12 de iv et 274 pages, titre gravé en taille-douce dans le style de L. Gaultier, couv. en pap. 6 fr.

Petit volume rare, sur lequel nous n'avons trouvé aucun renseignement. Il semble avoir été composé par un Provençal, car il y est question, pages 66-69, de la reddition de Marseille à l'obéissance du Roi Henry IV et (page 153) des harangues de l'avocat Meynier, de Provence, qui est appelé *Mernier.* Nous croyons que ce volume est sorti des presses lyonnaises. Le titre gravé, au bas duquel on lit les initiales A. B., qui sont peut-être celles de l'auteur, représente Henry IV sur son trône, et la Justice, un bandeau sur les yeux, piétinant l'Injustice.

18762. **Brantôme.** Vies des hommes illustres et grands capitaines estrangers de son temps. Leyde. J. Sambix (à la Sphère), 1666, 2 vol. pet. in-12, mar. n., fil., tr. dor. 8 fr.

Très jolie édition, qui fait partie de la collection des Elsevier.

18763. **Brantôme.** Vies des hommes illustres et grands capitaines françois de son temps. Leyde, Jean Sambix (à la Sphère), 1666, 4 vol. pet. in-12, mar. n., fil., tr. dor. (Reliure ancienne). 12 fr.

Très jolie édition, qui fait partie de la collection des Elsevier.

18764. **Angleterre** (Hist. d'), d'Escosse et d'Irlande, conten. les choses plus dignes de mémoire, avenues aux isles et royaumes de la grande Bretagne, d'Irlande, de Man et autres adjac., ens. l'estat et succès des affaires des Anglois en France, en la Terre Sainte, en Castille, Portugal. etc., par A. du Chesne. 1641, gros vol. in-fol., v. fauve, fil. (Petite déchirure dans le bas du titre). 5 fr.

18765. **Michaelis** (Sébast.). Pneumalogie ou discours des esprits en tant qu'il est de besoin pour entendre et resoudre la matière difficile des Sorciers comprinse en la sentence contre eux donnée en Avignon, l'an de grâce 1582. Paris, 1587, in-8, vél. 5 fr.

Volume rare et curieux. Le titre manque, mais le texte de l'ouvrage est bien complet.

18766. **Bossuet.** Sermon presché à l'ouverture de l'assemblée générale du Clergé de France. Paris, 1682, in-4, couv. en pap. 20 fr.

Edition originale. — Bel exemplaire.

18767. **Dauphiné** (Mémoires pour serv. à l'histoire du) sous les Dauphins de la Maison de la Tour du Pin (par de Valbonais). 1711. In-fol., carte et fig., v. 15 fr.

18768. **Dauphiné.** Les recherches du sieur Chorier, avec les antiquitez de la ville de Vienne, métropole des Allobroges. L. et Vienne, 1658, pet. in-12 de 504 pag., v. éc., fil. 8 fr.

Exemplaire bien conservé, avec la dédicace aux Consuls de Vienne, qui manque dans beaucoup d'exemplaires.

18769. **Montesquieu.** Le Temple de Gnide. 1725, in-12, v. 10 fr.

Edition originale. — Rare.

18770. **Fouilles d'antiquités** (Rapport sur les) faites à Aix en 1842, 1843 et 1844, par Rouard. Aix, 1843-44, 2 fascic. in-4, avec planches, br. 5 fr.

18771. **Urbis Hierosolymæ** quemadmodum ea Christi tempore floruit, et suburbanorum ejus brevis descriptio ; de locis, item. quæ Jesu Christi et Sanctorum passione ac gestis nobilitata sunt, auct. Christ. Adrichomio Delpho. Col. Agripp., 1592, pet. in-8, vél. 4 fr.

18772. **Voiture** (Les Œuvres de Mons. de). Nouvelle édition corrigée. A Amsterdam, chez Dan. Elzevir, 1679, 2 vol. in-12, v. 4 fr.

Quoique portant en toutes lettres le nom de Daniel Elzevir, cette édition n'a rien d'elzévirien. Ce n'est qu'une contrefaçon éhontée faite dans le Midi de la France, à Lyon ou à Avignon. — Le fait est curieux néanmoins à constater pour la bibliographie des Elzévirs.

18773. **Languet de Gergy.** Lettres publ. d'apr. les mss. de la Biblioth. Nat. par H. Chevreul. 1880, pet. in-8, pap. vergé, br. 2 fr. 50

18774. **Livres rares et précieux** (Catalogue des) de M*** (abbé de St-Céran). Paris, de Bure, 1780. — Catalogue des livres rares et précieux de feu M. Gouttard. Paris, G. de Bure, 1780. — En 1 vol. in-8, dem.-rel. anc. 3 fr. 50

Bibliothèques remarquables par le choix et la condition exceptionnelle des exemplaires.

18775. **Cultes** (Des) qui ont précédé et amené l'idolâtrie ou l'adoration des figures humaines, par Dulaure. 1805, in-8, dem.-rel., v. ant. 5 fr.

Culte des fétiches, des astres et des héros ou des morts, du culte des montagnes, des forêts, symboles, images, obélisques, pyramides, autels, etc.

18776. **Abus dans les cérémonies** (Les) et dans les mœurs, développé par M. L*** (l'abbé Du Laurens). Genève, 1786, pet. in-8, dem.-rel., v. viol., non rog. (Bel exemplaire). 5 fr.

Ma confession. — Histoire du grand Polichinel et des marionettes chinoises. — Sermon prêché par l'abbé de Prades à la profession de M*** de Haute-Ville-Tancrède aux religieuses carmélites de Paris. — Histoire du Rév. P. Christ. Choula-amba, curé de la Villette-aux-Anes. — Les empêchements dirimans.

18777. **Gomberville.** Discours des vertus et des vices de l'histoire et de la manière de la bien escrire, par M. Le Roy (Marin Le Roy de Gomberville), secrétaire du Roy. 1620, pet. in-4, v., fil. 4 fr.

18778. **Florus** (L'Ann.). Cl. Salmasius addid. Lucium Ampelium e cod. ms. nunquam antehac editum. Lugd. Bat., Elzevier, 1638, pet. in-12, titre gr., v. gr., fil. 3 fr. 50

18779. **Curtii** Rufi Historiarum libri, accuraties. editi. Lugd. Bat., ex off. Elzevir., 1633. pet. in-12, titre gr., cartes et fig., v. f., fil. 4 fr.

Première réimpression de l'édition publiée la même année par les soins de Dan. Heinsius, et qui joint à la beauté typograph. le mérite d'une grande correction.

18780. **Pelletier.** La Typographie, poème; notes histor. et observations sur le goût pratique dans cet art et sur la puissance morale de la presse. Genève et Paris, 1832. In-8, br. 3 fr.

18781. **La Rochefoucauld.** Réflexions ou sentences morales. Sixième édit., augmentee. 1693, in-12, v. 15 fr.

Cette édition contient un supplément de 50 maximes, dont la moitié sont publiées pour la première fois et l'autre partie présente des différences avec le texte publié précédemment. De plus, on a rétabli le discours préliminaire de La Chapelle-Bessay, retranché de toutes les édit. faites après 1665.

18782. **Œuvres maçonniques** de N. C. des Etangs, anc. prés. de la L∴ des Trinosophes, mises en ordre, annotées et préc. d'une not. hist. sur l'auteur par F.-D. Pillot. 1848, gr. in-8, portr. sur acier, dem.-rel. 5 fr.

18783. **Calentii** (Opuscula Elysii) poetæ clarissimi ; Elegiarum Aurinpiæ ad Colotium libri III; Epigrammaton libellus ; Epistolarum ad Hiaracum lib. III; Hectoris horrenda apparitio; de bello Ranarum lib. iii; Satyra contra Poetas; Satyra ad Longum quare non sit locus amicitiæ : carmen nuptiale; nova fabula. Impressa Romæ per Joann. de Besicken, 1503. — Pontanus. Parthenopei libri duo; de amore conjugali tres; de Tumulis duo; Elegia de obitu filii; de eodem Iambici; de divinis laudibus; Hendecasyllaborum seu Baiarum libri II; Sapphici, Eridani duo libri Impressum Neapoli per Sigismundum Mayer, mense Septembri M.CCCCC.V (1505). — Cantalycii episcopi Pinnensis atque Adriensis de bis recepta Parthenope. Gonsalvia liber primus· — In fine :

Mille et quingentis juncta trieteride bina,
Parthenope impressit hoc tibi lector opus
Stygmata Gismundus fecit Gonsalvia Mair
Frigora Teutonicæ quem genuere plagæ
Die XX Julii. t

3 ouvr. en 1 vol. pet. in-fol., reliure du temps en mauvais état, avec ornem. à fr. 45 fr.

Réunion faite à l'époque même de trois ouvrages devenus fort rares. Elisée Calenzio était ami de Sannazar et de Pontanus et fut précepteur du roi de Naples Frédéric. « La licence qui règne dans quelques-unes de ces pièces et surtout dans certaines épigrammes fit mettre à l'index ses *Opuscula* dont l'impression dans la ville de Rome est un fait assez curieux. Devenu rare, ce livre est recherché des bibliophiles, » est-il dit dans la *Biographie générale* du D' Hoefer. Brunet constate également sa rareté et mentionne le prix de 80 fr. qu'il a atteint à la vente du duc de La Vallière. Les poésies de Pontanus imprimées à Naples, qui forment le second ouvrage, sont ici de première édition, ainsi que le poème en 4 livres de la *Gondisalvia* en l'honneur de Gonsalve de Cordoue. La date de l'impression de ce livre est 1506, qui a été ainsi exprimée dans les vers latins cités ci-dessus. Outre la rareté, ce qui constitue, selon nous, l'intérêt principal de cet exemplaire, c'est qu'il a appartenu à J. CARLES, président du Parlement de Grenoble. Charles VIII le nomma vice-président du Sénat qu'il avait établi à Milan après la conquête de l'Italie. Il se trouva à la bataille d'Aignadel et, quoique magistrat, il paya de sa personne et combattit avec tant de bravoure que le roi Louis XII voulut lui-même l'armer chevalier après la victoire. Plus tard, la reine Anne de Bretagne le fit venir ensuite à Paris pour lui confier l'éducation de sa fille Renée. Il ne faut pas confondre le Président Carles, Dauphinois, avec J. Carles, qui fut président à Bordeaux vers 1549, ni avec Lancelot de Carles, évêque de Riez et poète français contemporain de Ronsard. Il n'est pas question de notre Carle dans les biographies générales. Les détails ci-dessus ne se trouvent que dans la *Biographie du Dauphiné* de Rochas. Cet auteur dit qu'après avoir été appelé à Paris par la Reine, on ne sait ce qu'il devint par la suite. Sur le premier feuillet de garde on lit cette note en une ligne autographe : *Carles, conseillier du Roy a Rouen.* Ce volume aidera donc à compléter la biographie de ce personnage. — La reliure de ce volume est détaite, les plats en sont détachés et le dos arraché. Elle n'est pas irréparable, mais nous n'avons pas voulu faire faire ce travail de réparation afin de lui laisser son caractère d'authenticité.

18784. **Ugonii** (R. D. Matthiæ) Brixiani Phamaugustæ episcopi, libellus de Patriarcali præstantia. Impressum Brixiæ per Jo. An. Brixianum anno MDX (1510), die XV Julii. Pet. in-4, cart. 6 fr.

18785. Incunable de Florence. Libri LIIII Plotini cum commentariis Marsilii Ficini. (In fine :) Magnifico sumptu Laurentii Medicis Patriæ servatoris impressit ex archetypo Antonius Miscominus Florentiæ, anno M CCCC.LXXXIIII (1492), Nonis Maii. (Au-dessous, marque de l'imprimeur). Gros in-fol., vél. 30 fr.

Edition fort belle, dit Brunet, et la première de cette version latine. Cet exemplaire est un de ceux pour lesquels il n'a pas été imprimé de titre comme l'annonce Brunet. Il n'y a pas non plus les 2 feuillets d'errata de la fin.

18786. Platonis opera quæ extant omnia (gr.-lat.) ex nova Joa. Serrani interpretatione perpetuis ejusd. notis illustrata, ex emendatione Henr. Stephani. Excudebat Henr. Stephanus, 1578, 3 vol. in-fol., vél. 15 fr.

Edition recherchée pour la correction de son texte et les notes d'Henri Estienne. Estimée de 5o à 6o fr. dans le *Manuel du Libraire* de Brunet. Des exemplaires ont même été vendus 15o fr., 200 fr. et plus. — Exemplaire qui paraît être en GRAND-PAPIER. — En tête du tome II on trouve une dédicace à Jacques VI, roi d'Ecosse, et au tome III une autre à la République de Berne.

18787. Favori de Court (Le), conten. plus. advertissemens et bonnes doctrines pour les favoris des Princes et autres signeurs (*sic*) et gentilshommes qui hantent la Court, nouvell. trad. d'espaignol (d'Ant. de Guevara) en françois par Maistre Jaques de Rochemore, lieutenant particulier en la seneschaucée et siege présidial de Beaucaire et Nisme en Languedoc. En Anvers, chez Christofle Plantin, à la Licorne d'Or, 1557, pet. in-8, vél. 45 fr.

Volume fort rare, dédié à Anne de Montmorency, connétable de France, gouverneur de la province de Languedoc. C'est une des premières impressions de Plantin. Sa marque est différente de celle au Compas qu'il adopta ensuite. Elle représente une vigne avec cette devise : *Christus vera vitis.* La gravure est signée du monogramme A, qui est celui du graveur Assuerus van Londerzeele — L'exemplaire est grand de marges et aussi bien conservé que possible. La reliure en vélin de Hollande est déboîtée. On en a retiré un autre ouvrage qui était relié sous la même couverture.

18788. Cartes à jouer. 1751-1778. 4 pièces in-4. 6 fr.

Arrest du Conseil port. règlement pour la perception du droit sur les cartes. 1751, 12 p. — Arrest du Conseil qui ordonne que sans s'arrêter ni avoir égard à l'arrêt du Parlement de Rouen du 19 mars 1770, le règlement du 9 novembre 1751, concern. la perception du droit sur les cartes à jouer sera exécuté. 1770, 4 p. — Arrêt du Conseil qui subroge P. Follet à feu Nic. Follet, commis pour régir et administrer le droit sur les cartes à jouer, au profit de l'hôtel de l'Ecole royale militaire. 1774, 4 p. — Arrêt du Conseil qui ordonne que le droit sur les cartes et les 8 sous pour livre en sus, seront perçus et régis pour le compte du Roi, par D. Compant, régisseur général. 1771, 2 p.

18789. Corse. 8 pièces in-4 et in-8. 7 fr. 50

Arrest du Conseil qui fixe les droits de marc d'or à payer par les differ. offices créés et établis en Corse. 1774, 4 p. — Arr. du Conseil qui ordonne que lorsque ceux qui sont ou seront pourvus d'offices en Corse, passeront à d'autres offices en Corse, il leur sera tenu compte, sur le droit de Marc d'or à payer pour raison desdites mutations. 1774, 2 p. — Ordonnance pour faire continuer la fourniture du pain de munition aux troupes de Sa Majesté qui seront dans l'étendue de son royaume et île de Corse; etc. 1776, 3 p. — Arrêt du Conseil qui fixe définitivement et par modération le droit de Marc d'or des offices de justice de Corse. 1785, 4 p. — Edit port. suppression d'offices en la chancellerie établie près du Conseil supérieur, à Bastia. 1786, 6 p. — Lettres-pat. qui ordonnent que le délai de 3 mois pour faire la déclaration portée par l'article V concern. la suppression des offices de la chancellerie de Corse, ne commencera à courir que du jour de la lecture et publication au sceau dud. Édit. 1786, 3 p. — Rapport sur l'isle de Corse, fait à la Convention nationale par Lacombe Saint-Michel, représentant du peuple. An IV (1794), 35 p. — Réponse à l'écrit intitulé : Précis de l'état actuel de la Corse, par Volney (par Constantini). An second de la R. F. (1793), 14 p.

18790. Enseignement, Collèges. 9 broch. et pièces in-4. 7 fr. 50

Compte rendu aux Chambres assemblées par le présid. Rolland, concern. le collège que les ci-devant Jésuites possédoient à Fontenay-le-Comte. 1702, 21 p. (Extr.). — Lettres-patentes concern. les collèges d'Arras et de Béthune. 1777, 12 p. — Lettres-pat. concern. les boursiers du collège de Dormans-Beauvais. 1779, 8 p. — Lettres-patentes qui transfèrent Chevalier, professeur à l'Université d'Orléans, dans celle de Poitiers. 1779, 4 p. — Arrêt port. règlement pour les écoles de Vierzon, et pour la fondation faite par Et. Rousseau, avocat, en faveur desd. écoles, et pour établir des bourses dans le collège de Bourges, 1783, 12 p. — Arrest du Parlement port. règlement pour la nomination du recteur de l'Université de Bourges ; etc. 1783, 4 p. — Edit port. création de la charge de précepteur des Pages de la Chambre du Roi. 1784, 4 p. — Délibération de l'assemblée administrative du départem. de la Côte-d'Or concern. les prix d'encouragement accordés aux écoles publiques. 1790, 4 p.

18791. Instruction publique en province. 5 pièces in-8 et in-4, et un placard-affiche in-fol. — Ens. 6 pièces. 7 fr. 50

La Faculté des Arts (des Lettres) de Montpellier (1242 à 1793), par Faucillon. Montpellier, 1860, 68 p. — Tableau analytique des études de l'Ecole centrale du dép. du Lot, par le citoy. Rouziès. An VII, 36 p. — Ecole de La Martinière, fondée par le major général Claude Martin. Lyon, 1823, 35 p. — Réplique du Sr Le Frère, Mo ès arts et de pension à Valenciennes (rue des Glatignies), à la réponse de l'abbé Wandelaincourt, préfet du collège royal de Verdun. S. l, n. d. (Valenciennes, 1780), 37 p. in-12. — Prospectus de la pension de l'Esquile (à Toulouse). Toulouse, imprim. de J.-G. Besian, seul imprimeur du départem. de la Haute-Garonne (vers 1794). Placard-affiche in-fol. en parfait état. — Etc.

18792. Education chrétienne des enfans (Règles pour travailler utilem. à l') (par A. Paccori). 1726, in-12, v. (Bel exemplaire). 2 fr. 50

18793. Shakespeare. 2 broch. gr. in-8. 4 fr.

Les comédies de Shakespeare, par A. Büchner. Caen, 1865, 117 p. — Le Jubilé de Shakespeare, souvenirs de Stratford-sur-Avon, par A. Mézières. 1864, 24 p.

18794. Jugemens des savans sur les principaux ouvrages des auteurs, par Adrien Baillet, revus, corrigés et augmentés par de la Monnoye. 1722, 7 vol. in-4, v. 15 fr.

Ouvrage estimé. — Des jugements des livres en général. — Des préjugés des titres de livres. — Imprimeurs d'Italie. — Imprimeurs de France. — Marques des principaux imprimeurs. — Grammairiens françois. — Traducteurs françois. — Enfants célèbres par leurs études. — Déguisements des auteurs. — Satires personnelles et réelles. — Bel exemplaire en GRAND-PAPIER.

18795. Science des eaux (La) qui explique en 4 parties leur formation, communication, mouvemens et meslanges, avec les arts de conduire les eaux et mesurer la grandeur tant des eaux que des terres, par

le P. Jean François. Rennes, 1654, in-4.
vél.   10 fr.

On trouve à la fin de cet ouvrage estimé un traité du même auteur intitulé : *Des Principes de l'Arithmétique.* Cette partie, avec pagination particulière, n'a pas de titre spécial.

18796. Question de Terre-Neuve. Histoire d'un traité de paix et d'un traité de commerce conclus entre la France et l'Angleterre, par de Ségur-Dupeyron. 1842, in-8 de 230 pages, br.   2 fr.

Livre d'actualité à l'occasion des droits de la France sur la pêche au banc de Terre-Neuve. Écrit sur les sources officielles, ce travail, après une esquisse rapide sur le commerce franco-anglais et la navigation au xvii° siècle, aborde dans tous ses détails l'histoire peu connue du célèbre traité d'Utrecht. — Reconnaissance à l'Inquisition du droit de visite — Prohibition du transport des juifs et des ouvrages condamnés. — Dons obligatoires de confitures aux familiers du St-Office par les Génois. — Querelles pour les pêcheurs de Terre-Neuve. — Lois portugaises anti-somptuaires. — Règlementation de la mesure des chemises des femmes égyptiennes, desquelles on exige l'emploi des chemises collantes. — Négociations sur la pêche de la baleine et de la morue. — Progrès commerciaux réalisés en 1713 par le traité d'Utrecht et son accueil en Europe. — Etc.

18797. D'Avaux et Servien (Lettres de MM.), ambassadeurs pour le Roy de France en Allemagne. 1650. — Lettres de Servien, plénipotentiaire de France, adressée à chac. des Provinces Unies. 1650. 2 part. en 1 vol. in-12, v., fil.   4 fr.

18798. Selectiora numismata in ære max. moduli e museo illustr. D. Franc. de Campo, abbatis S. Marcelli et B. Mariæ de Siniaco, concisis interpretat. per D. Vaillant. 1694, in-4, front. et fig., v. 4 fr.

18799. Pellerin (Jos.). Rec. de médailles des rois, de peuples et de villes qui n'ont pas encore été publiées ou qui sont peu connues. 1762, 4 vol. — Mélange de div. médailles pour serv. de supplém. Paris, 1765, 2 vol. — Supplém. aux 6 vol. 1765-1766, 4 tom. en 2 vol. — Ens. 10 tom. en 8 vol. in-4, nombr. pl. de médailles, v. fauve.   55 fr.

Ouvrage estimé. — Bel exemplaire.

18800. Rareté du numéraire, papier-monnaie, assignats. — 10 pièces et broch. in-8 et in-4.   8 fr.

Des moyens de remédier à la rareté de numéraire, par d'Eprémesnil, en réponse à la motion du marquis de Montesquieu, 1791, 7 p. — Moyens de faciliter l'échange des assignats, proposés au Comité des monnoies par Auguste, orfèvre du roi. 1790, 16 p. — Quelques réflexions sur les motifs auxq. on attribue la rareté du numéraire, l'accroissement du taux de l'intérêt, l'augmentation du prix des denrées et marchandises, et la diminution de celui des immeubles, sur l'établissement d'une banque. par Ostrogotus. 1797, 50 p. — Projet de décret tend. à faciliter la baisse du prix des denrées et le commerce du petit détail. par la mise en circulation d'assignats métalliques depuis trois deniers jusqu'à 10 sols, servant de fractions aux assignats déjà existans ; par D. Blanqui. député. An III, 6 p. — Discours et projet de décret, présentés par Mallarmé, député, pour prévenir les accaparemens et le surhaussement des matières et denrées de première nécessité ; diminuer les dépenses du Trésor public et la masse des assignats en circulation, 22 p. — Etablissement de onze caisses pour l'échange, à bureau ouvert, du mandat contre un numéraire. An IV, 30 p. — Tableau de la dépréciation du papier-monnaie. 1797, 8 p. — Etc., etc,

18801. Question monétaire, refonte des monnaies. — 8 broch. in-8.   6 fr.

Lettre écrite au Président de l'Assemblée Nationale par le Ministre des Contributions publiques, pour rendre compte de l'état des opérations relatives à la fabrication des différ. espèces de monnaie au 19 août 1791, 7 p. — Proposition aux Consuls de la République française d'une monnaie de haut billon pour remplacer les monnaies de cuivre, qu'il est urgent de retirer de la circulation, par le Sr Arnaud. Paris, 1802, 20 p. — Observations sur le rapport de la commission spéciale des Monnaies, fait le 30 fructidor au Conseil des Cinq-Cents. S. d., 16 p. — La monnaie ; entretien sur le traité de la monnaie de Copernic, par Wolowski. 1864, 32 p. — Quelques notes sur la question monétaire, par M.-L. Wolowski. 1868. 40 p — Lettres sur la question des monnaies, par Léon. 1857, 46 p. — Refonte des monnaies, nouveaux développements du projet de A.-P. Frichot. 1843, 32 p. — De la nécessité de refondre les sous, de supprimer le billon, et des améliorations à faire dans la fabrication des monnaies, par A. Frichot. 1838, 35 p.

18802. Van Loon (Gér.). Histoire métallique des XVII provinces des Pays-Bas, dep. l'abdication de Charles-Quint jusqu'à la paix de Bade en 1716, trad. du holland. de Gérard Van Loon (par Prévost et Van Effen). La Haye, 1732-37, 5 vol. in-fol., frontisp. et nombr. fig. de monnaies, v. marbr.   50 fr.

Ouvrage estimé. — Bel exemplaire.

18803. Numismatique norwégienne. De prisca re monetaria Norvegiæ et de numis seculi xii nuper repertis scripsit G. A. Holmboe. Christianiæ, 1841. In-4 de 53 p., avec 5 planches représentant 117 pièces de monnaie, cart.   6 fr.

Avec envoi autographe de l'auteur à Garcin de Tassy.

18804. Sens. Iconographia abbatiæ regalis Stæ Columbæ Senonensis Ordinis S. Benedicti Reverendiss. D. Nic. de Livry episcopo Callinicensi, abbate, venerabilibusque religiosis D. D. Claudio Dubuisson, priore, Petro Cyro Joly subpriore, Petro Coudeloup seniore, Joachim Brunet procuratore, Philippo Moinereau, Joa. Fontaine, P. Lud. Rousselet, N. Mich. Desjardins et optimis fratribus Vinc. Duflot, Lud. Le Blanc. anno 1779. De la Gardette, sculp. Plan gravé in-fol., en largeur.   6 fr.

18805. Sens. Officium Festi Stultorum ad usum seu potius ad abusum Metropolitanæ ac primatialis Senonensis Ecclesiæ. Pet. in-8 de 104 ff. chiffr. (208 pag.), v. br., tr. dor.   30 fr.

Manuscrit du xvii° siècle, d'une bonne écriture, en encres rouges et noires, avec musique notée à chaque page. C'est une copie du fameux office de la Fête de l'Ane a Sens, faite exactement d'après le manuscrit original du moyen-âge tel qu'il existait dans la cathédrale de Sens, sur lequel il a été collationné mot à mot et ensuite authentiqué par le notaire de l'archevêque, suivant cet acte qu'on lit à la fin et qui est daté de 1672 : « *Exemplar suprascriptum collatum fuit ad illius originale in pergameno descriptum sanum et integrum de verbo ad verbum a domino magistro Joanne Le Riche presbytero, Metropolitanæ Senonensis ecclesiæ canonico et cantore exhibitum et ipsi redditum per nos archiepiscopalis curiæ Senonensis notarios debite immatriculatos Senonis degentes die octava mensis Augusti anno Domini millesimo sexcentesimo septuagesimo secundo.* » — Ce manuscrit contient en outre 25 pages servant de gardes au commencement et à la fin, qui sont couvertes de notes et d'anecdotes relatives aux cérémonies burlesques qui se célébraient autrefois à l'occasion de cette fête des Fous. Ces additions sont d'une écriture

' qui ressemble beaucoup à celle de l'abbé Fenel, sans que cependant nous puissions la garantir comme étant de ce dernier. Quel qu'en soit l'auteur, elles sont fort intéressantes au point de vue historique et liturgique.

18806. Sens. Nomination de Jean-Joseph Languet de Gergy, évêque de Soissons, à l'archevêché de Sens. Bulle de notification au chapitre de l'église de Soissons. Original sur vélin, avec transcription sur un feuillet séparé. 10 fr.

18807. Inappétence de Vauprofonde. Histoire de l'inappétence d'un enfant de Vauprofonde, prez Sens, de son désistement de boire et de manger quatre ans unze mois, et de sa mort, par Siméon de Provenchères, médecin du Roy, quatriesme édition, augmentée par l'auteur d'un quatriesme discours. A Sens, chez George Niverd, en la grand'rue, près Sainct-Estienne, devant le Palais, 1616. In-8, rel. pleine en veau fauve, à nerfs, triple fil. sur les plats, dent. intér., tr. dor. (Rel. de Koehler). 60 fr.

Edition la plus complète de ce livre rare et curieux. — La première avait paru en 1612. — Très bel exemplaire.

18808. Joinville (Jean, sire de). 3 broch. in-8. 4 fr.

Histoire d'un Champenois ou essai historique sur Jean, sire de Joinville, par H. Rouy. 1875, 42 p. — Le premier éditeur de Joinville, par A. de la Bouralière. Melle, 1885, 7 p. — Lettre à Gaston Paris sur le texte de Joinville, par N. de Wailly. 1874. 7 p.

18809. Dorat (Jean), poète du Roy. Epithalame ou chant nuptial sur le mariage de très illustres prince et princesse Henry de Lorraine, duc de Guyse, et Catarine de Clèves, comtesse d'Eu, à mondict seigneur le duc de Guyse. A Paris, près S. Victor, à l'enseigne de la Fontaine, 1570. Pet. in-4, cart. 30 fr.

Pièce fort rare. — Exemplaire en parfait état de conservation.

18810. Cruautez sanguinaires (La détestation des) et abominables de Henry Dévalé en forme de regrets sur la mort et cruel assassinat par luy commis et perpétré en la personne de Henry de Lorraine, duc de Guise, pair et grand maistre de France, zélateur de la foy catholique, apost. et romaine. (Au-dessous, le blason des Guise grav. s. bois). 1589, plaquette pet. in-8, cart. à la Brad., dem.-toile lustrée. 15 fr.

Pièce en vers très rare. — Elle se termine par un sonnet en tête duquel on voit un portrait d'Henry III gravé s. bois.

18811. Guyse (Pleurs et souspirs lamentables de Madame de) sur la mort et assassinat fait à son espoux Mgr le duc de Guyse, le vendredy 23e jour de décembre 1588. (Au-dessous de ce titre, portrait de la duchesse de Guyse gravé sur bois). A Paris, par Françoys le Jeune, imprimeur (1589). Plaquette pet. in-8, dem.-rel. Brad, toile lustrée. 15 fr.

18812. Rheims (Edict du Roy sur la réunion de Mgr le duc de Guise, de MM. ses frères, de la ville de) et autres villes et chasteaux en l'obéissance de Sa Majesté. Lyon, 1595, pièce pet. in-8, cart. 10 fr.

18813. Reims (Extrait des registres des conclusions du Conseil et échevinage de la ville de) du mardy 3e jour du mois de fé-

vrier 1705. Reims, N. Pottier, imprimeur de la ville (1705). In-12, v. 6 fr.

Règlement des archers du Guet. — Cérémonial des archers du Guet.

18814. Champagne (Le Lourdaut de) rencontré par l'esprit de la Cour à la monstre qui se faisoit au Pré aux Clercs près de Paris, mis en dialogue par A. C. 1614, pièce pet. in-8, cart. 6 fr.

18815. Reims (Dissertation sur l'inscription du grand portail du convent des Cordeliers de). Deo homini et B. Francisco utrique Crucifixo, par le Sr de Saint-Sauveur (J.-B. Thiers). 1678, in-12, couv. pap. 5 fr.

Cette curieuse dissertation du théologien J.-B. Thiers, curé de Champrond, est rare en édition séparée.

18816. Questions religieuses. 5 broch. in-8 et in-4. 6 fr.

Le droit des souverains touch. l'administration de l'Eglise. 1734, 53 p. — Opinion de P.-P. Royer-Collard, député de la Marne, sur les cultes et sur leurs ministres. An V, 14 p. — De l'état-civil religieux des catholiques en France avant 1792, par J.-N. Loir. 1849, 30 p. — De l'influence du christianisme sur la condition des femmes, par Grégoire. 1821, 48 p. — Considérations sur l'étude des sciences, dans ses rapports avec la religion, par le comte du Coëtlosquet. Metz, 1839, 31 p.

18817. Rasiel de Selva (Hercule). Hist. de l'admirable Dom Inigo de Guipuscoa, chevalier de la Vierge et fondateur de la Monarchie des Inighistes. La Haye, 1736, 2 tom. en 1 vol. in-8, frontisp., v. br. 2 fr.

18818. Réduction de La Rochelle (Quelques poésies tant sur la, que sur d'autres matières (grandes armes de Louis XIII grav. en taille-douce sur le titre). A Troyes, chez Pierre de Villiers, à l'enseigne de la Diligence, 1629. Pet. in-4, dem.-rel. 20 fr.

Petit recueil de poésies fort rare, par Simon Coppoys, de Reims. Il est dédié à Henry de Lorraine, abbé des abbayes de S. Denys en France et de S. Remy de Reims.

18819. Langres. Hymne du Pasteur, par Estienne d'Acier, de Bar-sur-Aube, à Mgr Mess. Jaques de la Roche-sur-Yon, evesque et duc de Langres, pour son entrée audit Langres. A Paris, de l'imprim. de Thomas Richard, 1564. Pet. in-4, cart. 40 fr.

Pièce de toute rareté. Elle n'est citée par Em. Socard, qui n'en donne qu'un titre tronqué, dans sa *Biographie de l'Aube*, que d'après La Croix-du-Maine.

18820. Paris (Discours de ce qui s'est passé en la conférence des deputez de) avec le Roy en l'abbaye S. Anthoine des Champs, le septiesme jour d'aoust mil cinq cens nonante. Tours, Jamet Mettayer, imprimeur ordin. du Roy. 1590. Pet. in-8, vél. bl. 10 fr.

Pièce rare; l'exemplaire est non rogné.

18821. Paris. La Bastille. 7 pièces et broch. in-8 et 1 pièce in-4, av. plan. — Ensemble 8 pièces. 7 fr. 50

Les nouvelles Philippiques ou le *Te Deum* des François après la destruction de la Bastille, ode. 1789, 24 p. — Testament de Ch. de Launay, gouverneur de la Bastille, trouvé à la Bastille le jour de l'assaut. 8 p. — Précis exact de la prise de la Bastille. 1789, 10 p. — L'Homme au masque de fer dévoilé, d'après une note trouvée à la Bastille. S. d., 7 p. — Révolutions de Paris, avec une liste des prisonniers de la Bastille. 1789, 38 p. — Extr. des registres du comité de St-Louis-la-Culture (conten. le procès-verbal de la découverte de cadavres trouvés dans les souterrains de la Bastille). 1790, 8 p. — Formation d'une place sur le terrain de la Bastille. An XII, 6 p. et 1 grand plan. — Les lauriers du faubourg St-Antoine, ou le prix de la Bastille renversée. 1789, 8 p. — Le comte de Lorges prisonnier à la Bastille pendant 32 ans, enfermé en 1757, du tems de Damien, et mis en liberté le 14 juillet 1789. 1789, 16 p.

18822. Paris. Collèges, établissements d'instruction. 10 pièces, la plupart de format in-4.   12 fr.

Mémoire touch. sur le fait de la procure du collège de Montaigu, contre Maître Abraham Marlier, principal. (Vers 1650), 4 p. — Factum pour Maître Benoît-Franç. Chrestien, prestre, maître ès arts en l'Université de Paris, chapelain et ancien boursier du collège de Montaigu, demandeur, et le chapitre de Paris, intervenant, contre Abraham Marlier. (Vers 1650), 4 p. — Factum pour justifier la mémoire de feu maistre Egasse du Boulay, ancien lecteur et greffier de l'Université de Paris, contre les calomnies de Maistre J. Noüet et P. Robert, advocats. 8 p. — Réponse par Pierre-Egasse du Boulay contre C. Nouet et P. Robert. 6 p. — Lettres-patentes concern. le Collège Royal. 1773, 8 p. — Planctus Regiæ Navarræ in obitu clarissimi viri Domini D. M. Nic. Cornet doctoris theologi et eiusd. reg. Navarræ magni magistri (auctore Jacobo de Bertinière). 6 p. — Ode à Mgr le duc d'Orléans, à l'occasion des prix de sagesse qu'il a promis pour l'année 1742, dans le collège royal de Nanterre. 1741, 8 p. — Prologue de la distribution des prix au collège de Beauvais. 1744, 9 p. — Notice histor. sur le collège de Laon, fondé à l'Université de Paris, par Matton. S. d., 16 p. — Arrest qui ordonne que l'établissement formé pour l'instruction des sourds-muets par l'abbé de l'Epée, sera placé et fondé dans la partie des bâtimens des Célestins de Paris. 1785, 4 p.

18823. Paris. Communautés religieuses. — 6 pièces in-4 et 1 broch. in-18. — Ensemble 8 pièces.   6 fr.

Arrest du Conseil qui ordonne que les biens, droits et revenus dépendans du monastère des Célestins de Paris, seront régis et administrés par le Sr Bollioud de St-Julien. 1776, 6 p. — Arrest du Conseil qui confirme les communautés religieuses de la ville et faubourg de Paris dans la jouissance des sommes à elles attribuées par arrêt du 26 nov. 1766, pour leur tenir lieu de toute exemption de droits aux entrées de Paris, sur les vins de leur consommation. 1773, 3 p. — Arrêt du Conseil qui ordonne que la régie des biens de la maison des chanoines réguliers de Sainte-Croix de la Bretonnerie, confiée au Sr de St-Julien, sera continuée sous l'inspection de l'archevêque de Paris. 1785, 16 p. — Arrêt du Conseil qui ordonne que les biens des maisons des Célestins du diocèse de Paris, seront administrés à l'avenir sous l'inspection de l'archevêque de Paris. 1785, 17 p. — Mémoire du procès pour les Dames abbesse, religieuses et couvent de la Franche-Abbaye de Nostre-Dame-aux-Bois, à Paris, contre les syndics du Clergé. (XVIIe siècle). 3 p. in-fol. — Arr. du Conseil qui ordonne que le chapitre général ordinaire de la Congrégation des Augustins Réformés se tiendra au couvent de la place des Victoires, à Paris. 1778, 2 p. — Le couvent des Carmes pendant la Révolution, par Loudun, 1845, 72 p. in-18. — Etc.

18824. Paris. Eglises et chapelles. — 8 pièces in-4 et in-8.   7 fr. 50

Ordonnance de la Chambre du domaine qui ordonne la réunion de la chapelle dite de St-Michel, située dans l'enclos du Palais, à Paris, au domaine du Roi. 1781, 6 p. — Inventaire des reliques de la Sainte-Chapelle, par Doüet-D'Arcq. 1848, 48 p. — Mémoire histor. et crit. sur la chapelle de la Ste-Vierge, de l'église royale et paroissiale de St-Germain-l'Auxerrois, à Paris, par Troche. 1848, 45 p. — Arrêt qui ordonne que les ouvrages de la nouv. église de la Magdeleine de la Ville-l'Evêque seront continués conformément au nouveau plan arrêté par Sa Majesté. 1777, 3 p. — Notice histor. et archéolog. sur l'église de la Madeleine, par Luthereau. 1842, 32 p. — Lettres-patentes du Roi qui ordonnent l'ouverture d'un emprunt de 4 millions pour être employés à achever la construction du monument Sainte-Geneviève à Paris. 1784, 7 p. —

Extr. des registres du Parlement concernant les chapelles des ci-devant Jésuites établis en la ville de Paris. 1762, 4 p. — Descript. de la pierre tumulaire placée anciennem. au-dessus de la sépulture de Nic. Flamel, dans l'église St-Jacques-de-la-Boucherie, par de Lavillegille. S. d., 9 p.

18825. Paris. Clergé. 13 pièces in-4.   6 fr.

Mandement de Mgr l'archevesque qui ordonne des prières publiques dans tout son diocèse pour le repos de l'âme de la feue Reine. Aoust 1683, 4 p. — Procès-verb. de l'assembl. des archevesques et évesques qui se sont trouvez à Paris pour les affaires de leurs diocèses, tenuë par ordre du Roy. 1688, 13 p. — Sentence de l'official de Paris contre les prêtres mendians 1697. 14 p. — Mandem. du cardin. de Noailles, archev. de Paris, au sujet de l'incendie des maisons de Petit-Pont et autres voisines. 1718, 8 p. — Factum pour L. Laurens, prêtre du diocèse de Paris, contre Louis Ogier, aussi prestre, au diocèse de Chartres. (Vers 1662), 3 p. — Réponse aux calomnies publ. contre un ecclésiastique de St-Estienne-du-Mont, faite par un anc. marguillier de la paroisse. (XVIIe siècle), 6 p. — Ordonnance du cardin. de Noailles, archev. de Paris, port. révocation des pouvoirs de confesser et de prêcher dans le diocèse, cy-devant accordez aux religieux de la Comp. de Jésus. 1716, 4 p. — Exhortat. de Cotterel, docteur de la Maison et Société de Sorbonne, curé de St-Laurent, à ses paroissiens, le jour de la Pentecôte, après la grand'messe. 1775. 14 p. — Etc., etc.

18826. Paris. Voierie, édilité, alignement des maisons. — 19 pièces in-4.   10 fr.

Ordonnance concern. la direction du pavé de la ville, fauxbourg et banlieue de Paris. 1786. 4 p. — Ordonnance concern. le nettoiement des rues. 1778, 4 p. — Lettres-patentes concern. la hauteur des maisons de la ville et fauxbourg de Paris. 1784, 4 p. — Arrêt du Parlem. qui confirme une ordonnance qui condamne le propriétaire d'une maison à réduire le bâtiment de sa maison, élevée en pan de bois, à la hauteur de 48 pieds du rez-de-chaussée. 1782; 3 p. — Arr. du Parlem. concern. les maisons sujettes à alignement. 1788, 8 p. — Ordonnance concern. les corniches qui se pratiquent à la face des maisons. 1776, 4 p. — Ordonnance concern. le balayage et nettoiement devant les maisons, cour, jardins, et autres emplacements de la ville et fauxbourgs de Paris. 1780, 4 p. — Ordonnance portant règlement pour les pas de pierre, seuils, marches. portes; pour les étalages, montres, grilles et bancs; pour les étayes, échevallemens, etc. S. d., 1 p. — Lettres-patentes port. suppression des échoppes de la ville de Paris. 1784, 4 p. — Arrest du Parlement concernant les étalages. 1780, 7 p. — Ordonnance de police concernant la défense des étalages dans les rues et places publiques de la ville et fauxbourgs de Paris. 1779, 4 p. — Etc., etc.

18827. Paris. Construction, bâtiment. — 6 pièces in-4.   6 fr.

Arrest du Parlement qui confirme la sentence du lieuten. civil du 3 décembre 1689, concern. le privilège de ceux qui prêtent pour faire bâtir. 1736, 7 p. — Edit qui rétablit les charges d'inspecteurs des matériaux dans la ville, fauxbourgs et banlieue de Paris. 1711, 4 p. — Arrêt du Parlem. qui ordonne qu'une sentence concern. les ouvriers et les plâtriers, sera exécutée selon sa forme et teneur. 1786, 15 p. — Consultation de Gillet et Maillard, anc. avocats, sur les privilèges des entrepreneurs de bâtimens (au sujet de l'hypothèque sur une maison en construction au faubourg St-Antoine). 1761, 15 p. — Mémoire pour la communauté des maîtres maçons et celle des maîtres serruriers, couvreurs et menuisiers, tous entrepreneurs de bâtimens, contre les héritiers du Sr de Mousures, poursuivant l'exécution de la sentence d'ordre du prix d'une maison sise à Paris rue St-Anastase. 1763, 63 p. — Sommaire pour Petit, maître charpentier à Paris, contre la veuve Rouveau (construction élevée sur un terrain à la Haute-Courtille). 1761, 8 p. — Etc.

18828. Paris. Rues, places, promenades, etc. — 10 pièces in-4 et in-8.   12 fr.

Edit du Roi qui ordonne la démolition des maisons construites sur les ponts de la ville de Paris, sur les quais et rues de Gesvres, de la Pelleterie et autres adjacentes des deux côtés de la rivière ; la construction d'un pont en face de la place Louis XV ; celle d'une nouvelle salle d'Opéra, le parachèvement du quai d'Orsai et autres objets relatifs à l'utilité publique, à la salubrité et à l'embellissement de la capitale ; autorise en conséquence les prévots des marchands et échevins de ladite ville de Paris à constituer 1200 mille livres de rentes perpétuelles, à 4 pour 100, avec un tirage de primes de 10 000 lots. 1786, 15 p. — Lettres-patentes concern. l'ouverture de nouvelles rues sur l'emplacement de l'ancien couvent des Capucins, situé faub. St-Jacques. 1786, 4 p. — Ordonnance du bureau des finances concern. l'élargissement de la ruelle de l'Egout. 1777. 4 p. — Ordonnance concern. les alignemens des maisons et édifices de la rue des Marais, et l'écoulement des eaux de la rue de Lancry. 1777, 4 p. — Ordonnance pour l'écoulement des eaux qui proviennent des grande et petite rue de Reuilly, de la Planchette et de Rambouillet. 1780, 4 p. — Ordonn. de police concern. les promenades sur les ports de cette ville. 1783, 4 p. — Sentence et ordonnance de police contre plus. particuliers retirés pour affaires en l'enclos du Temple, à Paris. 1780, 4 p. — Ordonnance du Roi concern. le service des caporaux et appointés de la garde de Paris, le service sur les ports et remparts. 1779, 3 p. — Arrêt du Conseil qui règle l'ordre et l'administration des travaux de la clôture de Paris. 1789, 4 p. — Les Tuileries et le Carrousel, par Etienne Arago. S. d., 14 p. in-8.

18829. Paris. Eaux et fontaines, rivières, etc. — 7 pièces in-4.   6 fr.

Ordonnance de police concern. l'ordre qui doit être observé aux fontaines publiques par les porteurs d'eau. 1735, 4 p. — Mémoire sur les moyens de conduire à Paris une partie de l'eau des rivières de l'Yvette et de la Bièvre, par Perronet. 1776, 24 p. et 1 pl. — Arrêt du Parlement qui reçoit l'intervention des habitans de Verrières, Antony ; fait itératives défenses au sieur de Fer, se disant entrepreneur du canal de l'Yvette, ainsi qu'à tous ses ouvriers, de continuer leurs travaux, sous quelque prétexte que ce soit, à peine de prison, et autorise les syndics en exercice à la conservation des eaux de la Bievre, dite des Gobelins, à faire réparer les anc. berges de lad. rivière, ainsi qu'à toutes les sources, fontaines et ruisseaux y affluans. 1789, 4 p. — Ordonnance de police concern. la sûreté des marchandises sur la rivière et dans les ports, et qui prescrit aux bachoteurs, passeurs d'eau, ce qu'ils doivent observer. 1783, 4 p. — Arrest du Conseil conten. règlement sur les péages et bacs dans l'étendue de la généralité de Paris. 1772, 16 p. — Précis pour Guy Diot de Blanchard, fermier de la rivière et du passage du Bac des Invalides, et Ant. Cottard, ci-devant un de ses garçons passeurs, contre Franç. de Salles (plainte pour violences faites aux passeurs). 1774, 24 p. — Ordonnance de police concernant les bains dans la rivière. 1783, 4 p.

18830. Paris. Messageries, voitures publiques 5 pièces in-4 et une broch. in-12. Ens. 6 pièces.   7 fr. 50

Arrêt concern. les Messageries. 1777, 4 p. — Arrêt concern. les voitures établies par la ferme des Messageries, pour desservir les environs de Paris, tant à heures fixes qu'au gré des voyageurs. 1778, 10 p. — Arrêt qui ordonne que les loueurs de carrosses de remise continueront de rouler dans les 10 lieues à la ronde de Paris, sans pouvoir être arrêtés, sous quelque prétexte que ce soit, par les commis de Laure, adjudicataire des Messageries de France 1779, 8 p. — Arrêt qui proroge jusqu'au 1er octobre 1787 les augmentations sur le prix des voitures de places, messageries et voitures des environs de Paris. 1786, 4 p. — Ordonnance port. que l'augmentation du prix des carrosses de place et des voitures des environs de Paris cessera au 1er octobre prochain, attendu la diminution du prix des fourrages. 1787, 4 p. — Réponse des cabriolets à la requête des fiacres (pièce facétieuse en vers) Londres, 1788, in-12 de 23 p.

18831. Paris. Approvisionnement, alimentation. — 5 pièces in-4.   5 fr.

Le retour de l'abondance dans les ports et places publiques de la ville de Paris, en vers burlesques. 1649, 8 p. — Déclaration du roi concern. le commerce de la viande pendant le Carême à Paris. 1775, 4 p. — Arrest du Parlem. concern. les marchands de grains et de farine pour la provision de Paris. 1784, 4 p. — Ordonnance qui fait défenses exposer ni vendre aucuns mousserons, morilles et autres espèces de champignons d'une qualité suspecte. 1782, 4 p. — Etc.

18832. Paris. Halles et marchés, 8 pièces in-4.   6 fr.

Arrest portant règlement pour les tacteurs de la halle aux farines. 1779, 15 p. — Arrêt qui ordonne qu'une ordonnance de police concern. le lotissement du beurre et des autres marchandises foraines apportées sur le carreau de la Halle, sera exécutée. 1786, 4 p. — Arrêt du Conseil concern. le commerce et la vente des toiles sous la Halle de Paris. 1779, 4 p. — Arrêt qui réunit la Halle aux toiles et la Halle aux draps, pour y acquitter les droits sur toutes les marchandises qui y seront conduites. 1776, 3 p. — Ordonnance concern. le marché aux chevaux. 1777, 6 p, — Etc., etc.

18833. Paris. Etablissements de halles et marchés. — 13 pièces in-4.   7 fr. 50

Lettres-patentes qui ordonnent la construction d'une nouvelle halle à la marée à Paris. 1784, 4 p. — Lettres-patentes qui ordonnent la translation du marché de la place Maubert sur le terrein formant le pourtour de la nouvelle place aux Veaux. 1779, 4 p. — Lettres-patentes qui autorisent un nouveau plan du marché à établir sur le terrein de la Couture-Sainte-Catherine. 1781, 3 p. — Lettres-pat. qui autorisent Marchant du Colombier, adjudicataire des terreins de la Couture-Sainte-Catherine, à distribuer, suivant un nouveau plan, le marché qui doit y être établi. 1783, 3 p. — Arrêt du Conseil qui ordonne la démolition des échoppes de la Halle aux Draps. 1785, 3 p. — Arrêt qui ordonne qu'il sera fait acquisition, au nom de S. M., des maisons énoncées au présent arrêt, pour le terrein sur leq. elles sont construites être employé à l'élargissement des rues et à l'ouverture de nouv. communications dans les Halles. 1785, 6 p. — Arrêt qui ordonne que le marché aux suifs se tiendra, à compter du 26 de ce mois, sur le terrein de la nouv. Halle, construite dans l'enclos des Bernardins. 1786, 3 p. — Etc., etc.

18834. Paris. Approvisionnement et droits d'entrée du vin à Paris aux XVIIe et XVIIIe siècles. Vignobles du faubourg St-Antoine. 6 pièces in-4.   12 fr.

Arrest donné toutes les Chambres assemblées pour le rabais des entrées du vin. 1648, 4 p. — Arrest de la Cour des Aydes portant deffences de lever les droicts d'entrée du vin dans les villages de la banlieue de Paris. 1648, 4 p. — Arrest portant decharge de 58 sols six deniers sur chacun muid de vin, et autres breuvages à l'équivalent, entrant dans Paris. 1648, 4 p. — Arrest et lettres-patentes concern. l'entrée des raisins dans Paris et portant règlement pour les droits qui seront perçus sur les vins provenant des vignes situées dans le faubourg St-Antoine, et autres dispositions y portées. 1777, 8 p. — Déclaration du Roi qui ordonne la continuation de la perception de 30 sols par muid de vin entrant dans la ville et fauxb. de Paris, pendant 5 années 3 mois, en fav. de l'Hôtel de Ville et de l'Hôpital général. 1781, 4 p. — Lettres-patentes port. établissement à St-Port d'un entrepôt pour les vins destinés à l'approvisionnement de Paris. 1784, 4 p.

18835. Paris. Bois et charbons, 14 pièces in-4.   7 fr. 50

Ordonnance de police concern. la distribution des bois à brûler aux boulangers et au public. 1783, 4 p. — Taxe des bois à brûler, du charbon de bois et de la chaux. 1781, 4 p. — Ordonnance concern. la marchandise de bois. 1783, 4 p. — Arrest du Parlem. au suj. de la vente et de la livraison des bois dans les chantiers de la ville de Paris. 1784, 8 p. — Arrêt du Conseil qui supprime l'augmentation ci-devant ordonnée, sur le prix du bois à brûler 1784, 2 p. — Arrest du Parlem. pour la vente des charbons pour l'approvisionnement de Paris. 1776, 4 p. — Etc., etc.

18836. Paris. Octrois, contributions, impôts, etc., 20 pièces in-4.   7 fr. 50

Lettres patentes concern. les octrois de Paris. 1783, 4 p. — Lettres pat. qui assujettissent aux droits d'entrée toutes les maisons construites sur le territoire du faubourg du Roulle ou dans le voisinage dud. faubourg et qui n'en sont séparées que par une rue, dep. la nouvelle barrière du Roulle jusqu'au haut de la rue de Chichy inclusivement. 1788, 4 p. — Sentence de l'élection de Paris qui fait défenses, à peine de mort, à tous soldats et autres de s'attrouper tant de jour que de nuit, au nombre de cinq et au-dessus, avec armes, bâtons et chiens, pour frauder les droits d'entrée. 1788, 4 p. — Arrêt du Conseil concernant les droits d'entrée à Paris sur le gibier et la volaille. 1781, 4 p. — Arrêt qui établit deux nouv. tarifs, pour les droits à percevoir sur la volaille, aux barrières de Paris. 1784, 7 p. — Déclarat. portant suspension des droits d'entrée dans la ville de Paris sur le poisson salé et réduction à moitié de ceux qui se lèvent sur le poisson de mer frais, depuis le premier jour de Carême jusqu'à Pâques. 1775, 3 p. — Lettres pat. qui ordonnent que les vernis, soit de France, soit de l'étranger, eau-de-vie aromatisée, eau de Cologne, de Mélisse, mente et autres liqueurs spiritueuses venant de l'étranger, acquitteront à l'avenir l'entrée dans le royaume et dans la ville, fauxbourgs et banlieue de Paris, les mêmes droits que ceux qui sont dus sur les eaux-de-vie triples ou sur l'esprit-de-vin pur. 1773, 4 p. — Arrêt du Conseil qui accorde une modération des droits d'entrée à Paris sur les gazes. 1781, 2 p.— Arrest du Conseil qui décharge les bourgeois de Paris de la taille et les confirme dans leurs privilèges et exemptions. 1716, 8 p. — Déclaration concern. la répartition de la taille dans la généralité de Paris. 1776, 8 p. — Arrêt du Conseil concern. l'arrêté des rôles pour les maisons et autres emplacemens de la ville et faubourgs de Paris. 1782, 3 p. — Etc., etc.

18837. Paris. Police. 15 pièces in-4. 7 fr. 50

Edit du Roy port. création de plus. offices dépendans de l'hôtel de ville de Paris et création de 4 nouveaux offices de commissaires de police 1690, 14 p. — Ordonnance du lieuten. criminel du Chastelet de Paris qui enjoint à toutes personnes qui auront été attaquées, insultées ou maltraitées, ou qui le seront par la suite dans les rues de Paris par des voleurs ou malfaiteurs, d'en faire dans le jour, ou dans les 24 heures, leur déclaration devant un commissaire. 1778, 4 p. — Arrêt du Parlement qui fait défenses à toutes personnes de s'attrouper, de lancer aucuns pétards et fusées, tirer des boîtes, allumer et porter aucuns feux, de porter aucunes armes ou instrumens pouvant troubler l'ordre et la tranquillité publique dans aucune des rues, carrefours et places de la ville et fauxbourgs de Paris. 1788, 4 p. — Arrêt du Parlem. qui fait défenses à toutes personnes de faire aucuns attroupemens dans la ville, fauxbourgs et banlieue de Paris, d'exciter ni favoriser les attroupements, d'entrer de force dans les maisons, d'y commettre aucuns excès, d'insulter ni maltraiter aucuns citoyens; avril, 1789, 3 p. — Ordonnance concern. la sûreté et la tranquilité publique. 1784, 4 p. — Ordonnance de police qui fait défenses à tous les cabaretiers, limonadiers, épiciers, vendeurs de bierre, charcutiers, patissiers et autres marchands, sous peine de deux cens livres d'amende, d'avoir leurs boutiques ouvertes, ni de recevoir aucunes personnes chez eux pour y vendre leurs marchandises pendant la nuit de Noël, passé 8 heures du soir. 1735, 3 p. — Ordonnance port. défenses aux marchands à louer à prix d'argent et à la journée ou autrement, des hardes et vêtements dont se parent les filles et femmes prostituées. 1780, 4 p. — Ordonnance de police qui fait défenses, à tous particuliers, d'étaler et de vendre aucune marchandises dans les rues, sur les quais, sur les ponts et sur les places publiques de cette ville et fauxbourgs. 1776, 4 p. — Déclaration du Roi, portant règlement pour les Frippiers-Brocanteurs. 1778, 4 p. — Ordonnance de police, concernant les incendies. 1781, 8 p. — Etc., etc.

18838. Paris. Prisons, criminalité. 12 pièces in-4.   10 fr.

Arrest qui enjoint à tous huissiers qui transfére-

ront des prisonniers, d'insérer dans les nouv. écroux la date des anciens. 1707, 2 p. — Arrest qui fait défenses aux commissaires du Chastelet de Paris de refaire aucuns emprisonnemens qu'en vertu de décret. 1711, 4 p. — Déclaration contre les mendiants et vagabonds. 1724, 8 p. — Déclaration concern. les condamnez aux galères, bannis et vagabonds. 1719, 4 p. — La descente de la Jobin (fameuse empoisonneuse) aux enfers. 1690, 6 p. — Arrest rendu contre J.-F. Gruet, huissier à cheval au Chastelet de Paris, inspecteur de police, condamné faire amende honorable, d'être mis au pilory par trois jours de marché consécutifs, au galères à perpétuité, avec confiscation de ses biens. 1716, 4 p. — Arrest qui condamne Sébastien Pelard, dit le petit Cartouche, d'être rompu vif, préalablement appliqué à la question ordinaire et extraordinaire, pour assassinat prémédité, vols avec effraction et plus. autres vols. 1736, 4 p. — Arrest qui condamne J.-B. Beaulieu de Montigny, exempt de robbe courte, à mort, pour avoir insulté et tué nuitament dans Paris le nommé Roudier. 13 juillet 1737. — Jugement port. condamnation d'amende honorable, pillory, flétrissure avec un fer chaud, et autres peines, contre Cl. Boyard, marchand mercier à Paris, et Jacques-Nicolas Sanson, marchand drapier a St-Germain-en-Laye, banqueroutiers frauduleux et fabricateurs de faux contrats d'atermoyement. 1737, 4 p. — Etc., etc.

18839. Paris. Arts et métiers. Corporations. — 15 pièces la plupart in-4.   12 fr.

Arrest du Parlem. port. défenses à tous quinqualiers, armuriers et autres marchands de Paris, de cacher, receler ou destourner les armes qu'ils ont en leur possession. Febvrier 1649, 4 p. — Arrêt du Conseil qui fait défenses aux entrepreneurs de la manufacture de toiles peintes, établie au Clos-le-Prêtre, sur la rivière des Gobelins, de mettre dans l'inscription étant au chef des toiles peintes, ces mots : qui passe a Jouy. 1789, 3 p. — Arrêt du Conseil qui renvoie par dev. le lieuten. de Police de Paris les contestations entre les ouvriers de la manufacture des cristaux et émaux de la Reine, situées à Sèvres et les intéressés en icelle. 1785, 3 p. — Jugement qui déclarent valables les saisies de porcelaines peintes et dorées, faites sur Lebœuf et Deruelle; et qui les condamne en l'amende portée par les règlemens. 1779, 3 p. — Arrest du Conseil qui déboute les chevaliers de l'ordre de Malte de l'opposition par eux formée à l'exécution d'un arrest du Conseil ; en conséquence, ordonne que tous les ouvriers en bas au Métier, établis dans les enclos du Temples et dans les lieux privilégiés de la rue de l'Oursine, dépendans dud. ordre, payeront les droits de 3 sols par semaine sur chaque métier à faire bas; etc. 1715, 8 p. — Déclaration portant règlement en faveur des ouvriers et artisans du Fauxbourg St-Antoine de Paris. 1776, 7 p. — Arrêt du Conseil concern. la finance à payer par les coiffeurs de femmes, agrégés à la communauté des barbiers-perruquiers-baigneurs-étuvistes de Paris. 1778, 2 p. — Ordonnance de police concernant les garçons-cordonniers. 1777, 4 p. — Arrest de la Cour des Aydes rendu en faveur de P. le Vasseur maistre tonnelier à Paris ; et qui fait défenses aux commis brasseurs de se transporter chez des particuliers (sic) autres que lesdits brasseurs, sans l'assistance ou permission du juge. 1731, 4 p. — Mémoire pour les gardes jurées et anciennes de la communauté des marchandes lingères de la ville de Paris ; sur le projet de règlement pour la visite et la marque des toiles et toileries qui s'apportent à Paris. 1738, 7 p. in-fol. — Déclaration concern. les maîtres des communautés de Paris, qui vont s'établir dans les villes du Royaume. 1784, 4 p. — Mémoire présenté au Roi par les six corps de la ville de Paris. 1788, 17 p. — Etc., etc.

18840. Paris. Bureaux de renseignement et de placement. 2 pièces in-4.   4 fr.

Arrest confirmatif de la sentence rendue au Chastelet de Paris, qui fait défenses à la nommée Elizabeth Royer de s'immiscer dans la fonction des jurées recommanderesses de cette ville de Paris, et de louer des servantes à peine de prison, et de dix livres d'amende. (1715), 4 p. — Arrêt du Conseil qui supprime le Bureau d'indication établi à Paris, rue neuve St-Roch ; ensemble tous autres bureaux de la même nature, qui pourroient exister actuellement. 1778, 2 p.

18841. Paris. Hôpitaux, assistance publique. 10 pièces in-4.   7 fr. 50

Lettres patentes port. rétablissement de l'Hôtel-Dieu de Paris. S. d., 4 p. — Lettres patentes concern. l'Hôtel-Dieu de Paris. 1781, 8 p. — Arrêt concern. l'administration de l'hôpital royal des Quinze-Vingts aveugles de Paris. 1784, 4 p. — Déclaration port. prorogation pour six années, qui commenceront du 1ᵉʳ août 1774, de différ. droits en fav. de l'hôpital général et des Enfants Trouvés, et permission aux administrateurs de cette Maison d'acquérir un terrein et bâtiment, pour y recevoir les enfans nouveaux nés, atteints de maladies communicables. 1781, 4 p. — Arrest concern. l'aumône qui doit estre payée aux pauvres. 1711, 4 p. — Arrest en faveur des pauvres. 1711, 4 p. — Etc., etc.

18842. Carrières de Paris et des environs. Règlements. — 12 pièces in-4.   7 fr. 50

Arrest concern. les fouilles et extractions de pierres, glaises, marnes, etc., dans les carrières et branches souterraines d'icelles qui se prolongent au-dessous des grands chemins et des rues ou maisons. 1776, 7 p. — Ordonnance concern. les fouilles et carrières sous les rues et grands chemins. 1777, 4 p. — Ordonnance concern. les carrières. 1778, 4 p. — Ordonnance concern. les caves prolongées sous la voie publique. 1778, 3 p. — Déclaration qui proscrit l'exploitation des carrières par le cavage. 1779, 3 p. — Ordonn. concern. les ouvertures des carrières aux environs de la capitale et des grands chemins. 1777, 4 p. — Arrêt portant commission au lieuten. de police pour veiller à la suite des opérations qu'exige l'état actuel des carrières des environs de Paris. 1777, 3 p. — Déclaration concern. la police des carrières des environs de Paris. 1778, 4 p. — Ordonnance du lieuten. de police qui prescrit les formalités préalables aux comblemens des trous de service des carrières abandonnées. 1779, 3 p. — Ordonnance port. que les propriétaires de carrières abandonnées seront tenus de rapporter leurs permissions et de faire leurs déclarations de l'état actuel desd. carrières. 1784, 4 p. — Ordonnance port. que les trous de service de carrières ne pourront à l'avenir être ouverts qu'après que la maçonnerie aura été établie sur un rouet de charpenie. 1788, 3 p. — Etc., etc.

18843. Chaillot-lez-Paris. Contestation au sujet de l'acquisition par les frères Périer des terrains pour l'établissement de la pompe à feu destinée à l'élévation des eaux dans la ville de Paris, avec les noms des anciens propriétaires depuis 1712. 2 factums in-4.   8 fr.

Mémoire pour Mᵉ Lormeau, notaire, contre Mᵉ Chavassiau, procureur, et les nommés Langlois, Lannois, Barth. Quesnel, Barth. Leroy et Roger, habitants de Chaillot et propriétaires de maisons au même lieu. 1780, 51 p. — Réponse pour les Srs Langlois, Lannois, Quenel et Leroi, et autres propriétaires à Chaillot, et Mᵉ Thierry, leur procureur, appellans, contre Mᵉ Lormeau, notaire. 1781, 28 p.

18844. Montmartre, Belleville, la Butte-Chaumont, Romainville. — 8 pièces in-4.   10 fr.

Arrest qui, en autorisant la manufacture de draps de soie, laine, ratines et peluches, établie à Montmartre par Quinquet, lui permet de faire teindre toutes les matières nécessaires à la fabrication de ces étoffes. 1776, 4 p. — Ordonnance qui ordonne que l'exploitation de la carrière du nommé Duval (à Montmartre) sera interdite, etc. 1783, 3 p. — Ordonnance port. que les Sieurs Paysan et Froment, et la dame veuve Maury démoliront les trois maisons servant de logement aux meuniers de leurs moulins de Belleville. 1778, 3 p. — Ordonnance port. que 5 moulins, situés sur la butte de Chaumont, de Belleville, seront démolis. 1778, 3 p. — Ordonnance portant que Chevalier et Baillete, démoliront dans le jour, des fours à plâtre construits dans une carrière à Belle-

ville. 1778, 3 p. — Arrêt qui homologue une sentence du juge de Romainville, portant règlement pour l'élection annuelle de la fille la plus vertueuse de ce village et la fondation à son profit d'une dot de 450 liv. 1776, 6 p. — Etc.

18845. Vaugirard, Vanves, Montrouge, Châtillon-sous-Bagneux, Arcueil. — 8 pièces in-4 et in-8.   7 fr. 50

Jugement qui condamne Rougelin, maître maçon à Vaugirard, à 300 liv. d'amende pour contravention aux règlemens sur les carrières. 1777, 3 p. — Arrêt concern. le commerce de boucherie de la banlieue (défense à Jean Doyneau d'exercer ce commerce à Vanves). 1779, 4 p. — Ordonnance du bureau des finances port. défenses au prévôt de Montrouge et aux autres officiers de cette justice de s'immiscer dans la connoissance et exercice de la voierie sur les routes, chemins et traverses pavés et entretenus aux frais du Roi. 1779, 6 p. — Ordonnance qui condamne le nommé Radu fils, en 500 l. d'amende, pour av. poussé la fouille de sa carrière sous des terreins qui ne lui appartiennent pas (à Montrouge). 1780, 3 p. — Ordonn. qui condamne L. Lefort, en 500 l. d'amende, pour ne pas s'être conformé aux règlemens rendus sur le fait des carrières (à Montrouge). 1780, 3 p. — Notice histor. et archéolog. sur la commune et paroisse de Châtillon-sous-Bagneux, par Troche 1850, 39 p. — Ordonnance qui interdit les carrières des nommés Condamina, Vial, Delaitre et Boudessous (à Arcueil et Cachant) et les condamne en 500 l. d'amende. 3 p. — Ordonn. rendue contre la veuve de Parme, pour par elle avoir entrevenu aux règlemens des carrières (à Chatillon-sous-Bagneux). 1783, 3 p.

18846. Ménilmontant, Charonne, Montreuil, Bagnolet. — 10 pièces in-4. 6 fr. 50

Ordonnance qui condamne Jacob, voyer à St-Denys et à Ménilmontant, à 300 livres d'amende. 1781, 3 p. — Ordonn. portant interdiction de l'usage des 2 carrières de N. à Cochois, à Ménilmontant et à Montreuil. 1779, 3 p. — Ordonn. port. interdiction de l'usage de la carrière à plâtre, exploitée à Charonne par J. Cochois. 1779, 3 p. — Arr. qui ordonne que la sentence rendue en la justice de Bagnolet, concern. la police, l'ordre et la tranquillité publique sera exécutée. 1783, 18 p. — Ordonnance port. interdiction de l'exploitation des carrières des nommés Souché, Cousteau, Maimbray, Girard et Delaistre, situées aux territoires de Bagnolet, Charonne et Montreuil. 1779, 3 p. — Arrest entre Laur. David et plus. jardiniers et vignerons demeurans à Montreuil-sous-Vincennes. 1784, 4 p. — Ordonnance du lieuten. de police qui oblige Jacq. Cochois à renverser les piliers de sa carrière de Charonne. 1779, 3 p. — Etc.

18847. Meudon, Sèvres, Suresnes, etc. 9 pièces in-4 et 1 broch. in-12. — Ens. 10 pièces.   7 fr. 50

Ordonnance du bureau des finances de la généralité de Paris qui commet Barth. Raimbaud pour faire la perception des bateaux passant sous le pont de Sèvres. 1781, 4 p. — Edit concern. la réunion du domaine de Meudon à celui de la couronne ; septembre 1726, 4 p. — Arrest du Conseil portant que l'édit de septembre 1726 sera exécuté selon sa forme et teneur. 1729, 7 p. — Lettres-patentes qui ordonnent que les estats arrestez au Conseil pour gages, appointements, pensions, etc., et frais de justice, assignez sur les revenus du Domaine de Meudon, seront exécutez. 1730, 4 p. — Edit port. création d'une capitainerie des chasses pour le parc de Meudon. 1773, 3 p. — Edit réunissant le domaine de Meudon à celui de Versailles 1778, 3 p. — Ordonnance qui enjoint au nommé Pigrais de combler un trou de carrière près le château de Bellevue. 1779, 2 p. — Arrest qui maintient les Dames supérieure et religieuses de l'abbaye royale de St-Cyr dans le droit de tenir un bac sur la rivière de Seine, au lieu sur de Suréne. 1760, 4 p. — Ordonnance rendue contre le nommé Dada pour avoir exploité une carrière au territoire de Chaville, en contravention au règlement. 1781, 3 p. — Bon papa Corot, souvenir d'une excursion à Ville-d'Avray, par A. Isnard, avec la poésie de François Coppée. 1881, 18 p.

18848. Rueil. 1849. 2 pièces in-4.   3 fr. 50

Advis à la Reyne sur la conférence de Ruel. 4 p. — Le cartel burlesque entre deux amis envoyé de Paris à Ruel et refusé pendant la Conférance (*sic*). 11 p.

18849. Vincennes, Fontenay-sous-Bois, St-Maur. — 6 pièces in-4 et 1 in-8. — Ens. 7 pièces.   5 fr.

Edit portant suppression de la capitainerie de Livry-Bondy, et qui fixe les limites de celle de Vincennes. 1761, 6 p. — Lettres-patentes qui ordonnent que les arbres nécessaires pour le Mai et la plantation d'icelui dans la cour du Palais, à Paris, seront annuellement délivrés dans le bois de Vincennes aux officiers de la Bazoche dud. Palais, par les officiers de la maîtrise de lad. ville. 1777, 3 p. — Rapport de Santerre relativement à l'affaire de Vincennes (1789). 16 p. in-8. — Ordonnance qui condamne la veuve Riveau en 500 livres d'amende pour avoir exploité sans permission une carrière à Fontenay-sous-Bois. 1780, 3 p. — Ordonnance portant interdiction de la carrière à plâtre exploitée à Fontenay-sous-Bois par le Sr Benard. 1782, 3 p. — Ordonnance qui condamne le Sr Givargues en 500 livres d'amende pour avoir exploité sans permission une carrière au territoire de St-Maur. 1783, 3 p. — Seconde lettre de M. le Prince escrite à MM. du Parlement, sur le sujet de l'escrit de la Reyne porté par MM. les gens du Roy (datée de St-Maur, le 11 juillet 1651). 10 p.

18850. Marchés de Sceaux et de Poissy. Approvisionnement. 1749-85. — 4 pièces in-fol. et in-4.   5 fr.

Mémoire signifié sur délibéré en la commission pour Rob. Buttord, marchand boucher à Paris, demandeur, défendeur et plaignant, contre P. Convers, conducteur de bestiaux, défendeur, C. Guérin, fermier des droits des marchés de sceaux et de Poissy, demandeur et défendeur; le nommé Gallet, aussi conducteur de bestiaux, demandeur et défendeur; et Guill. Franctort, marchand boucher, et P. Franctort, commis inspecteurs dud. Guérin, accusés et défendeurs. 1749, 12 p. in-fol. — Arrêt du Conseil qui excepte des arrêts de surséances et saufs-conduits qui pourraient être accordés aux bouchers, les sommes par eux dûes pour achats de bestiaux aux marchés de Sceaux et de Poissy. 1781, 2 p. — Arrêt du Parlem. qui confirme des sentences rendues par le lieuten. génér. de police au Châtelet de Paris, par lesq. des marchands forains et des bouchers de la ville de Versailles ont été condamnés pour contraventions aux règlements concern. l'approvisionnement des marchés de Sceaux et Poissy. 1785, 16 p. — Extrait des registres du Parlem. (concern. l'interdiction de vendre ou d'amener des vaches laitières sur les marchés de Sceaux et de Poissy). 1778, 4 p.

18851. Flore monumentale (La) du cloître abbatial de Moissac. Description et symbolisme, par l'abbé C. Daux. Arras. 1877, in-8 de 56 p., br. (Envoi d'auteur). 2 fr. 50

18852. Lavaur (Assemblées du diocèse de), par E.-A. Rossignol. 1881, in-8 de 102 p., br.   2 fr.

18853. Monumenta Conventus Tolosani ordinis F. F. Prædicatorum primi ex vetustiss. Mss. originalibus transcripta et SS. Ecclesiæ Patrum placitis illustrata in quib. historia almi hujus conventus per annos distribuitur, refertur totius Albigensium facti narratio, agiturque de capitibus hæreseos; de LXI conciliis contra eos habitis; de justa eorum pæna et de bello quo profligati sunt; de S. Inquisitionis Officii institutione et perpetuo exercitio; de Rosario; de Academia Tolosana; de primis Sanctæ Inquisitionis martyribus..... et tandem de nobilioribus Tolosæ familiis aliisque plurimis in ejus ecclesia sepultis, quarum genealogia, gentiliaque scuta referuntur, etc., scriptore F. Joa.

Jac. Percin. Tolosæ. Joa. et Guill. Pech. 1693. In-fol., vél.   70 fr.

Livre très rare et des plus intéressants.

18854. Trésor de la cathédrale d'Auxerre (Inventaire du), par Bonneau, Monceaux et Molard. Auxerre, 1892, in-8, fig., br.   3 fr. 50

18855. Bibliothèque de Armand Cigongne (Catalogue des livres manuscrits et imprimés composant la), précédé d'une notice bibliograph. par Leroux de Lincy. 1861, gr. in-8, dem.-rel. mar. vert, non rogné.   8 fr.

Cette collection, unique dans son genre, est particulièrement riche en romans de chevalerie du XVe siècle, en pièces gothiques de poésie ou de prose de notre vieille littérature française, souvent uniques. Elle a été acquise en bloc par le duc d'Aumale et forme aujourd'hui un des fonds les plus précieux de la bibliothèque du Musée Condé, à Chantilly. — Bel exemplaire, avec une longue et intéressante note autographe (1 page 1/2) sur une des gardes, signée de M. H. Cocheris.

18856. Bibliographie des ouvrages relatifs à l'amour, aux femmes, au mariage, par le Cte d'I***; 2e édition, revue et considérablem. augmentée. 1864, gr. in-8 à 2 col. de XI et 810 p., br.   10 fr.

18857. Bibliotheca Bigotiana, seu catalogus librorum quos (dum viverent) summa cura et industria ingenique sumptu congessere viri clariss. D. D. uterque Joannes, Nicolaus, et Lud. Emericus Bigotii, domini de Sommesnil et de Cleuville, alter prætor, alii senatores Rothomagenses. 1706, 5 part. en 1 vol. in-12, v.   3 fr. 50

Bibliothèque considérable, composée de plus de 8.000 articles.

18858. Bibliographie médicale. J. A. Vander Linden de scriptis medicis libri duo. Amstel., 1637, in-8, vél.   6 fr.

Ouvrage rare et recherché. — C'est la première bibliographie médicale réellement sérieuse qui ait été faite. On y trouve les titres exacts et détaillés des livres, avec l'indication d'éditions très rares que l'auteur avait vues et dont quelques-unes ont disparu depuis.

18859. Bibliotheca Pharmaceutico-Chimica oder Verzeichnisz derjenigen pharmazeutischchemischen Bucher, welche seit der Mitte des vorigen Jahrhunderts bis zur Mitte des Jahres 1837 in Deutschland erschienen find, herausgegeben von Wilh. Engelmann. Leipzig, 1838, in-8, br.   3 fr.

18860. Bibliotheca Chemica. Verzeichniss der auf dem Gebiete der reinen, pharmaceutischen, physiologischen und technichssen Chemie in den Jahren 1840 bis Mitte 1858 in Deutschland und in Auslande erschienenen Schriften von E. A. Zuchold. Gottingen, 1859. In-8, dem.-rel., chagr. viol.   3 fr. 50

18861. Bibliotheca medico-historica sive catalogus librorum historicorum de re medica et scientia naturali systematicus, colleg. ac digessit L. Choulant. Lipsiæ, 1842, in-8, dem.-rel.   5 fr.

18862. Rage (Traitement de la). 3 broch. in-4 et in-8.   5 fr.

Réflexions crit. sur la rage et sur quelques préjugés touch. cette maladie, suiv. d'une observation d'hydrophobie spontanée et d'ouvertures de cadavres, par P.-C. Gorcy. 1807, 52 p. — Lettre d'un médecin de Paris à un médecin de province sur le traitement de la rage. St-Hubert, 1776, 17 p. — Essais anti-hydrophobiques, par Baudot, docteur en méd. à la Charité-sur-Loire. Lille, 1770, 24 p.

18863. Souhart (R). Bibliographie générale des ouvrages sur la chasse, la vénerie et la fauconnerie , publ. ou composés dep. le xv° siècle jusqu'à ce jour, en franç., lat., allemand, angl , espagn., italien, etc., avec des notes et l'indication ae leur prix et de leur valeur dans les différ. ventes. 1886. gr. in-8 à 2 col., br. 8 fr.

18864. Chasles (Michel), de l'Institut. Catalogue de sa bibliothèque scientifique, historique et littéraire. 1891, in-8, avec fascicule et supplément. 2 fr. 50

Collection importante , composée de plus de 4 000 articles. C'est la bibliothèque la plus complète de sciences mathématiques qu'ait formée un particulier. — Exemplaire en PAPIER DE HOLLANDE.

18865. Bibliothèques du XVIII° siècle. Recueil de catalogues en 1 vol. in-8, dem.-rel., bas. marbr. 10 fr.

Livres de la bibliothèque de feu Sandras, avocat au Parlement, au nombre de dix mille volumes, la plupart rares et singuliers. 1771 (2.682 numéros avec les prix de vente). — Livres, tableaux et estampes de feu le président de la Briffe. 1788 (2 266 numéros). Ce catalogue est suivi d'une note des tableaux et autres objets à vendre. Parmi les tableaux figure l'original du portrait de Bossuet par Rigaud, 2 tableaux d'Oudry, 14 tableaux, sujets, paysages et portraits d'après Rubens, Van Helmont, Le Nain, Coypel et autres. — Livres choisis et bien conditionnés du cabinet de M* (Dincourt d'Hangard). 1789 (2499 numéros). Magnifique bibliothèque.

18866. Catalogue des livres composant la bibliothèque de Courtois (anc. député à la Convention). 1819 (3.723 N°*). Collection remarquable de poètes latins modernes. — Livres de la bibliothèque de l'abbé Morellet, de l'Académie franç. 1819 (4.718 N°*). — Ens. 2 catal. en 1 vol. in-8, dem.-rel., bas. 4 fr.

Avec l'ex-libris du bibliophile Jacob.

18867. Histoire de France (Collections de livres sur l') et des provinces. Recueil de 10 catalogues en 2 vol. in-8, dem.-rel., vél. bl. (Avec l'ex-libris du bibliophile Jacob). 10 fr.

Nombreuse bibliothèque de livres sur l'histoire de France et de ses provinces et particulièrement sur le Nord de feu Haigneré d'Ardres. 1842 (2376 N°*). — Collection d'ouvrages sur l'histoire des provinces de la France. Paris, Colomb de Batines, 1842 (662 N°*). — Curieuse collection de livres sur l'histoire générale et particulière et sur les idiomes des provinces de France. 1843 (919 N°*) — Vente de livres, la plupart sur l'histoire de France, composant la bibliothèque de Pihan de la Forest, imprimeur. 1843 (649 N°*). — Livres sur l'histoire des provinces et villes de France compos. la bibliothèque de Giraud de Saint-Fargeau. 1847 (642 N°*). — Ouvrages sur les villes de France et de l'étranger avec figures et dessins ajoutés de la bibliothèque de feu M. Moret. 1851 (224 N°*). — Bibliothèque de Daunou, pair de France. 1841 (2487 N°*) — Bibliothèque du Marquis de Fortia d'Urban. 1844 (2541 N°*). — Etc., etc.

18868. Révolution, Journaux, etc... 7 Catalogues spéciaux publ. de 1855 à 1861. — En 1 vol. in-8, dem.-rel., vél. bl. 4 fr.

Catalogue des journaux depuis 1672 usqu'en 1848. — Livres, journaux, documents historiques, caricatures, relatifs à la Révolution française, composant la précieuse collection d'Ed. Lairtuillier. 1855. — Livres en grande partie sur la Révolution, journaux de 1848. — Collection de journaux rares et curieux parus après février 1848. — Livres composant la bibliothèque de feu Armand Dutacq av. notes du Bibliophile Jacob. 1857. — Notice d'une collection de journaux, affiches, brochures, canards,

professions de foi, chansons, etc., parus après février 1848. — Livres, brochures et journaux composant la bibliothèque d'Amédée Hennequin. 4 parties.

18869. Livres rares et précieux. Catalogues rédigés par le libraire Bohaire de 1834 à 1843, 4 catalogues en 1 vol. in-8, dem.-rel., vél. bl. 5 fr.

Livres imprimés et manuscrits des bibliothèques de MM. Pascal Lacroix et Boz... (Bozérian) l'aîné, manuscrits sur vélin, avec miniatures, éditions du xv° siècle, lettres autographes, etc. 1834 (1525 N°*). — Livres rares, précieux, singuliers et curieux de la bibliothèque de M. M*** (Motteley), livres imprimés sur peau-vélin, anciens mystères, romans de chevalerie, facéties, etc. 1839 (3077 N°*). — Livres rares, précieux, singuliers et curieux, la plupart reliés par Padeloup, Du Seuil, Derome, Bauzonnet, Simier, etc., des bibliothèques de Deville et Dufour. 1841 (3470 N°*). — Beau choix de livres curieux, singuliers, rares et précieux provenant de la bibliothèque de M. B**. 1843 (2162 N°*).

18870. Cazin, sa vie et ses éditions, par un Cazinophile (Brissart-Binet). Cazinopolis (Reims), 1863, in-18, tiré in-8, dem.-rel., dos et coins de mar. citron, tête dor., n. rogn. 15 fr.

Bel exemplaire en GRAND-PAPIER DE HOLLANDE.

18871. Lambecii (P.) prodomus Historiæ literariæ, item Iter Cellense et Alex. Ficheti S. J. arcana studiorum methodus cum Wilh Langii catalogo librorum Bibliothecæ Mediceæ, curante J. Alb. Fabricio. Lipsiæ, 1710, in-fol., dem.-rel. 6 fr.

18872. Invention de l'Imprimerie (L'), poème qui a remporté le prix de l'Acad. de Montauban, par de Viguier de Segadenes, de Villefranche de Lauraguais. S. l. (Montauban), 1751, pet. in-8, cart., dem.-vél. (Rare). 6 fr.

18873. Typographia espanola, o historia de la introduccion, propagacion y progresos del arte de la imprente en Espana, a la que antecede una noticia general sobre la imprente de la Europa, y de la China, adornado todo con notas instructivas y curiosas, autor Fray Franc. Mendez. Madrid, 1796, pet. in-4, marques d'imprimeurs, v. m. 20 fr.

Ouvrage très estimé. Il contient les recherches de l'auteur sur l'établissement de l'imprimerie en Espagne au xv° siècle ; avec une bibliographie des livres imprimés dans ce pays avant 1500.

18874. Femmes compositrices d'Imprimerie (Les) sous la Révolution française en 1794, par un ancien typographe. 1862, broch. in-8. 1 fr. 50

Réimpression à petit nombre. La pièce qui forme le fond est intitulée : *Pétition à la Convention nationale pour l'école typographique des femmes.* Cette école typographique, établie rue des Deux-Portes-Bon-Conseil, n° 8, à Paris, était dirigée par un Sieur G. Deltufo. « L'école typographique des femmes, dit ce dernier dans sa pétition, était une entreprise d'autant hardie que je devais m'attendre à toutes sortes de désagréments et à me voir tourner en ridicule par ceux intéressés à perpétuer les abus ; il m'a fallu le courage opiniâtre dont je suis animé pour vaincre tous les obstacles. » Grégoire fut nommé « commissaire pour prendre des renseignements sur l'imprimerie du C. Deltufo où les femmes apprennent l'art typographique. Son rapport, en date du 11 Prairial an II (1793), est favorable à cet établissement. « Le Comité partage avec lui l'intérêt que peut inspirer un établissement qui fait participer si utilement les femmes à ses opérations. Par cette mesure on ferait refluer dans l'agriculture et les arts une foule d'hommes qui y seraient avantageusement occupés et dont l'un et l'autre souffre de cette pénurie. «

18875. Incunable de Nuremberg. Compilatio Decretalium Gregorii IX. (Post tabulam :) Decretalium hanc Georgianam compilationem cum apparatu domine Bernardi candide lector habes illustratam lucubrationibus clarissimi utriusque juris doctoris domini Hiero. Clarii Brix. cum quibusdam additamentis suis propter emendationem certe novam... Per Anthonium Koberger, non sine exacta diligentia Nuremberge impressam et feliciter consummatam anno Salutis M.CCCC.XCVI, x die mensis Junii. In-fol., goth. à 2 col., cart. 25 fr.

Très belle impression en rouge et noir. La table est placée au commencement et précédée d'une page blanche. Manque le folio 1 après cette table qui doit être un feuillet blanc. Sur la page blanche qui précède la table on lit cette inscription manuscrite en grosses lettres gothiques : *Iste liber pertinet ecclesie de Belloprato*. L'église ici désignée doit être l'abbaye de Beaupré en Lorraine.

18876. Incunable de Strasbourg. Sermones Socci de Tempore cum triplici eorum registro. (In fine :) Opus preclarum Sermonum Socci de Tempore sic dictorum cum de suco id est de medulla sacre pagine stilo sub obscuro exquisitissime sint collecti denique a Johanne de Gruningen maistro (*sic*) impressorie artis famoso diligenter in inclita civitate Argentina elaborati anno a Christi nativitate M CCCC.LXXXIIII pridie ydus februarii explicit feliciter. In-fol., goth. à 2 col., v. fauve, fil., tr. dor. (Reliure ancienne). 65 fr.

Exemplaire très bien conservé et en bonne condition, sans piqûres de vers.

18877. Incunable de Strasbourg. Incipit Rationale divinorum officiorum Guilhelmi Mimatensis ecclesie episcopi. (In fine.) Explicit Rationale divinorum officiorum. Impressum Argentine, anno M.CCCC.LXXXVI (1486), in-fol., goth. à 2 col. de 48 lign., dem.-rel. 40 fr.

Initiales rubriquées : la première lettre de début est sur fond d'or.

18878. Incunable de Venise. Aurelii Augustini de Civitate Dei libri. (In fine :) Aurelii Augustini opus de Civitate Dei feliciter explicit confectum Venetiis ab egregio et diligenti magistro Nicolao Jenson Petro Mozenicho principe. Anno a Nativitate Domini milesimo quadringentesimo septuagesimo quinto (1475) sexto nonas octobres. In-fol. goth. à 2 col. de 46 lign., rel. en mar. rouge à grains longs, fil., dent. 200 fr.

Belle et rare édition très recherchée. C'est le premier livre dans lequel Nicolas Jenson, Français d'origine (de Sommevoire en Champagne, au diocèse de Langres), ait employé son beau caractère gothique qu'il venait de graver lui-même. — Bel exemplaire de la collection Boutourlin avec le feuillet blanc du commencement et celui de la fin.

18879. Incunable de Cologne. Incipit prologus in vitas Sanctorum Patrum. (In fine:) Explicit liber quintus de vitis Sanctorum Patrum. Deo gratias. Absque nota (sed Coloniæ, circa 1480). In-fol., goth. à 2 col. de 41 lign. par page, v. fauve. 65 fr.

Edition très rare, imprimée à Cologne avec les caractères de Conrad de Homborch. — Hain ne l'a pas vue et l'indique sommairement sans description sous le N° 8586 au lieu de 8589. Il l'attribue par erreur à Ulric Zell. Elle est bien de Conr. de Homborch comme l'indique Holtrop.

18880. Incunable de Cologne. Sermones dominicales cum expositionibus Evangeliorum per annum satis notabiles et utiles omnibus sacerdotibus, pastoribus et capellanis qui alio nomine dormi secure vel dormi sine cura sunt nuncupati eo quod absque magno studio faciliter possint incorporari et populo predicari (auctore Rich. le Maidstone seu Johanne de Verdena). Absque nota (sed Coloniæ, typis Conradi de Homborch, circa 1480). In-fol., goth. à 2 col., de 38 lign., dem.-rel. 45 fr.

Exemplaire conforme à la description de Hain qui le donne positivement aux presses de Conrad de Homborch à Cologne. — Le volume a été donné en 1486 au couvent de Ste-Agathe, comme l'indique cette mention manuscrite à la fin : « *Librum istum contulit conventui Sancte Agathe Henricus Snoechs Capellanus in Cuych, anno octuagesimo sexto*. »

18881. Incunable de Rome. Pius Papa Secundus eloquentissimus qui obiit anno M.CCCC.LXIII m. Anchona dum proficisci proposuerit contra Turcos composuit, etc... — Incipit missa ad Pium papam secundum. (Absque nota, sed Romæ, circa 1475). Pet. in-4, ronds de 31 lignes à la page, cart. 25 fr.

Edition rare sortie des presses de Rome. Elle est décrite par Audiffredi : SPECIMEN EDITIONUM ROMANARUM XV SÆCULI, page 405, N° 10, mais on n'en connaît pas l'imprimeur.

18882. Incunable d'Augsbourg. Secuntur conclusiones de diversis materiis moralibus utiles valde posite per Magistrum Johannem de Gersona doctorem eximium in theologia ac cancellarium ecclesie beate Marie Parisiensis. Absque nota (sed Augustæ Vindelicorum, Joh. Wiener de Wienna, circa 1476). Pet. in-fol., goth. de 37 lignes par page, dem.-rel., mar. bleu. 50 fr.

Ce volume contient de petites lettres ornées gravées sur bois en tête des chapitres. — Hain, N° 7642.

18883. Incunable de Paris. Articuli fidei (metrice). (In fine :) Expliciunt penitentie. (Sine loco et anno, sed Parisiis, Petrus Levet, circa 1485-86). Pet. in-4 de 28 lignes à la page, dem.-rel., mar. bleu. 65 fr.

Edition non citée par les bibliographes. Mlle Pellechet cite d'autres éditions de cet opuscule que Pierre Levet a souvent réimprimé. Celle-ci est la plus ancienne. Elle est exécutée avec les caractères de bâtarde française imités de Jean Du Pré, avec lesquels Pierre Levet a imprimé l'*Exposition de l'Oraison Dominicale* de Raoul de Montfiquet en 1485. (Voir *Histoire de l'Imprimerie en France*, tome I, p. 413-414). Cette édition débute par un feuillet blanc attenant au premier cahier. Pierre Levet n'ayant pas mis de titres à ses livres avant 1487-1488, cette particularité indique clairement que l'impression des *Articuli fidei* est antérieure à ces dates.

18884. Impression de Paris. In hoc opusculo hec continentur : Reverendi patris Domini Egidii de Bellemere utriusque juris doctoris famosissimi tunc apostolici auditoris postea episcopi Avinionensis tractatus subtilissimus de permutatione beneficiorum ; Johannis de Lignano tractatus de pluralitate beneficiorum ; item decisio copiosissima in harum questionum an videlicet sequester datus per judicem ad recolligendos fructus alicujus prelature beneficia possit conferre vel clericos in illis presentare pendente sequestro ; secundo an renuncians causa permutationis et permutatio ex una parte perfici non possit ad proprium beneficium sine nova collatione valeat redire et sic propria auctoritate. Venales habentur in vico Mathurinorum ad signum de l'Estrille faulx veau. (In fine :) Tractatus de permutatione beneficiorum necnon tractatus Magistri Johannis de Ligniano utriusque juris doctoris feliciter expliciunt. Impressi Parisius, per Johannem Barbier impressorem ac librarium juratum ejusdem Universitatis, impensis Magistri Durandi Gerlier (sine anno, circa 1505). Pet. in-8, gothique, dem.-rel., mar. br.   35 fr.

L'imprimeur et libraire parisien Jean Barbier dit *Passer* qui a latinisé son nom en celui de *Tonsor*, avait d'abord exercé à Westminster-lez-Londres en 1498 en société avec Julien le Notaire, originaire de Normandie. Il a exercé ensuite à Paris dès 1502 en société avec Pierre Levet et François Foucher, et a été reçu libraire-juré de l'Université de Paris le 28 février 1505, d'après Lottin. Il avait son atelier rue St-Jacques à l'enseigne des *Trois Couronnes* et demeura ensuite à l'enseigne de *l'Epée*. Regnault Chaudière lui succéda. (Voir RENOUARD, *Imprimeurs parisiens*, pp. 16-17.)

18885. Impression de Paris. In hoc opere contenta : De puritate conceptionis Beatæ Mariæ Virginis libri duo ; de dolore ejusdem sacræ Virginis in Passione filii sui, liber unus ; de ejusdem juxta Crucem filii sui statione homelia ; de Assumptione ipsius gloriosæ virginis liber unus (auctore Jodoco Clichtovæo Neoportuensi). (In fine:) Completum est hoc opusculum cum cæteris precedentibus et ex officina emissum in alma Parisiorum academia anno Dómini 1513, die vero novembris 29 per Henricum Stephanum librorum imprimendorum industrium opificem e regione Scholarum Decretorum habitantem. Sur le titre, figure mystique de la Vierge sur fond criblé. In-4, dem.-rel., v. bleu.   25 fr.

Volume rare traitant de l'Immaculée Conception de la Vierge. Ce livre est imprimé par Henri Estienne 1er du nom.

18886. Incunable de Lyon. Sermones floridi de Tempore Magistri Leonardi de Utino. (In fine :) Impressit autem eos arte atque impendio solertissimus vir Magister Johannes Trechsel Alemannus in civitate Lugdunensi anno Domini M.CCCC.LXXXXVI (1496), die vero XV Julii. In-4, goth. à 2 col., de 53 lignes par page, marque de l'imprimeur à la fin, v.   40 fr.

Hain, N° 16139. — Cette édition des Sermons de Léonard d'Udine a été revue par Josse Bade, alors correcteur chez Trechsel. On trouve en tête une lettre de Bade à Jean de Genas dans laquelle il fait l'éloge de l'imprimeur Trechsel.

18887. Impression de Lyon. P. Ovidii. Nasonis Heroïdum Epistole, Sapphus atque in Ibin argutie cum triplici explanatione altera familiari et cum totius operis exactissima castigatione. (In fine :) Finis argutissimi opusculi Ovidii in Ibin duplici commentario diligenter explanati. Impensis Stephani Guaynardi, opera vero et artificio Johannis de Vingle. Anno gratie M.CCCC.IIJ (1503), nonas Aprilis. (Belle marque sur fond noir de Jan de Vingle, à la fin). Pet. in-fol., gothique, dem.-rel., dos et coins de v. antiq., tr. dor.   20 fr.

L'imprimeur Jean de Vingle était originaire de Picardie, natif d'Abbeville.

18888. Impression de Lyon. Institutionum seu Elementorum juris Civilis libri iiij cum Accursiana interpretatione aliorumque doctissimorum juris consultorum annotationibus ad multorum exemplarium tum im-

pressorum, tum scriptorum fidem diligenter recogniti. (In fine :) Excudebat hasce Institutiones Imperiales Lugduni, Franciscus Fradin, impensis honesti viri Aimonis de Porta, anno Salutis nostre M.CCCC.XXX, mense Aprili. Gr. in-fol. gothique à 2 col., imprimé en rouge et noir, avec un très beau titre dans une bordure historiée gravée s. bois, marque de l'imprimeur François Fradin tirée en 2 couleurs, v. br.   25 fr.

Beau spécimen d'impression lyonnaise. Les grandes lettres du titre sont les gros caractères dont Guillaume Le Roy s'est servi pour la première fois en 1483 dans le *Livre des Eneydes*. Ces caractères sont employés aussi par Jean Syber dans le *Commentaire d'Henri Bouhic sur les Institutes* imprimé en 1498. Il est donc probable qu'une partie du matériel, poinçons et caractères de Jean Syber sont passés chez François Fradin.

18889. Impression de Dominique Vérard. Practica excellentissimi I. V. doct. P. Pe. de Ferra. causidicis omnibus non modo utilis verum etiam commodissima, illustrata tot tamque variis accessionibus doctiss. hominum videlicet Francisci de Curte, Bernar. Landria, Jo. Ricii, ut nihil hactenus evulgatorum codicum desyderetur. (In fine :) Lugduni impressa apud Dominicum Verardum, mensis Januarii die viii anno Domini M CCCC.XL (1540). Au-dessous la marque d'Ant. Vincent, dem.-rel., mar. rouge.   20 fr.

Volume rare. — Au bas du titre on voit dans l'encadrement le monogramme de Laurent Hillaire dont Dominique Vérard paraît avoir repris l'atelier.

18890. Impression de Troyes. De re vestiaria libellus ex Bayfio excerptus, additis vulgaris linguæ interpretatione (auctore Carolo Stephano). Trecis, ap. Nicol. Paris, 1542. — (A la fin :) On les vend à Troyes, chez Maistre Nicole Paris, imprimeur demeurant auprès du chef S. Jean, rue de l'Espisserie, 1542. Pet. in-8, dem.-rel., v. vert.   20 fr.

Curieux petit vocabulaire latin-français, de tout ce qui concerne le costume et l'habillement. — Edition rare. Marque de l'imprimeur Nicolas Paris au commencement et à la fin.

18891. Troyes (Impression de). Summaire tres singulier de toute medecine et cyrurgie specialement contre toutes maladies survenantes quotidienement au corps humain, composé et approuvé par Maistre Jehan Goeurot, docteur en médecine et médecin du tres chrestien Roy de France, Françoys premier de ce nom ; item ung regime singulier contre la Peste. Imprimé à Troyes, chez Jehan Lecoq, s. date (vers 1520). Pet. in-8, goth., lettres ornées et historiées, cart.   45 fr.

Edition très rare. — Manque la fin de la table.

18892. Impression de Toulouse. Consuetudines Tolosæ cum declarationibus in quibus Consuetudines ipsæ a juris communis dispositione discrepare seu differre videantur, quidque de jure scripto extiterit introductum et quid de consuetudine cum quibusdam interpretationibus et quæstionibus utilibus easdem Consuetudines tangentes tam decisive quam remissive Magistri Joan. de Casaveteri in legibus licentiati, civis Tolosæ. (Au-dessous l'écusson aux armes de Tolose). Veneunt Tolosæ in officina Anthonii Vincentii apud Ludovicum Yvernaige. Impressum per Anthonium Gorcium, 1544. Pet. in-4, lettres rondes, v. br. 65 fr.

Edition fort rare des Coutumes de Toulouse, avec les commentaires de Jean de Casevieille. Le privilège qui est accordé à ce dernier et à « Loys Yvernaige, libraire de Tolose », est rédigé en français et daté du 29 mai 1544. L'imprimeur Antoine Gorce (*Anthonius Gorcius*) est resté inconnu jusqu'à présent. Il n'est point cité par le docteur Desbarraux-Bernard et nous n'avons pas encore rencontré ce nom dans les rôles d'archives municipales que nous avons publiées. Quant au libraire Louis Yvernage, qui était en même temps facteur d'Antoine Vincent, de Lyon, il est mentionné dans les mêmes archives de 1540 à 1550.

18893. Premier livre imprimé à Châteaudun. Cinq livres du droit des Offices par Charles Loyseau, Parisien. Imprimé à Chasteaudun pour Abel Langelier, 1610, in-fol., v. (Rare). 40 fr.

18894. Gaule Sceltane (Onosmastique de la), par G. Touflet. Caesar. Rouen, 1884, gr. in-8, br. 3 fr.

Guerre des Suisses. — Guerre des Belges. — Guerre du Rhône. — Guerre des Pyrénées. — Déroute des Germains. — Guerre des Bretons insulaires. — Razzia chez les Nerviens. — Prise de la Guerche. — Echec de César. — Labienus en Parisis. — Siège d'Alize. — Victoire de la Loire. — Etc., etc.

18895. Campagne de Jules César (Etude nouvelle sur la) contre les Bellovaques, par Peigné-Delacourt. Senlis, 1869, gr. in-8, avec planches d'antiquités, d'un pont romain, grande carte se déployant, fig. et plans dans le texte, br. 1 fr. 50

18896. Maître Guillaume. 2 pièces pet. in-8, cart. 5 fr.

Le voyage de M° Guillaume en l'autre monde vers Henri-le-Grand. 1612, 71 pag. — Les articles des cayers généraux de France présentés par Maistre Guillaume aux Estats (1615); pièce en vers.

18897. Livrets populaires imprimés à Rouen. — 3 broch. in-12 et in-8. 5 fr.

Les baillieux des ordures du monde, nouvellem. imprimé pour la prem. impression par le commandement de nostre puissant l'économe. A Rouen, par Abrah. Cousturier. (Réimpression à 32 exemplaires, faite à Chartres en 1832.) 16 p. — Récit véritable et autentique de l'honnête réception d'un maître savetier, carleur, réparateur de la chaussure humaine. Rouen, J.-B. Besongne (xviiie siècle), av. 2 fig. s. bois, 24 p. (Petit raccommodage). — Etrennes à MM. les Ribotteurs, les suppléments aux Ecosseuses ou Margot la mal-peignée en belle humeur et ses qualités. Rouen, s. d., 12 p.

18898. Misère des maris (La), avec l'histoire plaisante et récréative sur le sujet des femmes qui batent leurs maris. A Troye, chez Jean-trop-tôt-marié, imprimeur et libraire. (S. d., fin du xviie siècle). pièce pet. in-8, br. (Rare). 5 fr.

18899. Dialogue facétieux d'un gentilhomme françois se complaignant de l'amour et d'un berger qui le trouvant dans un bouge le réconforta, parlant à lui en son patois, le tout fort plaisant. Metz, 1848, in-16 obl., br. 1 fr. 50

Réimpression d'un rarissime petit livret du xviie siècle, d'après le seul exemplaire connu, ayant fait partie de la bibliothèque de M. Charlener, de Metz. — Tiré à petit nombre.

18900. Facéties. Recueil des pièces du temps ou divertissement curieux pour chasser la mélancolie et faire passer le temps, contenant vingt pièces burlesques et facétieuses. A La Haye, chez Jean Strick, 1685,

pet. in-12, dem.-rel., mar. vert, non rogné. 25 fr.

Ce volume, dont l'original est fort rare et presque introuvable, est un choix des discours joyeux que Guillot Gorjeu débitait sur le théâtre de l'Hôtel de Bourgogne pour amuser le public et lui faire prendre patience avant le spectacle. — Bertrand Harduin de St-Jacques, dit *Guillot Gorjeu*, suivit de près Turlupin, Gaultier Garguille et Gros-Guillaume, et quand il descendit du théâtre, la farce en descendit avec lui. Après avoir été médecin, il se fit charlatan et farceur. Il s'est moqué des médecins et des apothicaires et a été le précurseur de Molière en cette sorte de satire. Il exerça la médecine à Melun. — Réimpression de la collection Gay. — Un des deux exemplaires sur PEAU DE VÉLIN.

18901. Des Accords (Les Bigarrures du Seigneur), de la dernière main de l'auteur. livre premier. Paris, J. Richer, 1588, in-12, vél. 35 fr.

Edition rare. — Bel exemplaire, très grand de marges.

18902. Madame Gueline (La vie de puissante et très-haute Dame), par Monsieur Frippesauce, facétie en vers français, entremêlée de latin macaronique, publiée d'après l'édition de Rouen, 1612, et précédée de l'estat d'un banquet pour un amoureux, pièce inédite du xvie siècle, av. notices par Ed. Tricotel. 1875, in-8, br. 3 fr.

Amusante facétie, bigarrée de latin de cuisine dans le genre des sermons joyeux du xvie siècle. La pièce débute par une discussion sur la meilleure manière de faire cuire les chapons à la broche ou au lard ; les frères Fritis, Estouppe, Friand et Saffre discutent cette grave question avec des raisons cocasses, pleines de sel gaulois et de gaillardises. — Exemplaire en GRAND-PAPIER DE HOLLANDE.

18903. Merlin Coocaie (Histoire macaronique de), prototype de Rabelais, où est traité les ruses de Cingar, les tours de Boccal, etc., les adventures de Léonard, les farces de Fracasse, les enchantemens de Gelfore et Pandrague et les rencontres heureuses de Balde, etc., plus l'horrible bataille advenue entre les mousches et les fourmis. 1734. 2 vol. pet. in-12, v. 5 fr.

Réimpression de l'édition originale parue en 1606. — Bel exemplaire.

18904. Moralité très singulière et très bonne des Blasphemateurs du nom de Dieu, où sont contenus plusieurs exemples et enseignements à l'encontre des maulx qui procèdent à cause des grans juremens et blasphèmes qui se commettent de jour en jour et aussi que la coustume n'en vault rien et qu'il's vivent et fineront très mal s'ils ne s'en abstiennent. Et est la dicte moralité a dix-sept personnaiges dont les noms s'ensuyvent ci-après. (A la fin :) Imprimé nouvellement à Paris pour Pierre Sergent, libraire demourant à Paris en la rue neufve Nostre-Dame, à l'enseigne St-Nicolas. In-8, cart. à la Brad., n. rog. 10 fr.

Copie manuscrite de la main de Méon faite pour M. Hérisson, de Chartres, d'après l'exemplaire unique de la Bibliothèque nationale. « Cette Moralité des Blasphémateurs est extraordinairement rare ; aucun historien du théâtre français n'en a parlé ; on doit même dire qu'elle a été inconnue à tous les bibliographes, si ce n'est que Du Verdier l'a indiquée très laconiquement dans sa Bibliothèque française. » Extrait d'une très intéressante note de M. Hérisson jointe au manuscrit.

18905. Rabelais et l'architecture de la Renaissance, par Ch. Lenormant. 1840, gr. in-8, av. 2 pl., br. 2 fr. 50

18906. Oisiveté de la jeunesse (De l')

dans les classes riches, par A. Bonnet. 1858, in-8, br. **1 fr. 50**

18907. Cartouche (Le vice puni ou), poème (par Ragot de Grandval). 1726, in-8, front. gr., cart. à la Brad , non rog. **4 fr.**

On trouve à la fin de ce poème un curieux petit dictionnaire de l'argot du XVIII⁰ siècle. — Bel exemplaire.

18908. Bordeaux. Arrest de la Cour de Parlement qui condamne Jean Bassard à faire amende honorable, avoir le poing coupé, être rompu vif et expirer et à être brûlé, pour avoir tué son père et sa sœur, du 27 mars 1734. Placard in-4 de 2 p. **8 fr.**

L'arrêt est suivi d'une longue et très curieuse complainte sur l'exécution de ce criminel, « atteint et convaincu d'avoir tué son père et éventré sa sœur, et de plusieurs autres sacrilèges à Bourg et à Saintes, sur l'air de Biron. » — Ce placard du temps, qui se criait à l'époque dans les rues de Bordeaux, est aujourd'hui introuvable.

18909. Aventures de la Madona (Les) et de François d'Assise, écrites d'un style récréatif. Amsterdam, 1750, pet. in-8, avec figures, dem.-rel. mar. bleu à grains longs, non rog. **18 fr.**

Ouvrage recherché. — Bel exemplaire NON ROGNÉ, avec toutes ses figures.

18910. Martyre de deux vénérables prestres (Sommaire discours du notable) et deux hommes lais advenu en l'Université d'Oxonio en Angleterre, pour avoir purement et librement enseigné et confessé la foy et religion chrestienne, catholique, apostolique et romaine souz la tyrannie et cruauté de la seconde Jésabel, à présent régnant en Angleterre. A Lyon, par Jean Patrasson, 1590. Pet. in-8, cart. **15 fr.**

Pièce très rare.

18911. Poètes français du moyen-âge. 7 broch. in-8 et in-12. **8 fr.**

Le dit de Poissy de Christine de Pisan, description du prieuré de Poissy en 1400 (publ. par P. Pougin). 1857, 23 p. — Nouv. recherches sur Henri Baude, poète prosateur du XVᵉ siècle, suiv. du portrait et des regrets et complaintes de la mort de Charles VII, par Vallet de Viriville. 1853, 22 p. (av. une lettre autogr. de l'éditeur). — Etude sur le Roman de la Rose, par P. Huot. 1853, 80 p. — Rondeaux et ballades inédits d'Alain Chartier, publ. d'apr. un ms. de la Bibliothèque Méjanes à Aix (par Ph. de Chennevières). Caen, 1846, 16 p. — Guillaume de Meslay, auteur des chansons et saluts d'amour, connu sous le nom de Vidame de Chartres, par L. Merlet. 1857, 10 p. (Tiré à 60 exemplaires). — Baudouin de Condé, analyse d'un ms. de la bibliothèque de Bourgogne, par Ch. Potvin. Brux., 1863, 20 p. — D'un varlet et de la dame au baron, conte du XIVᵉ siècle, publ. d'après le manuscrit. S. d., 12 p. (Pastiche de la poésie du moyen-âge composé par Ch. Richelet, bibliophile du Mans).

18912. Louis XIV (Lettres de) au comte de Briord, ambassadeur extraordin de S. M. Très Chrét. auprès des Etats-Généraux, dans les années 1700 et 1701. La Haye, 1727, pet. in-12, v. (Bel exempl). **4 fr.**

18913. Mᵐᵉ de Maintenon, pour servir de suite à l'hist. de la duchesse de La Vallière par Mᵐᵉ de Genlis. 1806, in-8, cart. à la Brad., non rog. **2 fr.**

18914. Marie-Antoinette. 7 broch. et pièces in-8 et in-4. **12 fr.**

L'Amour et l'Hymen réconciliés, cantate présentée à Madame la Dauphine. S. d., 12 p. in-4. — Marie-Antoinette d'Autriche, reine de France, à la Nation. S. d., 8 p. in-12. — Souvenirs histor. de la reine Marie-Antoinette, par le comte H. de Viel-Castel. 1858, 24 p. — Marie-Antoinette et

l'Emigration, d'après des documents inédits, par Max. de la Rocheterie. 1875, 146 p. — Décret de la Convention Nation. du 3 oct. 1793 qui ordonne le prompt jugement de la veuve Capet au Tribunal révolutionnaire (en français et en allemand). Strasbourg, s. d., 4 p — Détail des cérémonies funèbres qui ont eu lieu le 21 janvier 1815 relativement à l'exhumation des restes précieux de Louis XVI et de Marie-Antoinette, et de leur translation à Saint-Denis par de Châteaubriand. Rheims, 1814, 4 p. in-4. — Procès relatif à la publicat. du catalogue intitulé : Livres du Boudoir de Marie-Antoinette, prétendue contrefaçon imputée aux éditeurs sur la plainte de J. Taschereau. Jugem. en faveur de Gay, éditeur, et de L. Lacour, auteur de la publication. 1864, 48 p.

18915. Mémoires de Condé ou recueil pour servir à l'histoire de France, conten. ce qui s'est passé de plus mémorable dans le royaume sous le règne de François II et sous une partie de celui de Charles IX, augment. d'un grand nombre de pièces curieuses qui n'ont jamais été imprimées et enrichies de notes histor. et critiques (par Secousse)' avec supplément (publ. par Secousse). 1748-44. 6 vol. in-4, v. **45 fr.**

Très important pour l'histoire des guerres de religion en France.

18916. Lille (Cahier des plaintes et doléances de l'Ordre de la Noblesse du ressort de la gouvernance de). Lille et Paris, 1789, broch. in-8. **4 fr.**

18917. Lille (Impression de). Liste des droits appelez des quatre membres des Flandres faisant partie des domaines du Roy. — Instruction et règlement servant tant aux eslecteurs ou fermiers qu'à tous autres en la levée des impositions. Lille, Balth. Le Francq, rue des Malades, au Compas d'Or, 1682, in-12, vel. **2 fr. 50**

Fatigué. — Raccommodage aux dern. ff. avec emportement de texte.

18918. Le Quesnoy. 5 pièces imprimées et manuscrites. **4 fr.**

Discours du général de division Dampierre aux citoyens soldats composant la garnison du Quesnoy. Douai, 1793 (placard-affiche in-fol.). — Discours de Ranson, homme de loi, électeur du district du Quesnoi, à l'Assemblée électorale. S. l. n. d. (1791), 3 p. — Disc. prononcés par M. Fontmart, à la Société des amis de la Constitution de la ville du Quesnoy. (1791), 3 pièces mss. formant ensemble 9 pag. in-4.

18919. Hainaut. 9 broch. et pièces in-4 et in-8. **7 fr. 50**

Edit port. établissement d'un siège de maréchaussée à Avesnes en Haynault et création d'un office de lieutenant et d'un assesseur, d'un procureur du Roi et d'un greffier. 1773, 3 p. — Notice hist. sur la terre et pairie d'Avesnes en Hainaut (par Michaux aîné). Avesnes, 1849, 26 p. — Disc. de Gossuin, maire d'Avesnes, l'un des commissaires du Roi du départem¹ du Nord, prononcé avant l'ouverture de l'Assemblée élector., le 1ᵉ¹ juillet 1790. Douai (1790), 4 p. — Rochette, cidev. chef de bataillon et commandant temporaire de la place d'Avesnes, aux hommes justes ; l'an II de la République française. (1793) (impression clandestine), 11 p. — Notions sur l'affaire du prieuré d'Hapres. (1778), 11 p. — Procès-verbal des séances de l'Assemblée provisoire de la province du Hainaut. 1787, 150 p. — Etc., etc.

18920. Noblesse de Normandie. Recherche de la noblesse de l'elect. d'Evreux en 1523, av. le démembrement des élect. de Conches et de Pont-de-l'Arche, publ. pour la prem. fois et annot. par l'abbé Lebeurier. Evreux, 1868, in-12, br. **2 fr.**

18921. Evreux à l'époque de la Révolution. 5 broch. et pièces in-4 et in-8. **7 fr. 50**

Les élections de 1789 dans le gr. bailliage d'E-

vreux, par Boivin-Champeaux. Rouen, 1866, 23 p.
— Les fédéralistes du département de l'Eure dev.
le tribunal Révolutionnaire, par le même. Rouen,
1865, 28 p. — Adresse de l'Assemblée élector. du
départem. de l'Eure, à l'Assemblée Nat., séance du
3 juill. 1790. 3 p. — Cahier des délibérations de
l'ordre du Tiers-Etat, arrêtées à l'Assemblée générale du Bailliage d'Evreux, le 23 mars 1789. 16 p.
— Arrêté du directoire du district d'Evreux sur la
conduite patriotique et généreuse des commis et
chefs de bureaux de l'Administrat. du district d'E-
vreux, d'après la publication du décret de l'Assemblée nationale qui ordonne un enrôlement volontaire de 400,000 gardes nationaux pour garder
les frontières. 1791, 8 p.

18922. Bayeux. 11 pièces et broch. in-8 et
in-4.   7 fr. 50

Notice sur l'anc. nécropole de la cité de Bayeux
et sur une inscription en l'honneur de Constantin-
le-Grand, qui y a été découverte, par Ed. Lambert.
Caen, 1849, 24 p. et 3 pl. — Mémoire sur les vestiges des Termes de Bayeux, découverts en 1760
et recherchés en 1821, par ordre du comte de
Monthivault, par Surville. Caen, 1822, 47 p. et
nombr. pl. — Notice sur une cassette d'ivoire de
la cathédrale de Bayeux, par André. Rennes, 1869,
11 p. — L'Eglise de l'abbaye de Longues, diocèse
de Bayeux, par P. de Farcy. Caen, 1874, 16 p. —
Lettres patentes concern. l'exemption des droits de
tarif, de la ville de Bayeux, pour les mareyeurs qui
conduisent du poisson frais pour l'approvisionnement de Paris. 1780, 3 p. — Notice sur les établis-
ments littéraires et scientifiques de la ville de
Bayeux (par Pluquet). Bayeux, 1834, 31 p.—Extrait
d'une adresse du Conseil génér. de Bayeux aux citoyens. (1790), 8 p. — Mandement de l'Evêque de
Bayeux qui ordonne des prières pour le rétablissement de la Paix et du bon ordre dans l'intérieur du
royaume. Bayeux, 1789, 15 p. — Etc., etc.

18923. Normandie. Bois et forêts. 6 pièces
in-4.   5 fr.

Arrest du Conseil d'Etat, concernant les délits
commis dans les forests dépendantes de la maîtrise
d'Arques. 1726, 11 p. — Arrêt du Conseil qui
ordonne un nouvel aménagement de la Forêt de
Brotonne. 1783, 8 p. — Arrêt du Conseil qui dé-
termine les bois et forêts destinés à l'approvisionnement de la ville de Rouen. 1778, 3 p. — Lettres
patentes portant règlement pour l'approvisionnement des bois de chauffage de la ville de Rouen.
1784, 4 p. — Arrêt du Conseil qui casse une sentence du lieutenant général de la maîtrise des eaux
et forests d'Arques, Neufchâtel et duché de Longueville, etc. 1725, 8 p. — Arrest du Conseil portant règlement pour la taxe du bois de chauffage à
Rouen et ordonne qu'il sera vendu à prix libre, de
gré à gré. 1784, 4 p.

18924. Normandie. 13 pièces et broch. in-8
et in-4.   8 fr.

Notice histor. et archéolog. sur le dép. de l'Eure,
par Le Prévost. Evreux, 1832, 34 p. — Voyage
dans le dép. de l'Eure, par Lavallée, s. d. (1793),
40 p. (avec carte et dessins). — L'Ecole du Sage,
poème par Bessin (curé de Plainville, près Bernay).
1777, 11 p. — Chartes de la Charité de N. D. de
la Couture de Bernai, par Ste-Marie Mévil. 18 p.
(Extr.). — Hist. de la garde Nationale de Bernay,
son héroïsme en 1870. Brionne, 1872, 15 p. —
Essai sur l'Eglise de Sainte-Foy de Conches, par
l'abbé Bouillet. Arras, 1875, 20 p. — La seigneurie de Courbépine et la marquise de Prie, par P.-E.
Lambert. Rouen, 1868, 61 p. — Not. sur l'abbaye
de Croix-St-Leuffroy, par l'abbé Lebeurier. Evreux,
1866, 88 p. et 1 pl. — Histoire de Fontaine-
l'Abbé (Eure), par A. Gardin. Bernay, 1875, 42 p.
— Arrêt du Conseil concern. les draps blancs de
la fabrique d'Elbeuf, 1782, 2 p. — Etc., etc.

18925. Abbaye de N. D. de Bernay.
3 factums in-4.   7 fr. 50

Factum pour L. Potier de Gèvres, patriarche,
archev. de Bourges, abbé commandataire de l'abbaye de N. D. de Bernay, et les prieur et religieux
de lad. abbaye contre Franç. Lochet-Ducarpont,
prêtre, vicaire perpétuel de lad. église de Sainte-
Croix de Bernay, et les sieurs gouverneur Pierre

Fouques, maire, Marin le Cesne, échevin, et les
autres habitans de Bernay, tous parties intervenantes au procès. (Vers 1720), 62 p. — Addition
au factum. 92 p. — Supplément à l'addition.
14 p.

18926. Normandie. 9 pièces, la plup. in-8.
                                                6 fr. 50

Description de la statue fruste en bronze doré,
trouvée à Lillebonne. Rouen, 1823, 58 p. et 3 pl.
— La légende de Marie Anson, par L. de la Sicotière. 1882, 38 p. — Une muse Normande inconnue,
Mlle Cosnard, de Seès, par L. de la Sicotière.
Alençon, 1884, 35 p. — Lettres patentes en fav.
de l'abbaye de St-André en Gouffern. 1775, 8 p. —
Un chirurgien de province au XVIIe siècle, Ant.
Boirel, par le Dr L. Thomas. 1880, 44 p. — Le
château de Domfront, poème par de Chênedollé.
Domfront, 1829, 8 p. — A M. de Cauchy, conseiller en grand chambre au Parlement de Rouen,
et lieutenant général de Caen. (Pièce en vers signée : Joseph Mahoudeau, de la Comp. de Jésus).
Caen, Ant. Cavelier, 1702, 4 p. in-4. — Etc.

18927. Normandie. 13 broch. ou pièces in-4
et in-8.   10 fr.

La charte aux Normands, par A. Floquet.
Rouen, 1842, 30 p. — Journal d'un bourgeois de
Rouen, mentionnant q. q. évènemens arrivés dans
cette ville, de 1545 à 1564 ; passage de Jacques II
par la ville de Rouen, par A. Pottier. Rouen, 1837,
16 p. — Arr. ordonnant, que, dans le diocèse de
Rouen, les cures régulières dépendantes des maisons de chanoines réguliers qui n'étoient point en
congrégation, et sont éteintes par le défaut de sujets, pourront être obtenues et possédées à l'avenir par tous prêtres séculiers, à l'exclusion des religieux des congrégations. 1787, 2 p. — Notice sur
l'église collégiale de St-Hildevert de Gournay-en-
Bray, par l'abbé Cochet (av. 32 grav. s. bois).
Rouen, 1851, 32 p. — Sur le château de Falaise
où est né Guillaume-le-Conquérant, par M. Renault. Falaise, 1864, 7 p. — Réfutation des objec-
tions faites contre l'antiquité de la tapisserie de
Bayeux à l'occasion de l'écrit de Boltron-Corney,
par E. Lambert. Bayeux, 26 p. — Description de
l'église d'Aumale. 15 p. — Notice sur le château
d'Arques. Rouen, 1860, 16 p. — Etc., etc.

**18928. Normandie, Lisieux, Louviers, Pont-
Audemer.** 7 pièces in-8 et in-4.   6 fr. 50

Les Huguenots et la St-Barthélemy, à Lisieux,
1562-1572, par H. de Formeville. Caen, 1840,
35 p. — Réponse à la lettre d'un anonyme au sujet
d'une action héroïque de charité de J. Hennuyer,
évêque de Lisieux, en faveur des Huguenots de
son diocèse. 1746, 14 p. — Arrest qui ordonne
que les réclamations des curés du diocèse de Lisieux contre les mandements de l'évêque seront
nulles et non-avenues. 1776, 2 p. — Note sur les
fiefs de l'arrondissement de Louviers, par R. d'Estaintot. Caen, 1857, 11 p. — Arrêt qui ordonne
qu'à l'avenir les draps de Louviers seront coiffés
d'une lisière jaune et les draps d'Elbeuf d'une lisière rouge. 1783, 3 p. — Arrest pour la liquidation des dettes de la ville de Ponteaudemer. (1681),
7 p. — Notice sur L. A. Piel, architecte et domi-
nicain, par L. de la Sicotière. Caen, 1844, 18 p.

18929. Normandie. 12 pièces et broch. in-4
et in-8.   10 fr.

Récit véritable de ce qui fut dict à l'arrivée des
députez du Parlem. de Normandie à St-Germain-
en-Laye. 1649, 7 p. — Sentence notable renduë en
faveur de Louis de Remy, baron de Rouvray, contre Ant. de la Forge, curé de la paroisse du Rouvray. (1721), 4 p. — Des rois d'Yvetot, par J.
Azaïs, de Béziers. (Vers 1860), 8 p. — Lettres patentes au sujet du duché de Longueville. 1773,
4 p. — Hommage fait par Boulay-Paty d'une ma-
chine à filer le chanvre et le lin, inventée par De-
maurey, artiste mécanicien de la Société d'Emula-
tion de Rouen. An 7, 7 p. — Réclamation de la
commune du Havre. 7 p. — Adresse de la commune du Havre à l'Assemblée Nationale (sur la
fixation du chef-lieu de district). 1790, 3 p. —
Dieppe et ses environs. Lettres d'un flaneur, par
Berthoud. 1859, 58 p. — Notice sur l'église

prieurale de Sigy, par l'abbé Cochet. Rouen, 1890, 8 p. — Etc., etc.

18930. Normandie. 6 pièces ou broch. in-8 et in-4.   5 fr.

Edit port. suppression de la juridiction des traités et quartbouillon, ci-dev. établie à Vire. 1773, 4 p. — Copie de l'adresse du college de médecine de Vire à l'Ass. Nationale. S. d., 2 p. mss. — Moyen d'appel que fournit devant nosseign. du Parlement P. de la Morinière, anc. trésorier de la paroisse de Bonnebosc-en-Auge, contre Jean Sorel. Rouen, 1779, 59 p. — Edit du Roi port. suppression de l'amirauté de Grand-Camp et réunion de ce siège à celui de l'amirauté d'Isigny. 1786, 4 p. — Not. biogr. sur Chênedollé, par Cazin. Vire, 1869, 21 p. — Inauguration des monuments élevés en l'honneur de Castel et de Chênedollé. Vire, 1869, 66 p.

18931. Normandie. Procès de la dame de Beaumont contre le Sr de la Roque au sujet de la terre de Canon et Cerqueux près Caën. 1766-67. — 6 mémoires in-4.   8 fr.

Mémoires à consulter pour les sieur et dame Elie de Beaumont. 20 p. — Mém. pour la dame Elie de Beaumont contre le S^r De La Roque, écuyer, secrétaire du roy, receveur des tailles de Valognes. 48 p. — Second mém. à consulter et consultation pour la dame Elie de Beaumont. 21 p. — Mém. à consulter et consultation. 29 p. et un tabl. — Réfutation sommaire pour la dame de Beaumont du libelle du S^r de La Roque. 14 p. — Consultations des anciens avocats au Parlement de Rouen pour la dame de Beaumont contre le S^r de La Roque, acte de notoriété du barreau de Rouen, etc. 23 p.

18932. Caën. 9 pièces et broch. in-8 et in-4.   7 fr. 50

Commission envoyée par le duc d'Orléans aux trésoriers de France à Caën pour l'établissem. de la subsistance des gens de guerre pour le service du Roy. 1652, 6 p. — Edit port. suppression de 6 offices de notaires à Caën. 1773, 4 p. — Question de commerce pour Collet-Duval, anc. échevin et prieur, juge consul de Caen, vice-consul d'Espagne en Basse-Normandie. Caën, 1781, 48 p. — Adresse des citoyens de Caen à l'Assemblée Nat. 1791, 7 p. — Discours prononcé par le c^{en} Desbordeaux, curé de Caen, le jour de l'Assomption (15 août 1803). 15 p. — Le rétablissement de la statue de Louis XIV à Caen ; ode suivie d'une visite à Versailles, par Alph. Le Flaguais. Caen, s. d., 19 p. — Notice sur Le Clerc de Beauberon, par P.-A. Lair. Caen, 1813, 12 p. — P. Veugeons, recteur de l'Université de Caen et auteur de l'office et des hymnes de St-Exupère, par A. Gasté. Caen, 1878, 33 p. — Revue des quarante par une société d'académiciens Caënnais. 1821, 40 p.

18933. Manche (Département de la). 10 broch. et pièces in-4 et in-8.   7 fr. 50

Adresse de plus. membres du clergé de St-Lo à l'Ass. Nat. 1790, 7 p. — Lettre pastorale de l'évêque du départem. de la Manche. 1791, 8 p. — Mémoire pour Louise-Bunel, femme Frémont, condamnée à mort par sentence du bailliage d'Avranches du 10 déc. 1771, appellante de ladite sentence. 1772, 34 p. — Mémoire pour Louis Le Planquais, prêtre, curé portionnaire de la paroisse de Quibou, intimé en appel, contre le général de lad. paroisse, appelant de sentence de l'Election de Saint-Lo, du 21 janvier 1779. Rouen, 1780, 30 p. — Rapport de la fête célébrée en la ville de Coutances le jour St-Louis (25 août 1816). Coutances, s. d., 25 p. — Notice sur le Ronet St-Martin de l'église de Galleville (Manche), avec essai d'explication, par N.-M.-G. Latrouette. Caen, 1835, 54 p. — Nouv. observations sur la cathédrale de Coutances. 60 p. — Notice sur les rosiers de Bricquebec (1776-1789), par de Pontaumont. Cherbourg, 1851, 15 p. — Etc.

18934. Rouen. Parlement, Etats provinciaux, assemblées. 9 pièces in-8 et in-4.   6 fr.

Lettre du Roy envoyée à sa cour de Parlement de Normandie. Rouen, 1631, 8 p. — Articles des remonstances faites en la convention des notables

et des trois Estats tenus à Rouen le 24 novembre et jours ensuyans. 1618, 30 p. — Disc. de Le Pelletier de Beaupré, conseiller d'Etat au Parlement, et Edit portant rétablissement des officiers du Parlement de Rouen. 1774, 10 p. — Procès-verb. de ce qui s'est passé à la députation de MM. du Parlem. de Rouen. 1774, 4 p. — Extr. du registre du Conseil d'Etat privé sur un règlem. de juges entre le Parlement de Rouen et le Grand-Conseil. 1776, 8 p. — Edit portant réduction d'offices dans la Cour de Parlement de Rouen. 1788, 8 p. — Règlement sur la formation et la composition des Assemblées qui auront lieu dans la généralité de Rouen en vertu de l'Edit port. création des Assemblées provinciales. 1787, 8 p. — Etc., etc.

18935. Rouen. Communautés d'arts et métiers, marchands privilégiés, etc., 9 pièces in-4.   6 fr.

Arrêt du Conseil concern. les comptes à rendre par les syndics et adjoints des communautés d'arts et métiers établis dans la ville de Rouen et dans les autres villes du Parlement de Normandie. 1780, 4 p. — Arrêt du Conseil qui ordonne que les maîtres, tant des anciennes que des nouv. communautés des villes du ressort du Parlem. de Rouen, ne pourront étaler ni vendre leurs marchandises dans les marchés desd. villes, excepté néanmoins qu'il n'y ait dans lesd. marchés des halles et hangards destinés pour lesdits étalages et vente. 1783, 2 p. — Arrêt du Conseil d'Etat qui accorde aux anc. maîtres des communautés d'Arts et Métiers des villes du ressort du Parlement de Rouen, un nouveau délai jusqu'au 1er mars prochain, pour se faire recevoir dans les nouvelles communautés. 1783, 4 p. — Arrêt qui casse celui du Parlement de Rouen et qui accorde aux marchands et artisans domiciliés dans les justices des seigneurs un nouv. délai pour se faire recevoir dans les nouv. communautés. 1784, 3 p. — Arrêt qui fait défenses aux syndics et adjoints de la communauté des cordonniers de Rouen ainsi qu'à ceux des grandes communautés, tant de lad. ville que des autres villes du ressort dudit Parlement, de se faire assister d'un calculateur lors de la reddition des comptes. 1785, 3 p. — Etc., etc.

18936. Rouen. Archéologie. 5 opusc. in-4 et in-8.   6 fr. 50

Essai sur les médailles gauloises de Rouen, par A. Deville. 10 p. et 1 pl. — Mémoire sur une urne cinéraire du musée de la ville de Rouen, par F. Lajard. 1843, 66 p. et 3 pl. — Coup d'œil sur les usages, les habitudes et les mœurs de nos pères, par E. de la Quérière. Rouen, 1853, 47 p. — Notices archéolog. sur les monuments histor. du XIe au XVIIIe siècle trouvés dans le sol de Rouen, par J.-M. Thaurin. Rouen, 1865, 16 p. — Description histor. de l'Eglise métropolitaine de N.-D. de Rouen, par Gilbert. Rouen, 1816, 86 p. avec grav.

18937. Rouen. Révolution. 1789-90. 9 pièces in-8 et in-4.   5 fr.

Mandement de l'archevêque de Rouen qui ordonne les prières de 40 heures avec exposition du Saint Sacrement dans la ville et fauxbourgs de Rouen et dans toutes les villes et paroisses de son diocèse. 1789, 11 p. — Adresse de remerciement présentée au roi par les officiers municipaux de Rouen en l'assemblée générale. 1789, 15 p. — Adresse des officiers municipaux de Rouen à l'Ass. Nat. 1790, 4 p. — Adresse des officiers municipaux de Rouen au Roi. S. d., 4 p. — Adresse de la garde nationale et citoyenne de Rouen à l'Assemblée Nationale. 1790, 4 p. — Déclaration de la cavalerie nationale et citoyenne de Rouen sur la dénonciation d'un projet de contre-révolution tramé en cette ville. S. d., 3 p. — Proclamation du corps municipal de Rouen, du 2 oct. 1790, en l'Assemblée du corps municipal où étoient MM. d'Estouteville, maire, Ribard, etc. S. d., 7 p. — Adresse des membres de l'Académie des Sciences, Belles-Lettres et Arts de Rouen, à l'Assemblée nat. 1791, 15 p. — Etc., etc.

18938. Le Hâvre. 4 pièces et opuscules in-8.   6 fr.

Le passeport et l'adieu de Mazarin s'embarquant au Hâvre de Grâce pour s'en aller à Dunquerque (*sic*). Jouxte la copie imprimée à Rouen proche du Hâvre, 1651, 7 p. in-4. — La Conquête de l'Angleterre, par Guillaume le Bâtard, duc de Normandie, poème par Lemesle, négociant au Hâvre. 1779, 20 p. — Les trois hôtels-de-ville du Hâvre, notice histor. par V. Toussaint. Hâvre, 1859, 44 p. — Tableau archéolog. de l'arrondissement du Hâvre, par Ch. Rœssler. S. d , 104 p. (extr.).

18939. Normandie. Pays de Caux. 1 mémoire in-fol., 3 broch. ou pièces in-4 et in-8. — Ens. 4 pièces.   6 fr.

Mémoire signifié pour les doyen, chanoines et chapitre de l'Église de S. Quentin, seigneurs patrons de l'Eglise de la Chapelle-sur-Dun, au pays de Caux, contre Françoise Babault, veuve de Jean d'Eu, prétendant droit au patronage de la même église, et J.-B. d'Eu, avocat. 1763, 60 p. — Arrest cassant une sentence du bailliage de Caux qui enjoignait au sr de La Halle, d'opter dans mois, entre son emploi de contrôleur et son office de procureur. 1776, 4 p. — Lettre de Bonville, député du pays de Caux, à ses commettans, à l'occasion du serment civique. 32 p. — Notice sur q. q. coutumes religieuses du pays de Caux, par Bilbaut. 1868, 16 p.

18940. Nicolas de Neufville (Lettres de), sgr de Villeroy, écrites à J. de Matignon, maréch. de France, dep. 1581 jusq. 1596. Montélimart, 1749, in-12, v.   4 fr.

Le lieu d'impression de *Montélimar* est supposé.

18941. Actes de François Ier (Catalogue des). 1887-95, 6 vol. in-4, pap. vergé, br.   30 fr.

18942. Pologne en 1572 (Henri de Valois et la), par le marquis de Noailles. 1867, 3 vol. gr. in-8, br.   15 fr.

Etude historique des plus intéressantes. — Le tome 3e contient les documents et pièces justificatives inédites pour la plupart.

18943. Miracle de Lyon. Miracle advenu en la ville de Lyon en la personne d'un jeune enfant lequel ayant esté mort vingt-quatre heures est ressucité par l'intercession de la Sacrée Vierge, avec le vœu, prière et oraison faite par son père et sa mère. Jouxte la copie imprimée à Lyon et se vend au Mont S. Hilaire, 1619, pièce pet. in-8.   10 fr.

Réimpression à petit nombre faite chez L. Perrin à Lyon. — Exemplaire sur PEAU DE VÉLIN.

18944. Biens nationaux. — 2 pièces in-4 et in-fol.   10 fr.

Vente de l'abbaye de Boulbonne, ordre de Cîteaux, département de la H^{te}-Garonne, district de Muret, municipalité de Cinte-Gabelle. Grand placard-affiche imprimé de la 3e enchère du 30 mai 1791, avec détail des bâtiments, domaines, fermes, terres et autres dépendances, leur estimation, etc... (quelques annotat. mss. en marge) — Cahier des charges imprimé des biens nationaux mis en régie à affermer dans le district de Muret pour 3 années et 3 récoltes perçues conformément à l'arrêté du départem. du 6 mai 1793. 6 p. in-4.

18945. Musique. 7 opuscules et broch. in-8 et in-12.   10 fr.

De la notation musicale attribuée à Boëce et de q. q. anciens chants qui se trouvent dans le ms. latin n° 989 de la Bibliothèque Impér. Nouvelles considérations sur la musique et sur la versification du Moyen-Age, par Vincent. 1855, 24 p. — Emploi des quarts de ton dans le chant grégorien constaté sur l'Antiphonaire de Montpellier, par Vincent. 1854, 10 p (extr). — Deux lettres à M. Vincent sur le rhythme et la poesie lyrique en général, par Rossignol. 1846, 40 p. — Sur une clef universelle, par Vincent. Rennes, s. d , 6 p. — Aperçu sommaire de la littérature et de la biographie musicale en France, par d'Ortigue. 8 p. — La liberté de la Musique. 70 p., s. l. n. d. (18e siècle).

Extrait. — Lettres musicales par M. A. Gromier. 1863, 69 p.

18946. Musique. 3 opusc. in-8 et in-4.   4 fr.

Le culte de la Musique à Nîmes. Le théâtre et les concerts pend. 50 ans. Souvenirs d'un amateur, par Ch. Liotard. Nîmes, 1882, 115 p. — Rapport et arrêtés pour l'établissem. en France d'un diapason musical uniforme. 1859, 35 p. in-4. — La musique instrumentale au point de vue de l'hygiène et la création des orchestres féminins, par Alph. Sax. 1865, 90 p.

18947. Rédarès. Etudes historiques et philosoph. sur les trois grades de la maçonnerie symbolique. 1859, in-12, de 376 pag., br.   1 fr. 50

18948. Ordre maçonnique de Misraïm (De l') dep. sa creation jusqu'à nos jours, de son antiquité, de ses luttes et de ses progrès, par Marc Bédarride. 1845, 2 vol. in-8, portr., br.   4 fr.

Livre curieux à plus d'un titre. L'auteur de cet ouvrage fait remonter la Franc-Maçonnerie au déluge et prétend que l'Ordre de Misraïm, dont il s'intitule grand-maître et qu'il a créé de toutes pièces avec 99 degrés, vient de l'antique Egypte, d'où il lui a été transmis.

18949. Missel de J. Juvénal des Ursins, cédé à la ville de Paris en 1861, par A. F. Didot. 1861, in-8 de 56 pag., br.   4 fr.

Cette notice a maintenant un intérêt d'autant plus grand que le précieux manuscrit dont il est fait mention et qui contient des vues de monuments du vieux Paris, n'existe plus et a été anéanti dans l'incendie de l'Hôtel-de-Ville pendant la Commune.

18950. Académie des Sciences (Histoire et mémoires de l') dep. son établissement jusqu'en 1790. Paris, 1701 et suiv., 171 vol. in-12, fig., v. m., fil.   35 fr.

18951. Poetæ Græci principes tragici, comici, lyrici, epigrammatarii, nunc primum græce et latine in unum redacti corpus. Coloniæ Allobrog., 1614, 2 tom. en 1 gros vol. in-fol., dem.-rel.   10 fr.

18952. Acute dicta omnium veterum poetarum latinorum opus edit ad usum S. ducis Guisii. 1664, in-12, v.   2 fr.

18953. Pindare (Les Olympioniques, Pythioniques, Néméoniques, Isthmioniques de), ou odes en l'honneur de ceux qui sont sortis victorieux des jeux olympiens, Pythiens, Néméens, Isthmiens, translatées du grec de Pindare, avec quelques petites notes sur la diction et intention de l'autheur pour la commodité de ceux qui sont amateurs de la langue grecque, par F. Marin, Champenois. 1617, in-8, frontisp. gravé, vél.   10 fr.

18954 Manuscrits de Cluni. Inventaire des manuscrits de la Bibliothèque Nationale, fonds de Cluni, par L. Delisle. 1884, in-8, br.   4 fr.

18955. Menagiana ou les bons mots et remarques critiques, histor., morales et d'érudition de Ménage. 1729, 4 vol. in-12, v. m.   20 fr.

On regarde avec raison, dit Brunet, le *Menagiana* comme un des meilleurs recueils en ce genre qui aient encore paru. Cette édition, qui est la plus complète, contient les *cartons* qui ont remplacé les passages modifiés ou supprimés. Il contient en outre tous les passages expurgatoires ou supprimés qu'on a placés à la fin de chaque volume, conformément à l'indication de Brunet.— Bel exemplaire de la collection Beaupré.

18956. Empire Ottoman (Hist. de l'état

présent de l'), conten. les maximes politiques des Turcs, les princip. points de la religion mahométane, ses sectes, ses hérésies et ses div. sortes de religieux, trad. de l'angl. de Ricaut, par Briot. Amst., Wolfgank, 1671, pet. in-12, titre gr., nombr. pl. gravé, v. f., fil. **3 fr. 50**

Cachet armorié sur le titre.

18957. Chine. Athan. Kircheri è Soc. Jesu China monumentis qua sacris qua prophanis necnon variis Naturæ ac Artis spectaculis aliarumque rerum memorabilium argumentis illustrata. Amstelod., 1667, in-fol., front. gravé, portr., cartes et nombr. fig. en taille-douce dans le texte, et hors texte, v. **15 fr.**

Ouvrage estimé sur la Chine et les Chinois. Bien conservé.

18958. Missions de Chine. Mgr Éd. Dubar, de la Comp. de Jésus, évêque de Canathe, et la mission catholique du Tchehy-sud-est, en Chine, par Dom F.-X. Leboucq. S. d. (1879), in-8, portr. et fig. br. **3 fr.**

Envoi signé par l'auteur, qui se nomme L.-B. *Didierjean*.

18959. Itinerarium Germaniæ, Galliæ, Angliæ, Italiæ scriptum a Paulo Heutznero. Breslæ, 1617, pet. in-4, de plus de 400 p., dem.-rel., bas. anc. **25 fr.**

Ces anciens itinéraires, vrais guides des voyageurs de l'ancien temps, sont rares et contiennent d'intéressants détails de mœurs pris sur le vif. Paul Heutzner était un jurisconsulte Silésien qui fut chargé de faire voir le monde à un jeune seigneur de son pays, le comte Rehdinger. Il tient son journal de voyage comme un registre de comptabilité, colonne de gauche, les dates, les étapes, les repas, colonne de droite, les distances, entre les deux un précis historique, suivi des choses vues disposées par numéro d'ordre. Le voyage, coupé par de longs séjours dans les villes principales de Suisse, de France, d'Angleterre, d'Allemagne et d'Italie, dura 4 ans, de 1596 à 1600. C'est en 1598 que Heutzner visite la France. De Genève il passe à Lyon et de là entreprend un voyage circulaire par Avignon, Montpellier, Bordeaux, Orléans, pour arriver à Paris. Heutzner donne quelques détails sur les principaux monuments de la capitale, les églises, les portes, les ponts, relève des inscriptions et raconte entre autres choses qu'il a vu place St-Antoine, à l'auberge de l'Ours Noir, un homme-phénomène, François Trouillu, originaire du Maine, qui avait une corne comme un bélier au milieu du front et la peau comme un loup. Il a visité la Bastille, le Louvre où se trouvait Henri IV, l'hôtel de la Reine, ancienne résidence de Catherine de Médicis devenue la propriété de Catherine de Bourbon, sœur du Roi. Il assiste au dîner de cette princesse et nous apprend qu'à la fin du repas elle se rinçait la bouche avec du vin qu'elle rejetait dans un bassin d'argent fermé par un couvercle à claire-voie. De Paris, les voyageurs descendent la Seine jusqu'à Rouen et s'embarquent à Dieppe pour l'Angleterre. Le voyage dans ce pays n'est pas moins curieux. Heutzner parle de théâtres très fréquentés dans les faubourgs de Londres où des acteurs anglais jouaient chaque jour des comédies et des tragédies. C'est précisément l'époque à laquelle les pièces de Shakespeare en vogue étaient représentées dans le faubourg de Southwark. Il y avait aussi des cirques où l'on dressait des chiens à combattre des taureaux et des ours. Dans tous ces théâtres on fumait dans des pipes en argile l'herbe de Nicot, appelée par les Américains tabac ou pétum.

18960. Mercure de Vitt. Siri conten. l'hist. génér. de l'Europe dep. 1640 jusqu'en 1655, trad. de l'ital. par Requier. 1756-1759, 18 vol. in-12, v. m. **30 fr.**

Ouvrage rare et recherché. — Bel exemplaire.

18961. Chevalier (Nic.). Remarques sur la pièce antique de bronze trouvée depuis quelques années aux environs de Rome et proposée ensuite aux curieux de l'antiquité pour tâcher d'en découvrir l'usage av. une description de la chambre des raretez de l'auteur. Amsterd., Abr. Wolfgang, 1694, in-12, frontispice et 13 planches dont 3 se déployant, grav. à l'eau-forte par Schoonebeck et Van Vianen, v. m. **5 fr.**

Nicolas Chevalier, antiquaire français, né à Sedan d'après Quérard, se réfugia en Hollande à la suite de la révocation de l'Édit de Nantes. De 1692 à 1717, il a publié soit à Amsterdam, soit à Utrecht, divers ouvrages ou dissertations estimés. Le présent volume contient la description de son cabinet de curiosités avec huit planches qui en représentent les différentes pièces. La première donne une vue de la bibliothèque de l'auteur.

18962. Appian Alexandrin, historien grec, des guerres des Romains, livres XI, trad. de grec en françois par feu Maistre Claude de Seyssel, premièrement evesque de Marseille et depuis archevesque de Thurin, plus y sont adjoustez deux livres nouvellem. trad. de grec en françois par le Seigneur d'Avenelles. Paris, Abel l'Angelier, 1580, in-8, rel. pleine en mar. rouge du Lev. à nerfs, dos orné, fil., large dent. s. les plats, dent. inter., tr. dor. (Chipot). **16 fr.**

18963. Ausonii (D. Magni) Burdigalensis opera, Jac. Tollius recensuit cum notis variorum. Amstelod., Blaeu, 1671, in-8, vél. anc., fil. **4 fr.**

Bonne édition, très complète. Elle contient le poème de la Moselle et le *Cento-Nuptialis* sans suppressions.

18964. Bordeaux pendant la Fronde. 1649-51. — 7 pièces in-4. **8 fr.**

Arrest port. que les habitans de Bregerac (sic), Ste-Foy, Montflaquin, Marmande et autres, seront informez des oppressions qu'ont souffert les habitants de Bourdeaux depuis 8 mois, par l'ordre du duc d'Espernon. Bourdeaux, 1649, 4 p. — Le second courrier Bourdelois apportant la délibération prise au Conseil de guerre pour l'attaque du chasteau Trompette. 1649, 7 p. — La Guyenne victorieuse aux pieds de M. le Prince de Condé. La ville de Bordeaux, par V. L. R. M. L. P. B. E. A. (pièce de vers). S. d., 8 p. — Le remerciement des Bourdelois au Roy, sur le sujet de la paix. 1650, 8 p. — Reconnoissance des Bourdelois obligez à M. le Marquis de Lusignan, par G. Gay, prestre bourdelois, avec la response du mesme sieur Marquis. S. d. (1651), 7 p. — Articles de l'union de l'Ormée en la ville de Bordeaux. S. d., 4 p. — Harangue faite au Parlement de Bourdeaux sur la présentation des lettres de M. le Prince pour le gouvernement de Guyenne. 1651, 16 p.

18965. Evangéliste de la Guyenne (L'), ou la descouverte des intrigues de la Petite Fronde dans les négociations et les mouvemens de cette province, dep. la détention de MM. les Princes jusqu'à présent. 1652. (Réimprimé en 1872), broch. in-8. **1 fr. 25**

Réimpression à 100 exempl. d'une pièce fort rare, éditée par les soins et aux frais de M. de Cosnac.

18966. Bordeaux. 25 pièces in-8. **10 fr.**

Très humbles et très respectueuses remontrances adressées au Roi par les trois Ordres de la ville de Bordeaux sur la violation des privilèges de lad. cité. 1788, 20 p. — Tableau alarmant de la ville de Bordeaux, par un négociant. Neufchatel, 1788, 32 p. — Instruction pastorale de l'archevêque de Bordeaux. 1792, 23 p. — Jugement du Conseil de guerre assemblé au Château-Trompette de Bordeaux qui condamne le soldat Lorange aux galères perpétuelles pour avoir tenu des propos faux tendans à occasionner une émeute générale. 1789, 8 p. — Disc. de l'un des gentilshommes de Bordeaux à l'assemblée de la noblesse de la sénéchaussée de Guienne. 1789, 15 p. — Correspondance de la municipalité de Toulouse avec celle de Bordeaux pour le pacte fédératif. Toulouse, 1790, 14 p. — Adresse de la Garde Nation. Bordelaise à l'Assembl. Nat. S. d., 3 p. — Plan provisoire pour la formation des regimens patriotiques de Bordeaux. 8 p. — Ordre du 16 au 17 mai 1790 pour le départ des détachemens de la Garde Nation. de Bordeaux pour aller à Montauban. Bordeaux (1790), 4 p. — Etc., etc.

18967. Bordeaux. 2 pièces de théâtre, in-8. 3 fr.

La veuve de Bordeaux et ses quatre enfants, fait historique, par Maillot de St-Igny. Bordeaux, 1788, 31 p. — L'Anglois à Bordeaux, comédie en un acte et en vers libres, par Favart. 1770, 40 p.

18968. Guyenne. 4 pièces ou opusc. in-4.' 6 fr. 50

Prospectus de l histoire génér. de Guyenne, par des religieux Bénédictins. 1755, 16 p. — Règlem. du Conseil concern. l'administration provinciale de la Haute-Guyenne. 1782, 6 p. — Avis sur les moyens de suppléer à la disette des fourrages et de pourvoir à la conservation des bestiaux dans la province de Guyenne. Bordeaux, 1785, 44 p. — Tableaux synoptiques d'une chronique de la Guienne de l'an 1er de Jésus-Christ à 1600, par P.-J. Danduran, instituteur. Marmande, 1850, 54 p.

18969. Guyenne. Le départem. de la Gironde. 11 pièces et broch., la plupart in-8. 6 fr. 50

Le peuple de la Guienne, au Roi. S. d. (vers 1790), 12 p. — Vues historiques sur l'Aquitaine, ou lettres de Mme Al. de *** à Mme la comtesse de W***. S. l., n. d. (vers 1820); 209 p. (Ouvrage qui ne paraît pas avoir été terminé). — Le duc Gombaud, évêque de Gascogne, fondateur du monastère de la Réole-sur-Garonne en 977, et le duché de Gascogne au xe siècle, par J. de Bourrousse de Laffore. Agen, 1877, 50 p. — Notice histor. et archéolog. sur l'ancien prieuré de Cayac, près de Gradignan (Gironde), par F. Leroy. Bordeaux, 1840, 44 p. et 1 pl. — Segondignac, par Ch. Des Moulins. Bordeaux, 1863, 15 p. — Mandement de l'évêque de Bazas. Bordeaux, 1789, 4 p. — Notice sur le bourg, l'église d'Uzeste et le tombeau de Clément V, qu'elle renferme, par l'abbé S. Fauché. Bordeaux, 1866, 17 p. — Relation de la bataille de Coutras (oct. 1587). S. l., n. d., 9 p. (Extr.). — Le départem. de la Gironde (géographie, hisr., administ. et statistiq., par V.-A. Malte-Brun, 32 p. (avec cartes et grav.). — Etc., etc.

18970. Dordogne. 7 pièces imprimées et manuscrites in-8 et in-4. 7 fr. 50

Acte d union souscrit par tous les citoyens de Périgueux et de la province de Périgord. 4 p. ms. — Liste des électeurs du départem. de la Dordogne nommés en exécution de la loi du 29 mai 1791. Périgueux, 27 p. — Disc. prononcé à l'assemblée élector. du départem. de la Dordogne, le 19 juillet 1790, par de Jumilhac. 1790, 2 p. — Adresse des administrateurs de Dordogne aux citoyens chargés des fonctions publiques, et autres citoyens. 1790, 3 p. — Poésies légères composées à 12, 13 et 14 ans, par J. Rambaud, élève de MM. Goubie et Bois, au pensionnat d'Eymet (Dordogne), publiées par son père. 1829, 14 p. — Mémoire de la municipalité de Cauze (1790), 7 p. In-fol. ms. — Etc., etc.

18971. Périgord 2 pièces. 5 fr.

Fragments d'un ouvrage sur l'esprit des lois pénales, par L. Meyjounissas, maire de Bourdeille. Périgueux, de l'imprimerie des Amis de la Constitution et de M. l'évêque. 1791, 18 p. — Discours de L. Meyjounissas (manuscrit in-folio de 6 p).

18972. Périgord. Clergé. 6 pièces in-4. 8 fr.

Mandem. de l'évêque de Périgueux qui ordonne des prières publiques pendant la tenue des Etats-Généraux. (1789), 7 p. — Lettre pastor. de l'évêque constitutionnel de la Dordogne à tous les pasteurs constitutionnels du départ. et à tous les prêtres. Périgueux (1791), 4 p. — Adresse aux fidelles du départem. de la Dordogne, de la part de l'évêque constitutionnel, et principalement aux pasteurs, pour être lue au prône. (1791), 11 p. —

Lettre de Linarès, supérieur des missionnaires de Périgueux, à l'évêque constitutionnel, suivie de la réponse de l'évêque à Linarès. Périgueux, 7 p. — Réponse à toutes les adhésions de Flamarens (ci-dev. évêque de Périgueux). Périgueux (1791), 40 p. — Extr. des registres du direct. de la Dordogne (relat. aux menées du clergé anti-constitutionnel). 1791, 20 p.

18973. Périgueux. Révolution. 6 pièces in-4. 12 fr.

Discours prononcé par P.-E. Pipaud, au nom de la Société des Amis de la Constitution, établie à Périgueux, dans sa séance publique du 6 mars 1791. S. d., 7 p. — Adresse du conseil des communes de Périgueux aux comités des villes, bourgs et villages de la province. 3 p. — Adresse de la garde nationale de Périgueux à l'Assembl. Nationale. 4 p. — Aux administrateurs de la Dordogne. Périgueux, s. d., 31 p — Extrait des registres des délibérations de la Société des Amis de la Constitution, établie à Périgueux. Limoges, s. d., 21 p. — Mémoire adressé aux administrateurs du dép. pour les volontaires à cheval de la garde nationale de Périgueux. S. d., 8 p. Et réponse à ce mémoire. 8 p.

18974. Pline. Histoire naturelle, trad. en franç. av. le texte latin, accompagn. de notes critiq. et observat. (par Poinsinet de Sivry, A.-G. Meusnier de Querlon, J.-E. Guettard et autres). 1771-82, 12 vol. in-4, v. marbr. 20 fr.

18975. Botanique, curiosités de la végétation . broch. in-8. 6 fr.

Réflex. sur le sommeil des plantes, par Pierquin de Gembloux. Châteauroux, 1839, 11 p. — Notice histor. sur la Pépinière du Roi au Roule, par Aubert du Petit-Thouars. 1825. 30 p. — Influence présumée de la rotation de la terre sur la forme des troncs d'arbre, par le Dr Ch. Musset. Toulouse, 1868, 44 p. — Rondelet et ses disciples ou la botanique à Montpellier au xvie siècle, appendice par J.-E. Planchon et G Planchon. Montpellier, 1866. 43 p. — La botanique, la conchyliologie et la géologie dans le Midi de la France, 1835-1858, par C. Roumeguère Toulouse, 1859, 52 p.

18976. Algèbre de Viete, d'une méthode nouvelle claire et facile, par laquelle toute l'obscurité de l'inventeur est ôtée et ses termes pour la plupart inutiles changez ès termes ordinaires des artists (*sic*), dédié à M. Cl. Bouthillier, surintendant des finances de France (par James Hume, Ecossais). 1636, in-8, vél. 10 fr.

Le privilège est accordé à l'Ecossais Jacques Hume, l'auteur du livre.

18977. Droits du Sceau (Tarif des), tant de 1672, 1674 et 1691, que de l'augmentation de 1704, réunis par une même taxe, y compris les droits des signatures qui seront taxés par une seule et même taxe suivant le nombre des impétrans, à commencer du 4 avril 1704 en exécution de l'édit du mois de mars de la même année ; ensemble les droits de l'honoraire établi. In-8, vél. 25 fr.

Joli manuscrit, calligraphié sur vélin, du commencement du xviiie siècle.

18978. Mines. La législation minérale sous l'ancienne monarchie, recueil méthodique de lettres-patentes, édits, ordonnances, déclarations, arrêtés du Conseil d'Etat, du Roi, du Parlement et de la Cour des Monnaies, concernant la législation minérale, par Lamé-Fleury. 1857, in-8 de 240 p. 8 fr.

Ouvrage d'actualité à notre époque, où les grèves des mineurs sont si fréquentes et prennent les proportions d'un événement politique. Réunions des plus curieuses lois, presque inconnues, concernant cette industrie. L'ouvrage débute par l'ordonnance de 1413 accordant la mine aux mineurs, moyennant l'impôt d'un dixième. Viennent ensuite des lettres de concessions particulières, des arrêts spéciaux réglant l'exploitation des mines du Béarn, Navarre, Languedoc et Roussillon. — Réglementation de l'extraction du charbon de terre en Nivernais et en Auvergne. — Règlement sur l'extraction de la tourbe. — Création d'huissier des mines. — Indications historiques sur le personnel des mines depuis le xvᵉ siècle. — Etc., etc.

18979. Métaux dans l'antiquité (Les), origines religieuses de la metallurgie ou les Dieux de la Samothrace représentés comme métallurges d'après l'histoire et la géographie, l'histoire du cuivre et de ses alliages, par J.-P. Rossignol. 1863, in-8 de 392 p., br. 4 fr.

Excellent livre. — Chercheur acharné, doublé d'un véritable savant, l'auteur cite, explique et commente les premiers textes métallurgiques des écrivains grecs et romains. — Détails inédits sur l'alliage des métaux. — Origine du laiton et de l'électrum. — Premières armes fabriquées avec le métal. — Commerce de l'ambre jaune. — Antériorité du cuivre sur le fer. — Usage des fondants variés dans la fonte du fer. — Origine de la trempe. — Précautions des premiers métallurgistes sur le secret de leurs travaux.

18980. Mathieu Paris, Matthæi historia major (Angliæ), juxta exemplar Londinense 1571, verbatim recusa et cum Rogeri Wendoveri, Wuill. Rishangeri authorisque majori minorique historiis chronicisque Mss. collata. Huic primum editioni accesserunt duorum Offarum Merciorum regum et XXIII abbatum S. Albani vitæ editore W. Wats, qui et variantes lectiones, adversaria, vocumque barbar. glossarium adjecit. 1644, in-fol., v. fauve, fil. 15 fr.

18981. Moyen-Age. Histoire. 7 opusc. et broch. in-8 et in-4. 12 fr.

Des sociétés taisibles au moyen-âge, comparées au mouvement coopératif actuel, par H. Rozy. Toulouse, 1865, 20 p. — On the political condition of the English Peasantry during the Middle Ages, by the Wright. London. 1843, 40 p. — L'otage conventionnel, d'après des documents du Moyen-Age, par Lefort. 1874, 28 p. — Les Barbares, Byzance et Rome, par Ch. Muller, Dʳ. Genève, 1839, 133 p. — Le Pagus aux différentes époques de notre histoire, par Alf. Jacobs. 1859, 32 p. — Une alliance défensive au xiiᵉ siècle, par G. Saige. 1861, 12 p, — Vue du xiiiᵉ siècle, par J. d'Argis. 1876, 52 p.

18982. Ordre de Malte. 8 broch. in-8 et in-4. 6 fr.

Mémoire de l'ordre de Malte, par le bailli de Guiran La Brillanne. 1789, 35 p. — Second mémoire de l'ordre de Malte, sur la propriété de ses biens. 1789, 24 p. — A la nation et à ses représentants, pour le plus ancien et le plus utile de ses alliés. 1790. 30 p. — Précis sur l'ordre souverain de Malte, à l'Assemblée Nationale. 1790, 8 p. — Développement de la motion de Camus relativement à l'ordre de Malte. Imprimé par ordre de l'Assemblée. S. d., 46 p. — Première suite du développement de la motion de M. Camus, relativem. à l'Ordre de Malte, etc. S. d., 19 p. — Réclamation de l'Ordre souverain de S. Jean de Jérusalem, adressée au Roi de France et aux 2 Chambres, dans l'intérêt général de l'Ordre et dans l'intérêt particulier des trois langues françaises (2 pièces, 1815-16), 15 et 29 pages. — Ordre souverain des Hospitaliers réformés de St-Jean, Jérusalem, Rhodes et Malte. Organisation de son premier convent en France, par G. Bardy. 1859, 15 p.

18983. Maison d'Auvergne (Histoire généalogique de la), justifiée par chartes, titres et histoires anciennes et autres preuves authentiques, enrichie de plus. sceaux et armoiries par Christ. Justel. 1645, in-fol., avec armoiries gravées dans le texte, v. f., fil. 50 fr.

18984. Art de vérifier les dates (L') des

faits historiques, des chartes, des chroniques et autres anciens monumens, édit. revue par un religieux Bénédictin de la Congrég. de S. Maur (par D. Franç. Clément). 1770, in-fol., v. éc., fil. 20 fr.

18985. Diplomatique (Nouv. traité de), où l'on examine les fondemens de cet art, les reigles sur le discernement des titres, les caractères des bulles pontificales et des diplômes, etc., par deux religieux Bénédictins (Dom Tassin et Dom Toustain). 1750-65, 6 vol. in-4, av. nombr. pl. grav. de diplômes et de chartes, v. fauve. (Rel. ancienne). 90 fr.

Bel exemplaire.

18986. Lyon. 16 pièces et broch. in-4 et in-8. 7 fr. 50

Etablissement de la monarchie tempérée à Lyon, à la fin du vᵉ siècle, par Valentin-Smith. 1863, 13 p — Enquête faite en 1556 concern. les bornes du Franc-Lyonnois, qui s'étendent jusques aux murs de Lyon, et où le bourg de Cuire, la Croix-Rousse, est renfermé dans son entier. Lyon, 1714, 27 p. — Disc. sur l'amour du bien public, prononcé dans l'hôtel de ville de Lyon par J.-F. Cochu le fils. Lyon. 1763, 31 p. — Edit qui décharge la ville de Lyon de l'établissem. du doublement des octrois et sur-octrois qui se perçoivent dans lad. ville. 1711, 4 p. — Arrêt pour concéder à l'Hôtel-Dieu de Lyon le bénéfice des croupiers et autres intéressés inutiles dans la ferme des octrois de lad. ville. 1779, 4 p. — Mémoire pour Ch. Cureau, échevin perpétuel de la ville du Mans, demeurant à Lyon, contre Séb. Moulong, ancien chevalier du guet de Lyon, et Jos.-Mich. Dian, négociant à Lyon (dette hypothécaire sur une maison et propriété située sur les bords de la Saône, dans le faubourg de Serin, appelée : le petit Trianon). 1775, 52 p. — Voyage dans le département du Rhône, par J. Lavallée. An IV, 74 p. (av. carte et grav.). — Etc.

18987. Lyon. 6 broch. et pièces in-4 et gr. in-8. 7 fr. 50

Notice topograph. sur Lyon, par Breghot du Lut et Péricaud. Lyon, 1838, 24 p. (tiré à 25 exempl. seulem.). — Le plan scénographique de Lyon au xviᵉ siècle. S. d., 14 p. — Jugem. du tribunal de l'élection de Lyon concern. les privilèges des bourgeois de cette ville. Lyon, 1778, 8 p. — Ordonnance concern. le service de la garde bourgeoise. Lyon, 1777, 3 p. — Notice sur l'hôtel-de-ville de Lyon et sur les restaurations dont il a été l'objet, par T. Desjardins. Lyon, 1861, 44 p. — Mémoire de M. de Montribloud à l'assemblée des Notables de la ville de Lyon. 86 p.

18988. Lyon. 8 pièces et broch., divers formats. 7 fr. 50

Discours sur l'histoire de Lyon, par J.-B. Montalcon. Lyon, 1846, 24 p. gr. in-8. — L'homme ; discours contre les beaux esprits du siècle, prononcé à Lyon, dans l'église St-Laurent, le 17 juill. 1768, par le R. P. Louis-Fr. Châlons-Gauthier, religieux capucin. Lyon, 1768, 38 p. in-12. — Oraison doctorale, sur la Fidélité, pron. dans la grande salle de l'hôtel-de-ville de Lyon par Benoît Le Roy, écuyer, avocat en Parlement et aux Cours de Lyon, fils de noble Jean Le Roy, Seigneur du Molard, avocat en Parlement, ancien échevin de la ville de Lyon. 1757, in-4 de 50 p. (Ms. d'une bonne écriture). — Réponse de l'auteur des vœux des Lyonnais à celui de la feuille littéraire de Lyon. 1773, 16 p. — Notice sur Jehan Perréal, dit Jehan de Paris, par A. Péricaud l'aîné. 1858, 8 p. — De l'architecture religieuse à Lyon d'après q. q. constructions modernes, par Ch. Vays. Lyon, 1859, 16 p. — Etc.

18989. Lyon. 13 pièces in-4. 6 fr. 50

Lettres patentes conten. règlement pour l'administration de la ville de Lyon. 1764, 18 p. — Lettres pat. portant règlemᵗ entre les juridictions de la sénéchaussée et de la conservation de la ville de Lyon. Lyon, 1764, 4 p. — Arrêts du Conseil : Lettre et instructions du contrôleur général des finances pour l'apurement des comptes de l'administration municipale de Lyon Lyon, 1775, 27 p. — Lettres patentes en forme d'Édit concern. la ville de Lyon. Lyon, 1773, 16 p. — Lettres pat. pour le rétablissement des affaires dans la ville de Lyon. 1773, 16 p. — Etat des pensions viagères que le Roi consent, être acquittées par le receveur de la Ville de Lyon sur les produits de la caisse d'amortissement 1773, 8 p. — Lettres pat. portant établissement d'un bureau de nourrices à Lyon. 1780, 7 p. — Etc., etc.

18990. Lyon. 10 pièces in-4. 8 fr.

Edict port. règlement pour la juridiction civile et criminelle des Prévost, des Marchands et Eschevins, Président, juges gardiens et conservateurs des privilèges des Foires de la ville de Lyon. 1669, 18 p. — Edit qui ordonne que les contraintes par corps émanées de la juridiction de la conservation de Lyon seront exécutées dans tout le royaume. 1714, 4 p. — Lettres pat. port. à 6 années l'exercice du prévôt des marchands de Lyon. 1780, 3 p. — Arr. port. règlement pour le payement des lettres de change et tirées à jour certain sur la ville de Lyon, suivant l'usage immémorial de cette place, où les jours de grâce de l'Ordonnance de 1673 n'ont jamais eu lieu. 1726, 6 p. — Ordonnance de police concern. l'exercice du privilège exclusif pour les chaises à porteurs de la ville de Lyon. 1779, 5 p. — Ordonnance de police concernant la santé de la ville et faubourgs de Lyon. 1779, 12 p. — Ordonnance de police port. règlement pour l'exercice des vuidanges de la ville et fauxbourgs de Lyon. 1779, 10 p. — Etc., etc.

18991. Lyonnais. 9 pièces et broch. in-8 et in-4. 7 fr. 50

Procès-verbal du dép. du Lyonnois, Forez et Beaujolois. 1790, 40 p. — Extr. des registres conten. des rapports faits à la session générale du Rhône et Loire, du samedi 19 nov. 1791, après midi. 15 p. — Rapport fait par Dumollard sur les prévenus d'assassinats et de massacres commis à Lyon et dans le dép. de Rhône et Loire. An IV, 23 p. — Lettres pat. qui ordonnent la translation du grenier à sel de la ville d'Anse à Tarare. 1783, 4 p. — Q. q. prieurs de Tarare (par P. M. Côte). Lyon, 1868, 34 p. — Election d'un abbé de Savigny au XVe siècle, par Aug. Bernard. 16 p. — Excommunication de l'abbaye de Savigny au XIIIe siècle, par le même. Lyon, 1853, 16 p. — La fondation de la chartreuse de Sainte-Croix-en-Jarez, par Vachez. 15 p. — L'oratoire de Joach. de Mayol, prieur et seign. de Vindelle. 1871, 15 p.

18992. Lyon. Communautés d'arts et métiers. 7 pièces in-4. 6 fr.

Arrest par leq. Sa Majesté ordonne qu'il sera procédé, dans la ville de Lyon, à la vente des effets des corps et communautés de commerce, pour le produit en être employé à l'acquittement de leurs dettes, etc. 1776, 4 p. — Arrêt qui ordonne que les réceptions de nouveaux maîtres, faites dans les communautés de fabricans de bas et des boulangers de la ville de Lyon, dep. la publicat. de l'arrêt du 26 août dernier, seront et demeureront nulles, 1777, 2 p. — Arrêt du Conseil qui ordonne que les délais fixés pour l'admission des anciens maîtres dans les communautés créées dans la ville de Lyon, seront de nouveau prorogés jusqu'au 1er avril 1780. 1779, 2 p. — Déclaration du roi concernant les communautés d'Arts et Métiers dans la ville de Lyon. 1782, 16 p. — Etc., etc.

18993. Lyon. Police. 10 pièces in-4. 10 fr.

Jugement de police concern. les attroupements, les cafés, cabarets et billards. Lyon, 1778, 8 p. — Ordonnance de police qui porte que tous les chiens qui seront trouvés dans les rues le jour, sans avoir des colliers où les noms de leurs maîtres soient gravés, et la nuit sans être menés en lesse, seront assommés, etc. Lyon, 1763, 3 p. — Ordonnance de police concern. les domestiques. Lyon, 1778, 7 p. — Ordonnance de police concern. les serruriers, ouvriers travaillant à la forge, revendeurs et crieurs de vieilles ferrailles. Lyon, 1776, 4 p. — Ordonnance de police pour l'établissement d'un bureau pour les choses perdues. Lyon, 1777, 2 p. — Jugement de la sénéchaussée de Lyon, qui défend à tous marchands-fripiers, marchands juifs, colporteurs, etc., de ne rien recevoir en gages des

enfants de famille domestique, serviteurs et autres, sans l'aveu des parents et des maîtres, etc. 1778, 4 p. — Ordonnance de police concernant les garçons bouchers et les chiens par lesquels ils se font accompagner dans la ville. 1778, 2 p. — Etc.

18994. Lyon. Condamnations contre des cochers de voitures publiques. — 3 pièces in-4. 7 fr. 50

Jugement de police qui condamne le nommé Carra en l'amende et à la prison pour avoir fait galoper un cheval dans la rue et pour avoir insulté la garde bourgeoise. Lyon, 1776, 3 p. — Jugement de police qui condamne Jacques Vial, cocher, conduisant le fiacre sous le n° 23, en l'amende de 12 livres et à 8 jours de prison pour avoir injurié un citoyen de cette ville, voulant led. Vial exiger un salaire plus fort que celui qui lui était dû. 1776, 3 p. — Jugement de police qui, pour les excès commis par le nommé Matth. Morel, l'un des concessionnaires du privilège des fiacres et conduisant lui-même sa voiture, contre un citoyen, condamne led. Morel à 1 mois de prison, en 50 livres d'amende, en 100 liv. de dommages, applicables aux deux hôpitaux, lui fait défenses de conduire aucun carrosses de place pendant 6 mois, et de récidiver, sous plus grande peine; condamne Bressan, cocher de fiacre n° 5, à l'amende et à la prison pour menaces et propos injurieux. Lyon, 1776, 3 p.

18995. Lyon. Sentences de condamnations. 4 pièces in-4. 4 fr.

Sentence de la sénéchaussée de Lyon, qui condamne à être pendu en effigie, le nommé Philippe, commis, contumax, pleinement atteint et convaincu de vol domestique. Lyon, 1777, 3 p. — Jugements de police qui condamnent à différ. peines 3 mauvaises nourrices. Lyon, 1777, 6 p. — Jugement présidial qui condamne 15 ouvriers convaincus de violences et excès graves, avec attroupement et port d'armes, à être attachés pendant 3 jours à des poteaux, sur la place des Terreaux, et aux galères pour 9 ans. 1778, 7 p. — Etc.

18996. Lyon. 8 pièces et broch. in-4 et in-8. 7 fr. 50

Arrêt port. enregistrement des lettres patentes par lesq. les prévôts des marchands et échevins de Lyon sont autorisés à emprunter une somme de 600.000 livres pour la reconstruction du pont de l'archevêché, etc 1780, 7 p. — Ordonnance concern. le rétablissement du chemin dit des Etroits. Lyon, 1779, 6 p. — Délibérat. du corps municipal de Lyon qui ordonne une nouv. publication des règlements de police, concern. la salubrité de l'air, celle des comestibles et la santé des citoyens Lyon, 1791, 7 p. — Les anciens hôtels de ville de Lyon par R. de Valons. Lyon, 1882, 15 p. — Recherches histor. sur les greniers et fours publics de Lyon, par Perret de La Menue. Lyon, 1869, 24 p. — Projet de la création d'un musée histor. à Lyon, par Léopold Niepce. Lyon, 1874, 43 p. — Etc.

18997. Lyon. Spectacles. 5 pièces, la plupart in-4. 10 fr.

Notice sur les origines du théâtre de Lyon, mystères, farces et tragédies, troupes ambulantes, Molière, par Brouchoud. 6 p. (Extr.). — Ordonnance concern. la police qui doit être observée dans les spectacles. Lyon, 1777, 4 p. — Mémoire pour Michelle Poncet Destouches, directrice des spectacles de la ville de Lyon, contre Dame Guillermin, se disant propriétaire des privilèges desd. spectacles; de Bertholon, avocat, et de Bertrand et Montessuys, ses cessionnaires. (Vers 1778), 80 p. — Ordonnance concern. la police des spectacles. Lyon, 1776, 8 p. — Adresse de Fages, directeur des spectacles de Lyon, aux citoyens de cette ville. Lyon, 1790, 10 p.

18998. Lyon. Révolution. 13 pièces in-8 et in-4. 20 fr.

Procès-verbal de l'Assemblée des citoyens du Tiers-Etat de la ville de Lyon. 1789, 22 p. — Extr. des délibérations du comité des électeurs-unis de la ville et sénéchaussée de Lyon. 1789, 7 p. — Procès-verbaux de l'assemblée du district de la Pêcherie. 7 p. — Les administrateurs composant le direct. du département de Rhône-et-Loire. 1792, 8 p.

— Délibération du directoire du district de Lyon, port. proclamation de la nomination de tous les officiers et sous-officiers de la garde nationale du district. 1792, 99 p. — Société des Amis de la Constitution de Lyon. 4 p. — Procès-verbal des événements passés à Lyon les 29 et 30 mai 1793. 15 p. — Décret de la Convention nationale qui confisque les marchandises expédiées à Commune-Affranchie (ci-devant Lyon), et aux autres communes déclarées en état de rébellion. A Commune-Affranchie (1793), 3 p. — Les représentants du peuple, députés par la Convention Nationale, étant actuellement à Ville-Affranchie. Ville-Affranchie (1793), 6 p. — Eloge poétique des victimes du siege de Lyon, par A*** S***, de Lyon. Lyon, 1819; 20 p. — Etc., etc.

18999. Lyon. Clergé constitutionnel. 1791, 4 broch. in-12 et in-8. 5 fr.

Prônes civiques ou le pasteur patriote, par l'abbé Lamourette. 40 p. — Réquisitoire de Champagneux, substit. du procur. de Lyon, pron. le 28 janv. 1792, sur un écrit des Prêtres réfractaires tendant à renverser la Constitution. 16 p. — Lettre pastor. de l'évêque du Rhône-et-Loire, Métropolitain du Sud-Est, aux fidèles de son diocèse 16 p. — Instruction pastorale de l'évêque du Rhône-et-Loire au clergé et aux fidèles de son diotèse, 102 p.

19000. Lyon. Environs. 9 pièces in-4. 10 fr.

Arrêt qui déclare le bourg de Cuire-la-Croix-Rousse séparé et indépendant de Lyon, et comme tel exempt de tous droits d'entrée. 1776. 4 p. — Lettre d'un négociant de Lyon à son ami sur le projet de M. P. (Perrache), relativement aux moulins établis à la Quarantaine, 1769, 12 p. — Arr. cassant une sentence de siège de police de Sainte-Foix, qui implique aux réparations les plus urgentes de la ville une amende de 200 l. prononcée contre deux particuliers. 1776. 6 p. — Arrêt qui proroge pendant 10 ans la perception du droit de péage de l'Isle-Barbe. 1779, 4 p. — La bataille de Métrieux, épisode des guerres de religion dans le Lyonnais (9 déc. 1587), par Vachez. 1865, 23 p. in-8. — Arrest du Grand Conseil pour les habitans du hameau de la Chicotière, paroisse de Dommartin, contre les abbesse et religieuses de l'abbaye roy. de la Bénisson-Dieu. 27 mars 1762, 15 p. — Mémoire pour Jos. Orsel, négociant à Lyon, contre les recteurs et administrateurs du bureau de St-Charles (procès au sujet d'un chemin et d'une fontaine dépendant d'un domaine situé dans la paroisse de Cuire en Franc-Lyonnais). 1762, 52 p. — Précis pour le Sr Ange Teterel, marchand fabricant en bas de soie à Lyon, contre de Cantarel, Sr de Dommartin (au sujet d'un domaine appelé Domaine Besson). 1776, 9 p.

19001. Flamang (Maistre Guill.), chanoine de Langres. La vie et passion de Monseigneur Sainct Didier, martir et evesque de Lengres, jouée en ladicte cité l'an Mil cccc iiii xx et deux, publ. pour la prem. fois d'après le ms. unique de la Biblioth. de Chaumont par J. Carnaudet. 1855, in-8, br. 5 fr

Mystère dramatique des plus curieux, représenté à Langres en 1482 par une confrérie de pénitents. On y compte 116 acteurs. En suivant pas à pas les développemens scéniques de ce drame, on voit que les pièces modernes qui visent au fantastique sont distancées par l'œuvre du dramatiste du xve siècle. Tour à tour jovial et sérieux, le chanoine de Langres sait railler avec finesse et dogmatiser dans un langage trivial et quelquefois obscène, afin de se mettre à la portée du bas peuple. Il parle fêtes et plans de campagne; il joue du galoubet et de la trompette guerrière. Il fredonne la chansonnette et entonne un hymne de guerre. Le ciel, l'enfer, les Langrois, les Romains, les Vandales, tout est mis en scène. Divisé en trois journées, ce mystère comporte plus de mouvement et d'action que de paroles.

19002. Port-Royal (Les constitutions du monastère de) du S. Sacrement (par la Mère Agnès Arnauld, la Mère Euphémie Pascal et la Sœur Gertrude). Mons, Gasp. Migeot (Amsterdam, Dan. Elsevier, à la Sphère), 1665. Pet. in-12, titre rouge et noir, v. br. 5 fr.

19003. Paresse (Traité de la) ou l'art de bien employer le temps, en forme d'entretien (par Ant. de Courtin). Amsterdam, Abrah. Wolfgang (au Quærendo), 1674. Pet. in-12, vél. 5 fr.

Ouvrage bien écrit, dans lequel on trouve des idées curieuses. Extrait de la table des chapitres : Abus des ruelles et des toilettes. — Définition de la Paresse. — Sommeil paresseux. — Travail et peines inutiles des occupations paresseuses. — Gens qui passent leur vie à jouer. — Gens qui passent leur vie à faire des visites. — Gens qui passent leur vie à inventer des habits, des modes et des emmeublements (sic). — Gens qui passent leur vie à troquer. — Gens qui passent leur vie sur les livres ou à en faire. — Gens qui passent leur vie à faire les amoureux. — Gens d'église mal occupez. — Abus que les paresseux font de leurs domestiques. — Etc.

19004. Littérature du Moyen-Age. La vie de Sainte Enimie von Bertran von Marseille in Provenzalischer sprache, herausgegeben von C. Sachs. Berlin, 1857, pet. in-8, br. 4 fr.

Poème en langue provençale composé par le troubadour Bertrand, de Marseille, et publié d'après le manuscrit unique de la Bibliothèque de l'Arsenal, à Paris. Cette édition est précédée d'une excellente préface en allemand de l'éditeur. Une traduction française est jointe à l'exemplaire.

19005. Belleforest, Commingeois. Discours des présages et miracles advenuz en la personne du Roy Charles IX et parmy la France dès le commencement de son règne. 1568, pet, in-8, couv. en pap. 10 fr.

Un des plus rares opuscules de François de Belleforest.

19006. Doni. La Fortuna di Cesare tratta da gl' autori latini. Vinegia, 1550, pet. in-8, av. jolies initiales historiées, couv. en pap. 3 fr. 50

19007. Patois toulousain. Las Regiouns de Cèl d'Augusto Abadie, traduction del frances en toulousain, e ount es mes, por fa plase à toutis, la Canson del Printens del mémo aoutou. Berlin, 1882, pet. in-8, gothique, titre rouge et noir, br. 3 fr.

Ce petit volume contient une préface en français sur la langue toulousaine, dans laquelle se trouvent expliqués le son des lettres de l'alphabet toulousain et leur prononciation. — Tiré à très petit nombre et imprimé sur papier de Hollande. — Non mis dans le commerce.

19008. Juif errant (Les grandes prophéties du Sieur de Montagne, autrement nommé le), qui est un homme qui a fait 44 fois le tour du monde, dans lesquelles on y verra quelles sont les parties du Monde, la grandeur des Etoiles, le nombre et la grandeur de toutes les planettes, le nombre de lieués que fait le Soleil et la Lune par chaque heure, la manière dont se forment les éclipses du Soleil et de la Lune, ce qui engendre l'arc-en-ciel, les nuées, la pluye, la grêle, les brouillards; la gelée blanche, la profondeur de la mer et celle de la terre et le prix des grains. boissons et autres marchandises. A Selon (Salon-en-Provence), chez Louis Luciot (1722). Pet. in-12, cart.., dos de vél. 15 fr.

Opuscule fort rare.

19009. Marseille (Déclaration du Roy pour la tenue des grands jours à) durant trois annees consécutives et après de trois ans en trois ans, ensemble les lettres de Sa Majesté envoyées à MM. de la Cour de

Parlement pour l'exécution de lad. déclaration. Aix, J. Tholosan, 1628, pièce pet. in-8, cart. 5 fr.

Pièce rare ; l'exemplaire est non rogné.

19010. **Maroquin rouge** (Couverture en) aux armes d'un cardinal, fil., dent., sans titre au dos, n'ayant que l'épaisseur d'un cahier et pouvant être transformée en portefeuille ou servir à remboîter une plaquette imprimée. 6 fr.

19011. **Forêts de la France** (Les) dans l'antiquité et au moyen-âge ; nouveaux essais sur leur topographie, leur histoire, etc., par Alfr. Maury. 1856, in-4, br. 8 fr.

Recherches intéressantes.

19012. **Archéologie égyptienne.** Laur. Pignorii Mensa Isiaca qua Sacrorum apud Ægyptios ratio et simulacra subjectis tabulis æneis simul exhibentur et explicantur. Amstelod , 1669, in-4, front. gravé et fig. d'antiquités égyptiennes se déployant, v. br. 4 fr.

19013. **Hussenot,** de Nancy. Pièces le concernant. 6 fr.

Louis-Cincinnatus-Séverin-Léon Hussenot, docteur-médecin à Nancy, peut être rangé parmi les fous littéraires. Il avait inventé le *Système de la traduction inouïe, sans points ni virgules*, dont il donne un échantillon dans une feuille volante imprimée (4 pages in-4°), qu'il intitule : « *Provinciales par le Dr Hussenot, interdit* », et qui est datée du 9 juin 1842. — Ce dossier, formé par feu M. Gillet, magistrat-bibliophile de Nancy, se compose des *Provinciales* précitées, d'une autre brochure imprimée ayant pour titre : *Traductions par Hussenot*, 25 juin 1844 (32 pages) ; *Jugement rendu dans la cause d'entre Mme Hussenot contre son fils par le tribunal de Nancy*, le 9 mars 1842 (4 pages imprim.) ; une page en épreuve sur papier rose d'une des élucubrations du personnage ; lettre de faire-part de Hussenot ; ses cartes de visite avec la mention en lettres dorées : *Interdit par le tribunal de Nancy le 9 mars 1842.*

19014. **Corneille** (Pierre). Meslanges poétiques. Paris, P. Targa, 1632, pet. in-8, couv. en pap. 15 fr.

ÉDITION ORIGINALE très rare des poésies diverses de Pierre Corneille Elles sont imprimées avec un titre particulier, mais avec une pagination suivant *Clitandre*, première pièce imprimée de l'illustre auteur. Corneille n'était pas encore assez connu pour que cette pièce parût seule, sans être accompagnée de quelques odes, sonnets et madrigaux, afin de grossir le volume. On y joignit même les *Bocages de La Charnays* (Nivernais) au nom duquel le privilège fut accordé et qui suivirent les vers de Corneille afin de faire plus de diversité. Une table manuscrite des pièces de ces deux auteurs est jointe à l'exemplaire.

19015. **Fenestella** (L.) de Magistratibus, Sacerdotiisque Romanorum ; Pomponius Lætus, itidem de Magistratibus et Sacerdotiis et præterea de diversis legibus Romanorum. Parisiis, ex officina Reginaldi Calderii et Claudii ejus filii, 1547. Pet. in-8, dem.-rel., vél. bl. 3 fr. 50

Ce volume porte sur le titre la marque de Simon de Colines gravée par Geofroi Tory, est imprimé avec les beaux caractères italiques de de Colines qui étaient passés après la mort de ce dernier dans l'atelier des Chaudière.

19016. **Bibliophile Champenois** (Recherches bibliographiques en forme de dictionnaire sur les auteurs morts et vivants qui ont écrit sur l'ancienne province de Champagne ou Essai d'un Manuel du), par Aug. Denis. Chalons-sur-Marne, 1870, gr. in-8, à 2 col., br. 5 fr.

19017. **Champagne.** Essais historiques sur

Rilly-la-Montagne (par Lacatte-Joltrois). Reims, 1830, in-8, br. 3 fr.

19018. **Semur** (Rapport fait aux sections de la Commune de) en exécution de leurs délibérations des 10 et 20 pluviôse l'an 3 de la République française. Semur, de l'imprimerie de Defay (1794), in-8, de 79 p., couv. en pap. 10 fr.

Les impressions faites à Semur à l'époque de la Révolution sont très rares. Celle-ci a un intérêt historique réel, c'est le relevé officiel des attentats et des crimes commis par les Terroristes à Semur et dans la région.

19019. **Coutances** (Auteurs de). Clarissimi viri Bernardini Maizardii Constantiensis presbyteri doctoralis inauguratio sub auspiciis et patrocinio illustriss. viri Lud. Boucheratii Galliarum cancellarii præside Mich. de Loy antecessorum primicerio, comite et syndico. S. l. (Cadomi), 1690, in-12, de 46 p., cart. 3 fr.

19020. **Histoire nobiliaire** (Revue d') et d'archéologie héraldique, publ. par L. Sandret. 1882, 6 livraisons formant 1 vol. gr. in-8 de près de 600 pag. 10 fr.

Tout ce qui a paru de cette Revue, formant l'année complète. Elle fait suite à la *Revue Nobiliaire* et ce complément est devenu rare. On y trouve nombre d'articles intéressants tels que ceux-ci : Epigraphe héraldique de deux cantons de la Nièvre. — Lettre d'anoblissement de deux soldats. — L'ordre de St-Michel. — Domaine de Calais. — Usages nobiliaires. — Le Marquisat de Bréval. — Lettres inédites d'Henri IV à M. de Pierrefitte. — Montre d'Olivier Du Guesclin. — Chevillard et son Nobiliaire de Champagne. — Les cabinets d'armes. — Le duché de Beaumont. — Lettres du connétable de Richemont. — Peintures et sculptures héraldiques. — Monuments funéraires de l'église de Montmédy. — Etc , etc.

19021. **Pièces autographes volées** (Dictionnaire des) aux bibliothèques publiques de la France, précédé d'observations sur le commerce des autographes par Lalanne et Bordier. 1851, in-8, dem.-rel., v. fauve. 22 fr.

Rare et très recherché. On a relié à la suite : Affaire Libri. Réponse à M. Mérimée par Lalanne, Bordier et Bourquelot. — Réponse de M. Libri au rapport de M. Boucly. 1848.

19022. **Journal typographique** et bibliographique ou annonce de tous les ouvrages qui ont rapport à l'imprimerie, comme gravure, fonderie, papeterie, geographie, musique, estampes, architecture, librairie ancienne et moderne, chefs-d'œuvre de reliure et de tous les arts libéraux et mécaniques, ventes d'imprimerie et de librairies (par Roux) An VII et an VIII, 3 vol. in-8, cart., non rognés. 12 fr.

Journal très curieux qui a précédé la *Bibliographie* de la France. Les premiers numéros contiennent les élémens d'une *biographie typographique* et les *adresses des imprimeries de Paris et de la banlieue*. A la fin du 3e volume on trouve l'annonce de la vente « après le décès du citoyen Beaumarchais en sa maison porte St-Antoine, le 21 fructidor an 8, 11 h. du matin, d'une très grande quantité de caractères d'imprimerie », poinçons et matrices. Beaumarchais avait acheté les types de Baskerville sur lesquels il imprima sa fameuse édition de Voltaire.

19023. **Imprimerie à Marseille** (Les origines de l'), recherches historiques et bibliographiques par J.-T. Bory. Marseille, 1858, in-8, pap. de Hollande, dem.-rel , dos et coins de mar. vert, fil., doré en tête, non rogné. 12 fr.

Livre très bien fait et des plus remarquables. C'est un modèle du genre. — Tiré à 100 exemplaires seulement et devenu rare. — Exemplaire de M. de Crozet, bibliophile provençal.

19024. Hatin (Eug.). Les Gazettes de Hollande et la presse clandestine aux xviie et xviiie siècles ; av. eau-forte de Ulm. 1865. in-8, pap. de Holl , dem.-rel., mar. viol. 5 fr.

19025. Hatin (Eug.). Histoire politique et littéraire de la presse en France ; avec une introduct. histor. sur les origines du Journal et la bibliographie générale des Journaux dep. leur origine. Paris, Poulet-Malassis, 1859-61, 8 vol. pet. in-8, dem.-rel., mar. viol. 25 fr.

19026. Editions originales des Romantiques (Les). Causeries d'un ami des Livres. Bio-bibliographie romantique par L. Derome. 2 beaux vol. in-8, pap. de Holl. teinté, av. couvertures estampées et mordorées, br. 10 fr.

Exemplaire avec envoi autographe signé de l'auteur en tête de chacun des faux-titres de l'ouvrage.

19027. Typographie musicale. Traité historique et critique sur l'origine et les progrès des caractères de fonte pour l'impression de la Musique, présentés aux imprimeurs de France par Fournier le jeune. A Berne et se trouve à Paris chez Barbou, imprimeur-libraire, 1765. — Ariette mise en musique par l'abbé Dugué. A Paris, des nouveaux caractères de Fournier le jeune, 1765. — 2 parties en un vol. pet. in-4, avec sa double couverture du temps formée de filets fleurons typographiques combinés de l'invention de l'auteur, br. (Rare). 15 fr.

19028. Embrun (Impression d'). Discours des dissensions et confusions de la Papauté, nouvellement mis en lumière. (Au-dessous la marque ovale du Scorpion avec cette devise : *Mors et vita*). A Ambrun, pour Jean Gazaud, 1587. In-16, v. fauve, fil., tr. dor. (Reliure ancienne). 80 fr.

Ouvrage protestant de la plus grande rareté. Il existe deux autres livres portant la rubrique d'Embrun, à la date de 1586. Le lieu est supposé et l'un d'eux qui a pour auteur Pierre de Belloy a été imprimé à Montauban. Quant à notre volume, nous avons tout lieu de croire qu'il a réellement été imprimé en Dauphiné, à Embrun même ou peut-être à Crest. Le nom de Jean Gazaud est supposé, mais la marque « au Scorpion » est celle d'un imprimeur nomade par excellence bien connu du nom d'Antoine Blanc au sujet duquel on peut consulter l'excellent ouvrage de M. Edmond Maguien sur l'*Imprimerie à Grenoble*. Antoine Blanc, né à Lyon en 1546, appartenait à la religion protestante et vint d'abord à Paris où il se maria en 1564. Après avoir habité quelque temps Crest, puis Genève, il vint ensuite à Lyon qu'il quitta vers 1597. De 1599 à 1607, il exerçait à Grenoble. Il part pour Alais et se fixe enfin à Montpellier, mais au bout de quelques années il revient en Dauphiné et reparaît à Grenoble où il termine sa vie errante. — Cet exemplaire est dans une bonne condition ancienne. Le texte de l'ouvrage est complet, mais il y manque la table des chapitres (7 ff. placés après le titre). C'est du reste le seul exemplaire que nous ayons jamais vu. Il a été relié anciennement tel quel, malgré cette lacune, en raison de sa grande rareté.

19029. Lyon. Péages et octrois. 13 pièces in-fol. et in-4. 12 fr.

Mémoire pour de Châteauneuf de Rochebonne, archevêque de Lyon, et les chanoines de l'Eglise de Lyon, au sujet des droits de péages dont ils jouissent dans l'étendue du comté de Lyon ; avec des observations sur le péage de Lyon en particulier. (Vers 1730), 28 p. in-fol. — Mémoire pour les habitants de S. Just et S. Irénée, contre les prévôts des marchands et échevins, et le fermier des octroys. (1733), 24 p. — Arrêt du Conseil qui ordonne que le bail des octrois de Lyon, passé à Jos. Strunts et ses cautions, sera exécuté selon la forme et teneur ; déclaré les offres des Srs l'Epine, Girard, Dumets et Vial, tardives et non admissibles. Lyon, 1777, 4 p. in-4. — Mémoire pour Me Brac, présid. du Tribunal de la conservation de Lyon, Matth. Nolhac, Math. Rast, Franç. Muguet, échevins de la ville de Lyon. (1776), 20 p. in-4. — Réponse des adjudicataires du bail des octrois de la ville de Lyon, à un mémoire à consulter, pour les Srs Brac, Nolhac, Rast et Muguet. (Vers 1776), 24 p. in-4. — Mémoire sur les octrois de la ville de Lyon. 1789, 16 p. in-8. — Arrêt du Conseil qui ordonne que la perception des droits de douane de Lyon, sur la vaisselle de terre, sera faite dorénavant conformément à l'ancien usage. Lyon, 1778, 3 p. — Arrêt du Conseil pour concéder à l'Hôtel-Dieu de Lyon le bénéfice des croupiers et autres intéressés inutiles dans la ferme des octrois de lad. ville. 1779, 4 p. — Lettres patentes qui ordonnent la perception d'un doublement de l'octroi accordé à la ville de Lyon sur les bestiaux entrant et sortant de lad. ville. Lyon, 1768, 4 p. — Etc., etc.

19030. Lyon (Règlement fait en l'hostel de ville de) pour la conduite qui doit estre tenue dans l'administrat. des deniers publics et des affaires communes de lad. ville, ens. les lettres-patentes en forme d'édit port. confirmat. et homologat. dud. règlement. Lyon, 1679, 7 pièces en 1 vol. in-4, v. 2 fr. 50

Les trois dernières pièces sont détachées.

19031. Beaujolais. 5 pièces in-4 et in-8, et 1 mémoire in-fol. — Ens. 5 pièces. 6 fr.

Arrêt qui fait défense de s'attrouper à l'occasion des mariages qui seront célébrés dans les sénéchaussées de Lyon et de Villefranche, d'exiger des mariés aucune somme d'argent, de s'introduire dans les domiciles des nouveaux mariés, de faire aucuns charivaris, parades, etc. 1786, 4 p. — Mémoire pour Jean Aricot, dit Larderon, maître charpentier demeurant à Bagnols, contre Fleury Large, curé de Cogny (contestation au sujet de travaux de reconstruction de la cure de Cogny). 1746, 15 p. in-fol. — Edit rétablissant le siège de la sénéchaussée de Villefranche. 1775, 4 p. — Arrest ordonn. que les 8 sous pour livre seront perçus en sus du principal du droit de pontonage qui se lève au port de Belleville, etc. 1773, 4 p. — Notice sur le château de Rochefort en Beaujolais, par P. de Varax. 24 p. — Mémoire pour J.-C. Blanc, accusé, contre E.-P. Chalaudon, ci-devant commissionaire pour les vins, à Mâcon, failli, plaignant et accusateur. 1772, 20 p.

19032. Galeries historiques du Palais de Versailles. Tableaux et portraits. 1839-48, 10 vol. gr. in-8, br. 20 fr.

19033. Rubens. 3 opusc. et broch. in-8 et in-4. 4 fr.

Notice sur une collection de sept esquisses de Rubens, représentant la vie d'Achille, par J.-P. Collot. S. d., 49 p. — Notice sur sept esquisses de Rubens, représentant la vie d'Achille, par J.-P. Collot. S. d., 34 p. — Catalogue des tableaux et dessins de Rubens, avec l'indication des endroits où ils se trouvent, par A. Michiels. 1854, 49 p.

19034. Charlet, sa vie, ses lettres et ses œuvres (par de la Combe). 1854, in-8, br. 3 fr.

Tirage à part de la Revue contemporaine.

19035. Lomazzo (Gio. Paolo), Milanese pittore. Trattato dell' arte della Pittura diviso in sette libri. Milano, 1584, in-4, d'environ 700 pag., bas. 6 fr.

19037. Sforza (Sfortia de fatta italiana de li gesti del generoso et invitto Franc.), qual per propria vertu divenne Duca di Milano, distinta in lib. XXX, ove s'ha l'intera cognitione de li fatti in Italia dagli anni 1424 fin' al 1444, con un breve ragguaglio de la vita de costumi, de la statura de Franc. Sforza, di Nic. Picinino, di Filippo Maria duca di Milano, d'Alfonsore d'Aragona, ed' altri, tratto de l'hist. di Papa Pio II. Venetia, 1543, pet. in-8, fig. sur bois au verso du dern. feuillet, v.   3 fr. 50

19038. **Sfortiade** fatta italiana (da Sebastian Fausto) de li gesti del generoso et invitto Francesco Sforza qual per propria vertu divenne duca di Milano distinta in lib. XXX ove s'ha l'intera cognitione de li fatti in Italia da gl' anni M CCCC.XXIIII fin' al M CCCC.XLIIII. Venetia, 1544, pet. in-8, parch.   10 fr.

Exemplaire exceptionnel tiré SUR PAPIER BLEU CLAIR (*carta azzurata*), particularité non signalée par les bibliographes. Le dern. feuillet a été refait à la plume à l'époque même.

19039. **Messina** (Prima (2ª et 3ª) parte della mogura de' i ministri del re di Spagna, contro la fedeliss. ed esemplare citta di) racconto istorico, del Dr D. Giov. Batt. Romano, e Colonna caval. Messinese. Messina, 1676, 3 part. en 1 vol. in-4, front. et plans, v.   4 fr.

19040. **Messine** (Relation des mouvements de la ville de), dep. l'année 1671 jusques à près. 1676, pet. in-12, grand plan qui se déploie, v. (Bel exemplaire).   4 fr.

19041. **Alamanni** (Luigi). La Coltivatione al Christianissimo re Francesco I. Fiorenza, 1549, pet. in-8, vél.   3 fr. 50

19041 *bis*. **Alamanni** (L.) La Avarchide. Firenze, Giunti, 1570, in-4, grandes lettres initiales ornées, vél.   3 fr. 50

19042. **Nobilta** (Discorsi de principii della) et del governo che ha da tenere il nobile, et il principe nel reggere se medesimo, la famiglia, et la republica partiti in VI dialogi per Marco de la Frata et Mont' albana. Venetia, 1551, pet. in-8, v., fil. à compart., ornem. aux angles et dent.   4 fr.

19043. **Roma trionfante** di Biondo da Forli, trad. pur hora per L. Fauno di latino in buona lingua volgare. Venetia, 1544, in-8, v.   2 fr.

19044. **Orationi militari** raccolte per M. Remigio Fiorentino, con gli argomenti, che dichiarano l'occasioni, per lequali elle furono fatte. Vinegia, Giolito, 1560, in-4, lettres initiales ornées et historiées, vél.   3 fr. 50

19045. **Dione Niceo** (Epitome della historia Romana di) di XXV imper. romani, trad. per Franc. Baldelli. Venetia, 1585, in-4, vél.   2 fr.

19046. **Tuscolo** (Memorie istor. dell' antico) oggi Frascati, raccolte da Dom. Barn. Mattei. Roma, 1711, pet. in-4, front. gravé, v.   2 fr. 50

19047. **Speron Speroni** (Dialoghi di nuovo ricorretti) a quali sono aggiunti molti altri non più stampati. Venetia, 1596, in-4, vél.   2 fr. 50

19048. **Cœlsi Maphei** (Apologia D.) Veronensis canonici regularis contra librum fratris Ambrosii de Chora ordinis Fratrum Heremitarum in quo nititur probare ipsos fratres Heremitanos institutos fuisse ab Augustino et fuisse tempore Aug. ante Canonicos Regulares et contra Sermones ad Heremitas mendacissime Aug. tributos (edente Pamphilo Saxo). Impressus Brixiæ, per me Bernardinum de Misintis Ticinen-

sem, 1502, die 18 Martii. Pet. in-4, couv. en pap.   6 fr.

19049. **Italie** (Lettres sur l') considérée sous le rapport de la religion par Pierre de Joux. 1825, 2 vol. in-8, dem.-rel., mar. v.   4 fr.

19050. **Istoria del Cielo** considerato secondo le idee de poeti de filosofi e de Mose trad. dal francese. Venezia, 1795, 2 t. en 1 vol. in-8, frontisp. grav., vél. (Très bel exemplaire).   2 fr.

Origine del cielo poetico. — L'Errore de filosofi interno alla fabbrica del cielo e della terra, la conformita dell' esperienza con la sola fisica di Mose.

19051. **Tebaide sacra** nella quale con l'occasion di alcuni Padri Eremiti si ragiona di molte e varie virtu et altre cose appartenenti al christiano ; et specialmente a Religiosi i quali desiderano profittare nella via dello spirito del P. Bozi Veronese. Venetia, 1627, 2 tom. en 1 vol. in-4, titre et cur. fig. gr. s. cuivre, vél.   3 fr. 50

19052. **Urbino** (Memorie istor. concern. la devoluzione dello stato d') alla Sede Apostolica. Amst., 1723, pet. in-8, carte et viguettes en taille-douce, v.   3 fr. 50

Exemplaire de la bibliothèque du marquis d'Aubais.

19053. **Saint-Louis** (La vie de), religieux de l'ordre de St-François et évêque de Toulouse, par un citoyen de Brignolle (le P. Calixte, capucin de Marseille). Avignon, 1780, in-12, portr. en pied, v. marbr. 5 fr.

19054. **Mélanges** de 13 pièces en 1 vol. in-8, br.   4 fr.

La paix ou la guerre en Europe, par le baron Dermoncourt, suiv. d'une proposition faite aux comités d'infanterie et de cavalerie. 1840, fig. — Considérations sur l'amélioration et la propagation des chevaux dans le départem. de la Loire-Inférieure, et projet de la création d'une race franç., par Robineau de Bougon. Nantes, 1838. — Nouv. modèle de fusil de guerre permettant de quadrupler et sextupler les feux, par le général de Rémond. 1842, fig. — De la défense de Paris tant sous les rapports de la fortification que sous ceux de la stratégie, de la tactique et de la politique, par le général Rémond. 1840, plan. — Des chemins de fer au point de vue de la défense du pays et particulièrement de la zone de l'ouest, par le général Rémond. 1845. — Réflex. sur l'art de l'équitation en France et conseils aux commandans des écoles royales, par A. C... 1825. — Tarif pour les réparations des armes à feu portatives. — Première navigation aérienne. — Mémoires de Voltaire écrits par lui-même. — Construction d'un port à Cherbourg. — Lettre à l'auteur des Annales politiques, ballons volans, etc. — Hist. de tous les temps. — Edit impérial sur les sépultures. — Mort de Diderot, réflexions sur l'Encyclopédie. — Ces 7 dernières pièces sont des extraits des Annales politiques.

19055. **Philips** (Ambr.). Poetical works. Edinburgh, Apollo press, 1781, in-18, portr. et front. grav., v.   1 fr. 50

19056. **Burnetii** (T.) Telluris theoria sacra, origines et mutationes generales orbis nostri quas aut jam subiit aut olim subiburus est, complectens acced. archeologiæ philosophicæ sive doctrina antiqua de rerum originibus. Amstel., 1694, in-4 d'environ 500 pag., front. gravé et fig.   5 fr.

Ouvrage curieux qui traite des révolutions qu'a éprouvées et que doit éprouver la Terre jusqu'au jugement dernier inclusivement. — Buffon a analysé le système géologique de Burnet.

19057. **Clayton** (Rob.). A vindication of the histories of the Old and New Testament. London, 1759, in-8, v., fil.   2 fr.

19058. Lyttelton (Lord). Poetical works. London, 1788, in-18, portr. et frontisp. gr., v.   1 fr. 50

19059. Chauvinus (Steph.) Philosophiæ professor. Lexicon Philosophicum secundis curis castigatus et auctior. Leovardiæ, 1713, in-fol., av. 30 pl. gravées, vél. de Holl.   4 fr.

19060. Themistoclis Epistolæ ex vet. codice Bibliothecæ Vaticanæ nunc primum erutæ et latinitate donatæ interprete Joa. Matth. Caryophilo archiepiscopo Iconiensi (gr.-lat.). Romæ, 1626, pet. in-4, vél.   4 fr. 50

EDITION PRINCEPS des lettres de Thémistocle, publiées d'après un ms. de la bibliothèque du Vatican. — Elle est encore bonne à consulter, dit Brunet.

19061. Bezel (J. Nepom. Phil.) Veritas non nisi in uno antiquissimæ Orientalis philosophiæ tessera seu Natura Tri-Una Deï Tri-Unius ectypa antiquis sæcula cognita a succedentibus obscurata, his tandem ultimis rursum detecta. Francof., 1750, 2 tom. en 1 vol. in-4, bas. anc., av. ornem. à froid.   4 fr.

19062. Momies (Essai sur les). par J. F. A. Perrot, antiquaire. Nîmes, 1845, in-8, av. planches, dem.-rel.   2 fr. 50

19063. Symbolica Ægyptiorum (De) sapientia, in qna symbola, parabolæ, historiæ selectæ, quæ ad omnem emblematum, enigmatum hieroglyphicorum cognitionem viam præstant aut. Nic. Caussino. Coloniæ Agripp., 1623, in-8, front. gr., vél. 2 fr. 50

19064. Quatremère (Et.). Recherches critiques et historiques sur la langue et la littérature de l'Egypte. 1808, in-8. dem-rel., v. corinth., non rog.   5 fr.

19065. Ægyptiaca (Herm. Witsii) et ΔΕΚΑΦΨΛΟΝ sive de Ægyptiacorum Sacrorum cum Hebraicis collatione libri III et de decem tribubus Israelis liber singularis, accessit diateiba de legione fulminatrice Christianorum. Amstelod., 1683, in-4, v. br.   4 fr.

19066. Sectis Judaicis (J. Drusii de) commentarii. trihœresio et minervali Nic. Serarii Jesuitæ Mogunt. oppositi atque antehac seorsim editi, accessit J. Scaligeri elenchus Trihæresii ejusdem. Arnhemiæ, 1619, pet. in-4, v. br.   3 fr. 50

19067. Codex Talmudicus (Joma) in quo agitur de Sacrificiis cœterisque ministeriis diei Expiationis ex hebræo sermone in lat. versus et commentariis illustratus a Rob. Sheringamio. Londini, 1648, pet. in-4, v. f.   4 fr.

Exemplaire d'Emeric Bigot, avec ses armoiries entre les nervures du dos.

19068. Abraham Bar Chyiah the Prince who flourished in Spain in the 11th century on the mathematical and technical chronology of the Hebrews, Nazarites, Mahommetans, printed for the first time from two Mss of Paris and Oxford at the expense of the Hebrew antiquarian Society by Herschel Filipowski. London, 1851, pet. in-8, dem.-rel., v. viol.   4 fr. 50

19069. Perez de Hita (Gines). Historia de los Vandos de los Zegries, y Abencerages cavalleros Moros de Granada y las civiles Guerras que huvo en ella, hasta que el Rey Don Fernando el Quinto la gano. Barcelona, 1757, in-8, vél.   5 fr.

19070. Sancho Panza (Historia del mas famoso escudero) des de la gloriosa muerte de D. Quixote de la Mancha hasta el ultimo dia y postrera hora de su vida. Madrid, 1798, 2 vol. in-12, v. rac.   5 fr.

19071. Chevalier du Soleil (Histoire du), tirée de l'espagnol. Londres, 1749. in-12, v. f., fil.   2 fr. 50

19072. Amours de Galigaya et de Rubico (Les unicques et parfaictes), pièce satirique do l'année 1617 sur la maréchale d'Ancre, suivie de deux chansons du temps relatives à son exécution, publ. av. notice par Ed. Tricotel. 1875, pet. in-8, br.   4 fr.

Exemplaire en GRAND-PAPIER DE HOLLANDE. Tiré à très petit nombre.

19073. Garnier (Robert). La Troade, tragédie. Paris, Mamert Patisson, au logis de Rob. Estienne, 1579. Pet. in-8, dem-rel., v. r.   7 fr. 50

Edition originale, rare.

19074. Du Lorens (Les Satyres de M.), président de Chasteauneuf. Paris, Ant. de Sommaville, 1646. In-4, vél.   60 fr.

Les Satires de Du Lorens sont d'une facture originale et ne manquent pas de verve, dit Brunet. Cette édition de 1646 est la plus complète de toutes. Elle contient 26 satires et présente le texte définitif de l'auteur. Cet exemplaire est bien complet et contient les pages 137-138, 203-204 et 183-184, qui manquent la plupart du temps, ayant été supprimées en raison de passages trop crus.

19075. Nègres ; traite des Noirs. 7 pièces in-4 et in-8.   5 fr.

De l'état des nègres relativement à la prospérité des colonies françaises, et de leur métropole, discours aux représentans de la Nation. (1790), 24 p. — Mémoire pour un nègre et une négresse qui réclament leur liberté, contre un juif. 1776, 23 p. — Arrêt du Conseil d'Etat qui. à compter du 10 novembre prochain, convertit en gratifications et primes l'exemption au demi-droit accordée aux denrées coloniales proven. de la traite des Noirs. 1784, 8 p, — Arrêt du Conseil qui accorde pour terme et espace de 15 ans aux syndics, administrateurs et intéressés dans la Compagnie de la Guyanne française, le privilège exclusif de la traite des noirs et du commerce en l'île de Gorée et sur les côtes d'Afrique. 1777, 4 p. — Arrest du Conseil concern. la police des noirs. 1776, 2 p. — Etc., etc.

19076. Bibliothèque de Napoléon à Ste-Hélène (La), par V. Advielle. 1894, in-16, pap. teinté. br.   2 fr. 50

19077. Advielle (Vict.). Recherches sur Nicolas Poussin et sa famille. Arras, 1902, in-12, br.   2 fr. 50

19078. Advielle. Catalogue des manuscrits du fonds Victor Advielle de la Bibliothèque d'Arras. 1901. Gr. in-8 de 270 p., br.   4 fr.

Catalogue détaillé de 1.186 manuscrits légués par V. Advielle à sa ville natale. Ce catalogue est extrait du Catalogue général des Manuscrits des Bibliothèques de France. C'est un tirage à part, à petit nombre et non mis dans le commerce, avec titre et paginations particulières, auquel le généreux donateur a ajouté un supplément, un errata et son ex-libris.

19079. Mille et une Nuits (Les), contes arabes, trad. en franç. par Galland ; édition revue, av. des notes, augm. de plus. contes trad. pour la prem. fois, publ. par Ed. Gauttier. 1822-24, 7 vol. in-8, pap. vélin, ornés de 21 gravures par Chasselat, gr. par Massard, Rouergue et autres, dem.rel. v. citron, non rog. (Bel exempl.).   30 fr.

Edition estimée, imprimée par Didot.

19080. Pherecydis fragmenta a variis scriptoribus collegit, emendavit, illustravit, item fragmenta Acusilai adjecit F. G. Sturz. Lipsiæ, 1824, in-8, dem.-rel., v. viol.   2 fr. 50

19081. **Cebetis** Thebani Tabula cum versione et notis J. Caselli (gr.-lat.). Lugd. Batav., 1618. Très pet. in-4, vél.   2 fr. 50

19082. **Diodori Siculi** Bibliothecæ historicæ libri qui supersunt ex recensione P. Wesselingii cum interpretat. lat. L. Rhotomani atque annotationibus variorum integris cum commentationibus IV C. G. Heynii et cum argumentis disputationibusque J. V. Egringii. Biponti, 1793, 12 vol. in-8, br.   7 fr. 50
Edition très estimée de Diodore de Sicile. — Bel exemplaire.

19083. **Virgilius** (P.) Maro varietate lectionis et perpetua adnotatione illustratus a Chr. Gottl. Heyne. Lipsiæ, 1803, 4 vol. in-8, dem.-rel., veau vert, non rog. (Bel exempl.).   10 fr.

19084. **Claudien** (L'Enlèvement de Proserpine, poème de), trad. en prose françoise, av. un discours sur ce poète et des remarques par Mérian. Berlin, 1777, pet. in-8, dem.-rel., v. ant., non rog.   1 fr. 50

19085. **Homeri** Odyssea et in eamdem scholia et interpretatio Didymi (gr.-lat.). Amst., Lud. Elzev., 1655, in-4, vél.   5 fr.
Belle édition, estimée.

19086. **Estienne** (Ch.). Latinæ linguæ cum græca collatio ex Prisciano, et probatiss. quibusque authoribus : per locos communes, literarum, partium orationis, constructionis, ac totius grammatices. Lutetiæ, Carol. Stephanus, 1554, in-8, vél. (Bel exemplaire).   3 fr. 50

19087. **Littérature françoise** (Les 3 siècles de la), ou tableau de l'esprit de nos écrivains, dep. François Ier jusq. 1773, par l'abbé S***, de Castres (Ant. Sabatier). Amst., 1774, 4 vol. in-12, v. m. (Bel exemplaire).   2 fr. 50

19088. **Mythologie françoise** (Dissertations sur la) et sur plusieurs points curieux de l'histoire de France, par Bullet. 1771, in-12, dem.-rel., v. ant., non rog.   5 fr.
Sur Mélusine. — Sur la reine Pédauque. — Sur le chien de Montargis. — Dans laquelle on prouve que Rome a été prise deux fois par les Gaulois. — Sur l'origine des carrosses. — Etc.

19089. **Montalembert** (De). Du Vandalisme et du Catholicisme dans l'art. 1839, in-8, br.   3 fr. 50

19090. **Hérésies** (Mémoires pour serv. à l'hist. des égarements de l'esprit humain par rapp. à la religion chrétienne, ou dictionnaire des), des erreurs et des schismes (par Pluquet). 1762, 2 vol. pet. in-8, v. m.   2 fr.

19091. **Histoire de la terre** (Etudes sur l') et sur les causes des révolutions de sa surface, par F. de Boucheporn. 1844, in-8, dem.-rel., mar. viol., tr. ébarb.   3 fr.
Envoi signé de l'auteur au général Lafont.

19092. **Mémoires de Candide** sur la liberté de la presse, la paix générale, les fondemens de l'ordre social, et d'autres bagatelles, par le Dr E. Ralph, trad. de l'allem. Altona, 1802, in-8, br.   2 fr. 50

19093. **Milly** (Mlle de). Histoire du Cœur.

Brux., 1768, in-12, cart. à la Brad., non rogné.   2 fr. 50
Avec jolie figure en taille-douce non signée.

19094 **Histoire amoureuse des Gaules**, par le comte de Bussi-Rabutin. S. l., 1754, 5 vol. in-12, jolis frontispices gravés à chaque volume, v. marbr.   20 fr.
Jolie édition recherchée et la plus complète. — Bel exemplaire.

19095. **Du Noyer** (Mme). Lettres historiques et galantes; édition augmentée de plus. lettres très intéressantes. 1790, 8 vol. pet. in-12, v. marb. (Bel exempl.).   6 fr.

19096. **Pogonotomie** (La) ou l'art d'apprendre à se raser soi-même, avec la manière de connaître toutes sortes de pierres propres à affiler tous les outils ou instrumens, et les moyens de préparer les cuirs pour repasser les rasoirs, la manière d'en faire de très bons, par J. J. Perret. 1769, in-12, av. 2 gr. planches gravées se déployant.   3 fr. 50

19097. **Clément XIV** (Lettres intéressantes du pape) (Ganganelli), trad. de l'ital. et du latin. 1777, 2 vol. in-12, frontisp. grav., br., non rogn.   1 fr. 50

19098. **Eglises Cathédrales** (Traicté des droicts, prerogat. et preeminences des) dans les conciles provinciaux, par J. Filleau, advoc. au Parlem. de Paris. 1628, pet. in-8, v.   5 fr.
Volume rare. — Légères mouillures.

19099. **Pie V** (La vie du Pape) écrite en italien par Agatio di Somma et mise en franç. par F. (Félibien). 1672, 2 part. en 1 vol. pet. in-12, v. (Bel exempl.).   2 fr.

19100. **Pouvoir de la Papauté**. Acta inter Bonifacium VIII, Benedictum XI, Clementem V, PPP. et Philippum Pulchrum regem Christian. auct. et emendat., historia eorumdem ex var. scriptor.; script. circa ann. 1300 (cura Sim. Vigor). 1614, in-8, vél. (Bel exempl.).   3 fr.

19101. **Stanhope** (Lettres écrites par le très honorable Ph. Dormer), comte de Chesterfield, à s. fils, Ph. Stanhope. 1775, 5 vol. in-12, v.   2 fr. 50

19102. **Congreve** (Will.). Poetical works. Edinburgh, 1784, in-18, portr. et frontisp. grav., v.   1 fr. 50

19103. **Sleidan** (Sommaire de l'histoire de J.), disposé par tables. (Genève), 1558, in-8, dem.-rel.   2 fr.
Quelques taches. — Le bas du titre est doublé.

19104. **Gaudentii Merulæ** (Memorabilium) Novariensis opus cum emendat. et schol. Pomponii Castalii Olivetani. Lugd., 1556, in-8, mar. rouge, fil. (Rel. anc.).   3 fr.

19105. **Temple Stanyan**. The Grecian history from the original of Greece, to the death of Philip of Macedon. London, 1751, 2 vol. in-8, 1 frontisp. et cartes, v.   2 fr. 50

19106. **Dictionnaire typographique**, historique et critique des livres rares, singuliers, estimés et recherchés en tous genres, conten., par ordre alphabétique, les noms et surnoms de leurs auteurs, le lieu de leur naissance, le temps où ils ont vécu et celui de leur mort, les bonnes éditions, avec les prix de la plupart dans les ventes publiques, par Osmont, libraire à Paris. 1768, 2 vol. in-8, v. marb. (Bel exemplaire). 6 fr.

19107. **Guerre de Cent ans** (L'Archiprêtre,

épisodes de la) au xiv⁰ siècle, par Aimé Chérest. 1879, beau vol. in-8, br.   15 fr.

Livre hors pair, rempli de documents inédits et du plus haut intérêt. — Couronné par l'Institut. — Exemplaire exceptionnel sur PAPIER DE HOLLANDE avec envoi autographe signé de l'auteur.

19108. **Marguerite de Valois** (Mémoires de), reine de France et de Navarre, auxquels on a ajouté son éloge, celui de M. de Bussy, et La Fortune de la cour (par R. de Mauléon). La Haye, 1715, 2 part. en 1 vol. pet. in-8, v.   4 fr. 50

19109. **Duc de Bouillon** (Histoire de Henry de la Tour d'Auvergne), où l'on trouve ce qui s'est passé de plus remarquable sous les règnes de François II, Charles IX, Henri III, Henri IV, la minorité et les premières années du règne de Louis XIII, par Marsollier. 1719, 3 vol. in-12, v.   5 fr.

19110. **Louis XIV** (Essai sur l'établissement monarchique de) et sur les altérations qu'il éprouva pend. la vie de ce prince, morceau servant d'introduction a une histoire critique de la France dep. la mort de Louis XIV précéd. de nouv. mémoires de Dangeau par P. Ed. Lemontey. 1818, in-8, dem.-rel., v. bl, non rogn.   4 fr.

19111. **Journal de la France** conten. par chaq. jour des mois ce qui s'est passé de plus memorable dep. l'origine de la Monarchie jusqu'à présent, av. une hist. abrég. de la vie des rois de France, leurs généalogies, etc., par l'abbé de Valerot. 1725, in-8, couv. en pap.   3 fr.

19112. **Ducs de Champagne** (Les), mémoire pour serv. d'introduction à l'histoire de la Champagne, par Etienne (Gallois). 1843, in-8, br.   1 fr. 50

19113. **Champagne.** 15 pièces et broch. in-4 et in-8.   8 fr.

Arrest du Parlement qui fixe les rues et les places où doivent se tenir les foires et marchés dans la ville de Nogent-sur-Seine. 1782, 7 p. — Arrest ordonn. l'exécution d'une ordonnance de la police de Nogent-s.-Seine pour la tranquillité publique. 1782, 31 p. — Edit qui rétablit l'office de premier huissier en l'élection de Bar-sur-Seine, supprimé par l'edit de nov. 1720. Paris, 1789, 4 p. — Edit portant rétablissement de juridiction sur le fait des aides et tailles à Bar-sur-Seine. 1777, 4 p. — Edit port. réunion et incorporation des justices d'Essoyes et de Fontette à la prévôté royale d'Essoyes. 1780, 3 p. — Arrêt qui confirme une sentence du juge de Chaumont, condamnant Etienne Lompré, aubergiste à Audelot, et sa femme, à l'amende de 30 livres pour rébellion à l'occasion de la saisie d'un porc. 1773, 3 p. — Géographie physico-médicale du Bassigny (Hᵗᵉ-Marne), par J.-J. Virey. 1821, 33 p. — Relation du grand incendie de Bourbonne-les-Bains en Champagne, le premier de may de cette année 1717 (par E. Bougard). S. d., 48 p. — Notice histor. sur Coiffy-le-Haut, par A. Bonvallet. Nevers, 1859, 38 p. — Vie et travaux de Léon Moynet, statuaire à Vendœuvre, par Mgr Fèvre. Saint-Dizier, 1880, 116 p. (et un portr. en photo-grav.). — Arrest qui ordonne qu'une ordonnance rendue par les officiers de police de St-Dizier, à l'effet de prévenir les incendies, sera exécutée. 1785, 7 p. — Etc.

19114. **Champagne.** 12 pièces in-4 et in-8.   8 fr.

Des impôts de la Champagne, par un citoyen. (1789), 20 p. — Arrest du Conseil portant commutation des droits établis pour les octrois de Vitry-le-François. 1781, 4 p. — Mémoire pour P. Watelet, négociant à Reims, tuteur naturel de Rob. Watelet son fils mineur, contre L.-Aug. Le Carpentier, prêtre chapelain de l'église cathédrale de Rouen (dénonciation calomnieuse d'un prétendu vol de 14000 livres). Rouen, 1763, 28 p. — Arrest du Conseil qui confirme une ordonnance de l'intendant de Champagne, par laquelle le Sʳ Caquet, fabricant d'amidon et parfumeur à Reims, est condamné en la confiscation des amidons saisis chez lui. 1773, 10 p. — Mémoire pour Cauvin, lieutenant-général-criminel au bailliage de Reims, contre le procureur général (à propos de l'arrestation arbitraire et de la détention dans les prisons de Reims de gens de Branscourt suspectés de vol et d'incendie). 1775, 22 p. — Arrêt homologuant une ordonnance des officiers de la mairie de Perthes pour le maintien de l'ordre public et l'exécution des ordonnances concernant la police. 1788, 8 p. — Les pélerinages champenois, par l'abbé Bouillevaux. Chaumont, 1849, 35 p. — Notice chronolog., histor. sur Pontyou-en-Partois (province de Champagne). Vitry, 1826, 24 p. — Etc., etc.

19115. **Alsace.** 13 broch. et pièces, la plupart de format in-8.   8 fr.

Remarques sur le nom d'Argentoratum. (xviii⁰ siècle), 8 p. (Extr.). — Lettre sur Strasbourg et sur l'Alsace, par le baron Massias. Strasbourg, 1836, 23 p. — Voyage dans le Bas-Rhin, par J.-C. F***, du Gard. An IX, 112 p. — Enumération des monuments les plus remarquables du Bas-Rhin, par J.-G. Schweighæuser. Strasbourg, 1842, 50 p. — Grand quai proposé à travers la ville de Strasbourg le long du canal Napoléon. 7 p. et 2 gr. pl. — Helvetius, Ehl, près Benfeld (Bas-Rhin), au vᵉ siècle, par N. Nicklès. Strasbourg, 1864, 24 p. — Description géograph., statist. et topograph. de l'Alsace, par Loriol. 1834, 200 p. — L'Ecole militaire de Colmar pendant les années 1776-1779, par A. Stœber. Mulhouse, 1859, 55 p. — Le champ du Mensonge. An 833, par X. Boyer. Colmar, 1862, 64 p. — Etc.

19116. **Alsace.** 9 broch. ou pièces in-8 et in-4.   8 fr.

Journal de ce qui s'est passé dep. l'arrivée des troupes qui ont marché de Flandres en Alsace jusques au 24 août 1744. Metz, J. Antoine (1744), 16 p. — Arrêt qui ordonne que les toiles de coton et les mousselines fabriquées en Alsace pourront être introduites dans les provinces des 5 grosses fermes. 1789, 3 p. — Arr. qui prescrit de nouv. formalités à remplir pour constater que les mousselines et toiles fabriquées en Alsace ont été réellement fabriquées dans cette province. 1789, 6 p. — Flore des plantes qui croissent en Alsace, par Stolz. Strasbourg, 1802, 62 p. — La France et l'Alsace dans le passé, mémoire histor. par H. Danzas. 1874, 67 p. — Mémoire sur la distrib. de l'or dans la plaine du Rhin et sur l'extraction de ce métal, par A. Daubrée. 1846, 36 p. et 1 pl. — Etc., etc.

19117. **Alsace.** 11 broch. ou pièces in-8 et in-4.   10 fr.

Le droit de Juveigneur en Alsace, par Bonvalot. Strasbourg, 1805, 16 p. — Un mot sur l'ancien mobilier d'église en Alsace, suivi d'une note sur les peintures murales en Alsace, par l'abbé Straub. Caen, 1860, 54 p. (av. grav.). — Not. sur la confrérie des joueurs d'instruments d'Alsace relevant de la juridiction des anc. seigneurs de Ribeaupierre, et plus tard de celle des Palatins de Birkenfield, par Bernhard. 28 p. (extr.). — Eloge histor. de l'abbé Grandidier, par Dom Grappin. Strasbourg, s. d., 28 p. — Antiquités Gallo-Romaines du Ht-Rhin, par Cestre. Colmar, 1869, 37 p. — Le château de Hohkœnigsbourg, par Spach Strasbourg, 1856, 36 p. — Herbitzheim, étude par J. Thilloy. Strasbourg, 1864, 31 p. — Le comté de Hanau-Lichtenberg, par Spach. 58 p. et un tabl. — Lettre de Oberlin, prof. à l'Univ. de Strasbourg, au cᵗᵉ de Skawronsky. Strasbourg, 1779, 16 p. — Etc.

19118. **Biographie alsacienne.** J. Fréd. Oberlin. 4 broch. in-8 et in-4.   4 fr.

Notice sur J.-Fréd. Oberlin, pasteur à Waldbach, au Ban-de-la-Roche, mort le 1ᵉʳ juin 1826. Strasbourg, 1826, 79 p. — Eloge d'Oberlin, pasteur de Waldersbach, au Ban-de-la-Roche (Vosges), prononcé par Hub. Mathieu. Epinal, 1832, 32 p. — Relation des funérailles de J.-F. Oberlin, célébrées au Ban-de-la-Roche, le 5 juin 1826. Strasbourg,

s. d , 47 p. — Notice sur le pasteur Oberlin. Fondation proposée sous son nom. S. d., 4 p.

19119. Picardie. Laon, Soissons, Braine, biographie locale, etc. — 7 pièces et opusc. in-4 et in-8. 6 fr.

Plaidoyer du citoyen Lauraguais dans son affaire pendante au trib. civ. de Laon et remise au Il fructidor an IX. 22 p. — Aux députés du dép. de l'Aisne, adresse signée L. Brancas, ci-devant comte de Lauraguais, et datée de Manicamp, le 18 juillet 1790. 4 p. in-4. — Lettre de la municipalité et du Conseil gén. de la commune de Soissons à l'Assemblée Nation. 1790, 2 p. in-4. — Réclamation et protestation de Goulliart, procureur de la généralité de Soissons, à l'assemblée du bailliage. (1790), 16 p. — Ordonnance de l'évêque de Soissons portant condamnation d'un livre intitulé : L'Esprit de Jésus-Christ et de l'Eglise sur la fréquente communion, par le P. J. Pichon. Soissons, 1748, 22 p. — Géographie du canton de Braine, comprenant 42 communes, rédigée par Stan. Prioux (copie ms. préparée pour l'impression). 118 p. in-4. — C.-R. Jardel, bibliographe et antiquaire, par S. Prioux. 1859. 44 p.

19120. Picardie, Soissonnais. 6 opusc. ou pièces in-8 et in-4. 5 fr.

Excursion archéolog. dans le département de l'Aisne, par A. Dey. Laon, 1869, 13 p. — Inductions philolog. sur l'origine et l'étymologie de Soissons. 8 p. — Une matinée au château de Pinon, par V. Petit. Laon, 1851, 58 p. — Arrêt du Parlem. qui fait défenses à toutes personnes de s'assembler sous aucun prétexte et dans aucun temps, notamment à l'occasion des mariages, dans les paroisses situées dans l'étendue du ressort du bailliage de Soissons, et de rien faire qui puisse troubler le repos et la tranquillité publique. 1786, 4 p. — Un livre de famille, par de la Prairie. St-Quentin, 1869, 27 p. — Supplém. aux recherches sur l'emplacement de Noviodunum et de div. autres lieux du Soissonnais, par Peigné-Delacourt. Amiens, 1859, 111 p., avec fig.

19121. Compiègne. 5 pièces ou broch. in-4 et in-8. 12 fr.

La vérit. harangue faite au Roy par le cardinal de Retz, pour luy demander la paix et son retour à Paris. 1652, 8 p. — L'arrivée du roy de la Grand'Bretagne en France, avec sa réception magnifique faite par le Roy à Compiègne. 1649, 8 p. — Le second Mercure de Compiègne depuis le 6ᵉ juin jusques au 19, en vers burlesques. 1649, 8 p. — Le Chevreuil de Compiègne, anecdote ancienne, publ. par B. Teissier. 1827, 48 p. — Description de Compiègne (20 p. manuscr. de M. de Cayrol).

19122. Picardie. Senlis, Guise, Chauny, etc. — 10 broch. ou pièces in-4 et in-8. 6 fr.

Précis statist. sur le canton de Lassigny, arrondissem. de Senlis (Oise). 1834, 110 p. et 1 carte. — Edit port. suppression de l'office de lieutenant criminel et de deux conseillers au bailliage de Guise. 1772, 3 p. — Edit port. rétablissement des bailliages de Couci et de Villers-Cotterets, suppression des prévôtés établies esd. villes. 1780, 8 p. — Recherches histor. sur le canton de Ribécourt, arrondissem. de Compiègne, par L. Mazière. Noyon, 1863, 20 p. — Précis histor. sur le château de Pierrefonds. Compiègne, 1842. 47 p. — Arrêt qui fait défenses d'allumer aucuns feux de joie, de tirer aucuns feux d'artifice, ni coups de fusil, etc., dans l'étendue de la ville, faubourgs et banlieue de Chauni, à l'exception néanmoins de la veille de la St-Jean. 1785, 4 p. — Etc., etc.

19123. Picardie. Roye, Montdidier, Péronne, Albert. — 13 broch. et pièces in-4 et in-8. 15 fr.

Description des églises de Roye, par l'abbé Corblet. Amiens, 1844, 14 p. — Hydrologie du canton de Roye, par E. Coet. Arras, 1861, 88 p. — Lettres-patentes concern. les baux à cens dans le ressort de la coutume de Péronne, de Montdidier et de Roye. 1781, 4 p. — Arrest qui fait défenses de glaner dans l'étendue du ressort du bailliage de Montdidier, à toutes personnes en état de travailler et de gagner leur vie pend. le temps de la moisson ; fait défenses de glaner avec le soleil levé et après

le soleil couché, etc. 1780, 4 p. — Arrêt qui ordonne qu'à l'avenir les vacances du bailliage de Montdidier commenceront au 1ᵉʳ septembre et finiront le 1ᵉʳ vendredi d'après la Toussaint. 1783, 4 p. — Trois lettres sur la nouv. histoire de Montdidier, par V. de Beauvillé. Montdidier, 1858, 15 p. — Clarissimo viro domino D. Jac. Fusciano Cauvel meritissimo in curia Parlamenti advocato, in Regia sede Balliatus Mondideriui Regio procuratori designato, majori ejusdem urbis recens nominato (auctore L. de Bailly). 1857, 8 p. (Réimpression à 50 exempl.). — Examen de quelques passages de l'abbé Dangez sur la vérité du fait de la translation des reliques des SS. Lugle et Luglien à Montdidier, par V. de Beauvillé. Amiens, 1862, 28 p. — Arrest qui défend aux officiers de l'Election de Montdidier et à tous autres d'obliger le fermier de prendre la voye extraordinaire lorsqu'il ne s'agira pas de peines pécuniaires. 1735, 4 p. — Discours sur l'entrevue du cardinal Mazarin et de M. d'Hocquincour, gouverneur de Péronne. 1649, 15 p. — Arrest qui maintient les officiers du marquisat d'Albert dans le droit d'apposer les scellez chez les ecclésiastiques, les nobles et autres, et défense au commissaire aux inventaires du bailliage de Péronne de les y troubler. 1708, 3 p. — Notice sur Sobotécluse et le faubourg de Paris, par Ach. Garaby. Péronne, 1865. 52 p. — Arrêt du Conseil qui ordonne que le baron d'Hanmer-Claibroke demeurera déchargé du droit de centième denier pour sa part dans la terre de Liéramont. 1780, 7 p. — Etc.

19124. Picardie. St-Quentin. 5 pièces ou opusc. in-8 et in-4. 5 fr.

Arrest qui ordonne que les camelots fins faits de poil de chevre et de chameau pourront entrer directement dans les autres provinces du Royaume par les bureaux de St-Quentin, Péronne et Amiens. 1708, 7 p. — Arrest qui ordonne que pour tenir lieu de 8 sous pour livre de l'édit de nov. 1771, auxq. devoit être assujetti le droit d'un sou qui se lève à St-Quentin pour la marque apposée à chaque pièce de toile, il sera perçu en sus 3 deniers. 1773, 4 p. — Lettres-patentes concern. les baux à cens dans le ressort de la coutume de St-Quentin. 1786, 3 p. — Rues et enseignes de St-Quentin, par Ch. Gomart. 1862, 130 p., avec pl. et grav. — Cahiers de doléances de la prévôté de St-Quentin aux Etats-Généraux de Blois de 1576, publ. par G. Lecocq. St-Quentin, 1876, 51 p.

19125. Bretagne. Quimper, Auray, Morlaix, etc. — 14 pièces et broch. in-8, in-4 et in-fol. 8 fr.

Arrest qui ordonne que les cures régulières dépendantes des maisons de chanoines réguliers, situées dans le diocèse de Quimper, qui n'étoient point en Congrégation et sont éteintes par le défaut de sujets, pourront être possédées à l'avenir par tous prêtres séculiers. 1788, 3 p. — Notice hist. sur Quimper, par A. de Blois. S. d., 15 p. à 2 col. et 2 plans. — Cahier des plaintes, doléances, des corporations, corps, communautés et autres habitans de la sénéchaussée d'Auray. 1789, 15 p. in-fol. mss. — Arrest qui confirme l'ordonnance rendue par Ferrand, intendant de Bretagne, au sujet des contraventions faites par Merve Boutouiller, notaire à Morlaix. 1708, 7 p. — Quelques mots sur le lieu dit Trez-Goarem, en Esquibien (Finistère), par Grenot. S. d., 20 p. — Voyage dans le départ. du Finistère, par J. Lavallée. (1793), 40 p., avec carte et grav. — Arr. qui ordonne que la sentence rendue contre les religieux de l'abbaye de Bosquen, sera exécutée. 1687, 4 p. — Le journal de René Fleuriot, gentilhomme breton, 1593-1624. S. d., 20 p. — Fouilles à la Grée-Mahé, en Pluherlin, les 24, 25 et 26 avril 1863, par le Dʳ Juhel, E. de Lamarzelle et le docteur Fouquet. Vannes, 1866, 8 p. — Examen de la question de savoir si les domaines congéables de la Bretagne, et particulièrement ceux de la vicomté de Rohan, peuvent être assimilés à la main-morte, par Henrion. (xviiiᵉ siècle). 15 p. — Discours de M. Le Sénéchal maire de Carhaix à l'ouverture de l'assemblée des Electeurs. (Vers 1789), 2 p. in-fol. mss. — Etc.

19126. Bretagne. 17 pièces et broch. de différ. formats. 6 fr. 50

Lettres-patentes portant amnistie pour quelques

gentilshommes de Bretagne. 1720, 4 p. — Règlement pour les grands chemins de Bretagne S. l., n. d., 40 p. — Remontrances du Parlem. de Bretagne au Roy, concern. l'établissement du nouveau vingtième. 1756, 11 p — Acte de démission du Parlem. de Bretagne. 1765, 10 p. — Arrêt conc. les Etats de Bretagne. 1789, 6 p. — Protestation de la noblesse de Bretagne. 1789, 15 p — Avis aux gens de toute profession, science, arts, commerce et métiers, composant l'ordre du Tiers-Etat de Bretagne, par un propriétaire de cette province (1789), 8 p. — Motion du père Gérard, député de Bretagne, déposée sur le bureau à l'Assemblée des Jacobins. 1790, 28 p. — Traité des franchises bretonnes sur les droits acquis aux terres vaines et vagues par Lemerle, avocat. Nantes, 1844, 101 p. — Du domaine congéable de Bretagne. 11 p. — La Bretagne et l'Hermine (fragment historique). par Lapaume. Rennes, 1859, 27 p. — Etc., etc.

19127. Bretagne. Tréguier, Lamballe, Dinan, Saint-Malo. — 14 pièces différ. formats. 8 fr.

Mandement de l'évêque de Tréguier, avec le décret de l'Assemblée Nat. et réponse au mandement. 1789, 8 p — Ville de Tréguier. Extr. du registre de la municipalité. Morlaix, imprim. de P. Guyon, 1789, 4 p. — Délibération de la communauté de ville de Lamballe, du 13 décembre 1788. St-Brieuc, L.-J. Prud'homme, 1788, 6 p. — Adresse à l'Ass. Nat. par les officiers municipaux de la ville de Lamballe. Dinan, veuve Huart, 1789, 8 p. — Délibération du général de la ville de Dinan. Dinan, veuve R.-J.-B. Huart, 1788, 10 p. — Promenade hist. au château de la Garaye, près de Dinan, par Mahéo. Dinan, 1853, 20 p. — Adresse de la Société des marins de St-Malo aux citoyens du dép. de St-Malo embarqués sur l'armée actuellement à Brest. St-Malo, imprim. de Julien Valois, 1790. (Placard-affiche in-fol.). — Arrest portant règlem. pour la pêche des huîtres dans la baie de Cancale. 1787, 8 p. — Alet et les Curiosolites, par Bizeul, de Blain. Rennes, 1853, 42 p. — Etc., etc.

19128. Bretagne. Clergé constitutionnel. 1790-1791. 6 placards-affiches in-fol. imprimés à Rennes, avec fleurons spéciaux d'en-tête grav. s. bois. (Qq. taches). 20 fr.

Délibération du Directoire d'Ile-et-Vilaine relativement à l'administration des biens du Clergé déclarés à la disposition de la Nation, pour pourvoir au paiement des traitements et des pensions ecclésiastiques. Rennes, 16 août 1790. — Défense faite « à toutes fabriques des paroisses du département d'entreprendre aucune construction nouvelle, reconstruction ou réparations des églises et presbitères, même de faire aucun achat d'ornemens et autres dépenses excédant le service courant ordinaire et nécessaire au culte divin, qu'après y avoir été autorisées par l'administration du département sur l'avis de celle du district ». Rennes, 3 sept. 1790. Imprimerie de J. Robiquet. — Suppression des séminaires de Saint-Méen et de Dol, & le séminaire du diocèse de l'Isle-et-Vilaine établi à Rennes » étant seul maintenu. Rennes, 23 oct. 1790. — Suppression d'une lettre « prétendue pastorale » de M. de Hercé, ci-devant évêque de Dol, qui « renferme des principes de révolte et de sédition et tend à soulever les pasteurs et le peuple contre les loix de l'Etat ». M. de Hercé sera dénoncé à l'accusateur public et poursuivi « comme réfractaire aux décrets de l'Assemblée Nationale et perturbateur de l'ordre public » Rennes, 8 février 1791. — Proclamation de l'élection de M. Coz, prêtre, principal et procureur-syndic du district de Quimper, à l'évêché métropolitain du Nord-Ouest, pour être lue, publiée et affichée dans toutes les paroisses du département. Rennes, 7 mars 1791. — Arrêté portant que dans le délai de huitaine « les curés remplacés faute d'avoir prêté le serment prescrit, et les vicaires non assermentés seront tenus de se retirer dans le lieu de leur naissance ou à trois lieues de distance des limites des paroisses qu'ils desservoient ». Rennes, 1er août 1791.

19128 bis. Ille-et-Vilaine (Départem. d'). 9 affiches-placards in-fol., imprimés pour la plupart à Rennes chez Robiquet, de 1790 à 1791. (Plusieurs sont un peu tachées ou raccommodées). 10 fr.

Arrêtés du Directoire du département, proclamations, délibérations du Conseil-général relatif. à l'ordre public, aux impôts, à la garde nationale, etc. — Défense aux municipalités des communes d'établir des foires et marchés. — Dénonciation du trafic du numéraire par les receveurs publics, qui ne gardent en caisse que des assignats. — Etc.

19129. St-Brieuc. 8 pièces in-4. 8 fr.

Délibération et arrêté de la communauté de Ville de St-Brieuc concern. la représentation des ordres aux états particuliers et le redressement des griefs et doléances de l'ordre du Tiers-Etat St-Brieuc, 1788, 12 p — L.-J. Prud'homme, déclaration et protestation de l'ordre de l'église assemblé à St-Brieuc, 1789, 8 p. — Ordonnance de police rendue provisoirement par les commissaires du comité permanent de St-Brieuc, en attend. la promulgation des décrets de l'Assemblée Nationale sur l'administrat. de la Police. St-Brieuc, 1789, 8 p. — Extr. du registre des délibérations du comité permanent, composé des commissaires de la municipalité réunis à ceux des communes, des jeunes citoyens militaires et des volontaires nationaux de la ville de St-Brieuc. 1789, 22 p. — Discours pron. par Gourlay, procureur-syndic de St-Brieuc, à l'assemblée Électorale. St-Brieuc, 1791, 4 p. — Adresse aux habitans des campagnes, sur l'impôt, par les amis de la Constitution de St-Brieuc. St-Brieuc, J.-M. Beauchemin. 1791, 15 p. — Mandement de l'évêque de St-Brieuc qui ordonne des prières publiques à l'occasion des troubles qui désolent le Royaume. (1789), 12 p. — Etc., etc.

19130. Nantes. 17 pièces et broch. in-4 et in-8. 10 fr.

Arrêt du Parlem. de Bretagne qui défend d'imprimer ou débiter aucun livret ou libelle sans approbation et permission, qui maintient la Faculté de théologie de l'Université de Nantes dans tous ses droits et privilèges, etc. 1716, 4 p. — Lettres patentes port. translation à l'arsenal de Paris de la Chambre Royale séante à Nantes. 1720, 4 p. — Arr. qui ordonne que le droit de quarantième de la pancarte de la prévôté de Nantes ne sera plus perçu sur les sardines réputées fraîches et qui ne seraient que légèrement imprégnées de sel. 1788, 2 p. — Les armoiries de la ville de Nantes, par A. Perthuis et S. de la Nicollière. Nantes, 1870, 16 p. — Lettre d'un conseiller de Nantes à son amy sur l'évasion de M. le cardinal de Retz à Nantes, M DC.LIIII ; suivie d'une lettre du duc de Brissac. Nantes, 1854, 15 p. (Réimpression à 100 exempl. numérotés). — Notice succincte sur l'utilité des maisons de santé et particulièrement sur celle récemment établie à Nantes, par Darbefeuille. 1819, 24 p. et 1 plan. — Placets adressés au roi et à la reine, requête aux officiers municipaux de la ville de Nantes et arrêté du 6 novembre 1788. 20 p. — Discours pron. à l'hôtel de la Bourse dans l'assemblée des jeunes gens de Nantes, par Omnes-Omnibus, député des jeunes gens de Rennes, le 28 janvier 1789, 8 p. — Les commissaires directeurs du grand théâtre de la République à Nantes au ministre de l'Intérieur. S. d., 11 p. — Notice histor. sur le théâtre de Nantes suiv. d'un prologue en vers pour l'ouverture de l'année théâtrale de 1825, par MM. * et *. Nantes, s. d., 43 p. — Etc., etc.

19131. Nantes. Révolution. 12 broch. et pièces in-4 et in-8. 12 fr.

Résumé des demandes de la ville de Nantes et de ses moyens. 1790, 7 p. — Les républicains de la Sté populaire de Nantes à la Convention Nationale. Nantes, s. d., 28 p. — Disc. pron. à l'assemblée des électeurs de la Loire-Infér., par Coustard de Massy, colonel des volontaires nantais. (1790), 8 p. — Disc. prononcé le 7 avril 1790, à l'ouverture de l'assembl. générale des électeurs, par Cornet. Nantes, 1790, 4 p. — Itinéraire du détachement des volontaires Nantais, de Nantes à Paris, et le retour de Paris à Nantes. Nantes, 1790, 88 p. — Relation du voyage des 132 Nantais envoyés à Paris par le comité révolutionnaire de Nantes. (1798), 45 p. — Plaidoyer prononcé le 25 frimaire dans le procès du comité révolutionnaire de Nantes, par le citoyen Villenave. An III, 95 p. — Adresse

des corps administratifs de la ville de Nantes. 6 p.
— Copie d'une lettre écrite de Nîmes par les membres du comité de rédaction de la Société des Républicains français aux amis de la liberté et de l'égalité de Nantes, du 18 mai 1793, imprimée par ordre du Conseil général de la commune de Nantes. S. d., 4 p. — Antoine Peccot fils, Nantais, détenu à Paris, au comité de sûreté générale. 54 p. — Etc.

19132. Vosges. 16 pièces et broch., différ. formats.   7 fr. 50

Les Vosges, poème, par N. François (de Neufchâteau). An V, 48 p. — Edit portant création d'un bailliage à Espinal. 1685, 3 p. — Discours du maire d'Epinal à la commune, par Vosgien, suppléant à l'Assemblée Nationale. (1790), 9 p. — Episode de l'histoire d'Epinal (chronique inédit du xve siècle), par Maud'heux. Epinal, 1837, 23 p. — Les perles de la Vologne et le Château-sur-Perle, par D.-A. Godron. Nancy, 1869, 23 p. — Anecdotes de la fédération des milices nationales des Vosges en Lorraine. 1790, 4 p. — Mémoire pour J. et Fr. Huraux, curés, l'un de Crainvilliers, l'autre de Contrexéville, intimés et intervenans, contre Ch. Comte de Bouzey, baron de Vitry, et J.-B. Félix, curé, et la communauté de Surianville, intimés et deffendeurs. 1764, 30 p. in-fol. — Edit de la cure de Champs dressé par illustr. et révérendissime J.-C Sommier (publ par l'abbé de Blaye). 45 p. — Mémoire sur les antiquités du Donon, par Jolliois. Epinal, 1828, 35 p. et 2 planches. — Aperçus sur les mouvements de la population des Vosges par Maud'heux. 9 p. — Excursion dans les Vosges, Remiremont, Gérardmer, Le Hohneck, par Gér. Gley. Epinal, 1872, 30 p. — Etc.

19133. Saint-Dié. 6 pièces in-4 dont 1 manuscrite.   10 fr.

Extrait du dispositif de l'arrest de la Cour souveraine chambre de la Tournelle, intervenu sur l'appel d'une sentence rendue au bailliage de Saint-Diez le 7 décembre 1772. Nancy, 1773, 2 p. — Lettres patentes du roi, confirmatives de la bulle d'érection de l'évêché de St-Dié en Lorraine. 1777. 8 p. — Lettres patentes qui confirment les bulles de N. T. S. Père le Pape, relat. à l'érection des évêchés de Nancy et de Saint-Diez. Metz, 1778, 4 p. — Extrait du registre des délibérations de l'hôtel commun de la ville de Saint-Dié en Lorraine. (1789), 7 p. — Ville de St-Dié. Adhésion de la Commune aux décrets de l'Assemblée Nationale conten. l'expression des sentiments patriotiques de ses habitans, de leur amour pour le Roi et de leur union avec la ville de Paris et les autres villes du royaume, contre les ennemis de l'Etat, 19 juillet 1789. 6 p. in-fol. mss. (Copie certifiée conforme par le secrétaire-greffier de l'Hôtel-de-Ville et timbrée). — Extrait des procès-verbaux du Comité de Sûreté de la ville de St-Dié. Bénédiction des drapeaux. St-Dié, Jos. Charlot, imprimeur, 1789.

19134. Lorraine. 16 pièces in-8 et in-4.   7 fr. 50

Précis sur la constitution du Barrois. Bar-Duc, 1789, 4 p. — Quelle doit être l'influence de l'Assemblée Nationale de France sur les matières ecclésiastiques et religieuses ? par l'évêque de Nancy. 1790, 41 p. — Les maisons historiques de Nancy, par L. Lallement. Nancy, 1859, 46 p. — Les mutilations de l'œuvre de Stanislas. Les appointements du Roi de Pologne en Lorraine, par le même. Nancy, 1879, 32 p. — Les élections aux Etats-Généraux à Lunéville. Règlement de la société républicaine de Lunéville. Mémoire pour les Juifs de Lunéville et de Sarreguemines. 115 p. — De la prison de Ferry III, duc de Lorraine, dans la tour de Maxéville. Nancy, 1839, 75 p. — Les ruines lorraines, chroniques monumentales, par Vict. de Sivry. Ste-Marie-aux-Bois. Nancy, 1846, 103 p. — Mousson, par le même. Pont-à-Mousson, 1848, 85 p. — Edit du Roi, créant un nouvel office de notaire pour le bailliage de Boulay, par augmentation à ceux qui y sont établis. 1774, 4 p. — Etc., etc.

19135. Lorraine. Divers écrits sur les Etats provinciaux. 1789, 20 pièces, la plupart in-8.   6 fr.

Disc. prononcé par le chev. de Boufflers, bailli d'épée de Nancy, à l'ouverture de l'Assemblée du Bailliage pour l'élect. des députés aux Etats généraux. Nancy, 19 p. — Projet de procès-verbaux d'élection de députés et d'instructions et pouvoirs à donner auxd. députés par les paroisses et bourgs, communautés, bailliages et sénéchaussées 16 p. — Observations d'un membre du Tiers de la province de Lorraine. 12 p. — Essai pour serv. à un projet d'organisation des Etats provinciaux des duchés de Lorraine et de Bar. 47 p. — Essai sur les assemblées de communautés, de bailliages et d'arrondissements de la Lorraine, destinées à procéder tant aux élections qu'à la rédaction des cahiers aux Etats Généraux, par un citoyen 16 p. — Plan à consulter d'instructions et de pouvoirs à donner aux députés de la Lorraine, par le Cte de Custine. 28 p. — Protestation du doct. Blaise contre l'admission du Prugnon au nombre des 24 commissaires du Tiers de la même ville. 3 p. — Avis importans sur l'élection des officiers municipaux, par Masson. 23 p. — Discours de l'un des curés de la prov. de Lorraine, en l'assembl. des Trois ordres, tenue à Nancy. 14 p. — Etc., etc.

19136. Lorraine. 10 opusc. et broch. in-8.   8 fr.

Etude ethnologique sur les origines des populations lorraines, par Godron. Nancy, 1862, 43 p. — Considérat. s. les origines de la Maison de Lorraine, par l'abbé Marchal. Nancy, 1854, 23 p. — Le départ de la famille ducale de Lorraine, par L. Lallement. Nancy, 1860, 32 p. — Le duc Antoine et les Rustauds. 1849, 63 p. — Dom Calmet aux prises avec la censure à l'occasion de la réimpression de son histoire de Lorraine, par Beaupré. 23 p. — Détails sur la décoration de la chapelle ducale, par l'abbé Guillaume. 23 p. — Restitution au roi Stanislas d'un ouvrage anonyme faussement attribué par les bibliographes au mécanicien Lavocat, de Champigneulles, par Lallement. Nancy, 1881, 24 p. — Disc. prononcé par l'abbé Marchal, curé de Heillecourt. Nancy, 1840, 16 p. — Etc., etc.

19137. Commercy. 2 pièces in-4, manuscr. et imprim.   8 fr.

Serment civique. Prologue du drame prononcé à Commercy le 14 juillet 1790, premier anniversaire de la Liberté française ; vers libres par l'abbé Denis, vicaire à Commercy. 7 p. mss. — Oraison funèbre des frères d'armes tués à Nancy pour la loy le 31 août 1790, par le même. 6 p. mss., en un cahier. — Adresse et lettre-circulaire imprim. de la Société des Amis de la Constitution de Commercy à celle des Jacobins à Paris. — Cette dern. lettre est signée *Denis*, prêtre, l'un des secrétaires. On lit au bas cette annotation du temps, à la main : *Envoyé par M. Denis*, ce qui nous fait supposer que le cahier manuscrit détaillé ci-dessus est *autographe*

19138. Bar-le-Duc. 5 pièces in-4.   5 fr.

Arrest qui fixe les droits de marc d'or à payer pour les offices de la Chambre des Comptes de Bar. 1773, 3 p. — Arrest qui homologue une ordonnance rendue le 18 août 1780 par les officiers de police de Bar-le-Duc, port. règlem. pour la vente des tonneaux dont les propriétaires et les vignerons auront besoin pour la prochaine récolte des vins. 1780, 4 p. — Arr. qui homologue une sentence rendue par les officiers de police de Bar, pour prévenir les incendies et faire procurer les secours nécessaires. 1783, 4 p. — Arrêt qui ordonne qu'une ordonnance rendue le 24 avril 1788 par les officiers du bailliage de Bar-le-Duc, concernant la réparation et l'élargissement des chemins ordinaires, de traverse et ruraux, dans l'étendue dudit bailliage, sera exécuté. 1789, 8 p. — Etc.

19139. Bar-le-Duc et le départem. de la Meuse au moment de la Révolution. 15 broch., proclamations et pièces volantes in-4 et in-fol.   15 fr.

Lettre d'un gentilhomme de Bar-le-Duc à MM. de l'ordre du Tiers. 1789, 6 p. — Projet relatif aux gardes nationales par la Société des Amis de la Constitution, à Bar-le-Duc, 20 juillet 1790. Bar-le-Duc, Choppin, imprimeur, 7 p. — Arrêté qui interdit la publication d'écrits tendans à empêcher l'exécution des décrets de l'Assemblée nation. sur l'organisation civile du clergé. Bar-le-Duc, Choppin, imprim., 1790, 11 p. — Arrêté qui improuve divers écrits distribués clandestinement sous le titre de « Brefs du Pape, mandements ou ordonnances d'évêques », comme subversifs de l'ordre public et attentatoires aux droits de la souveraineté, en ce qu'ils prescrivent aux citoyens de la désobéissance aux lois, etc. Bar-le-Duc, J.-R. Briflot, imprimeur, 1791; 7 p. — Adresse de la Soc. des Amis de la Constitution de Bar-le-Duc, aux gardes nat. partis pour Varennes et aux citoyens des campagnes. Bar-le-Duc, Choppin, imprimeur, 1791, 3 pièces volantes ; ensemble 6 p. — La Soc. des Amis de la Constitution de Bar-le-Duc aux gardes nat. des frontières (par Robinot). Bar-le-Duc, Choppin, imprim., 1791, 3 p. in-fol. — Les François aux officiers et soldats des armées liguées contre eux. Bar-le-Duc, Choppin, imprimeur, s. d., 3 p. — Discours prononcé par M. Henriquez à l'installation des juges du district de Gondrecourt. 4 p. in-4 mss. autogr. — Etc.

19140. Nancy à l'époque de la Révolution, 1789-1794. Environ 45 pièces in-4. 25 fr.

Pétition à la municipalité de Nancy. (1792), 4 p. — Règlement pour la garde citoyenne de Nancy, d'après le projet présenté à M. le comte d'Haussonville. Nancy, 1789, 6 p. — Procès-verbal de la séance du Conseil d'administration de la garde citoyenne de Nancy. 1789, 7 p. — Délibération du corps de la musique de la garde citoyenne de Nancy. 1789, 3 p. — Précis des princip. événements arrivés à Nancy depuis le 20 juillet 1790 jusqu'au 6 septembre suivant, concern. l'insurrection et la rébellion caractérisées des troupes de ligne de la garnison, composée des régiments du Roi, de Château-Vieux et du Mestre-de-Camp, Cavalerie. Nancy (1790), 43 p. — Mémoire justificatif pour la garde nationale de Nancy, adressé aux gardes nationales de Metz et de Toul. Nancy, 1790, 16 p. — Disc. prononcé à l'ouverture des séances du Comité des Sans-Culottes par Marat-Mauger, président de ce Comité et commissaire du Conseil exécutif près le département de la Meurthe. — La Société populaire révolutionnaire de Nancy aux Sociétés popul. et révol. de la République. 4 p. — Les femmes poissonnières de Nancy aux magistrats de la commune de la même ville, assemblés en Conseil général. 3 p. — Par le Maire et les officiers municipaux de Nancy. 1792, 7 p. — Adresse aux citoyens sans-culottes de Nancy par le citoyen Larue. 7 p. — Réplique de Merville à l'imprimé intitulé : Discours pron. à la Soc. popul. de Nancy sur l'esprit public et la situation politique de cette commune, dep. le commencem. de la Révolution jusqu'à ce jour, premier Messidor, an second de la République (1793), par le sans-culotte Philip. 24 p. — Justification du citoyen Watrouville. 3 p. — Disc. pron. par le maire de Nancy au temple de l'Être suprême, le 23 thermidor de l'an 5e (1794) de la République, jour de l'anniversaire du 10 août. 4 p. — Au citoyen Michaud, représentant du peuple, en mission dans les départemens de la Meurthe et des Vôges (sic), et aux citoyens formant la commission ordonnée par lui, pour examiner les réclamations des détenus, Jacques-Dom. Huyn, ex-grand-prévôt, détenu depuis 18 mois, et actuellement en la maison du refuge. 7 p. — Réclamation des parents de 80 citoyens détenus au secret dans la maison d'arrêt à Nancy, à tous les pouvoirs constitués. 28 p. — Marie-Jean-Maurice Brachet, détenu à la Maison dite du Refuge, à ses concitoyens. 6 p. — Discours prononcé par le représentant du peuple, en mission dans le départ. de la Meurthe, dans l'assemblée générale du peuple de Nancy, convoqué le 24 frimaire, troisième année républicaine, dans la salle du spectacle de cette commune, suivi du procès-verbal d'épuration des autorités constituées et du tableau des divers membres dont elles sont composées. 16 p. — Etc, etc.

19141. Meurthe. 6 vol. et opusc. in-8, br. 7 fr. 50

Tableau moral du départem. de la Meurthe ou recueil des belles actions qui y ont eu lieu, depuis 1787 jusqu'à l'an XIV (1816), par Thiébaut. Nancy, s. d., 160 p. — Essais sur l'hiver de l'an 7 à Nancy, divisés en 7 chants, par le citoy. L. Laugier. Nancy, s. d., 36 p. — Le prisonnier de Maxéville, par E. Meaume. Nancy, 1875, 36 p. — Recherches sur le vérit. auteur du plan des fortifications de la Ville-Neuve de Nancy. Nancy, 1861,

80 p. — L'anc. église collégiale de St-Nicolas de Munster (Meurthe), par A. Benoît. Lunéville, 1867, 18 p. — Délibération de l'Assemblée générale du Tiers-Etat de Lunéville. S. d., 5 p.

19142. Metz. 1789-91. 13 broch. et pièces in-4. 8 fr.

Liste des administrateurs du dép. de la Moselle. Metz, s. d., 15 p. — Tableau de toutes les assemblées primaires du dép. de la Moselle. Metz, s. d., 68 p. — Adresse du comité municipal de Metz, aux troupes en garnison dans cette ville, à l'époque de la Révolution. 1789, 6 p. — Mémoire des députés des Trois ordres de la ville de Metz, présenté au Conseil du Roi. Metz, 1789, 43 p. — Mémoire pour l'Assemblée patriotique tenue à Metz le 15 janvier 1789. 33 p. — Observations sur un imprimé ayant pour titre : Mémoire pour l'Assemblée patriotique tenue à Metz le 15 janvier 1789. Metz, s. d., 28 p. — Réclamation contre la forme dans laq. il a été procédé au choix du député direct du Tiers-Etat de la ville de Metz aux Etats-Généraux. Metz, 1789, 32 p. — Discours prononcé par Baudesson de Chanville, avocat du roi aux bailliage et siège présid. de Metz, à la clôture de l'Assemblée du Tiers-Etat. 3 p. — Extr. des registres des délibérat. des représentans de la commune et du comité municipal de Metz. 1789, 4 p. — Extr. des registres des délibérations des Trois-Ordres de Metz. (2 pièces, ensemble : 14 p.). 1789. — Lettre du Roi portée à l'Assemblée Nat., par le Ministre de la Justice, le 13 sept. 1791. 7 p. — Règlem. pour l'Assemblée du département de la Moselle. Metz, s. d., 6 p.

19143. Moselle. 13 broch. in-8. 10 fr.

Notice sur Florange par le baron d'Huard. Metz, s. d., 28 p. et 2 pl. — La Moselle, poème descriptif d'Ausone, trad. par Em. Bégin. Metz, s. d., 16 p. — Notes pour serv. à la statistique monumentale du départem. de la Moselle, par G. Boulangé. Metz, 1853, 30 p. — Des institutions communales dans le départem. de la Moselle, par Ch. Abel. Metz, 1860, 60 p. — Notice historiq. sur l'église d'Olley, par l'abbé J. Didiot. Metz, 1868, 16 p. — Notice sur l'église d'Ancy, par l'abbé Perrin. Metz, 1846, 12 p. — Le Mont St-Quentin, L'Esplanade, Sey, Longeville, Chazelles, Moulins, Plappeville, Tignomont, par C. Abel. Metz, s. d., 30 p. — Ruines de l'anc. château de Ludre, par Mathieu. Nancy, 1829, 51 p. et 2 pl. — Antiquités médiomatriciennes. Monumens trouvés en 1822 à l'anc. citadelle de Metz, par L. Devilly. Metz, 1823, 19 p. et 3 pl. — Oratoire des Templiers de la commanderie de Metz, par de Saulcy. Metz, 1835, 12 p. — Etc., etc.

19144. Lorraine allemande. 14 broch. et pièces in-8 et in-4. 12 fr.

Arrest du Parlement qui condamne Nic. Paquet au carcan et au fouet, fait défenses aux juges de Rodemack de prononcer des dépens en matière criminelle, etc. Metz, 1752, 4 p. — Extrait des délibérations du bailliage de Lixheim. 1788, 3 p. — Notes sur la Lorraine allemande. La terre de Sarbreck, par Arth. Benoît. (Extrait). 12 p. — Les coutumes du Val d'Orbey, publ. avec introduct. et notes par Ed. Bonvalot. 1864, 56 p. — Motifs de la dénonciation faite contre Gabr. Lacombe, citoyen de Sarrebourg, et les preuves de son innocence. (1793), 6 p. — Fribourg et sa chatellenie, par l'abbé Guillaume. 8 p. — La chapelle castrale de Fénétrange, par L. Benoît. Nancy, s. d., 57 p. — Les ruines du comté de Bitche, par J. Thilloy. Metz, 1862, 80 p. — Agnès, comtesse des Deux-Ponts, dame de Bitche en 1297, par J. Thilloy. Metz, 1864, 36 p. — Excursion archéolog. dans le pays de Bitche. La main du Prince, par G. Boulangé. Metz, 1854, 4 p. — L'abbaye de Crauftal (Claustriacum), par L. Benoît. Strasbourg, 1865, 24 p. — Herbitzheim, étude par J. Thilloy. Strasbourg, 1864, 28 p. — Les corps francs du commandant Brice en Lorraine (souvenirs de 1815), par Arth. Benoît. Vitry-le-François, 1868, 34 p. — Campagne des 100 jours, combat de Rodemack, notice par Prugneaux. Toul, 1858, 31 p. — Lettre officielle du citoyen Ambert commandant les avant-postes de la rive gauche de la Moselle, datée de Rodmack le 14 sept. 1793 (relatant en détail les combats livrés par les volontaires de la République à] l'armée d'invasion des Prussiens). 6 p. — Etc.

19145. Corpus historiæ Germanicæ (B. G. Struvii) a prima gentis orig. ad annum usque 1730, ex genuinis histor. docum. cœvorum script. monum. diplomat. et actis publicis, illustrat. cum var. observat. Ienæ, 1730, 2 vol. in-fol., fig., rel. pl. en v. m. imit. l'ant., fil., dos orné à nerfs. (Rel. neuve).   10 fr.

Exemplaire en GRAND-PAPIER.

19146. Allemagne (Hist. de la guerre civile d') sous l'empereur Charles-Quint (trad. de l'espagnol de Don L. d'Avila et de Cunniga). 1672, pet. in-12, v.   3 fr.

19147. Bohême. Manifeste de l'Empereur Ferdinand envoyé aux Princes de la Chrestienté touchant la guerre de Boême. 1620. Pièce pet. in-8, cart.   4 fr.

19148. Paris. Histoire generalle de la vie et miracles de Ste-Geneviève patrone de la ville de Paris avec l'office, prières et oraisons, ensemble les noms et faits remarquables des abbez qui ont régy l'abbaye et de leurs sépultures jusques à présent, puis l'ordre et cérémonies observées à la descente de sa châsse lorsqu'elle est portée en procession avec celle de S. Marcel et l'institution des confrères et porteurs par R. P. Frère Pierre le Juge, Parisien. 1631, pet. in-8, dem.-rel., v. vert.   8 fr.

Volume rare, le titre est raccommodé avec quelques lettres refaites. Le texte de l'histoire de Ste-Geneviève est complet, mais il manque au volume le dern. feuillet de la préface au lecteur.

19149. Monuments de Paris (Descript. des), par Isaac de Bourges, introd. et notes par l'abbé V. Dufour. 1878, pet. in-8, pap. vergé, br.   2 fr.

19150. Poissy. 2 pièces in-4 et 1 broch. in-12.   5 fr.

Lettres patentes sur arrest pour un échange entre le duc d'Antin et les religieuses de Poissy. 1717, 8 p. — Edit portant fixation des Notaires établis à Poissy au nombre de deux. 1779, 4 p. — Réflexions sur l'établissement de la Caisse de Poissy. 1775, 53 p.

19151. Versailles. 8 pièces et broch. in-8 et in-4.   7 fr. 50

Arrest contre les notaires de la ville de Versailles. 1707, 4 p. — Lettres patentes portant fixation des droits du domaine de Versailles au port de Marly. 1786, 4 p. — Edit du Roi, réunissant la paroisse de Montreuil à la ville de Versailles. 1786, 4 p. — Ce que les poètes ont dit de Versailles. Versailles. 1870, 72 p. — Dépenses effectives de Louis XIV en bâtimens; particulièrement celles de Versailles, par (Eckard). 50 p. — Voyage à Trianon conten. des souvenirs sur Louis XVI, Marie-Antoinette, Henri IV, Sully, etc., par de Labouisse. 1817, 68 p. — Etc., etc.

19152. Pontoise. 6 pièces et broch. in-4 et in-8.   5 fr.

Le Parlement burlesque de Pontoise conten. les noms de tous les présidents et conseillers rénégats qui composent ledit parlement. 1652, 7 p. — La 4e partie du Parlement burlesque de Ponthoise. 1652, 6 p. — Edit port. création de trois offices de conseillers au bailliage de Pontoise. 1773, 4 p. — Arrest qui rétablit la perception du droit de minage dans la ville de Pontoise. 1775, 3 p. — Edit supprimant l'office de lieutenant de police de la ville de Pontoise 1779, 3 p. — Les abbesses de Maubuisson, par A. Demarsy. 1858, 15 p.

19153. Argenteuil. 2 pièces in-4.   4 fr.

Arrest du Parlement qui homologue une ordonnance rendue en la justice d'Argenteuil, concernant l'ordre et la tranquillité publique. 1785, 18 p. — Ordonnance du lieutenant de police qui con-

dame le, nommé Guiedon, et autres carriers d'Argenteuil, à faire des remblais à leurs carrières, et qui en interdit l'usage. 1782, 3 p.

19154. Mantes, Meulan. 8 pièces et broch. in-4 et in-8.   10 fr.

Déclaration du Roy conten. la levée des modifications portées par l'arrest de vérification de l'amnistie accordée par Sa Majesté donnée à Mantes. 1652, 7 p. — Arrêt qui ordonne les opérations à faire pour la fixation des poids et mesures dans l'étendue du ressort du bailliage de Mantes. 1789, 4 p. — Lettres patentes portant confirmation du don fait au sieur Quoynat, lieutenant-génér. au bailliage et siège présidial de Mantes, de deux offices de conseillers aud. bailliage et des gages y attribués. 1777, 4 p. — Procès-verb. de l'Assembl. de l'ordre de la Noblesse des bailliages de Mantes et de Meulan. 1789, 45 p. — Arrest du Parlem. portant règlement pour la pêche sous les arches des ponts de la ville de Meulan. 1780, 4 p. — Arrest du Parlem. qui homologue une sentence rendue par le juge de La Roche-Guyon au sujet des habitations pratiquées dans les carrières et des précautions à prendre. 1781, 8 p. — Etc., etc.

19155. Estienne (Henri). Apologie pour Hérodote ou traité de la conformité des merveilles anciennes avec les modernes, édition faite sur la première, augmentée de tout ce que les postérieures ont de curieux et de remarques, par Le Duchat. La Haye, 1735, 3 vol. pet. in-8, avec frontispices, dem.-rel., v. vert.   12 fr.

Violente satire contre les moines et les dérèglements du clergé d'alors. Edition estimée, avec tous les passages trop libres qui ont été retranchés.

19156. Paris (Description nouv. de la ville de) ou recherche curieuse des choses les plus singulières et les plus remarquables qui se trouvent à présent dans cette grande ville av. les origines et les antiquitez les plus autorisées dans l'histoire, par G. Brice, parisien. 1698, 2 vol. in-12, dem.-rel., v. rac.   4 fr.

Le plan de la ville de Paris manque.

19157. Sarrasin (Adrien de). Œuvres. Paris, Urb. Canel, 1825, 6 vol. in-18, pap. vélin, fig. de Devéria, dem.-rel., v. vert, non rognés.   15 fr.

Contes nouveaux et nouvelles nouvelles. 3 vol. — Le Caravansérail ou recueil des contes orientaux. 2 vol. — Bardouc ou le pâtre du Mont-Taurus. 1 vol.

19158. Nodier (Franciscus Columna, dernière nouvelle de) et précéd. d'une notice par J. Janin. 1844, in-12, portr., br. 4 fr.

19159. Tubero (Oratius). Dialogues faits à l'imitation des anciens (par Lamothe Le Vayer). Francfort, J. Surius, 1716, 2 vol. in-12, v. fauve, fil. (Reliure ancienne de Derome).   10 fr.

De la philosophie sceptique. — Le Banquet sceptique. — De la vie privée. — Des rares et éminentes qualités des asnes de ce temps. — De la divinité. — De l'ignorance louable. — De l'opiniâtreté. — De la politique. — Du mariage.

19160. Tableau philosophique du genre humain dep. l'origine du monde jusq. Constantin, trad. de l'angl. (par Ch. Borde). Londres, 1770, pet. in-8, v. éc.   2 fr.

19161. Cousin (V.). Histoire générale de la philosophie, dep. les temps les pl. anc. jusqu'au XIXe siècle. 1884, in-12, br. 2 fr. 50

19162. Pascal. Pensées sur la religion et sur quelques autres sujets qui ont esté trouv. après sa mort parmy ses papiers. 1671, in-12, v.   3 fr.

19163. Simon (Jules). La liberté de conscience. 1857, in-12, br.   1 fr. 50

19164. Droit de la femme. Son devoir au moyen-âge d'après les manuscrits de la Bibliothèque Nationale, par Louis de Backer 1880, beau volume pet. in-8 écu, pap. de Hollande, titre rouge et noir, lettres ornées, couvert. parchemin., br., au lieu de 7 fr. 50, net : 5 fr.

Droit de la femme dans l'antiquité. — Premiers âges du monde. — Promiscuité. — Suprématie de la femme. — Conquête de la femme. — Droit maternel. — Droit du mari et du père. — Devoir de la femme au moyen-âge. — Le manuscrit de Jehan Petis, d'Arras. — Texte du manuscrit. — Miroir des dames ; manuscrit d'un Franciscain du XVII° siècle. — Le livre du régime des princes, manuscrit de Gilles de Romme — L'Art d'Amours, manuscrit. — Le Livre des trois vertus de Christine de Pisan. — La princesse. — La ménagère. — La toilette. — La femme du marchand. — L'appartement d'une bourgeoise de Paris. — La chambre d'une femme en couches. — La veuve. — La jeune fille. — L'ouvrière. — La fermière. — La femme lettrée. — Le tout est suivi d'un Glossaire philologique et explicatif.

19165. Ami de la Concorde (L') ou essai sur les motifs d'éviter les procès et s. les moyens d'en tarir la source par un avoc. du Parlement (par Champlair). 1765, frontisp. — Plaidoyer de l'avocat génér. du sénat littér. Ce plaidoyer sur le méchanisme de l'Univers, est curieux et intéressant. 1768, frontisp. — Ens. 2 ouvr. en 1 vol. in-8, v. m. 2 fr. 50

19166. Thoulouse (Hist. admirable advenue en la ville de) d'un gentilhomme qui s'est apparu plusieurs fois à sa femme deux ans après sa mort, premièrement en forme naturelle puis en forme de corps mort, ayant esté recogneu de plusieurs personnes tant docteurs, conseillers que médecins et autres. Paris, S. Lescuyer, sur le Pont-Neuf, 1628, in-8, br. 3 fr. 50

Réimpression à petit nombre faite à Lyon, chez Perrin, en 1875. — Exemplaire en GRAND-PAPIER DE HOLLANDE.

19167. Desbarreaux-Bernard (Le D[r]), de Toulouse, 5 broch. in-8 et in-12, tirees à très petit nombre. 7 fr. 50

Notice biograph. et bibliographique sur Jacq. Ferrand. 1869, 24 p. — Nouv. règlement général pour les nouvellistes. Toulouse, s. d., 16 p. — La seconde édition du *Ramelet Moundi* de Goudelin, suivie du catalogue descriptif des différentes éditions de ses œuvres. 1873, 28 p. — Une erreur de J.-Ch. Brunet à propos d'un poète, qui, probablement n'a jamais existé. 1871, 4 p. — Notice bibliographique sur les Institutes de Justinien éditées par Cujas. Toulouse, 1877, 8 p.

19168. Collé (Ch.). Journal historique ou mémoires critiques et littéraires, sur les ouvrages dramatiques et sur les événemens les plus mémorables, depuis 1748 jusqu'en 1772. Paris, 1807, 3 vol. in-8, dem.-rel., v. m. 6 fr.

19169. Annuaire bibliographique, conten. la vie de tous les hommes célèbres par leurs écrits, leurs actes politiq., etc., morts dans le cours des années 1830-1834, par R.-A. Henrion. 1834, 2 vol. in-8, br. 2 fr. 50

19170. Afrique septentrionale (Voyage dans l'intérieur de l') en 1818, 1819 et 1820, par le capit. Lyon, trad. de l'angl. (par Defauconpret). 1827, in-8, cartes et fig. color., dem.-rel. 3 fr.

19171. Cook (3° voyage de) ou journal d'une expédition faite dans la mer Pacifique du sud et du nord, en 1776, 1777, 1778, 1779 et 1780, trad. de l'anglois. Versailles, 1783, in-8, front. grav., v. éc. 2 fr. 50

19172. Tripoli (Successi dell' armata della M[ta] C[ea] destinata all' impresa di) di Barberia, della presa delle Gerbe, e progressi dell' armata Turchesca, scritti par Ant. Franc. Cirni Corso. Fiorenza, 1560, pet. in-8, vél. 2 fr. 50

Cet exemplaire ne va que jusqu'au feuillet 156 ; la fin manque.

19173. Mexique (Histoire de la conqueste du) ou de la nouvelle Espagne, par Fernand Cortez, trad. de l'espagn. par de Solis. 1730, 2 vol. in-12, av. 13 pl., v. marbr. (Bel exempl.). 8 fr. 50

19174. Belon (Pierre), du Mans. L'histoire de la nature des Oyseaux, avec leurs descriptions et naïfs portraicts retirez du naturel, escrite en 7 livres. Paris, G. Cavellat, in-fol, portr. de l'auteur à l'âge de 36 ans et quantité de figures d'oiseaux remarquablement gravées s. bois, 7 part. en 1 vol. in-fol., v. br. 50 fr.

Livre rare et recherché, qu'il est très difficile de trouver complet de toutes ses parties et en bon état comme celui-ci.

19175. Boursault. Lettres nouvelles accompagnées de tables, de contes, d'épigrammes, de remarques, de bons mots et d'autres particularitez aussi agréables qu'utiles, avec treize lettres amoureuses d'une dame a un cavalier. L., 1703, 2 vol. in-12, v. m. 4 fr.

Bel exemplaire. — Cachet armorié sur les titres.

19176. Histoire littéraire de la France, par des religieux Bénédictins de la congrég. de S. Maur. 1733-47, tomes I à VIII, 8 vol in-4, v. m. 20 fr.

Reliure non uniforme. — Manque le titre du tome III.

19177. Bibliothèque françoise ou histoire de la litterature françoise dans laq. on montre l'utilité que l'on peut retirer des livres publiés en françois depuis l'origine de l'imprimerie, par l'abbé Goujet. 1747-56, 17 vol. in-12, cart. 20 fr.

Excellent livre de bibliothèque On y trouve des analyses des poëtes français des XV° et XVI° siècles.

19178. Peignot (Gabr.). Manuel du Bibliophile ou traité du choix des livres, conten. des développemens sur la nature des ouvrages les plus propres à former une collection précieuse, la manière de disposer une bibliothèque, de preserver les livres de toute avarie avec des détails sur leurs formats. 1823, 2 vol. in-8, dem.-rel., v. fauve. 6 fr. 50

19179. Révolution française (Histoire générale et impartiale des erreurs, des fautes et des crimes commis pendant la) (par Prudhomme). 1797, 6 vol. in-8, dem.-rel. anc. 30 fr.

Les tomes I et II contiennent les *noms, âges, lieux de naissance, qualités, domiciles, professions de tous ceux qui ont été pendus, guillotinés, mitraillés ou noyés pendant la Révolution depuis le 14 juillet 1789 jusqu'au 6 prairial an 5 ou Dictionnaire des condamnés a mort.* Ces 2 volumes sont accompagnés de 2 grandes planches gravées se déployant qui représentent les horreurs commises pendant la Terreur. On a ajouté en tête de l'exemplaire l'*Appel de Prudhomme aux Patriotes, le 13 juin 1793*, relatif à son arrestation et son emprisonnement.

19180. Bluettes maçonniques, recueilliez par le F.·. Brun. S. d., in-12 de 48 p., br. 1 fr. 50

19181. Révolutions de l'esprit français

(Histoire des), de la langue et de la littérature française au moyen âge, ouvr. posth. de Bancel, avec préf. par Antony Méray. 1878, sup vol. pet. in-8 écu, br., beau pap. verge de choix, titre rouge et noir, caract. antiq., fleurons et lettres historiées, orné d'un tr. beau portr. de l'auteur grave par Lalauze, br. (Au lieu de 8 fr., net :)   3 fr.

Les transformations de l'esprit français au moyen âge — Des origines de la langue. — De la Provence et des troubadours. — Des trouvères et des chansons de geste. — De la satire et de l'allégorie au moyen âge — Villehardouin. — Joinville. — Froissart. — Christine de Pisan-Gerson. — Alain Chartier. — Charles d'Orléans. — Olivier Basselin. — François Villon. — Des mystères. — Des soties. — Farces et moralités. — Etc.

19182. Ninon de Lenclos. Mémoires sur la vie de Mlle de Lenclos, par M. B*** (par Bret). Amst., 1759, 3 part. en 1 vol. in-12, portr., v.   2 fr. 50

19183. Philosophe Sans-Souci (Œuvres du). Potzdam, 1760, in-12, v. marbr. (Bel exemplaire).   2 fr.

19184. Panhypocrisiade (La) ou le spectacle infernal du XVIᵉ siècle, comédie épique par Népomucène Lemercier. 1819, in-8, cart. à la Brad., non rog.   5 fr.

Exemplaire des bibliothèques Viollet-Le-Duc et Beaupré.

19185. Gœthe. Les Souffrances du jeune Werther, trad. par le comte H. de La B. (Bédoyère). Paris, Crapelet, 1845, in-8, pap. de Holl., fig. de Tony Johannot, br.   5 fr.

19186. Colony (J.-D.), de Gex. Le Cavalier françois (en vers). S. l. (Genève ou Berne), 1601. Pet. in-8, cart. à la Brad.   15 fr.

Le *Cavalier françois* est un songe poétique en faveur d'Henri IV, fort curieux en ce qu'il est l'ouvrage d'un huguenot et qu'il approuve la conversion du roi. L'auteur s'appelait Jean-Denis de Cecier, dit *Colony*, comme nous l'apprenons d'un autre opuscule poétique imprimé la même année à Berne, chez Le Preux. La Bresse et le pays de Gex, que se disputaient Henri IV et le duc de Savoie, venaient d'être cédés à la France par ce dernier. — Fort rare et non cité par Brunet, mais court de marges.

19187. Le Sage. Histoire de Gil-Blas de Santillane ; quatrième édition. Paris, veuve Ribou, 1732, 3 vol., avec figures. — Histoire de Gil-Blas de Santillane, par M. Le Sage. Paris, P.-Jacq. Ribou, 1735. 1 vol., avec fig. — Ens. 4 vol. in-12, v.   30 fr.

QUATRIÈME ÉDITION ORIGINALE, augmentée d'un troisième volume. Le quatrième volume, qui n'a paru qu'en 1735, est ici en PREMIÈRE ÉDITION et termine le roman de Gil-Blas. — Cet exemplaire, formé par l'adjonction de cette partie complémentaire, est semblable à celui de la vente Giraud, qui a atteint un prix assez élevé. — Exemplaire grand de marges. — Les volumes ne sont pas uniformes de reliure.

19188. Le Sage. Nouv. traduction de Roland l'amoureux, de Matheo-Maria Boyardo (par Le Sage). 1717, 2 vol., av. 20 fig., v. m.   12 fr.

Edition originale.

19189. Lettres persanes (par Montesquieu). Cologne, P. Marteau (à la Sphère), 1721, 2 tom. en 1 vol. in-12, v. br.   10 fr.

Edition originale des *Lettres Persanes*.

19190. Pèlerin (Le), nouvelle, par le Sieur Bre. (Bremond). Chez George l'Indulgent, à St Jaques de Galice (Hollande, à la Sphère, vers 1680). Pet. in-12, front. gravé à l'eau-forte, cart.   20 fr.

EXEMPLAIRE ABSOLUMENT NON ROGNÉ. — Ce petit roman galant est imprimé avec des caractères elzéviriens. On retrouve, au commencement de l'*Avis au lecteur*, un des fleurons d'en-tête du fonds de Daniel Elsevier. — Sébastien Bremond (et non Gabriel, comme l'appellent tous les biographes qui se sont copiés les uns les autres), est né à TOULON vers 1645. Il est inscrit comme étudiant dans les registres de l'Université de Leyde, à la date du 23 février 1679.

19191. Corneille (Pierre). L'Imitation de Jésus-Christ, trad. en vers françois. Seconde partie. Imprimé à Rouen et se vend à Paris, chez Pierre Le Petit. 1652, pet. in-12, frontisp. gravé, v., fil. (Rel. originale).   30 fr.

EDITION ORIGINALE de la première suite de l'Imitation. Elle contient les chapitres XXI-XXV du livre 1ᵉʳ et les six premiers chapitres du livre second. Dans sa *Bibliographie Cornélienne*, M. Picot conjecture avec raison qu'il doit exister des exemplaires au nom de Pierre Le Petit, mais il n'a pu en voir d'exemplaires. Les exemplaires de cette sorte sont beaucoup plus rares que ceux qui portent le nom de Ch. de Sercy. — Exemplaire très grand de marges.

19192. Corneille (Pierre). La Suite du Menteur, comédie. Imprimé à Rouen et se vend à Paris, chez Ant. de Sommaville et Augustin Courbé, 1645. Pet. in-12, dem.-rel., mar. vert.   50 fr.

EDITION ORIGINALE. — Petits raccommodages dans la marge du fond.

19193. Bouquet. La troupe de Molière et les deux Corneilles à Rouen en 1658. 1880, pet. in-12 elzévirien, av. frontisp. gravé et eaux-fortes d'Adeline, br. (Au lieu de 7 fr. 50).   5 fr.

Charmante publication, éditée avec un soin particulier, vignettes, culs-de-lampe et fleurons des Elzevier. — On y trouve un fac-simile de la signature des acteurs de la troupe de Molière.

19194. Corneille (Œuvres de). Paris, Loyson et Pepingué, 1655, 3 vol. pet. in-12, cart. en toile lustrée.   40 fr.

Edition rare. — Bel exemplaire, très grand de marges et en parfait état.

19195. Corneille (Le Théâtre de P.), revu et corrigé et augmenté de diverses pièces nouvelles. Suivant la copie imprimée à Paris (Amsterdam, Abrah. Wolfgang, au Quærendo). 1664, 5 vol., avec portrait, frontispices gravés et figures à chaque piece. — **Corneille** (Les tragédies et comédies de Th.), reveues, corrigées et augmentées de diverses pièces nouvelles. Suivant la copie (Amsterdam, Abr. Wolfgang, au Quærendo). 1665-78, 5 vol., avec frontispices gravés et fig. à chaque piece. — Ens. 10 vol. pet. in-12, vél.   280 fr.

Très jolie édition, que l'on fait entrer dans la collection des Elsevier. Cette édition des œuvres des deux Corneille est devenue, dit Brunet, un objet d'une très grande importance auprès des bibliophiles français, et il est fort difficile d'en trouver des exemplaires complets. « Cette collection est difficile à réunir, dit Willems, et les exemplaires, qui ne laissent rien à désirer pour la date des pièces et la grandeur des marges, se paient fort cher. Voici les prix auxquels les 10 volumes ont été portés dans quelques ventes : 751 fr. Bérard ; 660 fr. d'Essling, 630 fr. Chéreau (130 millim.) ; 500 fr. avec 4 pièces réimprimées (c'est à dire de mauvaise date), de la Villestreux ; 755 fr. Bordes, 128 millim. 1/2 ; etc. » — Le présent exemplaire mesure 130 millim. et est bien complet, avec toutes les pièces de bonne date. On y trouve en tête du 1ᵉʳ volume, l'*Avis de l'imprimeur au lecteur*, morceau additionnel de 5 ff., plus un feuillet blanc qui manque dans beaucoup d'exemplaires et n'était pas dans l'exemplaire de Bérard, ainsi que les tragédies de *Persée* et de *Pyrrhus*, qui ne sont pas annoncées dans la nomenclature imprimée en tête des volumes. Les frontispices des tomes IV et V de Thomas Corneille sont de toute rareté. Ce dernier manque dans l'exemplaire du baron J. de Rotschild. A cet exemplaire ont été ajoutés les frontispices suivants, en double état : 1° Le *Cid*, eau-forte entièrement différente de la première ; 2° *La Suivante ;* le nom de l'auteur est orthographié *Cornille*, au lieu de Corneille qu'on lit dans le second tirage ; 3° *Timocrate*. On lit *Timoncrate* au lieu de Timocrate, dans le premier tirage. On a joint en outre en tête du 5° volume une eau-forte représentant Corneille écrivant ses pièces, signée de *J.-P. de Brugge*, le même artiste qui a signé le frontispice de *Suréna*. Ce frontispice, destiné au 5° volume, n'a pas été utilisé de suite par Wolfgang, qui attendait toujours que Corneille eût publié d'autres pièces pour y mettre un titre imprimé définitif comme aux volumes précédents. Finalement il fit servir ce frontispice à la réimpression qu'il fit du *Cid* en 1678.

19196. **Poètes bordelais et périgourdins** (Vies des), par Guill. Colletet, publ. d'apr. le ms. autogr. du Louvre, avec notes et append. par Ph. Tamizey de Larroque. 1873, in-8, br. 4 fr.

Lancelot de Carle. — Etienne de la Boëtie. — Jean du Vigneau. — Marc de Mailhet.

19197. **Facéties.** Les plaisantes idées du Sr Mistanguet, docteur à la moderne, parent de Bruscambille ; ensemble la généalogie de Mistanguet et de Bruscambille, nouvellem. composées et non encore veues. Paris, J. Millot, 1615, in-18, pap. de Holl., br. 5 fr.

Reproduction de l'édition rarissime de 1615. — Elle a été faite à Genève et tirée à 100 exemplaires numérotés pour la collection des Raretés bibliographiques publiée par Gay.

19198. **Allégorie** (De l') ou traités sur cette matière, par Winckelmann, Addison, Suger. An VII (1799), 2 vol. in-8, br. 2 fr.

19199. **Funeribus Romanorum** (Kirchmanni de) lib. IV, cum append., access. Funus parasiticum N. Rigaltii. Lubecæ, 1637, in-8, v. 1 fr. 50

19200. **Littré.** La vérité s. la mort d'Alexandre le Grand. La mort de J. César, par Nic. de Damas. 1865, in-16, frontisp. à l'eau-forte, pap. vergé, br. 2 fr.

De la bibliothèque originale éditée par Pincebourde.

19201. **Démosthène** (Œuvres polit. de), trad. par P.-A. Plougoulm. 1863, 2 vol. gr. in-8, dem.-rel. mar. bleu. à nerfs. 4 fr.

19202. **Bossuet.** Oraisons funèbres, précéd. de l'essai s. l'oraison funèbre par Villemain et d'une notice par Dussault, suiv. d'un choix d'oraisons funèbres de Fléchier et de Mascaron. 1855, in-12, portr., dem.-rel., mar. n. 2 fr.

19203. **Senecæ** (L. Ann.) opera, quæ extant omnia. Lugd., Seb. Gryphius, 1555, 2 vol. in-8, vél. 3 fr. 50

19204. **Thucydides** de bello Peloponnesiaco libros VIII, ad fidem codd. mss. 13 recens. J. B. Gail (gr.). S. d. (vers 1802), 2 vol. in-8, v. racc. 2 fr.

19205. **Virgilii** (P.) Maronis opera interpret. et notis illustrav. Car. Ruæus, ad usum Delphini. 1675, in-4, front. et vign., v. 2 fr.

Excellente édition de Virgile donnée par le P. La Rue. — Reliure fatiguée, bon état intérieur.

19206. **Pierre Messie** (Les div. leçons de), gentilhomme de Séville, mises de castillan en franç. par Cl. Gruget, Parisien, avec sept dialogues de l'auth., dont les quatre

derniers ont esté de nouveau trad., plus la suite de celles d'Ant. du Verdier, sieur de Vauprivaz, augm. d'un septième livre Lyon, Th. Soubron, 1592, 2 vol. en 4 tom. in-8, v. (Bel exemplaire). 7 fr. 50

19207. **Langue des anciens Francs.** Dissertation sur le Francique ou essais sur le rapport général des langues entre elles et l'explication de leurs allégories. par Charles-Léopold Mathieu. Cahier in-4, br. 3 fr. 50

MANUSCRIT AUTOGRAPHE du commencement du siècle.

19208. **Machiavel** (Nic.). Histoire de Florence, trad. (par Fr. Tétart). Amsterdam, 1694, 2 vol. pet. in-8, vél. de Holl. 3 fr. 50

19209. **Miscellanées champenoises.** Discours de la défaite des Bourguignons à Villefranche le 4 août 1597. Les protestations faites au Roy par les habitants de Château-Thierry le 2 novembre 1615. 2 parties in-8, grand pap. jésus de Hollande, br. 5 fr.

Réimpressions à petits nombres accompagnées de notices intéressantes faites en 1872 par les soins et aux frais d'un bibliophile. Elles n'ont pas été mises dans le commerce, et l'édition a été détruite en partie. Voici les titres exacts de ces pièces, dont le texte original est reproduit à la suite des notices qui les concernent : *Les offres et protestations faites au Roy par les habitants de Château-Thierry Paris, J. Brunet, 1615. — Discours véritable de la deffaite des Bourguignons à Villefranche, ville frontière de Meuze, la nuit du Dimanche au Lundy 4° jour d'août 1597, avec le nombre des morts et prisonniers. Paris, Ch. de Monstr'œil, 1597.*

19210. **Historiens** (Bibliothèque universelle des), conten. l. vies, l'abrégé, la géographie et la critique de leurs histoires, un jugement s. leur style, et leur caractère et le dénombrement des différentes éditions de l. œuvres av. tables chronologiques et géographiq. (par l'abbé de Clairval, masque de L. Ellies-Dupin). 1707, 2 vol. in-8, v. 8 fr. 50

19211. **Amérique.** Relations des 4 voyages entrepris par Christophe Colomb pour la découverte du Nouveau-Monde, de 1492 à 1504, suiv. de div. lettres et pièces inédites extraites des archives de la Monarchie espagnole, publ. par Don de Navarrete. 1828, 3 vol. in-8, portr. et cartes grav., br. 12 fr.

19212. **Etats-Unis d'Amérique** (Les hommes et les mœurs aux), par Hamilton, trad. de l'angl. par D. L. G. 1834, 2 vol. in-8, br. 4 fr.

19213. **Indes Occidentales** (Tyrannies et cruautez des Espagnols perpétrées ès) qu'on dit le Nouveau-Monde, brievement descrites en langue castillane par l'evesque Barthelemy de Las Cases, trad. par Jaques de Miggrode. 1582, pet. in-8, dem.-rel., mar. vert, à nerfs. 20 fr.

Livre rare sur l'Amérique. Raccommodage au coin du dern. feuillet dans le haut et 4 ou 5 lettres du texte refaites.

19214. **Oyseaux de vollère** (Instructions pour élever, nourrir, instruire et panser toutes sortes de petits) que l'on tient en cage pour entendre chanter, avec un petit traité pour les maladies des chiens. Paris, Ch. de Sercy, 1674, pet. in-12, vél. 10 fr.

Volume rare. — Exemplaire grand de marges et très bien conservé dans sa première reliure.

19215. Besson (Jaques), Dauphinois, mathématicien. L'art et science de trouver les eaux et fontaines placées soubs terre autrement que par les moyens vulgaires des agriculteurs et architectes. A Orléans, par Eloy Gibier, imprimeur de la dicte ville, 1569, pet. in-4, cart. (Rare). .　　50 fr.

19216. Monnaies. Evaluation de toutes pièces d'or et d'argent ayant cours. — Le Roy nostre souverain et tres doubté Sire, désirant qu'un chascun aie bonne et parfaicte cognoissance de la nouvelle monnoye a commandé aux generaulx et maistres de sa Monnoie de pardecha de faire mettre en impression les figues desdites monnoies ensemble le pois et pris d'icelle comme s'ensuyt. — In-16, gothique, nombr. fig. de monnaies, parch.　　5 fr.

Petit recueil fort curieux, malheureusement incomplet, qui doit avoir été imprimé à Gand ou à Anvers vers 1540. Le titre manque. Vient ensuite un calendrier qui est suivi d'une liste des foires annuelles de Flandres, Brabant, France, Artois, Allemagne, Angleterre, Picardie, etc., on trouve ensuite un tableau des musées de Flandre, Brabant, Hollande et Zélande. L'évaluation des monnaies commence immédiatement après. 2 feuillets sont coupés en partie.

19217. Médailles d'or romaines (Réflex. s. les deux plus anciennes) qui se trouvent dans le cabin. de S. A. R. Madame (par Baudelot de Dairval). 1717, in-4, v.　　3 fr.

Cachet de la bibliothèque du Comte de Toulouse s. le titre.

19218. Médailles Lorraines. 4 broch. in-4.　　6 fr.

Explicatio historica signati numismatis in honorem Papæ Clementis XI, a R. P. Ludov. Hugo. Nanceii, 1706, 20 p. — Explication d'une médaille frappée en Lorraine à l'honneur de S. A. Roy. Léopold Ier au sujet du chemin royal de Nancy à Toul que ce prince a fait réparer avec magnificence (1705). 4 p. — Reflexions sur l'auteur du revers de la médaille frappée à l'honneur de Stanislas et de Louis XV. Nancy (1755), 7 p. — Médaillon présenté à Son Altesse Royale Mgr le duc Ch de Lorraine, gouverneur général des Pays-Bas, protecteur des arts et des sciences, par Dom Thomas Mangeart, son antiquaire. Bruxelles, 1754, 8 p. (Trouée au milieu du texte, q. q. mots manquent).

19219. Patin (Ch.), docteur-régent en la Fac. de Médecine de Paris. Introduction à la connoissance des Médailles. Seconde édition reveue et augmentée. De l'impression d'Elzevier et se vend à Paris chez J. du Bray, 1667, in-12, front. gravé et fig. de médailles, mar. rouge, fil. à comp., tr. dor. (Anc. reliure de Dusseuil).　　20 fr.

Véritable Elsevier d'Amsterdam. — Ce volume, dit Willems, offre cette particularité qu'il est imprimé sans réclames au bas des pages, mais son origine elzévirienne est incontestable. — Bel exemplaire avec les ex-libris de M. Thery et de M. Beaupré, bibliophiles lorrains, collés à l'intérieur de chacun des plats.

19220. Médailles sur les princip. événemens du règne de Louis-le-Grand av. des explicat. historiques (par Fr. Charpentier, P. Tallemand, J. Racine, Boileau-Despréaux, etc.). Paris, Imprim. Roy., 1702, in-4, av. med. grav. en taille-douce, v. éc., fil.　　15 fr.

19221. Annuaire de l'archéologue, du numismate et de l'antiquaire, pour 1862, par A. Berty et L. Lacour. 1862, in-18, de 180 pag., br.　　1 fr. 50

Volume documentaire, plein de renseignements inédits sur les collections et les collectionneurs. — Musée Campana. — Nécrologie. — Livres et presses archéologiques. — Etude archéologique sur les bases des colonnes comme moyen de déterminer l'âge des monuments de tous les styles, par Berty. — Recherches sur la situation d'Alise. — Etc., etc.

19222. Voyage de Jacques Le Saige, de Douay, à Rome, Notre-Dame de Lorette, Venise, Jerusalem et autres saints lieux publ. (d'après l'édition de 1523) par Duthilloeul. Douai, 1851, in-4, av. 2 grandes planches grav., rel. pleine en mar. r. du Lev. à nerfs, fil., dos orn., dent. intér., tr. dor. (Rel. de Duru).　　100 fr.

EXEMPLAIRE SUR PEAU DE VÉLIN en superbe condition. Le même volume a été vendu plusieurs centaines de francs à la vente Bigant à Douai et était coté un millier de francs dans le catalogue de la librairie Huet à Paris.

19223. Juris civilis (Institutionum) lib. IV. Parisiis, ex off. Rob. Stephani, 1528. — **Melanchtonis** (De legibus oratio Philippi); ejusd. de gradibus oratio. Par., ex offic. Rob. Stephani, 1528, 2 ouvr. en un vol. pet. in-8, réglé, v. br.　　3 fr. 50

Belle impression de Robert Estienne. — Bel exemplaire.

19224. Paléographie. Dictionnaire raisonné de diplomatique contenant les regles princip. et essentielles pour servir à déchiffrer les anciens titres, diplómes, etc., par dom de Vaines. 1774, 2 vol. in-8, planches, rel.　　10 fr.

19225. Ordène de chevalerie (L') avec une dissertat. sur l'orig. de la langue franç., un essai sur les étimologies, quelques contes anciens et un glossaire pour en faciliter l'intelligence (par Barbazan). Lauzanne et Paris, 1759, pet. in-8, front. gr. par Fessard, v. m., fil. (Bel exemplaire).　　5 fr.

19226. Roman d'Aquin (Le) ou de la conqueste de la Bretaigne par le Roy Charlemaigne, chanson de geste du XIIe siècle, publ. par F. Jouon des Longrais. Nantes, 1880, beau vol. in-8, pap. de Holl., br.　　6 fr. 50

Publication à petit nombre faite par la Société des Bibliophiles Bretons d'après le ms. de la Bibliothèque Nationale.

19227. Perroniana et Thuana ou pensées judicieuses, bons mots, rencontres agréables et observations curieuses du card. Du Perron et de de Thou. Cologne, 1694, pet. in-12, frontisp. grav., vél.　　2 fr. 50

19228. Discours spirituel touchant le Sacrement de Baptesme trad. sur l'original grec de S. Gregoire de Nysse par Fed. Morel, interprète du Roy, dédié à la Royne Marguerite. 1606, pet. in-12, dem.-rel., v. antiq.　　3 fr. 50

19229. Dallæi (Joa.) de Imaginibus lib. IV. Lugd.-Bat., ex off. Elzeviriana, 1642, in-8, vél. (Bel exempl.).　　4 fr.

Traduction d'un traité de Jean Daillé, théologien protestant français, De la créance des P. P. sur le fait des Images. C'est l'auteur lui-même qui a traduit son livre en latin.

19230. Juventin (Sermons de feu J. J.), pasteur de l'église de Chesne près Genève. Genève, 1802, in-8, cart., non rog.　　2 fr.

19231. Conspiration contre Bonaparte. Procès instruit par le tribunal criminel de la Seine, contre Demerville, Ceracchi, Aréna et autres, prevenus de conspiration contre Bonaparte. An IX, in-8, dem.-rel., v. m.　　4 fr.

19232. Conspiration de Moreau. Recueil des interrogatoires subis par le général

Moreau, des interrogatoires de quelques-uns de ses co-accusés, des procès-verbaux de confrontation et autres pièces produites au soutien de l'accusation dirigée contre ce géneral. An XII, in-8, br.   4 fr.

19233. **Advielle** (V.). Le Rouergue dans ses rapports avec le Dauphiné et la Savoie. Vienne, 1868, pet. in-8, br.   2 fr. 50

19234. **Seine-et-Marne** (Histoire topographiq., politiq., physiq. et statistique du depart. de), par le Dr Fél. Pascal. Melun, 1844, 2 vol. in-8, av. 9 cartes historiq., br.   10 fr.

19235. **Melun.** 4 broch. in-8.   5 fr.
Sceaux et blason de la ville de Melun, par E. Grésy. Melun, 1803, 8 p. — Les estranges effets du tonnerre arrivez en la ville de Melun la veille de la Pentecoste, en la présente année 1656, avec les noms et qualitez des morts et blessez. 1656, 8 p. (Réimpression à 100 exempl. numérotes, n° 53). — Historique sommaire de l'enseignement à Melun, du xiie au xixe siècle, par G. Leroy. Melun, 1867, 16 p. — Recherches sur la corporation des maîtres-pêcheurs de Melun, par G. Leroy. Melun, 1868, 20 p.

19236. **Melun.** 7 pièces, différ. formats.   7 fr. 50
Mémoire pour Jér.-Rob. Ravault, marchand, anc. echevin de la ville de Melun, défendeur, contre P.-Den. Jobert, greffier de l'élection de Melun. 1739, 5 p. — Mémoire pour la communauté des maîtres chirurgiens de la ville de Melun, et P.-J. Guiart, conseiller au châtelet de Melun, contre Aug. Pineau, lieutenant du premier barbier chirurgien du roy, à Melun. S. d. (vers 1740), 12 p. — Arrêt qui homologue une ordonnance rendue le 9 janvier 1789, par les officiers de Melun, concernant la réparation de l'élargissement des chemins dans l'étendue du bailliage 1789, 8 p. — Cahier des pouvoirs et instructions du député de l'ordre de la noblesse des bailliages de Melun et Moret. S. d. (1789), 26 p. — Tableau de la population du district de Melun. S. d. (1790). 2 p. in-fol. mss. — Seine-Port et St Assise, par E. Delaforge. Melun, 1874, 54 p.

19237. **Seine-et-Marne.** 9 pièces et broch. in-8 et in-4, et 2 tableaux manuscrits in-fol. — Ens. 15 pièces.   12 fr.
Arrêt port. cassation de la déclaration donnée contre le prince de Condé, ensemble la défaite des troupes de Mazarin par les gens de M. le Prince, près Montargis. 1652, 7 p. — Arrêt qui ordonne l'exécution d'une ordonnance des officiers de police de Nemours, concern. les compagnons et ouvriers. 1788, 4 p. — Arrêt qui ordonne l'exécution d'une sentence du bailliage de Nemours, défend. aux marguilliers des paroisses d'entreprendre aucun procès sans avoir été autorisés. 1784, 4 p — Arrêt qui ordonne la démolition d'une halle à Bray-sur-Seine. 1779, 4 p. — Arrêt qui défend les étalages dans le carrefour de la rue ou Pont, à Bray-sur-Seine. 1781, 4 p. — Adresse de la commune de Bois-la-Nation aux départemens. (1793), 4 p. — Description physique de la forêt de Fontainebleau, par F.-H. Paillet. 1807, 28 p. — Fontainebleau sous Louis-Philippe, par Jamin. Fontainebleau, 1836, 62 p. — Chroniques de La Chapelle-la-Reine, par B. de la Chavignerie. Fontainebleau, 1851, 26 p. — Les ponts de Montereau-Fault-Yonne, par P. Quesvers. Fontainebleau, 1888, 62 p. — Deux noms de lieux disparus. Vieux-Marolles et Alsiacum, par le même. 1888, 24 p. — Population des districts de Rosoy et de Nemours. 2 tableaux in-fol. mss. — Arrêt concernant le fermier du bac établi sur la rivière de Seine au lieu de Valvin. 1779, 5 p. — Etc.

19238. **Beauce.** 5 pièces et broch. in-4 et in-8.   4 fr. 50
Advertissemens charitables faits à Mazarin par son bon ange. par N. S. B. D. C. Beausseron. 1649, 8 p. — Arrest du Conseil d'Etat qui reçoit J. Alaterre, adjudicataire général des Fermes-unies de France, opposant aux lettres patentes obtenues au mois de mai 1759 par les prieur et religieux de l'abbaye de Tiron. 1773, 15 p. — Arrest qui fait défenses à toutes personnes de s'assembler ni de s'attrouper le jour de la Pentecôte, ni autres dimanches et fêtes, dans la paroisse de St-Arnoud-des-Bois. 1779. 4 p. — Lettres-patentes portant établissement d'un second marché à tenir le mardi de chaque semaine dans le bourg de Rambouillet en Beauce, et prolongation de chacune des deux foires annuelles. 1784, 3 p. — Relation concern. les événements qui sont arrivés à un laboureur de la Beauce (Thomas Martin), dans les premiers mois de 1816 (par J. Silvy). 1817, 114 p.

19239. **Chartres.** 12 broch. et pièces in-8 et in-4.   8 fr.
Registres des officialités de Chartres, par L. Merlet, 23 p — La royale entrée du Roy et de la Royne en la ville de Chartres, avec les magnificences et cérémonies qui s'y sont observées le jeudi 26 sept. 1619. Chartres, 1864, 10 p (Réimpression). — Notice sur un reliquaire donné en 1680 aux Hurons de Lorette en la Nouvelle-France, par le chapitre de l'église de Chartres, par Doublet de Boisthibault. 1858, 6 p. — Edict du Roy port. création d'un bureau des finances à Chartres. 1645, 6 p. — Plaidoyé pour l'évêque de Chartres, intimé, contre Daguin, curé de Digny, appelant comme d'abus ; et Bourget, prêtre, vicaire de Digny, aussi appelant comme d'abus. 1779, 46 p. — Departem. d'Eure-et-Loir. Liste des electeurs nommés en exécution de la loi du 29 mai 1791. Chartres, Fr. Labalte, libraire-imprimeur de l'Evêché et du départem. d'Eure-et-Loir. 1791, 18 p. — Adresse des Amis de la Constitution séante à Chartres, à MM. les electeurs du départem. d'Eure-et-Loir (1790). Chartres, imprim. de Lacombe, 4 p. — Mandement de l'évêque de Chartres. Chartres, Fr. Le Tellier, imprimeur, et Fr. Labalte, libraire. 1789, 8 p. (Taché). — Etc.

19240. **Châteaudun.** 5 pièces imprimées ou manuscrites.   12 fr.
Proclamation de l'Hôtel-de-Ville de Châteaudun (relativement à la contribution patriotique du quart du revenu et à l'ouverture d'un registre de déclarations à cet effet). Chartres, chez Fr Letellier, imprimeur du Roi. Placard-affiche in-fol. — Adresse des communes de Châteaudun aux représentants de Paris. 1 page et demie in-fol. ms. — Plaidoyer pour Marie-Rosalie Clément, accusée d'infanticide, prononcé devant le 15 avril 1791 dev. le tribunal de Châteaudun par N. Bourgeois, médecin à Châteaudun, son défenseur. 28 p in-4. — Adresse des curés et habitans de la ville de Clois en Dunois à Nosseign. de l'Assemblee Nationale. 8 p. in-4 ms. — Seconde adresse des curés et habitans de Clois en Dunois. 16 dec 1789. 6 p. in-4 ms.

19241. **Brie.** 11 pièces ou broch. in-8 et in-4 et un tableau manuscrit in-fol. — Ens. 12 pièces.   8 fr.
Lettre du P. Michel, religieux hermite de l'ordre de Camaldoli, près Grosbois, à Mgr le duc d'Angoulesme, sur les cruautés des mazarinistes en Brie. 1649, 32 p. — Notice histor. sur Coulommiers, dep. sa fondation jusqu'à ce jour (par Rouget). Coulommiers, 1829, 80 p. — Vie de St Thibaut, prêtre et hermite, patron de Provins, par Mgr Allou, évêque de Meaux. Meaux, 1873, 84 p. — Population du district de Provins (1790). Tableau mss., 2 p in-fol. — Notice histor. sur Courcelles-en-Brie, par P. Quesvers. Arcis-sur-Aube, 1888, 71 p. — Arrest port. reglement pour l'administration des biens et revenus de la fabrique de la paroisse de Dammartin-en-Brie. 1780, 16 p — Arrest du Conseil pour la construction d'un pont de bois à la Ferté-sous-Jouarre 1784, 4 p. — Arrêt qui fait défenses à tous particuliers de la ville de Jouarre et des environs de s'attrouper en aucun temps et dans aucun lieu, et de former des assemblées illicites. 1780, 4 p. — Arrest qui fait défenses aux cabaretiers, propriétaires et locataires de maisons, dans la terre de Coulombs, de recevoir chez eux, pendant plus d'une nuit, des mendiants et gens inconnus. 1781, 3 p. — Ordonnance port. suppression et changement de chemin dans la seigneurie d'Aigrefin, paroisse de Neufmoutiers-en-Brie. 1773, 3 p. — Etc.

19242. Meaux. 11 pièces, la plupart de format in-4.   12 fr.

Arrest du Parlement par leq. il est ordonné que les villes de Meaux, Lagny et autres continueront d'apporter des vivres en la ville de Paris. 1649, 4 p. — Arrest de la Cour des Aydes qui déclare J. Troisvalets, cy-dev. buraliste des aydes à Carnetin, élection de Meaux, atteint et convaincu d'avoir prévariqué et malversé ; led. Troisvalets est condamné à être appliqué au carcan de la place du grand marché de la ville de Meaux, le temps et espace de deux heures. 1731, 4 p. — Arrêt qui condamne Marie-Élisabeth Colin à être pendue et étranglée jusqu'à ce que mort s'ensuive, par l'exécuteur de la Haute justice, sur la place publique de Meaux. 1781. 7 p. — Arrest qui fait défenses à tous bouchers du bailliage de Meaux de tuer des veaux nés seulement de 3 ou 4 jours, et d'en débiter la viande. 1784, 3 p. — Arr. concern. le droit de minage dans la ville et faubourgs de Meaux. 1784, 4 p. — Arrêt qui règle la forme de l'administrat. municipale de Meaux. 1787, 8 p. — Arrêt du Parlement port. reglement pour l'administration des biens et revenus des fabriques et des charités des paroisses situées dans le diocese de Meaux. 1787, 50 p. — Mandement de l'évêque de Meaux qui ordonne des prières publiques dans toutes les églises de son diocese, conformément aux intentions du Roi (1789), du 3 de ce mois. 12 p. — Les symphonistes de la cathédrale de Meaux, par le comte A. de Pontécoulant. 1864, 12 p. — Population du district de Meaux (1791). Tableau ms. en 2 p. gr. in-fol. — Etc.

19243. Orléanais, Gâtinais. 20 pièces et broch. in-4 et in-8.   8 fr.

Arrest du Parlem. en faveur des notaires du Châtelet d'Orléans, qui ont droit de faire des inventaires et passer tous actes lorsqu'ils en seront requis, par tout le royaume. 1735, 6 p. — Arr. portant règlement entre les officiers du Châtelet d'Orléans et les juge-consuls de la même ville. 1782, 15 p. — L'Hercule Guépin, poème en l'honneur du vin d'Orléans, par Simon Rouzeau. (Réimpression). Orléans, 1860, 55 p. — Mémoire sur les antiquités découvertes en 1846 à Orléans, dans les fondations de l'anc. Hôtel-Dieu et de la Porte-Parisis, par Vergnaud-Romagnési. 1847, 12 p. — Abbaye de St-Euverte d'Orléans, par Vergnaud-Romagnési. S. d., 8 p. — Essai sur la topographie d'Olivet. 1784, 100 p. — Gladisophe, ou commentaires de Vergnaud-Romagnési sur quelq. inscriptions de St-Benoît-sur-Loire, par A. du Faur de Pibrac. Orléans, 1844, 16 p. et 1 pl. — Arr du Conseil qui maintient le duc de la Vrillière dans un droit de péage à Boiscommun. 1773, 3 p. — Ordonnance du Bureau des Finances de la généralité de Paris, pour la conservation du pont de la ville de Moret. 1779, 3 p. — Discours sur la philanthropie, prononcé à l'Hôtel-de-Ville de Montargis, le 8 juillet 1787, par Gastellier. Orléans, s. d., 24 p. — Notes archéologiques sur l'arrondissem. de Pithiviers, par P. Martellière. Fontainebleau, 1883, 14 p. — Appendice des histoires, notes et notices histor. mod. sur l'anc. monastere de Fleury-St-Benoît, et sur Germigny-des-Prés, par Vergnaud-Romagnési. Orléans, 1851, 8 p. — Etc., etc.

19244. Blois, Pont-Levoy, Romorantin, etc. 7 pièces in-4 et in-8, dont 1 manuscrite.   7 fr. 50

Lettre du Roi à l'évêque de Blois. Blois (1789), 6 p. — Discours du maire de la commune de Blois à Grégoire, évêque du départem. de Loir-et-Cher, lors de sa prestation de serment en sa paroisse cathédrale, le dimanche 27 mars 1791. 3 p. — Disc. de la commune de Blois à l'installation des nouveaux régents du college. 1791 (2 p. mss.) — Délibération de l'Assemblée générale de la ville de Romorantin, tenue le 13 janvier 1789. 8 p. — Esope au village, comédie épisodique en 1 acte, en vers libres et mêlés de chant, paroles du citoy. J. Kolly, professeur de rhétorique à l'école de Pont-le-Voy, musique du citoyen Krug aîné, maître de musique à la même école, representée par les élèves sur le théâtre de l'école de Pont-Le-Voy le 15 fructidor an VIII, jour de la distribution solennelle des prix. Blois, imprim. de J.-F. Billault, VIII° année républicaine. 82 p. — Etc.

19245. Blois. 4 pièces et broch. in-4. 6 fr. 50

Mémoire pour le S' Gaudois, aubergiste de l'Hôtel de la Galère, appellant et demandeur, contre ses créanciers réunis. Blois (1771), 50 p. — Harangue prononcée au Conseil supérieur de Blois le XVII nov. M.DCC.LXXIII par Thévenot d'Essaule, premier avocat genéral Blois 1773, 47 p. — Édit du roi port. suppression de la Chambre des Comptes de Blois. 1775, 4 p — Arrest du Conseil d'Etat qui fixe au 1" janv. 1777 le délai dans leq. les officiers de la Chambre des Comptes de Blois feront procéder à la liquidation de leurs finances. 1770, 3 p.

19246. Blois, Sologne, Vendômois, etc. — 10 pièces in-4 et in-8.   6 fr. 50

Edit port. rétablissement d'offices dans le bailliage et siège présid. de Blois. 1775. 4 p. — Opuscula Rich. Chemin, litterarum professoris in Blesensi Collegio. S. d., 7 p., et 2 lettres autogr. de l'auteur datées de l'an 13, signées, à un de ses amis à Caen, avec la marque postale de Blois. — Arrêt qui fait défenses de tenir aucunes foires ni marchés dans l'étendue du ressort du bailliage de Montrichard, les jours de dimanches et fêtes annuelles et solennelles ; fait défenses à toutes personnes de s'assembler ni de s'attrouper, etc. 1781, 4 p. — Lettre à Vingtrinier sur l'origine des noms de Montrichard et de Montrésor, par Alonzo Péan. S. d., 20 p. — Lettre à l'aut. de l'histoire de St-Aignan, sur le tombeau de marbre blanc orné d'un bas-relief qui se voit au château de cette ville, et sur la découverte de son inscription, par E. Johanneau. Blois, 1846, 8 p. — Le Niais de Sologne, ou il n'est pas si bête qu'il n'en a l'air, comedie en un acte, en prose. 1803, 32 p. — Notice sur Ste-Radegonde de l'Ecotière, paroisse de Bullon en Vendômois, par Ed. Laudan. 1870, 60 p. — Mémoire pour dame Anne Delaroche, veuve Lépine, et demoiselle Anne Lépine, contre Christ Lépine fermier du prieuré de Mansigné (procès en diffamation). Blois, 1773, 20 p. — Etc., etc.

19247. Berry. 7 pièces in-4 et in-8.   6 fr.

Les Croiseries du Berry, par Pierquin de Gembloux. Bourges, 1843, 22 p. — Lettre du Prince de Conty escrite au Roy sur son voyage de Berry. 1651, 7 p. — Arrêt du Parlem. qui défend les associations, assemblées et conventions, sous quelque dénomination que ce puisse être ; fait défenses aux ouvriers de s'attrouper, ni de porter aucune armes, etc., etc. 1781, 4 p. — Arrest du Conseil qui ordonne que les travaux des grandes routes qui s'exécutaient ci-devant par corvée dans la généralité de Berri, le seront à l'avenir à prix d'argent. 1781, 8 p. — Lettres patentes portant établissement d'une administration provinciale dans le Berry. 1779, 3 p. — Arrest qui assujettit aux 8 sous pour livre prorogés ou imposés par l'édit du mois de nov. 1771, les droits de perception qui se lèvent sur les forains et étrangers au passage du Bac établi sur la riviere de Creuse, au Blanc en Berri... 1773, 4 p. — Etc.

19248. Bourges. 6 opusc. et pièces in-8 et in-4.   7 fr. 50

Des différ. styles d'architecture et de la conservation des antiquités de la ville de Bourges, par A. Corbin-Mangoux. 1864, 16 p. — Le bas-relief de la chambre du Trésor de l'hôtel Jacques-Cœur, à Bourges, par Hiver. 1868, 11 p. — La justice des bonnets verts à Bourges, par H. Fournier. Bourges, 1868, 60 p. — Un menage littéraire en Berry au XVI° siècle (J. Thiboust et Jeanne de La Font), par H. Boyer. Bourges, 1859, 78 p. (avec planche). — Mémoire pour le Chapitre de St-Ursin de Bourges aux fins d'estre déchargé d'une pension d'oblat qui lui est demandée (vers 1720). 2 pag — Mémoire pour les maistres chirurgiens de la ville de bourges contre les marchands apoticaires de lad. ville et les conseillers médecins du Roi, docteurs et professeurs en la Faculté de Médecine en l'Université de lad. ville. (1715), 2 p.

19349. Maine, Sarthe, Mayenne. — 23 pièces et broch. imprimées et manuscrites, in-8 et in-4.   12 fr.

Edit port. suppression des offices d'avocats-procureurs au Mans. 1777, 4 p — Arrêt du Parlem. qui ordonne qu'une ordonnance rendue par les officiers de la sénéchaussée du Mans, concern. la réparation et l'élargissement des chemins ordinaires et de traverse situés dans l'étendue de lad. sénéchaussée, sera exécutée. 1786, 8 p. — Mandement de l'évêque du Mans, qui ordonne des prières publiques pour l'heureux succès des Etats-Généraux du Royaume, convoqués par le Roi. Au Mans, Ch. Monnoyer, 1789, 8 p. — Délibération de l'ordre de la noblesse de la province du Maine assemblé au Mans. 1789, placard in-4. — Lettre d'un citoyen à M. le lieuten.-génér. du Mans. (1789), 2 p. — Liste des électeurs du départ. de la Sarthe nommés en 1791. 3 p. mss. — Discours de Verdier, maire de la Ferté-Bernard, au corps électoral sur la nomination d'un curé. 4 p. in-4 mss. — Le corps municipal de La Ferté à toutes les municipalités voisines, proclamation relative à la fuite du Roi. 1 p. mss. — Copie d'une adresse à l'Assemblée Nat. par les membres du comité municipal de la ville de Bonnétable au Maine. (1789), 3 p. in-fol. mss. — Autre adresse de la municipalité de Bonnétable à l'Assemblée Nat. relativement à la division du départem. en districts. Copie officielle certifiée conforme à l'original. 4 p. in-fol. — Arrest du Parlem. qui homologue l'ordonnance rendue par l'évêque du Mans le 11 octobre 1779, port. suppression de la procession qui était faite, chaque année, le lendem. de la Pentecôte, dans la paroisse de St-Fraimbault de Laflay. 1780, 4 p. — Arrest du Parlem. qui défend les quêtes pour les confrairies existantes dans les églises des paroisses de Berthevin et de Montaudin, ainsi que pour les confrairies qui peuvent exister dans les autres paroisses situées, soit dans le ressort de la Sénéchaussée du Mans, soit dans le ressort d'autres sièges, ailleurs que dans les églises des paroisses où l'exercice des confrairies se fait sous l'inspection des curés et des marguilliers. 1780, 3 p. — Arrêt du Parlem. qui fait défenses de tenir aucunes foires ni marchés dans les villes et paroisses de la sénéchaussée de Château-Gontier, les dimanches et jours de fêtes annuelles et solennelles, etc. 1781, 4 p. — Arrest qui ordonne l'exécution d'une sentence rendue en la justice de Mayenne pour la livraison des grosses et menues pailles proven. des dîmes. 1785, 7 p. — Excursions à St-Léonard-des-Bois et St-Cénery-le-Gerei, par P. Delassalle. Mamers, 1846, 95 p. — Statistique du départ. de la Sarthe, par Auvray. An X, 254 p. et 4 tableaux. — Voyage dans le département de la Mayenne, par J. Lavallée. (1793), 36 p. (avec 1 carte et vues). — Etc., etc.

19250. Besançon (Histoire de l'église et diocèse de), par Dunod de Charnage. Besançon, 1750, 2 vol. in-4, v. marbr. 20 fr.

19251. Labhey de Billy. Histoire de l'Université du Comté de Bourgogne et des différents sujets qui l'ont honoré. Besançon, 1815, 2 vol. in-4, br., non rognés. 20 fr.

19252. Franche-Comté. In-4 et in-8 et 1 mémoire in-fol. Ens. 9 pièces. 10 fr.

Précis de l'état des droits, titres et qualités de la Confrairie des Chevaliers de St-George en Franche-Comté (vers 1700). 25 p. — Burgundiam Sequanorum quam liberum Comitatum vocant, nunc maxime postquam Regis Christianissimi esse cœpit dici liberam oportet, oratio habita ad solemnem scholarum instaurationem ab oratore Collegii Regio-Montani Soc. Jesu, III Id. Novemb. Anno 1674. Cadomi (1674), 35 p. in-4. — Mémoire pour Duhaut, procureur du Roy au séquestre des terres de la maison de Montbeillard, contre G. Henry, curé d'Illiris, et ses sœurs, héritiers de Cl. Henry, habitant de Moffans. 1749, 14 p. in-fol. — Extrait des monumens qui concernent la confirmation des privilèges du duché et du comté de Bourgogne accordée aux députés des Etats de cette province pendant la tenue des Etats-Généraux de 1483 (vers 1788). 22 p. — Liste des membres composant le Conseil général de l'administration du district de Champlitte (1790), 2 p. in-4 mss. — Compte original des revenus de la Saunerie de Salins en 1308, par J. Finot Lons-le-Saunier, 1865, 16 p. — Extrait des recherches histor. sur les Foncines et le canton des Planches, par J.-B. Munier. Salins, 1870. — Etc.

19253. Besançon. Proclamation du Directoire du département du Doubs. 23 janvier 1791. — Placard-affiche gr. in-fol. avec curieux fleuron d'en-tête gravé sur bois. (Parfait état). 10 fr.

A propos du refus de serment à la Constitution des prêtres directeurs du Séminaire de Besançon et d'une partie de ceux du Collège de la même ville, mesures de dissolution et de remplacement délibérées et prises par la municipalité.

19254. Besançon. Clergé. 6 pièces in-4. 6 fr.

Lettres pat. du Roi qui ordonnent que l'acte de prestation du serment de fidélité de l'archev. de Besançon sera registré en la Chambre des Comptes de Paris. 1775, 2 p. — Mandement de l'archev. de Besançon qui ordonne que le Te Deum sera chanté dans toutes les églises de son diocèse en actions de grâces de la victoire remportée sur les Hanovriens par les troupes du Roi. Besançon, 1757, 5 p — Mandement de l'archev. de Besançon pour le Carême de 1758. 8 p. — Mandement de l'archev. de Besançon qui ordonne des prières publiques au suj. des troubles du royaume. 1789, 3 p. — Lettre pastorale de l'évêque (constitutionnel) du dép. du Doubs au Clergé et aux fidèles de son diocèse (Te Deum en actions de grâces de l'acceptation par le Roi de la Constitution). Besançon, 3 oct. 1791, 4 p. (avec vignette d'en-tête gravée s. bois). — Instruction pastor. de l'évêque du dép. du Doubs pour le Carême de 1792. Besançon, 8 février 1792, 18 p.

19255. Besançon. 3 broch. et pièces in-4 et in-8. 5 fr.

Theses philosophicæ et mathematicæ propugnare conabitur Dan. Ferreolus Gabr. Girardet Bisuntinus in aula majore Collegii Bisuntini. Vesontione, P.-J. Bogillot, 1775, 45 p. — Arrêté des représentants du Peuple délégués par la Convention dans les dép. du Doubs, du Jura, etc., au sujet des réclusions trop nombreuses et insuffisamment justifiées qui ont eu lieu jusqu'à présent. Besançon, 22 frimaire an II (1793), 4 p. in-4. — Notice histor. sur le pont de Battant de Besançon, par S.-E. Hyenne. Besançon, 1867, 25 p. — Notice histor. sur l'insigne église de la Madeleine, par l'abbé Guibard. Besançon, 1866, 7 p. — Les Cryptes de l'Eglise métropolitaine de St-Jean, par le même. Besançon, 1860, 9 p.

19256. Champagnole et ses environs, par Guillermet et Prost. Lons-le-Saunier, 1880, in-8, br. 2 fr.

19257. Corrèze. 9 broch. et pièces in-8 et in-4. 10 fr.

Mandement de l'évêque de Tulle qui ordonne des prières pour obtenir les bénédictions du ciel sur le royaume et le rétablissement de la tranquilité publique. Tulle, imprim. de R. Chirac (1789), 8 p. — Adresse du citoy. Brival, député de la Corrèze, à tous les habitans de son département pour les instruire sur la nature et les motifs de l'insurrection qui a eu lieu à Paris le 31 mai et jours suivants. S. d. (1793), 8 p. — Discours de M. Salviat, maire de Brive, lors de sa prestation de serment au mois de février 1790. 8 p. in-fol. mss. — Projet sur la manière la plus juste, la plus prompte et la moins dispensieuse de connoître le produit net du territoire de la République française et d'établir l'égalité de la contribution foncière entre les départements, les districts et les communes, présenté par le directoire du dép. de la Corrèze à la Convention Nationale. Tulle, R. Chirac (1791), 24 p. et un tableau. — Histoire des effets de la Révolution française dans le départem. de la Corrèze, ci-devant Bas-Limousin, par un citoyen de Brive (prospectus). S. d., 4 p. — Les Brivistes dupés, anecdote histor. (en vers) de 1812. 11 p. — Disc. prononcé sur la tombe de Carrière, curé de Brive, le 19 août 1819, par H. S. Peyrot fils, avocat (pièce en vers). Brive, s. d., 4 p. — Restauration du cloître de Tulle, notes histor. par R. Fage (avec dessins de E. Rupin). Brive, 1879, 38 p. — Le Cardinal Guill. Sudre. Note sur le lieu de sa naissance (à Brive), par L. Greil. Brive, 1881, 16 p

19258. Creuse. 12 pièces in-4. 7 fr. 50

Edit portant création d'un neuvième office de

notaire au bailliage de la Marche. 3 p. — Arrêt du Parlement portant règlement pour la distribution en pain à faire aux pauvres de la paroisse de Jarnage. 1788, 4 p. — Arrêt qui ordonne l'exécution d'une ordonnance de la police de la ville de Jarnage, par laq. il est fait défenses aux habitans de cette ville de couvrir leurs maisons en paille, et leur enjoint de les faire couvrir en tuiles. 1785, 4 p. — Arr. qui ordonne qu'il sera fait emploi d'une somme de 3.000 livres portée en deux billets du feu Sieur Dubreuil, curé de Guéret, au profit des pauvres, etc. 1783, 8 p. — Edit port, réduction du nombre de procureurs en la sénéchaussée de Guéret. 1786, 3 p. — Adresse de la Société des Amis de la Constitution, séante à Auzance, à l'Ass. Nat. Riom, 1781, 3 p — Liste des électeurs des sept districts du département de la Creuse, nommés dans les assembl. prim. S. d., 8 p. in-fol. ms. — Etc., etc.

19259. Auber (L'abbé), de Poitiers. Poèmes et épitres. 1834-54, 4 pièces in-8. 3 fr. 50

Le Congrès scientifique de Poitiers, poème lu en séance générale le 16 septembre 1834. 7 p. — Epître à Jasmin, poète provençal pour les trappistes de Fontgombaud, 4 p. — Poésie archéologique lue à la séance de la Société des Antiquaires de l'Ouest. 1854, 18 p. — Lettres à un ministre de la Confession d'Augsbourg, par l'abbé Auber. 13 p.

19260. Angoumois. 9 pièces et broch. in-8 et in-4 et 2 mémoires in-fol. — Ensemble 11 pièces. 7 fr. 50

Lettre du Roy envoyée à la Royne mère, ensemble la response de la Royne envoyée d'Angoulesme, le 28 may 1619. 7 p. — Mémoire pour la conservation du château d'Angoulême, par le Dʳ G*** (Gigon). Angoulême, 1859, 35 p. — Notices sur la restauration de l'abbaye de Puypéroux et la fondation de la congrégation des sœurs de N.-D. des Anges, par l'abbé Michon. 1843, 34 p. — Mémoire de ce qui s'est passé dans la ville de Larochefoucauld du temps des troubles de la religion, par J. Pillard. (Réimpression). 19 p. — Règlem. pour fixer le nombre des députés que la sénéchaussée d'Angoumois doit envoyer aux prochains Etats-Généraux. 1789, 4 p. — Arr. qui fait défenses aux habitans des paroisses de la justice de Ruffec, de s'assembler et de s'attrouper les dimanches et fêtes. 1778, 4 p. — Arr. qui ordonne l'exécution des ouvrages à faire dep. Civray jusqu'à Angoulême, et d'Angoulême jusqu'à Cognac, pour rendre la Charente navigabe. 1775, 4 p. — Mémoire pour le comte de Jarnac, intervenant, contre de Bonne de Parville, prieur de l'église de St-Pierre de Jarnac, en présence de Cauroy, chapelain de la chapelle de St-Charles, fondée en l'église de St-Pierre de Jarnac, intimé. 1762, 6 p. — Réplique pour le comte de Jarnac contre de Bonne de Parville et de Cauroy. 1763, 5 p. — Lettres-patentes du Roi relatives à la forge de Ruelle et le fief de Forge-Neuve en Angoumois. 1776, 4 p. — Etc., etc.

19261. Bretagne. Brest, Lorient. 10 pièces et broch. in-4 et in-8. 7 fr. 50

Des anciennes cités du pays des Occismiens, par A. de Blois. Nantes, 1863, 34 p. — Ordonnance portant règlement sur le service dans les villes et port de Brest. 1776, 8 p. — Arr. du Conseil qui approuve le plan d'alignement des rues et embellissement de Brest. Rennes, 1786, 7 p. — Mémoire de Louis, comte de Byland, vice-amiral au service de la Républ. des Provinces-Unies, contenant un exposé de la conduite qu'il a tenue relativem. à l'expédition ordonnée pour Brest, et des raisons qui l'ont motivée. Amsterdam, 1783, 35 p. — Rapport par J. Bon St-André sur les mouvements qui ont eu lieu sur l'escadre de la République, commandée par le vice-amiral Morard-de-Galles, et sur sa rentrée à Brest, fait aux représentans du peuple auprès de l'armée navale. Impr. Nationale, s. d., 102 p. — Arrest du Conseil portant règlement pour la franchise du port de l'Orient. 1784, 4 p. — Arr. qui ordonne l'organisation au profit du roi, tant de la ville de Lorient que des terres du Chatel, Carman et Recouvrance, appartenantes à la maison de Rohan-Guéméné, et qui nomme des commissaires pour l'accepter au nom de Sa Majesté, et consommer toutes opérations relatives. 1786, 8 p. — Etc.

19262. Rennes. 12 pièces et broch. in-8 et in-4, 6 fr. 50

Edit portant réduction d'offices dans la Cour de Parlement de Rennes. 1788, 8 p. — Extrait raisonné des séances des Etats de Bretagne convoqués à Rennes. 1789, 32 p. — Relation de ce qui s'est passé à Rennes lors du renvoi de M. Necker. S. l., n. d., 5 p. — Liste par ordre alphabét. des administrateurs du dép. d'Ille-et-Vilaine, avec indication de leurs demeures à Rennes. 1791, 2 p. imprimées et 9 p. manuscr. — L'Association des étudiants en droit de Rennes avant 1790, par L. de la Sicotière. Nantes, 1883, 74 p. (Pap. de Hollande).— Statistique du départem. d'Ille-et-Vilaine, par Borie, préfet. An X, 56 p. — Voyage dans le département de l'Ille-et-Vilaine, par J. Lavallée. S. d. (1794), 48 p. (avec cartes et grav.). — Proclamation du Conseil général du dép. de l'Ille-et-Vilaine concernant les gardes nationales. 1790, 7 p. — Etc., etc.

19263. Martin (Henri). Daniel Manin, précéd. d'un souvenir de Manin par E. Legouvé. 1859, in-8, portr., br. 2 fr.

19264. Backer (L. de). Droit de la femme, son devoir au moyen-âge, d'après les manuscrits de la Bibliothèque Nationale. 1880, beau vol. pet. in-8 au pap. de Hollande, titre rouge et noir, lettres ornées, couvert. parchemin, br. (Au lieu de 7 fr. 50), net : 5 fr.

Droit de la femme dans l'antiquité. — Premiers âges du monde. — Promiscuité de la femme. — Conquête de la femme. — Droit maternel. — Droit du mari et du père. — Devoir de la femme au moyen-âge. — Le manuscrit de Jehan Petis, d'Arras. Texte du manuscrit. — Miroir des dames. — Manuscrit d'un Franciscain du xviiᵉ siècle. — Le livre du régime des Princes. — Manuscrit de Gilles de Romme. — L'Art d'amour manuscrit. — Le livre des trois vertus de Christine de Pizan. — La princesse. — La ménagère. — La toilette. — La femme du marchand. — L'appartement d'une bourgeoise de Paris. — La chambre d'une femme en couches. — La veuve. — La jeune fill-. — L'ouvrière. — La fermière. — La femme lettrée. — Le tout est suivi d'un glossaire philosophique et explicatif.

19265. Boissy (De). Recueil de 14 pièces de théâtre in-8. 2 fr.

Le je ne sçai quoi. 1731 — L'Impertinent malgré lui. 1735. — Le badinage. 1735. — Le comte de Neuilli. 1736. — Les amours anonimes. 1736. — Les deux nièces. 1737. — Le pouvoir de la sympathie. 1738. — Le rival favorable. 1739. — Les talens à la mode. 1739. — La critique. 1740. — La ****. 1742. — L'embarras du choix. 1742. — Le retour de la paix. 1749.

19266. Monvel. Réunion de 6 pièces de théâtre in-8, br. 2 fr.

Jérôme le porteur de chaises. 1779. — Blaise et Babet. 1783. — Alexis et Justine. 1785. — Les deux nièces. 1787. — Raoul sire de Créqui. An VI. — Ambroise. An XII.

19267. Bourgogne. 10 broch. et pièces in-8 et in-4. 15 fr.

Histoire et légende concern. le pays de la Montagne ou le Châtillonnais, par Mignard. 1853, 40 p. et 1 pl. — Notes pour serv. d'étude de la haute antiquité en Bourgogne. Les tumulus des Mousselots, près Châtillon-sur-Seine, par Ed. Flouest. Semur, 1876, 88 p. et 2 pl. en couleurs. — Arrêté des officiers du bailliage de Châtillon-sur-Seine. 1788. 3 p. — Discours de Mariotte, maire de Châtillon-sur-Seine, à la garde nationale, le 30 juin 1791. Châtillon-sur-Seine, imprim. de Cornillac-Lambert, 1791, 5 p. — La Société républic. d'Arcsur-Tille (Côte-d'Or). à tous les vrais patriotes républicains. 30 p. — Lettres-pat. qui approuvent les opérations faites par l'intendant de Paris pour fixer les limites des deux généralités dans le territoire des Bourgs des Riceys. 1785, 8 p. — Disc. de Rougeot, maire d'Aisey-le-Duc, le 13 novembre 1791, à l'ouvert. de l'Assemblée pour le renouvellement du corps municipal. Châtillon-sur-Seine,

1791, 4 p. — Adresse de la municipalité de St-Seine à l'Assemblée nationale, 27 oct. 1789. (Copie ms. signée : Clerc, maire), 4 p. in-fol. — Mémoire adressé à l'administrat. de la Côte-d'Or par J.-C. Ramnevier, cultivateur à Marandeuil, canton de Binge, district de Dijon, sur le desséchement des marais de la Bèze, Dijon, 1791. 24 p. — Le Conseil général de la Société populaire d'Auxonne à la Convention nationale. (1791), 8 p.

19268. Bourgogne. 12 pièces et broch. in-4 et in-8.   7 fr. 50

Fragment d'une chronique bourguignonne inédite, contemporaine du règne de Charles-le-Téméraire S. d., 6 p. — Mémoire pour les officiers de robe de la maréchaussée de Bourgogne. 1790. 4 p. Arrêté qui règle la compétence pour l'amodiation des communaux de la généralité de Bourgogne. 1778, 3 p. — Notes pour serv. à l'hist. de la haute antiquité en Bourgogne. Le Tumulus du Bois-Bouchot, à Chamesson (Côte-d'Or), par Flouest. Châtillon-sur-Seine, 1883, 32 p. — Arrest qui suspend à Dijon, Beaune, Montbard, la perception des droits sur les grains et farines. 1775, 4 p. — Sainte Chantal à Beaune en 1636, d'après un manuscrit de la Bibliothèque Mazarine. 1891, 29 p. — Factum du procès entre . Cl. du Bouchet, Alex. Pourra, chanoine de St-Ruf et aumosnier du prieuré conventuel de Chagny ; Cl. de Channes, curé d'Essay ; Ch. de Bevières, chanoine ; Maximil. de Rouray, prieur dud ordre, et Jos. Berger, prieur de St-Félix (Vers 1650), 15 p. — Annales de Verdun-sur-Saône-et-Doubs en Bourgogne, par J.-P.-Abel Jeandet. 1865, 36 p. — Etc.

19269. Dijon. 13 pièces et broch. in-8 et in-4, et 2 mémoires in-fol. — Ens. 15 pièces.   12 fr.

Les actes de St-Bénigne, apôtre de la Bourgogne, par J. Marion, 1859, 13 p. — Délibérations de la chambre du conseil et de police de Dijon ; et procez-verbaux concern. le mesurage des grains. Dijon, 1730, 48 p. — Histoire du quartier du Bourg, par J. Garnier. Dijon, 1853, 60 p. — Notice histor. sur les inventions, découvertes et perfectionnements relat. à l'industrie, faits dans la ville de Dijon et son arrondissement, par Dumay. 36 p. — Très humbles et respect. remontrances, qu'adressent au roi les gens tenant sa Cour de Parlement à Dijon. 1784, 64 p. — Lettre de convocation adressée à chac. des Députés aux Etats de Bourgogne, à l'effet de se rendre à Dijon le 11 février prochain, pour se trouver à l'Assemblée générale indiquée au 15 dud. mois. 1789, 4 p. — Observations sur les articles proposés par q. q. membres de la noblesse de Bourgogne. 13 p. — Sections de la ville, des faubourgs et du territoire de Dijon. 1790, 10 p. — Mémoire pour Bouhier, Marquis de Lantenay, conseiller au Parlem. de Dijon, contre le Sieur de St-Blain. 1755, 18 p. — Mémoire pour de Lantenay contre le Sr de St-Blain, Mis de Vaudremont. 1755, 14 p. — Etc., etc.

19270. Chalon-sur-Saône. 3 mémoires in-4 et in-fol.   6 fr.

Mémoire pour Jeanne Posset, demeurante au faubourg St-Laurent-les-Chálon, appelante, tant comme le juge incompétent qu'autrement, de jugement rendu par le présidial de Chálon, contre Sœur Marie-Thérèse Brunet, religieuse hospitalière de l'Hôtel-Dieu de Chalon (procès singulier à propos de coups de bâton donnés à un singe) Dijon (1774), 17 p. — Mémoire pour les officiers municipaux de Chálons-sur-Saône, contre A. Mazetier, maçon. (Contestation pour des travaux de réparation faits au mur de la ville). 1781, 14 p. — Mémoire pour Ph. Berthelier, Président au Présidial de Chálons, contre A. Moingeon, maître masson en cette ville, et Pierrette Devarenne, sa femme, accusés (injures graves et vol de matériaux). 1773, 4 p. in-fol.

19271. Chalon-sur-Saône. Clergé. 2 pièces in-4 et in-12.   3 fr. 50

Dénonciation aux évêques de France d'un libelle intitulé : Dénonciation à M. le Procureur génér. de Dijon de la lettre de l'Evêque de Châlons-sur-Saône, pour serv. de réponse à celle que M. de Cruge lui avoit écrite au sujet de son Mandement sur le livre des Hexaples. (Vers 1720), 15 p. — Seconde lettre de Châlons-sur-Saône à M. de Cruge, avocat général du Parlement de Dijon, avec la réponse. (Vers 1720). 44 p.

19272. La Fontaine des Fermiers-Généraux. Contes et nouvelles en vers, par La Fontaine. Paris, Barraud, 1874, 2 vol. in-8, fig. plié dans des cartons.   45 fr.

Réimpression de l'édition dite des Fermiers-Généraux. — Les gravures sont exactement les mêmes et ont été tirées sur les anciens originaux. — Exemplaire sur PAPIER DE CHINE publié à 150 fr.

19273. Pédoue (Les premières œuvres du Sieur) dédiées à Doris, avec une notice sur Pédoue par Lucien Merlet. Chartres, 1866, pet. in-8, pap. de Holl., br.   4 fr.

François de Pédoue, chanoine de Chartres, est un poëte du XVIIᵉ siècle dont les œuvres, quelque peu mondaines, peuvent être mises à côté en parallèle de celles de Régnier et de Philippe Desportes, ses compatriotes. Réimpression à très petit nombre de l'édition originale, rarissime.

19274. Iconographie de Molière. Catalogue d'un choix de livres en grand-papier, remarquable iconographie de Molière depuis 1682 jusqu'à nos jours, la plus complète qu'on ait encore pu réunir, composant le cabinet de M. B** (Barbier), ancien magistrat. Paris, A. Claudin, 1883, in-8, br.   2 fr. 50

19275. Galanteries des rois de France, dep. le commencement de la Monarchie, augm. des amours des rois de France sous plusieurs races, par Sauval. 1738, 2 vol. pet. in-8, front. et fig. de Bern. Picart, v. m.   12 fr.

19276. Origine de l'écriture. Essai sur l'origine de l'écriture, sur son introduction dans la Grèce et son usage jusqu'au temps d'Homère, c'est à dire jusqu'à l'an 1000 avant notre ère, par de Fortia d'Urban. 1832, in-8, av. plus. planches grav., v. marbr. à l'antique.   4 fr.

19277. Compositeur d'imprimerie (Guide pratique du), par Th. Lefèvre. 1855, gr. in-8, fig., dem.-rel., mar. rouge du Levant, à nerfs, tête dor., non rogn.   6 fr.

Bel exemplaire avec l'ex-libris de la bibliothèque Yemeniz.

19278. Imprimerie à Narbonne. Les anciens ateliers typographiques à Narbonne, par G. Cros-Mayrevieille. Toulouse, s. d., broch. in-8.   3 fr.

Le premier livre imprimé à Narbonne est un bréviaire qui fut exécuté dans le cloître de St-Just en 1491 par un imprimeur lyonnais appelé pour la circonstance par le Chapitre de la Cathédrale. Un typographe du nom de Jean Ruau y imprima ensuite un Missel en 1572. Ce n'est guère que vers le milieu du XVIIᵉ siècle que l'imprimerie s'implanta définitivement à Narbonne. Ces diverses phases sont résumées dans cette intéressante brochure tirée à petit nombre et non mise dans le commerce.

19279. Imprimerie en Espagne. Recherches historiques et critiques sur l'établissement de l'art typographique en Espagne et en Portugal pendant le quinzième siècle, par Née de la Rochelle. 1830, in-8, br.   3 fr. 50

19280. Imprimerie à Véronne. Della tipografia Veronese, saggio storico-letterario per G. Carlo Co. Giuliari. Verona, 1871, pet. in-4, br.   10 fr.

19281. Incunables. Index librorum ab inventa typographia ad annum 1500 chronologice dispositus cum notis historiam typographico-litterariam illustrantibus, disposuit F. Xav. Laire Sequano-Dolanus. Senonis, 1791, 2 vol. in-8, dem.-rel. bas 10 fr.

Catalogue de la collection Loménie de Brienne, dressé avec un soin et une compétence remarquables par le P. Laire. C'est une véritable bibliographie des livres imprimés au XVe siècle. — Piqûres de vers dans la peau de la reliure ; l'intérieur des volumes est indemne.

19282. Incunable de Nuremberg. Correctorium quottarum Canonum et Capitulorum atque paragraphorum Decreti ubique allegatorum. (In fine :) Finit Correctorium quottarum Canonum et Capitulorum atque paragraphorum Decreti ubique allegatorum. Impressum (Nurembergæ) per Fridericum Creuszner, Laus Deo (circa 1490). Pet. in-4, goth. à 2 col., dem.-rel., v. rouge. 25 fr.

19283. Incunable de Cologne. Disputacio inter clericum et militem super potestate prelatis Ecclesie atque principibus terrarum commissa sub forma dyalogi incipit feliciter. — Compendium de vita Anticristi incipit feliciter. (In fine :) Explicit de vita Anticristi (Absque ulla nota, sed Coloniæ, circa 1473). Pet. in-4, gothique de 26 lignes par page, dem.-rel., mar. br. 65 fr.

Cette édition de la *Disputatio inter clericum et militem* de Guill. Okham correspond au N° 6111 de Hain qui l'attribue aux presses de Nic. Goetz de Selestadt. Elle passe plutôt pour avoir été imprimée à Cologne par Goswin Gops de Enskirchen, mais M. Proctor dans son *Index to early printed books* (N° 1096) en raison de la différence qu'il a remarqué dans deux lettres, la donne à l'imprimeur anonyme de l'*Augustinus de Fide* qui exerçait aussi à Cologne.

19284. Incunable de Paris. Guidonis Juvenalis patria Cenomani in latine lingue elegantias tam a Laurentio Valla quam a Bello memorie prodilas interpretatio dilucida thematis creberrime adhibitis noviter emendata impressaque feliciter incipit. (Au-dessous marque de Félix Baligault imprimée en rouge avec bordure de grotesques). — (In fine :) Impressum est Parisii hoc opusculum litteratissimi viri magistri Guidonis Juvenalis a magistro Felice Baligault, anno ab incarnatione dominica Millesimo quadringentesimo nonagesimo sexto (1496) et die XIII maii. In-4 goth. à longues lignes, dem.-rel. 120 fr.

Très curieux modèles de style épistolaire en français et en latin. Cette édition a échappé à nos recherches lorsque nous avons rédigé notre *Histoire de l'Imprimerie en France*. Elle n'est cotée par aucun bibliographe. — Raccommodages au f. CXIII

19285. Bibliographie (Nouv. Dictionnaire portatif de), cont. près de 28,000 articles de livres rares, curieux et recherchés, précédé d'un précis sur les bibliothèques et sur la bibliographie, par F.-I. Fournier. 1809, in-4, br. 6 fr. 50

Exemplaire tiré sur TRÈS GRAND PAPIER. — Cet ouvrage, paru sous le nom de Fournier, est dû surtout à la collaboration de l'abbé Mauger et du libraire Jardé.

19286. Catalogus librorum qui in bibliopolio Danielis Elzeviri venales exstant et quorum auctio habebitur in ædibus defuncti. Amstelodami, 1681, pet. in-12, de 491 pag., vél. de Holl. 30 fr.

Catalogue des livres de fonds de Daniel Elsevier imprimé pour la vente qui a été faite après la mort de ce célèbre typographe. « Comme ce catalogue, dit Brunet, a éprouvé le sort de presque toutes les notices de livres à vendre qui ont détruit lorsqu'elles sont devenues inutiles, il est très difficile d'en rencontrer des exemplaires aujourd'hui. »

19287. Libraires et imprimeurs de Paris (Mémoire sur les vexations qu'exercent les), publ. d'après l'imprimé de 1725 et un ms de la biblioth. de la ville de Paris, par L. Faucou. 1879, in-4, br. 2 fr. 50

Détails biographiques et anecdotiques sur la librairie parisienne au commencement du XVIIIe siècle. — Tiré à petit nombre.

19288. Granges de Surgères (De). De la possession du Livre. Anvers, 1890, broch. in-12. 1 fr. 50

Tiré à petit nombre et non mis dans le commerce. — Envoi d'auteur signé.

19289. Impression de Clermont. Ordonnances Royaulx sur le faict de la Justice et abbreuiation des procès par tout le Royaulme de France, faictes par le Roy notre sire : et publiees en la court de Parlement a Paris, le sixiesme iour du moys de Septembre Lan Mil cinq cens XXXIX. On les vend à Clermont par Jehan Durand auquel Galliot du pre, et Jean André ont permis les faire imprimer, 1539, pet. in-8, caract. goth., mar. brun jans., du Levant à nerfs, dent. int., tr. dor. (Reliure de Capé). 80 fr.

UN DES PREMIERS LIVRES IMPRIMÉS A CLERMONT-FERRAND. — L'imprimeur est NICOLAS PETIT qui avait exercé auparavant avec Hector Penet à Lyon. — Très bel exemplaire.

19290. Chevalier d'Eon (Lettres, mémoires et négociations particulières du), ministre plénipotentiaire de France auprès du Roi de la Grande-Bretagne. Imprimé chez l'auteur, et se vend à Londres, chez Jaques Dixwell, 1764, in-4, v. m. 15 fr.

Volume peu commun, sorti de l'imprimerie particulière de l'auteur. — Les Lettres et Mémoires sont précédés du document imprimé suivant : Note remise à son Excellence Claude-Louis-François Reguier, comte de Guerchy, marquis de Nangis, ambassadeur extraordin. auprès de sa Majesté Britannique, par noble Charles-Geneviève-Louis-Auguste-César-André-Timothée d'Eon de Beaumont, avocat au Parlement de Paris, capitaine de dragons, ministre plénipotentiaire du Roy près sa Majesté le Roy de la Grande-Bretagne. Londres, 1763, 46 p — Déchirure au tableau N° 15 (page 181).

19291. Lille (Impression de). L'advocat des âmes de Purgatoire ou moyens faciles pour les aider, présentez aux miséricordieux et volontaires par le R. P. Marc de Bonnyers de la Comp. de Jésus. A Lille, de l'imprimerie de Pierre de Rache, à la Bible d'Or, 1634, pet. in-12, vél. (Cachet de bibliothèque sur le titre). 6 fr.

19292. Artois. 4 pièces in-4. 4 fr.

Lettres patentes par lesq. Sa Majesté ordonne l'exécution des Arrests et traitez y mentionnez, concern. l'anc. composition d'Artois, et en conséquence, maintient et confirme les habitans de la même province dans leurs anc. privilèges et exemptions..., etc. 1715, 8 p. — Notice sur Ablain St-Nazaire par Achmet d'Héricourt. St-Pol, 1841, 18 p. — Règlement fait par le Roi, pour l'exécution de celui du 10 février, dans sa province d'Artois. 1789, 2 p. — Edit port. prorogation, pour la province d'Artois, du second vingtième, des droits réservés, et des sols pour livre en sus de différ. droits. 1780, 4 p.

19293. Artois. 15 broch. et pièces in-8 et in-4. 8 fr.

Lettres patentes d'agrégation des abbayes de St-Vaast d'Arras et de St-Bertin de St-Omer à l'ordre de Cluny. 1778, 3 p. — Origine de l'Académie d'Arras, par L. Cavrois. 1866, 28 p. — Spinus gallice Le Serin Carmen, auct. J. de Beuville, S. J. Atrebati. 24 p. — L'église de Fauquemberg, arr. de St-Omer, par H. de Laplane. St-Omer, 1854, 15 p. — Lettres patentes qui règlent que dans la ville et banlieue d'Aire, les levées de cadavres, ainsi que les dessaisines et saisines d'héritages, se seront désormais par trois officiers municipaux seulement 1777. 3 p. — Disc. funèbre en mémoire de Michel Le Pelletier, représentant du peuple Français, lâchement assassiné par un ennemi de la société des Sans-Culottes, amis de la Liberté et de l'Egalité de la ville d'Aire et prononcé en présence des corps constitués dans l'église du collège le 24 février 1793. Lille, imprimerie de Léonard Danel, 4 p. — Notice histor. sur Les Camps de St-Omer. S. d., 15 p. — Anecdotes anglaises sur la ville de St-Omer, par Piers. Aire, 1846, 80 p. — J.-B. Personne, député à la Convention, à ses concitoyens de la ville de St-Omer. 4 p. — Edit du Roi port. réduction et fixat. du nombre des notaires et procureurs de la ville de Calais. 1786, 7 p. — Etc., etc.

19294. **Hainant** (Hist. ecclésiastique et profane du), par l'abbé Hossart. Mons, 1777, 2 vol. in-8, dem.-rel.   3 fr. 50

19295. **Daventriæ illustratæ** (Jac. Revii) sive hist. urbis Daventriensis lib. VI perducti usque ad annum à nato Christo 1641. Lugd. Batav., 1651, in-4, v. (Bel exemplaire).   4 fr.

19296. **Impression de Paris.** Formicarius Ioannis Nyder theologi profundissimi pulcherrimus dialogus ad vitam christianam exemplo conditionum Formice incitativus... mentionem passim faciens de principibus, episcopis, prelatis, sacerdotibus, monachis, monialibus, conjugatis, viduis, virginibus, maleficis, necromanticis, incubis et succubis... ac ceteris lectu dulcibus et utilibus. (Au-dessous belle marque des De Marnef). In fine : Impressum est volumen hoc Parrhisius per Jacobum le Brum (*sic*) impressorem, sumptibus vero honestorum virorum Engleberti et Joannis de Marnef bibliopolarum juratorum in alma universitate Luteciana. Anno Domi. millesimo quingentesimo decimo nono (1519). Sole vero Januarii tricesimam claudente. Pet. in-4, gothique à 2 col., dem-rel., v. bleu.   120 fr.

Jacques Le Brum est un imprimeur parisien pour ainsi dire inconnu, dont les livres ne passent jamais dans les catalogues. M. Renouard seul le cite et l'appelle *Le Brun*, tandis qu'on lit très clairement *Le Brum* sur le présent volume. Ce bibliographe place son exercice en 1520-1521. Le présent volume est daté de 1519. Fol. LXXVIII et LXXIX de cette édition, on trouve un curieux passage relatif à JEANNE D'ARC. — Piqûre dans le haut de la marque, vers la fin du volume, n'atteignant pas le texte.

19297. **Rouen** (Impression de). Summa Angelica de casibus conscientie correcta secundum primum exemplar ipsius Re. Pa. Fra. Angeli de Clavasio eoque alie impresse usque in presentem vitio transcriptorum, in multis sunt diminute et corrupte cum multis additionibus post primam compilationem per eundem in diversis locis operis insertis valde necessariis et utilibus. (Au-dessous marque de Pierre Regnault tirée en rouge). Venundantur Rothomagi in officina Petri Regnault in vico vulgariter dicto Ganterie sub signo trium ferrorum equi, necnon Cadomi in frigido vico sub interisignio divi Petri. (In fine :) Rothomagi impressa per magistrum Petrum Violette impensis honesti viri Petri Regnault alme universitatis Cadomensis librarii anno Domini M.CCCCC XI (1511) die vero secunda Martii. In-4, goth. à 2 col., v. br.   90 fr.

Les impressions de P. Violette faites à Rouen sont très rares. Pierre Violette avait été étudiant à l'Université de Caën. Nous l'avons retrouvé à Abbeville en 1486 dans l'atelier que Jean Du Pré de Paris avait monté dans cette ville en société avec Pierre Gérard. (Voir *Histoire de l'Imprimerie en France*).

19298. **Martyrologium** secundum morem Romane curie pro peculiari usu fratrum ordinis Minimorum Sancti Francisci de Paula (au-dessous de ce titre gravure sur bois en rouge et noir de la Cour Céleste) M.D.XL. aprilis post Pascha. (In fine :) Ad laudem et gloriam omnipotentis Dei Patris et Filii et Spiritus Sancti ac beatissime Virginis Marie et omnium Sanctorum et Sanctarum totiusque Curie celestis Explicit Martyrologium non nisi emendate de multis aliis martyrologiis simul collectum atque his que superflua erant subtractis diligenter correctum. Nuper impressum expensis fratrum conventus Nyieonensis ordinis Minimorum Sancti Francisci de Paula Nostre Domine totius gracie vulgariter nuncupati per fratrem Hugonem de Varena ejusdem ordinis et conventus Minimum religiosum qui vos exoratos habet ut pro laboribus assumptis apud Deum pro eo intercedatis. Terminatum est inquam hoc martyrologium hac luce vigesima tercia mensis decembris Anni Domini Millesimi quingentesimi quadragesimi. Deo Gratias. (Au verso grande figure sur bois occupant toute la page de Notre Dame des Sept Douleurs, avec prière speciale entièrement xylographiée). Pet. in-4 réglé, belle impression en lettres gothiques rouges et noires, v. fauve avec le monogramme de Jésus et de Marie (I. H. S. et MA.) sur les plats, rel. du temps légèrement restaurée, tr. dor.   700 fr.

VOLUME RARISSIME imprimé à la presse particulière du couvent des Bonshommes de Nygeon qui occupait au XVI° siècle une partie de l'emplacement actuel de Passy près Paris. L'imprimeur était frere Hugues de Varenne, religieux Minime comme nous le savons par une mention analogue qu'on lit dans le *Liber Vite fratrum Minorum* sorti en 1535 de la même presse conventuelle (*ex limata, tersa et polita calcographia fratris Hugonis de Varenna immeritissimi sacerdotis ordinis Minimorum Sancti Francisci de Paula*). Cet exemplaire, le seul connu, est dans un parfait état de conservation, sans taches, piqûres, ni mouillures, à l'état de neuf.

19299. **Baronnie de St-Trivier** (Inventaire des titres et papiers de la terre et) appartenante aux pauvres de l'Hôpital général de la Charité et Aumône générale de Lyon, lesdits titres divisés en 22 chapitres subdivisés en 121 parties et relies en deux volumes. 1742, 2 gros vol. gr. in-fol., vél., avec fermoirs en cuivre.   200 fr.

MANUSCRIT ORIGINAL DU XVIII° SIÈCLE, d'une écriture très soignée composé de plus de 1500 pages avec table des matières très détaillée. — Le titre ci-dessus rapporté a été imprimé exprès pour être mis en tête de chacun des volumes. — On a ajouté en outre l'affiche originale imprimée de la vente de la Terre de St-Trivier, consistant en 7 domaines, etc., datée du 5 thermidor, an 12, et la grosse de deux anciens baux de 1764.

Propriétaire-Gérant : **A. CLAUDIN**

Dole. — Imp. Girardi et Audebert. — 413-04.

ARCHIVES DU BIBLIOPHILE

LIVRES RARES ET CURIEUX

EN VENTE A PRIX NETS ET AU COMPTANT

A LA LIBRAIRIE ANCIENNE DE A. CLAUDIN

PARIS, 16, rue Dauphine, 16, PARIS (VIe)

**Adresser les demandes directement et sans aucun intermédiaire.
Prix fixé et sans remise, ni rabais.**

<table>
<tr><td>

ABONNEMENTS

—

UN AN

Paris .... 5 »
Départements .... 6 »
Pays de l'union postale 6 50
Autres pays........... 8 »

———

Achat de Bibliothèques.

</td><td>

Juin-Juillet 1904

———

Prière de communiquer ce catalogue aux Bibliophiles et aux personnes qu'il pourrait intéresser.

</td><td>

Les envois se font en port dû et contre remboursement, sauf pour les personnes connues ou qui ont un compte ouvert. — Pour les Colis affranchis et envois par poste, les ports, recommandation comprise, doivent nous être remboursés. — Il n'est point fait d'échanges.

Ventes publiques.

</td></tr>
</table>

AVIS TRÈS IMPORTANT

Le nombre sans cesse croissant de demandes d'envoi gratuit des *Archives du Bibliophile* augmentant de jour en jour dans des proportions telles qu'elles exigeraient un tirage trop considérable, nous nous trouvons dans la nécessité de reviser entièrement nos listes d'adresses. — En conséquence, nous n'enverrons désormais nos catalogues qu'aux personnes qui nous honorent de temps à autre de leurs ordres. — A partir du prochain bulletin, nous cesserons le service à toute personne qui ne nous aura fait aucune demande depuis le n° 850, c'est à dire depuis trois ans, à moins qu'elle ne se fasse inscrire de nouveau en indiquant le genre de livres qu'elle serait susceptible d'acheter par la suite, s'ils se présentaient dans nos catalogues. — *Prière instante à nos clients de Paris de vouloir bien nous renouveler leur adresse et de nous aviser de leurs changements de domicile s'il y a lieu.*

19300. Curiositez françoises pour supplément aux dictionnaires ou recueil de plusieurs belles proprietez, avec une infinité de proverbes et de quolibets pour l'explication de toutes sortes de livres, par Ant. Oudin, secrétaire interprète de Sa Majesté. Imprimé à Rouen et se vend à Paris chez Ant. de Sommaville. 1656. Pet. in-8, v. 30 fr.

Livre très curieux, indispensable pour la lecture des anciennes facéties, des anciens conteurs et d'une foule de productions littéraires de l'époque de Louis XIII. C'est un glossaire du langage familier et populaire de cette époque, voire même des expressions obscènes et de bas étage que l'on ne trouve dans aucun autre recueil de ce genre. Il est curieux de voir comment certaines expressions d'alors ont passé depuis dans l'argot des voleurs et des souteneurs.

19301. Nostradamus commenté. La première face du Janus François, contenant sommairement les troubles, guerres civiles et autres choses mémorables advenues en la France et ailleurs dès l'an de salut M D XXXIIII jusques à l'an M.D.LXXXIX, fin de la maison Valésienne, extraite et colligée des centuries et autres commentaires de M. Michel de Nostredame..... A la fin est adjousté un discours de l'advènement à la Couronne de France du Roy treschrestien (Henry IV) à présent régnant, le tout fait en françois et en latin pour le contentement de plusieurs, par Jean Aimes de Chavigny, Beaunois, et dédié au Roy. A Lyon, par les héritiers de P. Roussin, 1594. In-4, v. fauve. (Rel. anc.). 30 fr.

Première édition de ce livre curieux, dans leq. les prophéties de Nostradamus, expliquées par un commentaire spécial, sont adaptées aux guerres de religion et autres événements du siècle. — Après la dédicace on trouve une Vie de Michel Nostradamus qui contient d'intéressants détails. Exemplaire bien conservé.

19301 bis. Centuries prophétiques révélées par la sacrée Theurgie et secrète astrologie à M. Jean Belot, curé de Milmonts, Mᵉ ès sciences divines et célestes, ausquelles centuries est prophétisé et prédit les événemens, affaires et accidens plus signalez qui adviendront en l'Europe ès années suivantes jusques en l'an MDCXXX; le tout digne d'estre leu et noté par la postérité, déd. à Sa Majesté. 1622. Pet. in-8, portr. de Louis XIII à cheval, gravé sur bois au verso du titre, v. marbr. 25 fr.

Le plus rare des ouvrages du curé de Milmonts. Exemplaire de Guyon de Sardière. — Cachet armorié sur le titre.

19302. Loups garous (Dialogue de la Lycanthropie ou transformation d'hommes en loups vulgairement dits), et si telle se

1

peut faire, auquel en discourant il est traicté de la manière de se contregarder des enchantemens et sorcelleries, ensemble de plusieurs abus et superstitions, lesquelles se commettent en ce temps, par Fr.-Claude Prieur, natif de Laval au Mayne. Louvain, 1596, pet. in-8, vél. 30 fr.

Livre rare et recherché. — Exemplaire dans sa première reliure.

19303. **Arrest memorable de la** Cour de Parlement de Dole du 18e jour de janvier 1573 contre Gilles Garnier, Lyonnois, pour avoir, en forme de loup-garou, dévoré plusieurs enfans et commis autres crimes, enrichy d'aucuns poincts recueillis de divers autheurs pour esclaircir la matière de telle transformation. Imprimé à Sens par Jean Savine, 1574. Plaquette in-8, cart. à la Brad. 5 fr.

Réimpression faite d'après l'original.

19304. **Jardin de Récréation** (Le), auquel croissent rameaux, fleurs et fruicts très-beaux, gentilz et suefs soubs le nom de six mille proverbes et plaisantes rencontres françoises, recueillies et triées par Gomes de Trier, non seulement utiles mais delectables pour tous esprits désireux de la tres-noble et copieuse langue françoise, nouvellement mise en lumière. A Amsterdam, par Paul de Ravesteyn, année 1611. •In-4, v., fil. 70 fr.

Volume très rare. — Les proverbes sont rangés par ordre alphabétique. — Avec le feuillet séparé de la fin qui manque très souvent et contient la récapitulation des proverbes, au nombre de 5.806. — Exemplaire de Viollet-Leduc.

19305. **Alchuini** (B. Flacci Albini sive) opera quæ hactenus reperiri potuerunt; accessere B. Pauli Aquileiensis, libri III qui etiam nunc prodeunt; omnia studio et diligentia Andr. Quercetani Turonensis. 1617. In-fol., portr. d'Alcuin, v. br. 10 fr.

Première édition des œuvres d'Alcuin et de Paulin d'Aquilée, réunies par André Duchesne, de Tours.

19306. **Abbon** (Nouv. annales de Paris jusqu'au règne de Hugues-Capet; on y a joint le poème d') s. le fameux siège de Paris par les Normans en 885 et 886, av. des notes par le P. Dom Toussaints Du Plessis. 1753, in-4, v. m. 8 fr.

19307. **Sculptures gothiques** (Recueil de) dessinées et gravées à l'eau-forte d'après les plus beaux monuments construits en France dep. le xie jusqu'au xve siècle, par Adams. 1856, in-4, fig., dem.-rel., chagr. vert. 12 fr.

Ouvrage composé de 96 planches gravées sur acier.

19308. **Vignettes, fleurons** (Essai satirique sur les), culs-de-lampes et autres ornements des livres, traduction libre de l'allemand. 1873, pet. in-8, pap. verge, couv. parch. mod. 2 fr. 50

Réimpression à petit nombre de l'édition originale publiée à Leipzig en 1752.

19309. **Prophécie du roy Charles VIII** (La), par Maître Guilloche, Bourdelois, publ. pour la prem. fois par le marquis de La Grange. Impr. de Jouaust, 1869, in-12, pap. vergé, br. 2 fr.

Tiré à petit nombre.

19310. **Cyrano Bergerac** (Les œuvres de), édit. ornée de figures en taille-douce. Amsterdam, 1709, 2 vol. in-12, front. gravé et fig., v. br. 18 fr.

19311. **Histoire amoureuse des Gaules** (par de Bussy-Rabutin). A Liège, sans date (1665). Pet. in-12. 30 fr.

VÉRITABLE ÉDITION ORIGINALE, dite à la croix de Malte. — Elle se compose de 1 f. (titre), 190 p., 69 p, et 3 p. pour la clef. Ce volume, dit Willems, réunit tous les caractères d'une édition faite sur une copie subreptice. Le texte commence en haut de la première page, sans que le titre soit répété; la pagination se suit jusqu'à la page 190, puis elle recommence brusquement, et cette seconde partie est intitulée, on ne sait trop pourquoi : *Suite de l'histoire d'Ardelise*. Le volume a vu le jour vers le mois de mars 1665, car c'est à cette époque que, suivant l'expression de Bussy, son histoire commença, et l'imprimeur a pris ses précautions pour n'être pas découvert ; il n'a employé ni fleurons, ni lettres grises, ni rien qui fût de nature à le trahir. A la Clef imprimée ont été ajoutés en manuscrit, dans cet exemplaire, quelques noms qui la complètent. Un exemplaire de cette édition a été annoncé au prix de 100 fr. dans le catalogue de la librairie Sardou, à Bruxelles, en 1884. C'est du reste le prix auquel il a été porté à la vente De la Villestreux. Un autre relié en maroquin a été vendu jusqu'à 245 fr. chez Lebeuf de Montgermont.

19312. **Scarron.** Recueil des œuvres burlesques. Jouxte la copie (Hollande), 1655, pet. in-12, frontisp. gravé, vél. de Holl. 8 fr.

Ce joli volume, qui s'annexe aux Elsevier, est cité dans le catalogue officinal de J. Blaen et dans celui de J. Elsevier de 1660, avec l'adresse de Bruxelles. Il sort en effet des presses de Foppens. Vendu 51 fr. Chédeau.

19313. **Desserts de petits soupers** agréables dérobés au chevalier du Pélican (de l'Ecluse), auteur du déjeuné de la Rapee, poème gaillardi-poissardi-marins-ironicomique. De l'imprimerie de la Joye, 1755. Pet. in-8, couv. en pap. 5 fr.

Recueil de chansons grivoises, avec musique notée.

19314. **Tanzai et Néadarné,** histoire japonoise (par Crébillon fils). A Pékin, chez l'imprimeur de l'Empereur (Paris), 1749, 2 vol. pet. in-12, avec 5 figures galantes, v. porph., dent. 8 fr.

Satire contre le cardinal de Rohan, la Constitution Unigenitus et la duchesse du Maine. L'auteur fut emprisonné au donjon de Vincennes pour l'avoir composée.

19315. **Lettres historiques et galantes** de Mme du Noyer, conten. différ. histoires, aventures, anecdotes curieuses et singulières. Londres (Trévoux), 1757, 8 vol. pet. in-12, v. marbr. 10 fr.

Edition la meilleure. — Les 6 prem. volumes contiennent les Lettres, le 7e les Mémoires de M. du Noyer et une pièce, « le Mariage précipité », faite contre les deux époux ; le 8e, les Mémoires de Mme du Noyer et une table générale.

19316. **Blanchard** (Guill.). Table chronologique cont. un rec. ou abrége des ordonnances, édits, déclarations et lettres-patentes des rois de France qui conc. la justice, la police et les finances, dep. 1115 jusqu'à présent. 1687, in-4, v. 4 fr.

19317. **Ordonnances royaulx** sur le faict de la Justice et abbreviation des procès par tout le royaume de France, faicte par le Roy nostre Sire et publ. en la Cour de Parlement à Paris le sixiesme jour du moys de septembre l'an mil cinq cens XXXIX. Avec privilège, 1539. Pet. in-4, gothique, lettres ornées et historiées, dem.-rel. mar. br. 25 fr.

19318. **Charron** (P.). De la Sagesse, trois livres. Leide, J. Elsevier, 1656, pet. in-12,

titre grav., dem.-rel., dos et coins de mar.
n. _ 10 fr.

19319. Chronique de Bretagne de Jean de Saint-Paul, chambellan du duc François II, publ. avec notes et introduction par Arth. de la Borderie. Nantes, 1881, in-8, pap. de Holl., br. 4 fr.

L'œuvre de Jean de Saint-Paul, qui vivait au xv⁰ siècle, est le premier essai d'une Histoire de Bretagne en langue vulgaire. Elle est publiée ici pour la première fois en entier d'après deux manuscrits.

19320. Jeanne d'Arc (La famille de), documents inédits, généalogie, lettres de J. Hordal et de Gl. Du Lys à Ch. Du Lys, publ. pour la prem. fois par E. de Bouteiller et G. de Braux. 1878, in-8. br. 20 fr.

EXEMPLAIRE EXCEPTIONNEL EN GRAND-PAPIER WHATMAN, — Le titre et le feuillet servant d'explication des armoiries de Jeanne d'Arc, sont imprimés sur PEAU DE VÉLIN. Le frontispice gravé est en 4 états différents, avec et avant lettre, et la planche originale de Léonard Gaultier, ainsi que celle des armoiries, sont tirés sur Japon et sur Chine. — Epuisé et devenu rare.

19321. Jeanne d'Arc (Nouvelles recherches sur la famille de), enquêtes inédites, généalogie, par E. de Bouteiller et G. de Braux. 1879, in-8, br. 8 fr.

Exemplaire en GRAND-PAPIER DE CHINE. Dans l'enquête faite en 1476 figurent les témoins qui ont connu Jeanne d'Arc et ont vécu à côté d'elle. On y trouve aussi des détails assez curieux sur une femme qui vint en 1452, joua effrontément le rôle de la Pucelle, se fit passer pour l'héroïne elle-même, et finalement devint Dame des Armoises.

19322. Voyage de la Reine (Journal du) depuis Neubourg jusqu'à Madrid (par J. Léonard). Bruxelles, 1691, pet. in-8, vél. 3 fr. 50

19323. Voyage littéraire de la Grèce, ou lettres sur les Grecs anciens et modernes, avec un parallèle de leurs mœurs, par Guys. 1783, 4 vol, pet. in-8, front. gravé, v. fauve, fil. (Rel. ancienne). 8 fr.

Cet ouvrage est composé de 46 lettres, dont la première est datée de Constantinople. Troisième édition, la meilleure et la plus complète, avec 10 figures très bien gravées par Halbou et Laurent. Estimé de 12 à 15 fr. par Brunet. — Bel exemplaire.

19324. Gutemberg (Essai d'annales sur la vie de Jean), inventeur de la typographie, par J. Oberlin. Strasbourg, 'an IX, in-8, portr., br. 5 fr.

19325. Invention de l'imprimerie (L') à Strasbourg par J. Gutenberg, Strasbourg, 1840, br. in-8, avec fig. 3 fr.

19326. Imprimerie en Provence (Notice sur l'origine de l'). par Ant. Henricy. Aix, 1826, in-8, br. 5 fr.

Excellente notice, devenue rare.

19327. Dictionnaire bibliographique choisi du xv⁰ siècle, ou description des éditions les plus rares et les plus recherchées du xv⁰ siècle, par de la Serna-Santander. Bruxelles, an XIII, 3 vol. in-8, br. 12 fr.

19328. Incunable de Paris. Opus preclarissimum Epistolarum devotissimi beatissimique Bernardi primi Clarevallensis abbatis quam emendate castigatum feliciter incipit. (In fine :) Exaratum Parisiis, anno Domini nonagesimo quarto supra millesimum quatercentesimum (1494), die vero penultima mensis maii (sub Sole aureo vici Sorbonici, typis Udal. Gering et Bercht. Rembold). Pet. in-4, goth. à 2 col. de 54 lignes, dem.-rel., v. ant. 40 fr.

Edition très rare. — Elle est mentionnée sommairement par Hain, qui ne l'a pas vue, sous le N° 2874, et décrite par Janauschek, Bibliographia Bernardina, N° 147. — Le volume est sorti des presses du Soleil-d'Or de la rue de Sorbonne, la première année de l'association d'Ulrich Gering avec Berthold Remboldt. Les caractères du texte sont ceux de l'*Expositio B. Augustini de Sermone in Monte* du 8 mai 1494. Le gros caractère du titre et de la première ligne des chapitres se retrouve dans les *Sermones Guillermi Hilacensis*, imprimé la même année et signé des deux associés, ainsi que l'*Augustinus*. — Cette édition a été identifiée par M. Proctor (*Index*, N° 8299), qui l'attribue comme nous à Gering et Remboldt.— Manque le fol. xcvii portant la signature *n i*.

19329. Incunable de Paris. Floretus cum commento. (In fine) Earatum (*sic*) Parisius per Michaelem Nignam commorantem supra pontem Sancti Michaelis ad intersignium Sancti Johannis Evangeliste, die vero lxii mensis septembris. Anno domini M.cccc, nonagesimo v. Pet. in-4, gothique en caractères de deux grandeurs, le plus gros pour le texte, le plus petit pour le commentaire ; marque de Michel Le Noir sur le titre, dem'-rel. 38 fr.

Edition très rare, citée dans notre ouvrage de l'*Histoire de l'Imprimerie en France*, tome I⁰ʳ, p. 169. Elle est imprimée avec une des fontes que Pierre Levet a employées dans son second atelier de la Croix-d'Or, au faubourg Saint-Germain-des-Prés. — Manque l'avant-dernier feuillet.

19330. Bibliographie Elzévirienne. Aperçu sur les erreurs de la bibliographie spéciale des Elsevirs et de leurs annexes, avec quelques découvertes curieuses sur la typographie hollandaise et belge du xvii⁰ siècle, par le Bibliophile Ch. Motteley. Bruxelles, 1848, pet. in-12, format et fleurons elzéviriens, br. 2 fr. 50

Tiré à petit nombre.

19331. Editions Elzéviriennes (Recherches sur div.) faits. suite aux études de Bérald et Pieters extraites des papiers de Millot, mises en ordre et complétées par Gust. Brunet. 1866, in-12, pap. vergé. br. 4 fr.

Tiré à petit nombre.

19332. Officinæ Elsevirianæ (Catalogus librorum) designans libros, qui tam eorum typis et impensis prodierunt, quam quorum alias copia ipsis suppetit. 1614. Pet. in-12, pap. vergé, dem.-rel. toile lustrée, non rogné. 4 fr.

Réimpression, à très petit nombre, de ce catalogue officinal des Elseviers de Leyde, faite à Gand par les soins de Ch. Pieters d'après le seul exemplaire connu.

19333. Bibliographie liégeoise. Recherches histor. et bibliographiques sur les journaux et les périodiques liégeois, par Ulysse Capitaine. Liège, 1850, in-12, br. 3 fr.

19334. Ayrault (Histoire de Pierre) et de son fils René, par P. de Musset. 1879 in-8 br. 1 fr. 50

C'est une navrante histoire que celle du fils aîné de Pierre Ayrault, envoyé à Paris pour étudier chez les Jésuites, qui entra dans leur compagnie sans l'autorisation et contre la volonté paternelle. — Pierre Ayrault, élève de Cujas et l'une des gloires de la magistrature française, avait été nommé par Henri III, lieutenant-général au présidial d'Angers. Il eut recours à toutes les voies judiciaires et extraordinaires pour faire rentrer son fils au foyer familial. Il somma les Jésuites, s'adressa au Parlement, puis ayant appris qu'on avait fait disparaître René, il présenta une requête appuyée par le roi de France au Pape qui se fit présenter le rôle où étaient les noms de tous les Jésuites, mais celui de René Ayrault ne s'y trouvait pas. Les Jésuites l'avaient autorisé à prendre un autre nom. Ce fut alors qu'après trois ans de peines et de recherches inutiles, ce père infortuné espérant de sa plume ce que n'avaient pu lui procurer ses sollicitations, composa son livre : *De la puissance paternelle*. Ce moyen ne lui réussit pas davantage et la douleur qu'il en éprouva abrégea ses jours. Il mourut en 1601. — Son fils René avait professé dans divers collèges de la Compagnie à Reims, à Sens, à Dijon, à Besançon, à Rome, devint procureur de la province de Champagne, puis de celle de Lyon. Il mourut à La Flèche en 1644.

19335. Reims (Ordonnances des droits de la Vicomté de) accordés entre l'archev. de Reims, etc., et les habitants d'icelle ville, homologuées en Parlement. Reims, N. Pottier, 1724, pet. in-8, cart. à la Brad.   4 fr.

19336. Reims. 8 pièces et opusc. différ. formats.   6 fr.

L'Epistre de M. Saint-Estienne chantée en son église de Reims. Reims, 1845, 30 p. — Chanson nouvelle conten. le récit véritable et remarquable de ce qui est arrivé dans la ville de Reims à l'encontre de Gensinistres. Reims, 1856, 24 p. — Notice sur le mobilier de l'église cathédrale de Reims. Reims, 1856, 72 p. — Le siège de Reims par les Anglais (1359-1360), par Pergant. Reims, 1848, 87 p. — Arrest du Parlement du 21 mars 1713 qui ordonne que les assemblées de prières qui se font dans tous les collèges et maisons des PP. Jésuites du dioc. de Rheims finiront avant qu'on commence aucune des messes de Paroisses. 3 p. — Lettre de l'archevêque de Reims au duc d'Orléans, régent du royaume. 1718, 26 p. — Ordonnance de l'archev. de Reims port. déclaration de suspense encourue par divers chanoines de son église. Reims, 1716, 4 p. — Mandement du vicaire général Fr. de Mailly, archevêque de Reims, pour la publicat. des sentences d'excommunication rendues contre Cl. Hillet, prêtre ; J.-F. Debeine ; Louis Geoffroy ; N. Legros ; Cl. Baudouin, etc., etc. Reims, 1715, 8 p. — Ordonnance de l'archevêsque de Reims pour la publication de la Constitution du Pape Clément XI. 1715, 56 p.

19337. Champagne (Les Nobles de la province de), suivis de la liste des familles qui n'ont point été admises par M. de Caumartin, lors de la recherche en 1666 (publ. par A. Assier). 1874, pet. in-8, br.   4 fr.

Exemplaire en Grand-Papier.

19338. Vitry-Le-François (Coutumes de), av. le commentaire de Ch. de Salligny, av. div. traitez separez touch. le droit des juges conservateurs, de la navigation, des incendies et autres. Chaalons, Jacq. Seneuze, 1676, in-4, v.   7 fr. 50

19339. Champagne. La Barbuise et son cours avec une carte des localités qu'arrose cette rivière, par J.-P. Finot, Troyen Arcis, 1868, pet. in-8, cart. à la Brad.   2 fr. 50

19340. Champagne. Chartes de l'abbaye de Mores, par l'abbé Ch. Lalore. Troyes, 1873, in-8, br.   2 fr. 50

19341. Champagne. Des privilèges singuliers de l'abbaye de N. Dame-aux-Nonnains de Troyes, publ. par Th. Boutiot. Troyes, 1864, pet. in-8, cart. à la Brad.   2 fr. 50

19342. Champagne. 6 pièces in-4 et in-8.   6 fr.

Les Gaulois, les Druides et les Sybilles dans la Champagne, par l'abbé Boitel, 1864, 11 p. — Lettre circulaire contenant un charitable advis à q. q. villes de Champagne et Picardie, pour les inciter à se resoudre à prendre le bon party du Roy et du Parlement. 1649, 7 p. — Règlement fait par le Roi sur la formation et composition des assemblées qui auront lieu dans la province de Cham-

pagne en vertu de l'Edit portant création des Assemblées provinciales. 1787, 12 p. — Lettres patentes du roi portant règlement pour la fabrication des Etoffes de laine de la Généralité de Champagne. 1780, 11 p. — Arrest du Conseil d'Etat qui permet à J.-B. Baconel de rentrer dans tous ses fonds et objets de son domaine de Champagne. 1785, 7 p. — Etc.

19343. Bordeaux (Notes pour servir à la biographie des hommes utiles ou célèbres de la ville de) et du département de la Gironde, par L. L. (Léonce de Lamothe). 1863. — Notes supplémentaires pour serv. à la biographie des hommes utiles ou célèbres de Bordeaux. Genève, 1869. — Notes (deuxième supplément). Amsterdam, 1873. — Ens. 3 opuscules in-8, br.   5 fr.

Rare avec les deux suppléments. On trouve un beau portrait de Montesquieu gravé par Pourvoyeur en tête du deuxième supplément.

19344. Bordeaux. 5 pièces in-8 et in-4.   7 fr. 50

Response de M. le cardinal de Sourdis à la lettre de M. le Prince (datée de Bordeaux). 1614, 6 p. — Advertissement pour Den. de Mullet, chevalier, et son advocat général au Parlem. de Bordeaux, contre Noble Lancelot de Maniban, escuyer, et Damoiselle Isabeau de la Broche, sa femme (fille de Jean de La Broche, courtier de Bordeaux). 16 p. — Harangue faicte au Roy pour l'extinction des nouvelles impositions et subsides, par le s' d'Ardeut, advocat et député de Bourdeaux. Bourdeaux, 1633, 8 p. (rogné sur le côté) — Arrest du Conseil qui casse un arrest du Parlement de Bourdeaux, du 31 mars 1710, et rétablit Rattier et Poyen dans le droit de bourgeoisie, etc. 1711, 8 p. — Relation extra-ordinaire conten. tout ce qui s'est passé dans la ville de Bordeaux, dep. l'entrée de Sa Majesté, jusques à sa sortie, etc. (Extra-ordinaire de gazette).

19344 bis. Bretagne (Recueil des arrêts, arrêtés, remontrances et autres pièces qui sont émanées contradictoirement dans l'affaire du Parlement de). S. l., 1765, in-12, br.   1 fr. 50

19345. Corse (Lettre d'un) sur l'état actuel de sa patrie, trad. de l'italien, publ. av. un discours prélimin. par M***. La Haye, 1765, pet. in-12 de 66 pag., br., non rogné.   3 fr. 50

19346. Flandres. 12 broch. ou pièces in-4 et in-8.   7 fr. 50

De la réunion par Louis XIV, à la France d'une partie de la Flandre et du Hainaut, par Desplanque. Lille, 1867, 20 p. — Batailles et guerres privées dans le pays de l'Aleu au XIVe siècle (1382-1395), par le même. S. d., 22 p. — Troubles de la chatellenie de Cassel sous Philippe-le-Bon (1427-1431), par le même. Lille, 1866, 68 p. — Notice sur l'abbaye de Flines (par l'abbé Hautecœur). Lille, 1868, 44 p. — Remontrances du Parlement de Flandres au Roy, au sujet de la cassation de ses arrêts concernant les pensions des Jésuites. 1766, 19 p. — Arrêt concern. les Etats de Flandre. 1789, 4 p. — Notice sur les auteurs de l'ancien jubé de l'église de St-Jean-Baptiste, à Bourbourg, par L. de Baibure. Lille, 1864, 15 p. — Notes sur Steenvoode et le couvent N.-D. des Sept-Fontaines, par H. Dufeutrel. Lille, 1864, 28 p. — Jurisprudence de Flandres sur le fait des dismes. S. d., 5 p. — Etc., etc.

19347. Saint-Genois (Prolégomènes ou notes du comte Joseph de), baron du St-Empire, pair de Mortagne, ci-devant député de la noblesse des Etats du Hainaut, etc., au sujet de son emprisonnement arrivé le 21 juin 1790. Lille, L. Danel, s. d., in-4, avec plans et tableau, cart., non rogné.   2 fr.

19348. Curiosa, essais critiques de littérature ancienne ignorée ou mal connue, par Alcide Bonneau. 1887, pet. in-8, br.   5 fr.

Le Décaméron de Boccace. — La Nuit et le Moment, par Crébillon. — Les *Ragionamenti* ou Dialogues de l'Arétin. — Les heures perdues d'un cavalier françois. — Le hasard du coin du feu. — Manuel d'érotologie classique. — Les cadenas ou ceintures de chasteté. — Doutes amoureux. — Etc., etc.

19349. Curiosité littéraire (La) et bibliographique, articles littéraires, extraits et analyses d'ouvrages curieux, notices de livres rares, anecdotes, etc. Première série. 1880, in-12, pap. de Holl., br.   5 fr.

Des relieurs et de la reliure. — Une valseuse dans le cénacle romantique, poésie d'Alfr. de Musset. — La première édition de Justine ou les malheurs de la vertu, roman du marquis de Sade. — La préface de Mlle de Maupin dans l'édition originale et dans les éditions actuelles. — Etc.

19350. Moyen-âge (Docum. paléographiques relat. à l'hist des beaux-arts et des belles-lettres pend. le), tirés des archives départ. de la France et des biblioth. publ., par A. Champollion-Figeac. 1868, gr. in-8, br. 5 fr.

Manuscrit du IVe au XIe siècle. — Matériaux employés pour la confection des livres. — Miniatures des manuscrits. — Livres des Ve, VIe et VIIe siècles. — Littérateurs du XVe siècle. — Etc., etc.

19351. Littérature du moyen-âge. Le Pas Salhadin, pièce historique en vers relative aux Croisades, publ. pour la prem. fois d'après le ms. de la Bibliothèque du Roi par G.-S. Trébutien. 1836, in-8, br. 3 fr. 50

Le Pas Salhadin est un ancien chant historique très populaire au moyen-âge. Il était peint dans les salles des vieux châteaux comme un des plus beaux exemples qui puissent être offerts à la chevalerie, et fut représenté lors de l'entrée de la reine Isabelle de Bavière à Paris, en 1385.

19352. Libres Prêcheurs (La vie au temps des) ou les devanciers de Luther et de Rabelais, croyances, usages et meurs intimes des XIVe, XVe et XVIe siècles, par Antony Méray; seconde édition, entièrement refondue et considérablement augmentée. 1879, 2 très beaux volumes petit in-8, écu, papier vergé, impression de luxe en caractères antiques, par Motteroz, titres rouges et noirs, fleurons, en-têtes et lettres ornées, gravés par L. Lemaire, av. 2 pl. d'illustrations en fac-similés d'apr. les documents iconographiques du temps. (Au lieu de 16 fr.). Prix net :   10 fr.

Cet ouvrage remarquable offre un tableau complet des mœurs et des usages religieux du Moyen-Age, avec leurs bizarreries, leur virulence et leur naïve crudité. Les orateurs des clubs démagogiques paraissent bien faibles devant les moines prêcheurs qui apostrophent dans la chaire chrétienne tous les puissants du jour, flétrissent les débauches royales, accusent les reines d'avoir des penchants infâmes et comparent les Cours à la puante Sodome, peuplée de rufians, de catins et de ribaudes. Le pape et les évêques ne sont pas épargnés par les frocaras qui, dans un langage de corps de garde, attaquent le clergé diocésain avec une violence inouïe. Citons parmi les sujets traités oralement par les libres prêcheurs ceux des cornes de la reine Isabeau de Bavière. — Foire aux bénéfices. — Simonie. — Taxe de rémission des péchés — Prédications gaillardes. — Talismans chrétiens. — Incubes, succubes, satyres et lycanthropie. — Histoires de démons domestiques chargés de message d'amour. — Description fantastique du Paradis, de l'Enfer et du Purgatoire. — Processions burlesques. — Idées singulières sur la Vierge mère. — Reliques d'ânesses sacrées. — Sculptures érotiques des cathédrales. — Emploi nocturne des servantes d'auberge. — Description des charmes secrets de la reine. — Relations intimes des confesseurs avec leurs pénitentes. — Bains publics changés en lieux de prostitution. — Apostrophes indignées des moines prêcheurs contre les « maquerelles » et les « tisons d'enfers » coupables de débauches contre nature et de scènes

orgiaques. S'il faut en croire les prédicateurs d'autrefois, les mœurs de la noblesse française et du clergé auraient été empruntées à celles des villes maudites : Sodome et Gomorre.

19353. Théâtre français au Moyen-Age, publ. d'après les mss. de la Bibliothèque par Monmerqué et Francisque Michel. 1842. Gr. in-8 à 2 col., br.   8 fr.

19354. Arras. 8 pièces et opuscules in-8 et in-4.   7 fr. 50

Les évêques d'Arras, par Achmet d'Héricourt. Arras, 1853, 19 p. — Saint-Vaast, cathédrale d'Arras, chant dithyrambique, par Eug. de Pradel. Arras, 1851, 15 p. — Arrest notable du Parlem. port. punitions infamantes contre plus. particuliers vassaux qui ont, par félonie et sacrilège, violé la sépulture de Paul, comte de Beaujeu, tué au siège d'Arras. 1708, 8 p. — Arrêt du Conseil qui réduit toutes les rentes dues par la ville d'Arras au denier 20. Arras, 1770, 3 p. — Motion patriotique par d'Arthaud de Germinou, lieutenant de cuirassiers a Arras, à tous ses camarades, pour offrir à l'Assemblée nationale, au nom des officiers de l'armée française, un mois de leurs appointements. 1789, 2 p. — Adresse de la commune et de la garde nationale de la ville d'Arras à l'Assemblée Nationale. 1790, 8 p. — Discours prononcé à l'Assemblée électorale du dép. du Pas-de-Calais, au nom de la garde nationale d'Arras, par Maniez. 1791, 4 p. — Les angoisses de la mort, ou idées des horreurs des prisons d'Arras, par les citoyens Poirier et Montgey, de Dunkerque. (1794), 52 p. — Mémoire en faveur du général Beauregard, détenu à la citadelle d'Arras. 1793, 16 p.

19355. Cambrésis (Les sept Merveilles du) ou Légendes et traditions populaires sur les monumens et les faits les plus remarquables de l'histoire de Cambrai, par H. Carion. Cambrai, 1836, gr. in-8, gr. pap. de Holl., cart., non rog.   5 fr.

19356. Advielle. L'Odyssée d'un Normand à St-Domingue au XVIIIe siècle. Arras, 1901, in-12 de près de 300 pag., br.   2 fr. 50

19357. Gondy (Discours sur l'advis donné à Révér. Père en Dieu Messire Pierre de), evesque de Paris, sur la proposition qu'il fit aux théologiens touchant la traduction de la Saincte Bible en langue vulgaire, par F.-M. Poncet, docteur en théol. 1578, pet. in-8, dem.-rel. v. m. (Rare).   15 fr.

19358. Jésuites à Angoulême (Les), leur expulsion et ses conséquences (1516-1792), étude histor. par A. de Massougnes. Angoulême, 1880, in-8, br.   2 fr. 50

19359. Arrêts d'amour. Aresta amorum cum erudita Benedicti Curtii Symphoriani explanatione (par Martial de Paris, dit d'Auvergne, procureur au Parlement). Lugd., Gryphius, 1538, in-4, dem.-rel., mar. r. à longs grains.   10 fr.

Le texte des Arrêts d'amour est en français. Seul le commentaire de Benoît de Court est en latin.

19360. Joubert (Laurent). La première et seconde partie des erreurs populaires touchant la médecine et le régime de santé, avec plusieurs autres petits traictez. Paris, Cl. Micard (Rouen, imprim. de G. l'Oyselet), 1587. 2 tom. en 1 vol. pet. in-8, vél. ancien.   25 fr.

Livre curieux et qu'on trouve rarement complet. S'il est possible par la médecine d'allonger la vie des hommes. — De l'ingratitude des malades envers les médecins. — [S'il est possible qu'une fille conçoive à 9 ou à 10 ans. — Qu'il ne faut cognoistre la femme avant dormir. — Comment se doit entendre qu'une heure plus tôt ou plus tard fait qu'on engendre fils ou fille. — S'il y a certaine cognoissance du pucellage d'une fille. — Qu'une pucelle peut avoir du laict en quantité notable. —

Conjuration de l'amarry deslouée en langue age-
noise. — Etc., etc.

19361. Traité du Ris, conten. son essence,
ses causes et mervelheus effais, curieuse-
ment recherchés, raisonnés et observés par
M. Laur. Joubert, conseiler et médecin
ordinaire du Roy et du Roy de Navarre,
premier docteur regent, chancelier et juge
de l'Université en Médecine de Mompelier,
item la cause morale du Ris de Democrite
expliquée et temognée par Hippocras, plus
un dialogue sur la Cacographie fransaise,
avec des annotacions sur l'orthographe de
M. Joubert. Paris, N. Chesneau, 1579, pet.
in-8, dem.-rel., v. vert.   30 fr.

Livre curieux et recherché à cause de ses annotations et de son nouveau système orthographi-
que. — Bel exemplaire.

19362. Paré (Ambroise), premier chirurgien
du Roy. Discours à sçavoir de la Alumie,
de la Licorne, des Venins et de la Peste.
1582. — Réplique d'Ambroise Paré à la
response faict contre son discours de la
Licorne. 1584. — 2 part. en 1 vol. pet. in-4,
curieuses figures s. bois, vel.   35 fr.

Ouvrage très rare et recherché. — L'exemplaire
est très grand de marges, dans sa première reliure, mais n'a pas le portrait d'Ambroise Paré
gravé s. cuivre qui ne fait pas partie intégrante des
cahiers imprimés et se trouve quelquefois en tête
des pièces liminaires. Il est remplacé par un autre
portrait plus moderne, d'après un médaillon de
David d'Angers.

19363. Enchiridion Medicinæ, in quo
precipua theoricæ et praticæ justa classi-
corum authorum dogmata dilucidantur,
multaque trivialium medicorum notantur
errata Alfonso Lupeio Curæleano auth.
1549. (Impressum Cæsar Augustæ.. in
ædibus Petri Bernuz, anno a partu Virginis M D XLIX, quarto Idus aprilis).
Marque d'imprimeur à la fin. — **Vini
commoditatibus** (De) libellus Alfonso
Lupeio Cureleano authore, M.D L (1550).
Titre dans une jolie bordure en forme de
portique, grav. s. bois (Imprimé en gothique). 2 ouvr. en 1 vol. pet. in-8, rel. du
temps en v. estampé.   30 fr.

Ouvrage très rare d'Alfonso Lopez de Corella.
Le second ouvrage, qui traite des propriétés médicales du vin, est imprimé à Saragosse, comme le
précédent.

19364. Histoire admirable de la possession et conversion d'une pénitente séduite
par un magicien la faisant sorcière et princesse des sorciers, au pays de Provence,
pour y être exorcisée l'an M.DC.X au mois
de novembre souz l'autorité du Rév. P.
Séb. Michaelis. 1613. — Discours des esprits en tant qu'il est de besoin, pour entendre et résoudre la matière difficile des
sorciers, par le même. 1613. — 3 part. en
1 vol. in-8, vél.   20 fr.

Volume rare et recherché. — C'est l'histoire de
Louis Gaufridy, prêtre provençal, « magicien depuis quatorze ans », qui avait donné « son âme,
son corps et ses œuvres » au Diable « en une cé-
dulle signée de son sang », en échange du don
« d'estre suivy de toutes les femmes qu'il aymer-
roit ». Gaufridy et ses acolytes violèrent une fillette
de neuf à dix ans, Magdaleine de Moudouls, autrement de la Pallud, la menèrent dans une caverne et la firent princesse des sorciers, etc...
Suivent les détails de l'exorcisme. — Tache aux
prem. feuillets de la dédicace et de la préface.

19365. Monde enchanté (Le) ou examen
des communs sentimens touch. les esprits,
leur nature, etc., et touchant les effets que
les hommes sont capables de produire par

leur communication et leur vertu, par
Bekker. Amst., 1694, 4 vol. pet. in-12, portr., v. (Bel exemplaire).   10 fr.

19366. Farce des Théologastres (La)
à 6 personnages. Lyon, 1830, in-8, dem.-
rel., dos et coins cuir de Russie, non
rog.   10 fr.

Réimpression à 64 exemplaires seulement et sur
grand papier vélin de Hollande, d'une pièce fort
rare. Cette farce n'est autre chose qu'une satire de
la religion catholique et une apologie des principes
de la Réforme, ou plutôt un petit manifeste destiné
à en propager les doctrines. Elle a dû être composée dans les dix premières années de la Réforme
(1519 à 1529).

19367. Bigorne qui mange les hommes qui
font le commandement de leurs femmes.
Cy finissent les dictz de bigorne la tres
grace (sic) beste, laquelle ne mange seul-
lement que les hommes qui font entiere-
ment le commandement de leurs femmes.
Pièce pet. in-4, gothique, pap. de Holl.,
br.   4 fr.

Reproduction fac-similé d'une pièce facétieuse
rarissime, imprimée à Lyon vers la fin du XVᵉ siècle. Sur le titre une figure sur bois répétée au
verso représente la bête dévorante.

19368. Advocate des Dames (La vraye
disant). Se vend à Paris, s. d. In-8, titre
en lettres gothiques, pap. de Holl., br. 3 fr.

Réimpression d'une pièce fort rare du commencement du XVIᵉ siècle. Le nom de l'auteur, *Laurens
Belin*, se lit dans un acrostiche. Elle a été attribuée aussi à Jean Marot et a été publiée sous le
nom de ce dernier par Lenglet-Dufresnoy dans
l'édition qu'il a donnée en 1731 des œuvres des
trois Marot. Le prologue est en style rabelaisien,
comme on en peut juger par l'extrait suivant :
« Congnoissant par vraye expérience et réduisant
l'imaginative de ma mémoire, les grandes infuses,
graces, vertus et mérites dont de tout temps et
présent la féminine géniture et maternelle secte
a esté et est fulcie et décorée..... A ceste cause, ay
entreprins de mon gros et rural mestier, forger et
marteler sur l'enclume de mon insuffisance les
harnois, estocz, lances et escuz servans à la def-
fence, louange et victoire de l'honneur des Dames... »

19369. Discours joyeux en façon de sermon faict avec notable industrie par deffunct Maistre Jehan Pinard lorsqu'il vivoit
trottier semiprébendé en l'église de S.-
Estienne d'Aucerre, sur les climats et fiua-
ges des vignes dudict lieu ; plus y est adjousté de nouveau le Monologue du bon
Vigneron sortant de sa vigne et retournant
le soir en sa maison (par Louis de Charmois). A Aucerre, par Pierre Vatard, imprimeur et libraire demeurant en la grand
rue S. Siméon, à l'enseigne de l'Imprimerie,
1607. — Pet. in-8, br.   4 fr.

Réimpression à 62 exemplaires, faite par les
soins de M. A. Veinant. On ne connaît qu'un seul
exemplaire de l'édition originale. — Exemplaire
SUR PAPIER DE CHINE.

19370. Ronsard (Elégie de P. de), Vando-
mois, sur les troubles d'Amboise. 1560, à
G. des Autels, gentilh. Charrolois. 1563,
pet. in-4, mar. vert, fil. à fr., avec coins et
milieux dor., dent. int., tr. dor. (Thompson).   30 fr.

Edition originale.

19371. Du Bellay (Les œuvres françoises
de Joachim), gentilhomme Angevin et poète
excellent de ce temps, reveues et de nouveau augmentées de plusieurs poésies non
encore auparavant imprimées. Rouen, G.

L'Oyselet, 1592. In-12 d'environ 600 pag.,
v.   40 fr.
> Jolie édition, rare et recherchée.

19372. **Madrigaux** de M. D. L. S. (de la
Sablière). Paris, Cl. Barbin, 1680, in-12,
veau.   15 fr.
> Edition originale. — Exemplaire grand de mar-
> ges et bien conservé, dans sa première reliure.

19373. **Peignot** (Gabriel). Des comestibles
et des vins de la Grèce et de l'Italie en usage
chez les Romains, fragment d'un ouvrage
ms. sur le luxe et la somptuosité des Romains, dans leurs repas. Dijon, 1822, in-8,
dem.-rel., vél. bl., non rog. (Bel exemplaire).   10 fr.
> Un des ouvrages les plus rares du savant biblio-
> graphe bourguignon.

19374 **Peignot**. Répertoire bibliographique
univ., cont. la notice rais. des bibliogra-
phies spéciales publ. jusqu'à ce jour, et
d'un grand nombre d'autres ouvr. de bibliographie relat. à l'hist. littéraire, etc. 1812,
in-8, dem.-rel.   5 fr.

19375. **Doux entretien des bonnes compagnies** (Le) ou rec. des plus beaux airs
à danser, le tout composé dep. trois mois
par les plus rares et excellens esprits de ce
temps. — Le nouveau entretien des bonnes
compagnies ou le rec. des plus belles chansons à danser et à boire. 1634-1635, 2 ouvr.
en 1 vol pet. in-12, pap. vergé, dem.-rel.
mar. vert, à nerfs, tête dor, n. rog. 10 fr.
> Réimpression à 100 exemplaires seulement. —
> Bel exemplaire.

19376. **Mellin de Saint-Gelais**. Œuvres
poétiques. Lyon, Ant. de Harsy, 1574. Pet.
in-8, rel. pleine en mar. rouge du Levant,
à nerfs, cartouche style XVI° siècle sur les
plats, dent. intér., tr. dor. (Rel. de Cham-
bolle-Duru).   80 fr.
> Poète rare et recherché. — Edition originale
> sous cette date, en caractères italiques, conforme
> à la description de Brunet — Bel exemplaire, grand
> de marges. — On a ajouté en tête le beau portrait
> de Mellin de St-Gelais gravé par Gaucher.

19377. **Mellin de S. Gelais**. Œuvres poétiques augm. d'un très grand nombre de
pièces lat. et françoises. 1719, pet. in-12,
v.   6 fr.
> Edition estimée publ. par La Monnoye.

19378. **Chapelain**. La Pucelle ou la France
délivrée, poème héroïque. Suivant la copie,
1656, pet. in-12, frontispice et fig. d'après
Abrah. Bosse, v., fil.   30 fr.
> Jolie édition imprimée en Hollande et qui fait
> partie de la collection des Elzeviers, dit Brunet,
> quoiqu'elle ne soit pas sortie de leurs presses. Il y
> a un frontispice gravé et des gravures à chaque
> chant qui sont copiés sur l'édition de Paris. — Ce
> livre se trouve rarement complet de toutes ses fi-
> gures et en bon état, ajoute Brunet. Vendu 55 fr.
> Garnier, 5o fr. Renouard, 62 fr. Salmon. — Ex-
> libris de Victor Foucher à l'intérieur.

19379. **Maynard** (Les œuvres de). Paris,
Aug. Courbé, 1646, in-4, vel.   12 fr.
> Recueil de poésies recherché.

19380. **Sainte Marthe**. Scævolæ et Abelii
Sammarthanorum patris et filii opera latina et gallica tum ea quæ soluta oratione
tum ea quæ versu scripta sunt, quib accessit Scævolæ ipsius Tumulus. 1632-33. —
Oraison funèbre de Scævole de Sainte Marthe prononcée en l'église de St Pierre de
Loudun par Urbain Grandier. 1629. — Les
œuvres (poétiques) de Scevole de Sainte
Marthe. 1629. — 4 part. en un gros vol.

in-4, portr. ajouté, dem.-rel., mar. vert.
                                             45 fr.
> Recueil des œuvres françaises et latines de Scé-
> vole et Abel de Sainte Marthe. — Rare. — Por-
> trait de Scévole de Sainte Marthe gravé par Daret,
> ajouté.

19381. **Rousseau** (J.-B.). Œuvres diverses
du sieur R** (Rousseau). Soleure, 1712,
in-12, couv. pap.   1 fr. 50
> Edition originale.

19382. **Pierre La Coignée** (Responce de)
à une lettre escripte par Jean de La Sou-
che à l'autheur du discours faict sur la réduction de la ville de Lyon sous l'obéissance du Roy. A Lyon, par Roland le Fen-
dant, 1594, in-8, portr., br.   3 fr.
> Réimpression à petit nombre. Portrait d'Ant Du
> Verdier, Seigneur de Vauprivas, auteur du *Dis-
> cours sur la réduction de Lyon*. Détails sur les
> excès commis tour à tour par les Protestants et les
> Catholiques en cette circonstance.

19383. **Lyon**. Clergé, liturgie, églises. 11
broch., la plupart in-8.   7 fr. 50
> Notice sur Guillaume de Thurey, archevêque de
> Lyon, par Péricaud aîné. Lyon, 1856, 15 p. — No-
> tice sur André d'Espinay, arch. de Bordeaux et de
> Lyon, par le même. Lyon, 1854, 23 p. — Notice
> sur Claude de St-Georges, archevêque et comte de
> Lyon. 1862, 38 p. — Déclaration de l'archev. de
> Lyon, primat des Gaules, en réponse à la procla-
> mation du département de Rhône-et-Loire, du 15
> novembre 1790, concernant l'exécution des décrets
> sur la constitution civile du clergé. 1790, 16 p. —
> Mémoire pour J. Falais, prêtre habitué de l'Eglise
> collégiale et parroissiale de Saint-Nizier de Lyon,
> contre les s. Sacristains, Chanoines et Chapitre de
> ladite église, défendeurs. S. d (1728), 19 p. —
> Mémoire et consultation sur l'affectation préten-
> due des quatre custoderies, de l'église de Lyon,
> aux prêtres perpétuels de cette église. 1753, 33 p.
> — Lettre liturgique à S. E. Mgr le Cardinal-
> Archevêque de Lyon, primat des Gaules. 13 p. —
> Sur la liturgie lyonnaise, par M. de Voleine. 7 p.
> — Les Celestins, par Péricaud. 25 p. — De l'archi-
> tecture religieuse à Lyon d'après qq. constructions
> modernes, par Ch. Vays. Lyon, 1859, 16 p. — St-
> Pothin et la chapelle de Fourvière, par M. de Vo-
> leine. S. d., 16 p.

19384. **Ain** (Départem. de l'). 1789-92. 15 pièces et broch. in-4.   10 fr.
> Délibération du Directoire de l'Ain, concern. sa
> division en districts. 1790, 3 p. — Disc. de Va-
> lentin du Plantier, à l'ouverture de l'Assemblée
> des 3 ordres, tenue à Bourg le 23 mars 1789, 16 p.
> — Proclamation de l'Assembl. administrat. de
> l'Ain, concern. le versement des produits des biens
> nationaux et des dîmes dans les caisses du district,
> les prés clos et mis en regain. 1790, 7 p. — Pro-
> clamation du Directoire de l'Ain, concern. les
> biens nationaux, la contrebande, etc. 1791, 7 p. —
> Rapport conten. les détails de la gestion du direc-
> toire de l'Ain, jusqu'au 1er nov. 1790. 148 p. —
> Adresse aux citoyens de Belley. Belley, imprim.
> de J.-B. Kindelem, 1792, 8 p. — Discours du
> maire de Belley à l'Evêque du dép. de l'Ain. 2 p.
> in-4 Mss — Noms des administrateurs du district
> de Pontdevaux dep. l'époque de son rétablissement.
> 3 p Mss. — Avis du direct. du district de St Ram-
> bert, en réponse aux demandes du direct. du dép.
> de l'Ain, sur un projet de rectification des limites
> et de réduction du nombre des municipalités, des
> cantons et des districts. S. d., 16 p. — Tableau des
> municipalités du distr. de St Rambert (Ain). 1 p.
> ms. in-fol. — Adresse de la Société populaire de la
> commune de Bourg, chef-lieu du dép de l'Ain, à
> l'Assemblée Nationale (pour la remercier de l'ar-
> restation et de la mise en jugement du féroce Car-
> rier). 6 p. — Etc.

19385. **Pologne**. Harangue faicte et pronon-
çée de la part du Roy tres chrestien le 10
jour du mois d'avril 1573 par révér. et
illustre seigneur Jean de Montluc, evesque
et comte de Valence et de Die par devers
les tres reverends, tres illustres, notables,

magnifiques et généreux seigneurs les archevesques, evesques, palatins, castellans, magistrats, officiers et généralement tout l'ordre et estat de la noblesse du tres ample et très puissant royaume de Poulonne (*sic*), grand duché de Lituanie, Russie, Prusse, Masovie, Samogitie, Kionie, Vollinie, Podlachie et Livonie en l'assemblée tenue à Warsovie pour l'élection du nouveau Roy après le décès du sérénissime Sigismond Auguste. Lyon, Mich. Jove, 1573, pet. in-8, cart. (Rare).   25 fr.

19386. Marshami (J.) Angli Canon chronicus Ægyptiacus, Ebraïcus, Græcus et disquisitiones. Francqueræ, 1696, in-4, frontisp. grav., vél.   1 fr. 50

19387. Jeaurat (E. S.). Traité de perspective à l'usage des artistes où l'on démontre toutes les pratiques de cette science. 1750, in-4, avec 100 pl. grav., dem.-rel., v. vert.   10 fr.

19388. Paris vendu en 1589 ou discours dés trahisons, perfidies et des loyautez des politiques de Paris qui avoyent vendu la dicte ville a Henry de Bourbon, chef des hérétiq. de France, av. le disc. des cruautez, violemens et sacrilèges qu'il a commis es fauxbourgs de Saint-Germain, S. Jacques et S. Marceau, av. notes et éclaircissements par E. Tricotel. Lyon, 1589, pet. in-8, br.   5 fr.

Réimpression à petit nombre, faite en 1876, d'une pièce rarissime. Exemplaire en GRAND-PAPIER DU JAPON.

19389. Abbaye de St Mesmin de Mici, près d'Orléans. 1 opuscule in-8 et 1 pièce in-4.   3 fr. 50

Mémoire sur l'ancienne abbaye de St Mesmin-de-Mici près d'Orléans, par C.-F. Vergnaud-Romagnesi. Orléans, 1842, 76 p. avec gravures et plans. — Arrest du Parlem. en faveur d'un abbé commendataire (de St Mesmin de Mixy), qui a jugé qu'un de ses prédécesseurs abbés, n'avoit pû donner des biens de sa manse abbatiale aux religieux de son monastère au préjudice de ses successeurs. 1716, 12 p.

19990. Généalogies historiques (Les) des rois, empereurs, etc., et de toutes les maisons souveraines qui ont subsisté jusqu'à présent exposées dans des cartes généalogiques tirées des meill. auteurs av. des explicat. histor. et chronolog. (par Chasot de Nantigny). 1786-38, 4 vol. in-4, av. tableaux généal. et fig. d'armoiries grav., v. m.   45 fr.

Bel exemplaire avec les feuillets de corrections et d'additions qui manquent souvent. En tête du premier volume cette note : « *Exemplaire de Mercier, abbé de St-Léger* ». — Avec l'ex-libris du baron de Cayx de St-Aymour.

19391. Alix de Champé (Trois lettres d'), dame de Vendières, au duc de Lorraine, Raoul-le-Vaillant M.CCC XXXIV-MCCCXLVI et de l'abbaye de Beaupré, sépulture ducale. St Nicolas de Port, 1838, pet. in-4, portr. et fig. s. bois, dem.-rel., mar. bleu.   5 fr.

Publication faite à l'imitation des premiers essais de l'art typographique en Lorraine et tirée à 100 exemplaires seulement.

19392. Meuse. 4 pièces in-4.   4 fr. 50
Déclaration concern. les insinuations des donations au Comté de Clermont en Argonne. 1734, 3 p. — Règlem. pour l'exécut. des lettres de convocation aux Etats-Généraux dans le bailliage de Clermont en Argonne. 1789, 2 p. — Arrêt qui ordonne que tous ceux qui ont des oyes ou canards, dans toute l'étendue des duchés de Lorraine et de Bar, les feront désailer. Nancy, 1773, 3 p. —

Extr. des registres des délibérations et autres actes de la commune de Varennes, 23 juin 1791. (Curieux procès-verbal détaillé de l'arrestation du Roi, de la Reine et de la famille royale). Nancy (1792), 6 p.

19393. Metz. 18 pièces in-4.   10 fr.
Arrêt pour les amans et notaires de Metz pour la confection des inventaires. 1654, 7 p. (av. une longue note mss.). — Arrêt pour le règlement et le payement des sommes dues par les communautés de l'évêché de Metz. 1660, 11 p. mss. — Édit portant création d'officiers en la monnoye de Metz. S. d., 4 p. — Edit portant création de div. offices dans les bailliages et prévôtés de la généralité de Metz. Metz, s. d (1691). 11 p. — Arr. portant réunion aux villes de la géseralité de Metz des offices municipaux de la création du mois de novembre 1733, restans à vendre dans lesd. villes. 1748, 7 p. — Arr. qui fait défenses au Procureur en la Maîtrise de Metz, de requérir aucun dépens pour ses poursuites. 1758, 8 p. — Procès-verb. de la séance du Maréchal-Duc de Broglie au Parlement de Metz, accompagné de M. de Calonne. 1775, 30 p. — Lettres patentes qui ordonnent l'établissement d'un Mont-de-Piété à Metz. 1782, 8 p. — Arr. qui crée une Chambre Syndicale à Metz. 1781, 4 p. — Précis pour J.-L. Bernard, anc. marchand, conseiller-échevin de l'Hôtel-Commun de Metz; Me P. de Prille, prêtre; Demoiselle de Prille, fille majeure; N.-J. Henry, huissier; Nic. Emmery, anc. huissier; J. Bertrand, bourgeois; et E. de Maisonnade, directeur des vivres de la Franche-Comté; tous héritiers de défunt Nic. Bernard, vivant, architecte à Metz; contre Demoiselle Elisab. Arnould, veuve dud. N. Bernard. 1783, 16 p. — Requête au Parlement de Metz de Jean Henry, bourgeois de Mangienne, en faveur de sa femme accusée d'avoir tenté de l'empoisonner. 11 p. — Etc., etc.

19394. Metz. 14 pièces et broch. in-4 et in-8 et 2 Mémoires in-fol. — Ens. 16 pièces.   8 fr.
Arrest qui ordonne que Rabette, chanoine de Metz, sera tenu de faire insinuer et enregistrer l'adjudication à luy faite d'une maison canoniale et de payer le droit. (1711), 4 p. — Arrest qui ordonne la réforme des mesures-matrices, tant pour la ville de Metz que pays Messein. Metz, 1746, 7 p. — Arrest qui lève les défenses au sujet des Usuines (*sic*) sur les eaux et rivières. Metz, 1767, 2 p. — Edit portant réduction d'offices dans la Cour de Parlem. de Metz. 1788, 7 p. — Arr. qui commet Bertin, pour faire le recouvrement de la recette des maîtrises dans le ressort du Parlem. de Metz. 1780, 3 p. — Mémoire pour J. Le Febvre, conseiller à la Chambre des Comptes de Metz, demandeur et accusateur en crime de rapt, et intimé; contre Nic. Virion, appellant des décrets d'ajournements personnels, pour fait de rapt et séduction commise en la personne de Le Febvre fils, chanoine de Metz. S. d. (vers 1730), 4 p. — Lettre des prêtres orthodoxes du diocèse de M. (Metz) a M. de Ç. (Coislin), leur évêque. (1719), 26 p. — Mémoires pour servir à l'histoire de Metz. Chronique anonyme de 1684 à 1725, publ. en 1879 par F.-M. Chabert. 32 p. — Un manuscrit retrouvé, Guerre de Metz en 1324, par P. Lallemand. 1885, 6 p. — Arrest d'ordre du prix des biens de défunt Henry Comte, du 31 janvier 1738. 27 p. — Arrest d'ordre du prix des meubles et office de Fr.-Hyac. Jeanseing. 1741, 20 p. — Etc., etc.

19395. Midi de la France (Histoire politique, religieuse et littéraire du) dep. les temps les plus reculés jusqu'à nos jours, par Mary-Lafon. 1842, 4 vol. in-8, av. 4 cart., dem.-rel., v. vert.   6 fr.

19396. Pyrénées. 11 pièces et broch. la plupart in-8.   7 fr. 50
Voyage au sommet du Mont-Perdu, par L. Ramond. 1805, 32 p. — Hauteurs des princip. points de la vallée de Barèges (Htes-Pyrénées) considérées relativement au niveau de Luz et relativement au niveau de la mer. S. d., 6 p. (pièce manuscrite). — Les Pyrénées de la Bigorre, poème en quatre chants, par Arnaud Abbadie. 1819, 71 p.

— Percement des Pyrénées : chemins de fer et routes internationales en cours d'exécution, richesses naturelles, mines, etc , av. une carte géograph. par Cénac Moncaut. 1861, 31 p. — Un voyage aux Pyrénées, dialogue en vers. La Rochelle, 1856, 11 p. — Pyrénéennes, pièce de vers par Bernardin Perez. Bergerac, 1867, 63 p. — Pièces diverses relatives au plan en relief des Pyrénées. Toulouse, 1853, 11 p. — Traités de délimitation de la frontière des Pyrénées. (1857-63), Nᵒˢ 534, 670, 1031 et 1109 du Bulletin des Lois ; ensemble 140 p.

19397. Agen. 4 opusc. et broch. in-4 et in-8.   6 fr.

Arrest du Conseil d'Estat intervenu sur contestations formées par q. q. réguliers du diocèse d'Agen, tant au sujet de la prédication de la parole de Dieu, que de l'administrat. du Sacrement de pénitence. 1669, 76 p. — La ville d'Agen et son enceinte intérieure après la St-Barthélemy, d'après un registre de l'hôtel de ville, par A. Mouillié. 1855, 8 p. — Esquisses histor., archéolog. et pittoresques sur St-Etienne d'Agen, anc. cathédrale, par H. Brécy (avec 2 lettres autographes de l'auteur). 1836, 7 p. et 7 pl.

19398. Lot et Garonne. 5 opusc. et broch. in-8.   7 fr. 50

Les députés du Lot-et-Garonne aux anc. Etats-Généraux et aux assemblées modernes (1484-1871), par P. Lauzun. 1876, 54 p. — Recherches histor. sur la ville et les anc. baronnies de Tonneins, par L.-F. Lagarde. Agen, 1833, 117 p. et 2 pl. — Lusignan-Grand. Notice (par Dubernet de Bosc). Agen, 1867, 87 p. — De la ville d'Aiguillon et du siège qu'elle soutint en 1345 et 1346, par Chaudruc de Crazanes. S. d., 11 p. (Extrait). — Notice sur une inscription et un buste antiques découverts près d'Aiguillon par Chaudruc de Crazannes. 1858, 7 p.

19399. Lot et Garonne. 12 broch. la plupart in-8.   7 fr. 50

Notice sur les hivers rigoureux de l'Agenais dep. les temps anciens jusqu'à nos jours, par J. Serret. Agen, 1868, 15 p. — Les oubliés. Le poète romantique Justin Maurice, par J. Andrieu 1890, 48 p — Notice sur l'Eglise d'Aubriac (L. et Gar.), par G. Tholin. 1869, 8 p. et 3 pl. — Lusignan-Grand. Notice histor., histoire locale, origine, par Dubernet de Bosc. Agen, 1867, 87 p. (avec une pièce de vers du même). — Fumel et ses environs. Haut-Agenais. Recherches géologiques et paléontologiques, météorologiques et botaniques, par J.-Lud. Combes. Agen, 1855, 56 p. — Puymirol, épisode de la guerre de 1450. Agen, 1840, 11 p.— Histoire de la commune de Port-Ste-Marie, par l'abbé Barrère. Agen, 1866, 23 p — Histoire de la commune de Hautesvignes, par Ph. Tamizey de Larroque. Agen, 1869, 12 p. — Notice sur la commune de St-Barthélemy, par Béchard Labarthe Villeneuve-s. Lot. 1872, 24 p. — Excursion du Congrès archéologique aux ruines de Bapteste. Rapport par J. de Bourrousse de Laffore. Tours, 1875, 92 p. — Notice sur le Lot-et-Garonne. 16 p. av. grav. — Tableau des distances en myriamètres et kilomètres de chaque commune du departem. de Lot-et-Garonne aux chefs-lieux du canton de l'arrondissement et du département. 15 p. — Opinion du citoyen Boussion, député du Lot-et-Garonne, sur le jugement de Louis Capet. 1793, 8 p. — Opinion du citoyen Pagenel, dép. du Lot-et-Garonne, sur le jugement du ci-devant roi. 1793, 12 p. — Opinion de Mouysset, de Lot-et-Garonne, sur la discussion concernant les Emigrans. S. d., 7 p. — Etc., etc.

19400. Agen. 8 opusc. et broch. in-8 et un lot de pièces volantes in-8.   7 fr. 50

Mémoire sur q. q. antiquités de la ville d'Agen, par Chaudruc de Crazannes.1820, 31 p.—Un ballet Agenais au commencement du xviiᵉ siècle, par Ph. Lauzun. Agen, 1879, 68 p. — Lettre à l'auteur d'un mémoire présenté par les boulangers d'Agen. 1786, 46 p. — Aperçus généraux sur le régime municipal de la ville d'Agen au xviᵉ siècle, par G Tholin. Agen, 1877, 37 p. — La place de La Halle à Agen, édifices qui ont existé sur son emplacement, cloche de l'anc. horloge, par Ad. Ma•

gen et G. Tholin. Agen, 1882, 16 p. — Histoire de l'Hôtel de la préfecture d'Agen, par A. Paillard. Agen, 1860, 56 p. — Chants Agenais, par J.-D. Baze, avocat. Agen, 1830, 8 p. — Exposé des poursuites dirigées contre Baze, chef de bataillon, commandant de la garde nat. d'Agen, suspendu pendant 2 mois, par arrêté du Préfet de Lot-et-Garonne. 1834, 42 p. — Pièces volantes de poésie composées par Potvin Noël, d'Agen, distribuées et colportées par l'auteur. 12 pièces imprimées dont 3 autographes de l'auteur à l'âge de 73 ans.

19401. Cahors. 7 opusc. et broch. in-fol. et in-8.   10 fr.

Réponse p. le syndic du Chap. de l'Eglise de Cahors contre Gras, curé de St-Urcisse de la même ville, et Gary, curé de Soubiroux. et Rulié, curé de St-Pierre, et Serres. curé de St-Maurice. Toulouse, 1771, 52 p. in-fol — Trois évêques à Cahors en 1368, par P. de Fontenilles. Cahors, 1882, 22 p. — Adresse du Conseil génér. de Cahors à l'Ass. Nat. (1791), 7 p. — L'Ermitage et les ermites de Cahors, par L. Greil. Cahors, 1888, 48 r. — Une ordonnance des Consuls de Cahors en 1724, par le même. 14 p. — Le budget de la ville de Cahors en 1650, par L. Greil. Cahors, 1882, 64 p. — Compte rendu de l'excursion faite, le 21 juin 1888, par plus. membres de la Société des Etudes du Lot. L'hospitalet-Latauche-Marot-St-Clément-Marcassagne-Estilhac-Cézac-Cabazac, par le même. 1888, 12 p.

19402. Béarn. 8 pièces et opusc. in-8 et in-4.   5 fr.

Recherches sur la position probable de la cité de Bénéharnum ou Benarnum, anc. capitale du Béarn, par A. Perret. Pau, s. d., 24 p. — Arrêt du Conseil d'Etat port. règlement pour l'administration des grands chemins en Béarn. 1787, 4 p. — Exposé de ce qui s'est passé à Buzet en Albret, lors de la formation de la municipalité, les 15, 16 21 février et 1ᵉʳ mars 1790, s. d., 35 p.

19403. Hautes-Pyrénées, Bigorre. 19 pièces et opuscules in-12, in-8 et in-4. tableaux et placards-affiches in-fol.   15 fr.

Voyage archéolog. et histor. dans l'anc. comté de Bigorre, par Cénac-Moncaut. 1856, 104 p. — Notice sur l'établissement du département des Hautes-Pyrénées en 1789 et 1790, par Barère-de-Vieuzac. Tarbes, 1834, 47 p. — Extr. du registre des délibérations du Conseil municipal de la ville de Tarbes. 1790, 4 p. — Lettres de convocation pour l'assemblée des électeurs de Tarbes. 1790. (Placard-affiche). — Lettres de convocation des assemblées primaires pour le département des Hautes-Pyrénées. Tarbes, 1790. (Placard-affiche). — Ordonnance de police concern. la surveillance du marché, relativement aux grains. Tarbes,1790. (Plac.-affiche). — Etat général des impositions directes du département des Hautes-Pyrénées, pour l'année 1790. 6 p. in-fol. — Tableau général des impositions directes du dép. des Hautes-Pyrénées, de l'année 1790. — Tableau du répartement (sic) de la contribution foncière et sols pour livre additionnels, entre les 5 districts du départem. des Hautes-Pyrénées. — Observations proposées par le directoire du district de la Plaine, au Conseil du dép. des Hautes-Pyrénées, assemblé pour faire le répartem. de l'impôt de 1792. Tarbes, 1792, 30 p. — Observations adressées par le Directoire du district de Vic, au conseil d'administration du dép. des Hautes-Pyrénées, assemblé extraordinairement pour proceder au répartement des contributions de 1792. Tarbes, s. d., 6 p. — Tableau du contingent de la contribution mobilière, assigné au district de Vic, et de ses moyens imposables, d'après les matières de rôles. — Tableau comparatif de la population des communes du district de Vic, de leurs impositions anciennes et de celles de 1791, avec les facultés offertes, d'après l'évaluation de leurs revenus. (Tabl. in-fol.). — Extrait du registre des délibérations du Directoire du dép.des Htes-Pyrénées, du 17 septembre 1790. Tarbes, 1790. (Plac.-affiche). — Rapport sur le repart. des contributions publ , fait au Conseil du dép. des Htes-Pyrénées le 1ᵉʳ juin 1792, par Fondeville. Tarbes, 1792, 29 p.— Le cloître du jardin Massey, à Tarbes, par l'abbé Cazauran.Tarbes,1890, 60 p. — Les Hautes-Pyrénées (géographie, histoire, administration et statistique), par V.-A. Malte-Brun. (3 gravures et une carte géogr.). S. d., 14 p. — Extr. des registres des arrêtés du Directoire du dép. des Htes-Pyrénées, du 14 mars 1791. Pau, 1791. (Placard-affiche). — Tableau du répartement de la contribution mobiliaire et sols pour livre additionnels, entre les 5 districts du département des Htes-Pyrénées (Plac.-affiche). — Etc.

19404. Noblesse de Toulouse. 2 opusc. in-8, br.   5 fr.

Mémoire de la noblesse du diocèse de Toulouse sur le droit qu'ont les 3 ordres de former les Etats-Généraux de la province de Languedoc, ou d'en envoyer leurs représentants. 1789, 41 p. — Procès-verbal, mandat et cahier des doléances de la noblesse de la sénéchaussée de Toulouse. 1789, 57 p.

19405. Toulouse (Nouvelles affiches de). N° 1 (mardi 24 juin 1788). — N° 2 (mardi 1er juillet). — Supplément aux Affiches de Toulouse et du Haut-Languedoc N° 2 (mercredi 2 juill. 1788). — N° 3 (mardi 8 juillet 1788). De l'imprimerie de Nicolas-Prêt-à-Tout, à l'enseigne du Monastère. — Extrait de la Gazette de Toulouse (faisant suite aux affiches). — Ens. 6 pièces et broch. in-8.   8 fr.

Libelles satiriques des plus violents contre des personnages de l'époque.

19406. Toulouse. 6 opusc. et pièces in-12, in-8 et in-4.   6 fr. 50

Histoire véritable de ce qui s'est passé à Tholose en la mort du présid. Duranti, d'après deux relations contemporaines, précéd. d'une étude sur la Ligue. Toulouse, 1861, 120 p. — Les dernières années du Parlement de Toulouse, de 1788 à 1794, esquisses hist. et judiciaires de la Révolution, par A.-Th. Latour. Toulouse, 1851, 87 p. — Procès-verbal d. la séance tenue au Parlement de Toulouse par le comte de Périgord, assisté de M. de Guignard de St-Priest, conseiller d'Etat ordinaire. le 14 mars 1775. Toulouse, 1775, 16 p. — Lettre du Roy aux capitouls de Toulouse. Toulouse, 1682, 4 p. — Response au directeur inconnu, à l'occasion de deux écrits qu'il a publiés depuis peu pour justifier sa conduite, et celle de quelques religieuses de S.-Jean de la maison de Toulouse. (1661), 29 p. — Discours prononcé dans la chapelle des Pénitents Bleus de Toulouse, le 30 janvier 1782, à l'occasion de la naissance du Dauphin. par le R. P. Théron. 1782, 86 p.

19407. Toulouse. 1788-1791. 27 pièces et broch. in 8.   10 fr.

Supplications adressées au Roi par la noblesse de Toulouse. (1788), 21 p. — Arrêtés de l'Assemblée de la noblesse du diocèse de Toulouse. 8 p. — Cahier des plaintes et doléances de la sénéchaussée de Toulouse. 24 p. — Extr. des registres des délibérations de l'Université de Toulouse, 6 p. — L'impôt unique ou la régénération de la France chancelante, lettre écrite au Président de l'Assemblée Nationale et à M. de Necker, par B. Pradère, négociant à Toulouse. 46 p. — Motion de M de Voisins, député de la sénéchaussée de Toulouse, à l'Assemblée Nationale, concern. la liberté de conscience à accorder aux enfants nés de mariages mixtes, etc. 16 p. — Considérations sur les limites de la puissance spirituelle et la puissance civile, par l'archevêque de Toulouse. 20 p. — Adresse à l'Assemblée Nation. par les religieux mineurs conventuels du grand couvent de la ville de Toulouse. 26 p — Procès-verb. de l'assembl des citoyens actifs de Toulouse, réunis au nombre de 150, apres en avoir donné avis à MM. les maire et officiers municipaux, les 18, 19 et 20 avril 1790, pour demander une assemblée générale de la commune de cette ville, afin d'y délibérer sur les intérêts de la religion catholique, apostolique et romaine, 40 p. — Liste des notables de Toulouse élus en février 1790. 2 p — Discours prononcé sur l'autel de la patrie par Jean Mailhe, au moment où l'on allait signer le pacte fédératif juré à Toulouse le 4 juillet 1790. 8 p. — Le Conseil général de la commune de Toulouse à l'Assemblée Nationale. 6 p. — Les citoyens de Toulouse à Louis XVI

4 p. — Tableau par lettre alphabétique des citoyens prétendus actifs qui ont signé dans Toulouse l'adhésion aux protestations de la minorité des représentans à l'Assemblée Nationale, sur le décret du 13 avril, et à la fanatique et incendiaire délibération des soi-disans catholiques de Nîmes 21 p. — Arrêtés de l'Assemblée de la noblesse du diocèse de Toulouse. 1788, 8 p. — Etc., etc,

19408. Toulouse. 8 pièces in-8.   7 fr. 50

Dissertation sur les origines de Toulouse, par l'abbé Audibert. 1763, 70 p. — Toulouse, cité latine ou du droit de latinité dans la Narbonnaise et dans les provinces romaines en général, par Benech. Toulouse. 1853, 48 p. — Notice historique sur les fourches patibulaires de la ville de Toulouse, par V. Molinier. Toulouse, 1868, 24 p. — Eloge de Clémence Isaure, par Tajan. 1821, 21 p. — Eloge de Clémence Isaure, par J.-F. Bladé. Toulouse, 1880, 8 p. — Disc. pour la translation du chef de Saint-Thomas d'Aquin, prononcé dans l'église de St-Sernin de Toulouse, le 18 juillet 1852, par le R. P. H.-D. Lacordaire. 1852, 44 p. — Etc., etc.

19409 Languedoc, Haute-Garonne. 18 pièces et broch. pet. in-4.   7 fr. 50

Arrests du Parlem. de Tolose port. que les seigneurs hau't Justiciers des provinces de Guyene et de Languedoc qui auront estably des juges de la R. P. R. (Religion prétendue réformée) dans leurs justices, procéderont à la nomination d'autres juges catholiques dans le mois. Tolose (1673), 4 p. — Notice sur le monument érigé à Pierre-Paul de Riquet, aut. du canal royal de Languedoc, par le comte de Caraman. 1825, 60 p. — Arr. du Parlement de Toulouse relat. à un obit fondé par P. Terrail, contre les provisions obtenues par J. de Thomas en Cour de Rome. 1785, 4 p. — Avis aux citoyens de Toulouse de tous les ordres. (1789), 8 p. — Eloge de Clémence Isaure, restauratrice des jeux floraux, dédié aux dames de Toulouse. Toulouse, 1822, 24 p. — La vérité sur l'insurrection du département de la Haute-Garonne, avec des pièces justificatives, par le citoyen Hinard. An VIII, 67 p. — Délibération de la ville de Fronton. 1789, 7 p. — Lettres-patentes port. augmentation des portions congrues en faveur des curés et vicaires du diocèse de Toulouse, même de ceux de l'ordre de Malthe, autorisant l'archev. de Toulouse à supprimer certains prieurés et bénéfices. 1784. 20 p. — Edit portant établissement d'école de Charité dans la ville de Toulouse. 1785, 4 p. — Edit de Parlem. concern. les sonneries en temps d'orage. 1786, 4 p. — Réfutation des instructions fournies à MM. les créanciers de l'hôpital général St-Joseph de la Grave de la ville de Toulouse. (Vers 1760), 12 p. — Lettres-patentes qui changent les jours de l'ouverture des deux foires franches de la ville de Toulouse, y établissent une troisième, etc. 1788, 7 p. — Etc.

19410. Languedoc. Etats de la province, 1788-89. 10 opusc. et pièces in-8.   6 fr.

Mémoire sur la Constitution des Etats de la province de Languedoc, par le comte d'Antraigues. Imprimé en Vivarais, 107 p. — Rapport de MM. les commissaires nommés par délibération des Etats de Languedoc du 18 janvier 1788. In-4 de 24 p. — Réflex. sur l'administrat. des Etats du Languedoc 1788, 52 p. — Exhortation pressante aux trois ordres de la province du Languedoc 23 p. — Projet d'une nouv. constitution pour les Etats de la province de Languedoc. 1789, 41 p — Observat. sur l'administrat. des Etats du Languedoc. 12 p. — De l'administration diocésaine en Languedoc, pour serv. d'instruct. aux députés de cette province aux Etats-Généraux. 1789, 60 p. — Mémoire sur le droit qu'a la noblesse de Languedoc de nommer ses députés aux Etats-Généraux du royaume, dans des assemblées convoquées par bailliages et sénéchaussées. 18 p. — Etc., etc.

19411. Nismes (Des antiquités de la ville de), par le Sr Deyron. Nismes, J. Plasses, 1663, pet. in-4, vieille bas.   8 fr.

19412. Nîmes. Description de la cathédrale de Nîmes, par Mgr Fléchier (1693), publ. pour la prem. fois et annotée par A. de Lamothe. Nîmes, 1874, 38 p. — Les ordres religieux mendiants à Nîmes, par l'abbé Goiffon. Nîmes, 1875, 82 p. — Ensemble 2 opusc. gr. in-8, br.   5 fr.

19413. **Nîmes.** 13 pièces in-8 et in-4, et un placard-affiche in-fol. — Ensemble 10 pièces.   12 fr.
Précis des demandes faites par la noblesse de Nîmes exposées a l'assemblée du 25 mars. 8 p. mss. — Protestation de la noblesse de Nîmes contre la constitution de l'Assemblée qui se tient annuellement à Montpellier sous le nom d'État du Languedoc. 1789, 2 p. Mss. — Protestation des trois ordres du diocèse de Nîmes. 1789, 4 p. — Délibération des citoyens catholiques de Nîmes. (1790), 16 p. — Discours des députés du Club des Amis de la Constitution à Nîmes, prononcé à l'Assemblée patriotique. Marseille, 1790. 8 p. — Tableau des pillages et des massacres commis à Nismes le 13 juin 1790 et les jours suivants. S. d., 16 p. — Adresse de l'Assemblée Nationale présentée par la Vve de J. Gas, de Nismes, et ses 6 enfants, conten. une relation exacte du pillage de la maison de Gas, et son affreux assassinat, et des exces commis envers sa famille. 1790, 23 p. — Adresse des directoires du Gard et du district de Nismes à l'Assemblée Nationale. 1790, 3 p. — Proclamation du Directoire du Gard sur le serment à prêter par les évêques, curés et autres ecclésiastiques fonctionnaires publics. Nismes, 1791, 4 p. — Proclamation du Directoire du Gard pour le maintien de la tranquillité publique dans la ville de Nismes pend. la tenue de l'Assemblée électorale. Nismes. 1791. (Placard-affiche). — Arrêté conten. dénonciation d'un écrit intitulé : Mandement de l'Évêque de Nismes. — Nismes, 1791, 12 p. — Etc., etc.

19414. **Nismes.** 9 broch. et pièces in-8 et in-4.   10 fr.
Sonnets sur les antiquités de la ville de Nismes, par l'abbé Valette, prieur de Berois. Nismes, 1748, 31 p. — Dissertation sur l'anc. inscription de la Maison-Carrée de Nismes, par Séguier. Nismes, 1776, 58 p. — Advertissement pour Estienne Maynier, cy-devant receveur des tailles du diocèse de Nismes, appellant de la procédure faite par Trimond, conseiller au présidial de Nismes, contre Jean Calvas (Vers 1640), 4 p. — Lettres intimes de Cohon, évêque de Nismes, publ. par P. Falgairolle. Nîmes, 1891. 64 p. — Harangue faite au Roy à Versailles, le 17 sept. 1730, par l'évêque de Nismes. 1730, 19 p. — Edit port. création d'un conseil supérieur à Nimes. 1772, 4 p. — Notice sur l'église St-Paul de Nîmes, par J Salles. Nîmes, s. d., 69 p. — Observations sur l'histoire naturelle du diocèse de Nismes (par Soulavie). 1780, 19 p. (Extr.). — Conjectures physico-histor. sur l'origine des cailloux quartzeux répandus et amoncelés dans les environs de Nîmes, principalement au delà de Vistres, par le baron de Servières. (Vers 1780), 16 p.

19415. **Nîmes.** 8 factums in-fol. de l'année 1712.   7 fr. 50
Instruction pour le sr Pierre Galissard, marchand de la ville de Nismes, contre M. Cl. Polge, procureur au sénéchal de la même ville. 7 p. — Instruct. pour P. Galissard, contre 1. Crespin, marchand de la ville de Marvejols, 18 p. — Instruct. pour Cl. Polge, procureur général de Nîmes, contre P. Galissard, marchand de la même ville. 12 p.

19416. **Gard.** 18 pièces et broch. in-4 et in-8.   10 fr.
Apothéose de Dumouchel, évêque constitutionnel du Gard par la grâce de la Révolution, par Benoît Saussine. Nîmes, 1875, 30 p. (Réimpression à 30 exemplaires sur pap. de Hollande) — Avis aux citoyens sur les projets des ennemis de la paix publique dans le dép. du Gard. 1790, 4 p. — Procès-verb. des opérations de l'Assemblée électorale au Gard Nîmes, 1790, 53 p. — Réflex. sur les greniers d'abondance que désirent former q. q municipalités du Gard. 1790, 6 p. — Adresse du Directoire du Gard à l'Assemblée Nationale. 1790, 3 p. — L'Assemblée des citoyens catholiques d'Uzès au Roi. 1790, 6 p. — Mandement de l'évêque d'Uzès, qui ordonne des prières pour le rétablissement de l'ordre, de la paix et de la concorde dans le royaume. (1789), 4 p. — Avis aux habitants de S. Hippolyte, par un de leurs concitoyens. 1789, 32 p. — Délibération des citoyens catholiques d'Alais. 4 p. — Advertissement au procez de P. Alb. de Fourbin, grand prieur de St-Gilles, et les consuls de la communauté de Vauvert. S. d. (vers 1650), 31 p. — Brief discours de la bataille de St-Gilles, advenue le 27 sept. 1562. 33 p. — Crypte de la basilique abbatiale et monument. de St-Gilles, par E. Chevremont. Nîmes, 1866, 24 p. — L'abbaye de Franquevaux aux deux dern. siècles, par P. Falgairolle. Nîmes, 1894, 74 p. — Aiguemortes, par Marius Topin. Nîmes, 1865, 63 p. — Etc.

19417. **Roussillon.** 8 broch. et pièces in-8 et in-4.   7 fr. 50
Edit portant réduction d'offices dans le Conseil supér. du Roussillon et création d'un grand bailliage (à Perpignan). 1788, 6 p. — Arrêt du Conseil qui ordonne que les rôles des tailles, capitations et autres impositions de la province du Roussillon seront écrits en papier libre. 1784, 4 p. — Etude histor. et archéolog. sur la citadelle de Perpignan et sur le Castillet, par le Victe de Juillac-Vignoles. Toulouse, 1865, 10 p. av. pl. — Déclaration de la noblesse du Roussillon du 21 janvier 1789, à Perpignan. 4 p. — Détail du combat qui a eu lieu à Perpignan, entre le club des aristocrates et le peuple, avec l'état des morts, des blessés et de ceux faits prisonniers. 4 p. — Essai sur l'ancienne constitution municipale de Perpignan, par L. Clos. Toulouse, s. d., 31 p. — Rectification de quelq. erreurs au sujet des monuments de Perpignan, par Henry. Perpignan. 1837, 18 p et 1 pl. — Arrêt qui accorde aux anciens maîtres des communautés d'arts et métiers des villes du ressort du Conseil de Roussillon un nouveau délai pour se faire recevoir dans les nouvelles communautés. 1783, 3 p. — Déclaration de la Noblesse du Roussillon du 21 janv. 1789 à Perpignan. 4 p.

19418. **Ariége.** Pays de Foix. 8 broch. et pièces in-8 et in-4.   6 fr.
La ville d'Ax, son consulat et sa chatellenie. Foix, 1868, 56 p. — Note sur q. q. insectes des grottes de l'Ariège, par Ch. Lespès. 8 p. et 1 pl. (extr.). — Les tours de Foix et le cloître de la Daurade, par A. du Mège. Toulouse, 1836, 19 p. — Etudes histor. sur l'ancien pays de Foix et le Couseran (suite). Limites de l'anc. Aquitaine et de la province rom. du temps de J. César, par A. Garrigou. Toulouse, 1863, 58 p. — Nullitez de la sentence d'excommunication fulminée par l'évêque de Pamies contre 3 Jésuites. 28 p. — L'Ariège (géographie, histoire, administration et statistique), par V.-A. Malte-Brun. S. d., 16 p. (av. carte et grav.). — Etc., etc.

19419. **Quatre Vallées** (Les). 1 broch. in-8 et 1 vol. in-4, non rel.   4 fr.
Statuts, coutumes et privilèges de quatre vallées des Pyrénées au XIIIe siècle, par Caze. Toulouse, s. d., 11 p. — Mémoire pour la vallée d'Ossau, représentée par d'Espalungue, présid. de l'administration de la Vallée, contre l'Etat représenté par le préfet, les Lérembourg de St-Jean-de-Luz et H. Sallenave de Paris. (1829), 94 p. — Pièces justificatives (du procès). 117 p.

19420. **Pyrénées Orientales.** Géographie. — 4 opuscules in-8 et 1 pièce in-fol.   6 fr.
Géographie historique des Pyrénées orientales, par B Alart. Perpignan, 1859, 144 p. — L'avant-garde de l'armée des Pyrénées orientales. Journal rédigé par Pavot Ricord fils. Perpignan, an II, 47 p. — Correspondance du général Dugommier avec le comte de La-Union, commandant de l'armée espagnole. 12 p. — Voyage dans les Pyrénées Orles. S. d., 47 p. (avec gravures et carte). — Les Pyrénées orientales (géographie, histoire, administration et statistique) par V.-A.-Malte-Brun. S. d., 18 p. (avec grav. et carte).

19421. **Carcassonne** (Hist. ecclésiast. et civ. de la ville et dioc. de) avec les pièces justificat. et une not. anc. et mod. de ce dioc. par le R. P. Bouges, relig. des Grands-Augustins de la prov. de Toulouse. 1741, in-4, v. (Cachet de bibliothèque sur le titre). 15 fr.

Bel exemplaire de ce livre estimé.

19422. Carcassonne. 6 pièces in-4 et 1 placard-affiche in-fol. 12 fr.

Procès-verbal de l'Assemblée générale des trois ordres du diocèse de Carcassonne, tenue le 4 février 1789. Carcassonne, 1789, 30 p. — Délibération de l'Assemblée de la Noblesse de la sénéchaussée de Carcassonne. Carcassonne, 1789, 4 p. — Fête patriotique donnée par la ville de Carcassonne le 3 juin 1790. 4 p. — Délibération et adresse des citoyens de la ville et banlieue de Carcassonne, sur un écrit intitulé : Déclaration et pétition des Catholiques de Nîmes. Carcassonne, 1790, 8 p. — Adresse des électeurs des gardes nationales du district de Carcassonne à l'Assemblée nation. Carcassonne, s. d., 2 p. — Adresse présentée à l'Assemblée nat. par la Société des Amis de la Constitution de la ville de Carcassonne pour demander l'abolition de la loi qui permet aux pères de famille e faire un légataire universel. Carcassonne, 1790, 10 p. — Arrêté du directoire du départem. de l'Aude, portant entr'autres choses que les curés et les vicaires remplacés par le refus de prêter le serment, seront tenus de se retirer dans trois jours, ou dans la ville de Carcassonne, ou à trois lieues des paroisses dans lesq. ils exerçoient leurs fonctions. Carcassonne, 1791 (placard-affiche).

19423. Narbonne, Carcassonne. 6 pièces in-8 et in-4. 7 fr. 50

Remontrances du clergé par l'archevêque de Narbonne. 1788, 3 p. — Disc. de l'archev. de Narbonne au roi, à l'Assemblée du Clergé de 1788. 8 p. — Mandem. de l'évêque de Carcassonne qui ordonne des prières pour demander a Dieu qu'il répande sa bénédiction sur l'assemblée des Etats généraux du royaume. Carcassonne, 1789, 13 p. — Réflex. sur q. q. articles du projet d'un décret provisoire sur le clergé, par Samary, curé de Carcassonne. 15 p. — Observat. à l'Assemblée Nation. sur le culte exclusif de la religion catholique, par le même. 16 p. — Disc. prononcé dans le temple à l'Etre Suprême, par Valade père, administrat. du départem. de l'Aude. Carcassonne, an 3 (1794).

19424. Aude (Département de l'), Carcassonne, Castelnaudary, Quillan, etc... — 23 pièces in-4 et in-8, imprimées et manuscrites, et 4 placards-affiches in-fol. — Ens. 28 pièces. 15 fr.

Proclamation des commissaires du départ. de l'Aude, qui fixe au 31 mai 1790, l'assemblée générale des électeurs. Carcassonne (1790), 18 p. — Adresse de la session du Conseil du départ. de l'Aude, séant à Carcassonne, à l'Assemblée Nation. Carcassonne, 1791, 3 p. — Avertissem. aux citoyens de Carcassonne, concern. la convocation des assembl. primaires. Carcassonne, Heirisson, 1790, placard-affiche in-fol. — Tableau des membres du directoire de l'Aude. (Placard-affiche). — Opérations de la Société des électeurs de l'Aude. Carcassonne, 1791 (placard-affiche). — Tableau des administrateurs du départ. de l'Aude. Carcassonne, 1790. (Placard-affiche). — Discours du présid. du Directoire de l'Aude, le 25 août 1790, à l'occasion de la réception de la Bannière. Carcassonne, 1790, 3 p. — Mémoire sur la chapelle et le mausolée de l'évêque Guill. Radulphe, à Carcassonne (par Cros-Mayrevieille). 14 p. et 2 gr pl. — Not. sur le tombeau de St-Hilaire, évêque de Carcassonne, par A. du Mège. 10 p. — Plainte au sénéchal de Lauraguais, par Albert aîné, directeur de la manufacture de Cenne, privilégiée du Roi, complaignant pour fait de diffamation, contre Géraud Graves, George Escourou, premier et troisième consuls, Mage, El. At, Jean Graves, Caliste Azam, ci-devant homme d'affaires à Fesrais, et contre Carcenac, curé de Cenne (vers 1788) 29 p. — Demandes et doléances de la sénéchaussée de Castelnaudary. Mars 1789. 18 p. Mss. (2 pièces). — Relation de ce qui s'est passé le 12 février 1790 et jours suivans, à l'occasion de la nomination de

Roillet à la mairie de Quillan. 1790, 10 p. — Arrêté de l'Assemblée de la noblesse du diocèse de St-Papoul 1789, 4 p. — Contredits que baille devant vous les commissaires députez par le Roy, pour connoître du fait de ses domaines en la province de Languedoc (diocèse de Carcassonne). 1689, 4 p. — Départem. de l'Aude · liste des cantons et municipalités du district de Limoux. S d., grand tableau mss. — Opinion de Michel Azema, député de l'Aude, sur le jugement de Louis Capet. 1792, 30 p. — Observations sur les Etats de situation du département de l'Aude, par Barante, préfet. An IX, 26 p. et 1 tableau. — L'Aude (géographie, hist., administration et statistiq.), par V.-A.-Malte-Brun. 15 p. (avec carte et grav) — Etc., etc.

19425. St-Pons. Clergé constitutionnel. 1789-91. 4 pièces in-4 et in-fol. 6 fr.

Discours prononcé par Rouanet, profess. de théologie et principal du Collège de St-Pons. Castres. 1791, 7 p. — Disc. pron le 20 févr. 1791, dans l'église de St-Pons, par Pouderoux, curé, au sujet de son serment civique, relatif à la Constitution civile du Clergé. Montpellier, 1791, 7 p — Mandement de l'Evêque et seign. de St-Pons, qui ordonne des prières publiques dans toutes les églises de son diocèse S. d. (1789), placard-affiche (fatigué). — Disc. pron. par Rouanet, profess. de théologie de la ville de St-Pons, imprimé par ordre du Directoire du département, Montpellier, 1791, 8 p.

19426 Bayonne, Pays de Labourt. 5 pièces et broch. in-8 et in-4. 5 fr.

Les coutumes générales gardées et observées au pais et bailliage de Labourt et ressort d'icelui Bordeaux. 1714, 39 p — Cahier général des remontrances, plaintes et demandes du Tiers-Etat des trois sièges de Dax, Saint-Sever et Bayonne. 1789, 30 p. — Arrêt du Conseil qui ordonne que le transport des grains, farines et légumes dans le port de St-Jean-de-Luz et Sibourre, sera libre de tous les ports où il y a siège d'amirauté. 1774, 3 p. — Edit port. établissement de la généralité de Pau et Bayonne. 1784, 4 p. — Lettres patentes port. confirmation et interprétat. des privilèges de la ville de Bayonne et de ceux du Pays de Labourt, et Règlement relat. à la franchise accordée au port de lad ville. 1785, 16 p.

19427. Peste de Marseille. 6 pièces et broch. la plupart in-8 6 fr.

Dissertat. abrég. sur la maladie de Marseille, par Boyer, docteur de Montpellier. Sur la copie imprimée à Toulon. Vienne, Ant. Mazinier, 1721, 2 part. (le bas du titre raccommodé. quelques lettres manquent). 19 et 15 p. — La Peste de Marseille en 1720. Loudres, 1786, 27 p — Mandement de l'archev. d'Aix au sujet de la contagion et des indulgences accordées par le Pape à toutes les personnes du diocèse qui en seront attaquées. (1720), 6 p. — Le chevalier Nic. Roze et les horreurs de la peste, par le Dr Ev. Bertulus. Marseille, 1880, 40 p. — Lettres inédites de Mgr de Belsunce et autres documents concern. la peste de Marseille accompagnés de notes par M. G. Julliot. Sens, 40 p. et 1 pl. — Etc.

19428. Marseille. Corporations d'art et métiers. — 2 broch in-8. 5 fr.

Statuts et reglemens de la communauté des marchands drapiers, merciers, toiliers, danteliers, jouailliers et clincailliers de la ville de Marseille et de son terroir, réunis par Arrêt du Conseil du 3 août 1750, pour ne former à l'avenir qu'une seule et même communauté. Réimprimé avec des notes, étant syndics de la communauté, MM Jean Nodet, Franç. Dusseil, L. Magnan, L.-Hon. Bouffier. Marseille, 1789, 64 p. — Très respectueuses représentations adress. à Mgr Vict.-Maur. de Riquet, Comte de Caraman, lieuten.-général des armées du Roi, commandant en chef en Provence, par différ. corporations d'arts et métiers, grand nombre de chefs de famille et de citoyens de tous les Etats de la ville de Marseille. S. d. (1789), 31 p.

19429. Marseille. 6 pièces in-4. 7 fr. 50

Edit port. règlement pour la ville et communauté de Marseille. 1717, 39 p. — Arrest du Conseil port. règlement sur les dépenses du curage du port et de l'entretien des quais de la ville de Marseille. 1776, 4 p. — Lettres patentes qui autorisent les monnoyeurs et ajusteurs, ci-devant attachés au service de la Monnoie d'Aix, à se transporter à Marseille, etc. 1786, 4 p. — Édit port. réunion et désunion, suppression et création d'offices dans le siège de l'Amirauté particul. de Marseille. 1786, 4 p. — Arrest du Conseil d'Etat qui permet l'introduction des grains nationaux dans la Provence en passant par le port de Marseille, moyenn. l'acquit à caution pour le premier bureau, par leq. les marchandises entrent dans l'intérieur de lad. Province en sortant de la ville de Marseille. 1775, 3 p. — Arrest du Conseil qui ordonne que pend. la présente guerre, à commencer du 15 avril, il ne sera payé pour les aluns d'Italie et de Levant, entrans par mer par la voye de Marseille, que les mêmes droits de 3 livres du cent pesant, etc. 1708, 6 p.

19430. Croisade contre les hérétiques Albigeois (Histoire de la) écrite en vers provençaux par un poète contemporain, trad. et publ. par Fauriel. 1837, in-4, fac-simile, dem.-rel. toile, rogn. 6 fr.

19431. Croisades contre les Albigeois (Histoire des), par J. J. Burrau et B. Darragnon. 1843, 2 vol. in-8, br. 4 fr.

19432. Arbres de la liberté (Histoire patriotique des), par Grégoire, précéd. d'un essai sur sa vie et ses ouvrages par Ch. Dugast et d'une introd. par Havard. 1833, in-18, dem.-rel., v. fauve à nerfs. (Bel exemplaire). 6 fr.

On a relié à la suite : GREGOIRIANA, ou résumé général de la conduite, des actions et des écrits du comte H. Grégoire, par Cousin d'Avalon. 1821, portr. de Henri Grégoire, anc. évêq. de Blois.

19433. Almanach de nos grandes femmes (Le petit) accompagné de quelques predictions pour l'année 1789 (par Rivarol). Londres (1789), in-12, br., non rogné. 6 fr.

Pendant donné par Rivarol à son *Petit Almanach pour nos grands hommes*; malicieuse et ironique critique des beaux-esprits femmes du moment.

19434. Hoche (Vie de L.), général des armées de la Républ. Franç, par Rousselin, avec notices sur le général Chérin, sur le général Marbot, et le Vieillard d'Aucenis, poème de M. J. Chénier sur la mort du général Hoche. An VIII, fort vol. in-12 de près de 400 pag., avec portrait, carte du cours du Rhin, plans du débloquement de Dunkerque et de l'affaire de Quiberon, br. 2 fr. 50

On s'est beaucoup occupé de Hoche dans ces derniers temps. Ce volume, rédigé d'après des sources authentiques, est fort intéressant à consulter.

19435. Procès de Louis XVI (Le) ou collection complette des opinions, discours et mémoires des membres de la Convention nationale, sur les crimes de Louis XVI. 1795, 7 vol. in-8, dem.-rel, v. viol. 15 fr.

19436. Challamel (Aug.). Histoire-musée de la République française dep. l'assemblee des notables jusq. l'Empire. 1842, 2 vol. gr. in-8, av. de nombr. fig. et fac-similés, dem.-rel., n. rogn. 15 fr.

19437. Lettres de l'abbé Rive à MM. les Commissaires des 3 departements de l'anc. Provence, dep. le 26 janv. jusqu'au 18 févr. 1791. Philadelphie, chez les frères philantropes (Aix), 1791, in-8, dem.-rel., v. vert. 4 fr.

19438. Siège de Gibraltar (Mémoire pour servir à l'histoire du), par l'auteur des batteries flottantes (Lemichaud d'Arçon). Cadix (Besançon), 1783, pet. in 8, br. 4 fr.

19439. Mouvements de la ville de Messine (Relation des) dep. l'année 1671 jusqu'à présent. Lyon, 1675, pet. in-12, avec plan gravé se déployant, couv. en pap. 3 fr.

19440. Almanach physico-économique, calendrier intéressant pour l'année 1778, conten. une histoire abrégée et raisonnée des indications qu'on a coutume d'insérer dans la plup. des calendriers : un recueil exact de plusieurs opérations physiques, amusantes et surprenantes, etc., etc., par M S. D. (Sigaud de la Fond). Bouillon, 1778, pet. in-12, couv. pap. 2 fr.

Sigaud de la Fond, chirurgien et accoucheur, puis profess. de sciences phys. et mathém., membre de l'Institut, est né à Dijon.

19441. Lettres de la Marquise de Villars, ambassadrice d'Espagne, dans le temps du mariage de Charles II avec la princ. Marie-Louise d'Orléans. Amsterd., 1762, pet. in-12, v. marbr. (Bel exemplaire) 6 fr.

Ces lettres sont non seulement très agréables à lire, mais encore très curieuses. (Note du cheval. de Perrin, Lettres de Mme de Sévigné du 8 nov. 1679).

19442. J. Tollii insignia itinerarii Italici, quibus continentur antiquitates sacræ. Trajecti ad Rhen., 1696, in-4, v. fauve. 3 fr. 50

19443. Seyssel (Claude de). Les louënges du bon Roy de France, Louis XII de ce nom, dict père du peuple et de la félicité de son règne (publié par D. Godefroy). 1615, in-4, v. br. 3 fr. 50

Le texte de l'histoire est complet, mais il y manque le titre.

19444. Théâtre de l'idolatrie (Le) ou la Porte ouverte pour parvenir à la cognoissance du Paganisme caché et la vraye représentation de la vie, des mœurs, de la religion et du service divin des Bramines, qui demeurent sur les costes de Choromandel et aux pays circonvoisins, par Abrah. Roger. Amsterd., 1670, in-4, frontisp. gravé et fig. v. m. 4 fr.

19445. Baudelot de Dairval. Feste d'Athènes, représentée sur une carnaline antique du cabinet du Roy. 1712, pet. in-4, fig.. v. br. 3 fr. 50

Représentation et explication d'une belle carnaline qui servit de cachet à Michel-Ange.

19446. Marine des anciens. Marci Meibomii liber de fabrica triremium. Amsterd., 1671, pet. in-4, fig, vél. 4 fr.

Avec une grande eau-forte par R. de Hooghe se déployant et representant d'anciens navires à plusieurs rangs de rameurs.

19447. Pierre de l'Estoile (Mémoires-journaux de), édition pour la prem. fois complète et entièrement conforme aux manuscrits originaux, publ. av. nombr. documents inedits et un comment. histor., biogr. et bibliographique, par G. Brunet, A. Champollion, E. Halphen, Paul Lacroix, Ch. Read, Tamizey de Larroque et Ed. Tricotel. 1875-83, 11 vol. gr. in-8, br. 70 fr.

Seule édition complète des *Mémoires de l'Estoile*. — Exemplaire en GRAND-PAPIER DE HOLLANDE publié à 220 fr. (20 fr. le volume).

19448. Idatii epicospi chronicon et Fasti Consulares ; Marcellini v. c. comitis Illyriciani chronicon opera et studio Yac. Sirmondi. 1619, pet. in-8, couv. pap. 3 fr. 50

19449. Ligueur (Un). Le comte de La Fère, par Ed. Colas de La Noue. 1892, gr. in-8, portr., fac-similé de lettres, plan du siège de La Fère par Henri IV, reproduit d'après une estampe du temps, etc., br.   5 fr.

Etude historique très intéressante contenant des documents inédits tirés d'archives.—Domination des Protestants en Dauphiné; — les Etats de Montélimar; le baron des Adrets. — La Saint-Barthélemy. — Ambassade de Montluc en Pologne.— Les Etats de Blois. — Le duc de Mayenne en Dauphiné. — Prise et reprise de Montélimar. — La guerre en Guyenne, siège de Castillon. — Siège de La Fère par Henri IV. — La guerre des paysans; la chanson de Chasteaudouble. — Déclaration de Sixte Quint contre le roi de Navarre et le prince de Condé. — Etc., etc.

19450. **Connestables, maréchaux et admiraux de France** (Recherche des), conten. les choses plus remarquables advenues soubs la conduitte de chacun et soubs quels roys ils ont esté employez, par A. Mathas, procureur du Roy en l'eslection de Crouy-sur Ourcq. 1623, pet. in-8, v.   6 fr. 50

19451. **Agriculture (L') et Maison rustique** de Maistres Charles Estienne et Jean Liébault, docteurs en médecine, en laq. est contenu tout ce qui peut estre requis pour bastir maison champestre, prévoir les changements et diversitez des temps, cognoistre les mouvemens et facultez tant du Soleil que de la Lune sur les choses rustiques, médeciner les laboureurs malades, nourrir et medeciner bestail et volaille de de toutes sortes, dresser jardins tant potager, medecinal, que par terre, avec ample description de l'herbe Petum et de la racine de Mechoacam, planter, enter et gouverner les orangers, citronniers et autres arbres estrangers, gouverner les mousches à miel, faire conserves, confire les fruicts, fleurs, racines et escorces, préparer le miel et la cire, planter, enter et medeciner toutes sortes d'arbres fruitiers, faire le cidre, pommé, peré et les huiles, distiler les eaux et huiles ou quintes essences de toute matière rustique, avec plusieurs pourtraicts d'alambics pour la distilation d'icelles, nourrir et entretenir le ver filant la soye, faire et entretenir les prez, viviers et estangs, pescher les poissons, mesurer et labourer les terres à grains, boulanger le pain, façonner les vignes, préparer vins médecinaux, planter bois de haute fustaye et taillis, bastir la garenne, la haironnière et le parc pour les bestes sauvages, plus un bref recueil des chasses du cerf, du sanglier, du lièvre, du regnard, du blereau, du connil et du loup, et de la fauconnerie, le tout reveu, corrige et augmenté outre les précédentes impressions. A Lunéville, par Charles de la Fontaine, 1578. — La Chasse du Loup nécessaire à la Maison Rustique, par Jean de Clamorgan, Sgr de Sanne, en laq. est contenue la nature des loups et la manière de les prendre tant par chiens, filets, pièges qu'autres instruments, le tout enrichy de plusieurs figures et pourtraicts representez après le naturel au Roy Charles IX. 1578. 2 part. en 1 vol. in-4, figures s. bois, dem.-rel., mar. vert.   90 fr.

Edition très-rare de la *Maison Rustique*, bien complète, avec la *Chasse du Loup*. C'est le plus ancien livre connu au nom de LUNÉVILLE. Exemplaire grand de marges.

19452. **Dickinsoni** (Edm.) Physica vetus et vera : sive tractatus de naturali veritate Hexaemeri Mosaici. Londini, 1702, in-4, front. gr., v.   4 fr.

19453. **Réaumur.** L'art de faire éclore et

d'élever en toute saison des oiseaux domestiques de toutes espèces, soit par le moyen de la chaleur du fumier, soit par le moyen de celle du feu ordinaire. 1749, 2 vol. in-12, av. 15 planches et plus. jolies vignettes d'en-tête gravées en taille-douce, v. marbr., fil., tr. dor.   6 fr.

19454. **Fortunius Licetus.** De natura primo-movente, libri duo, in quibus ex Aristotelis doctrina diligenter ostenditur primi-moventis nomen et rationem proprie convenire finali causæ generatim, cœlo seu mundo, intelligentiæ cuique cœlo assistanti, ac summo Deo ; singulumque horum esse vere, dicique proprie naturam. Patavii, 1634, pet. in-4, v.   3 fr. 50

19455. **Fortunius Licetus.** De annulis antiquis. Utini, 1645, pet. in-4, fig., vél.   3 fr. 50

19456. **Fortunius Licetus.** De Lucernis antiquorum reconditis. Venetiis, 1621, pet. in-4, fig., vél.   3 fr. 50

19457. **Venise.** Theod. Grasswinckelii libertas Veneta, sive Venetorum in se ac suos imperandi jus, assertum contra anonymum scrutinii script. Lugd. Batav., 1634, pet. in-4, v. fauve. (Rel. anc.)   3 fr. 50

19458. **Perse** (Notices sur l'état actuel de la), en persan, en armenien et en français, par Mgr Davoud-Zahour de Melik Schalhnazar, envoyé de Perse en France. Paris, Imprim. Royale, 1818, in-18, br.   2 fr. 50

19459. **Antiquités de la Perse.** Mémoires sur la Chronologie et l'Iconographie des Rois Parthes Arsacides, par Adr. de Longperier. 1853, in-4, br. (Envoi d'aut). 5 fr.

19460. **Gourville** (Mémoires de), concern. les affaires auxquelles il a été employé par la Cour, dep. 1642 jusq. 1698 (publ. par Mlle de Bussière). Amst., 1782, 2 vol. in-12, v. m.   5 fr.

19461. **Académie des Inscriptions et Belles-Lettres** (Histoire de l') dep. son établissement. 1718-81, 12 vol. — Mémoires de littérature tirés des registres de l'Acad. des Inscript. 1772-81, 81 vol. (avec les tables. — Eloges des academiciens morts. 1743, 2 vol. — Ens. 102 vol. in-12, cart., non rog.   38 fr.

19462. **St-Denis.** Vindicata Ecclesiæ Gallicanæ de suo Areopagita Dionysio gloria auctore Domno Germ. Millet. 1638, in-8, v.   4 fr.

19463. **Groslay-sous-Enghien** (Arrêt de la Cour de Parlement portant règlement pour l'administration des biens et revenus de la Fabrique et de la Charité de). 1787, in-4 de 20 p., br.   5 fr.

19464. **Ancien armement au Moyen-Age.** 2 broch. in-8, avec fig.   1 fr. 50

Armes méconnues (brassards, gants de fer garnis de pointes et de dagues, gorgières, etc), avec dessins d'E. de Beaumont. 1878 — Notice sur les gens de guerre du comte de St-Paul qui sont enfouis (avec leurs armures)) a Coucy depuis 1411, par E. de Beaumont. 1865. — Dissertations intéressantes tirées à petit nombre.

19465. **Bayeux** (Essai historique sur la ville de) et son arrondissement, par Fr. Pluquet. Caen, 1829, in-8, dem.-rel., v. r.   5 fr.

19466. **Perche,** Dreux, Nogent-le-Rotrou, Bellesme, etc. 13 pièces et broch. in-4 et in-8.   7 fr. 50

Coup-d'œil sur les historiens du Perche, par L.

de la Sicotière. Rouen, 1874, 20 p. — Chapelle de N.-D. de la Ronde (souvenirs de Philippe de Commines), par E Lefèvre. Chartres, 1860, 16 p. (Tiré à 30 exempl. seulement). — Edit port. création d'un bailliage royal dans la ville de Dreux. 1789, 4 p. — Arrest concern. les travaux et réparations à faire aux rivières de Blaise, du Blairas et des Teinturiers, proche Dreux. 1785, 4 p. — Arrest du Parlem. port. règlement pour l'administrat. de la fabrique de la paroisse de St-Sauveur de la ville de Bellesme. 12 p. — Arr. concern. la largeur des étamines camelotées qui se fabriqueront à Nogent-le-Rotrou et à Bellème, généralité d'Alençon. 1781, 2 p. — Arr. qui ordonne que les revenus des fabriques des paroisses du bailliage de Châteauneuf-en-Thimerais seront régis et administrés par les marguilliés qui auront été nommés dans une assemblée génér. des habitans. 1785, 7 p. — Etc., etc.

19467. Evreux. 7 broch. et pièces in-8 et in-4.   8 fr.

Charles VIII à Evreux, 1485, documents tirés des archives communales par A. Bénet. Rouen, 1883, 12 p. — Edit réunissant au domaine de l'usage de la rivière d'Eure, ruisseaux et canaux y affluans. 1717, 7 p. — Arrêt qui rend communs à la fabrique d'Evreux le tableau de fabrication fait pour la fabrique de Louviers, que les fabricans d'Evreux ne pourront mettre à leurs étofies que des lisières bleues. 1783, 3 p. — Mandement de l'évêque d'Evreux qui ordonne des prières publiques dans toutes les églises de son diocèse, conformément aux intentions du roi. 1780, 16 p. — Description de la cathédrale d'Evreux, par Batissier. Rouen, 1849, 24 p. — Notice du domaine de Navarre, en Normandie, par M-A. Thomas. Evreux, 1836, 55 p. — Esquisse sur Navarre, par d'Avannes. 1841, 11 p.

19468. Ancien Vexin. 5 broch. et pièces in-8 et in-4.   6 fr.

Notice sur Gisors, Trie, Chaumont-en-Vexin et Reilly, avec vues, par L. Regnier. Pontoise, 1890, 14 p. — Lettres et arrêtés relat. à l'assassinat de Planter, négociant à Vernonet, et la mission de Rousseau et Giandin, députés à Vernon. (1789), 19 p. — Arrêt du Parlem. port. règlement pour l'administration des biens et revenus de la fabrique de S.-Etienne-de-Veruouillet. 1788, 14 p. in-4. — Lettres-patentes qui ordonnent que le duc de Penthièvre jouira en toute propriété des terres vaines et vagues situées dans l'étendue des domaines de Gisors, Vernon, Andelys, etc. 1777. 6 p. in-4. — J.-M. Coupé, dép. de l'Oise, à ses commettans, au sujet de la fuite et désertion de Gabr. Couppé, dép. des Côtes-du-Nord (arrêté à Mantes). An II (1793), 4 p. in-4.

19469. Oise, Beauvais. 7 pièces et circulaires in-4.   12 fr.

Procès-verbal de l'Assemblée élector. du dép. de l'Oise, convoquée à Beauvais. Beauvais, 1790, 78 p. — Avis aux citoyens pour l'ouverture d'une caisse de confiance pour l'échange des assignats de cent livres et au-dessous. Beauvais, 1791, 4 p. — Adresse de l'Assemblée primaire de la section de l'Orient, canton et district de Beauvais, à l'Assembl. Nat. Beauvais, 1791, 8 p. — Arrêté des corps administratifs du Conseil général de la commune et du tribunal du district, séans en l'hôtel commun de la ville de Beauvais. Beauvais, 1791, 3 p. — Instructions adressées par l'Assemblée administrative du dép. de l'Oise aux officiers municip., avec les tableaux pour dresser l'état de population active et effective de chaque communauté. Beauvais, 1790, 4 p. — Les administrateurs du dép. de l'Oise aux maires et officiers municipaux des autres communes (concernant la garde nationale). 1791, 2 p. — Etc., etc.

19470. Picardie, Beauvais, Chaumont-en-Vexin. — 12 pièces et broch. in-8 et in-4.   6 fr. 50

Mandement de l'évêque de Beauvais port. condamnation d'un livre intitulé l'*Esprit de Jesus-Christ et de l'Eglise sur la fréquente communion.* Beauvais, P. Desjardins, imprimeur, 1748, 9 p. — Pièces justificatives de la maladie de Madeleine-Elisabeth Bailleux (à Beauvais), et de sa

guérison opérée par N.-S. Jésus-Christ, à l'intercession de S.-Maur, le 12 juin 1764. 57 p. — Délimitation et division par districts et cantons, du départ. de l'Oise. Beauvais, Vve Desjardins, imprimeur. 1790, 34 p. — Adresse des électeurs du dép. de l'Oise à l'Assemblée Nationale. 1790, 2 p. — Mandem. de l'évêque de Beauvais qui ordonne des prières publiques dans tout son diocèse, à l'occasion des troubles qui désolent le Royaume. (1790), 16 p. — District de Chaumont. Procès-verb. de nomination aux cures vacantes. 1791, 20 p. — Extr. du registre des délibérations du directoire du dép. de l'Oise. Beauvais, 1791, 3 p. — Instruction sur le traitement de la fièvre milliaire, qui est épidémique dans le dép. de l'Oise. Beauvais (1791), 11 p. — Arr. du Conseil qui supprime le droit de louage, péage ou travers, perçu par le Sr de Barentin dans la seigneurie d'Hardivilliers en Picardie. 1776, 2 p. — Etc., etc.

19471. Laon. 2 pièces in-4 et in-fol.   6 fr.

Mémoire pour E. Cousin, laboureur, demandeur et deffendeur ; les religieux Bénédictins de l'abbaye de St-Jean de Laon ; l'abbé et les chanoines réguliers de Prémontrez ; et les habitans de Cessières qui sont en cause ; intervenans contre J. de Laleu, seigneur de Cessières, appelant d'une sentence rendue en la maitrise des eaux et forêts de La Fère, le 23 février 1726. 1736, 15 p. in-fol. — Arrest du Parlem. qui homologue une sentence rendue par les officiers de police de la ville de Laon, le 12 mai 1731, par laq. il est enjoint à tous propriétaires de maisons situées dans les villes et faux-bourgs de Laon, de se pourvoir d'un seau d'osier, enduit de poix en dedans, de manière à contenir l'eau, et de déposer les seaux aux endroits qui seront indiqués, pour y avoir recours dans le cas d'incendie. 1781, 4 p.

19472. Amiens. Clergé. — 7 pièces in-8 et in-4.   8 fr.

Armorial des évêques d'Amiens, par A. De Marsy. 1865, 16 p. — Les administrateurs du départem. de la Somme aux François de ce département (au sujet de mandemens d'évêques invitant les curés à l'insurrection). Amiens, 24 déc. 1790, 14 p. — Les administrateurs du département. de la Somme aux Français de ce départem. (recommandant le respect de la propriété et de la liberté de conscience). Amiens, 29 juin 1791, 8 p. — Mandement de l'évêque d'Amiens qui ordonne les prières de 40 heures dans toutes les églises de son diocèse. Amiens, 3 sept. 1789, 8 p. — Mandem. de l'év. d'Amiens qui ordonne des prières publiques dans tout son diocèse. 31 juill. 1789, 4 p. — Lettre pastorale de l'évêque du dép. de la Somme au clergé et aux fidèles de son diocèse. Amiens, 1791. — Proclamation du Conseil municipal d'Amiens pour rappeler aux citoyens que nul ne doit être inquiété pour ses opinions, même religieuses, que toutes violences commises contre les personnes qui auroient une opinion différente n'en sont pas moins des attentats contre la liberté et la sûreté, que tous ceux qui s'en rendent coupables s'exposent à être arrêtés sur le champ et poursuivis extraordinairement. 13 juin 1791, 2 p.

19473. Picardie. Amiens, dép. de la Somme, biographie picarde, etc., 11 broch. et pièces in-4, in-8 et in-fol.   8 fr.

Disc. sur la confrérie de N. D. du Puy d'Amiens, par le Dr Rigollot. Amiens, 1855, 20 p. — Extr. des Registres du Conseil privé du Roy (procès entre l'évêque d'Amiens, le chapitre de l'église cathédrale et l'abbaye de St-Martin-aux-Jumeaux). 1644, 86 p. — Mémoire pour E. Coquillart, curé de Proyart, appelant comme d'abus, contre l'Evêque d'Amiens. (1722), 16 p. in-fol. — Arr. du Parlement, qui sur le refus fait par Levoir, curé de la paroisse de Translay, diocèse d'Amiens, d'administrer la communion paschale à Priez, son paroissien, lui fait défenses de récidiver sous peines de punition exemplaire, le condamne en 300 livres de dommages et intérêts envers led. Priez. 1759, 4 p. — Notice sur l'église St-Pierre de Monchy-Lagache. Jehan de Monchy, par J. Lecoq. St-Quentin, 1875, 11 p. av. pl. — Notice statistique sur les hortillonnages de la vallée de la Somme, par Héricart de Thury. 1833, 27 p. — Pierre Lhermitte et M. Grangagnage, par B. C. du Mottier. 1854. — Mémoire pour Jos. Peyret Davaux contre Pierre de Chateauneuf, trésorier provincial des troupes à Amiens. (1731), 12 p. in-fol. — Etc., etc.

19474. Amiens à l'époque de la Révolution. 3 pièces. 6 fr.

Discours du président de l'assemblée électorale du départem. de la Somme prononcé au Champ de la Fédération de la ville d'Amiens lors de la prestation du serment civique le 14 juillet 1790. Feuille volante in-4°. — Proclamation d'André Dumont, député du départem. de la Somme à la Convention Nationale, à ses commettans. 18 juin 1793. Placard-affiche in-fol. — Ode sur la Liberté et l'Egalité par J. Vict. Campagne, citoyen français. Amiens, imprim. de F. Caron-Berquier, 1793, 8 p. in-4.

19475. Ponthieu. 6 broch. in-8 et in-4. 5 fr.

Lettres inédites de Louis XI adress. aux officiers municipaux d'Abbeville avec éclaircissements et notes par F. C. Louandre. Abbeville, 1837, 36 p. — Discours prononcé le 10 pluviôse dans le temple de la Vérité et de la Raison, par J. B. Sanson, juge de paix de l'arrondissem. d'Abbeville et ancien Président de la Société Populaire, à l'occasion de l'anniversaire de la mort du Tyran. 1794, 8 p. — La topographie du Ponthieu d'anciennes cartes, par F. Lefils. S. d., 20 p. (extr.). — Notice histor. sur Crécy, tirée des manuscrits de dom Grenier, mise en ordre par De Cayrol. Abbeville, 1837, 42 p. — Lettres patentes du don fait au Comte d'Artois par supplément d'apanage de la mouvance sur les terres de St-Valery et Roc de Cayeux et l'unit au Comté de Ponthieu. 1787, 4 p. — Arrêt du Parlem. qui homologue une ordonnance des officiers de police de la ville de Rue portant défenses de se servir de paille pour la couverture des bâtiments lesquels ne pourront être à l'avenir couverts qu'en tuiles. 1787, 4 p.

19476. Abbeville. 5 pièces et broch. in-4 et in-8. 5 fr.

Mémoire pour Clém[t] Hecquet, doyen du collège de médecins d'Abbeville, contre Bureau de Charmois, Messire V. C. Cacheleu, comte et pair de Cacheleu-sur-Authie. 1768, 32 p. — Lettres pat. qui ordonnent que les procès nés et à naître pend. la vacance de l'abbaye de St-Riquier, pour raison des biens et droits qui pourront lui appartenir, seront poursuivis par l'économe général du clergé. 1773, 3 p. — Lettres pat. portant nomination de Tandeau de Marsac pour procéder à la rédaction et vérification nouv. de la coutume de Ponthieu. 1783, 3 p. — L'ancien trésor de Longpré-lès-Corps-Saints, par H. Macqueron. Abbeville, 1892, 16 p. — Not. sur les Saintes reliques de l'Eglise de Longpré-lès-Corps-Saints, par l'abbé Thierry. Compiègne, 1885, 55 p.

19477. Picardie, Noyon, etc. 7 opusc. et broch. in-8 et in-4. 6 fr. 50

Une liquidation communale (Noyon) sous Philippe le Hardi, par A. de Boislisle. 1872, 10 p. — Arrest notable du Parlem. obtenu par l'évêque de Noyon, pour la réception des chanoines. 1695, 4 p. — Le Noyonnois, par L. M. (Mazière). Noyon, s. d., 64 p. — De l'origine de Noyon et de sa commune, par le même. Noyon, 1891, 85 p. — Mandement de l'évêque de Noyon pour ordonner des prières publiques dans toutes les églises de son diocèse. 1789, 12 p. — Adresse de la commune de Blérancourt près Noyon. 1790, 3 p. — Premier (et second) mémoire en faveur de la Rosière pour les syndic et habitans de Salancy, contre Danré, seign. de Salancy. 1774, 2 part. de 23 et 29 p.

19478. Bourges et le départem. du Cher. — 7 pièces la plupart in-4 et 1 affiche in-fol. 8 fr.

L'enseignement d'Alciat et de Duaren, à Bourges, par Hiver. 1869, 15 p. — Lettres pat. port. règlement pour la fabrication des étoffes de laine dans la généralité de Bourges. 1780, 7 p. — Lettre de MM. les députés de la Province de Berri à l'Assemblée nationale à MM. les officiers municipaux, en réponse à l'adresse envoyée par la ville de Bourges à l'Assemblée nationale (affiche). — Mandement de Mgr l'Archevêque de Bourges, qui ordonne des prières publiques de 40 heures dans tout son diocèse. Bourges, 1789, 14 p. — Exécution de la loi du 2 juin 1793 qui enjoint à toutes les autorités constituées de faire mettre en état d'arrestation les personnes notoirement suspectes d'aristocratie et d'incivisme. Bourges, 1793, 12 p. — Arrest du Parlem. interdisant les attroupements dans les bourgs et paroisses du bailliage de Bourges. 1782, 4 p. — Mémoire pour Jean Bonnet, sieur de Bigorne, contre Dame Marguerite Chauvelin, veuve de L. de la Pivardière, frères François Chalost, Cl. Regnault, L. Jollet et encore contre le soi-disant L. de la Pivardière. 1698-27. — Fouilles de Neuvy-sur-Baranjon, par H. Boyer. Bourges, 1862, 4 p.

19479. Bourbonnais (Auteurs du). Style et pratique fondez et adaptez aux ordonnances royaux et coutumes de France, compilez et de nouvel augmentez par Maître Jean Milles de Souvigny en Bourbonnais, conseiller et lieutenant général des pays de Beugeys (sic) et Veromeys (sic). A Lyon, à l'enseigne de la Salamandre, 1556, in-fol., lettres ornées et historiées, parch. 15 fr.

Avec un très remarquable portrait de l'auteur, Milles de Souvigny, gravé sur bois, tenant presque toute la page.

19480. Allier. 12 pièces in-8 et in-4. 8 fr.

Transaction par laq. est déclaré le droict de péage prétendu au port de Varennes sur la rivière d'Allier. 4 p. (Pièce du xvie siècle). — Transaction par laq. est déclaré le droict de péage prétendu par le S[r] de St-Germain sur la rivière d'Allier. 2 p. (Pièce du xvie siècle). — Nominations faites par l'assemblée électorale du départem. de l'Allier, dans les séances du 25 août 1791, et jours suivants. Moulins, 1791 (placard-affiche) — Procès-verbaux de l'inauguration du buste de Lepelletier et des séances publiques des autorités constituées et de la société populaire de Moulins, tenues en présence de Fouché, de Nantes, représentant du peuple, député par la Convention nationale près les départements du Centre et de l'Ouest. Moulins, s. d., 44 p. — Prestation de Serment civique (2 pièces). 1791, en tout : 7 p. — Discours au bataillon de l'Allier à son départ, prononcé par d'Alphonse. Moulins, 1791, 3 p. — Adresse du départ. de l'Allier aux Français. Moulins, 1791, 4 p. — Départ. de l'Allier, délibération relative à la publication de la Constitution Françoise. Moulins, 1791, 4 p. — Tableau de situation du département de l'Allier, par le citoyen Huguet, préfet. An X, 68 p. — Arrest du Parlem. qui ordonne des opérations nécessaires à faire pour constater la continence et le poids des mesures pour les marchés de la ville de Cusset. 1785, 7 pag. — Etc., etc.

19481. Moulins. Hygiène et observations de Barailon, médecin en chef de la généralité. 1787-89, 2 opusc. in-4. 7 fr. 50

Instructions sur les maladies épizootiques les plus familières à la généralité de Moulins, sur leurs préservatifs et sur le traitement le plus convenable à chacune d'elles. Moulins, 1787, 60 p. — Mémoire sur la constitution de Décembre 1788 et de Janvier 1789, conten. un extrait de la correspondance des médecins, chirurgiens et artistes vétérinaires de chaque département, avec le médecin en chef de la généralité de Moulins. Clermont-Ferrand, 1789, 57 pag.

19482. Moulins. 11 pièces in-4. 12 fr.

Edit port. suppression de la Chambre du domaine de Moulins, et attribut. des affaires dont elle connaissait au bureau des finances de la même ville. 1773, 4 p. — Arrest du Conseil et lettres-pat. qui ordonnent que les officiers municipaux de Moulins et de Nevers nommeront à l'avenir, au lieu de collecteurs ordinaires des tailles, des préposés de leur choix. 1779, 4 p. — Arr. du Conseil port. établissement d'une administration provinciale dans la généralité de Moulins. 1780, 4 p. — Arr. du Conseil concern. l'administrat. de la généralité de Moulins. 1781, 3 p. — Arr. du Parlem. qui homologue une sentence rendue par le lieuten. de police de Moulins, concern. la fonte des suifs. 1781, 4 p. — Arr. du Parlem. qui homologue une ordonnance rendue au siège de la police de Moulins, concern. le maintien du bon ordre parmi les ouvriers, garçons et compagnons qui sont employés chez les marchands et artisans de lad. ville de Moulins, 1785, 8 p. — Arr. du Parlem. qui fait défenses aux habitans des paroisses situées dans l'étendue du ressort de la sénéchaussée de Moulins, de s'assembler les dimanches et fêtes pour courir à cheval, tirer des armes à feu, jouer ou s'assembler dans les cabarets. 1778, 4 p. — Cahiers des doléances des officiers de l'élection de Moulins. 1789, 7 p. — Adresse du corps municipal aux habitans de Moulins. Moulins, 1790, 4 p. — Etc., etc.

19483. Nevers. Mandements d'évêques. — 3 pièces in-4. 6 fr.

Mandem. portant permission de manger des œufs et du fromage pend. le Carême de la présente année 1734. Nevers (1734), 49 p. — Jubilé accordé par le pape Benoît XIV. Nevers, 1745, 23 p. — Mandement de l'évêque de Nevers portant permission de manger des œufs pend. le Carème de la présente année 1746. Nevers, 1746. 8 p.

19484. Nivernais, Bourbonnais. 9 pièces in-4. 7 fr. 50

Arrest qui autorise le duc de Nivernois à percevoir à son profit les 8 sous pour livre des droits de péage, passage, etc., qui se lèvent dans l'étendue du duché de Nevers. 1773. 3 p. — Arr. qui défend les jeux de hazard dans la ville de Donzy, et fait défences à toutes personnes d'y tenir aucuns paris, etc 1779, 4 p. — Arr. qui ordonne qu'aucun avocat ne pourra être inscrit sur le tableau des avocats du bailliage de St-Pierre-le-Moutier qu'il n'ait fréquenté assiduement les audiences dudit bailliage pend. 2 ans. 1789, 3 p. — Règlement pour la composition et formation des assemblées qui auront lieu dans le Nivernois, 1788, 8 p. — Fouché, représentant du peuple, député par la Convention Nationale près les départemens du Centre et de l'Ouest, aux citoyens du département de la Nièvre. 1793, 6 p. — Pièces relatives à la mission du citoyen Fouché, de Nantes, député par la Convention Nationale pour ramener le calme et faire triompher le patriotisme dans le district de Clamecy. Nevers, 1793, 16 p. — Etc., etc.

19485. Autun (Histoire de la ville d'), connue autrefois sous le nom de Bibracte, capitale de la républ. des Eduens, par J. Rosny. Autun, 1802, in-4, fig. et cartes gr., br., non rog. 10 fr.

19486. Haute-Saône. 10 broch. et pièces in-4 et in-8. 10 fr.

Lettre pastorale de l'évêque du départem. de la Haute-Saône au clergé et aux fidèles de son diocèse. Vesoul, imprim. de J.-B. Poirson, 1791, 97 p. — Voyage dans le départem. de la Haute-Saône, par J. Lavallée. 1793. 32 p., av. 1 carte et 3 pl — Instruction des administrateurs composant le Directoire du département de la Haute-Saône, sur les fonctions et devoirs des municipalités. 1790. 44 p. — Nomenclature alphabétique des municipalités composant le district de Champlitte. (1791), tableau Ms. — Mandement de l'évêque de la Hte-Saône pour le Carême de 1792. Vesoul, imprim. de J.-B. Poirson (1792), 23 p. — Adresse de la Société des Amis de la Constitution de Vesoul à tous les citoyens du départem. de la Haute-Saône. 3 p. — Notice hist. sur l'hôpital du St-Esprit de Gray (1238-1790), par J. Gauthier. Vesoul, 1873, 54 p. et 1 pl — Le chapitre du château de Gray et le chef de Ste-Elisabeth de Hongrie, par Marlet. Vesoul, 1869, 64 p. — Mémoires pour serv. à l'histoire de la ville de Luxeuil, par A. Dey. Vesoul, 1862, 34 p. — A l'Assemblée Nationale (adresse des officiers municipaux de la ville de Gy). 4 p. in-fol. Mss. Copie signée par le maire et adjoints, conforme à la minute — Statistique du depart. de la Haute-Saône, par Vergnes, préfet. An IX, 24 p.

19487. Franche-Comté. 9 broch. et pièces in-8 et in-4. 6 fr.

De l'affranchissement des communes en Franche-Comté, par A. Tuetey. 1863, 19 p. — Etat des monastères franc-comtois de l'ordre de Cluny aux XIII°-XV° siècles, d'après les actes des visites et des chapitres généraux, par U. Robert. Lons-le-Saunier, 1882, 52 p. — Arrêt du Conseil portant convocation d'une assemblée des anciens Etats de Franche-Comté. 1788, 4 p. — Protestation des gentilshommes comtois aux Etats de 1679, avec introduct. par Ph. Perraud. Poligny, 1875, 16 p. — Reglem. pour l'exécution des lettres de convocation aux Etats-Généraux, dans la province de Franche-Comté. 1789, 4 p. — Réclamation des lois anciennes de Franche-Comté publ. sous les règnes des ducs et comtes de Bourgogne, des empereurs et des rois d'Espagne, contre la répartition actuelle des charges publiques et locales. (XVIII° siècle). 14 p. — Etc., etc.

19488. Jura. 7 pièces in-4 et un mémoire in-fol. 6 fr.

Histoire généalog. des anc. sires de Salins au comté de Bourgogne, issus des comtes de Mâcon et de Bourgogne, par J.-B. Guillaume. Besançon, 1756 (prospectus), 7 p. — Pontarlier, par X Marmier. 1846, 15 p. — Arr. qui, nonobstant la requête des marguilliers et fabriciens de l'église paroissiale de Lons-le-Saunier, ordonne que les 8 sous pour livre seront perçus au profit du Roi sur le droit de 6 deniers par livre de viande, établi pour la reconstruction de lad. église. 1773, 6 p. — Arrest qui ordonne la perception des 8 sous par livre sur les droits de vinéterie et de boucherie qui se lèvent au profit de la ville d'Arbois en Franche-Comté, et du droit de 3 livres par corde de bois, etc. 1773, 4 p. — Les montagnes du Jura, lettres de Mme de Monmerqué à Paulin Paris. 1853, 32 p. — Au roi et aux commissaires généraux du Conseil, députés par Sa Majesté pour juger les contestations nées et à naître entre l'évêque et le chapitre de St-Claude. 1746, 16 p. — Lettre du roi à l'évêque de St-Claude, suiv. de celle de Monseigneur au clergé séculier et régulier de son diocèse. Lons-le-Saunier, 1789, 10 p. — Lettre-circulaire de l'évêque de St-Claude aux curés de son diocèse. Lons-le-Saunier, 1789, 2 p.

19489. Genève (Véritable discours de la discouverte de l'entreprise de Loys de Cambournier, sr du Terrail, Monstier, Rattier et autres places, baron de Moyssac, exécuté à) le 19 avril mil six cens neuf. Lyon, 1609, in-8, br. 3 fr.

Réimpression faite à Genève, par Fick, d'une pièce fort rare. Cette reproduction est accompagnée d'une notice par Gust. Révilliod.

19490. Savoie. 1690-91. 6 pièces in-4. 7 fr. 50

Manifeste de la France contre la Savoie. Toulouse, 1690, 16 p. — Journal du siège de Montmélian, avec le nombre des morts et des blessés. (1691), 8 p. — La redoutable forteresse de Montmélian réduite sous l'obéissance de Sa Majesté. (1691), 7 p. — Relation des avantages remportez par l'armée du Roy, commandée par M. de la Hoguette, maréchal de camp, dans le Val d'Aoste. S. d. (1691) 4 p. — Copie de la lettre écrite au Roy par M. de Catinat, sur les avantages remportés par l'armée près du Suze. Toulouse (1691), 7 p. — Mémoire des offres faites de la part du Roy au duc de Savoye pour le rétablissement du repos de l'Italie. S. l., n. d., 8 p.

19491. Savoie. 11 pièces et broch. in-8 et in-4. 7 fr. 50

Origine et signification du plus ancien nom de la Savoie, par J. Lapaume. Chambéry, 1866, 14 p. — Execution du testament d'Amédée III, comte de Genevois, en 1371, par Lecoy de la Marche. 1863, 16 p. — Décrets de la Convention Nationale (nov. 1792). Réunion de la Savoie à la République française. 1792, 3 p. — Procès-verbaux de l'Assemblée Nation. des Allobroges. 1792, 78 p. — Les Alpes sont les limites naturelles et nécessaires du territoire français, par A. Marin. Chambery, s. d., 20 p. — Compte rendu sur la mission des représentants du peuple à l'armée des Alpes. par Dubois-Crancé. 1793, 62 p. — Table alphabét. des loix et constitutions du roy de Sardaigne, par le f. P. Briançon. Annecy, 1725. — Notice sur l'anc. église du prem. monastère de la Visitation d'Annecy, publ. par les soins de l'évêque d'Annecy. Annecy, 1888, 96 p. — Harangue sur les obsèques d'illustre seigneur Louis, comte de Sales, prononcée à Annessy (*sic*) en l'église S.-Dominique, le 26 de janvier 1655, par B. Magistri, Nîmes, 1876, 54 p. (Réimpression). — Etc., etc.

19492. Grenoble. 12 pièces et broch. in-4 et in-8, et 1 placard-affiche gr. in-fol. — Ens. 18 pièces. 8 fr.

Advertissement pour P. Jaquemet, défendeur en requeste (pour la vente d'une maison à Grenoble), contre Hyac. Turcy, acquéreur, demandeur et défendeur en payement de lods, contre P. Caillat, procureur en la Cour, et messire P. Scarron, evesque de Grenoble, intervenant (pour les droits du Chapitre de N.-Dame). S. d. (vers 1650), 27 p. — Lettre pastorale de l'évêque de Grenoble aux archiprêtres de son diocèse. Grenoble (1728), 75 p. — Discours de l'évêque de Grenoble dans son église cathédrale le dimanche 30 janvier 1757, avant de célébrer une messe solennelle pour remercier Dieu de la conservation de la personne sacrée du Roi. 1757, 23 p. — Mandement de l'évêque de Grenoble pour les permissions du Carême. Grenoble, s. d. (1759), 7 p. — Lettre du roi et mandem. de l'évêque de Grenoble. Grenoble, s. d. (1789). Placard-affiche (Raccommodages). — Edit portant création d'offices dans le Parlement de Grenoble. 1771, 8 p. — Adresse aux amis de la paix, par Servan. 1789, 80 p. — Adresse à l'Empereur, par J. Rey, de Grenoble. 1815, 8 p. — Notice sur la cathédrale de Grenoble, par J.-J.-D. Pilot. 1843, 35 p. — Etc., etc.

19493. Dauphiné. 14 pièces et broch. in-8 et in-4. 8 fr.

Factum pour Maistre Roman l'Hoste (de Peyrins), advocat en la Cour, contre Jean Follon, appellant du vibaly de St-Marcelin. (1667), 6 p. — Advertissement au procez d'Ant. de Lhorme de Tiange, et damoiselle Jeanne Miengiat, contre damoiselles Cécile et Françoise Teyssut (d'Eyrieu). Vers 1660, 6 p. — Lettres patentes qui fixent les limites de la concession des mines d'Allemont, faite à Monsieur. 1784, 3 p. — Description de Valence en l'an M.D.LXXII, par Cl. Rogier. (Réimpression). Valence, 1872, 14 p. — Voyage dans le départem. de la Drôme, par J. Lavallée. An VIII, 38 p. (Avec carte et grav.). — Observ. sur la situation de la Drôme, par Colin, préfet. An IX, 48 p. — Lettre pastorale de l'évêque de la Drôme. Valence, Aurel, imprim. (1791). 12 p. — Adresse des citoyens Hallot et Fonvielle, députés, à leurs frères du département de la Drôme. (1791), 14 p. — Réponse de Jos. Provensal, bourgeois d'Ancelle, à l'avertissement de Honoré Provensal, son frère, appellant, communiqué le 10 juillet 1720, 25 p. — Etc.

19494. Serins de Canarie (Nouveau traité des), conten. la manière de les élever, les apparier pour en avoir de belles races, av. des remarques aussi curieuses que nécessaires sur les signes et les causes de leurs maladies et les secrets pour les guérir, par Hervieux. 1709, in-12, v. 5 fr.

Avec 2 planches à la fin donnant la musique de ces oiseaux et la forme de leurs cages.

19495. Ovidii (Publ.) Nasonis opera, D. Heinsius recensuit acced. breves notæ Scaligeri et J. Gruteri. Lugd. Batavor., ex officina Elzeviriana, 1629, 3 vol. pet. in-12, titre gravé, vél. bl. 18 fr.

Première édition de l'Ovide des Elsevier, peu commune, dit Brunet, et préférée par les amateurs, avec les passages du calendrier du tome III, tirés en rouge, et la page 410 cotée 420 par erreur. Conforme à la description de Willems.

19496. Livres à figures. Romances, par M. Berquin. Paris, Moutardier, an VI. 2 vol. in-16, cart., toile lustrée, tr. dor. 10 fr.

Avec 73 charmantes figures avant lettre (la XIe et la XIIIe cotées par erreur VIII et IX), et 44 fig. de musique gravée.

19497. Ecole pour rire (L') ou la manière d'apprendre le françois en riant, par le moyen de certaines histoires choisies, plaisantes et récréatives (par de Dampierre). Leyde, 1677, pet. in-12, cart. antiq. 6 fr. 50

Petit volume rare et réellement amusant.

19498. Franc-Maçonnerie (Histoire pittoresque de la) et des sociétés secrètes anciennes et modernes, par F.-T.-B. Clavel, illustré de 25 belles gravures. 1844, gr. in-8, fig., br. (Couverture conservée). 25 fr.

19499. Nymphomanie (La) ou traité de la fureur utérine, dans leq. on explique avec autant de clarté que de méthode, les commencem. et les progrès de cette cruelle maladie, etc, par de Bienville, doct. en méd. Londres (Paris, Cazin), 1789, in-18, br., non rog. 4 fr.

19500. Bergeret. Des fraudes dans l'accomplissement des fonctions génératrices, causes, dangers et inconvénients pour les individus, la famille et la société ; remèdes. 1879, in-12, br. 3 fr.

19501. Casa d'Austria (Historia brieve dell' augustissima), raccolta dal P. Morigi, Milanese. 1593, in-4, titre av. encadrem. s. bois, vel. 2 fr.

19502. Conférence de Courtray (Procèsverbal entre les procureurs des deux roys et les commissaires de leurs Majestez à la). — Raisons par lesq. le procureur du roy cathol. en l'assemblée de Courtray réfute l'escrit y servy par le Proc. du Roy touch. le bourg de Gand, la ville d'Alost, etc. — Conférence tenue à Courtray le 22 sept. 1681 entre les procur. des roys de France et d'Espagne. S. l. (Hollande), 1681, 3 ouvr. en 1 vol. pet. in-12, v. m. (Bel exemplaire). 4 fr.

19503. Charles Ier (Abrégé de la vie et du règne de), second monarque de la Grande-Bretagne, dep. sa naissance jusques à sa mort. 1664, in-12, portr., v. 1 fr. 50

19504. Dictionary of Musicians (A) from the earliest ages to the present time comprising the most important biographical contents of the works of Gerber, Choron, and Fayolle, count Orloff. Dr Burney, sir John Hawkim, etc., etc. London, 1824, 2 vol. in-8, v., fil. 8 fr.

19505. Nouvelles réflexions ou sentences et maximes morales et polit., déd. à Mme de Maintenon (par de Vernage). 1691, in-12, v. 3 fr.

19506. Pont-à-Mousson (Impression de). Bien-Séance de la Conversation entre les hommes. Communes vitæ inter homines scita urbanitas. (Au-dessous vignette ou marque de l'imprimeur gravée en tailledouce). Au Pont à Mousson, par Charles Marchant, imprimeur de son Altesse, 1618, pet. in-12, allongé, texte encadré à chaque page d'un double filet typographique, parchemin. 30 fr.

Livre très rare et fort curieux. Il est resté inconnu de Beaupré qui n'en parle pas dans ses *Recherches sur l'imprimerie en Lorraine*, mais il est cité par Paulin Paris dans ses notes sur Tallemant des Réaux (t. IV, p. 485) On y lit p. 10 : « Quand on est à table, c'est assez de faire quelque signe de révérence avec la teste, car il n'est pas bienséant de se descouvrir à table. » Cet ouvrage est un recueil des politesses en usage en France au commencement du XVIIe siècle. Il se termine par un chapitre spécial qui va des pages 180 à 214, traite des services et honneurs de la table et n'est pas un des moins intéressants par ses détails.

19507. Paris (Le Voyageur fidèle ou le guide

des étrangers dans la ville de), qui enseigne tout ce qu'il y a de plus curieux à voir, les noms des rues, des fauxbourgs, églises, monastères, chapelles, places, colléges et autres particularitez que cette ville renferme, les adresses pour aller de quartiers en quartiers et à y trouver tout ce qu'on souhaite tant pour les besoins de la vie que pour autres choses, avec une relation en forme de voyage des plus belles maisons qui sont aux environs de Paris. Paris, P. Ribou, 1716, in-12, v.   15 fr.

Très curieux guide de Paris. On y trouve la liste des principaux hôtels garnis de la capitale à cette époque ; l'indication des bibliothèques publiques et particulières ; un chapitre spécial traite : « des curiositez et du commerce qui se fait des ouvrages d'or, d'argent, de pierreries et autres objets de cette sorte. — Exemplaire grand de marges et bien conservé.

19507 *bis.* **Paris.** Description du mausolée érigé à Paris dans l'église de Notre-Dame à l'occasion du service solennel fait le 13 mars pour Dom Philippe de Bourbon, infant d'Espagne. 1766. Pièce in-4, avec en-tête gravé par Cochin et 8 planches, couv. en pap.   6 fr.

Cette pompe funèbre ordonnée par le duc d'Aumont a été conduite par Papillon de la Ferté sur les dessins de Mich.-Aug. Challe.

19508. Oise. 3 affiches-placards. 1790-91, in-fol.   10 fr.

Proclamation du directoire du départem. de l'Oise du 15 octobre 1790 concern. l'affranchissement des lettres relatives à la correspondance de l'administration. Beauvais, imprim. de P. C. D. Desjardins, 1790. — Jugement du tribunal du district de Beauvais qui condamne Ch. Marchand à faire excuse et réparation au corps municipal de Rinvillers et à Franç. Mercier, l'un des officiers municipaux du même lieu, et enjoint aud. Marchand et à Marie-Elisab. Geullé sa femme de porter honneur et respect aux officiers municipaux du 3 mars 1791. Beauvais, imprim. de Desjardins, 1791. — Adresse du Conseil général du départem. de l'Oise assemblé extraordinairement aux municipalités de son ressort (au sujet de la fuite du roi Louis XVI). Beauvais, imprim. de Desjardins, 1791.

19509. Boetii Eponis Bordahusani Frisii Antiquitatum ecclesiasticarum syntagmata IV. Duaci, J. Bogardus, 1578. — 2 tom. en 1 vol. pet. in-8, v.   1 fr. 50

19510. Amusements poétiques (Nouv.) de M. V. (Vanière). 1756, in-12, dem.-rel., v. r.   2 fr. 50

Dans le même vol. : Lettres philos. (par Sauvigny). Bristol, 1756. — Le Vaudeville, poème didactique en 4 chants (par Sedaine). 1756.

19511. Mémoires du marquis de Luzigni (Correspondance d'un jeune militaire ou) et d'Hortense de Saint-Just. Yverdun, 1778, 2 vol. in-12, v. éc., fil. (Bel exempl.).   2 fr. 50

19512. Harmonie des prophéties anc. avec les modernes sur la durée de l'Antechrist et les souffrances de l'Eglise. Cologne, P. Marteau, 1686, pet. in-8, cart.   3 fr. 50

19513. Du Moulin (Pierre), maistre de la parole de Dieu en l'église de Sedan et professeur de theologie. Anatomie de la Messe où est monstré par l'Ecriture Sainte et par les tesmoignages de l'ancienne Eglise que la Messe est contraire à la parole de Dieu et esloignée du chemin de salut. Geneve, 1636. — Deuxieme partie de l'anatomie de la Messe conten. la Messe en françois et en latin, avec un commentaire où aussi sont descrites les diverses espèces de messes avec les mystères et cérémonies et origine de chasque pièce de la Messe, par P. du Moulin. Genève, 1640. — 2 tom. en un vol. in-8, dem.-rel., mar. rouge. 15 fr.

Première édition de cet ouvrage. Rare avec la 2e partie qui a paru 4 ans après. — On trouve dans ce livre peu d'invectives. Le style est clair, précis, élégant et d'une force qui fait honneur à l'esprit de l'auteur. Du Moulin n'est pas inférieur à Calvin tout en ayant moins d'âpreté de caractère et plus de respect pour les bienséances. Il est surprenant que Du Moulin ne soit pas cité parmi nos prosateurs classiques. J.-J. Rousseau a reproduit quelques-uns de ses traits les plus forts dans les Lettres de la Montagne.

19514. Augustanæ Confessionis (Miracula), per Joh. Saubertum (germanice). Nurnberg, 1631, pet. in-4, front. gr., couv. en pap.   1 fr. 50

19515. Cuisine Papale (Satyres chrestiennes de la). S. l., Genève, imprimé par Conrad Badius. 1560, in-8, br., non rogn.   5 fr.

Violente satire contre la Papauté. Réimpression du bibliophile faite à Genève pour G. Revilliod par J. Guill. Fick en 1857. — Tiré à petit nombre.

19516. Fanatisme dans la religion protestante (Histoire du) depuis son origine par le P. François Catrou. 1706, in-4, titre gravé, v. m.   4 fr.

Ce livre n'est autre chose que l'Histoire des Anabaptistes du même auteur qui a été baptisée d'un nouveau titre gravé. — Bel exemplaire.

19517. Révocation de l'Edit de Nantes (Eclaircissemens histor. sur les causes de la) et sur l'état des Protestants en France, dep. le commencem. du règne de Louis XIV jusqu'à nos jours, tiré des différentes archives du gouvernement (par Cl. Carloman de Rulhière). S. l. (Paris), 1788, in-8, br., non rogne.   4 fr.

19518. Montesquieu. Le Temple de Gnide. Paris, Simart, 1725, in-12, v.   12 fr.

EDITION ORIGINALE, anonyme. — Elle est très rare.

19519. Proudhon. Théorie de l'impôt. 1861, in-12, br.   1 fr. 50

19520. Fleury (Claude), abbé du Loc-Dieu. Les devoirs des Maitres et des Domestiques. Paris, 1688, in-12, titre rouge et noir, rel. pleine en mar. br. du Levant jansen. à nerfs, dent. intér., tr. dor. (Niedrée).   30 fr.

EDITION ORIGINALE de cet ouvrage célèbre non moins utile que solide et instructif, dans lequel les maitres et les serviteurs trouvent de sages avis pour régler leur conduite respective. — Bel exemplaire avec l'ex-libris de la collection Didot et celui d'Ed. Bonnaffé auquel il a appartenu en dernier lieu.

19521. Erasme (Les Colloques d'), ouvrage très intéressant pour la diversité des sujets, par l'enjouement et pour l'utilité morale, trad. par Gueudeville avec des notes et des figures très ingénieuses. Leide, 1720, 6 tom. en 3 vol. in-12, front. gravé et quantité de jolies figures en taille-douce à mi-page. 6 tomes en 3 vol. in-12, dem.-rel., mar. vert.   25 fr.

19522. Catalogue Monselet. Catalogue détaillé, raisonné et anecdotique d'une jolie collection de livres rares et curieux provenant de la bibliothèque d'un homme de lettres bien connu (Ch. Monselet). Paris, Pincebourde, 1871, in-8, br.   3 fr.

Catalogue qui sort de l'ordinaire, avec des notes curieuses du collecteur qui contiennent pour la plupart des appréciations fines et spirituelles sur les œuvres de ses contemporains.

19523. Annuaire du Bibliophile, du bibliothécaire et de l'archiviste, par L. Lacour, 1860-63, 4 vol. in-18, fig. s. bois, br. 15 fr.

Collection complète de tout ce qui a paru. — EXEMPLAIRES SUR PAPIER VERGÉ, dont il n'a été tiré que cinquante. Ces annuaires que rien n'a remplacés, contiennent un grand nombre d'articles intéressants et de documents curieux tels que les suivants : Bibliothèques publiques de Paris. — Les bibliothèques de Paris en 1709. — La première édition des œuvres de Pascal devant la censure. — La bibliothèque d'Evora, par F. Denis. — La première édition des poésies de Marguerite de Navarre, par A. Poulet-Malassis. — Maisons de fameux imprimeurs et libraires de Paris au xvie siècle avec leurs marques. — Pièce sur le renvoi des bouquinistes du Pont-Neuf, par A. de Montaiglon. — Les diverses façons d'aimer les livres, par A. Méray. — Bibliothèques de l'Empire d'Autriche, par M. Collan. — Bibliothèques de Florence, par H. Michelant. — Archives de famille (en France), par H. Bordier et P. Simian. — Bibliothèques de Paris en 1644. — Le duc de La Vallière et la bibliothèque Mazarine, par A. Franklin. — Quelques moyens faciles de restaurer les vieux livres, par A. Méray, etc., etc. — Nous y ajoutons l'*Annuaire de l'Archéologue*, par le même, paru en 1862. — Ensemble 5 vol.

19524. Merlin Coccaie (Histoire macaronique de), prototype de Rabelais où est traicté les ruses de Cingar, les adventures de Léonard, les forces de Fracasse, enchantemens de Gelfore et Pandrague et les rencontres heureuses de Balde, plus l'horrible bataille advenue entre les Mousches et les Fourmis. 1606. In-12, de 6 ff. non chiffr., vel. ancien à recouvrem. 25 fr.

EDITION ORIGINALE de la première traduction française de ce poème bouffon, modèle du genre dit macaronique. L'auteur, Théophile Folengo, qui a travesti son nom en celui de Merlin Coccaie, a donné, dit-on, nom de macaronique à cette composition plus que bizarre où le latin est farci et assaisonné à cause du macaroni qu'on assaisonne avec un mélange de farine, de beurre et de fromage. — Cette traduction française de 1606 a été réimprimée en 1734 avec la fausse date de 1606. — Le présent exemplaire est de la véritable et première édition qui se rencontre très rarement.

19525. Bourgogne. 5 broch. et pièces in-4 et in-8. 6 fr.

Arr. qui autorise les Etats de Bourgogne à emprunter au denier 25 les sommes nécessaires pour rembourser les emprunts au denier 20, pour lesq. ils ont prêté leur crédit au roi. 1776, 7 p. — Lettres pat. qui prorogent, pend. la construction des canaux, les exemptions et modérations de droits ci-dev. accordés à la Bourgogne. 1784, 4 p. — Pensées patriotiques d'un gentilhomme Bourguignon. 1789, 36 p. — Histoire des Bourguignons et de leur établissement dans le Lyonnais, par A. Gacogne. Lyon, 1859, 32 p. — Une excursion en Bourgogne, par le Vte Chifflet. Besançon, 1861, 32 p. (avec 2 gr. cartes).

19526. Auvergne. 9 pièces in-4. 7 fr. 50

Factum pour Franç. de Montgranat, chev., sgr de la Faye, appelant de la procédure faite par les juges du présidial d'Aurillac, accusé du crime de viol (sur la personne de Christine Puesch, soi-disant commis sur la grand'route, au milieu des montagnes d'Auvergne). 1705, 12 p. (Raccommodage ; pièce curieuse). — Proclamation du Roi sur le décret de l'Assemblée Nation. du 10 juill. 1790, concern. le recouvrement des deniers publics suspendus par les tentatives des gens malintentionnés, notamment au lieu d'Eglise-Neuve de Liard, dép. du Puy-de-Dôme. Rouen, 1790, 4 p. — Mémoire pour Ligier-Gibergues, prêtre-curé de la paroisse de Montmorin en Auvergne (accusé de prévarication dans ses fonctions), contre le nommé P. Jarriges et 4 ou 5 habitans de la même paroisse, se disant représenter leur communauté. 1773,

34 p. — Supplément aud. mémoire, 1774, 4 p. — Arrest du Parlement qui fait défense à tous ceux qui exercent des arts et métiers dans la ville de Murat, de faire l'exercice d'aucune confrairie, ni d'exiger aucuns droits des maîtres, compagnons, apprentis et ouvriers. 1778, 4 p. — Arrest du Parlement qui ordonne l'exécution d'une ordonnance rendue par les officiers de la prévôté royale de Murat concern. les alignements pour les constructions et reconstructions des bâtimens. 1788, 4 p. — Edit portant suppression de deux offices de notaires dans la ville de Lézoux. 1780, 3 p. — Arrest du Parlement qui enjoint aux syndics du bailliage de Salers de veiller à l'enterrement des bêtes mortes, fait défenses à toutes personnes de mener dans les pâturages publics, faire boire dans les ruisseaux et fontaines publiques aucunes bêtes malades, etc. 1781, 4 p. — Procès-verbal d'une délibération de l'ordre de la noblesse de la Haute-Auvergne en la salle des Frères-Prêcheurs de la ville de St-Flour. St-Flour, veuve Sardine et fils, imprimeurs. 1789, 4 p.

19527. Auvergne. 4 pièces in-4. 4 fr.

Lettres-patentes qui prorogent en faveur des vassaux du roi, dans la province d'Auvergne, jusqu'au 1er juillet 1780, les délais accordés pour rendre les foi et hommages dus à cause de son heureux avènement à la couronne. 1779, 4 p. — Lettres-patentes portant règlement pour la fabrication des toiles et toileries dans la généralité d'Auvergne. 1780, 8 p. — Lettres-patentes port. règlement pour la fabrication des étoffes de laine dans la généralité d'Auvergne. 1780, 7 p. — Règlement sur la formation des assemblées qui auront lieu dans la province d'Auvergne. 1787, 8 p.

19528. Clermont-Ferrand. 8 pièces in-4. 6 fr.

Extrait des registres de la Cour des Grands-Jours, séante à Clermont (sur les exactions des gentilshommes). 1665, 3 p. — Edit portant suppression de la Cour des Aides de Clermont-Ferrand. 1771, 4 p. — Arr. du Conseil d'Etat qui casse et annule un arrêt du Conseil supér. de Clermont-Ferrand, du 28 avril 1774, « par leq. il est fait défenses à l'adjudicataire des fermes générales d'approvisionner les dépôts de son ressort et d'y faire, par lui ou ses préposés, le débit du sel, avec injonction aux marchands, minotiers ou tournisseurs de continuer de faire l'approvisionnement et débits dans lesdits dépôts, etc. 1774, 4 p. — Procès-verbal de ce qui s'est passé au rétablissement de la Cour des Aides de Clermont-Ferrand. 1774, 12 p. — Déclaration du roi port. interdiction de la Cour des Aides de Clermont-Ferrand. 1782, 6 p. — Déclaration du roi portant rétablissement de la Cour des Aides de Clermont-Ferrand. 1782, 3 p. — Etc., etc.

19529. Clermont-Ferrand. Clergé constitutionnel. 1790-91. 9 pièces in-4. 12 fr.

A Nosseign. de l'Assemblée Nation. (les membres du Chapitre de St-Pierre de Clermont-Ferrand). Clermont-Ferrand, 1790, 7 p. — Disc. prononcé dans la séance du 19 décembre 1790, à la Société des Amis de la Constitution de Clermont-Ferrand, séante aux Carmes (relativement à l'abstention de fonctions du Chapitre de Clermont). Clermont-Ferrand, 1790, 7 p. — Lettre pastorale de l'évêque du départem. du Puy-de-Dôme. Clermont-Ferrand, 1791. 15 p. — Disc. prononcé par J.-F. Périer, évêque du Puy-de-Dôme, dans la cathédrale de Clermont-Ferrand, le 10 avril 1791. Clermont-Ferrand, 1791, 14 p. — Discours prononcé dans l'église cathédrale de Clermont-Ferrand par Sablon, maire, le jour de la prestation de serment de Périer, évêque 1791, 3 p. — Lettre pastorale de l'évêque du départem. du Puy-de-Dôme. 1791, 16 p. — Autre lettre pastorale de l'évêque du Puy-de-Dôme. 6 p. — Mandement de l'évêque du Puy-de-Dôme, qui ordonne que le *Te Deum* sera chanté dans toutes les églises de son diocèse. Clermont-Ferrand, 1791, 6 p. — Etc.

19530. Auvergne (Mélanges sur l'), auteurs auvergnats, etc. 7 opusc. et broch. in-8. 6 fr. 50

Un voyageur en Auvergne au xviie siècle, trad. et annoté par A. Vernière. Clermont, 1881, 28 p.

— Observ. sur les volcans d'Auvergne, par de Buch. trad. de l'allem, par Mme de Kleinschrod. Clermont. 1842, 116 p. — Le volcan de Montsineire (près Besse),et sa coulée de lave,par H.Lecoq. 15 p. — Catalogue des gentilshommes d'Auvergne et de Rouergue aux Etats-Généraux de 1789, par L. de la Roque et E. de Barthélemy. 1863, 35 p. — La veille des vacances de 1828 à Billom, élégie, par E. T. 1828, 16 p. — Exécration sur le détestable parricide trad. du lat. de Nic. Bourbon, par D.-F. Champflour, Clairmontois, prieur de St-Robert de Montferrand en Auvergne, publ. par E. Tricotel. 1871, 16 p. — Essais (en vers) ou étrennes par un jardinier ou si l'on veut par l'avocat Laitue, de Clermont-Ferrand. Clermont, 1822, 14 p.

19531. Riom. 4 pièces in-4.　　　5 fr.

Arrest de la Cour de Parlement concern. les clercs (portant condamnation contre Pierre-Guillaume, fils du bailly de Bourboule, pour coups d'épée portés le 27 avril 1735, à 9 heures du soir, au devant de la porte du Palais de la ville de Rioms, a Franç. de Neyrat, bourgeois de Fressenet, près Murat). 1736, 4 p. — Déclaration du Roi qui ordonne que la justice de Salers ressortira à la sénéchaussée de Riom. 1771, 3 p. — Arrêt du Conseil d'Etat du 24 mars 1711 qui reçoit l'abonnement de la généralité de Riom moyennant la somme de 62.959 livres, pour la suppression d'office d'inspecteur-conservateur général des domaines, 4 p. — Arrest du Cons. d'Etat portant règlem. pour la fourniture et vente des sels à Riom et autres lieux. 14 oct. 1774, 8 p.

19532. Poitou. 21 pièces in-4.　　15 fr.

Assemblée provinciale du Poitou. Poitiers, 1787, 15 p. — Edit faisant distraction des duchés d'Auvergne et de Mercœur, et donnant en remplacement le comté de Poitou. 1778, 6 p. — Edit concern. le droit de boisselage dans la province de Poitou. 1777, 6 p. — Arr du Parlem. qui fait défenses de tenir aucunes foires ni marchés, les jours de dimanches et de fêtes annuelles et solennelles dans les paroisses de la sénéchaussée de Poitiers. 1784, 4 p. — Liste des députés du bailliage de Poitou aux Etats-Généraux. (1789), 4 p. mss. — Liste des grands sénéchaux de Poitou (de 1177 à 1789). S. d., 4 p. mss. — Arrest du Parlem. qui ordonne que les particuliers, connus sous le nom d'huttiers, qui habitent dans les marais du Poitou, ne pourront avoir que la quantité d'oies qui leur sera fixée et qu'ils ne pourront les mener pâturer que dans les cantons désignés à cet effet, etc. 1782, 4 p — Arrest port. règlement pour les droits des greffiers, commis ou preposés à l'exercice du greffe de la sénéchaussée de Civray. 1781, 8 p. — Arrest qui ordonne que les curés et desservans des paroisses situées dans l'étendue du ressort de la sénéchaussée de Châtellerault, seront tenus de donner, sans frais, aux femmes de leurs paroisses qui seront chargées de la nourriture d'enfants trouvés, un certificat de l'existence desd. enfants. 1782, 4 p. — Arrêt qui ordonne l'exécution d'une ordonnance rendue par les officiers de la sénéchaussée de Châtellerault, pour l'agrandissement et les réparations des chemins de communication. 1788, 7 p. Lettres pat. concern. la répartition et le recouvrement des impositions de la ville de Loudun. 1787, 8 p. — Disc. sur l'Egalité, prononcé dans la séance publique de la Société des Amis de la Constitution, séante à Loudun, par Arnault. Chinon, imprim. de F. Breton, 1791, 16 p. — Feste de village, par Julien Collardeau, procureur du roi à Fontenay. (1637) (réimpress.), 11 p. — Factum pour Philippes Rivard, procureur au siège royal de Lusignan, contre P Le Conte, seigneur du Rivant, trésorier de France à Poitiers. (1671), 8 p. — Arr. qui fait défenses de tenir aucunes foires ni marchés, ni de s'occuper à aucunes œuvres serviles, les jours de dimanches et de fêtes annuelles et solennelles, dans les paroisses et bourgs du siège royal de Lusignan. 1779, 4 p. — Discours sur la ruine et démolition du château de Lusignan, par F de Corlieu Angoulême, 1860, 15 p. — Conjectures sur la signification d'Exauna-Magalanorum, ancienne dénomination de la commune de Mignalon, par Cardin. 30 p. — Essai sur les fresques de la chapelle de Jouhé-sur-Gartempe, près Montmo-

rillon (Vienne). 1852, 20 p. et 2 gr. planches, dont 1 en couleurs. — Etc., etc.

19533. Poitou. 4 documents manuscrits de l'année 1789.　　　10 fr.

Cayer de doléances de la ville et paroisses du pays Loudunois du mois de mars 1789. 7 p in-fol. Mss. — Doléance de la ville de Lusignan sur le veto royal, le veto suspensif et la composition du corps législatif en une ou deux chambres, envoyée à l'Ass. Nat. le 9 sept. 1789. 3 p. in-fol. mss. — Discours prononcé à l'assemblée des citoyens actifs lors de la composition de la nouvelle municipalité (de Lusignan), signé F-A. Presle, le jeune. 3 p. in-fol. Mss. — Adresse de la ville de Lusignan à l'Assemblée Nationale, du 21 juillet 1789. 1 p. in-4 mss.

19534. Poitou et Saintonge. 6 broch. in-8.　　　7 fr. 50

Les arts et métiers à Poitiers pendant les XIIIe, XIVe et XVe siècles, par de la Fontenelle de Vaudoré. Poitiers, 1837, 30 p.　La Fronde en Poitou, par le même. Poitiers, 1835, 20 p. — Recherches sur les peuples qui habitaient le nord de l'ancien Poitou, sur la Loire et la mer, lors de la conquête des Romains et de l'introd. du christianisme, par le même. Poitiers, 1835, 38 p. et 1 pl. — Simples notes sur q. q. pélerinages pieux, pratiques, usages, dans le diocèse de Poitiers, par M. H. Beauchet-Filleau. S. d., 36 p. (extr.). — Rapport sur les églises de St-Eutrope, de Saintes et de St-Junien, par Ch. des Moulins. 1848, 56 p. — Notice hist. sur la cathédrale de la Rochelle. La Rochelle, 1862, 132 p.

19535. Poitiers. 5 pièces et broch. in-4 et in-8.　　　7 fr. 50

Lettres patentes portant règlement relatif au Poids-le-Roi de la ville de Poitiers. 1780, 3 p. — Eloge de Louis XV, roi de France et de Navarre, surnommé le Bien-Aimé, prononcé dans la salle publ. des Ecoles de Droit de l'Université de Poitiers, le 18 janv. 1775, par Pontois. Poitiers, 1775, 21 p. — Edit port. création de 4 offices de Commissaires au siège de la Police de la ville de Poitiers. 1788, 3 p. — Mandement de l'évêque de Poitiers, qui ordonne des prières publiq. pour attirer les bénédictions du ciel sur le royaume. Poitiers, 1789, 15 p. — Tables des manuscrits de D. Fonteneau conservés à Poitiers. 1855, 48 p.

19536. Aunis, Saintonge, Angoumois, Vendée. 12 broch. ou pièces in-8 et in-4. 8 fr.

Rapport d'une confédération pour le maintien de la Constitution par les représentations des troupes nationales des Provinces d'Aunis, de Saintonge, de quelques parties du Poitou et de l'Angoumois, adressé à l'Ass. Nation. 1790, 14 p. — Mémoire présenté au comité de Constitution pour la division du royaume en départements par les députés de l'Aunis. 1787, 12 p. — Pièces pour servir à l'hist. de Saintonge et d'Aunis. Saintes, 1863, 8 p. — Arrest du Parlem. qui fait défenses à toutes personnes de s'assembler ni de s'attrouper le jour de Pâques dans la paroisse de Rouillac, le jour de la Pentecôte dans la paroisse de Cettefroüin, etc., etc. 1781, 7 p. — Disc. du maire de Chabanais, à la suite de celui du commissaire venu pour recruter afin de mettre les troupes de ligne au complet 2 p. mss. (1792). Mémoire signifié pour P. Guillet. contre dom J. B. Vitier, prêtre, prieur de l'abbaye de la Frenade. 1736, 10 p. in-fol. — Le château d'Aux en 1794, rectification historique concernant la Révolution, par Dugast-Matifeux. S. d., 36 p. — Le pays de Rais et Rézé sa capitale, par l'abbé Belley, d'Anville et Lagedant, avec notice biographique par Dugast-Matifeux. Nantes, 1868, 40 p. — La Vendée, ode par J. L. F., garde du corps du Roi. 1819, 12 p.— Etc.

19537. La Rochelle, Cognac, Rochefort, Saintes, etc. — 17 pièces in-4 et in-8. 12 fr.

Relation de ce qui s'est passé à la prise de la tour de S Nicolas à la Rochelle, par l'armée du Roy, commandée par le c^{te} d'Harcourt. 1651, 8 p. — Journal de tout ce qui s'est passé dans les dern. mouvemens de la Rochelle, et qui avoit esté obmis dans les précéd. relations : avec la lettre du comte d'Harcourt au S^r d'Estissac sur le dern. combat d'entre luy et le prince de Condé. 1651, 12 p. — Arrest qui homologue une sentence rendue en la sénéchaussée de La Rochelle, qui règle les fonctions des jurés-crieurs-trompettes de la ville et fixe les droits qu'ils doivent percevoir. 1784, 7 p. — Arr. qui fait défenses de tenir aucunes foires ni marchés les jours de dimanches et de fêtes annuelles et solennelles, dans les villes et paroisses de la sénéchaussée de La Rochelle. 1780, 4 p. — Arrest du Parlem. qui homologue une ordonnance rendue par les officiers de la sénéchaussée de La Rochelle, pour les registres de baptêmes, mariages et sépultures. 1785, 6 p. — Le véritable journal de tout ce qui s'est passé pend. le siège de Coignac : et comme quoy il a esté levé en présence de M le Prince le 15 nov. 1651. 1651, 8 p. — Relation véritable de la défaite de 500 chevaux de l'armée de M. le Prince, par le Comte d'Harcourt. Poictiers (1651), 8 p. — Lettres patentes contenant le port et l'arsenal de Rochefort. 1777, 6 p. — Notice sur les antiquités de la ville de Saintes, découv. en 1815 et 1816 par Chaudruc de Crazannes. 1817, 50 p. et 1 pl. — Arr. du nouv. Conseil d'Estat pour l'établissement d'une nouv. manière de lever la taille dans l'élection de Xaintes 1718, 8 p. — Mandement de l'Evêque de Saintes, qui ordonne des prières publ. pour la cessation des troubles qui agitent la France. Saintes, 1789, 15 p. — Naufrage de la chaloupe « La Suzanne », du port de Royan. Relation tirée d'une lettre écrite à ce sujet, par Brochot, D. M., à Royan, sous la date du 20 mai 1824, à l'un de ses amis de Rochefort. Saintes, s. d., 8 p. — Response de M. le Prince, à la lettre des Bourgeois de Paris, sur le sujet de la marche du cardinal Mazarin vers la Cour, par laquelle l'on est instruit des particularitez qui se passent dans les deux armées. Pons, 8 janvier 1652, 13 p. — Etc., etc.

19538. Loire-Inférieure. 12 pièces et broch. in-8 et in-4. 6 fr. 50

Observat. sur le prétendu fédéralisme du départem. de la Loire-Infér. (1793), 16 p. — Adresse des citoyens de la Loire-Intér. à la Convention Nationale. Arras (1793), 8 p. — Rapport sur les troubles antérieurs fait à l'Ass. Nation. au nom de la commission des 12, par Français, député de la Loire-Infér. 1792, 47 p. — Rapport fait par Talot au nom de la commission militaire sur la situation des départem. de l'Ouest et sur la création de 7 légions, composées chacune des compagnies franches et d'habitans des départ. de la Sarthe, de l'Orne, de la Mayenne, d'Ille-et-Vilaine, du Morbihan, de la Loire-Infér. et du Maine-et-Loire. An 7, 18 p. — Disc. prononcé à l'Assemblée des Electeurs du district de Clisson, le 10 mai 1790, par Dubouaix, président. Nantes, A. J Malassis (1790), 10 p. — Doléances de la ville et châtellenie de Clisson. (1784), 5 p. Mss. — Le prieuré des Couëts en 1554, déclaration des terres, rentes et revenus de cette communauté, publ. par S. de la Nicollière. Nantes, 1868, 44 p. — Règlement de police et sûreté pour les places, villes et communes de l'arrondissement de la grande division de l'Ouest, armée des Côtes de l'Océan, par le général Rey. Nantes, A. J. Malassis (1794), 34 p. — Etc., etc.

19539. Rouergue. 11 pièces imprimées et manuscrites in-4 et in-8. 12 fr.

Advertissement en la cause des Srs Reymond, Jean et Jacques Loubers contre Ant. Ravaille, advocat en la senéchaussée de Rouergue (vers 1650), 12 p. — Extr. des registres des délibérations de la ville de Millau, en Rouergue. (1789), 4 p. — Motion faite par le Mis de Montcalm Gozon, député de Ville-Franche-en-Rouergue, le 31 déc. 1789. 7 p. — Commissaires nommés par l'Assemblée Nation. du Tiers-Etat de la Sénéchaussée de Rouergue. (1789), 16 p. — Opinion de J. B. Bo, député du départem. de l'Aveyron à la Convention Nat. sur le jugement de Louis-Capet. 4 p. — Relat. édifiante de la conversion d'un ouvrier de la campagne (Rouergue). 16 p. Mss., 1760. — Notice sur le château et la chapelle de Gozon, par J. de Gissac. Caen, 1863, 8 p. — Topographie phys. et médicale du territoire d'Aubin et analyse des eaux minérales de Cranzac, par Murat. Rodez, an XIII, 53 p. — Relation de ce qui s'est passé dans la ville

de Sauveterre (de Rouergue) le 13 déc. 1789 et jours suivants (émeute à main armée, pillage des châteaux, etc.). 12 pag. in-4, Mss du temps (Document original). — Adresse du Directoire du district de Sauveterre à l'Assemblée Nationale le 4 juillet 1791. 3 p. Mss. in-4. — Autre adresse mss. 2 p. in-4, signée : *Dupuy*, maire.

19540. Avignon. Révolution. 20 pièces in-4 et in-8. 10 fr.

Disc. de Pétion sur la réunion d'Avignon à la France. 20 juin 1790, 20 p. — Procès-verbal du récensement des délibérations des 9 sections ou districts compos. l'assemblée générale des citoyens actifs de la ville d'Avignon, tenue le 26 octobre 1790. 3 p. — Opinion de Stan. Clermont-Tonnerre, sur l'affaire d'Avignon. 1791, 46 p. — Lettre des officiers municipaux d'Avignon au Roi. 1791, 3 p. — Signalement des prisonniers échappés des prisons d'Avignon. 1792, 3 p — Démission de Audiffret le jeune, de sa charge d'officier municipal d'Avignon, et son adresse au peuple Avignonois. 1790, 16 p. — Bulletin conten. la résultat de la séance du soir du 20 novembre, concern. l'affaire d'Avignon, et apporté à la municipalité par son courrier extraordinaire. (1790), 2 p. — Proclamation de Rovere et Poultier, délégués dans les départem. méridionaux et spécialem. chargés de l'organisation du dép. du Vaucluse. Avignon, 1793, 4 p. — Etc., etc., etc.

19541. Métrologie ou tables pour servir à l'intellig des poids et mesures des anciens et princip. à déterminer la valeur des monnoies grecques et romaines, d'après leur rapport avec les poids, les mesures et le numéraire act. de la France, par de Romé de l'Isle. 1789, in-4, v. vert quadrillé, dent. (Bel exemplaire). 5 fr.

19542. Métrologies constitutionnelle et primitive comparées entre elles et avec la métrologie d'ordonnances, par Lesparat. An X, 2 tom. en un vol. in-4, v. fauve, fil. 6 fr.

Intéressant ouvrage sur le nouveau système métrique décimal (métrologie constitutionnelle), comparaison avec les mesures en usage jusque là (métrologie d'ordonnances) et les systèmes métriques des plus anciens peuples (métrologie primitive).

19543. Monnoyes (Evaluation du prix que le roy veut et ord. estre payé aux hostels des) et par les changeurs, des barres, lingots, espèces anc., matières et vaisselles d'or et d'argent qui y seront apport. 1786, in-4, 16 p. 1 fr. 50

19544. Médailles antiques (Dissertat. sur l'époque de la mort d'Antiochus VII Evergètes Sidétes, roi de Syrie, sur deux) de ce prince et sur un passage du 2e livre des Macchabées, par Tochon d'Annecy. 1815, in-4, de 72 pag., fig. de méd., cart. 1 fr. 50

19545. Médailles (Catalogue rais. d'une collection de). S. l. (Leipzig), 1774, in-4, fig. de médailles, v. m. (Bel exemplaire). 5 fr.

19546. Noblesse de France (Armorial historique de la), par de Milleville. S. d., gr. in-8, vues de châteaux et d'armoiries, dem.-rel., v. br. 10 fr.

19547. Cibrario (Luigi). Descrizione storica degli Ordini Cavallereschi. Torino, 1846, 2 tom. en 1 vol. gr. in-8, avec nombr. planches coloriées à la main, dem.-rel., mar. rouge. 15 fr.

Ouvrage estimé sur les ordres de chevalerie existant actuellement avec leurs insignes et décorations.

19548. Ordre Teutonique (Annales de l') ou de Ste-Marie-de-Jérusalem dep. s. origine jusqu'à nos jours et du service de santé volontaire av. les listes officielles des chevaliers et des affiliés, par F. Salles. Vienne, 1887, gr. in-8, dem.-rel., v. n. 10 fr.

19549. **Noblesse** (Traité de la) de ses différ. espèces, de son origine du gentilhomme de nom et d'armes, des Bannerets des bacheliers, des ecuyers et de l. differences, du gentilhomme de 4 lignes, du noble de race, de la noblesse paternelle et de la maternelle, de la noblesse par adoption, de l'origine des fiefs, etc, etc., par de La Roque. Rouen, 1710, in-4, veau fauve. 12 fr.

Bel exemplaire auquel on a joint un cahier manuscrit du XVIII⁰ siècle contenant une table spéciale de matières avec l'ex-libris du Baron de Cayx de St-Aymour.

19550. **Pairie de France** (Hist. de la) et du parlem. de Paris, où l'on traite aussi des electeurs de l'empire et du cardinalat, par D. B. Londres, 1740, in-12, front, v. m. 2 fr.

Ouvrage attribué au comte de Boulainvilliers et par les continuateurs du P. Le Long à Le Laboureur. D'après Quérard, l'auteur serait Levesque de Burigny.

19551. **Montignot.** Dictionnaire de Diplomatique ou étimologies des termes de la basse latinité, pour serv. à l'intelligence des archives, chartes, etc., etc. 1789, in-8, v. marbr. 5 fr.

19552. **Catalogue** des livres et estampes du comte de Pontchartrain, par J. Boudot. 1747, in-8, v. m. 2 fr. 50

Avec les prix de vente notés en marge à chaque article.

19553. **Catalogue** des livres de la biblioth. de J. J. Brunet, membre de la ci-devant Société royale des Sc. de Montpellier, vendue à Montpellier. Montpellier, an VIII, in-8, br. 3 fr. 50

Bibliothèque importante comprenant plus de 1000 Numéros avec quelques estampes, gravures en couleurs et autres objets. La vente a eu lieu de gré à gré d'après des prix établis et imprimés pour chaque article du catalogue.

19554. **L'origine et les progrés de l'Imprimerie** (Traités histor. et critiques sur), par Fournier le jeune, graveur et fondeur de caractères d'imprimerie. Paris, Barbou (1759-63), in-8, v. marbre. Bel exemplaire. 15 fr.

Ce volume contient les cinq traités suivants : Dissertation sur l'origine et les progrès de l'art de graver en bois. 1758. — De l'origine et des productions de l'Imprimerie primitive en taille de bois. 1759. — De sur un ouvrage intitulé *Vindiciæ typographicæ*. 1760. — Remarque sur un ouvrage inutulé : *Lettre sur l'origine de l'Imprimerie*. 1761. — Lettre à Fréron au sujet de l'edition d'une Bible annoncée pour être la première production de l'Imprimerie.

19555. **Invention de l'Imprimerie** (De l') ou analyse des deux ouvrages publiés sur cette matiere par Metrman, suivi d'une notice chronolog. et raisonnée des livres avec et sans date imprimés avant l'année 1501, par Jacq. Visser, et augmenté d'environ 200 articles par l'éditeur (par Janssen). 1809, in-8, br. 5 fr.

19556. **Origine de l'Imprimerie** (Recherches historiques, littér. et crit. sur l'), particulièrem. dans la Belgique, portraits et écussons des premiers imprimeurs belges, par Lambinet. Brux., an VII, in-8, dem.-rel., v. vert, non rogné. 6 fr.

19557. **Typographie** (Essai sur la), par Ambr. Firmin Didot. 1851, in-8 à 2 col., br. 4 fr.

Avec 4 planches et une généalogie de la famille des Estienne. On trouve dans cet ouvrage une histoire de l'invention et des origines de la typographie, des notices sur les imprimeurs les plus célèbres et sur l'introduction de l'imprimerie dans les principales villes d'Europe. — Exemplaire avec envoi d'auteur signé.

19558. **Annales Plantiniennes** depuis la fondation de l'Imprimerie Plantinienne à Anvers jusqu'à la mort de Chr. Plantin (1555-1589), par C. Ruelens et A. de Backer. 1866, in-8, avec 1 portr. de Plantin, br. 10 fr.

19559. **Imprimerie à Venise.** La stampa in Venezia dalla sua origine alla morte di Aldo Manuzio seniore, ragionamente storico di Castellani. Venezia, 1889, in-8, br. 5 fr.

19560. **Lithographie** (Notice sur la) ou l'art d'imprimer sur pierre, par M...... (Mairet). Dijon, 1818, in-12, av. 5 planch. lithogr. sur pap. fort, br., non rogné. 3 fr. 50

19561. **Révolution de Russie** (Histoires ou anecdotes sur la) en l'année 1762, par de Rulhière. An V, in-8, dem.-rel. 4 fr.

Relation ingénieuse et piquante plusieurs fois réimprimée depuis.

19562. **Relation** d'un voyage à Bruxelles et à Coblentz en 1791. Paris, 1823, in-8, dem.-rel. 2 fr. 50

Cette relation est attribuée au roi Louis XVIII.

19563. **Cour pléniére** (La), héroï-tragi-comédie, en trois actes et en prose, jouée le 14 juillet 1788, par une société d'amateurs, dans un chasteau des environs de Versailles, par l'abbé de Vermond. 1788, in-8, br. 3 fr.

De Vermond est le pseudonyme de Duvergier, avocat au Parlement.

19564. **Portefeuille d'un talon rouge,** contenant des anecdotes galantes et secrettes de la Cour de France. A Paris, de l'imprimerie du Comte de Paradès, 178* (1780), très pet. in-8 carré, de 42 pag., br., non rogné. 12 fr.

Libelle piquant sur les mœurs de la Cour de Louis XVI. Il commence par cette apostrophe à un académicien : « Vous êtes donc fou, mon cher La H*** (La Harpe) ? Vous voulez, dit-on, écrire l'histoire des Tribades de Versailles. Serez-vous assez effronté pour salir vos diatribes de ces horreurs et de vos œuvres en faire le journal de Sodome et de Gomorrhe ? » La *Bibliographie des ouvrages relatifs a l'amour et aux femmes*, par Gay, l'apprecie ainsi : « Pièce satirique d'une violence inouïe et dans laquelle se trouvent des faits scandaleux qu'on ne trouve pas ailleurs. Elle est d'une excessive rareté, les exemplaires ayant été en partie détruits. » Le Comte de Paradès, auquel la *Biographie Universelle* a consacré un assez long article, est un aventurier mort en 1786. — L'impression de ce libelle a été faite clandestinement a l'étranger. — Bel exemplaire absolument non rogné. — Vendu 48 fr. en 1863 et jusqu'à 85 fr. en 1870.

19565. **Affaire du Collier.** Mémoire pour Jeanne de St-Rémy Valois, C***** de la Motte, contre le Cardinal de Rohan, par Me Doillot, avocat. 1785, in-8, dem.-rel. 4 fr.

19566. **Affaire du Collier.** Mémoire pour L. Ed. de Rohan, cardinal, contre le procureur général, en présence de la dame de la Motte, du Sr de Villette, de la dlle d'Oliva et du Sr comte de Cagliostro, coaccusés, M⁰ Target, avocat. Liège, 1786, in-12, br. 2 fr. 50

19567. **Dauphiné** (Auteurs du). La Piperie des Ministres et fausseté de la Religion prétendue Réformée ; ensemble la Vérité catholique recogneues par le Sⁱ de Pasthée, gentilhomme Dauphinois, advocat au Parlement de Grenoble Lyon, 1620, in 8, d'environ 600 pag., titre gravé, vél. 15 fr.

Livre très rare.

19568. **Sens** (Auteurs de). Eschantillon de l'admirable Grammatosophie par laquelle sans estudier, pourveu qu'on sache lire et escrire on composera soudainement en latin et en françois lettres secretes ou intelligibles à tous, nécessaire surtout aux jeunes escolliers et à tous ceux qui escrivants à leurs amis ne veulent pas estre descouverts par François de Douchy, Senonois. Paris, Touss. Boutellier, imprimeur (1605). — Proposition présentée au Roy d'une escriture universelle, admirable pour ses effects, très utile et nécessaire à tous les hommes de la terre, par J Douet, Sieur de Romperoissant. Paris, Jacq. Dugast, 1627. — 2 opusc. en 1 vol. pet. in-8, v. 30 fr.

Opuscules fort curieux et presque introuvables. — Le premier est cité par Brunet, et d'une façon incomplète, d'après l'exemplaire de la Bibliothèque Nationale, le seul connu. Quant à l'autre, il n'est pas cité par les bibliographes.

19569. **Champagne.** Véritable histoire de Louise Fleuriot ou le Beau-Toquat, par Ant. Chalignes. Troyes, 1852. Plaquette in-8 avec portr. de Louise, cart. à la Brad. 2 fr. 50

Louise Fleuriot, originaire de Lusigny, fut guillotinée comme incendiaire à Troyes.

19570. **Corrard de Bréban.** Notice sur la vie et les œuvres de François Girardon, de Troyes, sculpteur ordinaire du Roi. Troyes, 1850, in-8, dem.-rel. 2 fr. 50

19571. **Artois** (Notice de l'état ancien et moderne de la province et comté d'), par M*** (A. L. F. Bultet). 1748, in-12, v. marbr. 5 fr.

19572. **Nivernois** (Histoire du pays et du duché de), par Guy Coquille, Sⁱ de Romenay. 1612, in-4, parch. 12 fr.

Coquille, né à Decize, fut un des jurisconsultes les plus érudits du XVIⁱ siècle, ami de Brantome et en relation avec Bacon ; son histoire du Nivernais passe pour exacte et fidèle.

19573. **Limousin** (Arrests du Grand Conseil et Conseil d'Estat pour le rasement et le desmolissement de la place et chasteau de Sédières en), av. la commission donnée au Sⁱ de Machault pour l'exécution desd. arrests. 1620, pet. in-8, couv. pap. 8 fr.

Condamnation de Ch. de Sédières, contumax, à avoir la tête tranchée et ses biens confisqués pour avoir assassiné, à Sédières, son beau-frère, François de Montlaur, gouverneur de Montpellier. Pièce très rare, mais un peu trop rognée.

19574. **Anjou.** 7 pièces et broch. in-4, in-8 et in-fol. 7 fr. 50

Les administrateurs du départem de Maine-et-Loire à leurs concitoyens de tous les départements. Laval, imprim. Nation. de Faur et Cⁱᵉ, 1793, 7 p. — Arrêt du Parlem. portant règlement pour la distribution en pain à faire aux pauvres de la paroisse de Ligron. 1789, 4 p. — Mémoire pour Esprit, maître des comptes, Eprit de St-André, chevalier de St-Louis, lieutenant-colonel de carabiniers, et les demoiselles Esprit, contre Gaultier, notaire à Beaupréau. 1756, 11 p. in-fol. — Arr. qui ordonne que les droits de péage et passage qui se lèvent sur les marchandises et den-

rées aux lieux de Lude, Duretal, etc, continueront d'être assujettis aux 8 sous pour livre. 1773, 4 p. — Edit port que la sénéchaussée de Beaumont-le-Vicomte ressortira à celle de la Flèche 1773, 3 p. — Adresse d Et.-Alex. Allard, citoyen d'Angers, aux Français, Angers, nov. 1791. Angers, de l'imprim des deux amis Jahyer et Geslin. 4 p. — Etc , etc.

19575. **Vexin.** 5 pièces in-4 et in-8. 5 fr.

Une tournée d'inspection dans le Vexin, par un maître des requêtes. en 1648, par J. Félix. Rouen, 1877, 23 p. — Arrest du Conseil en fav de Dégarnier, gouverneur pour le Roy dans la ville de Chaumont-en-Vexin. 1711, 4 p. — Arrest du Parlem. rendu contre différ. particuliers du Vexin françois, accusez et convaincus d'avoir écrit, fait et porté des billets de menaces, et d'en avoir mis à exécution ; et contre d'autres accusez de braconnage avec attroupements, etc. 1730, 6 p. — Représentations par les habitans des sept villes de Bleu au gouvernement, sur un rapport du ministre des finances qui tend à les déposséder de leurs propriétés. An XII, 59 p. — Mémoire pour la dame Félicité Foubert. femme Hanard, autorisée à se retirer et résidente chez Mauger, son beau-frère, propriétaire demeurant a Etrépagny, demanderesse en séparation de corps et défenderesse incidente en adultère, contre F.-L. Hanard, son mari, demeurant à Hébécourt, défendeur de la séparation de corps, demandeur incident en adultère. Gournay, 1811, 70 p.

19576. **Le Hâvre.** 1789-90. 8 pièces in-4. 10 fr.

Respectueuse et instante sollicitation auprès de l'Assemblée tenue en l'Hôtel de Ville du Hâvre, avant de nommer les électeurs des députés aux Etats libres et généraux indiqués par Sa Majesté pour le 27 avril 1789 (par Laignel, ancien maire-échevin du Hâvre) 9 p. — Copie de la lettre écrite par les commissaires de la garde nation. de Rouen, nommés pour la formation du pacte fédératif représentant tous les régimes, aux officiers de la garde nat. du Hâvre. Hâvre, imprim. de P.-G.-D. Fauré. 1790, 4 p. — Adresse des marins du Hâvre aux citoyens du départem. du Hâvre embarqués sur l'armée actuellement à Brest (1790). Au Hâvre, imprim. de Faure, 3 p. — Convocation d'assemblée, au 3 février 1790, pour l'élection de la municipalité. Hâvre, imprim. de Faure (1790), 8 p. — Adresse de la commune du Hâvre de Grâce à l'Assemblée Nat. Hâvre, imprim. de Faure (1790), 12 p. — Compte d achats et ventes faits dep. le 4 mai 1789 jusqu'au 5 février 1790, par les officiers municipaux du Hâvre, pour la subsistance de la ville. 1790, 3 p. in-fol. — Etc., etc.

19577. **Alençon.** 12 pièces et broch. in-4 et in-8. 10 fr.

Lettres-patentes qui accordent à Monsieur, frère du Roi, pour supplément d'apanage, le duché d'Alençon et la forêt de Senonches. 1775, 4 p. — Lettres-patentes qui autorisent le même à faire procéder à la confection du terrier de la vicomté d'Alençon. 1779, 7 p. — Antiquaire de la ville d'Alençon ou factum historique pour l'église de St-Léonard d'Alençon, par Loisphelin Chaufailly. MVCLXXV. Réimpression publ. et annotée par H. de la Sicotière. 1868, 46 p. — Arrest qui enjoint à tous habitans d'Alençon faisant commerce de tenir dans lad. ville le siège de leur trafic, boutique ou magasin, à peine de confiscation de leurs marchandises. 1710, 7 p. — Plaidoyé pour F. Courtin, sous-fermier des domaines du Roy de la généralité d'Alençon, contre Elisabeth Tricot. 1736, 13 p. — Lettres-patentes qui ordonnent que tous les actes d'hommages, aveux et dénombremens, déclarations et autres titres concern. les domaines des duché d'Alençon et comté de Perche, seront déposés en la Chambre des Comptes, à Paris. 1775, 3 p. — Adresse de remercîments présent au Roy par les officiers municipaux de la ville d'Alençon. 1789, 13 p. — Discours pour la fédération du départem. de l'Orne, prononcé à Alençon par Lehèvre, vicaire épiscopal, le 14 juillet 1791. Alençon, imprim. de Malassis La Cussonniere, 1791, 28 p. — La légende de Marie Anson, par L. de la Sicotière. 38 p. — Les ducs d'Alençon, par Clov. de Maule. 1844, 32 p. — Lettres-patentes qui réunissent au duché d'Alençon différ. objets dépendans des domaines d'Argentan et d'Exmes, pour jouir par Monsieur, frère du Roi, desdits objets réunis, comme faisant partie du duché d'Alençon. 1776, 4 p. — Arrest qui déboute Jacques Ameline, boucher à St-Christophe, de son opposition à l'ordonnance de l'intendant d'Alençon, fait défense aux bouchers de campagne de transporter de la viande hors de leur domicile, sans une déclaration au plus prochain bureau du fermier. 1773, 6 p.

19578. Aube (Département de l'). 19 pièces in-8 et in-4.   10 fr.

Adresse du dép. de l'Aube à l'Assemblée Nat. 1790, 3 p. — Adresse du directoire de l'Aube aux citoyens du département. 1791, 10 p. — Notes sur quelq. plantes observées dans le dép. de l'Aube, par S. des Etangs. 1841, 28 p. ; et recherches sur ces plantes, par N.-S-Ch. des Etangs. 1832, 24 p — Discours de Raverat, vice-président de l'administration centrale de l'Aube, à la cérémonie du drapeau, le 23 vendémiaire an VIII. Troyes, s d., 19 p. — Liste des électeurs du dép. de l'Aube. 1790, 32 p. — Discours d'A. Rousselin, commissaire civil dans le dép. de l'Aube. en renouvellant ce dép. séant à Troyes. S. d., 16 p. — Discours de Jaillant, commissaire près le tribunal criminel de l'Aube, prononcé le 6 germinal an II (1793), 3 p. — Discours de Rousselin, commissaire civil de l'Aube. 11 p. — Discours que Perrin, officier municip de Troyes, prononcera le 3 mai 1790. 14 p. — L'empereur Alexandre à Bar-sur-Aube, en 1814. 48 p — Observ. sur l'établissem. d'un district à Ervy (1790). 8 p. — Adresse au canton primaire d'Isle-Aumont, pour la formation de sa garde nationale, par Lejeune, curé de Cléry. Troyes (1790), 8 p. — Tableau statist. du dép. de l'Aube, par Bruslé. An X, 116 p. — Essais histor. sur la ville de Bar-sur-Aube, publ. d'après un ms. inédit port. la date de 1785, par J. F. G. 1838 (tiré à 100 exempl.). 42 p — Rapport sur la pêche fluviale dans le départem. de l'Aube. Troyes, 1851, 38 p. — Etc, etc.

19579. Limousin, St-Yrieix, St-Léonard. 5 pièces in-4 et in-fol., imprim. et manuscrites.   10 fr.

Cahier de la noblessse des sénéchaussées de Limoges et St-Yrieix, dans le Haut-Limousin. Limoges (1789), 26 p. — Règlement concern. l'établissement de la troupe nationale de la ville de St-Yrieix. 4 p. in-fol. Mss. — Discours prononcé le 2 août de l'année 1789, devant les communes assemblées de la ville de St-Yrieix, par Gondinet, maire. 14 p. in-4 mss. — District de St-Léonard. Tableau de la population. 2 p. in-fol. Mss. — Autre discours prononcé le 1er mars 1789 devant l'assemblée des députés du Tiers-Etat de la ville et municipalité de St-Yrieix, par Gondinet, maire de cette ville. 8 p. in-4 Mss.

19580. Limoges, Hte-Vienne. 10 pièces et broch. in-4, in-fol. et in-8, imprimées et manuscrites.   7 fr. 50

Les trois chevaliers défenseurs de la cité de Limoges (1370), par l'abbé Arbelot. Limoges, 1858, 20 p. — Cathédrale de Limoges, histoire et description, par le même. 1852, 80 p. — Lettres-patentes port. règlement pour la fabrication des toiles et toileries dans la généralité de Limoges. 1781, 4 p. — Mémoire sur la généralité de Limoges ; rapport des Intendants 1698. 14 p. in-fol. Mss. d'une écriture très fine. — Administration du département de la Haute-Vienne. 1791, 3 p. in-fol. mss. — Déclaration réunissant le marquisat de Pompadour à la vicomté de Limoges. 1774, 4 p. — Arrêt fais défense aux cabaretiers et aubergistes demeurant dans l'étendue du siège royal de Dorat, de donner à boire les dimanches et fêtes, pend. le temps du service divin. 1782, 4 p. — Etc., etc.

19581. Mâcon. 12 pièces in-4 et in-8.   8 fr.

Edit qui permet la clôture des héritages dans le Mâconnois, Auxerrois et Bar-sur-Seine. 1771, 3 p. — Edit port. rétablissement des deux sièges du bailliage et de l'élection dans la province du Mâconnois. 1776, 4 p. — Edit port. suppression des juridictions des traites et des gabelles de la ville

de Mâcon et des offices qui y ont été créés 1779, 4 p. — Lettres-patentes qui autorisent les Etats du Mâconnais à emprunter une somme de 320.000 livres, à employer à la navigation de la Saône, et qui leur accorde une remise de 200.000 livres sur le bail du péage de Mâcon. 1784. 4 p — Arr. qui ordonne qu'une ordonnance rendue par les officiers du siège de la police de la ville de Mâcon, pour prévenir les incendies et faire procurer, en cas d'incendie, les secours nécessaires, sera exécutée. 1786, 11 p. — Arrêt qui fait défenses à toutes personnes, de quelque qualité et condition qu'elles puissent être, de s'assembler et de s'attrouper, soit les jours de fêtes de patron, soit à l'occasion des mariages, dans aucun temps de l'année et sous aucun prétexte, dans les paroisses situées dans l'étendue du ressort du bailliage de Mâcon, etc. ; fait défenses d'établir aucunes danses publiques, etc. 1787, 4 p. — Protestations du bailliage et présidial de Mâcon. (1788), 3 p. — Ravages et dévastations du Mâconnois et de la Haute-Bourgogne, avec la copie des actes de renonciation à leurs terriers, faites par la noblesse de l'un et de l'autre ordre du Mâconnois. 15 p. — Arrêté du Directoire de Saône-et-Loire relatif à l'organisation des gardes nationales. 6 p. — Mandement de l'évêque de Mâcon qui ordonne des prières de 40 h. dans les églises du diocèse, pour le rétablissem. de la tranquillité publ. Mâcon, imprim. de J.-Phil. Goery. 1789, 10 p.

19582. Dauphiné. 17 pièces ou broch. in-8 et in-4.   6 fr. 50

Evénements du VIIe et du VIIIe siècles relat. à l'hist. dauphinoise, par Chérias. 1871, 40 p. — Remontrances du Parlement de Dauphiné au Roi. 1763, 19 p. — Delphinalia (guerres de religion en Dauphiné), publ. par H. Gariel. Grenoble, 1855, 66 p. — Arrêt fixant à 3 livres 10 s. par quintal les droits à percevoir sur le verdet fabriqué en Dauphiné. 1784. 2 p. — Mandat donné par les membres des Etats de Dauphiné et leurs adjoints aux députés de la province aux Etats-Généraux. (1789), 4 p. mss. — Exposé de ma conduite dans l'Assemblée nationale et motifs de mon retour en Dauphiné, par Mounier. Grenoble, 1789, 123 p. — Procès-verbaux de prétation (sic) du serment des commissaires du roy pour la formation des corps administratifs de l'Isère. (1790), 4 p. in-fol. mss.— Quelq. faits histor. relat. à l'élection de Gregoire en 1819, dans le dép. de l'Isère, par Choppin-d'Arnouville. 1820. 16 p. — Les Alpes du Dauphiné, par E. Debriges. 1885, 47 p., avec fig. — Esquisses histor. sur St-André-en-Royaus, St-Robert et les Ecougès (Isère), par l'abbé L. Clerc-Jacquier. Valence, 1867, 72 p. — Les dern. moments de Bayard, poème. 1815, 15 p. — Etc., etc.

19583. Haute-Loire. 5 broch. in-8 et in-4.   7 fr. 50

Calendrier de l'église du Puy-en-Velay au moyen-âge, publ. par A. Chassaing. 1882, 34 p. — Les vignes du Puy, notes historiques par P. Le Blanc. Le Puy, 1869, 20 p. — Arrest du Parlement port. règlement pour l'administration des biens et revenus des pauvres de la ville de Brioude. 1788, 12 p. — Arr. du Parlement qui fait défenses de tenir aucunes foires ou marchés, ni aucunes assemblées, les jours de dimanches et de fêtes annuelles et solennelles. dans la ville de Langeac et dans les paroisses et bourgs situés dans l'étendue du ressort du bailliage de St-Flour. etc., etc. 1779, 4 p. — Notice sur Chomelix-le-Bas, par l'abbé Peyrard. S. d., 22 p. (Envoi d'auteur). — Pétition des administrateurs compos. les directoires des dép. du Puy-de-Dôme, du Cantal et de la Haute-Loire à l'Assemblée nation. (relativ. à la répartition des dépenses pour les ponts et chaussées). 1790, 8 p.

19584. Forez, Velay. 7 pièces et broch. de différ. formats.   5 fr.

Opinion de Goulard, député du Forez, sur le projet du comité ecclésiastique pour l'organisation du clergé. (1790), 43 p. — Arrêt qui homologue une ordonnance des officiers de Feurs, pour l'exécution des règlemens concern. la police et l'ordre public. (1788), 12 p. — Edit du Roy port. réduction des offices de notaire de la ville de Puy-en-Velay, au nombre de dix. 1785, 4 p. — Lettre pastorale de l'évêque de la Haute-Loire. Le Puy, imprim. de Crespy et Guillaume, imprimeurs-libraires, 1791, 23 p. — Notes chronolog. sur les abbés de St-Chaffre. Le Puy-en-Velay, 1881, 72 p. — Dialogue sur le mot d'un invalide et sur le déluge d'ouvrages qu'il a fait pleuvoir, par A. Hazard. St-Etienne, 1821, 24 p. — Voyage au Mont-Pilat, ou visite à mon pays, par Larullière. S. d , 24 p. à 4 col. (Feuilleton découpé du *Mémorial*).

19585. Vivarais, Ardèche, Cévennes. 9 pièces et broch. in-8 et in-4, et 1 affiche-placard in-fol. — Ens. 10 pièces.   7 fr. 50

Recherches sur les inscriptions du Vivarais, par H. Vaschalde. Valence, 1888, 29 p. — Délibération de la ville de Barjac, prise en Conseil général. Bourg-St-Andéol, imprim. de P. Guillet, 2 p. — Adresse à l'Assemblée Nat. présentée par les députés extraordinaires de la ville de Chaylar et contrée des Bouttières, en Vivarais. Valence, imprim. de J.-J. Viret, 1790, 6 p. — Privilèges d'Aubenas (Ardèche), découverts et publ. par H. Vaschalde. Montpellier, 1877, 27 p. — Adresse aux citoyens et arrêté du Directoire de l'Ardèche sur le maintien de la tranquillité publique. Privas, imprim. de P. Guillet, 1792, 8 p. — Mandement de l'évêque de Viviers. Bourg-St-Andéol, imprim. de P. Guillet, 1789. (Placard-affiche in-fol.). — Lettres-pat. du Roi commettant 4 conseillers pour se transporter dans les lieux des Sévennes (*sic*) du Vivarais et du Gévaudan, notamment dans ceux de Bane, St-Ambroix et autres, pour s'enquérir de tous les abus de la justice dans les susdits lieux. 1783, 7 p. — Réfutation du Mémoire du Vivarais concern. l'administration de la justice dans ce pays. Nismes, 1778, 76 p. et 1 tableau. — Etc.

19586. Gévaudan. 4 pièces et opusc. in-8 et in-4.   6 fr.

Avis pressant au Tiers-Etat de Gévaudan. Maruéjols, chez Vérité, imprimeur de la Liberté 1789, 27 p. — Edit qui ordonne au présidial de Nismes d'envoyer 9 officiers dud. présidial dans la ville de Maruéjoulz, pour y administrer la justice criminelle aux sujets du Roi, du pays des Htes Sevenes et Gevaudan, etc. Tolose, 1680, 8 p. — L'invasion anglaise en Gévaudan, par F. André. Mende, s. d., 88 p. — Hist. du monastère et prieuré de St-Enimie, au diocèse de Mende, par le même. Mende, 1867, 140 p.

19587. Lozère. 4 broch. in-8.   5 fr.

Extrait du procès-verbal tenu par les représentants du peuple dans le dép. de l'Aveyron, relat. à Charrier, chef des rebelles du départem. de la Lozère. (1792-93), 12 p. — Les ravages des loups en Gévaudan, par E. André. (Extrait de l'Annuaire de 1872). 46 p. — Les églises, chapelles, lieux de dévotion et de pèlerinage de l'ancien diocèse de Mende, par F. André. (44 p.). — Ispagnac et son prieuré, par F. André. 27 p. (Extrait).

19588. Lozère. 9 pièces imprimées et manuscrites et 2 placards-affiches. — Ensemble 11 pièces.   8 fr.

Tableau par ordre alphabét. des administrateurs de la Lozère Mende, imprim. de J.-B. Lacombe, 1790. (Placard-affiche gr. in-fol. à 4 col.). — Adresse de l'Assemblée administrative de la Lozère à l'Ass. Nat. 5 p. — Notice sur le papier-monnaie émis dans la Lozère en 1792, par F. André (Extrait). — Statistique de la Lozère, par Jerphanion, préfet. An X, 79 p. — Extr. des registres de l'administration du district de Villefort. Mende, imprim. de J.-B. La Combe. 1790. (Placard-affiche in-fol.). — Tableau des citoyens actifs et electeurs du district de Villefort, avec la population par municipalités et paroisses. Tableau Ms., 1 p. gr. in-fol. — Extr. des registres du Directoire du district de Villefort (Lozère). (Procès-verbal de l'assistance de la garde nationale à la messe solennelle célébrée à l'église paroissiale en l'honneur de St-Louis et liste des administrateurs du district). Copie collationnée et signée Reboul fils, secrétaire. 3 p. in-fol. mss. — Etc.

19589. Sauveterre d'Aveyron. 1791-1792. 9 pièces, imprimés, documents manuscrits, placards-affiches, in-4 et in-fol.   15 fr.

Extrait des registres du directoire du district de Sauveterre du 15 juin 1791 (relativement à la contribution patriotique). Villefranche d'Aveiron, imprimerie de Védeilhié. Placard-affiche gr. in-fol. — Extrait des registres du directoire du départ. de l'Aveiron. Instruction relative aux patentes et à la manière de s'en pourvoir si l'on veut profiter de l'avantage de faire tel négoce, d'exercer tel art ou profession qu'on voudra d'après la loi du 17 mars 1791, à l'usage des administrés du district de Sauveterre Rodez, imprim. de Marin Devic. 19 p. in-4. — Tableau des municipalités du ressort du district de Sauveterre, avec les noms des administrateurs et des juges du tribunal. In-fol. Ms. — Etat de population du district de Sauveterre, cah. in-fol. de 5 p. Mss., certifié véritable et signé à la date du 1er janv. 1791, par Dupuy, procureur-syndic. — Délibération du directoire du district de Sauveterre relativement à l'affaire de Boulot, élu en remplacement du curé Peyrot à Pradinas et molesté par ses paroissiens dans l'exercice de ses fonctions. Nomination de Combes, administrateur, et de Delpech, procureur-syndic, qui se sont transportés sur les lieux et ont dressé procès-verbal de conciliation avec les habitants. 2 p. in-fol. Mss. — Projet formé par le directoire du district de Sauveterre pour l'instruction des membres qui le composent et celle de leurs concitoyens (explication par ordre de matières des décrets de l'auguste Sénat qui a régénéré la nation française). 2 p. in-fol. Mss. — Le procureur-syndic (Delpech) du district de Sauveterre, aux citoyens du ressort. On trouve dans ce discours les passages suivants : « Qu'un prêtre ait ou n'ait pas satisfait à la loi du serment, c'est son affaire et nullement la nôtre... S'il est pacifique et tolérant, laissons-le vivre en paix... Chacun est libre de suivre les impulsions de sa conscience... Notre opinion est notre propriété... La persécution est l'opposé de la liberté... » 1er mai 1792, 4 p. imprim. — Etc., etc.

19590. Cahors et le département du Lot à l'époque de la Révolution. — 8 pièces in-4 et 2 placards-affiches in-fol. — Ens. 11 pièces.   12 fr.

Protestation contre la délibération qui a exclu les procurations du droit de suffrage pour l'élection des députés aux Etats Generaux dans l'assemblée générale tenue à Caors le 16 mars 1789 et jours suivans. 4 p. — Proclamation des commissaires civils envoyés par le Roi dans le dép. du Lot, en exécution du décret de l'Assemblée Nationale, du 13 décembre 1790, sanctionné le 17 du même mois. Cahors, Richard père et fils imprimeurs, placard-affiche in-fol. — Etat nominatif des municipalités du département du Lot, par districts et par cantons. Cahors, Richard père et fils imprimeurs, placard-affiche in-fol. — Discours prononcé par le Mis d'Escayrac à l'Assemblée des trois ordres, tenue à Caors le 16 mars 1789. 7 p. — Mandement de l'évêque de Cahors, qui ordonne des prières publiques dans son église cathédrale et dans toutes celles de son diocèse, conformément aux intentions du roi. 4 p. — Rapport des travaux du directoire du Lot dep. le 10 août 1790, époque de sa formation, fait à l'Assembl. du Conseil genér. d'administration, par Baudus. Cahors (1790), 16 p. — Procès-verbal des séances de l'Assemblée électorale du Lot convoquée à Cahors le 27 févr. 1791 pour procéder à la nomination de l'Evêque du départ. Cahors, Richard père et fils, 1791, 72 p. — Proclamation du Directoire du dep. du Lot. Cahors, Fr. Richard (1790), 8 p. — Etc.

19591. Villeneuve d'Agen. 4 pièces ou broch. in-4.   6 fr. 50

Relation véritable conten. tout ce qui s'est passé au siège de Ville-Neuve d'Agenois, où les troupes du Comte d'Harcourt ont esté défaites par celles de M. le Prince, sous la conduite des Srs Marcin et Balthasar. 1652, 6 p. — Lettre de Paganel, curé de Noaillac, procureur-syndic du district de Villeneuve, aux curés et vicaires du même district. Agen, Vve Noubel et fils aîné, 1790, 12 p. — Détails et faits intéressans sur les concussions exercées dans le 4e arrondissement du départem. de Lot-et-Garonne, par Belhomme, Debouche et Ducomet, publ. par le sous-préfet de Villeneuve d'Agen. Agen, 1805, 40 p. — Disc. sur la fête de Ste Jeanne de Valois à la chapelle de l'Annonciade (Villeneuve-sur-Lot), par l'abbé L. Destrac, curé d'Asquets. Agen, 1877, 15 p.

19592. **Agenais**, département de Lot-et-Garonne. — 14 pièces et broch. in-4 et in-8. 7 fr. 50

Lettre du Comte d'Harcourt, envoyée au Roy et à la Reyne (datée du camp de Taillebourg en Agenais). 1652, 8 p. — Disc. prononcé à l'Assemblée de la noblesse d'Agenois tenue le 27 février 1789 dans la maison des R. R. P. P Augustins d'Agen. Copie Mss. de 28 p. in-4. — Mandement de l'Evêque d'Agen, qui ordonne des prières publiques, conformem. aux intentions du Roi. Agen, imprim. de la Vve Noubel. 1789, 8 p. in-4. — Arrêté du directoire du dép. de Lot-et-Garonne qui indique aux religieux qui préfèrent mener une vie commune les maisons dans lesquelles ils seront tenus de se retirer. 1791, 3 p. — Proclamation du Directoire du Lot-et Gar. aux habitants des campagnes de ce département. Agen, 1791, 6 p. — Arrêté du Direct. du L.-et-Gar., relatif aux ateliers de secours qui sont à ouvrir dans le département. Agen, 1791, 3 p. — Arrêté du Conseil du Lot-et-Garonne, portant établissement d'un nouveau régime provisoire pour l'administration des enfants exposés. Agen, 1791, 6 p. — Esquisses historiques sur St Martin de Curton, par C. Bergues-Lagarde. Agen, 1846, 63 p. — Etc, etc.

19593. **Cominges** et Couzeran. 3 opusc. in-8, 1 placard-affiche in-fol. et 1 pièce in-4, mss. — Ensemble 5 pièces. 6 fr.

Réflex. d'un citoyen sur l'anc. constitution des Etats du comté de Cominges, avec une discuss. de la composition des Etats du Dauphiné, réfutation du mémoire de Bergasse sur la composition des Etats nationaux et provinciaux, etc., etc., par Alex. de Salies de St Vincent. 1789, 38 p. — Procès-verbal, mandat et cahier des doléances de la noblesse du pays et comté de Comminges, Couzerans et Nébouzan. 60 p. — Essai histor. et pittoresque sur St Bertrand de Comminges, par Morel. Toulouse, 1852, 136 p. — Arrest du Conseil du 11 avril 1763, qui fixe un octroi de 3 livres par char, et dix sols par charge, du vin qui passera dans le lieu de Cierp, pour entrer dans les différ. vallées qui parcourent les chemins nouvellement ouverts dans les Pyrénées. 1763 (placard-affiche). — Privilèges des habitans du pais et comté de Comenges et autres lieux (en patois). Copie manuscrite du xviiie siècle d'après les originaux. 9 p.

19594. **Dax**, les Landes. — 8 pièces et 1 placard-affiche in-4. — Ens. 12 pièces. 8 fr.

Vœu général des compagnies et corporations de Dax pour la restauration ou l'établissement des états particuliers du pays de Lannes (sic). Imprim. de René Leclercq, 1789, 7 p. — Représentations qu'adressent à l'Assembl. Nationale, des citoyens actifs de la ville de Dax, capitale des Lannes (sic). (1790), 28 p. — Mandem. de l'évêque d'Acqs, qui ordonne des prière des 40 heures, pour demander à Dieu le rétablissement du calme et de la tranquillité dans le Royaume. Dax, R. Leclercq, 1789, 10 p. — Adresse à la commune. Extr. des registres de la communauté de Dax. 1789 (placard-affiche). — Vues générales sur la culture des Landes que se partagent les trois départemens de la Gironde, des Landes et de Lot-et-Garonne, par le Cie Depère. S. d., 23 p. — Mémoire sur la pouzzolane, des environs de Dax, par Borda d'Oro. Mont-de-Marsan, 1809, 36 p — Du braigras et du goudron des Landes, par L. F. Tassin. 1815, 36 p. — Délibération du corps de la noblesse de Dax relativement à la restauration de ses Etats provinciaux. Document original Mc. avec les signatures autographes des commissaires nommés et le timbre de la généralité. 2 p. in-fol. — Coup d'œil rapide sur les Landes, par J. Thore. Bordeaux, 1812, 15 p. — Les rives du Ciron, par Aug. Petit-Lafitte. Bordeaux, 1852, 16 p. — Etc.

19595. **Lectoure.** 4 broch. in-4, in-8 et in-18. 6 fr.

Lectoure ville libre, par G. Niel. 1860, 27 p. in-8. — Mémoire sur partage, pour Messire de Cugnac, évêque de Lectoure: le syndic du chapitre, de Bastard, prieur de Ste Gemme, et Laporte, prieur de St Hilaire, contre de St Gery et Bordée. Toulouse, 1779, 35 p. in-4. — Requête civile pour de Mondran, écuyer syndic des habitans et lieutenans, syndiqués de Lectoure, contre de Cugnac, évêque de Lectoure, le chapitre de la même ville et les autres décimateurs. Toulouse (1779), 45 p. in-4. — Souvenir de la translation des reliques de St Clair à Lectoure, par J. Noulens. Auch, 1858, 71 p. in-18.

19596. **Auch.** 6 pièces et broch. in-4 et in-8. 6 fr.

Explication d'un ancien monument trouvé en Guienne dans le diocèse d'Ausch. 1689, 46 p. — Règlement fait par le roi, sur la formation et la composition des assemblées qui auront lieu dans la généralité d'Auch. 1787, 8 p. — Mandement de l'archev. d'Auch qui ordonne des prières conformément aux intentions du Roi. 1789, 16 p. — Manuscrits Daiguan du Sendat, par G. Niel. Auch, 1861, 23 p. — Histoire de la Commission extraordinaire de Bayonne, d'après les documents originaux, par A. Tarbouriech. 1869, 99 p. — Guide du voyageur dans la cathédrale d'Auch, par G.-G. Lettu. 13 p. et 13 pl.

19597. **Bagnères-de-Luchon.** 8 broch. et pièces imprimées et manuscrites la plupart in-4. 12 fr.

Papier terrier conten. les privilèges de la ville de Bagnères-de-Luchon. Copie Ms. du xviiie siècle. 9 pag. — Factum pour le sindic des habitans de Baignères de Luchon appellans et défendeurs contre Pierre Borissac et Nicol. Engasere marchands de la ville de St Béat appellés et suphans. (1695), 12 p. — Sentence du sénéchal de Toulouse en faveur de Rey et Ladrix leur permettant « de continuer les travaux commencés dans leur fonds pour la construction des bains et autres édifices pour l'utilité publique sous certaines conditions. (1765), 2 p in-fol. (manque la fin). — Deux mandements mss. motivés et signés des échevins et conseillers de la ville de Bagnères-de-Luchon pour frais de défense en justice à l'occasion du procès contre Julien Rey « pour prévenir que les eaux minérales de cette ville ne lui soient concédées par le Roy. » 1768. — Ordre de contribution pour le petit habillement et l'équipement des miliciens adressé à la Communauté de Bagnères-de-Luchon. 1766. Placard in-folio signé du subdélégué. — Notes en réponse aux conclusions motivées pour le maire de la commune de Montauban-Luchon contre le préfet de la Hte-Garonne représentant l'Etat. 1836, 23 p. — Réclamation en faveur de la ville de Bagnères-de-Luchon relative au chemin de Larboust, à la route royale de Cierp et à l'établissement thermal. St Gaudens, 1835, 28 p.

19598. **Gascogne.** 5 broch. ou pièces in-4 et in-8. 5 fr.

Relation de la défaite de l'armée du marquis de S. Luc (à Miradoux, près Lectoure). Bordeaux, s. d. (1652), 12 p. — Lettres patentes d'érection du comte de Villennes en marquisat d'Aux. 62 p. — Histoire des villes de Gascogne, par Arist. Guilbert. 1853, 115 p. et 1 grav. (Extr.). — Extrait de la coutume de Polastron. S. d. (1846), 11 p. — Itinéraire de Bordeaux à Tarbes par Bazas, Casteljaloux, Nerac, Condom, Auch et Mirande, par J. F. Samazeuilh. Auch, 1856, 96 p.

19599. **Basses-Pyrénées.** 10 broch. et pièces divers formats et 1 placard-affiche in-fol. — Ens. 11 pièces. 7 fr. 50

Edit port. établissement de la généralité de Pau et Bayonne. 1784, 4 p. — Lettre pastorale de l'évêque (constitutionnel) des Hautes-Pyrénées. Pau, 1790, 15 p. — Edit portant réduction d'offices dans la Cour de Parlement de Pau. 1788. 8 p. — Notice histor. sur la ville et château de Pau, par Palasson. Pau, 1822, 69 p. et 1 pl. — Plan d'instruction pour les députés des Etats généraux, proposé par la province de Guienne. 1789 — Règlem. pour la garde nationale de Pau. 1791, 10 p. mss. — Lettre pastorale de l'évêque de Lescar, à l'occasion des ravages causés dans son diocèse, par la mortalité des bestiaux. 1776, 26 p. — Discours de l'évêque de Lescar sur l'état futur de l'Eglise. En France, 1788, 88 p. — Mandement de Mgr l'évêque d'Oléron, qui ordonne des prières publiques pour la tranquillité du Royaume. Pau, 1789. Placard-affiche gr. in-fol. — Coup d'œil sur le passé et l'avenir de St-Jean-de-Luz, par E.-M. François-St-Maur,

Pau, 1858, 62 p. — Statistique du départ. des Basses-Pyrénées, par le général Serviez. An X, 140 p. — Voyage pittoresque dans les Basses-Pyrénées, par M.-J.-L. Lacour. 1834, 151 p.

19600. Hérault (Département de l'). Proclamations, arrêtés, procès-verbaux, etc 1790-1791, 19 pièces in-4 et 1 affiche-placard in-fol.   6 fr. 50

Tableau des Administrateurs du département de l'Hérault et de son Directoire. Montpellier (placard-affiche). — Rapport du bureau préparatoire concern. la rectification des limites, des cantons et des districts de l'Hérault. Montpellier, 11 p. — Procès-verbal des séances de l'Assemblée électorale de l'Hérault. Montpellier, 101 p. — Proclamation du Conseil du dép. de l'Hérault, sur la vente des biens nationaux. Montpellier, 7 p. — Proclam. sur les élections des juges de paix. 6 p. — Compte de la gestion du directoire de l'Hérault. 42 p. — Proclam. concern. le payement des impositions en assignats. Adresse du Conseil du dép. de l'Hérault à l'Assembl. nationale, touch. le projet d'impôt sur les boissons. 4 p. — Etc., etc.

19601. Bollène. 1 factum et 1 placard-affiche. — Ens. 2 pièces in-fol.   6 fr.

Règlement pour la garde Nationale de Bollène. Avignon, 1816. Placard-affiche gr. in-fol. — Mémoire pour André Clari, clerc tonsuré de la ville de Bollène (âgé de 22 ans), détenu dans les prisons du palais apostolique, contre illustre seigneur M. l'Avocat et procureur général de S. Sainteté N. T. S. P. le Pape (accusé de l'enlèvement des effets du nommé Jean Roche, maître du jeu de Paume d'Avignon, de connivence avec la femme de ce dernier). Avignon (vers 1780), 11 pag. in-fol.

19602. Provence. 15 pièces et broch. in-8 et in-4.   7 fr. 50

Edit concern. la noblesse de Provence. 1778, 4 p. Tableau histor. de la Provence, poeme descriptif par Brachet. Avignon, 1816, 71 p. — Du Parlement et du Barreau dans l'anc. Province, par Giraud. Aix, 1842, 50 p. — Les S liens avant la conquête romaine. Marseille, 1873, 27 p. et 1 pl. Adam de Crapponne et le bailli de Suffren, par Roux-Alphéran. Aix, 1851, 46 p. — Délibérat. de la Viguerie de St Maximin, conten. son vœu sur la formation des Etats généraux. (1789). 14 p. — Les Adages de Berluc, par Gust. Rambot. Marseille, 1855, 10 p. — Réponse aux protestations faites au nom des prélats de l'Assemblée des Etats de Provence, contre le disc. du Comte de Mirabeau, sur la nécessité de convoquer une assemblée générale des Trois Ordres, et contre-protestation par le Comte de Mirabeau 1789, 30 p. — Rapport au comité des travaux histor. sur deux communications de M. Blancard 1870, 16 p. — La Renaissance Provençale et Roumanille, par Eug. Tavernier. 1884, 27 p. — Etc., etc.

19603. Provence. 3 factums in-4.   7 fr. 50

Abrégé des advertissemens du Sr de Villeneuve contre les Albertas. 16 p — Conclusions définitives pour nobles Pierre et J. Bapt. d'Albertas, défendeurs et accusez contre noble Honoré de Brancas, Sr de Villeneuve, demandeur. (Vers 1051, la fin manque). 20 pag Ces 2 factums sont relatifs à l'accusation d'assassinat commise par les d'Albertas chez la dame de Monclar. — Placet présenté au Roy le 12 juillet 1659 par Messire Léon de Valbelle, chevalier, baron de Meirargues, au sujet de ses prétentions et droits sur plusieurs fiefs situez dans les royaumes de Naples et de S cile. 7 pag.

19604. Arles. 8 broch. et opusc. in-8.   5 fr.

L'amphithéâtre romain à Arles, rapport adressé à l'Académie archéologique de Rome par J.-J. Estrangin fils, avocat. Marseille, 1836, 24 p. — Notice sur les ruines du théâtre antique à Arles, par J.-J. Estrangin fils. 1835, 12 p. — Description de l'église métropolitaine d'Arles, par le même. Marseille, 1835, 23 p. — Discours prononcé dans l'église majeure de St Trophime d'Arles, à l'occasion du service solennel, qui y a été célébré, le 25 juin 1814, pour LL. MM. Louis XVI et Marie-Antoinette, par J. Constant. Arles, 1814, 18 p. — La Mission d'Arles. Arles, s. d., 14 p. — Essai

sur la chiffonnerie d'Arles, par un ancien théologal de la Métropole 15 p. — Réponse de la garde nationale d'Arles aux inculpations calomnieuses dirigées contre elle et insérées dans le journal des campagnes et des villes du 25 mai 1816, Numéro 478. 15 p. — Mémoire sur la nécessité de transférer dans la ville d'Arles le chef-lieu du troisième arrondissement communal des Bouches-du-Rhône. Arles, 1804, 70 p.

19605. Arles. 15 pièces in-8.   7 fr. 50

Notice sur les chartes impériales du royaume d'Arles, existant aux archives départementales des Bouches-du-Rhône, par E.-F. de Grasset. Marseille, 1866, 16 p — L'amphithéâtre romain à Arles, par Estrangin fils. Marseille, 1836, 24 p. — Dissertat. sur la translation du corps de St Antoine dans la ville d'Arles, contre les PP. de St-Antoine de Vienne, par Séguin. Avignon, 1856, 56 p. — La léthargie du Tiers-Etats (sic) et les abus consacrés dans les assemblées municipales, par F.-T. Masse. 1789, 8 p. — Pièces relatives à l'affaire d'Arles 1792, 6 p. — Mémoire justificatif par J.-H. Bonasse, ci-devant procureur au siège d'Arles, accusé en crime de perturbation de l'ordre public par écrits licentieux et inconstitutionnels, contre l'accusateur public. 1791, 52 p. — Mémoire sur la nécessité de transférer dans la ville d'Arles le chef-lieu du 3e arrondissement communal des Bouches-du-Rhône. Arles, 1804, 69 p. — Disc. prononcé dans l'église St-Trophime d'Arles, à l'occasion du service solennel célébré le 25 juin 1814, pour LL. MM. Louis XVI, Marie-Antoinette et Louis XVII, et Madame Elizabeth, par J. Constant. Arles, 1814, 28 p. — Secours publics. Mont-de-piété de la ville d'Arles. Arles, s. d., 15 p. — Etc., etc.

19606. Aix. 10 broch. et pièces in-4 et in-8.   12 fr.

Edit port. réduction d'offices dans la Cour de Parlement d'Aix. 1788, 7 p. — Instructions, doléances de la sénéchaussée d'Aix, 2 avril 1789. 10 p. in-4 mss. — Discours prononcé par le maire d'Aix à la publicat. de la lettre par laq. le Roi annonceq u'il accepte la Constitution. 1791, 3 p — Proclamation des commissaires civils envoyés par le Roi dans le départem. des Bouches-du-Rhône. 1791, 6 p. — Mandement de l'archevêque d'Aix qui ordonne des prières pour le rétablissement de la tranquillité publique. 1789, 9 p. — Lettre pastorale de l'évêque constitutionnel du département des Bouches-du-Rhône, métropole des côtes de la Méditerranée. 1791, 15 p — Disc. prononcé par le maire de la commune d'Aix à la célébration de la fête dédiée à l'Etre suprême, le 20 prairial, l'an II (1793) de la République française. 15 p. — Adresse de la Société des Amis de la Constitution, séante à Aix, à l'Assemblée Nationale 1790, 3 p. — Notice histor. et archéolog. sur l'église St-Jean de Malte, aujourd'hui paroisse St-Jean d'Aix, dep. l'établissement de l'ordre jusqu'en l'année 1791, par l'abbé Maurin. Aix, 1845, 108 p. — Etc , etc.

19607. Aix. 13 pièces et broch. in-4 et in-8.   8 fr.

Jugement du Parlement de Provence au sujet de Cl. Jouvin, capucin (du couvent d'Aix). 1730, 4 p. — Advertissement en jugeant le procez d'entre Damoiselle Anne Aurille, mère, tutrice et administreresse testamentaire des enfans et hoirs de feu J. Boyer, vivant procureur au siège d'Aix, contre Jacques Guichard, practicien dud. Aix (Vers 1651), 4 p. — Advertissement en jugeant le procez d'entre Maistre Cl. Raoulx, advocat au Parlem de Provence, en qualité de père et légitime administrateur de Honoré Raoulx, aussi advocat audit Parlement, héritier testamentaire à feuës Damoiselle Marguerite Ancelme et Anne Baudouin, ses ayeule et mère respectivement, contre noble Balthaz. de Ménoillon, escuyer d'Aix, Jacq. Marrot, bourgeois, et Ant Gardet. (Vers 1650), 9 p. — Ainœniores litteræ severioribus, amœnioribus severiores quantum debeant, oratio habita Aquis Sextiis in æde sacra Collegii Regii Borboniensis Soc. Jesu, a Joh. Bern Disserre, ejusd. Societat. sacerdote Aquis Sextiis, 1753, 48 p. — Confession municipale et fraternelle de Martin père, et maire de Canope, à son successeur. Aix, 1791, 31 p. — Notice histor. et archéol. sur l'église

St-Jean de Malte, aujourd'hui paroisse St-Jean d'Aix, par l'abbé Maurin. 1845, 108 p. — Mémoire sur les vues d'utilité morale du ministre de l'intérieur, en formant un bagne de terre à Aix pour les 600 jeunes forçats, de celui de Toulon. 1820, 16 p. — Etc., etc.

19608. Avignon. 12 pièces in-8 et in-4.
7 fr. 50

Lettres histor. sur le Comtat-Venaissin et sur la seigneurie d'Avignon. Amsterdam, 1769, 128 p. — Réponse aux recherches histor. concernant les droits du pape sur Avignon. 1769, 94 p. — Lettres-patentes en fav. des Consuls et habitans de la ville d'Avignon et Comté-Venaissin. 1775, 4 p. — Règlement pour faire observer le bon ordre dans la police concern. le comestible pour des cas survenants dans les boucheries, poissonneries, etc. Avignon, 1776, 28 p. — Reglem. pour l'organisation intérieure de l'administr. municip. d'Avignon. S. d , 13 p. — Réplique d'un catholique au dernier écrit de J. Etienne, évêque constitutionnel du Vaucluse. 1800, 48 p. — Dern testament olographe de E.-C.-F. Calvet, d'Avignon, du 10 janvier 1810. Avignon, 1817, 32 p. — Testament de Nicol. Saboly, bénéficier et maître de musique de l'église St-Pierre d'Avignon, publ. par A. Boudin. 25 p. — La vie de J.-D. Langlade, dit Dubourg (voleur et assassin), augmentée de sa pénitence et de sa mort (complainte du temps). Placard volant in-4, à 2 col. — Etc.

19609. Avignon. 10 pièces in-8 et in-4, et 2 factums in-fol. — Ens. 12 pièces.   6 fr.

Advertissement pour noble Pierre de Perrussy, gouverneur de la Tour de Ville-Neuve d'Avignon, maistre des ports du Languedoc, contre Ant. Bayet, substitut du procureur du Roi en la Cour commune de Vienne. (Vers 1650), 7 p. — Factum pour Rostain Bertet, grand archidiacre de l'église métropolitaine N.-Dame-de-Don d'Avignon, contre l'économe du chapitre Sainte-Marthe de Tarascon. 1687, 7 p. in-fol. — Factum pour Zach. Borthon, conseiller au Parlement d'Orange, contre les religieux Chartreux de Villeneuve-lès-Avignon et autres propriétaires de l'étang desséché de Pujault. (1689), 4 p. in-fol. — Imitation du livre de Job au vice-légat d'Avignon (pièce en vers). 1722, 19 p. in-4. — Projet de règlement dressé par D'Astier, actuellement assesseur et acteur de la ville d'Avignon, tend. à établir des tribunaux collégiaux dans cette ville et dans la province du Comtat. Avignon, 1783, 20 p. — Notice biograph. sur Félic. Capitone, archevêque d'Avignon, 1566-1586, par Eroli de Narni (trad. de l'ital.). Marseille, 1875, 31 p. — Adresse des émigrés d'Avignon qui ont fait partie des armées de Condé et autres alliées, à S. M. Louis XVIII. S. d., 4 p. — Etc., etc.

19610. Vaucluse (Département du). 11 pièces et broch. in-8 et in-4.   6 fr.

Observat. sur deux chemins prétendus vicinaux des communes, qu'on a réparé sur le territoire de la commune de Pernes. S. l., n. d , 26 p. — Mémoire pour répondre à une consultation donnée en faveur de la communauté de Saumane qui dispute la foncialité à son seigneur. (Vers 1770), 33 p. — Calculs arithmétiques sur la conduite à tenir relativement au dernier bref, discours lu à la commission intermédiaire par le député de la communauté de Sérignan. (Vers 1782), 16 p. — A MM. des Etats du Comtat. 1783, 16 p. — Notre-Dame de Ste-Garde-des-Champs, son berceau, son accroissement, ses vicissitudes, ses transformations, par Barjavel. 1864, 53 p. — Le Machao de Grégoire de Tours retrouvé, origine et fondation de la ville de l'Isle (Vaucluse), par J. de J. Carpentras. 1882, 38 p. — Notice sur la mission de Cavaillon, par J. V. A. Avignon, 1820, 23 p. — Mémoire sur les arcs de triomphe du dép. de Vaucluse, par A. Aubenas. 67 p. (av. grav.). — Etc.

19611. Apt et ses environs. 6 pièces et broch. in-8 et in-4.   5 fr.

Arrêt du Conseil du corps des frères tailleurs portant condamnation du dern. mandement de l'évêque d'Apt en faveur de la bulle Unigenitus. 1718, 1 p. — Mandem. des vicaires-généraux de l'évêque d'Apt qui ordonne des prières publiques

pour demander à Dieu la cessation des troubles qui désolent le Royaume. Aix (1789), 18 p. — Essai histor. sur le blason de la ville d'Apt, par C. Moirenc. Marseille, 1867, 18 p. et 1 pl. — Tourrettes et Clermont, par le même. Apt, 1868, 100 p. — Histoire du village, du château et du fort de Buoux, par l'abbé A. Gay. Forcalquier, 1866, 111 p. — Etude de stratégie ancienne et de fortification, par Moirenc. Marseille, 1875, 35 p. et 1 pl.

19612. Marseille. 13 pièces, la plupart in-8.   7 fr. 50

Arrêt qui casse et annule une ordonnance de l'amirauté de Marseille, rendue sur la requête de plus. pêcheurs catalans. 1786, 3 p. — Projet de décret et mémoire au soutien des patrons pêcheurs de Marseille. S. d. (1786). 53 p. — Mémoire sur l'encombrement du port de Marseille et sur les moyens de le prévenir, par Dedesuslamare, de Rouen, résident à Marseille. Marseille, 1806, 108 p. et 1 pl. — Mémoire sur les ports francs, rédigé par P. Peloux, député de Marseille. S. d. (vers 1790), 42 p. — Les possessions de l'Eglise de Marseille au commencement du ixe siècle, par J.-A.-B. Mortreuil. Marseille, 1855, 27 p. et 1 pl. — Notice histor. sur St-Théodore, dep. sa fondation jusqu'à nos jours, par C. Bousquet. Marseille, 1856. 56 p — L'opinion de M. de Boulogne, évêque de Troyes, touchant la captivité volontaire de St-Vincent-de-Paul sur les galères de Marseille, par l'abbé Ch. Lalore. Troyes, 1875, 24 p. — L'esclavage de J. de Matha, par F. Verany. 1863, 47 p. — Merveilleux discours en forme de potpourri, par Jérôme Ledru, portier du collège de Marseille. 1821, 16 p. lithogr. — Histoire miraculeuse et véritable de la grande mission de Marseille en 18e, par le révér. Rablot, récollet. 1819, 32 p. — Etude sur Pythéas (de Marseille), par l'abbé Aoust. S. d., 10 p. — Etc., etc.

19613. Marseille. Révolution. 31 pièces in-8.   20 fr.

Opinion de l'abbé de Villeneuve Bargemon, député de la ville de Marseille, sur les moyens à prendre pour intéresser les militaires au maintien de la Constitution et de la Liberté, et pour détruire tous les moyens de séduction capables de pervertir tout citoyen ayant à sa disposition les forces de l'Etat. (1791), 26 p. — Discours prononcé à l'Assemblée du Collège des Notaires de Marseille (1789) sur la convocation des Etats-Généraux. 14 p. — Mémoire en réponse à la demande des députés de Marseille, concernant la division des départem. de Provence, par l'archevêque d'Aix. 1790, 16 p. — Patriotisme des patrons-pêcheurs de Marseille et de la garde nationale de Rouen av. des réflexions d'un Lyonnais, ouvrier en soie, sexagénaire. (1790), 20 p. — Défense faite par les maire et offic. municipaux de Marseille, à Lambaru, Jacquinet, Devisse, Ferrari, Lambert et Jogand, de s'assembler, sous peine d'être poursuivis comme perturbateurs. 1790, 8 p. — Le noyau de pêche ou découverte inattendue de 60,000 fusils à Marseille. S. d. (1791), 7 p. — Marseille sauvée ou détail exact du siège de la prise du fort St Jean de cette ville, par la garde nationale et le peuple, avec le récit de la trahison du commandant Calvet, qui a été pendu sur la brèche et sa tête promenée au bout d'une pique. 8 p. — Les membres composant la Société populaire de Marseille à la Convention Nationale. 7 p. — Adresse des Marseillois à leurs frères des 85 départements. Marseille, 1793, 4 p. — Adresse des 32 sections composant la commune de Marseille, à la Convention Nationale. 12 p. — Copie de la déposition faite par J. J. Esmieu, secrétaire-archiviste de Marseille, au tribunal populaire d'accusation. Marseille, 7 p. — Aux braves Phocéens, les républicains de Marseille. 1793, 20 p. — Rapport des commissaires de Marseille à Salernes. Marseille, 11 p. — Discours de Granet, Bayle, Baille et Laurens, députés, au club du bataillon Marseillais à Paris. 8 p. — Etc., etc.

19614. Bouches-du-Rhône. 5 broch. in-8.
3 fr. 50

Recherches sur l'état ancien des embouchures du Rhône, par H. Clair. Arles, 1843, IX et 33 p. — Mémoire sur l'eau, les terrains salans et le delta du Rhône, par de Rivière. 1825, 47 p. (avec un plan du delta du Rhône). — Essai sur la Constitution Géognostique des B. du Rh., par Matheron. Marseille, 1839, 134 p — Décret conten. organisation pour toutes les associations territoriales des communes d'Arles et N. D. de la Mer. Arles, an XIII, 27 p. — Etc.

19615. Basses-Alpes. Clergé au moment de la Révolution. 8 pièces in-4 et 4 placards-affiches in-fol. — Ensemble 12 pièces.
15 fr.

Lettre du Roi à l'évêque de Digne. Aix, imprim. de P. J. Calmen (3 sept. 1789). 4 p. — Mandement de l'évêque de Digne qui ordonne dans son diocèse des prières pour attirer la bénédiction du Ciel sur le royaume. (16 sept. 1789), 14 p — Mandement des vicaires-généraux du diocèse de Sisteron, le siège épiscopal, vacant. 1789. Placard-affiche gr. in-fol. en 2 part. — Lettre circulaire du directoire des Basses-Alpes aux chapitres, maisons religieuses, communautés ecclésiastiques, d'avoir à faire la déclaration de leurs biens mobiliers et immobiliers. Digne, imprim. de Guichard, 1790. Placard-affiche in-fol. — Discours prononcé à l'assemblée électorale du dép. des Basses-Alpes par Villeneuve, évêque élu du département à la séance du matin 22 mars 1791. Digne, imprim. de Guichard, 1791, 2 p. — Délibération du Directoire du départem. des Basses-Alpes (relativement au serment constitutionnel exigé des ecclésiastiques et à leur remplacement). Digne, impr. de J. Guichard, 22 mars 1791. Placard-affiche. — Délibération du directoire du départem. des Basses-Alpes portant dénonciation d'une prétendue instruction pastorale du Sr Mouchet, ci-devant évêque de Digne, 6 avril 1791. Digne, impr. de Guichard, 1791, 14 p. — Arrêté du directoire du départem. des Basses-Alpes concern. la contribution des ecclésiastiques pour l'année 1790 Digne, 1791, 7 p. — Lettre pastorale de l'évêque du dép. des Basses-Alpes (à ses diocésains et au pape). 13 juin 1791. Digne, Guichard, 1791, 11 p. — Délibération du directoire du dép. des Basses-Alpes dénonçant à l'accusateur public la conduite des mal intentionnés qui ont renversé pendant la nuit l'arc de triomphe élevé en l'honneur de l'évêque constitutionnel devant sa maison et brisé des carreaux à ses fenêtres. Digne, imprim. de Guichard, 1791. Placard-affiche. — Etc., etc.

19616. Var. 16 pièces et broch. in-8 et in-4.
10 fr.

Discours prononcé dans une Assemblée génér. de tous les habitants de Draguignan. 1789, 24 p. — Détails circonstanciés des nouveaux troubles arrivés à Toulon. 1792, 8 p. — Mémoire au procès de l'Evesque de Grasse et Pierre Périer, prêtre, appellant et demandeur, contre Pierre Mercurin, clerc campanier. (Vers 1640), 12 p. — Origines de Bandol (par l'abbé Rondeu). Draguignan, 1867, 16 p. et 1 pl. — F. Mireur. Une élection communale à Figanières en 1668. Draguignan, 1885, 31 p. (pap. de couleur). — Lettre pastorale de l'Evêque de Fréjus, lorsqu'il étoit sur le point de quitter le gouvernement de son diocèse 1715, 26 p. — Administration du district d'Hières. (1790) placard in-4. — Adresse du directoire du district d'Hyères à l'Ass. Nationale. (1790), 1 p. ms. — Arrest ordonnant que le transport des grains dans le port de Cannes sera libre de tous les ports où il y a siège d'Amirauté. 1774, 3 p. — Forum Voccontium indiqué par les documents historiques (av. une carte explicative), par Thouron, 1865, 52 p. — Détermination de l'emplacement du Forum Voconii par Osmin Truc, rapport, par Rossignol. 1864, 16 p. — Description abrégée du département du Var, par Fauchet, préfet. An IX, 121 p. — Etc., etc.

19617. Toulon. 5 placards-affiches, in-fol. 1790-1791. (Parfait état). 20 fr.

Extrait d'une délibération de la Commune de Toulon à propos de la lecture d'une adresse présentée par les citoyens employés au service du Roi dans l'Arsenal « tendante au rappel des citoyens expatriés à raison des divers troubles qui ont agité la ville depuis quelque temps et à la punition des malfaiteurs qui, dernièrement, ont tenté de commettre un assassinat en la personne de M. Monnier-Castellet. » 17 août 1790. De l'imprimerie de Mallard. — Délibération du Directoire du départem. du Var des 12, 16 et 23 août 1790, exprimant toute sa satisfaction à la garde nationale et aux divers corps des troupes de mer et de terre « sur la conduite qu'elles ont tenue à l'occasion des mouvemens populaires qui ont précédé et suivi l'attentat commis sur la personne du Sieur Monnier-Castellet, chef d'escadre et directeur général du port de Toulon ». Eloges particuliers à différentes personnes dénommées et distribution de récompenses. De l'imprimerie de Mallard. — Délibération du Conseil municipal de Toulon du 13 janvier 1791, exprimant sa reconnaissance au régiment de Dauphiné qui « depuis la Révolution n'a pas cessé de donner des preuves de son patriotisme... a constamment et sincèrement fraternisé avec les habitans dont il emporta l'estime et les regrets ». Toulon, imprim. de Surre fils. — Délibération de la Commune de Toulon et du Conseil général tenu le 4 juin 1791 décernant à l'unanimité « à M. Robespierre le titre de citoyen de la ville de Toulon » suivi de la copie d'une lettre écrite de Paris le 24 mai 1791 par Robespierre à la municipalité de Toulon. Toulon, imprim. de Surre fils, 1791. — Proclamation du corps municipal aux citoyens de Toulon, les adjurant de rester unis et commençant ainsi : « Citoyens ! seroit-il possible que lorsque la France touche à l'accomplissement de sa régénération, des ressentiments particuliers, des partis opposés vinssent troubler la tranquillité de la ville et faire triompher les ennemis de la Révolution ?... » Toulon, imprim. de Surre fils.

19618. Béziers. 6 broch. in-4 et in-8. 6 fr. 50

Mandement de l'Evêque et seigneur de Béziers, qui ordonne des prières publiques pour demander à Dieu la cessation des maux qui affligent le Royaume. Béziers, imprim. de J. Fuzier, 1789, 8 p. — Mandement de l'évêque de Béziers, qui ordonne des prières publ., etc. (1789), 21 p. — Harangue de Valessie, président du Club de Béziers, à la tête de cette Société, des députés du peuple, et des militaires du régiment de Médoc, à Poudenous, curé de St Pons de Thommières, évêque du départ. de l'Hérault. 1791, 2 p. — Adresse de la Société des Amis de la Constitution de Béziers, à l'Ass. Nat. (1790), 4 p — Extr. des registres des délibérations de la Société patriot. de Béziers. Béziers (1790), 4 p. — Histoire de Caussignojouls (arrondissem. de Béziers), par Alb. Fabre. Nîmes, 1881, 32 p. — Etc.

19619. Montpellier. 9 broch. et pièces in-8 et in-4 et 2 placards-affiches in-fol. 7 fr. 50

Montpellier, par L. Mandon. Toulouse, 1859, 47 p. — Notice sur Montpellier, par Ch. de Belleval. Montpellier, an XIII, 90 p. — Règlement fait par les gens des Trois-Etats du pays de Languedoc, assemblés en la ville de Montpellier. Montpellier, 1781, 45 p. — Advertissement pour damois. Franç. de Gérard, contre A. d'Almeras, conseiller à la Cour des Comptes de Montpellier. (Vers 1650), 7 p. — Extr. des registres de la Cour du petit Scel de Montpellier (contre J. Ugla, procureur en la Cour, qui avait traité à l'audience défunt Jean Brousse marchand de bâtard, plainte de la veuve en réparation d'injure). 1687, 3 p. — Arrest qui fixe la tenue du chapitre provincial des Carmes déchaussés de Provence, au 15 juin prochain, dans le couvent de Montpellier. 1778, 2 p. — Liste des administrateurs du district de Montpellier. Montpellier, 1790, 2 p. — Extraits des procès-verbaux des séances des corps administratifs et de la municipalité de Montpellier réunis (désarmement d'une partie de la garde nationale et suppression de la ci-devant compagnie rebelle du Plan de l'Olivier). Montpellier, imprimerie de J F. Picot, 1791, 2 placards-affiches in-fol. — Prosper Servel, poète cul-de-jatte de Montpellier, par Paulin Blanc. Montpellier, 1868, 45 p. — Etc.

19620. Delille (J.). Œuvres av. des notes de Parseval-Grandmaison, de Feletz, de Choiseul-Gouffier, Aimé-Martin, Descuret, etc. 1833, gr. in-8 à 2 col., portr., dem.-rel., v. bl. 3 fr. 50

19621. Ancelot. Œuvres complètes précéd. d'une notice s. sa vie et s. ouvrages par

Saintine. 1855, gr. in-8, à 2 col., dem.-rel., v. f.   3 fr.

Théâtre, poésies, 6 mois en Russie, romans.

19622. Impression de Castres. L'innocence reconnue, par le R. P. René de Ceriziers, de la Comp. de Jésus. A Castres, par Bernard Barcouda, imprimeur du Roy et de la ville, 1657. In-12, vél.   20 fr.

Très rare impression de Castres.

19623. Expédition du Louxor ; relation de la campagne faite dans la Thébaïde pour rapporter l'obélisque, par Angelin. 1833, in-8, avec 8 planch. dem.-rel.   3 fr.

19624. Voies romaines. Histoire archéolog. de la ville de Rennes, comprenant l'étude des voies qui partaient de cette cité et celle de leur parcours, précédée de recherches sur les monnaies et antiquités trouvées dans les fouilles de la Vilaine de 1841 à 1846, par A. Toulmouche. Rennes, 1847, in-4, fig., br.   5 fr.

Imprimé aux frais de la ville de Rennes, cet ouvrage renferme la description de nombreuses médailles romaines et françaises particulièrement baronnales et bretonnes. Il est orné de 3 cartes et de 20 planches lithographiées trouvées dans les fouilles, vases, fibules, coupes, épées, statues, etc.

19625. Préhistorique. De la mâchoire humaine de Moulin-Quignon, nouv. découvertes en 1863 et 1864, par Boucher de Perthes. 1864, in-8 d'environ 200 pp. avec 1 pl.., br.   2 fr.

19626. Objets en bronze (Cachette d') découverte à Vénat, commune de St-Yrieix, près Angoulême, par J. George et G. Chauvet. Angoulême, 1895, gr. in-8, avec 24 pl. en phototypie, br.   3 fr. 50

19627. Souterrain-refuge (Le) de la Croix-de-Boby, commune de Celles (Dordogne), par Michel Hardy. Périgueux, 1883, br. gr. in-8, avec pl.   1 fr. 50

19628. Anciens idiomes gaulois (Monuments des), par M. Monin. Textes. Linguistique. 1861, in-8, br.   4 fr.

Etude grammaticale sur les inscriptions gauloises et les monuments votifs. — Explications des médailles gauloises. — Pierres d'oculistes. — Rôle du bouc dans la religion gauloise. — Le Dieu à trois têtes d'argent de Poitiers. — Hautes-Bornes lorraines et poitevines. L'œuf druidique. — Etymologies cocasses, grotesques et fantaisistes. — Fêtes gauloises. — Singularités grammaticales. — Le Gaulois est-il déclinable ? — Etudes historiques sur les ancêtres des Basques. — Inscriptions en vieux scandinave. — Emblème de la fidélité conjugale. — Noms de Saints français dérivés du gaulois. — Singularité de toilette des femmes gauloises. — Etc., etc.

19629. Langue romane rustique (Influence de la) sur les langues de l'Europe latine, par Raynouard. 1836, in-8, br. 4 fr.

19630. Loy Salique (La), livret de la première humaine vérité, là où sont en brief les origines et auctoritez de La Loy Gallique nommée communement Salique, pour montrer à quel poinct faudra nécessairement en la Gallique République venir, et que de la dicte République sortira ung Monarche temporel, par Guill. Postel. Suivant la copie de 1552, in-16, pap. de Holl., br.   5 fr.

Réimpression conforme à l'édition originale rarissime faite en 1780, d'un ouvrage des plus curieux du visionnaire Guill. Postel, né à Barenton en Normandie.

19631. Galeoti Martii Marniensis de homine libri duo ; Georg. Merulæ Alexandrini in Galeotum annotationes. Basileæ, Frobenius, 1577. Pet. in-4, titre dans un encadrem. gravé sur bois et lettres initiales historiées, couv. en pap.   6 fr.

Curieuse description du corps humain dans toutes ses parties, extérieures et intérieures.

19632. Chypre (Histoire de la guerre de), trad. de Gratiani par Le Pelletier, prieur de St-Gemme. 1685, in-4, jol. vignettes d'en tête gravées en taille-douce, v. m. 6 fr.

Dos de la reliure écorché. — Bon état intérieur. —

19633. Tillemont (Le Nain de). Histoire des empereurs et des autres princes qui ont régné durant les 6 prem. siècles de l'Eglise, des persécutions qu'ils ont faites aux chrétiens, de leurs guerres contre les Juifs, des écriv. profanes, et des personn. les plus illustr. de l. temps. dep. Auguste jusq. Honore. 1690-1701, 6 vol. in-4, v.   15 fr.

19634. Corsaires au Moyen-Age. Du droit de marque ou droit de represailles, suivi de pièces justificatives par de Mas-Latrie. 1875, in-8, br.   3 fr.

Le droit de représailles et la lettre de marque permettant la course et la prise des navires marchands, ne date que du XIIIᵉ siècle. Ce droit n'était accordé qu'après déni flagrant de justice dûment constaté et après avoir épuisé diplomatiquement toutes les voies d'arrangement La partie lésée était alors autorisée à se faire justice elle-même par tous les moyens dont elle pouvait disposer, mais ce droit devait se limiter à la perte et au dommage causé. C'était le particulier qui capturait les biens et les marchandises des sujets de la nation dont il avait à se plaindre, pour se récupérer. Il arrivait que des communes obtenaient aussi ce droit de représailles Ainsi les marchands de Gênes, de Venise de Narbonne, de Barcelone, était souvent en conflit sans qu'il y eût guerre déclarée entre les nations. Il y eut ensuite abus et ce droit dégénéra en piraterie. Dans d'autres cas, en temps de guerre d'une nation à une autre, on délivrait des lettres de marque à ceux qui avaient des navires en course pour causer le plus de dommage possible à l'ennemi. — Cette intéressante étude est suivie de chartes et de documents fort curieux.

19635. Guicciardini (Francesco). Histoire d'Italie de l'année 1492 à l'année 1532, av. notice biograph. par Buchon. 1836, gr. in-8, vél. bl., non rogn.   5 fr.

19636. Trophæa Verdugiana pace et bello ab illustrissimis Verruviani veteris et nobilissimi stemmatis proceribus Immortalitatis cedro gloriose appensa, historiis vere memorabilibus, eventibus miraculosis rerum olim et nuperrime gestarum certissimis narrationibus elucidata a R. P. Guill. Staden Agrippinate Ord. D. Benedicti Monasterii B. V. M. Luxemburgi professo sacerdote. Coloniæ, 1639, in-4, beau titre gravé, v. br. (Rare).   10 fr.

19637. Mémoires des affaires du clergé de France concert. et délib. ez premiers Estats de Blois 1576 et depuis ez assemblées génér. dud. clergé, tenues par permission du Roy tant en la ville de Melun qu'en l'abbaye S. Germain des Prez lez Paris, ès années 1579, 80, 85 et 86, le tout dressé en forme de journal par Guill. de Taix, doyen en l'église de Troyes, député esd. Estats pour le clergé du bailliage de Troyes et esd. assemblées pour le clergé de la prov. de Sens. 1625, 2 part. et 1 vol. pet. in-4, v. (Bel exemplaire).   5 fr.

**19638. Vitraux, corporations religieuses. Légende de la Croix d'après les verrières des églises de Troyes, par A. Assier, suivi de 25 vues et portraits. 1876, in-8, br. 2 fr.

Représentation d'anciens vitraux dans lesquels figure la légende de la Croix et de la Passion, portails d'anciennes églises du Moyen-Age, armorial des corporations religieuses de Troyes, etc... Les vitraux en question n'existent plus et ont été brisés par un fou.

19639. **Paris.** Inscriptions parisiennes, état alphabétique des inscriptions historiques placées dep. l'institution du comité des Beaux arts et travaux historiques. 1879, in-4, pap. de Holl., dans un carton. 4 fr.

19640. **Peinture** (Conversations sur la connoissance de la) et sur le jugement qu'on doit faire des tableaux, où par occasion il est parlé de la vie de Rubens et de quelques-uns de ses plus beaux ouvrages. — Dissertat. sur les ouvrages des plus fameux peintres (par de Piles). 1677-1682, 2 vol. in-12, v. (Bel exemplaire). 3 fr.

19641. **Lois somptuaires.** Commission du Roy à MM. les ducs d'Angoulesme et de Bellegarde, M. le mareschal de Bassompierre et M. le commandant de la Porte, pour la réformation des habits et dépenses superflues qui se font en ce royaume. 1626. — Déclaration du Roy portant règlement général sur la réformation des habits, vérifiée en Parlement. Lyon, 1634. — Déclaration du Roy portant nouvelles défenses de vendre et porter des poincts-couppez et passements. Lyon, 1636. — Ens. 3 pièces pet. in-8, dem.-rel., vél. 7 fr. 50

19642. **Modes.** Histoire de la crinoline au temps passé, par Alb. de la Fizelière, suivie de la satyre sur les cerceaux, paniers, etc., par le chev. de Nisard, et de l'indignité et l'extravagance des paniers, par un prédicateur. 1859, in-18, couvert. illustrée en chromolith., br. 3 fr. 50

Epuisé et recherché.

19643. **Cérémonies de la Fête-Dieu** (Explication des) d'Aix en Provence, ornée de figure du Lieutenant de Prince d'Amour, du Roy et bâtonniers de la Bazoche, de l'abbé de la Ville et des jeux des Diables, des Razcassetos, des Apôtres, de la reine de Saba, des Tirassons, des Chevaux-Frux, etc., etc., et des airs notés consacrés à cette fête. Aix, 1777, in-12, portr. de René d'Anjou et 13 pl. se déployant, v. marbr. 10 fr.

Cet ouvrage est de Gasp. Grégoire, d'Aix. Les figures ont été dessinées par Paul Grégoire et grav. par Gasp. Grégoire, tous deux fils de l'auteur, qui sont les inventeurs de la peinture sur velours.

19644. **Origine de toutes les religions** (Hist. de l') qui jusques à prés. ont esté au monde, avec les auteurs d'icelles, en quelle province, sous quels empereurs et papes, et en quel temps elles ont été instituées, outre de plus. dames illustres lesq. ont méprisé les grandeurs pour vivre en solitude et religion, avec l'orig. des ordres militaires, rec. par R. P. F., Paul Morize, Milanois. et trad. de l'italien (par J. Lourdereau, d'Auxerre). 1578, in-8, v., fil. 6 fr.

19645. **Concordat.** Précis historique sur Pie VII, conten. sa conduite politique et religieuse pend. les révolutions d'Italie, ses travaux apostoliques, son Concordat avec le gouvernement français et son arrivée à Paris. 1804, in-8, cart. à la Brad. 3 fr. 50

19646. **Ceva** (Le P. Th.). Jésus enfant, poème épique trad. pour la prem. fois du lat. en franç. par le traduct. de Sannazar et de Vida (l'abbé Souquet de la Tour). 1843, in-8, br. 3 fr. 50

Texte latin et traduction en regard.

19647. **Quatre vérités** (Les) ou le système de la vertu applicable à toutes les nations, ouvrage dédié aux rois et aux peuples de la terre, par Jos.-Aimable Grégoire. 1844, in-8, br. en cart., non rog. 4 fr.

19648. **Lorraine.** Trois lettres d'Alix de Champe, dame de Vendières, au duc de Lorraine Raoul-le-Vaillant, 1334-1346, et de l'abbaye de Beaupré, sépulture ducale. Saint-Nicolas-de-Port, 1838, pet. in-4, portraits et figures, cart,, non rog. 3 fr. 50

Publication imprimée sur papier vélin fort, à l'imitation des premiers essais de l'art typographique en Lorraine et tirée seulement à 100 exemplaires.

19649. **Livres armoriés.** La Dernière Guerre des Bêtes, fable pour serv. à l'histoire du XVIIIᵉ siècle, par l'auteur d'Abassai (Mˡˡᵉ Fauque). Londres, 1758, 2 tom. en 1 vol. pet. in-8, v. marbr. 6 fr.

Bel exemplaire aux armes du COMTE DE LA MARK, PRINCE D'AREMBERG. — Née dans le comtat d'Avignon, forcée par sa famille d'entrer en religion, obtenant après 10 ans un bref annulant ses vœux, Mˡˡᵉ Fauque, éprise d'un seigneur anglais, vécut en Angleterre sous le nom de Mᵐᵉ de Vaucluse, du produit de son travail. On ne peut, dit l'abbé Sabathier, lui refuser de l'esprit et du talent pour écrire. Elle a laissé la réputation d'une femme aussi aimable que spirituelle.

19650. **Livres armoriés.** M. Tullii Ciceronis opera omnia, cum Gothofredi notis. Genevæ, 1646, in-4 à 2 col., v. fauve, fil. à comp., tr. dor. 12 fr.

Aux armes de GILBERT DE VOISINS. — Edition compacte de toutes les œuvres de Cicéron.

19651. **Machiavel** (Nicolas). Le Prince, trad. et commenté par A.-N. Amelot, Sʳ de la Houssaye. Amsterd., 1683, pet. in-8, portr., v. br. 4 fr.

Amelot essaye de justifier Machiavel en soutenant *qu'il dit ce que les princes font, et non ce qu'ils doivent faire*, qu'ainsi son ouvrage n'est qu'une critique de leur politique; opinion que Nicéron traite de paradoxe et La Harpe de rêverie.

19652. **Pierre de l'Estoile.** Mémoires pour serv. à l'histoire de France, conten. ce qui s'est passé de plus remarquable dep. 1515 jusqu'à 1611. Cologne (Bruxelles), 1719, 2 vol. in-12, front. gravé et nombr. portraits, v. 7 fr. 50

Mémoires connus sous le nom de *Petits Mémoires de l'Estoile*. Les curieux, dit Barbier, recherchent toujours cette édition parce que Lenglet-Dufresnoy a fait des suppressions dans celles qu'il a publiées.

19653. **Parlements** (Les ouvertures des) par Loys Dorléans, ausq. sont adioustées cinq remonstrances, autrefois faictes en iceluy. 1607, in-4, beau portr. de l'auteur gravé en taille-douce, vél. à recouvr. 8 fr.

Ces cinq remonstrances sont ainsi intitulées : *Les Jardins de Justice. — Le Temple de Justice. — L'Or de Justice. — Le Chandelier de Justice. — Le Mercure de Justice.*

19654. **Le Noble.** La réjouissance des poètes sur la sortie de prison de M. Le Noble.

1695, in-12, front. gravé, cart. à la Brad. 3 fr. 50

Le Noble, né à Troyes, fut procureur au Parlement de Metz. Il est célèbre par ses aventures avec Gabrielle Perreau, surnommée la *Belle Epicière* Enfermé à la Conciergerie, il s'évada pour rejoindre sa maîtresse.

19655. **Allée de la Seringue** (L') ou les Noyers, poème héroïque en quatre chants, par le Sr D''' (Le Noble). S. l., 1677, pet. in-8, v. 2 fr. 50

Cette pièce, assez plaisante, a eu un grand succès et a été souvent réimprimée, dit Brunet.

19656. **Dumas** (Alexandre) fils. Denise, pièce en 4 actes. 1885, in-8, br. 4 fr.

Exemplaire en GRAND-PAPIER DE HOLLANDE. Tiré à 75 exemplaires numérotés (N° 71).

19657. **Milletot** (Bén.), Sr de Villy, conseiller au Parlement de Bourgogne. Traicté du délict commun et cas privilégié, ou de la puissance légitime des juges séculiers sur les personnes ecclésiastiques. Dijon, Cl. Guyot, 1615, pet. in-8, v. 3 fr.

19658. **Maria Stuarta** (De), utrum Henricus III eam in suis periculis tutatus fuerit, an omni ope destitutam Anglis prodiderit, auctore Cheruel. Rotomagi. 1849, in-8, br. 3 fr. 50

Avec pièces justificatives à la fin. — Envoi d'auteur signé.

19659. **Philostrate** (Les images ou tableaux de platte peinture, de) Lemnien, sophiste grec, mis en franç. par Bl. de Vigenère, Bourbonnois, avec des arguments et annotat. sur chacun d'iceux. Tournon, Cl. Michel, 1611, gros vol. in-8, frontisp. gravé, v. 3 fr. 50

19660. **Eloge des Paysans** aux Paysans (par Guy-Mathurin D., masque de L. Coquelet). La Haye, Nicolas Multeau, 1731. In-12 de 81 pag., cart. à la Brad., non rogné. 4 fr.

19661. **Entretiens des bonnes compagnies**, par le Sr Des-Fontaines, gentilhomme provençal. Troyes, Garnier, s. d. (XVIIIe siècle). Pet. in-8, dem.-rel, 8 fr.

Edition populaire de ce recueil de contes, facéties et bons mots.

19662. **Bruscambille** (Pensées facétieuses et bons mots de), comédien original. Cologne, Ch. Savoret, rue Brin-d'Amour, au Cheval-Volant, 1709, pet. in-12, dem.-rel., v. vert. 10 fr.

19663. **Courval-Sonnet** (Les Satyres de), gentilhomme Virois, dédiées à la Reine Mère du Roy. Paris, R. Boutonné, 1621, pet. in-8, avec figure de la nasse du Mariage grav. en taille-douce sur le titre et portr. de Courval-Sonnet gravé par Matheus, v. fauve. (Rel. ancienne). 35 fr.

Ce recueil comprend les satires sur le Mariage (6e à 11e satires), reproduisant à quelques variantes près le texte de la *Satyre Ménippée* ou discours sur les poignantes traverses ou incommodités du Mariage, dont il existe cinq éditions de 1608 à 1623. — Exemplaire du poète Roucher provenant de la vente Dulaure, faite à Paris en décembre 1835.

19664. **Maynard** (Les œuvres poétiques de). 1646, in-4, portr. grav. par Daret, v. 12 fr.

Reliure un peu fatiguée. — Grandes marges.

19665. **De la Chambre**. Discours de l'amitié et de la haine qui se trouvent entre les animaux. 1667, in-8, v. 3 fr.

19666. **Louise Labé** (Notice sur la rue Belle-Cordière, à Lyon, conten. quelques renseignements biograph. sur) et Ch. Bordes (par Breghot du Lut). L., 1828. — Testament de Louise Labé (publ. par le même). L., 1825. — Note pour serv. de supplément au Commentaire sur les œuvres de Louise Labé (par le même). L., 1830 — En 1 vol. in-8, dem.-rel., doc et coins cuir de Russie, tr. ébarb. 6 fr.

Ces opuscules ont été tirés à très petit nombre (50 exemplaires seulement).

19667. **Poètes du XVIe siècle**. La Délivrance de Jérusalem, mise en vers françois de l'ital. de Torq. Tasso par Jean du Vignau, Sr de Vuarmont, Bourdelois. 1595, pet in-12, titre gravé, avec portrait du Tasse en médaillon, dem.-rel., maroq' rouge. 12 fr.

Traduction rare en vers français. C'est la plus ancienne qui ait été faite du chef-d'œuvre du Tasse.

19668. **Marguerite de Valois**. La ruelle mal assortie ou entretiens amoureux d'une dame éloquente avec un cavalier gascon plus beau de corps que d'esprit, et qui a autant d'ignorance comme elle a de savoir. 1855, pet. in-8, pap. vergé, br. 2 fr. 50

Publié par Ludov. Lalanne. — Le texte est conforme à l'édition de 1644, qui est si rare que les éditeurs de Tallemant des Réaux croyaient cette pièce inédite.

19669. **Baron** (Les œuvres de). Suivant la copie, à la Sphère, 1694. Pet. in-12, front. gravé, v. br. 4 fr.

Jolie édition hollandaise qui peut s'annexer aux Elseviers. Elle comprend les pièces suivantes : Le Rendez-vous des Thuileries. — Les Enlèvements. — L'Homme à Bonne Fortune. — La Coquette et la Fausse Prude.

19670. **Théâtre de Baron** (Le), augmenté de deux pièces qui n'avaient point encore été imprimées et diverses poésies de l'auteur. 1759, 3 vol. in-12. v. marbr. (Bel exemplaire). 3 fr. 50

D'après Quérard, cette édition est la plus complète des œuvres de Baron.

19671. **Boursault**. La Comédie sans titre, revue et corrigée par son auteur véritable. Suiv. la copie (Hollande, à la Sphère), 1720, pet. in-12, front. gravé, couv. en pap. 3 fr.

Le premier titre de cette comédie était le *Mercure Galant*. Doneau de Vizé, qui publiait alors un ouvrage périodique intitulé aussi le *Mercure Galant*, obtint que la pièce de Boursault ne porterait pas le même titre. De là le nom de *Comédie sans titre*.

19672. **Grosley**. Discours (sur la question si le rétablissement des sciences et des arts a contribué à épurer les mœurs), qui a balancé les suffrages de l'Académie de Dijon pour le prix de 1750, par D. C., de Troyes en Champagne. Sec. édit. (1751), in-12, couv. pap. 6 fr.

Ce discours avait d'abord paru dans le *Mercure*. Il obtint l'accessit à l'Académie de Dijon, qui décerna le prix à J.-J. Rousseau. Grosley avait pris les mêmes conclusions que ce dernier, mais il n'avait cherché qu'à s'amuser. Les lettres D. C. qui le signent sont les initiales de *Du Chasselas*, nom burlesque qu'il paraît avoir mis à quelques exemplaires.

19673. **Caylus**. Correspondance inédite du comte de Caylus avec le P. Paciaudi, Théatin (1757-1765), suivie de celles de l'abbé Barthélemy et de P. Mariette, par le même, publiées par Ch. Nisard, de l'Institut. Paris, Impr. Nationale, 1877, 2 magnifiques volumes gr. in-8 raisin d'environ 500 pag. chacun, br. 10 fr.

Les lettres de Paciaudi sont, comme le dit avec raison M. Nisard, « à la fois savantes, spirituelles et remplies d'anecdotes sur les personnages et sur les livres de son temps, en Italie comme en France, et enfin d'une lecture faite pour charmer tous ceux qui aiment la littérature, les arts et les antiquités. » On y apprend que le P. Paciaudi prit une part considérable aux cinq dern. volumes du « Recueil d'antiquités » du comte de Caylus. Dans cette correspondance copieusement annotée et accompagnée d'excellents éclaircissements, on apprend une foule de choses, on découvre au milieu des dissertations les plus savantes « les nouvelles recueillies par Caylus aux dîners de Mme Geoffrin, où il assistait régulièrement tous les lundis, les anecdotes sur les gens de lettres et les philosophes qui faisaient alors le plus de bruit, des jugements sur leur personne et leurs esprits, pleins de liberté et d'audace, une manière de considérer les Jésuites et des moyens mis en œuvre « pour arriver à leur suppression », etc., etc. — On y trouve aussi des notes et des renseignements précieux sur les arts et sur la curiosité, ainsi que sur la bibliomanie au xviiie siècle ; d'excellentes tables et index analytiques qui se trouvent à la fin de l'ouvrage rendent les recherches faciles. Nous en faisons un extrait très sommaire, qui permettra de juger de l'intérêt des matières traitées : Bodoni est attiré par Du Tillot et Paciaudi à Parme, où il fonde l'imprimerie Bodonienne. — Hennin, premier commis des affaires étrangères, n'est pas d'avis que la bibliothèque La Vallière soit vendue à l'étranger. — La duchesse de Châtillon voudrait vendre la bibliothèque La Vallière à Paciaudi. — Cochin, graveur, accompagne M. de Marigny en Italie. — De Marigny fait vendre les meubles, la bibliothèque et une partie des tableaux de Mme de Pompadour. — Monuments trouvés en Dauphiné et achetés par Caylus — Nevers, ses faïences. — Le P. Norbert, capucin, en son vrai nom Curel Parisot, a ses poches pleines de pièces rares et curieuses contre les Jésuites. — Obscénités, Caylus les aime, en envoie deux planches à Paciaudi. — L'abbé Saas possédait 30.000 volumes. — Juhenne, propriétaire des manufactures de draps des Gobelins et d'une collection de tableaux, dessins, etc., etc.

19674. Pleasure carriages (English), their origin, history, varieties, materials, construction, defects, etc., by W. Bridges Adams. London, 1837, in-8, av. nombr. fig. au trait, voitures et carrosses, perc. bleue, non rog. 5 fr.

19675. Philippes de Mornay (Mémoires de Messire), Sr du Plessis-Marli, baron de la Forest, etc., conten. divers discours, instructions, lettres et dépêches par lui adressées ou escrites aux rois, roines, princes, princesses, seigneurs et grands personnages de 1572 à 1589, et quelq. lettres des susdits aud. du Plessis. S. l., 1624, in-4 de près de 1000 pag., bas. 10 fr.

Imprimé à la presse particulière de Du Plessis-Mornay, à la Forêt-sur-Sèvre.

19676. Syntaxis Lucretianæ lineamenta per Guill. Holtze. Lipsiæ, 1868, in-8, br. 2 fr. 50

19677. Ciceronis (M. T.) opera omnia, cum Gothofredi notis. Genevæ, 1634, 3 tom. en 1 vol. in-4 à 2 col., v., fil. 5 fr.

Édition compacte de toutes les œuvres de Cicéron, imprimée en petits caractères très nets.

19678. Philonis Judæi Opera exegetica in libros Mosis, de Mundi opificio, historicos et legales quæ ab Adr. Turnebo et Dav. Hœschelio edita et illustrata sunt, gr.-lat. in lucem emissa ex accuratiss. Sig. Gelenii interpretatione. Coloniæ Allobrog., 1613, in-fol., v. 5 fr.

19679. Estienne (Henry). Ciceronianum lexicon græco-lat., id est lexicon ex variis Græcorum scriptorum locis a Cicerone interpretis collectum Ex officina H. Stephani, Parisiensis typographi. 1557. In-8, v. 3 fr. 50

19680. Franc-Maçonnerie. L'arche sainte ou le guide du Franc-Maçon, destiné à perfectionner l'instruction des récipiendaires à tous les degrés. L., 1851, in-18, dem.-rel. 2 fr. 50

19681. Borel d'Hauterive. Revue historique de la Noblesse. 1841-46, 4 vol. gr. in-8, fig. d'armoiries, dem.-rel. 20 fr.

19682. Hérault de la Noblesse de France, par P. D'Origny. 1875, broch. gr. in-8, de 40 pag. 1 fr. 50

19683. Noblesse, blason, ordres de chevalerie, manuel héraldique, par E. de Toulgoet. Paris, s. d., in-8, av. fig. d'armoiries, dem.-rel., v. viol. 5 fr.

19684. Schumanns (Gott.) Genealogisches handbuch in welchem di nevesten nachrichten von allen hausern jetz-regierender Europaischer kaiser und konige, und aller geist und weltlichen chur und fursten, wie auch grafen des heiligen Romischen Reichs. Leipzig, 1758, in-8, dem.-rel. 3 fr.

19685. Régiments coloniaux. 10 pièces in-4. 15 fr.

Ordonnance du Roi, concern. la Compagnie des Cadets-Gentilshommes des troupes des colonies. 1781, 8 p — Ordonn. port. suppression de la compagnie de Madagascar et son incorporation dans le regiment de l'Isle-de-France, etc . 1781, 10 p. — Ordonn. portant réunion des deux Compagnies de Canoniers de l'Inde, aux Compagnies de l'Isle-de-France. 1781, 10 p. — Ordonn. portant création d'un second bataillon au régim. de Pondichéry, suppression de la 3e légion des Volontaires-étrangers de la Marine, etc. . 1781, 11 p. — Ordonn. portant réunion des dépôts de Recrues des Colonies de celui de l'Inde et des compagnies d'infanterie du port de Lorient, pour ne former qu'un seul et même corps, sous la dénomination de bataillon auxiliaire des Régimens des colonies. 1781, 15 p. — Ordonn. pour la formation nouvelle du dépôt des Recrues des Colonies, établi à l'Isle de Ré. 1786, 14 p. — Ordonn. pour l'incorporation des differ. corps employés au département. des Colonies, dans les régimens de la Martinique et de la Guadeloupe, pour y former un 3e bataillon. 1784, 8 p. — Ordonn. portant réduction sur les appointemens des états-majors des régimens Coloniaux, etc. 1784, 2 p. — Règlement concern. les élèves du corps royal de l'artillerie des Colonies. 1788, 4 p. — Arrest du Conseil concern. les places d'engagés, oûes par chaque Navire allant aux Colonies, et le port des fusils. 1774, 6 p.

19686. Lorenz (Jo. Mich.). Summa historiæ Gallo-Francicæ civilis et sacræ. Argentorati, J. G. Treuttel, 1790, 4 tom. en 2 vol. in-8, dem.-rel., v. antiq. (Bel exemplaire). 3 fr.

19687. Thierry (Augustin). Histoire de la conquête de l'Angleterre par les Normands. 1825, 3 vol. in-8, fig. et cartes, v. m. 5 fr.

19688. Genealogiæ Francicæ plenior assertio, vindiciarum Hispanicarum, novorum luminum lampadum historicarum et commentorum libellis, Lotharingia masculina, Alsatia vindicata stemma Austriacum, etc., a J. J. Chiffletio auct. D. Blondello. Amst., 1654, 2 vol. in-fol., vél. de Holl. (Bel exempl.). 12 fr.

19689. Eckhart (J. G.). Commentarii de rebus Franciæ Orientalis et episcopatus

Wirceburgensis. Wirceburgi, 1729, 2 vol. in-fol., portr. et fig., v. m. 10 fr.

19690. **Historiæ Francorum** Scriptores coætanei ab ipsius gentis origine ad Pipinum usque regem quorum plurimi nunc primum ex variis codicibus Mss. in lucem prodeunt, alii vero auctiores et emendatiores cum epistolis regum, reginarum, pontificum, ducum, comitum, abbatum et aliis veteribus rerum Francicarum monumentis opera ac studio Andreæ Duchesne. 1636-49, 5 vol. in-fol. 60 fr.

Collection recherchée. Le second volume continue la série après la mort de Pépin le Bref jusqu'à Hugues Capet et le troisième va jusqu'au roi Robert. C'est pendant l'impression de ce volume que mourut André Duchesne. Son fils François acheva la publication et publia les tomes IV et V qui contiennent les événements arrivés depuis Robert jusqu'à Philippe IV, dit le Bel. — On trouve entre autres textes dans ce recueil les Histoires de Grégoire de Tours et la Chronique de Frédégaire. — Les œuvres d'Eginhart. — Les lettres de Loup Ferrières et de Gerbert. — La chronique d'Aimoin. — Le chroniqueur de St Gall. — La Philippide de Guill. Le Breton. — La chronique de Guillaume de Puylaurens. — Etc., etc.

19691. **Empire François** (L') ou histoire des conquestes des royaumes et provinces dont il est composé, leurs démembremens et l. réunion à la Couronne, av. les cartes généalogiq. de la maison royale et celles des princes et grands seigneurs qui les ont possédées, par Laur. Turquois, advocat au présidial d'Orléans. Orléans, 1651, in-fol., dem.-rel., v. m. 10 fr.

19692. **Paris** (Abrégé des annales de la ville de), cont. tout ce qui s'est passé de plus remarquable dep. sa prem. fondation jusques a piés. (par Colletet). 1664, in-12, cart. 3 fr. 50

Exemplaire très grand de marges.

19693. **Paris** (Dictionnaire historique de la ville de) et de ses environs dans leq. on trouve la description des monuments et curiosités de cette capitale, l'etablissement des maisons religieuses, celui des communautés d'artistes et d'artisans, le nombre des rues et leur détail historique, tous les Collèges et les bourses qui leur sont affectées, etc., l'historique des châteaux, la nature du sol, etc., par Hurtaut et Magny. 1779, 4 vol. in-8, avec carte, v. m. 15 fr.

19694. **Paris.** Relation véritable contenant une liste exacte de tous les voleurs qui ont été condamnez par arrêt du Parlement de Paris et des sentences du Châtelet rendues contre eux en lad. ville par diverses reprises et entre autres du petit frère de Cartouche qui a été pendu par dessous les bras le 18 aoust 1722 agé de treize ans. Avec Permission. (1722). Placard in-4 de 2 pages avec la liste à 2 colonnes de 66 voleurs et 3 femmes exécutes depuis quelques jours dans la ville de Paris. 10 fr.

Pièce volante de toute rareté.

19695. **Paris.** 6 pièces in-4 et in-8. 7 fr. 50

Description de l'arc de la Place Dauphine. 1660, 20 p. — Le Miracle arrivé en la Place Royale. 1649, 10 p. — L'effroiable accouchement d'un monstre dans Paris et de ce qui s'est ensuivy après sa naissance. 1649, 6 p. — Cahier des plaintes et doléances des Dames de la Halle et des marchés de Paris, rédigé au grand salon des Porcherons pour être présenté à MM. les Etats-Généraux où l'on parle sans gêne de plus. personnes et de plus. choses arrivées il n'y a pas longtemps et de la prise de la Bastille. Août 1789, 47 p. — Vœu de la Bazoche aux citoyens de Paris. 1789, 14 p. — La bagarre du Pont-Neuf où les cerises renversées, poeme héroï-comico-satyrico-burlesque en 3 chants, suiv. de notes historiques, critiques et littéraires. An X (1801), 29 p.

19696. **Paris.** 6 pièces in-8. 10 fr.

Paris justifié contre M. Mounier, par Louvet de Couvray. 1789, 51 p — Tableau de Paris au commencement de l'année 1799, satire. Hambourg, 1800, 24 p. — Noms des électeurs du départem. de Paris par ordre alphabét. avec les Nos de la page où ils se trouvent sur la liste imprimée en 1792. An Ier (1792), 16 p. — La Boussole ou le guide des Etrangers dans Paris et ses faubourgs avec un plan topographique et orné du portrait de l'Empereur, par J.-B. de Bouge. Bruxelles, 1806, 83 p. av. un plan et un très curieux portrait au trait de Bonaparte. — De l'importance dont Paris est à la France et le soin que l'on doit prendre de sa conservation, mémoire inédit du maréchal de Vauban. Londres, 1821, 36 p. et portr. — Rapport sur deux vues du Vieux Paris et 170 dessins représentant les monuments qui n'existent plus, par F. A. Pernot. 1836, 7 p.

19697. **Discours merveilleux** et effroyable du grand tremblement de terre advenu ès villes de Rouen, Beauvais, Pontoise, Nantes, Poissy, St-Germain-en-Laye, Calais et autres endroits de ce royaume. Paris, J. Coquerel, 1580, in-12, n. rel. 10 fr.

Réimpression fac-simile faite à Lyon chez Perrin en 1874. — Exemplaire sur PEAU DE VELIN.

19698. **Sainte larme de Vendôme** (Dissertat. sur la), par l'abbé Thiers, av. la réponse à la lettre du P. Mabillon touchant la prétendue sainte larme. Amst., 1751, in-12, titre grav., v. m. (Bel exemplaire). 5 fr.

19699. **Beaumont-sur-Oise.** 2 pièces in-4. 5 fr.

Arrest du Parlement qui déclare P. F. Foucher, conseiller au Roy, bailly de Beaumont-sur-Oise, lieuten. général de Chambly, follement intimé et mal pris à partie par Cl. Framery (au sujet d'une représentation théâtrale donnee sans son autorisation dans la salle de l'hôpital de Chambly). 1718, 8 p. — Mémoire justificatif pour les maire et officiers municip. de Beaumont-sur-Oise, contre F. E. Ribaut, se disant De Nointels, et se qualifiant encore gentilhomme ordinaire du Roi (par Ducancel). 1791, 36 p.

19700. **Auxerre.** 13 pièces et mémoires et un discours manuscrit. — Ens. 14 pièces in-4. 7 fr. 50

Edit port. rétablissement du bailliage et siège présidial d'Auxerre. 1776, 4 p. — Arrest du Parlement qui homologue une ordonnance du siège de la police d'Auxerre, à l'effet de prevenir les incendies et d'apporter les secours nécessaires à ceux qui pourroient survenir. 1782, 4 p. — Arrest qui fait défenses à toutes personnes de s'assembler ni s'attrouper sous quelque prétexte que ce soit, dans les ville et fauxbourg d'Auxerre 1782, 4 p. — Mandement de l'évêque d'Auxerre qui ordonne des prières pour le repos de l'âme de N. T. S. P. le Pape Clément XI, et pour l'élection du Pape. Auxerre, 1721, 7 p. — Memoire pour l'abbé Ricard, professeur au collège d'Auxerre. 1773, 72 p. — Consultation pour D. Ricard, professeur au collège d'Auxerre. 1773, 19 p. — Mémoire de Ricard, professeur, en réponse au Mémoire à consulter et à la consultation pour Choppin, conseiller au bailliage et siège présidial d'Auxerre. 1774, 22 p — Consultation pour D. Ricard, professeur de rhétorique au collège d'Auxerre. 13 p. — Discours prononcé pour la rentrée des classes au collège d'Auxerre, le 2 déc 1771. 39 p. Mss. d'une écriture très soignée. — Mandem. de l'évêque d'Auxerre qui ordonne des prières publiques dans toutes les églises de son diocèse, pour l'accomplissement des vœux du roi en faveur de son peuple. 1789, 8 p. — Etc., etc.

19701. **Anjou.** Papiers de la seigneurie de

Villeneuve-Maillard, près Saumur. 1540-1740, 2 forts vol. in-fol.. parch. 45 fr.

Titres originaux de propriété, contrats de partages, d'échanges, rentes, hommages, aveux, redevances, baux, terrier, etc., pièces sur parchemin et sur papier. Cette terre, qui appartenait en 1508 à noble homme Antonie Turpin, seigneur de Mont-Augubert de la Turpinière, est vendue en 1642 par le prince Louis de Rohan-Guémémée au maréchal de Brézé. — Ces deux volumes sont en quelque sorte le chartrier de la seigneurie.

19702. Touraine. 16 pièces in-8 et in-4. 12 fr.

Mélanges histor. par E. Cartier. Tours, 1842, 48 p. et 1 planche. — Arrest du Parlement qui condamne Ph.-N. Duval, prieur de Cinq-Mars en Touraine, de comparoir en la Chambre de la Tournelle, et là nuë tête et à genoux, dire et déclarer que méchamment il a composé un libelle conten. plusieurs faits injurieux et calomnieux et contraire au respect par lui dû à l'archev. de Tours et à ses officiers ; ce fait, banni pour 5 ans de la ville, prévôté et vicomté de Paris, et de la province de Touraine, en 10 livres d'amende et en 300 livres de réparation civile vers les personnes y dénommées. 1716, 16 p. — Chinon pendant la Révolution, 1789-1804, par H. Grimaud. Chinon, 1890, 32 p. — Aux âmes dévotes de la paroisse de Veretz, département d'Indre-et-Loire (par P.-L. Courier). S. d., 8 p. — Factum pour S. Chasteignier, subdélégué de l'Intendance de Tours, contre S. Cormier, bailli de robbe-longue de la même ville, R. Jarossier, son prête nom, et autres leurs complices, participans et adhérants. 1773, 124 p. — Notice biograph. sur L.-Cl. de Saint-Martin, ou le philosophe inconnu. 1824, 28 p. — Mémoire pour Franç. Tardiveau et Et. Bullot contre F. Champion. sr de la Brechotière, appelant d'une sentence du siège Royal de Loches, du 29 juillet 1695. 4 p. — Arr. de la Chambre de Justice contre Adrien Hingue de Puigibault, subdélégué de l'Election de Loches, banni pour 5 ans du ressort du Parlement de Paris et condamné en 3.000 livres d'amende ; et contre P. Doüard Desajons, maire, syndic et controlleur de la paroisse de Tauxigny. condamné en 1.000 livres d'amende. 1717, 7 p. — Edit portant suppression de la capitainerie de Chambord. 1777, 4 p. — Notice sur le château de Chambord, par Vergnaud-Romagnési. 1832. 48 p. — L'architecture civile dans la Touraine méridionale au moyen-âge, par d'Espinay. Caen, 1871, 10 p. — St-Avertin, par A. Roulliet. Tours, 1881, 39 p. — Etc., est.

19703. Cherbourg. 6 pièces in-8 et in-4. 7 fr 50

Relation de la découverte d'un tombeau près de Cherbourg. Observations géograph. et histor. concernant cette ville (XVIIIe siècle), 28 p. et 1 pl. in-4. (Extr. des Mémoires de l'Acad. des Inscript.). — La France et l'Angleterre, dialogue à l'occasion du voyage de Louis XVI à Cherbourg. 1786, suivi d'un précis histor. du voyage du Roi et des travaux du Roi, 32 p. — Lettre adressée à MM. de la milice nationale à Cherbourg, 29 juillet 1789 ; pièce in-4 manuscrite par Jubé, ex-sous-aide major de la troupe nationale, avec le visa et l'approbation de Dumouriez, alors commandant de la place. — Discours et arrêtés présentés par les officiers du régiment de la Reine aux officiers de l'hôtel de ville et milice nation. de Cherbourg. Cherbourg, P. Clamorgam, imprimeur, 1789, 4 p. in-4. — Histoire anecdot. du Vieux-Cherbourg et de ses environs, par de Pontaumont. 1867, 90 p. — Documents pour serv. à l'hist. des villes et château de Cherbourg, par de Pontaumont. Cherbourg, 1867, 24 p. — Etc.

19704. Mont-St-Michel (Deux discours sur les faits miraculeux advenus depuis quelque temps à l'endroit de plusieurs pèlerins de St-Michel du Mont de la mer, avec les cantiques ou chansons sur lesquels ont esté faits lesdits discours ; ensemble un sonnet sur la construction et bastiment de l'église et abbaye dudit) ; enquel temps et soubz quel roy de France a esté bastie et fondée et par qui, par Christofle de Bordeaux, Parisien, l'an de son aage LXXVI et ancien pèlerin dudit mont. A Paris, par Fleury Bourriquant. 1613, pet. in-8, br. 3 fr. 50

Réimpression à très petit nombre, en caractères antiques, d'un opuscule introuvable et des plus curieux sur la célèbre abbaye du Mont-St-Michel. — Elle a été faite à Lyon, chez Perrin, en 1875, et n'a pas été mise dans le commerce — Exemplaire en GRAND-PAPIER DE HOLLANDE.

19705. Franche-Comté. 5 pièces in-8, in-4 et in-18. 4 fr.

Edit du Roi portant réduction d'offices au Parlement de Besançon. 1788, 8 p. — Délibération de l'assemblée générale de la commune de la cité royale de Besançon, tenue le 16 janv. 1789. 18 p. Extrait du registre des délibérations du bailliage présidial de Gray. 1789, 8 p. — Biographie du cardin. de Granvelle, par Weiss. (Tirage à part en grand-papier de la Biographie universelle). — Ch. Thuriet. Chansons d'un villageois. Besançon, 1876, 65 p. in-18.

19706. Beaujolais. Elévation perspective du chapitre noble de Salles en Beaujolais, dont les vues sont dirigées sur les fertiles et riantes plaines de cette province arrosée par la Saône, dédiée à Son Alt. Séréniss. Mgr le duc d'Orléans, par son très humble et très obéissant serviteur Desarnod. Fait et dessiné par Desarnod, architecte à Lyon. 1763. — Vue en perspective avec les bâtiments, cour d'honneur, jardins et dépendances de l'abbaye. — Estampe in-fol, en largeur. 20 fr.

Belle épreuve TIRÉE SUR SATIN.

19707. Arles. 7 pièces in-4 et 1 placard-affiche in-fol. — Ens. 8 pièces. 7 fr. 50

Edict du Roy portant qu'à l'avenir les habitans des villes d'Aix, Arles, Marseille, et communautez du pays de Provence, soient conservez et maintenus en leurs usages et coustumes. Aix, 1649, 8 p. — Theses philosophicæ juxta inconcussa tutissimaque dogmata D. Thomæ Aquinatis, has theses tueri conabitur Petrus Brunet Arelatensis. Arelate, Cl. Mesnier, 1698, 7 p. — Mémoire pour les consuls-gouverneurs de la ville d'Arles contre MM. du chapitre métropolitain. Arles, 1781, 12 p. — Mandem. de l'archev. d'Arles qui ordonne des prières publiques en conséquence de la lettre du Roi. Arles, 1789. placard-affiche in-fol. — Copie de la lettre écrite à l'Assemblée Nation. et au ministre de l'intérieur par le Conseil général du départ. des Bouches-du-Rhône (pour demander que le chef-lieu soit fixé à Arles de préférence à Marseille). (9 p. in-fol. Mss.). — Etc.

19708. Bretons dans les Gaules (Hist. crit. de l'établissement des) et de leur dépendance des rois de France et des ducs de Normandie, par de Vertot. 1720, 2 vol. in-12, v. fauve, fil. 1 fr. 50

19709. Bresse et Bugey, esquisse par Jarrin. Bourg, 1873, in-8, br. 1 fr. 50

19710. Antiquités bordelaises ou tableau histor. de Bordeaux et du départ. de la Gironde, par P. Bernadau. Bordeaux. 1797, in-8, br., non rog. 5 fr.

19711. Bayonne, vues historiques et descriptives, par Morel. Bayonne, 1836, in-8, fig., dem.-rel., v. bleu. 4 fr.

19712. Haute-Guienne (Procès-verbal des séances de l'assemblée provinc. de), tenue à Villefranche dans les mois de sept. et d'oct. 1779. S. l., 1780, gr. in-8, v. m. (Bel exemplaire). 4 fr.

19713. Noblesse de Guyenne (Lettre de le) escrite au roy. De l'assemblée d'Agene (sic). S. l., n. d. (vers 1616), pièce pet. in-8, cart. 2 fr. 50

Plaintes contre le maréchal d'Ancre.

19714. Simon de Montfort (Soumission de la vicomté de Carcassonne par) et la Croisade contre Raymond VI, comte de Toulouse, par C. Douais. 1884, gr. in-8, br. 2 fr. 50

19715. Bretagne (Histoire de), par Daru. 1826, 3 vol. in-8, dem.-rel., mar. bl. 5 fr.
Exemplaire avec cachet du Salon de lecture de Bourges.

19716. Rennes (Hist. de), par E. Ducrest de Villeneuve et D. Maillet. Rennes, 1845, in-8, av. 2 plans de la ville, dem.-rel., v. vert. 5 fr.

19717. Montagne du Châtelet (Notes archéolog. sur les fouilles faites et les monuments découv. sur la), située près de Fontaines (Haute-Marne), par Phulpin. Neufchateau, 1840, in-8. av. carte, br. 3 fr. 50

19718. Vizille et ses environs, description pittoresque, montagnes, monuments,- ruines, châteaux, parcs, fabriques et manufactures, précis. histor., histoire, chroniques et légendes, anecdotes, faits principaux. Grenoble, s. d., in-8, dem.-rel., v. bl. 5 fr.

19719. Noëls bourguignons (Les) de B. de la Monnoye (Gui Barozai), suiv. ues Noels Mâconnais du P. Lhuilier. avec une traduct. littérale en regard du texte patois, préc. de notices sur La Monnoye et Lhuilier, par F. Fertiault. Dijon, 1866, in-12, fig., br. 4 fr.

19720. Aubigné (Th. Aprippa). Mémoires écrits par lui-même, av. les mémoires de Fréd.-Maurice de La Tour, prince de Sedan, une relat. de la Cour de France en 1700, par M. Priolo, ambassad. de Venise, et l'hist. de Mᵐᵉ de Mucy. Amst., Beinard, 1731, 2 tom. en 1 vol. in-12, v. m. 3 fr. 50

19721. Madrigaux de M. D. L. S. (de La Sablière). Paris, Cl. Barbin, 1680, in-12, couv. pap. 10 fr.
EDITION ORIGINALE. — Exemplaire grand de marges. — Le privilege est donne au sʳ Nic. de Rambouillet, sʳ de La Sablière, fils de l'auteur.

19722. Sarasin. Œuvres, conten. la conspiration de Valstein contre l'Empereur ; s'il faut qu'un jeune homme soit amoureux ; la vie de Pompon. Atticus ; la pompe funèbre de Voiture, etc. 1694, in-12, titre gr., v. br. 4 fr.

19723. Saint-Amant. Moyse cauvé, idyle heroïque à la sérénissime Reyne de Pologne et de Suède. Leyde, J. Sambix, 1654, pet. in-12, front. grav., vél. de Holl. 12 fr.
Très jolie édition, qui sort positivement des presses elzeviriennes de Leyde. — Bel exemplaire, grand de marges et bien conservé dans sa première reliure.

19724. Charron (Pierre). De la Sagesse, trois livres. en laq., pour le contentement du curieux lecteur, a esté adjousté à la fin tout ce qui pouvait avoir esté retranché aux préced. impressions. 1607, in-8, beau front. gravé par L. Gaultier, vel. 5 fr.
Edition estimée reproduisant le texte de 1604, avec les variantes de Bordeaux, ce qui rend l'édition des plus complètes. — Exemplaire grand de marges.

19725. Senault (Le P.). L'homme criminel ou la corruption de la nature par le péché, selon les sentiments de S. Augustin. Amst.,

P. Le Grand. 1665. pet. in-12, vél. de Hollande. 5 fr.
Très jolie édition, qui fait partie de la collection des Elzevier. — Bel exemplaire.

19726. Histoire du tems ou relation du royaume de Coquetterie (par Hédelin d'Aubignac). Bruxelles, 1742, in-12, br. 2 fr. 50

19727. Nouvelle allégorique ou hist. des dern. troubles arrivez au royaume d'éloquence (par Furetière). 1658, pet. in-8, grande planche, vél. 2 fr.
Déchirure dans le bas du titre.

19728. Enterrement du dictionnaire de l'Académie (L'), ouvr. conten. la réfutation de la réponse de M. de M. (Mallevaut), et 215 remarques crit. tant sur l'épitre et la préface que sur les trois prem. lettres du dictionnaire, A. B, C. 1697, in-12, front. gravé, v. 2 fr.
Ecrit satirique attribué à Furetière.

19729. Ariane de Des Marets (L'), cons. du roy et controlleur gén. de l'extraord. des guerres, de nouv. revue et augm. de plus. hist. par l'aut. Leyden, 1644, 2 vol pet. in-12 et jolies figures sig., v. m., fil. 12 fr.
Véritable Elzevier, fort bien imprimé. — Très rare.

19730. Argenis de Barclay (L'), trad. par l'abbe Josse. Chartres, 1732, 3 vol. in-12, v. 4 fr.

19731. Corneille. Horace, tragédie. Suiv. la copie imprimei (sic) à Paris. 1647, pet. in-12, couv. pap. 4 fr.
Véritable Elzevier de Leyde.

19732. Secrétaire critique (Le) du S. B. P. dit du Jonquier, doct., déd. à moy-même. Amst., Waesberg (à la Sphère), 1680. — Suite des lettres Rabelesques et critiques de S. du Jonquier. Amst., 1680, 2 part. en 1 vol. pet. in-12, d.-rel. 2 fr. 50

19733. Temple des oracles (Le Panthéon et), ou prés. de fortune, par Fr. d'Hervé. édit. revue sur le ms. de l'aut. cons. à la Bibl. Imp. 1858, in-12, pap. vergé, cart. toile rouge, non rog. 2 fr. 50

19734. Mellin de S. Gelais. Œuvres poétiques. Lyon, 1574, pet. in-12, v. br. 10 fr.
Quoique portant la date de 1574, cette édition n'a été imprimée que vers le milieu du XVIIᵉ siècle. C'est la copie de l'édition imprimée par De Hardy sous cette date.

19735. Louize Labé (Œuvres de), Lionnoize. Lyon, Durand et Perrin, 1824, in-8, dem.-rel., dos v. bleu. (Bel exempl.). 10 fr.
Edition estimée, avec notes et commentaires par Breghot du Lut et Péricaud, précédée d'une notice historique par Cochard. On y remarque un glossaire de Louise Labé et des poètes qui ont écrit à sa louange, qui n'a jamais été reproduit et ne se trouve que dans cette édition.

19736. Ovide en belle humeur (L'), par le Dʳ Dassoucy. Lyon, 1668, in-12, frontisp. représ. de petits sujets burlesques. — Le Ravissement de Proserpine, poème burlesque, par le Sʳ Dassoucy. Lyon, A. de la Roche, 1668, 2 ouvr. en 1 vol. in-12, v. 10 fr.

19737. Pot-Pourri (Le) ou préservatif de la mélancolie, conten. la Henriade travestie (par Fougeret de Monbron) ; la Pipe cassee (par Vade), et autres poésies diverses. Londres (Paris, Cazin), 1784, in-12, br., non rog. 2 fr. 50

19738. Epitafi jocosi (Il cimiterio di Gio. Franc. Loredono, e di Pietro Michiele). S. ll., 1645, pet. in-12, v. m. 2 fr.

19739. Facéties et joyeusetés. Réimpressions à 76 exemplaires en 1 vol. in-16, br.   10 fr.

Les Evangiles des Connoilles faictes on lonneur et exaulcement des Damas. Lyon. J. Mareschal, 1493, caract. goth. et fig. sur bois. — La Fluste de Robin, en laquelle les chansons de chasque mestier s'esgayent, vous y apprendrez la manière de jouer de la fluste, ou bien de vous en taire, avec traits de parolles dignes de vostre veue, si les considérez. Paris, s. d. — Les Relais, le Purgatoire des bouchers, charcutiers, poullayers, paticiers, cuisinières, joueurs d'instruments, comiques et autres gens de mesme farine. Paris, s. d — La Complainte du commun peuple, à l'encontre des boulangiers qui font du petit pain et des taverniers qui brouillent le bon vin, lesquels seront dampnez au grand Diable s'ils ne s'amendent avec la louange de tous ceux qui vivent bien, et la chanson des brouilleurs de vin. Paris, s. d.

19740. Bruscambille (Les œuvres de), contenant ses Fantasies, imaginations et paradoxes et autres discours comiques, le tout nouvellem. tiré de l'escarcelle de ses imaginations. reveu et augmenté par l'autheur. Rouen, Martin de La Motte, 1626, in-12, dem.-rel. anc.   12 fr.

Edition rare. — Un peu court de marges en tête.

19741. Gaultier Garguille (Les chansons folastres et récreatives de), comedien ordin. de l'hostel de Bourgongne 1858, pet. in-8, av. le vrai pourtraict de l'effectif Gaultier Garguille, br.   8 fr.

Exemplaire sur GRAND-PAPIER DE HOLLANDE. Tiré à petit nombre.

19742. Chansons, romances, etc. (Recueil de) ou etiennes de Polymnie. Paris, 1792, 4 vol. in-18, av. airs notés, cart. à la Brad.   8 fr.

Les deux premiers volumes de ce joli recueil sont ENTIÈREMENT GRAVÉS, texte et musique.

19743. Démêlé de l'esprit (Le) et du cœur (par l'abbé Torche). 1668, pet. in-12, bas. (Mouillure).   1 fr. 50

19744. Princesse des Ursins (Une lettre inéd. de la) (publ. avec comment. et notes généalog. inéd.), par Senemaud. 1860, in-8, pap. vergé, avec 3 pl. de fac-sim., br. 1 fr. 50

19745. Comtes de Flandre (Histoires des) jusqu'à l'avénement de la maison de Bourgogne, par Edw. Le Glay. 1843, 2 vol. in-8, dem.-rel., v. v.   5 fr.

19746. Château d'Amboise (Le), par Vatout. 1845, in-8, d.-rel., v. rouge. 3 fr. 50

19747. Meudon (Histoire et description naturelle de la commune de), par le Dr Eug. Robert. 1843, in-8, dem.-rel., v. viol. (Envoi d'auteur).   4 fr.

19748. Correspondance de l'abbé Lebeuf et du président Bouhier, av. préface et notes sur les tombeaux de Quarré, Sarry, etc., par E. Petit. Auxerre, 1885, in-8, br.   3 fr.

Ces lettres abondent en renseignements curieux et inédits. Plus. d'entre elles sont même de véritables mémoires et montrent le merveilleux esprit d'investigation et les connaissances profondes de l'abbé Lebeuf sur les sujets d'antiquités.

19749. Bibliothèque poétique (Catalogue des livres composant la) de Viollet le Duc, av. des notes bibliographiques, biographiques et littéraires sur chacun des ouvrages cités pour servir à l'histoire de la poésie en France. 1843. In-8, de plus de 600 p., dem.-rel., v. fauve, non rogné.   10 fr.

Livre rempli de renseignements des plus intéressants.

19750. Conteurs du XVIe siècle. Les neuf matinées du Seigneur de Cholières, dédiées à Monseign. de Vendosme, reveües, corrigées et augmentées par l'autheur. 1586, in-12, v.   10 fr.

Léger raccommodage dans le bas du titre.

19751. Lusus ingenii et verborum in animi remissionem curavit Dav. Chr. Seybold. Argentorati, 1792, in-16, dem.-rel., dos et coins, mar. vert., non rogn.   4 fr.

Petit recueil d'un bon choix et d'une lecture amusante. On y retrouve deux poèmes latins burlesques bien connus : *Canum cum cattis certamen* dont tous les mots commencent par la lettre C et le *Pugna Porcorum* dont tous les mots commencent par la lettre P. — Bel exemplaire avec l'ex-libris de Beaupré.

19752. Contes en vers. Histoires naturelles, par un membre de plus. sociétés savantes, illustrations de E. Froment. 1883, in-12, titre rouge et noir, pap. de Holl., caract. elzéviriens, fig., vignettes et lettres ornées spec., couvert. parch., br.   3 fr.

Recueil de contes grivois que Lafontaine n'aurait pas désavoués, charmant petit volume, admirablement imprimé et illustré. — Tiré à petit nombre.

19753. Cent nouvelles nouvelles (Les) suivent les Cent nouvelles, conten. les cent histoires nouveaux, qui sont moult plaisans à raconter, en toutes bonnes compagnies, par manière de joyeuseté, nouv. édition, ornée de cent figures en taille-douce et d'un frontisp. Cologne, P. Gaillard, 1803, 4 tom. en 1 vol. in-8, v. m. a l'antique.   15 fr.

Dernier tirage des figures à l'eau-forte de Romeyn de Hooghe. — Bel exemplaire relié sur brochure.

19754. Pedis admiranda (auctore J. d'Artis). 1619, pet. in-8, dem.-rel., v. r.   4 fr.

Dissertation très curieuse et fort rare. C'est un éloge en règle du pied. — Pedes divinitatis notam habent. — Pedis cognitio necessaria, et præcipua hominis scientia et disciplina. — Pes tota hominis anima est. — Pedem esse regulam religionis et nobilitatis. — Pedem esse regulam omnium rerum et vitæ nostræ totius. — Pedem esse valde honorandum. — Pes varias habet significationes. — Etc., etc.

19755. Francisque Michel. Attendez-moi sous l'Orme, dissert. s. un anc. proverbe. 1868, in-8 de 42 pag., br.   2 fr. 50

Fort curieuse dissertation, tirée à très petit nombre.

19756. Fleur des chansons (La). Les grans chansons nouvelles qui sont en nombre 100 et 10, ou est comprinse la chanson du roy, la chanson de Pavie, la chanson que le roy fist en Espaigne, la chanson de Romme, la chanson des Brunettes et Te remetu et plusieurs aultres nouvelles chansons, lesquelles trouveres par la table ensuyvant. (Au-dessous fig. sur bois représentant un groupe de chanteurs). (A la fin :) Cy finissent plusieurs belles chansons nouvellement imprimées. S. l. (vers 1520), in-16, pap. de Holl., cart.   6 fr.

Réimpression à 76 exempl. d'un petit volume extrêmement rare, il a le mérite d'être à la fois historique, poétique et érotique. Il a dans le choix des sujets une variété toute française, à côté d'une plainte amoureuse on trouve un chant de guerre. Les 2 pièces dont les titres suivent complètent ce volume : Chanson nouvelle de la journée faicte contre les Suysses pour le tres victorieux roy de France Francoys premier roy de ce nom avec la ballade des Suysses sur le champ de gentil promoguet. — Le cry de joye par noble victoire contre les traistres ennemis du roy de France avec le payement des Suisses et aussi lestimologye du nom du roy Françoys I de ce nom.

19757. Richelieu (Mémoires du Mal duc de) pour serv. à l'histoire des Cours de Louis XIV, de la Régence du duc d'Orléans, de Louis XV, et à celle des 14 prem. années du règne de Louis XVI (publ. par J. Soulavie). 1790-93, 9 vol. in-8, br., non rogn.   10 fr.

19758. Henri II (Histoire et règne de), roi de France, par l'abbé Lambert. 1755, 2 vol. in-12, v. m.   1 fr. 50

19759. Troubles de la Ligue (Journal historique de Pierre Fayet sur les), publ. d'apr. le manuscrit inédit et avec notes et éclaircissements par Vict. Luzarche. Tours, 1852, in-12, pap. vergé de Holl., br.   5 fr.
Tiré à très petit nombre et non mis dans le commerce. — Devenu rare.

19760. Cardinal de Retz (Le) et son temps, étude histor. et littéraire, par L. Curnier. 1863, 2 beaux vol. in-8, br.   2 fr. 50

19761. Duc de Rohan (Discours politiques du) faits en divers temps sur les affaires qui se passoient. S. l. (Leyde, les Elseviers), 1646, pet. in-12, v. fauve.   3 fr. 50

19762. Henri IV (Lettres inédites de). M. de Sillery, ambassadeur à Rome en 1600 (publiées par E. Halphen). 1866, in-8, br.   2 fr. 50
Omises dans la correspondance de Henri IV éditée par Berger de Xivrey, ces lettres éclairent d'un nouveau jour la politique du roi de France dans les affaires italiennes. On y retrouve le Béarnais avec toutes ses promesses, ses gasconades, sa finesse d'observation et ses qualités primesautières qui imprimaient à la diplomatie française une saveur proverbiale. Parmi les sujets traités dans ces lettres on remarque celui de la publicité officielle en France du Concile de Trente, que le roi, malgré sa promesse en 1594, ne publia jamais. Il es' plaisant de voir Henri IV, au plus fort de ce tournoi diplomatique, accepter les ordres de la Cour de Rome et la payer de réponses dilatoires.

19763. Froissart (Le premier volume de) des Croniques de France, d'Angleterre, d'Escoce, d'Espaigne, de Bretaigne, de Gascongne, de Flandres et lieux circonvoisins. Imprime à Paris, pour François Regnault (vers 1520). — Le second volume de Froissart. Imprimé pour François Regnault (vers 1520), 2 vol. pet. in-fol., gothique à 2 col., v. marb.   65 fr.
Exemplaire bien conservé.

19764. Duval (P.) d'Abbeville. Descript. de la France et de ses provinces, ou il est traitté de l. noms, anciens et nouveaux, degrés, estendue, figure, voisinage, division, etc., av. les observat. de toutes les places, qui ont quelque prérogative comme Eveschez, Parlements, etc. 1658. — L'Alphabet de la France, pour trouver sur les cartes geographiq., toutes ses provinces, villes et autres places considérables, par Duval. 1668. — La Géographie françoise conten. les descript., les cartes et le blason des provinces de France, par le Sr Duval. 1663, titre, 1 carte de la France par provinces et 85 planches de blason coloriées, 3 part. en 1 vol. pet. in-12, v.   5 fr.
Livre curieux contenant un armorial des an-

ciennes provinces et villes de France. — La reliure et quelques planches sont fatiguées.

19765. Henry le Grand (Hist. du roy) composée par Mre Hardouin de Péréfixe, archev. de Paris, rev, corr. et augm. par l'aut. Amst., D. Elzevier, 1664, pet. in-12, front. gravé, vél. à recouvr.   7 fr. 50
Jolie édition et la seule qui contient le poème de Cassagnes sur Henry IV. — Légères mouillures.

19766. Péréfixe (Hardouin de). Histoire du roy Henry le Grand. Amst., L. et Dan. Elzevier (à la Sphère), 1662, pet. in-12, v.   4 fr.
Contrefaçon de l'édition des Elsevier faite à Grenoble.

19767. Catalogue Leber. Catalogue des livres imprimés, manuscrits, estampes, dessins et cartes à jouer composant la bibliothèque de M. C. Leber avec des notes par le collecteur. 1839-52, 4 vol. in-8, fig., dem.-rel., dos et coins de chagr. bleu, fil. 20 fr.
Collection des plus remarquables qui forme aujourd'hui un des fonds les plus intéressants de la bibliothèque de la ville de Rouen qui l'a acquise en totalité — Le 4e volume, publié 13 ans après les autres, manque souvent.

19768. Theatrum anonymorum et pseudonymorum (Vinc. Placcii) ex symbolis et collatione virorum per Europam, post syntagma dudum editum Matt. Dreyeri et vita auctoris A. Fabricio. Hamburgi, 1708, 2 vol. in-fol, v. m.   10 fr.
Ce dictionnaire des anonymes a été largement mis à contribution par Barbier pour rédiger la partie de son ouvrage qui concerne les livres anonymes latins.

19769. Librorum prohibitorum (Index) Benedicti XIV pontificis maximi jussu recognitus, atque editus. Romæ, 1758, in-8, frontisp. grav., vel.   4 fr.

19770. Athenæum Romanum in quo Summorum Pontificum ac Pseudo-Pontificum nec non S R. E. Cardinalium et pseudocard. scripta publicè exponuntur studio Aug. Oldoini Soc. Jesu. Perusiæ, 1676, in-4, v. (Bel exemplaire).   5 fr.

19771. Bibliographie. Catalogue des livres de la bibliothèque de feu M. le duc de La Vallière, 1783, 3 vol. in-8, port., v. marbr. (Bel exempl.).   10 fr.
Ces 3 volumes contiennent la partie la plus curieuse de cette célèbre bibliotheque, les incunables, les romans de chevalerie, les manuscrits précieux, etc.

19772. Bibliographie Catalogue des livres de la bibliothèque de Secousse, de l'Académie des Inscriptions. 1755, in-8, v. marb.   3 fr. 50
Collection considérable de livres et de pièces historiques composée de plus de 8 000 Nos.

19773. Théâtres (Dictionnaire portat. historiq. et litter. des), conten. l'origine des différ. théâtres de Paris, le nom de toutes les pièces qui y ont été représentées, et celui des pièces jouées en province ; le nom et les particularités interes. de la vie des auteurs musiciens et acteurs, par de Léris. 1763, in-8, v. marbr.   3 fr. 50

19774. Fournel. Histoire des avocats au Parlement et du Barreau de Paris, dep. S. Louis jusq. 15 oct. 1790. Paris, 1813, 2 vol. in-8, dem.-rel, mar. viol.   7 fr. 50

19775. Le Noble (Eust.), né à Troyes, ancien procureur general au Parlement de Metz, célèbre par ses aventures avec Gabrielle Perreau, dite la Belle Epicière. Pamphlets satiriques. 7 pièces en 1 vol. pet. in-12, parch. 6 fr.

Fable du Rossignol et du Coucou, av. la lettre de M* Pasquin à M* Jacquemart. Jouxte la copie imprimée à la ville aux Asnes, 1692. Midas ou le combat de Pan contre Apollon sur la prise de Namur. 1692. — Le Renard pris au trébuchet ; troisième lettre. Jouxte la copie imprimée à Steinkerke, chez Guillaume l'Eveillé, rue Beaujeu, au coup manqué, 1692, front. gravé par Estinger. — Dialogue de la Samaritaine avec le Grenier à Sel et la fable du Sapin et du Buisson. Rouen, H.-Franç Viret, 1692. — Le Paroli à la Samaritaine ou le Censeur savetier. Jouxte la copie imprimée à la Grange-Baudet, 1692. — La Médaille retournée ou la Fable du Sapin et du Buisson, bouts rimés. Jouxte la copie imprimée à l'Ile inaccessible chez Artus Berné, 1692. — Le Renard démasqué Jouxte la copie imprimée à la Kesoque, chez Guillaume de Beauprojet, rue de la Masquerie, au Chat échaudé. 1692.

19776. **Littérature romaine** (Histoire abrégée de la), par F. Schœll. 1815, 4 vol. in-8, dem.-rel., v. bl. 7 fr. 50

19777. **Plinii** Epistolæ et panegyricus, M. Z. Boxhornius recens. Amst., ex off. Elzeviriana, 1659, pet in-12, v. 4 fr.

19778 **Horatius** (P Rodelli e soc Jes) ad seren. Galliarum Delphinum. Parisiis, Cl. Thiboust, 1696, pet. in-12, v. m., tr. dor. 1 fr. 50

19779. **Luciani** Samosatensis Opera gr. et lat ad editiones Tiber. Hemsterhusii et J. Fred. Reitzii. Biponti, 1789-93, 10 vol. in-8, dem.-rel., v. fauve, avec coins, dos ornés, tr. marb. 20 fr.

Excellente édition. — Exemplaire en très belle condition.

19780. **Beronis** Alexandrini Spiritalium liber, à Fed. Commandino Urbinate ex græco in lat. conversus, huic edit. access. J. B. Aleotti quatuor theoremata spiritalia ex italico in lat. conversa. Amstel, 1680, pet. in-4, nombr. fig. en taille-douce dans le texte, v. 3 fr. 50

19781. **Æliani** variæ Historiæ libri XIIII ; ex Heraclide de rebus publicis commentarium ; Polemonis Physionomia ; Adamantii Physionomia ; Melampodis ex palpitationibus divinatio ; de Nevis (græce, edente Camillo Perousko). Romæ, 1554, in-4, vél. 12 fr.

EDITION PRINCEPS de ces textes grecs. — Exemplaire grand de marges dans sa première reliure.

19782. **Panegyrici veteres** interpretat. et notis illustravit J. de La Baune, ad usum Delphini 1676, in-4, frontisp. et vign. grav., v. fauve. 3 fr.

19783. **Epigrammata** et poematia vetera quorum pleraque nunc primum ex antiquis codicibus et lapidibus, alia sparsim errantia jam undecunque collecta emendatiora eduntur. Lugduni, ap. Jacobum Chouët, 1596. (In fine :) Ex typographia Antonii Candidi Lugdun. in-8, de IV ff. non chiffrés et 616 pag. chiffr., dem.-rel., v. vert. 18 fr.

Recueil estimé publié pour la première fois par le savant Pierre Pithou en 1590. Cette seconde édition a été imprimée par Antoine Le Blanc (Candidus) qui a tour à tour exercé la typographie à Lyon, à Grenoble, à Embrun, et se fixa définitivement à Montpellier. Auteur et imprimeur à la fois, il utilise ses loisirs à imprimer ses œuvres et s'intitule prétentieusement « maître imprimeur, précepteur ès lettres et aux armes ». Grâce aux persévérantes recherches de M. Edm. Maignien, bi-

bliothécaire de Grenoble, nous savons qu'Antoine Blanc naquit à Lyon en 1546 et qu'il habita d'abord Paris où il se maria en 1564. Il s'installa ensuite à Crest et revint après à Lyon (1571), qu'il quitta vers 1597. De 1599 à 1607, il exerçait à Grenoble. Antoine Blanc appartenait à la religion Réformée.

19784. **Molière.** Le Médecin malgré-luy, comédie. Paris, J. Ribou, 1667. In-12, dérelié. 70 fr.

EDITION ORIGINALE. — Manque le frontispice gravé.

19785. **Valerii Maximi**, dictorum factorumque memorabilium exempla. Lugd., Seb. Gryphius, 1534, pet. in-8, v. 1 fr. 50

19786. **Brantôme.** Vies des hommes illustres et grands capitaines français de son temps Leyde, J. Sambix (A la Sphère). 1666, 4 tom. en 2 vol. pet. in-12, vél. de Holl. 15 fr.

Bonne édition de la collection des Elsevier.

19787. **Statii** Sylvarum lib. V ; Thebaidos lib. XII ; Achilleidos duo. Venetiis, in ædibus Aldi, 1502, 2 part. en 1 vol. in-8, dem.-rel., vél. 15 fr.

« Edition dont on trouve difficilement des exemplaires bien conservés. BRUNET. » — Bel exemplaire avec la partie intitulée : *Orthographia et flexus dictionum*, suivie de l'ancre aldine qui manque souvent.

19788. **Holbach.** Théologie portative ou dictionnaire abrégé de la religion chrétienne, par l'abbé Bernier (le baron d'Holbach). Rome, 1776, in-12, v. éc., fil. (Bel ex.). 3 fr.

19789. **Recueil** de pièces nécessaires conten. Saul et David, tragédie. — Testament de J. Meslier. — Catéchisme de l'honnête homme. — Sermon des cinquante. — Analyse de la religion chrétienne. — Le vicaire savoyard. Londres, 1769, 2 tom. en 1 vol. pet. in-16, v. m. 3 fr. 50

19790. **Mélanges.** 4 ouvr. en un vol. in-8, v. fauve. 4 fr.

Le Huron ou l'Ingénu, par l'auteur de Candide (Voltaire). Lausanne, 1768, 2 part. — Discours de J. J. Rousseau de Genève, sur cette question : Quelle est la vertu la plus nécessaire aux héros. Amst., 1769. — Eloge historiq. de Maximilien de Béthune, duc de Sully (par Mlle de Mascrany). La Haye, 1763. — Guillaume Tell, tragédie par Le Mierre. Yverdon, 1767.

19791. **Petits-Saints** (Les) ou épître à Chenier, pour servir de supplément aux Nouveaux Saints, par une petite société littéraire (par Cubières-Palmezeaux). In-8, cart. 1 fr. 50

19792. **Extinction de la Société de Jésus** (Bulle de N. S. P. le pape Clément XIV port. suppression et), de nouveau mise en lum. par P. M. Gonon. Lyon, 1845, in-8, avec reproduct. de la médaille commémorative, br. 1 fr. 50

19793. **Historia Jesuitici ordinis**, in qua de societat. Jesuitarum aut., nomine, gradibus, incremento, vita, votis, privilegiis, miraculis, doctrina, morte, etc, perspicué solidèque tractatur, conscripta à M. E. Hasenmullero, cum duplici D. Polyc. Lyseri præfatione. Francof., 1595, in-8, vél. 3 fr.

19794. **Jésuites.** Censura Euphormionis auctore anonymo (Seton, Scoto). 1620. — Censura Censuræ Euphormionis auctore Petro Musnierio Vezelio, 1620. In-12, de 56 pag, br., *non rogné.* 6 fr.

La *Censura Euphormionis* est attribuée à Seton, Ecossais, d'après une note manuscrite du temps. Pierre Musnier, chanoine de Vézelay en Bourgogne, serait l'auteur de la *Censura Censuræ*.

19795. **Catholica querimonia** quæ primo adversus Surien seu veriore nomine Petrum Jurieum nunc vero adversus ejus duces et impios sectatores recognita et aliquatenus aucta, accuratiusque compta (auctore Ildefonso de Tuistana, episcopo Malacensi). Juxta exemplar excusum Matriti, 1686. Pet. in-12, cart. à la Brad.   4 fr.

19796. **Razis** (Divisiones) filii Zachariæ. Viaticum Constantini monachi. Impressus Lugduni expensis Vincencii de Portonariis de Tridino Montisferrati per Gilbertum de Villiers, Anno Domini M CCCCC.X, die vero viii mensis Novembris. Pet. in-8, gothique, vel.   30 fr.

> Deux ouvrages de médecine populaire célèbres au Moyen-Age. Le premier est traduit de l'arabe par Gérard de Crémone.

19797. **Couleur du sang** (Traité du cœur, du mouvement et de la) et du passage du 'chyle dans le sang, par Lower, doct. en médec. de l'université d'Oxford et nouvell. trad. de lat. en franç. par M****** (Montillet). 1679, in-12, v.   2 fr. 50

19798. **Incunable de Paris.** De valore Missarum. (Au-dessous grande marque de Denis Roce avec la devise : « A l'Aventure. — Tout vient à point qui peut abendre »). — (In fine :) Libellus de venerabili sacramento et valore Missarum finit (*sic*). Impressus Parisius per Magistrum Petrum Le Dru pro Dyonissio Roce commorante in vico Sancti Jacobi ad intersinium (*sic*) Sancti Martini. (Au-dessous, figure s. bois du Christ en croix). Pet. in-8, gothique, cart. antiq.   35 fr.

> Etienne Johannot, l'associé de Pierre Le Dru, ayant cessé de travailler en 1498, cette impression au nom de Le Dru seul est de la seconde période de son exercice.

19799. **Lavachrum conscientie** omnibus presbyteris ac devotis religiosis valde perutile feliciter incipit. (Marque de Jehan Petit sur le titre). — Explicit lavacrum conscientie omnibus sacerdotibus summe utile ac necessarium Parisii noviter impressum. M D.XXVI. Pet. in-8, gothique, couv. en pap.   6 fr.

19800. **Parrochiale Curatorum** opus ne quam elaboratissimum sacrificis vivis in primis perquam necessarium utriusque juris tam pontificii quam Cesarei documenta continens presertim ad ecclesiasticos viros pertinentia, editum a prestantissimo sacre theologie necnon juris pontificii doctore ac ecclesie Pataviensis canonico domino Michaele Lochmaier. On les vent à Paris chez Françoys Regnault, libraire près les Maturins, en la rue Sainct Jacques (s. d., vers 1520). Pet. in-8, goth., vél.   20 fr.

> Edition rare. Elle ne porte pas de lieu d'impression, mais nous croyons qu'elle a pu être imprimée à Caen ou à Rouen, sans en être cependant positivement sûr.

19801. **Impression de Lyon.** Hoc in libro habentur opera sequentia videlicet opus preditissimum Manipulus Curatorum intitulatum una cum Speculo Sacerdotum et Ecclesie cum distinctione et situatione Misse, omnibus presbyteris apprime necessaria. Explicit Manipulus Curatorum. Impressum Lugduni anno Domini M.CCCCC. XXV, die vero XXIIII mensis aprilis. Pet. in-8, gothique, figure s. bois et grande lettre ornée s. le titre, v.   80 fr.

> Edition rare ; exemplaire bien conservé.

19802. **Incunable de Lyon.** Disertissimi utriusque monarche Domini Bartholomei Veronensis Cepolle nuncupati Cautele juris utilissime quibus et advocati et procuratores suis clientulis in omni strepitu judiciorum facile subvenire possint. (In fine :) Finiunt feliciter Cautele famosissimi utriusque juris doctoris Padue ordinarie legentis domini Bartholomei Cepole in practica utilissime, singulari industria impressa per venerabilem virum M. Mathiam Hus Lugduni anno M CCCC LXXXXI (1491), ad idus Novembris. (Au-dessous un dizain au lecteur et la marque de Mathieu Husz à l'homme et a la femme sauvage). Pet. infol., gothique, dem.-rel., mar. brun. 120 fr.

> Edition rarissime inconnue à tous les bibliographes. — Raccommodages au titre et aux 4 prem. ff. du texte.

19803. **Incunable de Strasbourg.** Sermones dominicales per totum annum fratris Antonii de Bitonto. (In fine :) Expliciunt Sermones dominicales per totum anni circulum Reverendissimi Patris Anthonii de Bitonto ordinis Fratrum Miuorum de Observantia, diligenter examinati per venerabilem patrem ejus ordinis Fratrem Philippum de Rotingo ad honorem omnipotentis Dei et sue beatissime matris, nec non et ejus mirifici confessoris Francisci Actum per providum virum magistrum Johannem Gruninger in urbe Argentina diligentissime elaboratum anno Christianissimi partus post millesimum quaterque centesimum nonagesimo sexto (1496) octava denique Kal. Augusti. In-8, gothique à 2 col. de 35 lignes, rel. du xve siècle en ais de bois recouv. de v. estampé, gardes en vélin.   40 fr.

> Edition rare de ce sermonnaire. L'exemplaire est parfaitement conservé, avec initiales rubriquées, rempli de témoins, presque non rogné.

19804. **Bede** (Ecclesiastica historia divi Eusebii et Ecclesiastica Historia gentis Anglorum venerabilis) cum utrarumque historiarum per singulos libros recollecta capitulorum annotatione. (In fine :) Libri Ecclesiastice historie gentis Anglorum impressi in inclyta civitate Argentinensi, diligenter revisi ac emendati finiunt feliciter. Anno Salutis nostre Millesimo quingentesimo (1500), xiiij die Marcii. In-fol., goth. à 2 col. de 50 lignes, dem.-rel., v. viol.   90 fr.

> Edition très rare de l'histoire d'Angleterre de Beda. Elle ne porte pas de nom d'imprimeur, mais nous croyons qu'elle est sortie des presses de Martin Flach, à Strasbourg. — Elle n'est indiquée que dans le Supplément de Hain par Copinger (II, 932), mais sans description d'après une note communiquée par le libraire Alb. Cohn, de Berlin.

19805. **Incunable de Strasbourg.** Corona beate Marie Virginis. (In fine :) Finit liber qui dicitur Corona beate Virginis. (Sine nota, sed Argentinæ, circa 1487). In-fol., goth., à 2 col. de 47 lign., dem.-rel., v. bl.   50 fr.

> Edition décrite par Hain N° 5746. — Elle est sortie des presses de l'imprimeur anonyme désigné par M. Proctor sous le nom de l'imprimeur du *Jordanus de Quedlinburg*. — Raccommodage dans la marge des 2 prem. ff.

19806. **Incunable de Rome.** Vegetius de re Militari. Romæ impressum per Eucharium Silber Alamanum 1494, die XXIII octobris. — Sext. Jul. Frontinus Stratagematicon. Impressum Rome per venerabilem virum Magistrum Eucharium Silber alias Franck, anno M CCCC xciiii (1494), die tertio novembris. — Modestus de re Militari. — Æliani de instruendis aciebus opus. — Onosander de optimo imperatore ejusque officio per Nicol. Sagundinum e græco in latin. traductum. (Iisdem typis, 1494). 5 part. en un vol. pet. in-4, lettres rondes, recouv. en satin bleu.   30 fr.

> Edition rare des auteurs anciens sur l'art militaire.

19807. Calendrier (Histoire et explication du) des Hebreux, des Romains et des François. 1727, in-12, v.   3 fr. 50

> L'auteur de cet ouvrage est Lecocqmadeleine, Chev. de St-Louis, lt colonel de cavalerie.

19808. Roys de la Fève (Disc. ecclésiastiques contre le paganisme des) et du Royboit, pratiqués par les Chrétiens charnels en la veille et au jour de l'Epiphanie, par J. Deslyons, théologal de Senlis. 1664, 3 part. en 1 vol. in-12, vél.   4 fr.

19809. Fleurs des exemples, ou catéchisme historial, conten. plus. beaux miracles et excell. discours, tirez tant de l'Escriture Saincte que des SS. Pères et anc. Doct. de l'Eglise, livre trez utile à tous curez, prédicateurs, et à tous vrays amateurs de la doctrine chrestienne, par Ant. d'Avéroult. Lyon et Paris, 1649-1608, 2 vol. pet. in-8, v.   5 fr.

19810. Patois bordelais. Abanture comique de meste Bernat, ou Guillaoumet de retour dens sous fougueys (par Verdié). Bordeaux, s. d. (Vers 1840), broch. in-8.   1 fr. 50

19811. Romans du Renard (Les), examinés, analyses et comparés d'après les textes mss. les plus anc., les publicat. latines, flamandes, allemandes et françaises, préc. de renseignem. gén. et accomp. de notes et d'eclaircissem. philolog. et littér., par A. Rothe. 1845, in-8. br.   4 fr. 50

19812. Hôtel de Cluny au moyen-âge, par Mme de Saint-Surin, suivi des contenances de table et autres poésies inédites des xve et xvie siècles. 1835, in-8, pap. verge, cart. à la Brad., non rog.   4 fr.

19813. Prince Erastus (Hist. pitoyable du), fils de Dioclétien, empereur de Rome, cont. plus exemples et notables discours, trad. d'ital. en français. Paris, P. Enguerrand, 1639, pet. in-8, vél.   3 fr.

> Exemplaire grand de marges. — Piqûre dans la marge inférieure.

19814. Ariane, où se voit les avantures de Melinte, de Palamede, Epicharis, Ætelephe, Damintas, Dericine et Episistrate, av. le retour en Sycile. Rouen, 1644, in-8, parch.   2 fr. 50

> Déchirure au titre et les premiers feuillets fatigués.

19815. Mémoire de l'Académie des sciences, inscriptions, belles-lettres, beaux-arts, etc., nouvellem. etablie à Troyes en Champagne (par Grosley, Lefèvre et David). Troyes, 1756, 2 tom. en 1 vol. in-12, front. grav., dem.-rel. anc.   6 fr.

> Cette seconde édition des *Mémoires de l'Académie de Troyes* a été publiée par André Lefèvre, avocat à Troyes. Cette soi-disant Académie était composée de 7 personnes, qui s'assemblaient régulièrement 2 fois la semaine et s'occupaient de questions plaisantes auxquelles ils donnaient une tournure grave et académique, qu'ils faisaient im-

primer ensuite sous forme de dissertations, auxquelles se mêlait une certaine érudition.

19816. Rochette, advocat à Troyes. La jurisprudence des contracts, conten. toutes les sortes de contracts et conventions, ventes, loyages, sociétez, donations, testaments et autres, dont est traicté en tout le corps du droit escrit, et leurs interprétations et pratiques. Troyes, J. Griffard, 1613, pet. in-8, portr. de l'auteur ajouté, dem.-rel., mar. Lav.   6 fr.

19817. Estrenes de l'asne, par J. de Fonteny, Parisien. 1590, in-8, pap. vergé, br.   1 fr. 50

> Curieux poème satirique. — Réimpression à quelques exemplaires seulement.

19818. Daphnis et Chloé (Amours de) (par Longus), avec figures par un élève de Picart. Amst (Paris), 1750, in-12, 1 frontisp. gravé, 4 vign. et 6 fig. non sign, v. m. 4 fr.

19819. Mercier de Compiègne. Les Matinées du Printemps, œuvres diverses. 1797, 2 vol. in-18, portr., br., non rog.   3 fr. 50

19820. Bruys. Mémoires histor., critiques et littéraires, av. la vie de l'auteur et un catalogue raisonné de ses ouvrages (par l'abbé L.-Ph. Joly). 1751, 2 vol. in-12, v. marbr.   3 fr. 50

> La promenade de St-Cloud. — Borboniana. — Lettres de Jacq.-Aug. de Chevanne. — Mémoires sur les Suisses. — Etc.

19821. Mélanges historiques, polit., crit., etc., ou précis des evénem. les pl. intéressans de l'hist. anc. et mod. et principal. de ceux qui conc. l'hist. de France, avec le détail abrégé de tout ce qui s'est passé dep. le commenc. du règne de Louis XIV jusqu'en 1760 inclusivem., par Ducrot. 1766, 2 part. en 1 vol. in-8, v. m.   2 fr. 50

> Précis de l'hist. de Mahomet. — Abolition de l'ordre des Templiers. — Massacre de la St-Barthélemi. — Précis de l'hist. de Charles XII, roi de Suède. — Dn royaume de Siam. — De l'Abyssinie. — De l'Amérique. — De l'état d'Alger. — Etc, etc.

19822. Symbolæ litterariæ, opuscula varia philologica, scientifica, antiquaria, signa, lapides, numismata, gemma et monumenta medii ævi (ed. A. Gorio). Romæ, 1751-1754, 10 tom. en 5 vol. in-8, nombr. fig, vél.   7 fr. 50

19823. Ecclesiasticarum epistolarum (Franc. Bern. Ferrarii de antiquo genere) lib. III. Mediolani, 1613, in-8, vél. 2 fr. 50

19824 Cousin (V.). Fragments littéraires. 1843, in-8, br.   2 fr.

> Discours sur la renaissance de la domination ecclésiastique. — Documents inéd. sur Domat. — Lettres inéd. de la duchesse de Longueville. — Kant dans les dernières années de sa vie. — Etc.

19825. Nisard (D.). Melanges (Souvenirs de voyages. — Etudes de critique et d'histoire littéraire). 1888, 2 vol. in-8, br. 3 fr.

19826. Montfleury (Les œuvres de), contenant ses pièces de théâtre. Amst., 1697-98, 2 vol. in-12, fig., bas.   10 fr.

> Jolie édition, imprimée en caractères elzéviriens. C'est la première collective des œuvres de Montfleury Elle est ornée d'une figure à chaque pièce et de deux frontispices gravés. Ces deux volumes contiennent : La femme juge et partie. — La fille capitaine. — Le gentilhomme de Beauce. — L'ambigu comique, avec trois intermedes. — Le comédien-poète. — Trigandin. — L'école des filles. — Trasibule. — Le mari sans femme. — L'Impromptu de l'hôtel de Condé. — L'école des jaloux. — Le procès de la femme juge et partie. — La femme

juge et partie balança dans le temps le succès du *Tartuffe*, joué la même année sur un théâtre différent. L'auteur connaît la scène, a des intentions comiques et de la gaîté dans le style, mais il est trop licencieux.

19827. **Boursault** (Œuvres de), conten. les pièces de théâtre. Amsterd., 1721, 2 vol. pet. in-12, v. br.   8 fr.

Jolie édition, dit Brunet, ornée d'une fig. à chaque pièce et de deux frontisp. gravés, indépendamment des titres imprimés. Elle contient la lettre d'un théologien (le P. Caffaro) sur les spectacles. — Germanicus. — Marie Stuart. — La comédie sans titre. — Phaéton, Méléagre. — Les Fables d'Esope. — Esope à la Cour. — Le Jaloux prisonnier. — La Satyre des Satyres. — Elle est plus complète que celle de 1694.

19828. **Nopce de village** (La), comédie (par Brécourt). 1666, in-12, couv. en pap. 1 fr. 50
Edition originale.

19829. **Foire St-Laurent** (La), comédie en 1 acte, par Le Grand. Suiv. la copie de Paris (Hollande) (vers 1710), pet. in-12, br.   4 fr.

Le Grand, fils d'un chirurgien-major des Invalides, naquit à Paris le 17 févr. 1673, le même jour que Molière y mourut. Comme ce dernier, il fut auteur et acteur. Il eut le mérite, pour ses pièces d'actualité, de rappeler à la Comédie-Française les spectateurs que lui enlevaient les autres troupes de la capitale.

19830. **Paris** (Tableau histor. et pittor. de) jusqu'à nos jours, par J.-B. de Saint-Victor. 1822, 2 tom. en 8 vol. in-8, d.-rel. 10 fr.

19831. **Histoire horrible** et espouvantable de ce qui s'est fait et passé au faux-bourg S.-Marcel, à la mort d'un misérable qui a esté dévoré par plusieurs diables transformez en dogues, et ce pour avoir blasphémé le sainct nom de Dieu et battu sa mere. Imprimé nouvellement, s. l., n. d., in-8, br.   1 fr. 50
Réimpression à petit nombre. — Exemplaire en PAPIER DE HOLLANDE.

19832. **Pascal.** Les Provinciales ou lettres escrites par L. de Montalte à un provincial de ses amis et aux RR. PP. Jésuites, sur le sujet de la morale et de la politique de ces Pères. Cologne, P. de la Vallée (Elsevier), 1657. Pet. in-12, v. br.   12 fr.
Jolie édition, dit Brunet, dont les beaux exemplaires sont rares et recherchés. — Exemplaire de premier tirage, avec les mots *Moines mendiants* qui ont été remplacés par ceux de *Religieux mendiants* dans la réimpression sous la même date. — Quelques feuillets mal pliés en tête. — Hauteur : 127 millim.

19833. **Pascal** (Pensées de) sur la religion et sur qq. autres sujets. Amsterd., Abrah. Wolfgang (au Quærendo), 1684, in-12, v.   5 fr.
Cette édition renferme la vie de Pascal par Mme Perier et le Discours sur les pensées de Pascal, avec un autre Discours sur les preuves des livres de Moïse.

19834. **Balzac** (Les Entretiens de feu M. de). Rouen, 1660, pet. in-12, front. grav., v. f.   2 fr. 50

19835. **Sarasin.** Œuvres, conten. les traitez suiv. la conspiration de Valstein, s'il faut qu'un jeune homme soit amoureux, dialogue, la pompe funèbre de Voiture et diverses poesies, discours de la tragédie, etc. 1696, in-12, v.   3 fr. 50

19836. **Pétrissée** (La) ou voyage de Sire Pierre en Dunois ; badinage en vers où se trouve entr'autre la conclusion de Julie ou de la nouvelle Héloïse (par P. de Bullioud).

La Haye, 1763, in-12, joli front. à l'eau-forte, dem.-rel.   2 fr. 50

19837. **Amours de Mme d'Elbeuf** (Les). Nouvelle historiq. conten. plus. anecdotes du Cardinal de Richelieu. Amsterd., 1739, pet. in-8, v.   5 fr.

Ce roman n'est autre que celui paru sous le titre de : *Le comte de Soissons*, nouvelle galante. Cologne, 1687 Il est attribué à Isaac Claude, ministre protestant, né à Ste-Afrique. Il aurait été refait à nouveau par Mme Zimmerman, 1805, sous le titre : Le comte de Soissons et la duchesse d'Elbeuf.

19838. **Mazarinades** en prose et en vers. Ensemble 9 pièces in-4, cart.   10 fr.

Advertissement à Cohon, evesque de dol et de fraude par les cuistres de l'Université de Paris. Jouxte la copie imprimée à Douay, 1649 — La Passion de la Cour. A Anvers. — Le mot à l'oreille et le Miroir qui ne flatte point. 1649. — Enigmes sur le 7 e Deum qu'on a chanté pour la paix. 1649. — Discours pour disposer toute la Cour à bien faire Pasques. 1649. — L'apologie de l'Autruche en vers burlesques. 1650. — L'homme Sicilien parlant au Chancelier, caprice (en vers). 1649. — Le Pot aux Roses descouvert. 1649. — Le Festin burlesque du fourbe ou la Mi-Caresme des Partisans traittez à la Cour par leur chef et protecteur le C. (Cardinal) M. (Mazarin). 1649.

19839. **Lafayette** (Huit lettres de Mme de) à Mme de Sablé. 1870, in-16, br.   1 fr. 50
Ces lettres sont tirées du recueil manuscrit, qui se trouv. à la biblioth. imperiale, connu sous le nom : Portefeuilles de Valant.

19840. **Livres armoriés.** L'office de la quinzaine de Pasques, latin et françois à l'usage de Rome et de Paris, 1746. In-8, mar. rouge, dent., double de moire bleue, fleur de lys sur le dos et aux angles, tr. dor.   35 fr.
Aux armes de PHILIPPE D'ORLÉANS-EGALITÉ. (Voir Guigard, Armorial du Bibliophile).

19841. **Cicero relegatus** et Cicero revocatus. Dialogi festivissimi (per Hortensium Landum). Lugduni, ap. Seb. Gryphium, 1534. Pet. in-8, couv. pap.   4 fr.
Première édition, dit Brunet, de cet ouvrage singulier d'Ortensio Lando, qui n'y a pas mis son nom.

19842. **Dialogo** ove ragiona della Ortografia, cioe del modo di regolatamente scrivere, cavato nuovamente dalle scritture di Girolamo Ruscelli. In Ferrara. 1592. Pet. in-8, couv. pap.   2 fr. 50

19843. **Marmi eruditi** (Li) Overo lettere sopra alcune antiche inscrizioni di Sertorio Orsato. — Gli Arronzii, overo de' marmi antichi, dove con la vita di Lucio Arronzio Stella e di Marco Arronzio Aquila Padovani, discorso del Co. Jac. Zabarella. Padova, 1655-1659, 2 ouv. en 1 vol. in-4, fig., v.   4 fr.

19844. **Amérique.** G. Hornii de origine Americanæ lib. IV. Hagæ Comitis, 1652, pet. in-8, vél. (Rare).   7 fr. 50

19845. **Pologne.** Joach. Pastorii ab Hirtenberg historiæ Poloniæ plenioris partes II ; ejusd. dissertatio philolog. de originibus Sarmaticis. Dantisci, 1685, 3 part. en 1 gros vol. in-8, v. fil. (Bel exemplaire).   5 fr.

19846. **Pologne** (Essai sur le rétablissem. de l'anc. forme du gouvernem. de) suiv. la constitut. primit. de la république, par le comte Wielhorski, trad. du polonais. Londres, 1775, in-8, br.   2 fr.

19847. **Corbeiæ Saxonicæ** (Christ. Franc. Paullini Theatrum illustrium virorum).

Ienæ, 1686. — **Charitii** (Andr.) commentatio historico-literaria de viris eruditis Gedani ortis.Wittembergæ Saxon. 1715. — **Leuckfelds** (J. G.) Historia Gerhusiana Quedlinburg. 1716. — **Leuckfelds** (J. G.) Historia Spangenbergensis, Quedlinburg. 1712. — Ens. 4 ouv. en 1 vol. pet. in-4, vél.   8 fr.

19848. **Belgique.** Flor. Vander Haer, de initiis tumultuum Belgicorum lib. II, quibus eorum temporum hist. contin., quæ a Caroli V Cæsaris morte, usque ad ducis Albani adventum, imperante Margareta Austria, Parmæ et Placentiæ duce, per annos novem in Belgio extiterunt. Duaci, 1587, pet. in-8, v.m. (Bel exemplaire). 4 fr.

19849. **Le Clerc.** Geschiedenissen der vereenigde Nederlanden, sedert den aanvang van die Republyk tot op den vrede van Utrecht in't Jaar 1713 en het tractaat van Barriere in't Jaar 1715 gesloten. Amst., 1730, 3 vol. in-fol., frontisp. grav. et nombr. portr. et belles fig., vél.   7 fr. 50

19850. **Obsèques de Louis I⁵ d'Espagne.** Esequie di Luigi I cattolico re delle Spagne celebrate in Firenze nella Chiesa di S. Maria Novella de' PP. Predicatori il di XXVI di Ottobre M DCC XXIV, descritte da Nicc. Marcello Venuti. Firenze, 1724. Pet. in-fol., av. planch. grav. représent. la cérémonie des obsèques, vél. (Bel exemplaire).   8 fr.

19851. **Valachie** (L'église du monastère épiscopal de Kurtea d'Argis en), trad. de l'allem. par L. Reissenberger, avec IV planches et XXV grav. s. bois. Vienne, 1867, in-4, br.   3 fr. 50

19852. **Vetus orbis descriptio,** græci scriptoris, sub Constantio et Constante, cum duplici versione et notis J. Gothofredi. (Genevæ) ex typogr. Pet. Chouët, 1628, pet. in-4, v. fauve, fil.   4 fr.
   Chiffre de Gaston d'Orléans, frère de Louis XIII, sur le dos de la reliure.

19853. **Incunable de Venise daté faussement de 1400.** Josephi Judei historiographi viri clarissimi libri Antiquitatum viginti de greco in latinum traducti per venerabilem presbyterum Ruffinum Aquiliensem virum doctissimum (edente Hieronymo Squarzafico Alexandrino). — (Folio penultimo :) Impressum Venetiis, per Raynaldum de Novimagio. Anno Domini M.CCCC. decimo die maij. In-fol. goth. de 282 ff. non chiffrés à longues lignes au nombre de 48 par page, vieille rel. en ais de bois. 50 fr.
   Edition rare et surtout curieuse à cause de cette date de 1400 qui est évidemment fausse. C'est 1481 qu'il faut lire. Exemplaire bien complet avec son premier feuillet blanc. — Hain, N° 9453. — A l'intérieur de la couverture on trouve cet ex-libris en typographie : *Ferdinandi Cortesi και εων φιλων.* — Très belles marges ; quelques piqûres de vers au commencement et à la fin comme dans presque tous les incunables reliés primitivement en bois.

19854. **Aristotelis** opera. Quæ in hoc volumine continentur : Vitæ Aristotelis ex Plutarcho et ex Diogene Laertio, Prædicabilia Porphyrii ; Prædicamenta Aristotelis ; sex Principia Giberti Porretani interprete Hermolao Barbaro, Libri duo. Periherminias Arist. ; liber Priorum Arist. ; libri duo Posteriorum Arist. ; Physicorum libri octo; Metaphisicæ libri duodecim ; de Cælo et

Mundo libri tres ; de Anima libri tres ; Æthicorum libri decem interprete Jo. Argilopilo (sic) ; Politicorum libri octo ; Economicorum liber unus ; libellus de Moribus interprete Leonardo Aretino ; Magnorum Moralium Georgio Valla interprete. (In fine :) Aristotelis opera quæ a Joan. Argiropylo, Hermolao Barbaro, Leonardo Aretino et Georgio Valla e greco traducta sunt fœliciter expliciunt cum nova errorum castigatione studenti patebit. Venetiis impressa sumptibus heredum nobilis viri Q. D. Octaviani Scoti civis Modœtiensis, maxima diligentia Bartholomei de Zanis de Portesio. Anno Incarnationis Domini M CCCC VII (1507) die III mensis Aprilis. In-fol., caractères ronds, quelques lettres initiales ornees, marque d'imprimeur à la fin, rel. en ais de bois.   20 fr.
   Volume rare ; un des plats est détaché de la reliure.

19855. **Inquisition** (Hist. de l') et de son origine (par Marsollier). Cologne, 1693, in-12, v. fauve. (Rel. ancienne).   3 fr.

19856. **Travaux d'Hercule** (Les), estreunes au Roy, dialogue entre la gloire et l'Envie (par Le Noble). Janvier 1693-août 1694, 21 parties en 3 vol. pet. in-12, v. fauve, fil.   5 fr.

19857. **Sferza del Cortigiano,** tragicom. del sig. Bern. Azzi. All' illust. et ecc. sig. D. Anna Maria Cesis de Peretti, princip. di Venasso. Firenze, 1620, pet. in-12, front. grav., dem.-rel., v. fauve, dos orné à nerfs, tr. marb.   1 fr. 50

19858. **Libri** (Lettre à M. Hatton, juge d'instruct., au suj. de l'incroy. accusat. intent. contre), conten. de cur. détails sur toute cette affaire, par P. Lacroix. 1849, in-8 de 64 pag., br.   1 fr. 50

19859. **Laya** (Alex.). Etudes historiq. sur la vie privée, politique et littéraire de A. Thiers, histoire de 15 ans : 1830-1846. Paris, 1846, 2 tom. en 1 vol. in-8, dem.-rel., mar. viol.   2 fr. 50

19860. **Physique occulte** (La) ou traité de la baguette divinatoire (par l'abbé de Vallemont). La Haye, 1763, 2 vol. in-12, fig., v. m. (Bel exemplaire).   5 fr.

19861. **Phrénologie humaine** (De la) appliq. à la philosophie, aux mœurs et au socialisme, par A. Béraud. 1848, in-8, fig., br.   3 fr. 50

19862. **Magie** (Apologie pour les grands hommes soupçonnez de), par Naudé. Amst., 1712, pet. in-8, front., v.   4 fr.

19863. **Magico mondo** (Il) de gli heroi del sig. Ces. della Riviera. Mantova, 1603, pet. in-4, front., vél.   3 fr. 50

19864. **Magnétiseurs** (Les) jugés par eux-mêmes, par G. Mabru. 1858, gr. in-8, br.   1 fr. 50

19865. **Metoposcopia** (La) overo commensuratione delle linee della fronte del Car. Ciro Spontoni, aggiuntovi una breve e nuova Fisionomia, un trattato dei Nei e un altro dell' indole della persona con molte curiosita. Venetia et Verona, 1672. Pet. in-12, fig. s. bois, vél.   5 fr.
   Petit volume curieux et rare.

19866. **Fisionomia** (La), con ragionamenti o lo specchio per vedere le passioni di ciascheduno, comp. da C. De La Bellière, S⁵ de la Niolla, 1664, in-12, vél.   2 fr.

19867. **Lavateri** (Ludov.) De Spectris, lemuribus, atque insolitis fragoribus variisq. presagationibus ; quæ plerumque obitum hominum, magnas clades, mutationesque imperiorum præcedunt. Gorichemi, 1663. Pet. in-12, frontisp. gravé et curieuses fig. à l'eau-forte de R. de Hooghe, dem.-rel., v. v. 3 fr. 50

19868. **Oracles des Sybilles** (Pratiques curieuses ou les) avec la fortune des humains inventée par Commiers. 1717, in-12, front. gravé, v. 1 fr. 50

19869. **Art d'expliquer les Songes** (L'), par Johannès Trismégiste. 1850, in-16, fig. s. bois et vign., br. 2 fr.

19870. **Æsopus.** Fabularum quæ hoc libro continentur interpretes atque authores sunt hi Guilielmus Goudanus, Hadr. Barlandus, Erasmus Roterodamus, Aulus Gellius, Ang. Politianus, Pet. Crinitus, J. Ant. Campanus, Plinius II Novocomensis, Æsopi vita ex Max. Planude excerpta. In libera Argentina, s. a. (circà 1515). Pet. in-4, titre dans une jolie bordure historiée gravée s. bois, cart. 6 fr.

19871. **Vraie Maçonnerie** (La), préc. de réfl. sur les Loges irrégul. (par Guillemin de S. Victor). Philadelphie, 1783, pet. in-12, v. m. 2 fr.

19872. **Thuileur** des 33 degrés de l'Ecossisme du rit ancien, dit accepté (par de l'Aulnaye). 1813, in-8, avec 14 planch., rel. 7 fr. 50

19873. **Franc-Maçonnerie.** Discours de réception d'un orateur franc-maçon, par le baron d'Hénin de Cuvillers. 1827, in-8 de 48 pag., br. 1 fr. 50
Sur la morale maçonnique. — la morale jésuitique, — la morale turque, — la victoire morale de Navarin, — les hauts faits de la police de Paris, — la victoire de la rue S. Denis. — Etc.

19874. **Vignole** (Règles des 5 ordres d'architecture de), ouvrage dans leq. on donne une idée de la géométrie, les définitions des figures géométriques nécessaires à l'étude de l'architecture, la formation des ordres, etc., par Delagardette, architecte, pensionnaire de la République. An V (1797), in-4, av. quantité de fig. grav., dem.-rel , v. fauve, non rogn. 5 fr.

19875. **Rubens** et l'école d'Anvers, par Alf. Michiels. 1877, in-12, br. 1 fr. 50
Etude sur les maîtres de Rubens. — Vie intime du maître. — Séjour à Paris. — Influence de Rubens sur les beaux-arts.

19876. **Pittura Veneziana** (Della) trattato in cui osservasi l'ordine del Busching, e si conserva la dottrina, e la definizioni del Zanetti. Venezia, 1797, 2 part. en 1 vol. in-12, front., dem.-rel. 2 fr. 50

19877. **Pittura** (Nuovo studio della) scoltura et architettura nelle Chiese di Roma, palazzi Vaticano, di Monte Cavallo, et altri, dell' Abb. F. Titi. Roma, 1708, 2 part. en 1 vol. pet. in-12, portr., vél. 2 fr. 50

19878. **Iconologia** (Della piu che novissima) di Ces. Ripa ampliata dal Cav. G. Zaretino Castellini. Padova. 1630, in-4, nombr. fig. s. bois, vél. 3 fr.

19879. **Italie** (Descript. histor. et critique de l') ou nouv. mémoires sur l'état actuel de son gouvernem., des sciences, des arts, du commerce, de la population et de l'hist.

natur., par l'abbé Richard. Dijon, 1766, 6 vol. in-12, cartes, v. marbr. 6 fr.

19880. **Italie** (Analyse géographique de l'), dédiée à Mgr le duc d'Orléans, par d'Anville. 1744, in-4, cartes, v. marbr. 3 fr. 50

19881. **Italie** (Traité sur le climat de l'), consid. sous ses raports phisiques, météorolog, et médicinaux, par le Dr T*** (Thouvenel). Vérone, 1797, 4 vol. gr. in-8, br., n. rog. 5 fr.

19882. **Toscane** (Hist. du grand-duché de) sous le gouvernement des Medicis, trad. de l'ital. de Riguccio Galleozzi (par Lefebvre de Villebrune et Mlle de Kéralio). 1782-84, 9 vol. in-12, br., non rog. 5 fr.

19883. **Gênes** (Statistique de la ville de), par Cevasco. Gênes, 1838, 2 forts vol. in-8, pap. vélin, br. 2 fr. 50

19884. **Verona** (Cronica della citta di) descritta da P. Lagata, ampliata e supplita da Giambat. Biancolini, annessovi un trattato della moneta antica Veroneze, etc. Verona, 1745, 2 vol. in-4, fig., v. m. (Bel exemplaire). 6 fr.

19885. **Miseno e Cuma** (Dissertaz. corographico-istor. delle due ant. distrutte citta) per lorischiaramente delle Ragioni del Regio Fisco contra la universita di Pozzuoli. Napoli, 1775, in-4, carte, cart. 4 fr.

19886. **Colonies italiennes en Gazarie** (Notices histor. et topograph. concern. les), par Ph. Brun. St-Pétersbourg, 1866, in-4, dem.-rel. toile lustrée, non rog. 3 fr. 50

19887. **Deux-Siciles** (Voyages dans les) et dans quelques part. des Apennins, par Spallanzani, trad. de l'ital. par G. Toscan, avec des notes du cit. Faujas de St-Fond. An VIII, 6 vol. in-8, dem.-rel., v. 6 fr.

19888. **Monte Vesuvio** (Incendio del) di P. Castelli Romano, nel quale si tratta di tutti gli Luoghi ardenti, delle differenze delli fuoghi, etc. Roma, 1632, in-4, cart. 2 fr.

19889. **Frusta letteraria** (La) di Aristarco Scannabue. Milano, 1804, 3 tom. en 1 vol. in-4, br. 1 fr. 50

19890. **Catanoise** (La) ou histoire secrette des mouvemens arrivez au royaume de Naples, sous la reine Jeanne I. 1731, in-12, v. fauve. (Rel. ancienne). 2 fr.
Attribué à l'abbé Lenglet du Fresnoy.

19891. **Esour-Vedam** (L') ou ancien commentaire du Vedam, cont. l'expos. des opinions religieuses et philosoph. des Indiens, trad. du samscretan par un Brame. Yverdon, 1778, 2 vol. in-12, v. m. 3 fr. 50

19892. **Vie de Mahomet** (Hist. des Arabes, av. la), par le comte de Boulainvilliers. Amst., 1731, 2 tom. en 1 vol. in-12, v. m. 1 fr. 50

19893. **Alcoran** (Hist. de l'), où l'on découvre le système politique et religieux du Faux-Prophète, et les sources où il a puisé sa législation, par Turpin. 1775, 2 vol. in-12, br. 2 fr.

19894. **Pétrifications** (Mémoires pour servir à l'hist. naturelle des) dans les 4 parties du monde. La Haye, 1742, 2 tom. en un vol. in-4, av. 60 planches gravées, vél. bl., non rog. (Bel exemplaire). 6 fr.

19895. **Studii ichthyologici** (Jac. Christ. Schæffer epistola de) faciliori ac tutiori methodo. — Piscium Bavarico-Ratisbonensium pentas. Ratisbonæ, 1761, 2 ouvr. en 1 vol. in-4, belles pl. coloriées, dem.-rel , vél. 3 fr. 50

19896. **Hygronométrie** (Essais sur l'), par de Saussure. Neuchatel, 1783, in-4, pl., dem.-rel. 3 fr.

19897. **Espéces vivantes et fossiles** (Monographie des) du genre mélanopside, melanopsis, et observat. géologiq. à l. sujet, par d'Audebard de Ferussac. 1823. in-4, av. nombr. pl. en noir et en couleur, rel. mar. r. à grains longs, losange et large dent. s. les plats. 8 fr.
   Bel exemplaire.

19898. **Respiratione sepiæ officinalis** (De) dissertatio auct. G. Th. Tilesio adsumto ad respondendum socio C. Fr. G. Schmidt. Lipsiæ (1801), pet. in-4, fig., vél. bl. (Bel exemplaire). 3 fr.

19899. **Abeilles**. Trattato sopra la cura delle Api conten. l'istoria naturale di quest'infetti co vari metodi di antichi, come moderni di governali ; e l'istoria naturale delle vespe, e de calabroni, co mezzi di distruggerli, tradot. dall' inglese da P. D. Soresi. Torino, 1771, in-8, fig., vél. (Bel exemplaire). 3 fr.

19900. **Vers de mer** (Observat. sur l'orig., la constitut. et la nature des) qui percent les vaisseaux, les pilliers, les jetées et les estacades, par Rousset. Le Havre, 1733, in-8, planches, dem.-rel., v. anc. 1 fr. 50

19901. **Discours œconomique.** non moins utile que recreatif, monstrant comme de cinq cens livres pour une foys employées, l'on peult tirer par an quatre mil cinq cens livres de profflct honneste, qui est le moyen de faire profier son argent, par Prudent Le Choyselat, procureur du Roy à Sézanne. Rouen, 1612, pet. in-8, v. éc., fil. 5 fr.
   Réimpression de ce livre curieux faite à Rouen, au xviiiᵉ siècle, par les soins de l'abbé Saas.

19902. **Traité de Nimègue.** Traitté de la paix, fait, conclu et arresté à Nymegen le 10 du mois d'aoust 1678 entre les ambassadeurs et plénipotentiaires de Sa Majesté Très-Chrestienne d'une, et les ambassadeurs et plénipotentiaires des seigneurs, Estats-Généraux de Provinces-Unies du Pays-Bas de l'autre part. S. l. (Hollande, à la Sphère), l'an 1678, pièce pet. in-12, br., non rogné. 2 fr. 50

19903. **Pape Sixte V** (La vie du), trad. de l'ital. de Gregorio Leti (par l'abbe Le Pelletier). 1731, 2 vol. in-12, nombr. fig., v. fauve. (Bel exempl.). 2 fr. 50

19904. **Saint-Victor** (Vie de), évêque du Mans, patron de la paroisse de la Chaussée St-Victor, près Blois, rédigée sur des mss. du xivᵉ siècle nouvellem. decouverts. Blois, 1863, broch. in-8. 1 fr. 50

19905. **Magie** (Apologie pour tous les grands personnages qui ont esté faussement soupçonnez de), par G. Naudé, Parisien. 1625, pet. in-8, v. 8 fr.
   Edition non tronquée, conten. des passages qui ont été supprimés dans les éditions subséquentes.

19906. **Protestantisme.** Histoire de l'Estat de France tant de la République que de la Religion, sous le règne de François II. S. l. 1576. Pet. in-8, vél. à recouv. 10 fr.
   Ouvrage attribué à Régnier, s' de la Planche. Mercier de St-Léger, dans ses notes manuscrites, croit que l'auteur est simplement la Planche, mi-

nistre dont parle Bèze dans son histoire ecclésiastique. — Tache d'encre sur le bord de quelques feuillets. — Belles marges.

19907. **Défense de la Réformation** (La) contre le livre intit. Prejugez legitimes contre les Calvinistes, par J. Claude, ministre du S. Evangile en l'Eglise de Paris qui se recueille à Charenton. Amst., 1683, pet. in-12, v. 2 fr. 50

19908. **Mestrézat** (J.). Discours de la manière dont J.-C. nous est donné tant en l'Evangile qu'au Sacrement de l'Eucharistie. Charenton, L. Vendosme, 1647, pet. in-8, dem.-rel. vélin, br. 4 fr.

19909. **Mariage des protestans** (Second mém. sur le) (par Malesherbes). Londres, 1787, in-8, br. 2 fr. 50

19910. **Baptismo** (Vossii de) disputationes XX, de sacramentorum vi, atque efficacia. Amst., Elzevir, 1648, pet. in-4, vel. de Holl. 2 fr. 50

19911. **Alfonse de Poitiers** (Correspondance administrative d') publ. par Aug. Molinier. 1894-1900. 2 vol. in-4, cart., non rogn. 20 fr.

19912. **Cartulaire de l'abbaye de Beaulieu** en Limousin, publ. par Max. Deloche. 1859. In-4, cart., non rogné. 12 fr.

19913. **Cartulaires de Savigny et d'Ainay** publ. par Aug. Bernard, 1853-56. 2 vol. in-4, cart., non rogn. 25 fr.

19914. **Cartulaire de l'abbaye de Redon** en Bretagne, publ. par Aurélien de Courson. 1863. 2 part. en 1 fort vol. in-4, cart., non rogné. 15 fr.

19915. **Inscriptions de la France du** vᵉ siècle au xviiiᵉ, rec. et publ. par Fr. de Guilhermy et R. de Lesteyrie. Ancien diocèse de Paris. 1873-1883, 5 vol. in-4, cart., non rogn. 30 fr.

19916. **Archives de l'Hôtel-Dieu de Paris** (1157-1300), publ. par L. Briele, avec notice, appendice et table par E. Coyecque. 1894. In-4, cart., non rogn. 10 fr.

19917. **Paris.** Garde et milice bourgeoise. — 3 pièces in-4. 5 fr.
   Ordonnance de MM. les Prévost des Marchands et Echevins de la ville de Paris portant règlement général pour la garde ordinaire des portes de la dite ville et faux-bourgs de Paris et autres expéditions qui seront commandées pour le service du Roy et la conservation de lad. ville, au 14 févr. 1649, 4 p. — Les règles générales et statuts militaires qui doivent estre observez par les bourgeois de Paris et autres villes de France a la garde des portes desd. villes et faux-bourgs. 1649, 8 p. — Ordonnance. du Roi concern. le service de la cavalerie de la Garde de Paris du 13 mai 1778, 3 p.

19918. **Paris.** Etat-civil, Inhumations, Creation de nouveaux cimetières (1726-1776). 5 pièces in-4. 6 fr.
   Sentence de M. le lieutenant-civil concern. la tenue des registres destinez pour inscrire les actes de baptêmes, mariages et sépultures. 1726, 4 p. — Jugement de M. le lieutenant général de police concern. l'inhumation des corps auxquels la sépulture ecclésiastique n'est pas accordée. 1736, 3 p. — Sentence des lieuten. civil au Châtelet qui enjoint aux curés et autres ecclésiastiques des églises paroissiales de Paris de faire signer les actes de sépultures aux parens et a defaut de parens par les amis des defunts et fait défenses de recevoir aucunes déclarations relat. aux noms, âges, qualités et demeures de la part d'aucuns fossoyeurs ou particuliers destinés au service des convois. 1775, 7 p. — Arrest de la Cour de Parlement supprimant les inhumations dans l'enceinte

de la ville et les cimetières des paroisses de Paris en raison de l'infection qui s'en répand et ordonnant la création de sept ou huit cimetières communs à plus. paroisses. 1765. 11 p — Déclaration du Roy concern. les inhumations (défense d'enterrer dans les églises). 1776. 4 p.

19919. Chaillot. 4 pièces in-4. 4 fr.

Arrest du Conseil d'Etat qui ordonne la séquestre des biens de l'abbaye de Ste Perrine de Chaillot. 1788, 4 p. — Arrest du Parlement port. règlement pour l'élection des marguilliers, la sonnerie des cloches, la convocation des assemblées et l'exécution des délibérations de la fabrique de la paroisse de Chaillot. 1781. 4 p. — Ordonnance port. défenses aux officiers de la justice de Chaillot ou faubourg de la Conférence de plus à l'avenir s'immiscer dans la connaissance de la juridiction et police de la voierie dud. faubourg. 1778, 4 p. — Ordonnance de police qui condamne Michel Neuville, carrier à Chaillot en 500 livr. d'amende pour avoir contrevenu au règlement des carrières. 1780. 3 p.

19920. Clichy, St-Ouen, St-Denis et lieux circonvoisins. — 7 pièces in-4 et 1 pièce in-12. — Ens. 9 pièces. 7 fr. 50

Ordonnance qui interdit la carrière du nommé Paquin, au territoire de Clichy. 1780, 3 p. — Ordonn. pour faire cesser les encombremens qui existent sur le chemin conduis. de St Ouen au village d'Epinay et au port de la Briche, 1780, 3 p. — Arrest qui condamne Humain, tambour au régiment de dragons et Bourdeaux, dragon au régiment de Belzunce, à être pendus en effigie chacun à une potence qui séra dressée en la princip. place de la ville de St-Denis, pour crime de suicide, 1774, 4 p. — Le trésor de l'abbaye roy. de St Denis. 1741, 16 p. in-12. — Ordonnance qui interdit l'usage d'une carrière exploitée sans permission au territoire de Carrière-St-Denis, par le nommé Arnoult, ordonne que les prêtres de St-Lazare et autres seront tenus de détruire des cavages dangereux et abandonnés. 1781, 8 p. — Ordonn qui condamne P. Demontigni à démolir son four, à faire combler un cavage commencé, à faire les remblais nécessaires à la longueur de l'anc. chemin de Pantin. 1780, 3 p. — Ordonnance qui interdit l'usage des carrières des nommés Perrard et Prévot, habitants de Pierrefitte, situées à Villetaneuse. 1783, 3 p. — Arrêt qui homologue une sentence rendue par les officiers de la justice de Louvres et d'Orville en Parisis, 1789, 16 p. — Arrest qui ordonne que la distribution soit en bled, soit en pain, ne se fera plus dans la paroisse de Sarcelles le vendredi de la première semaine de Carême et que la distribution sera faite dans tous les tems de l'année aux vieillards et infirmes et aux pauvres suivant un rôle arrêté par le curé en présence du syndic et deux principaux habitans de la paroisse. 1783, 4 p.

19921. Bicêtre, Gentilly, 4 pièces in-4. 4 fr.

Ordonnance du Roi conten. de nouv. précautions à prendre pour la sûreté et la police des prisonniers renfermés dans la maison de Bicêtre, 1778. 4 p. — Quittance de l'économe de la maison de Bicêtre pour le paiement de 6 mois d'avance de la pension d'Etienne-Damiens Pinchon détenu audit château, payée par son frère notaire à Etrepagny. 12 mai 1781. — Ordonnance de police portant interdiction de la carrière exploitée sans permission par Ramey et Mauny dans la plaine du Grand-Gentilly. 1781. 3 p. — Ordonnance de police portant interdiction de l'usage de la carrière à pierre et moellons exploitée par le nommé Petit en la paroisse de Gentilly, 1779. 2 p.

19922. Coutances (Perspective de l'église cathédrale de) dédiée à l'Illustriss. et Revme Leonor Gouyon de Matignon évêque de Coutances par son tr. humble et obeissant serviteur R. Bichue. R. Bichue Constan. del. et sculpebat. Ann. 1747. — Belle estampe gr. in-fol. (à toutes marges). 10 fr.

19923. Versailles et environs. 4 pièces in-4 et 1 broch. in-8. — Ens. 5 pièces. 6 fr. 50

Lettre patriotique de Dutillet de Villars à l'abbé Pestré au profit des pauvres de la maison philantropique de Versailles. 1787. 43 p. in-4. — Lettres patentes port. réunion au domaine de Versailles de la terre et seigneurie de Villepreux. 1776. 3 p. — Arrest du Conseil d'Etat et lettres patentes confirmant les évaluations des château, terres et seigneuries de Clagny et Glatigny, 1778. 12 p. — Arrest du Parlement port. règlement pour la régie et administration des biens et revenus apparten. aux pauvres de Rueil. 1784, 7 p. — La Laurentiade, ou les faits et gestes du preux et vaillant chevalier Laurent Le Cointre, ancien lieuten.-colonel, aujourd'hui soldat-citoyen dans la garde bourgeoise de Versailles, mis en vers par Louis-Joseph O..., soldat-citoyen qui n'a jamais été lieutenant-colonel (vers 1792). in-8, de 40 et 23 p.

19924. Tours. 21 broch. et pièces, différ. formats. 8 fr.

Discours espouvantable de l'Horrible tremblement de terre advenu ès villes de Tours, Orléans et Chartres, le lundi 26e jour de janvier dernier passé. 1479, 14 p. — (Réimpression sur pap. de Hollande. Lyon, 1874). — Arr. concern. la communauté des fabricants-passementiers de la ville de Tours. 1777, 2 p. — Lettres patentes portant règlement pour la fabrication des étoffes de laine de la généralité de Tours. 1780, 11 p. — Lettres patentes portant règlement pour la fabrication des toiles et toilerie dans la généralité de Tours. 1780, 12 p. — Arrest rendu en faveur de la communauté des procureurs aux bailliage et siège présidial de Tours; et de Lehay et Condeloup, sergens des justices, premier huissier à Tours. 1785, 36 p. — Arrest du 18 avril 1787 relativement à la police dans la ville de Tours, concern. les particuliers tenant salles de billard et jeux de boules. 11 p. — Représentations à M. le garde des sceaux par les officiers du bailliage et siège présidial de Tours. 1778, 5 p. — Ordonnance des grands vicaires de l'archevêché de Tours, contre le P. Hervieux, jésuite. 3 p. — La cathédrale de Tours et la maison du Préau, par E. Salomon. Tours, 1868, 100 p. — Lettre pastorale de l'évêque de Nancy et de Toul sur St Martin, évêque de Tours, son époque, son caractère, son influence à l'occasion de la reconstruction de l'église St Martin de Tours. Nancy, 1866, 52 p. — L'archéologie à l'exposition de Tours, par L. Palustre. Tours, 1873, 42 p. (avec dessins). — De la reconstruction de la basilique de St Martin, par Rouillé-Courbe. Tours, 1862, 23 p. Schisme de Tours avec les pièces justificatives. 1752, 43 p. — Notice histor. sur le cardinal de Boisgelin, archev. de Tours, par un de ses anciens grands-vicaires. 1804, 58 p. — Etc., etc.

19925. Sens. 5 pièces in-4. 8 fr.

Arrest du Parlement du 5 juin 1708, rendu au profit de Pierre le Pileur, contre Pierre Ozon, touch. la cure de St-Martin sur Oüanne, diocèse de Sens, 1708, 4 p. — Apostilles curieuses pour être ajoutées aux remarques importantes sur le catéchisme de M. l'archevêque de Sens, 15 p. — Mandement de M. le card. de Loménie, évêque du départem. de l'Yonne, qui permet l'usage des œufs pendant le carême de l'année 1791. Donné à Sens le 16 février 1791, 8 p. Mss. pet. in-fol. — Autre mandement sur un service solennel à célébrer pour les travaux de l'Assemblée nationale, 14 sept. 1789, 3 p. Mss. — Rapport des commissaires envoyés dans le départem. de l'Yonne. (Ce rapport commence ainsi : Nous avons trouvé la ville de Sens dénuée de bled, de farine et de pain). 1793, 8 p. — etc.

19926. Yonne (Département de l'), Sens, Joigny, Tonnerre, Avallon, etc. 17 pièces et broch. in-8 et in-4. 8 fr.

Géographie ancienne du dép. de l'Yonne, par Dey. Sens, 1858, 23 p. et une carte. — Episodes de l'hist. du xve siècle au pays sénonais et gâtinais et au comté de Joigny, tirés des archives de l'Yonne, par Quantin. 1866, 20 p. — Détails authentiques de l'assassinat de Michel Le Pelletier, député de l'Yonne. S. d., 11 p. — Arrêt maintenant les officiers municipaux de Joigny dans le droit de rendre seuls les ordonnances nécessaires dans le cas de réjouissances publiques. 1782, 4 p. — Le Collatéral ou la diligence de Joigny, comédie par L.-B. Picard. An VIII, 71 p. — Arrêt condamnant Rob. Mirnard, vigneron, à estre pendu, pour avoir fait écrire plusieurs billets portant menaces d'incendie contre plus. habitants de Ville-neuve-le-Roy. 1709, 4 p. — Ordonnance pour prévenir les dégradations du pont de la ville de St-Florentin. 1788, 4 p. — Adresse de la ville d'Avallon à l'Assemblée Nationale. 4 p. Mss. — Observations sur les pièces nouvellem. produites par les habitans de Tonnerre, et sur le dern. mémoire du marquis de Courtenvaux. 1776, 32 p. — Arrêt qui fixe les lieux et emplacements où se tiendront à l'avenir les différ. foires et marchés de la ville de Vermanton. 1787, 8 p. — Mémoire pour Jacq.-Nic. Simonnet, seigneur des Collemiers (près Sens) contre J. Rigolot, chirurgien à Boy, Elisab. Dumont sa femme, fille et héritière de P. Dumont, notaire à Riccy, Rob. Baudremant et autres, tous laboureurs aux Collemiers. 1763, 30 p. — Arrêt portant réglement pour la contenance des tonneaux destinés à renfermer le vin à Dannemoine. 1782, 7 p. — Le véritable emplacement de la bataille de Fontanetum (Fontenoy-en-Puisaie), par A. Challe. Auxerre, 1860, 43 p. et 1 carte. — Etc., etc.

19927. Champagne. 7 pièces in-8.　　6 fr.
Jean, sire de Joinville, sénéchal de Champagne, par J. Fériel. Chaumont, 1853, 24 p. et 2 pl. — Etude sur les monuments celtiques de la Champagne, par l'abbé Et. Georges. Bar-sur-Seine, 1871, 31 p. — La prise et capitulation de la ville de Méry-sur-Seine, avec la deffaite du sieur de Poitrincourt et sa mort. 1615. (Réimpression à petit nombre sur papier jonquille). 7 p. — Nic. Borbonii Vandoperani (de Vandœuvre, près Langres) Ferraria, quam scripsit annum agens XXXIIII. (Réimpression avec notes faite en 1858 d'après l'édition de 1533). 30 p. — Notice sur Jean Bonnefons le père, poète latin du XVIe siècle (lieuten.-général de Bar-sur-Seine), par A. Socard. 8 p. — Les Templiers et leurs établissements dans la Champagne méridionale, par J. Boutiot. 1864, 30 p. (Extrait). — Recherches et notices biographiques sur les personnages nés en Champagne, dont il existe des portraits gravés ou lithographiés (spécimen). Sèvres, s. d., 8 p. Plaquette in-8. dem.-rel.

19928. Troyes. 6 pièces in-4 et in-8, imprim. et manuscr.　　7 fr. 50
Testament de deffunct noble homme Jean Gouault, bourgeois de Troyes, du 17 juin 1602. 11 p., avec une pièce Mss. annotée. — Discours de MM. du Châtelet au Parlement de Troyes, le 3 sept. 1787. S. d., 4 p. — Détails de ce qui s'est passé à l'Assemblée du bailliage de Troyes, relativ. à la convocation des Etats-Généraux (1789). 44 p. Mss. — Mémoire pour V. Bouillerot, négociant à Troyes, contre Pierre-Nic. Dufour, anc. juge-garde en la monnoye de Troyes, et Fr. Gueslon, marchand, et le Procureur général (accusation de banqueroute frauduleuse). 1760, 24 p. — Arrest de reglement des droicts du greffe et controle du bailliage et présidial de Troyes, J. Blanchard, dit Chevillot (1659), 12 p. — Mémoire pour Lupien Drouin, greffier du bureau de la Forraine à Troyes, contre Hiér. Maillet, soi-disant pourveu du même greffe. (1691), 3 p.

19929. Troyes. 18 pièces in-4 et in-8 et 1 placard-affiche in-fol. — Ens. 19 pièces.　　19 fr.
Règlement entre les proviseurs de l'Aumosne generalle des pauvres de la ville de Troyes et les administrateurs des hospitaux. (1617), 10 p. — Arrest port. règlement pour la préséance au profit des conseillers du Roy, en la prévosté de Troyes. 1689, 3 p. — Arr. qui ordonne qu'aucun avocat ne pourra être inscrit sur le tableau du bailliage de Troyes qu'il n'ait fréquenté assidument les audiences dud. bailliage pend. 2 ans. 1787, 3 p. — Lettres-pat. qui transfèrent à Troyes le siège du Parlement. 1787, 4 p. — Déclaration concern. les communautés d'Arts et Métiers pour Troyes. 1779, 4 p. — Arr. concernant les communautés d'arts et métiers de Troyes. 1783, 3 p. — Ordonnance de l'évêque de Troyes portant règlement sur les honoraires des curés, vicaires et autres ecclésiastiques desservant les églises paroissiales. Troyes, 1772. placard-affiche in-fol. — La St-Barnabé à Troyes en 1466, ou une assemblée générale des habitants de Troyes au XVe siècle, par Boutiot. Troyes, 1853, 12 p. — Eloge de P.-J. Grosley, par

Herluison. An X, 28 p. — Disc. de Patris-Debreuil pour l'inauguration du buste de Grosley à Troyes. 3 p. — Ant. Gourdault, Troyen, quelques-uns de ses écrits, par l'abbé Lalore. Troyes, 1869, 8 p. — Etc., etc.

19930 Troyes. Police de la ville et des marchés — 14 pièces in-4.　　8 fr.
Ordonnances pour la police de Troyes. 1643, 18 p. — Arr. du Parlement portant homologation d'une sentence du siège de la police de la ville de Troyes, concernant la police, l'ordre et la tranquilité publique. 1784, 4 p. — Arr. du Parlement qui autorise les officiers de Police de la Ville de Troyes à rendre toutes les ordonnances requises et nécessaires pour empêcher les excavations et les extractions des terres dans les terrains situés le long des chemins et voies publiques. 1779, 4 p. — Arrêt du Parlement qui fait défenses à tous revendeurs et revendeuses de la ville de Troyes d'aller au devant des denrées qui s'apportent aux marchés, ni d'en acheter ou faire acheter dans lesdits marchés, avant les heures prescrites par les officiers de Police. 1783, 3 p. — Arrêt du Parlement qui ordonne l'exécution d'une ordonnance rendue par les officiers de Police de la ville de Troyes, par laquelle il a été fait défenses de couvrir en paille les maisons situées dans la ville et les faubourgs, à peine d'amende et de démolition des toits qui auroient été couverts en paille. 1785, 7 p. — Moyens très utils pour bien restablir les foires franches de la Ville de Troyes. S. d., 4 p. — Règlement de police de la ville de Troyes. 1671, 4 p. — Règlement de Police de Troyes. 1651, 6 p. — Ordonnance et règlement pour les boisseaux. Troyes, s. d., 4 p. — Arr. du Parlement, portant homologation d'une sentence du siège de la police de la ville de Troyes, concernant la police, l'ordre et la tranquilité publique. 1784, 4 p. — Etc., etc., etc.

19931. Troyes. Clergé. 11 opusc. et broch. in-4 et in-8.　　6 fr.
Harangue faite au roy à Versailles le 20 juin 1710, par l'Evêque de Troyes. 1710, 10 p. — Mandement de J. B. Bossuet, évêque de Troyes, au clergé et à tous les fidèles de son diocèse. 1742, 8 p. — Lettres patentes ordonn. différ. suppressions et unions de cures et de bénéfices dans le diocèse de Troyes. 1788, 8 p. — Réponse aux réclamations et protestations des chapîtres, communautés régulières des deux sexes, commandataires et bénéficiers simples du bailliage de Troyes. (1789), 35 p. — Ordre du Clergé. S. d., 24 p. — Adresse à la Convention Nat., par Lejeune, curé de Clercy. (1792), 7 p. — Mandement de l'Evêque de Troyes qui ordonne des prières publiques dans les églises de son diocèse. 1789, 8 p. — Examen de la lettre des vicaires généraux du chapître, aux curés et desservans du diocèse de Troyes, par un ecclésiastique de ce diocèse. Troyes, 1814, 120 p. — Etc., etc.

19932. Troyes. 2 broch. in-8 et 1 pièce in-4.　　4 fr.
Les Frères Mineurs ou Cordeliers de Troyes, par l'abbé Lalore. Troyes, 1869, 12 p. — Notice sur les Antonins de Troyes avec le plan de la maison, par l'abbé Ch. Lalore. Troyes, 1869, 12 p. — Billet d'invitation « pour la cérémonie de l'enterrement solemnel des défunts déposez depuis 32 ans aux charniers de l'église Ste Madeleine (à Troyes) qui se fera mercredi matin sixième d'avril 1740. » Placard in-4 oblong imprimé sur papier fort.

19933. Troyes. Communautés d'arts et métiers. 3 pièces in-4.　　4 fr.
Déclaration du Roi concern. les communautés d'arts et métiers pour la ville de Troyes. 1779, 4 p. — Procès entre Nic. Gallien, maître boucher, Pierre Picard, Marie Pougisat, sa femme, et autres relativement à l'emploi des femmes veuves dans le métier. 1643, 10 p. — Procès à raison d'un emprunt fait par la communauté des tonneliers de la ville de Troyes. 1678, 24 p.

19934. Alsace. Histoire littéraire. 3 opusc. in-4.　　7 fr. 50
Alsatia litterata sub Celtis, Romanis, Francis, præside J. Oberlino defendet Joh. Frantz Episcopivillanus. Argentorati, Heitz, 1782, 44 p. — Al-

satis litterata sub Germanis sæculo IX et X, præside Jer. Oberlino defendet auctor Chr. God. Frantz. Argentorati, Dannbach, 1786, 71 p. — De poetis Alsatiæ eroticis Medii ævi vulgo Von den Elsaessischen Minnesingern præside Oberlino, disputabit auctor Joh. Henr. Prox Argentoratensis. Argentorati, typis Lorenzii et Schuleri, 1786, 34 p.

19935. Côte-d'Or. Révolution. 4 placards-affiches in-fol.   10 fr.

Copie de la lettre écrite le 22 juin 1791 par les députés du départem. de la Côte-d'Or à l'Assemblée Nationale (relativement à l'evasion du Roi et de la famille royale). — Délibération du Directoire du départem. de la Côte-d'Or concern. la continuation de la perception des octrois et droits de don gratuit actuellement existans. Dijon, imprim. de J.-B. Capel. 1790. (Raccommodage). — Avis des administrateurs du départem. de la Côte-d'Or concern. la franchise des lettres et paquets et la forme de la correspondance. Dijon, imprim. de J.-B. Capel, 1791. — Arrêté du départem. de la Côte-d'Or concern. la perception des droits d'aides. Dijon, imprim. de J.-B. Capel. 1791.

19936. Côte-d'Or pendant la Révolution. Circulaires administratives, arrêtés divers. 21 pièces in-4.   10 fr.

Extrait du procès-verbal des séances du Commissariat établi à Dijon, du 27 juillet 1790 au matin. 4 p. — Discours prononcé à l'ouverture de la session de l'Assemblée administrative du départem. de la Côte-d'Or par Navier, président. Dijon, 1790, 23 p. — Délibération du Directoire du départem. de la Côte-d'Or concern. les déclarations des biens ci-devant ecclésiastiques. 1790, 3 p. — Adresse de l'Assemblée administrative du dép. de la Côte-d'Or, aux gardes nationales du département. Dijon, de l'impr. de Causse, 1791, 3 p. — Arrêté du Directoire de la Côte-d'Or concernant une dénonciation faite au nom de la Société patriotique de Vitteaux (contre Pasquier, ci-devant curé de Thorcy, qui avait prononcé des discours anticonstitutionnels). 1791, 4 p. — Arrêté de l'assemblée administrative de la Côte-d'Or concern. l'inscription des citoyens qui se proposent de servir soit dans les bataillons de volontaires nationaux, soit dans les troupes de ligne. 1792, 4 p. — Arrêté du Directoire de la Côte-d'Or pour le rétablissement de la tranquillité publique. 1792, 4 p. — Étc., etc.

19937. Lyonnais. 2 broch. in-8.   4 fr.

Histoire des Bourguignons et de leur établissement dans le Lyonnais, par Alph. Gacogne. L., 1848, 25 p. — Note sur l'invasion des Sarrasins dans le Lyonnais, par Aimé Vingtrinier. L., 1862, 23 p.

19938. Révolution à Lyon. Réunion de 6 réimpressions de pièces révolutionnaires lyonnaises, faites à Lyon en 1846, par Gonon, br., avec cartes et vignettes. 3 fr. 50

Fête à l'Etre suprême célébrée à Commune-Affranchie. — Fête de l'Egalité célébrée à Commune-Affranchie. — Le peuple de Ville-Affranchie à la Convention. — Rapport sur le siège de Lyon, par le cit. Doppet. — Récit sommaire des opérat. du siège de Lyon en 1793. — Les citoyennes de Ville-Affranchie aux représentants du peuple.

19939. Dauphiné. Ordres religieux. — 3 documents manuscrits in-4, sur vélin. 8 fr.

4 mai 1747. Transaction portant quittance et cession de droits pour la somme de 1200 livres consenti par les RR. PP. Mineurs conventuels de la Magdeleine de Grenoble en faveur de dame Anne d'Armand veuve de Messire Jean de Garnier, conseiller au Parlem. de Grenoble. 4 mai 1747 — Cession de droits moyennant la somme de 4800 livres passée par les dames, prieure et religieuses du couvent de St Bernard, ordre de Citeaux établi à Voyron en faveur de dame Anne Darmand, veuve du Seigneur conseiller de Garnier, 12 août 1747. — Vente et cession de droits moyennant la somme de 772 livres, passée par les dames religieuses de Ste Ursule de Grenoble en faveur de Mad. de Garnier, 27 août 1748.

19940. Turenne. 2 pièces in-4 et in-8.   4 fr.

Sereniss. principi Turennio Epicedium (auctore M. Ant. Hersan humanitatis professore in Sorbonæ-Plessæo). 1676, avec vignettes grav. en taille-douce par L. Cossin, in-4 de 16 p. — La monnaie de Turenne par Ed. De La Barre Duparcq. 1874. In-8, de 25 p.

19941. Bordeaux. Parlement. 3 pièces in-4 et in-8.   4 fr.

Procès-verbal de la séance de M. le Comte de de Noailles duc de Mouchy au Parlement de Bordeaux, accompagné de M. de Fourqueux conseiller d'Etat. Bordeaux, J. Chappuis, 1775. 28 p. in-4. — Extrait des registres du Parlem. de Bordeaux du 7 sept. 1787. Libourne, 7 sept. 1787. — Réponse aux remontrances du Parlement de Bordeaux le 29 nov. 1787. 7 p. in-4.

19942. Bordeaux (Tableau du corps désigné sous le nom de garde royale à pied de) qui a concouru au rétablissement de la Maison de Bourbon sur le trône de France en opérant à Bordeaux la journée du 12 Mars 1814. Ce corps a été organisé par les soins de Mr Taffart de St Germain, commissaire du Roi en Guienne, en vertu du pouvoir daté de Londres le 12 Mars 1813. A Bordeaux, de l'imprimerie de Louis Faye, par Jn Dejernon ex-maître de pension à Bordeaux, natif de Pau en Béarn, volontaire royal du 12 mars 1814. — Placard gr. in-fol., avec portraits de leurs Majestés grav. en taille-douce par Vidal, figure du brassard spécial et les noms par compagnies de tous ceux qui composaient cette garde ainsi que des volontaires. Timbre de la police de sûreté de Bordeaux apposé au bas de ce document.   10 fr.

19943. Beaucaire, Tarascon. — 6 pièces in-4 et in-8.   6 fr. 50

Lettres patentes du Roy sur le transport du siège présidial de Nismes à Beaucaire. Aix, J. Tholosan. 1613, in-8, de 8 p. — Contrat d'échange de la terre et seigneurie de Beaucaire entre le Roy et M. le Comte de Belle-Isle, du 27 may 1719. 11 p. Arrest du Conseil d'Estat qui ordonne que la foire se tiendra à Beaucaire le 22 juillet prochain avec les mêmes privilèges et franchises dont la ville de Beaucaire a coutume de jouir pendant la tenue de lad. foire. 1723, 4 p. — Procès entre les héritiers de Simon de Raoux juge royal de la ville de Tarascon (vers 1650), 12 p. — Discours prononcé le 1er déc. 1790 par le président du district de Tarascon au moment où il remit à la municipalité de St-Remy les lettres-patentes des juges du district, 4 p. — Observations sur le projet d'un canal de navigation de Tarascon à Avignon. 1827. 36 p.

19944. Hautes-Pyrénées. 12 pièces et broch. in-8 et in-4.   7 fr. 50

Etude sur la plus vieille chronique de la Bigorre, par l'abbé F. Duffau. 1889, 63 p. — Lettre aux habitans des Hautes-Pyrénées, sur les ressources industrielles que possède le département, et les moyens de les développer, principalement dans l'intérêt de l'agriculture, par un compatriote. Tarbes, 1828, 23 p. — Arrest rendu contre les entreprises de plus. curés du diocèse de Tarbes, par rapport à deux mandemens donnés par leur évêque, l'un pour la fixation des droits curiaux et rétribution des messes, et l'autre à l'occasion des censures et cas réservés. 1747, 4 p. — Lettre adressée à un des membres de la noblesse à Tarbes, 14 p. — Adresse des habitans de Tarbes au Roi, 1788, 16 p. — Q. q. observations sur la topographie de Barèges-les-Bains et de ses environs, par Lermier, 44 p. — Mémoire sur le terrain diluvien de la vallée de l'Adour et sur les gîtes ossifères des environs de Bagnères-de-Bigorre, par Leymerie. Tarbes, 1861, 39 p. et une pl. — Manuel du promeneur à Bagnères, par Samezeuilh. Bagnères, 1834. 20 p. — Voyage dans les Hautes-Pyrénées, par Lavallée (1794). 42 p. (av. carte et grav.). — Étc..., etc...

4

19945. Provence (Abrégé des délibérations prises en l'assemblée générale des communautez du pays de) tenues au lieu de Lambesc. Aix, 1656-1728. 11 cahiers ou vol. in-4, couv. en pap. 18 fr.

Années 1656 (49 p.) ; — 1675 (61 p) ; — 1684 (76 p.) ; — 1685 (60 p.) ; — 1686 (77 p.) ; — 1692 (52 p.) ; — 1693 (68 p) ; 1695 (55 p.) ; — 1696 (59 p.) ; — 1728 (129 p.).

19946. Avignon (Recherches historiques concern. les droits du Pape sur la ville et l'Etat d') av. les pièces justificatives (par Pfeffel). 1768, in-8, cart. à la Brad., non rogn. (Bel exempl.). 4 fr.

19947. Cardinal de Granvelle. Papiers d'Etat, publ. d'après les MSS. de la Bibliothèque de Besançon par Ch. Weiss. 1841-52. 9 vol. in-4, non rogn. 25 fr.

19948. Vie du Père Paul (La), de l'ordre des serviteurs de la Vierge, trad. de l'ital. par F. G. C. A. P. D. B. Amst., chez J. de Ravestein. 1663. pet. in-12, vél. 3 fr.

Jolie édition imprimée par les Elsevier avec leurs fleurons. — Légère mouillure. — Hauteur des marges : 132 mill.

19949. Beauvais-Nangis (Mémoires du Marquis de) et journal du procès du marquis de la Boulaye publ. pour la prem. fois par Monmerqué et Taillandier, 1862, in-8, br. 3 fr.

19950. Reine Marguerite (Mémoires de la). Jouxte la copie imprimée par Ch. Chappellain, 1629. Pet. in-8, v. 5 fr.

19951. Michel de l'Hospital (Discours de) sur le sacre de François II, conten. une instruction excellente, comme un Roy doit gouverner son Estat ; trad. en vers par Cl. Joly, chan. de Notre-Dame, sur l'imprimé des Elsevirs, 1825. Pet. in-12, pap. vélin, jolie dem.-rel., dos et coins de mar. br. du Levant à nerfs ; doré en tête, non rogné. 3 fr. 50

Réimpression faite chez F. Didot à l'instar des Elzevier, avec fleurons et imités de ces célèbres imprimeurs par les soins du bibliophile Ch. Motteley.

19952. Histoire des Empereurs et des autres princes qui ont signé durant les six premiers siècles de l'Eglise, des persécutions qu'ils ont faites aux chrétiens, etc., par D. T. (Le Nain de Tillemont). 1690. 5 vol. in-4, v. br., tr. d. 10 fr.

19953. Guichardin (Franç). Histoire des guerres d'Italie, trad. de l'italien (1490-1538). Londres (Paris). 1738, 3 vol. in-4 v. fauve. (Rel. ancienne). 8 fr.

Cette histoire, qui immortalisa son auteur, comprend 20 livres. La traduction est de Favre, et a été revue par Georgeon.

19954. Tanzaï et Néadarné, histoire japonoise (par Crébillon fils). Pékin (Paris) 1571, 2 vol. pet. in-12, v. marbr., fil. (Bel exempl.) 4 fr.

19955. Promenade de St-Cloud (La) ou la Confidence réciproque (par Fromaget). Paris, 1755, 3 part. — Eloge de l'yvresse (par Salengre). Amst. 1734. — Ens. 4 tom. en 2 vol. in-12, front. gravé, vél. 2 fr. 50

19956. Délie, pastorale représ. sur le théâtre du Palais-Royal, 1663. In-12, dem.-rel. 3 fr. 50

L'auteur est Donneau de Vizé, le créateur du Mercure galant. Dans le temps, cette pièce fut attribuée à Champmêlé.

19957. Philosophe marié (Le) ou le mary honteux de l'estre, comédie en vers en cinq actes, par Néricault-Destouches, 1734, in-12, couv. pap. 1 fr. 50

Edition originale.

19958. Chien de Boulogne (Le) ou l'Amant fidelle (sic), nouvelle galante (par l'abbé de Torche), 1668. Pet. in-12, rel. 8 fr.

L'auteur, ex-jésuite, a fait dans cet ouvrage, sous le nom de Linganfer, le portrait satirique d'une dame Ferlingham dont la fille avait repoussé sa flamme amoureuse. La dame outragée chargea ses deux fils de châtier l'insolent. Ceux-ci se trompant, faillirent faire périr sous le bâton un un pauvre abbé étranger à l'affaire. De Torche, effrayé, s'enfuit à Béziers, son pays, et mourut à Montpellier en 1675.

19959. Honnestes loisirs (Les) divisez en cinq discours, le premier des Convives, les deux suivants sur les perfections de deux damoiselles, le quatrieme console celuy qui a perdu son procès, le cinquiesme dit adieu au Monde. S'ensuivent trente deux missives utiles et pleines de termes choisis P. E D. M. G S. A. A. P. A toute peine est deu salaire. A Paris, par Fleury Bourriquant, au Mont St Hilaire, près le Puits Certain, 1607. Pet. in-12, mar. olive, fil , tr. dor. (Rel. ancienne). 85 fr.

Livre très rare, resté inconnu à Brunet. — Il est dédié à Monsieur de C. Seigneur de B. et A. A. P. D. G. Ces dernières initiales doivent signifier avocat au Parlement de Grenoble, mais nous ne savons rien de plus. Il y aurait là une recherche à faire pour trouver le nom de l'auteur qui est probablement Dauphinois d'origine.

19960. Histoire littéraire, biographies de savants. Recueil factice d'environ 26 pièces et opuscules en 1 vol. in-8, dem.-rel. 7 fr. 50

Sextus Empiricus et la philosophie scholastique par Ch. Jourdain. 1858. — Essai sur Æneas Sylvius. — Piccolomini par Verdière. 1843. — Esprit et méthode de Bacon en philosophie par Patru. 1854. — Kopernik et ses travaux par J. Czynski. 1847. — Leibnitz considéré comme historien de la philosophie par Bertereau 1843. — De l'état des littératures modernes en Europe avant Dante par Labitte, 1840. — Guy du Faur, sgr de Pibrac, par Th. Hue, 1856. — Essai sur Mich. de Marillac par C. Arnault-Menardière, 1857. — Notice sur la vie et les ouvr. de Cl. Henrys par Bournat. — Eloge de Ph. Ferrère par J. Lacointa, 1856. — Eloge de Ravez par L. Feral, 1853. — Eloge de Dumont d'Urville par Massot. — Revue biograph. du barreau de Caen par Trolley, 1850. — Delisle, sa vie et ses ouvrages par Aubépin. 1856. — Notice sur Lehuéroux par Laferrière. 1844 — La Satyre Ménippée, étude hist. et littér. par F. de Lavigne,

19961. Impression de Robert Estienne M. Fabii Quintiliani oratoris eloquentissimi, Institutionum oratoriarum libri XII. Ex officina Rob. Stephani, typographi Regii. 1542. In-4, rel. tr. dor. 5 fr.

Excellente édition, dit Brunet. Bon spécimen des impressions en lettres rondes du célèbre Robert Estienne.

19962. Voltaire. La Mérope française, avec quelques petites pièces de littérature. Paris, Prault, 1744. In-8, portr. de Voltaire peint par De la Tour, gravé en taille-douce, 1 fleuron de Boucher gravé par Duflos, 2 fig. par Fessart et Duflos, v. fauve, fil. (Rel. ancienne). 12 fr.

Edition originale. Bel exemplaire en GRAND-PAPIER, avec le nom de M. de Prangins frappé en lettres d'or sur l'un des plats.

19963. Chine. Th. Spizelii de re litteraria Sinensium Commentarius, in quo scripturæ pariter ac philosophiæ Sinicæ specimina exhibentur et cum aliarum gentium litteris

atque placitis conferuntur. Lugd. Batav.
1660. Pet. in-12, front. gravé, vél.　　5 fr.

Le bibliographe Spizel n'avait que 20 ans quand il publia cet ouvrage qui eut alors du succès. Les documents sur la Chine faisaient défaut.

19964. **Eglises réformées du pays de Gex** (Hist. des), par Th. Claparède. Genève, 1856, in-8, br.　　3 fr.

19965. **Helvetien** unter den Romern, von F. L. von Haller von Konigsfelden. Bern, 1811, 2 vol. in-8, cartes, cart. à la Brad.　　3 fr. 50

19966. **Antiquités d'Augst** (Recherches historiq. s. les), ancien. colonie romaine, située près de Bâle, en Suisse, trad. de l'allem. par Jacob-Kolb. Rheims, 1823, in-8, br.　　2 fr. 50

19967. **Constantini** M. triarcus triumphalis typus ter insignis Acronaniæ metropolis Constantiæ, das ist der in der Constantinisch-dreybogigen ehren-vorte Constantisch-mit dreyfachem ruhm prangend-glorsieg-und-ehr-reiche creusz-schud, von J. Frid. Speth. Constance, 1733, in-4, plan, portraits et carte en taille-douce, cart., n. rog.　　3 fr.

19968. **Velseri** (M.) rerum Augustarum, Vindelicar. lib. VIII. Venetiis, 1594, pet. in-fol., frontisp. grav., carte et fig. d'antiquités, vél. (Bel exemplaire).　　4 fr.

19969 **Diplomatik** (Anmerkungen über die Siegel Zum Nutzen der) von Ph. Wilh. Gercken. Augsburg, 1781, in-8, pl. cart., n. rog.　　2 fr. 50

19970. **Ludovicus quartus** imperator defensus, Bzovius injuriarum postulatus, etc. a Jo. G. Herwarto ab Hoehnburg; access. mantissa aliorum Bzovii errorum. Monachii, 1618-1619, 2 part. en 1 gros vol. in-4, vél.　　1 fr. 50

19971. **Rerum Amorfortiarum** scriptores duo inediti, alter auctor incertus, alter, cui nomen Theod. Verbœven, utrumque primus edidit, observat., adjunxit supplementa Ant. Matthæus. Lugd. Batav., 1693, pet. in-4, belle pl. en taille-douce, vél. de Holl.　　3 fr. 50

19972. **Natur und Kunst** (Von der) ein Danksagungschreiben an der erleuchtener Verfasser des hermetischen A. B. C. nebsteinem Auszuge aus etlichen werken Herman Fictulds von Adamah Booz. Leipzig, 1781, in-8, cart.　　1 fr. 50

19973. **Joueurs.** L'histoire des Grecs ou de ceux qui corrigent la fortune au jeu (par Goudar) La Haye, chez l'habile Joueur, rue du Hazard, 1758, 3 vol. in-12, v. 3 fr. 50
Bel exemplaire. — Cachet armorié sur les titres.

19974. **Conscribendi epistolas** (Methodus per Christoph. Hegendorphinum. Ejusd. dragmata locorum tum Rhetoricorum, tum Dialecticorum cum exemplis ex optimis quibusque authoribus; ejusd. exempla status conjecturalis, finitivi, qualitatis. Parisius, ap. Mauric. de Porta, 1542, pet. in-8, couv. en pap.　　1 fr. 50

19975. **Vindiciæ contra tyrannos** sive de principis in populum populique in principem legitima potestate, Steph. Junio Bruto Celta, sive, ut putatur, Th. Beza auctore. Amstelod, 1660, pet. in-12, v. 5 fr.
Cet ouvrage fameux, condamné à être brûlé, est généralement attribué à Hubert Languet.

19976. **Comte de Varack** (Mémoires du), conten. ce qui s'est passé de plus intéressant en Europe dep. 1700 jusqu'au dern. traite d'Aix la Chapelle du 18 oct. 1748. Amst., 1751, 2 tom. en 1 vol. in-12, v. fauve. (Rel. anc.).　　3 fr. 50
Bel exemplaire.

19977. **Baronne de Staal.** Mémoires écrits par elle-même. Londres (Paris, Cazin), 1787, 3 vol. in-18, v.　　5 fr.

19978. **Muséum selectum**, sive catalogus librorum viri clariss. Mich. Brochard, cum indice auctorum alphabetico. 1729, in-8, v. (Prix de vente manuscrits).　　2 fr.
Catalogue important de plus de 3.000 ouvrages.

19979. **Livres et leurs ennemis** (Les), par Will. Blades, typographe, trad de l'anglois. 1883, petit in-8, pap. de Hollande, portr. et fig., br.　　5 fr.
Des livres perdus par des Naufrages. — Des ravages par la pluie. Les taches brunes dans les livres. La dorure sur tranche, primitif contre la poussière. Description du ver qui ronge les livres avec grande planche gravée représentant l'animal prodigieusement grossi au microscope. — Description et photographie d'un livre détruit par les vers — Les rats et les souris. Relieurs ; comment ils abiment les livres. — Nettoyage des livres. — Les vieilles couvertures doivent être préservées. Vénération pour les vieux livres. — Etc., etc. — Le tout est entremêlé d'anecdotes intéressantes sur les livres et les collectionneurs. — Tiré à petit nombre

19980. **Libris minoribus** (Commentarii de). Bremæ, 1766-1768, 6 part. en 2 vol. in-12, cart.　　1 fr. 50
Critique et analyse de livres et travaux littéraires parus en Allemagne durant les années 1763 à 1768.

19981. **Hornii** (G.) Arca Mosis sive historia Mundi. Lugd. Batav., ex offic. Hackiana, 1668. Pet. in-12, frontisp. gravé, vél. de Holl.　　4 fr.
L'auteur de cet ouvrage, professeur à l'Université de Leyde, prétend que les premiers chapitres de la Genèse contiennent les principes de toutes les sciences. Son livre est une espèce de traité de physique, chimie, anatomie, médecine, selon les connaissances du temps.

19982. **Gaules** (Mémoires pour servir à l'hist. des) et de la France, par Gibert. 1744, in-12, v.　　2 fr. 50
Remarques sur les noms de Celtes, de Galates et de Gaulois. — Observat. singulières sur l'origine des Germains. — De l'époque de l'association des Francs et des Arvoruches. — Si les Francs avaient des rois avant de passer le Rhin, etc.

19983. **Esprit militaire des Gaulois** (Considérations sur l') pour serv. d'éclaircissemens préliminaires aux mêmes recherches sur les Français (par de Sigrais). 1774, in-12, demi-veau marbr, fil., dos orné, non rog. (Bel exempl.).　　1 fr. 50

19984. **Ambrosii Traversarii** Generalis Camaldulensium aliorum et ad alios de eodem Ambrosio latinæ Epistolæ a Domno Petro Caveto abbate Camaldulensi in libros XXV tributæ, acced. ejusd. Ambrosii vitæ in qua historia litteraria Florentina ab anno MCXCII usque ad annum MCCCCXL ex monumentis potissimum nondum editis, deducta est a Laur. Menus. Florentiæ, 1759, 2 vol. in-fol., portr., cart., non rognés.　　20 fr.
Edition la meilleure et la plus complète du recueil des lettres d'Ambroise le Camaldule.

19985. **Oderici** (Gasp. Aloysii) Genuensis e

Soc. Jesu dissertat. et adnotat. in aliquot ined. vet. inscript. et numismata, acced. inscript. et monumenta quæ extant in biblioth. monachorum Camaldulensium S. Gregorii in Monte Cœlio explicat. illustrata. Romæ, 1765, in-4, port. et nombr. pl. de taille-douce, cart. à la Brad., n. rog. (Bel exempl.). 4 fr.

19986. **Monet** (Le P. Philib.). Origine et pratique des armoiries à la Gaulloise. Lyon, 1631, pet. in-4, v. 10 fr.

19987. **Religions militaires** (Projet de l'hist. gén. des) et des caractères polit. et seculiers de chevalerie, par Nic. de Blegny, sieur d'Authun et de Cerilly. 1694, in-12, front. gravé par Le Pautre, v. 3 fr. 50

Premier volume seul publié. — L'auteur fut condamné aux galères comme faussaire.

19988. **Grande cruauté (La)** de massacre arrivé depuis naguères en la ville du Mans par une femme qui a esgorgé deux de ses filles, laquelle a esté bruslée en la place au Laict, devant S. Julien. Lyon, 1610, broch. in-8. 2 fr. 50

Réimpression faite en 1875, à Lyon, par Louis Perrin. Cette pièce rarissime a pour fond une femme réduite à la dernière misère, qui, exaspérée, entendant ses filles crier la faim, leur coupe la gorge, et, conduite au supplice, harangue la foule qui entoure la potence. — Exemplaire en GRAND-PAPIER DE HOLLANDE.

19989. **Croisades.** L'Estoire de la Guerre Sainte, histoire en vers de la 3ᵉ Croisade, publ. et trad. d'après le MS. unique du Vatican et accomp. d'une introduct., d'un glossaire et d'une table des noms propres par Gaston Paris. 1897. In-4, cart., non rogné. 10 fr.

19990. **Origine de l'Imprimerie** (Histoire de l') et de ses premiers progrès (par Prosp. Marchand). La Haye, 1740. Front. gravé. — Supplément à l'hist. de l'Imprimerie de Prosp. Marchand ou additions et corrections à cet ouvrage (par Mercier de St-Léger). 1775. — Ens. 2 vol. in-4, v. marbr. 20 fr.

Le supplément de Mercier de St-Léger est très estimé et se trouve difficilement réuni à l'œuvre primitive de Prosp. Marchand.

19991. **Impression de Jean Barbon de Lyon.** Omnium gentium mores, leges et ritus ex multis clarissim. scriptoribus a Joa. Boëmo Aubano teutonico nuper collecti. Lugduni, excudeb. Joa. Barbous (sic). 1539. Pet. in-8, v. 4 fr.

Reliure du temps fatiguée. Bon état intérieur.

19992. **Codicis Justiniani** sacratissimi principis ex repetita prælectione, lib. XII; ex codicis Theodosiani, et veterum exemplarium collatione innumeris mendis repurgati, et perpetuis notis illustrati L. Russardo auct. Antuerpiæ, Chr. Plantinus, 1567, in-8, vél. 4 fr.

Beau spécimen des impressions de Plantin. — Exemplaire parfaitement conservé dans sa première reliure.

19993. **Impression d'Estienne Dolet.** Le Livre des Presaiges du divin Hyppocrates divisé en troys parties, item la protestation que le dict Hippocrates faisoit faire à ses disciples, le tout nouvellement translaté par maistre Pierre Vernei, docteur en medecine. A Lyon, chès Estienne Dolet. (Marque d'Estienne Dolet sur le titre). 1542. — A la fin : Imprimé à Lyon par Estienne Dolet pour lors demeurant en rue Mer-

cière, à l'enseigne de la Doloire, l'an de grâce mil cinq cens quarante deux. (Autre marque d'Estienne Dolet au verso du dernier feuillet), vél. bl. 35 fr.

Opuscule très rare. — Estienne Dolet, imprimeur célèbre, ami de Rabelais et de Marot, a été brûlé vif sur la place Maubert à Paris, à cause de ses opinions de libre penseur. On lui a érigé une statue à la place où s'est dressé son bûcher.

19994. **Saulcy** (F. de). Recueil de documents relatifs à l'histoire des Monnaies frappées par les rois de France dep. Philippe II jusqu'à François Iᵉʳ. (Tome Iᵉʳ, seul publié). 1879. In-4, cart., non rogné. 7 fr. 50

19995. **Syro-Macedonum** (Annus et Epochæ) in vet. urbium Syriæ nummis præsertim Medicis expositæ, addit. Fastis Consularibus anonymi omnium optimis, access. nuper dissertat. Paschali Latinorum cyclo annorum LXXXIV, ac Ravennate annorum XCV, auct. F. Henr. Noris. Lipsiæ, 1696, 2 part. en 1 vol. in-4, port., carte et médailles, vél. de Holl. 3 fr. 50

19996. **Documents historiques inédits** tirés des collections manuscrites de la Bibliothèque Royale et des archives ou des bibliothèques des départements publ. par Champollion-Figeac. 1841-48, 4 vol. — Tables chronologique et alphabétique des 4 vol. publ. de 1841 à 1848. Paris, 1874, 1 fascicule. — **Mélanges historiques**, choix de documents (2ᵉ série faisant suite à la précédente). 1873-86, 5 vol. — Ensemble 9 vol. et 1 fascicule in-4, cart., non rognés. 50 fr.

19997. **Etats Généraux de 1789** (Recueil de documents relatifs à la convocation des), par Arm. Brette. 1894-1904, 3 vol. gr. in-8 et atlas in-fol., cart., non rogn. 40 fr.

19998. **Comte d'Artois** (Confession génér. de Mgr le), déposée à son arrivée à Madrid, dans le sein du T. R. P. dom Jérome, grand inquisiteur, et rendue publique par les ordres de S. A. pour donner à la nation un témoignage authentique de son repentir. 1789. in-8, couv. pap. 2 fr.

19999. **Instruction publique** (Procès-verbaux du Comité d') de l'Assemblée Législative et de la Convention Nationale, publ. et annotés par J. Guillaume. 1889-1901, 5 vol. gr. in-8, cart., non rogn. 20 fr.

20000. **Puissance maritale** (Essai s. la) en droit franç. et en droit romain considér. s. les rapports historiq. et doctrinal et précéd. d'une introd. s. les législations anc. et mod., par M. Barbier. Caen, 1864, in-8, br. 2 fr. 50

Exemplaire sur PAPIER BRISTOL.

20001. **Angers** (Discours vérit. de div. prodiges arrivez en la ville d') comme tremblement de terre, signes très horribles, vents en l'air, tempeste impetueuse et de la furieuse fontaine qu'on appelle la Fontaine Godeline. A Paris, jouxte la copie impr. à Tours, 1609, in-8, caract. antiq., br. 2 fr. 50

Réimpression fac-simile d'une pièce introuvable, exécutée à Lyon chez Perrin en 1874. — Exemplaire en GRAND-PAPIER DE HOLLANDE, tiré à très petit nombre.

20002. **Cruauté** d'une jeune damoiselle à l'endroit de son propre père, mariée outre sa volonté à un vieillard qui en devint jaloux, exécutée à Villeneufve d'Agen, en Agenois. Lyon, 1624, pièce pet. in-8, br. 2 fr. 50

Réimpression d'une plaquette rarissime faite à

Lyon en 1877, par Louis Perrin. — Exemplaire en GRAND-PAPIER DE HOLLANDE.

20003. Amours des plantes (Les), poème en 4 chants, trad. de l'angl. de Darwin par Deleuze. An VIII. — Les plantes, poème par Castel. 1802, 2 ouvr. en 1 vol in-12, front., fig., v.   1 fr. 50

20004. Bien-né. Nouvelles et anecdotes ; apologie de la flatterie. 1788, in-8, cart. 5 fr.

Recueil de 6 petites pièces politiques anonymes, s'adressant à Louis XV, sous couleur de fables ou de requêtes, pendant les hostilités entre la Cour et le Parlement. Trois d'entre elles : *Un Président du Parlement au Roi. — Un conseiller du Parlement de Paris au roi. — Requête d'un conseiller du Parlement*, parlent en faveur de la suppression des lettres de cachet ou de l'élargissement des conseillers arrêtés.

20005. Révolution française (Précis histor. de la), Assemblée constituante, par J.-P. Rabaut. 1819, in-18, 6 jolies fig. de Moreau, v. rac., dent.   3 fr. 50

20006. Rabelais (De l'autorité de) dans la révolution présente et dans la Constitution civile du clergé, ou institutions royales, politiques et ecclésiastiques tirées de Gargantua et Pantagruel. En Utopie, de l'imprim. de Thélème, 1791. Pet. in-8, br.   2 fr. 50

Réimpression, avec un avertissement par Henri Martin, de l'ouvrage de Guinguené.

20007. Manuscrits des bibliothèques publiques (Catalogue général des) des départements. 1849-85, 7 vol. in-4, cart., non rog.   30 fr.

20008. Montell. Traité de matériaux manuscrits de divers genres d'histoire. 1836, 2 vol. in-8, br.   6 fr.

Description et analyse des plus intéressantes de documents et de manuscrits historiques concernant l'histoire de France de toutes les provinces.

20009. Histoire universelle (Analyse chronolog. de l'), dep. le commenc. du monde jusqu'à l'empire de Charlemagne inclusiv. (par Ph. de Prétot). 1756, gr. in-4, vignette en taille-douce, v. m., fil.   2 fr. 50

20010. Art de vérifier les dates (L') des faits historiques, des chartes, des chroniques et autres anciens monuments (par les Bénédictins), 1783-87, 3 volumes divisés en 8 tomes in-fol., dans leur cartonnage du temps, tels qu'ils ont été livrés aux souscripteurs, non rognés.   90 fr.

« Bonne édition de cet ouvrage très estimé, dont les exemplaires se payent encore de 200 à 280 fr., dit Brunet. » (Voir le *Manuel au Libraire*, I, col. 513).

20011. Bibliothèque du Roi (Essai histor. sur la) et sur chacun des dépôts qui la composent (par Le Prince). 1782, pet. in-12, v. m.   2 fr. 50

20012. Bibliothèques particulières de Marseille (Un mot sur quelques), par C. Bousquet. Marseille, 1851, pet. in-4, br.   5 fr.

Tiré à très petit nombre. — Rare.

20013. Catalogue des livres manuscrits et imprimés composant la bibliothèque Arm. Cigongne, précéd. d'une notice bibliograph. par Leroux de Lincy. 1861, gr. in-8, cart. toile grise, non rog.   5 fr.

Cette collection, extraordinairement riche en pièces gothiques françaises et en curiosités bibliographiques, n'a pas été vendue aux enchères. Elle a été acquise en bloc par le duc d'Aumale et forme actuellement un des plus précieux noyaux de la bibliothèque de Chantilly.

20014. Bibliographie. Catalogus librorum bibliothecæ illustrissimi viri G. H. Comitis de Hoym. 1738, in-8, v. marbr.   5 fr.

Catalogue d'une collection célèbre entre toutes, conten. près de 5.000 Nºˢ. Les prix de vente ont été mis en marge en regard de chaque article, à l'époque de la vente.

20015. Chasse aux bibliographes (La) et antiquaires mal-advisés, suivie de beaucoup de notes critiques sur l'ancienne typographie et sur diverses matières bibliologiques et bibliographiques (par l'abbé Rive). Londres, N. Aphobe (Aix), 1789, 2 vol. in-8, br.   12 fr.

20016. Le Long. Bibliothèque historique de la France, conten. le catalogue de tous les ouvrages tant imprimez que manuscrits qui traitent de l'histoire de ce roiaume, ou qui y ont rapport, av. des notes critiques et historiques. 1719, in-fol., v. m.   10 fr.

20017. Livres liturgiques du diocèse de Troyes imprimés au XVᵉ et au XVIᵉ siècle, ouvrage orné de 86 gravures originales par A. Socard et A. Assier. Troyes, 1863, in-8, fort pap. vergé, dem.-rel., dos et coins mar. r. du Levant, fil., tête dorée, non rogné.   12 fr.

Tiré à petit nombre. — Bel exemplaire, interfolié de papier blanc de Hollande.

20018. Origines de l'imprimerie. Initia typographica illustravit J. Frid. Lichtenberger. Argentorati, 1811, in-4, br.   8 fr.

Typographiæ præludia. — Prima Gutenbergii Argentorati tentamina. — Typographica ars Moguntiæ perfecta. — Biblia Latina Gutenbergio-Faustiana. — Psalterium Fausti 1457 et 1459. — Catholicon anni 1460. — Bambergensis officina Alb. Pfisteri. — Etc., etc.

20019. Incunabula typographiæ sive catalogus librorum scriptorumque proximis ab inventione typographiæ annis, usque ad annum M.D inclusive, in quavis lingua editorum per Corn. a Beughem. Amstel. (à la Sphère), 1688, pet. in-12, vél. de Hollande.   6 fr.

Premier essai d'une bibliographie des Incunables ou livres imprimés avant 1500.

20020. Imprimerie en Bretagne au XVᵉ siècle (L'), étude sur les incunables bretons, avec fac-simile conten. la reproduction intégrale de la plus ancienne impression bretonne (par Arth. de la Borderie). Nantes, 1878, in-4, rel. pleine en mar. rouge, fil., plats dorés avec compartim. en losanges, semis d'hermines de Bretagne, dent. intér., doublé de satin rouge, tr. dor., dans un étui.   30 fr.

BEL EXEMPLAIRE EN GRAND-PAPIER DE HOLLANDE. — Tiré à petit nombre et numéroté.

20021. Histoire de l'imprimerie et de la librairie, où l'on voit son origine et son progrès jusqu'en 1689, par J. de la Caille. 1689, in-4, vignettes et culs-de-lampe gr. en taille-douce, v. gr. (Armes de Saxe sur plats).   15 fr.

Cet ouvrage, dit Brunet, peut être consulté avec fruit. — Quelques additions manuscrites.

20022. Imprimerie de Paris (L'origine de l'), dissertation historique et critique, avec l'histoire d'Ulric Gering, le premier imprimeur de Paris, par André Chevillier. 1694, in-4, v.   12 fr.

20023. Incunable de Paris. Opus preclarissimum epistolarum devotissimi beatissimique Bernardi primi Clarevallensis abbatis quam emendate castigatum feliciter incipit. (In fine :) Exaratum Parisiis, anno domini nonagesimo quarto super millesimum quaterque centesimum (1494), die vero penultima mensis maii. In-4, gothique à 2 col., de 54 lignes par page, rel. du XVe siècle en ais de bois, recouv. de v. estampé. 65 fr.

Cette édition des Lettres de St-Bernard est sortie des presses du *Soleil-d'Or* de la rue de Sorbonne le 3o mai 1494. Gering venait de s'associer avec Berthold Renbolt, d'Oberhehenheim en Alsace, et ils avaient déjà imprimé en société trois semaines auparavant (le 8 mai), avec les mêmes caractères, l'*Expositio B. Augustini de sermone in Monte*. Le gros caractère du titre et des commencements de chapitres est celui des *Sermones Guillermi Hilacensis*, imprimés la même année par Gering et Renbolt — Cet exemplaire a appartenu au couvent des Célestins de Sens, comme le constatent diverses inscriptions du temps.

20024. Phytonicis mulieribus (Traciatus utilis et necessarius per viam dyalogi ymmo trilogi de) una cum quodam parvo tractatulo doctissimi et acutissimi in sacra pagina doctoris Johannis de Gersono cancellarii Parisiensis de probatione Spirituum. (Sine nota, sed Parisiis, Georgius Mittelhus, circa 1495). Pet. in-8, goth. de 32 lignes à la page, d.-r., mar. rouge. 55 fr.

Très curieux livre sur les sorcières au moyen-âge. L'auteur, Ulrich Molitor, de Constance, a divisé son ouvrage en trois parties; la première traite cette question, si, du fait des sorcières et de la coopération des démons, la grêle, le brouillard et la pluie peuvent être nuisibles à la terre; la seconde si les sorcières, avec l'aide du diable, peuvent faire du mal aux hommes et aux enfants, leur envoyer des maladies et leur faire perdre leurs forces; la troisième si les dites sorcières peuvent changer les hommes en bêtes. — Nous avons donné un fac-simile du titre de cette édition dans l'*Histoire de l'Imprimerie en France*, tome II, p. 12, que nous avons attribuée avec preuves à l'appui à Georges Mittelhus, imprimeur parisien, originaire de Strasbourg.

20025. Impression de Paris. Sermones ingeniosissimi ac sc1ssimi (*sic*) patris Ephrem Edissene ecclesie dyaconi per fratrem Ambrosium Camaldulensem de greco in latinum conversi. (Au-dessous, marque de Jehan Petit grav. s. bois). Venales reperiuntur in vico sancti Jacobi sub leone Argenteo 1505. (In fine :) Impressit Guido Mercator pro Joa. Parvo anno domini millesimo quingentesimo quinto (1505), februarii die decima quarta. Laus Deo. (Lettres rondes). — Sancti Ambrosii episcopi Mediolanensis officia. (In fine :) Divi Ambrosii Mediolanensis episcopi officia finiunt feliciter impressa Parisiis in Bellovisu anno domini M.CCCC.IIII (1504), die XV novembris pro Joh. Petit. Au verso, belle marque de Jean Marchand grav. sur bois, caract. gothiques. — Ens. 2 ouvr. en 1 vol. in-4, v. br. 22 fr.

Jean Petit, un des plus grands éditeurs parisiens, était commanditaire de l'atelier établi par Guy et Jean Marchant à l'hôtel de Beauregard, rue Clopin.

20026. Incunable de Lyon. Sermones Hortuli conscientie fratris Petri Dorbelli super epistolas quadragesime. (In fine :) Fratris Petri Dorbelli Andegavensis in sacra theologia lectoris ordinis Minorum predicatorisque egregii Quadragesimale Hortuli Conscientie super Epistolas Quadragesime cum introductionibus ejusdem explicit, subtilique ingenio per Magistrum Engelhardum Schultis natione Almanum

in arte hac impressure, Anno Salutis millesimo quadringentesimo nonagesimo primo (1491), die xxiiij mensis novembris Lugduni impressum. (Au-dessous marque de l'imprimeur avec ses initiales). Pet. in-4, gothique à 2 col. de 49 lignes par page, vieille peau de mouton. 40 fr.

Impression lyonnaise très rare. — Pierre Dorbeau, prédicateur angevin, est cité par M. Méray dans ses *Libres Prêcheurs*. — Il manque trois cahiers à cet exemplaire, les cahiers E, F et G.

20027. Incunable de Lyon. Pomerium Sermonum de Beata Virgine vel Stellarium Corone Beate Virginis per religiosum et devotum Patrem sacrarum litterarum professorem concionatorem ardentissimum Pelbartum de Themeswar diligentissime complexum et in libellos duodecim discriminatum Impressum Lugduni per honestum virum Joannem Cleyn impressorie artis magistrum (circa 1498). In-4, goth. à 2 col., v. fauve. 40 fr.

Pelbart de Themeswar, en Hongrie, fut un des plus fougueux et des plus singuliers prédicateurs de son temps. Ses sermons se rencontrent très difficilement et sont tellement rares que M. Méray, en composant ses *Libres-Prêcheurs*, n'a pu les avoir sous les yeux et ne les a cités que d'après le *Predicatoriana* de Peignot, lui-même inexact. Cet exemplaire provient de l'abbaye de Sixt en Savoie. — Jean Clein, dit Schwab, imprimeur, allemand d'origine, établi à Lyon, succéda, en 1498, à Jean Trechsel, son compatriote, dont il épousa la veuve.

20028. Incunable de Lyon. Sermonum Sancti Vincentii fratris ordinis Predicatorum de Tempore pars hyemalis. (In fine :) Divini verbi preconis et predicatoris S. Vincentii confessoris, divi ordinis Predicatorum Sermones validissimi temporis hyemalis finiunt. Impressi Lugduni, anno Incarnationis Domini M CCCC XCIX (1499). — Sermones Sancti Vincentii ordinis Predicatorum de Sanctis. super Oratione dominica et quibusdam aliis antehac non impressis. (In fine :) Impressum est autem presens opus Lugduni opera et expensis prefati magistri Johannis Schuab al's Cleyn. Anno domini M.CCCC XCIX, pridie idus Novembris. (Marque de J. Cleyn au-dessous). — 2 part. en 1 vol. in-4, gothique, rel. en ais de bois, recouv. de v. br. 35 fr.

Editions rares. — Raccommodage au dernier feuillet.

20029. Impression de Lyon. Speculum peregrinarum questionum eruditissimi viri Barth. Sibille Monopolitani ordinis Predicatorum sacre theologie professoris in quib. varie questiones de animabus rationalibus in conjuncto et separatis, deque Angelis bonis et malis multisque aliis scitu dignissimis et ad ipsas responsiones ponuntur ex vastis et vivacissimis theologorum, juris pontificum, philosophorum ac astrologorum campis et floribus excerptum. (In fine :) Impressum Lugduni, in edibus Jac. Myt sumptu circumspecti viri Cipionis (*sic*) de Gabiano, 1524. Pet. in-8, gothique, titre dans un encadrement grav. s. bois, lettres ornées, dem.-rel., vel. 10 fr.

20030. Incunable de Venise. Sermones fratris Roberti. (In fine :) Celeberrimi magistri sacri eloquii preconis fratris Roberti episcopi Aquinensis ordinis Minorum professoris Sermones quadragesimales de adventu et de timore judiciorum Dei cum quibusdam aliis annexis feliciter expliciunt. Impressi in civitate Venetiarum per

Joannem de Forlivio et Gregorium fratres, anne Domini M.CCCC.LXXXX (1490), die XV Martii. In-4, goth. à 2 col., vél.	20 fr.

Robert de Licio ou Robert de Lys, comme l'appelle Henri Estienne, est un des prédicateurs célèbres du XVe siècle. Il se faisait fort d'exciter le rire ou les larmes de ses auditeurs, selon les circonstances. Il est cité par Antony Méray dans ses *Libres-Prêcheurs*.

20031. Incunable de Venise. Sermones quadragesimales fratris Michaelis de Mediolano de decem preceptis. (In fine :) Expliciunt sermones quadragesimales de decem preceptis Decalogi fratris Michaelis de Mediolano Ordinis Minorum Observantie. Impressi Venetiis per Joannem et Gregorium fratres de Gregoriis. Anno Salutis M.CCCC.xcij (1492), Marque d'imprimeur. Pet. in-4, goth. à 2 col. de 51 lignes par page, vél.	20 fr.

20032. Incunable de Venise, Meditationes Divi Augustini episcopi Hipponensis. — Soliloquia. — Manuale. — Enchiridion· — De triplici habitaculo. — Scala Paradisi. — De duodecim abusionum gradibus. — De beata vita. — De assumptione Virginis Marie. — De divinatione demonum. — De honestate mulierum. — De cura agenda pro mortuis. — De vera et falsa penitentia. — De cordis contritione. — De contemptu Mundi. — De cognitione vere vite. — Confessionum libri XIII. — De doctrina christiana. — De fide. — De vita et moribus clericorum. — In-4, gothique à 2 col. de 43 et 45 lignes, v. br., dos orné d'une rosace et de deux cathédrales, fil. et dent.,·ornem. à froid. (Simier).	22 fr.

Cette édition correspond au N° 1946 de Hain, qui la dit imprimée par Octavianus Scotus à Venise en 1483. Une note manuscrite ancienne qui se trouve au bas du premier feuillet de texte donne le même renseignement. Bien que ce recueil d'ouvrages et opuscules divers de St Augustin se termine par le mot *Finis*, il faudrait encore le traité : *De vera religione*, qui porte la date et le nom de l'imprimeur.

20033. Impressions de Cologne. Divi Cecilii Cypriani episcopi Carthaginen. libellus de oratione dominica Christiano cuilibet patrem in spiritu et veritate adorare desideranti longe utilissimus. (In fine :) Finis. Nonis Martii. — Indagatio succincta de vera religione et quinam specialiter religiosi sunt nuncupandi (Figure sur bois du Christ couronné d'épines au verso du titre), — Divi Brunonis Carthusiensis ordinis fundatoris vita ejusdemque ordinis inchoationis (ex prodigioso, siupendoque spectaculo defuncti se accusatim, judicatum et postremo etiam condemnatum clamantis) vera narratio. Cui premittitur carmen sapphicum Sebastiani Brant de exornatione Carthusiensis ordinis. — Vita Sancti Brunonis. (Au-dessous portrait de St-Bruno en pied, attribué au graveur Ant. de Worms par Merlo ; à la fin autre portrait de St-Bruno). — Tractatulus sive sermo venerabilis patris Petri Dorlandi vicarii domus Montis Sancti Johannis Baptiste prope Diest de mystica significatione habitus seu indumentorum ejusdem Carthusiensis ordinis. (In fine :) Deo gratias. — Sermo de Sancto Brunone confessore, initiatore ordinis Carthusiensis. (Figure de St-Bruno au commencement et à la fin, la même que précedemment). — Historia sive officium Compassionis Beatissime Virginis et matris Dei Marie. (Coloniæ, typis Hermanni Bumgart de Kelvieh). — Cura clericalis. Lege, relege. Impressa hec Colonie retro Minores (per Martinum de Werdena). M.CCCCCI (1501). — Homilia Origenis de Maria Magdalena. (Pièce manuscrite de la même époque). — Ensemble 9 pièces ou opuscules en 1 vol., impression en lettres gothiques, reliure du temps très bien conservée en ais de bois, recouv. de v. brun estampé à froid, avec fermoir en cuivre.	250 fr.

Précieuse réunion d'impressions toutes fort rares. Les six premières, qui sont imprimées avec les mêmes caractères, sont sorties de l'imprimerie particulière des Chartreux de Cologne, ainsi que nous en avons la preuve par un autre exemplaire ci-dessous décrit d'une de ces pièces, à la fin duquel on lit, imprimée en une ligne, cette mention : *Impresserunt fratres domus Colonie* Cette ligne, qui se trouve à la formule *Deo gratias*, à la dernière page du traité de *Dorlandus*, ne se trouve que dans cet exemplaire et a été supprimée dans tous les autres La date de 1514 se trouve au fol. T i j de la *Vita Brunonis*. Ces impressions ont dû être exécutees en 1515 et années suivantes. — Ce volume, qui est dans un parfait état de conservation intérieure et extérieure (plusieurs pièces sont non rognées), provient de la Chartreuse de Juliers, comme l'indique cette inscription manuscrite du temps qu'on lit en tête : *Liber Compassionis Beate Marie Virginis Ordinis Carthusiensis prope Juliacum.*

20034. Imprimerie particulière de la Chartreuse de Cologne. Tractatulus sive sermo venerabilis Patris Petri Dorlandi vicarii domus Montis Sancti Johannis Baptiste ordinis Carthusiensis prope Diest, de mystica significatione habitus seu indumentorum ejusdem Carthusiensis ordinis. (In fine :) Impresserunt fratres domus Colonie. Deo gratias. (Absque anno, circa 1515). Pet. in-8, v., fil.	120 fr.

Impression de la plus grande rareté. — Bel exemplaire, dans un parfait état de conservation.

20035. Impression de Bordeaux. Regula pro prelatis ecclesie edita a fratre Thoma Illirico de Auximo ordinis fratrum Minorum predicatore Apostolico. (Au-dessous, figure sur bois d'un moine tenant de la main gauche un chapelet et présentant un crucifix de la main droite ; titre dans une bordure gravée sur bois). Sans lieu, ni date (Bordeaux, J. Guyart, vers 1530). Pet. in-4, gothique, br., non rogné.	300 tr.

Pièce rarissime et inconnue des bibliographes. Elle nous a échappé lorsque nous avons rédigé notre ouvrage sur les *Origines et les débuts de l'imprimerie a Bordeaux*. Bien qu'elle ne porte pas de date, ni de lieu d'impression, elle a été incontestablement imprimée à Bordeaux. Les caractères sont exactement les mêmes que ceux du *Directoire de la Vie humaine*, par François Beltemère, imprimé à Bordeaux par Jean Guyart (voir fac-similés, p. 54-53, des *Origines de l'Imprimerie à Bordeaux*.) La bordure du titre, dans une partie de laquelle on a inséré des têtes de personnages bibliques tirés d'anciens livres d'heures parisiens, se retrouve dans la plupart des impressions de Gaspard Philippe et de Jean Guyart, qui lui succéda. Le monogramme de Jésus et de Marie, qui se voit à la fin, se retrouve dans une autre bordure portant les initiales de Gaspard Philippe, et dont s'est servi ensuite Jean Guyart, son successeur, en 1538. (Voir fac-simile, p. 66, des *Origines de l'Imprimerie a Bordeaux*).

20036. Typographie néerlandaise, au XVe siècle (Annales de la), par F.-A.-G. Campbell. La Haye, 1874, in-8, avec un fascicule de supplément de 30 pag., cart., non rogné.	12 fr.

20037. Origines de l'Imprimerie à Albi en Languedoc (1480-1484). Les pérégrinations de J. Neumeister en Allemagne, en Italie et en France (1463-1484), son établissement définitif à Lyon de 1485 à 1507, d'après les monuments typographiques et des documents originaux inédits, par A. Claudin. Ouvrage couronné par l'Institut. 1880, gr. in-8, pap. vergé, avec 14 planches de fac-similés en heliogravure, br. 20 fr.

Premier ouvrage de l'auteur. — Depuis longtemps épuisé. — Il s'est vendu jusqu'à 40 fr. dans les ventes publiques. — Exemplaire différent de ceux qui ont été mis dans le commerce, avec une couverture spéciale et les fac-similés tirés en rouge et noir, comme dans les originaux.

20088. Imprimerie en France (Origines de l'), conférences faites les 25 juillet et 17 août 1900 par M. A. Christian, directeur de l'Imprimerie Nationale. 1900. Beau vol. in-4, imprimé à l'Imprimerie Nationale, br. 25 fr.

Ce volume des plus intéressants est accompagné de plus de soixante fac-similés de livres rares et précieux des xv° et xvi° siècles. On y trouve l'histoire des premiers essais de l'imprimerie, qui remontent plus haut qu'on ne pense, et dont on ne trouve le détail nulle part ailleurs. C'est en quelque sorte un savant abrégé ou résumé de l'Histoire de l'Imprimerie en France, rédigée par M. A. Claudin, et dont l'impression se poursuit actuellement. On y trouve les plus beaux spécimens de livres illustrés parus dans les 2 premiers volumes ou qui paraîtront dans les autres volumes de cette grandiose publication. C'est en quelque sorte la fine fleur de l'ouvrage, à laquelle ont été ajoutés des détails techniques et des chapitres qui sont l'œuvre personnelle du distingué directeur du grand établissement de l'Etat, qui a été le promoteur et le Mécène de l'œuvre.

20089. Private printing in France during the fifteenth century by A. Claudin. (Printed at Edinburgh, by T. and A. Constable, 1896). Broch. gr. in-8, pap. vergé. 10 fr.

Tirage à part à 25 exemplaires numérotés et signés par l'auteur. — Extrait des « Bibliographica » publ. par MM. Kegan, Paul, Trench et C°, à Londres. L'histoire des imprimeries établies en France au xv° siècle dans les maisons religieuses ou particulières, est un sujet des plus intéressants, qui n'avait jamais été traité. Les établissements de ce genre peu ou point connus sont au nombre de onze. On trouve dans cette monographie la liste des livres sortis de ces presses.

20040. Art du typographe (L'), ouvrage utile à MM. les hommes de lettres, bibliographes et typographes, par B. Vinçard. 1806, in-8, front. gr., fig. et échantillons de papier de couleur, dem.-rel. anc. 5 fr.

20041. Impression de Strasbourg. Marci Ann. Lucani Cordubensis poetæ Pharsalia seu belli civilis libri Sulpitiana interpretatione explanati. Opera Joannis Prusz calchographi Argentini exactum, xvi kal. apr. anno salutis M CCCC.IX. (Marque d'imprimeur). In-4, rel. en peau de truie. 10 fr.

Piqûre dans la marge des dern. ff.

20042. Impression de Rouen. Isidorus. De ortu et obitu, prophetarum et apostolorum. (In fine :) Impressum Rothomahi (sic) per Laurentium Hostingue hac in urbe in parrochia Sancti Viviani commorantis pro Raulino Gaultier in parrochia Sancti Martini Pontis juxta Fardellum commorantis (circa 1508). Pet. in-8, gothique, cart. 35 fr.

Les anciennes impressions rouennaises avant 1530 sont d'une grande rareté et deviennent de jour en jour plus introuvables. — Jolie lettre ornée et historiée en tête. — Manque le titre.

20043. Impression de Perpignan. Compte rendu de l'Institut et constitut. des soi-disans Jésuites, par de Salelles, sous-doyen du conseil souv. de Roussillon. Perpignan, J.-P. Reynier, imprimeur du Roi et de la Cour, 1762, in-12, cart. à la Brad., non rog. (Bel exemplaire). 5 fr.

20044. Livres armoriés. Testament, codicille et dernières heures de Messire Philippe de Mornay, seigneur du Plessis-Marly, ausquelles pour la conformité du subjet a esté joinct son traicté de la vie et de la mort, ses larmes et le discours de la mort de dame Charlotte Arbaleste, son espouse. A La Forest, par Jean Bureau, 1624, 2 part. en 1 vol. pet. in-8, v. marbr., fil. (Rel. ancienne très bien conservée) 30 fr.

Aux armes de Montmorency. — Livre très rare, sorti de l'imprimerie particulière de Du Plessis-Mornay, établie dans son château de la Forest-sur-Sèvre et dirigée par Jean Bureau, imprimeur de Niort. — Non cité par Brunet.

20045. Tipografia Fiorentina (Annali della) di Lorenzo Torrentino, impressore ducale. In Firenze, 1819, in-8, dem.-rel., non rogné. 6 fr.

20046. Louis de Bruges (Rech. sur), sgr de la Gruthuyse, suiv. de la not. des man. qui lui ont appart. (par Van Praet). 1831, gr. in-8, pap. vergé, fig., br. 5 fr.

Louis de Bruges, chevalier de la Toison-d'Or, mort en 1492, fut un magnifique seigneur des Flandres, habile dans la guerre comme dans les négociations. Les manuscrits qu'il avait fait exécuter et qu'il rassemblait à grands frais, ont rendu son nom célèbre, à l'égal de celui de Grolier, le bibliophile lyonnais du xvi° siècle. Vendus à Louis XII, ils figurent aujourd'hui, presque tous, à la Bibliothèque Nationale, dont ils forment, au point de vue des miniatures et de l'ornementation, un des fonds les plus remarquables. Van Praet en donne l'inventaire et les décrit minutieusement. Il a joint des extraits inédits et des renseignements bibliographiques et historiques à son travail, qui est, en tous points, digne de l'auteur érudit du *Catalogue des livres imprimés sur vélin* depuis le xv° siècle jusqu'à nos jours.

20047. Journalisme médical français (Essai sur les origines du), suivi de sa bibliographie, par le Dr Chéreau. 1867, broch. gr. in-8 de 40 pag. 1 fr. 50

20048. Bibliographie des chansons, fabliaux, contes en vers et en prose, facéties, pièces comiques et burlesques, dissertations singulières, aventures galantes, amoureuses et prodigieuses, ayant fait partie de la collection de M. Viollet-Leduc, av. des notes biograph. et littér. sur chacun des ouvrages cités ; édition augm. d'un avant-propos par A. Méray. 1859, in-8, br. 3 fr. 50

20049. Monstrelet (Le tiers volume de Enguerran de) des Croniques de France, d'Angleterre, d'Escoce, d'Espaigne, de Bretaigne, de Gascongne, de Flandres et lieux circonvoisins, avec plusieurs nouvelles choses advenues en Lombardie, ès Ytalles, en Allemaigne, Hongrie, Turquie, ès terres d'Oultre Mer, adiouste avecques la cronique dudit de Monstrelet jusques en l'an mil v. cens et xviii. Imprimé à Paris l'an de grâce mil cinq cens et xviii, le xxiii° jour d'avril, pour Françoys Regnault, libraire juré de l'Université de Paris. (Marque de Regnault au commencement et à la fin). In-fol., gothique à 2 col., v. br. 20 fr.

Ce 3° volume d'une édition de Monstrelet que Buchon n'a pas indiquée dans la notice mise en tête de l'édition de ces chroniques, et qui paraît être la troisième, commence à l'an 1444 et finit à l'an 1516, où se termine aussi le Monstrelet de

Denis Sauvage, publié en 1572. Il comprend tout ce que Buchon a rejeté de son édition comme étranger à Monstrelet, qui, d'après le témoignage de Mathieu de Coucy, se serait arrêté en 1444. C'est une chronique distincte qui sert à compléter l'édition donnée par ce savant. — Signature de *Haraucourt* au bas du titre.

20050. **Journal général de France** (rédigé par l'abbé de Fontenai), 1er janv. au 31 déc. 1785, 157 Nos en 1 vol. in-4, dem.-rel , v. ant. 5 fr.

Ne sont pas dans cette série les Nos 3, 4, 5, 8, 80, 87, 90, 98, 106, 111, 113 à 125, 127, 133, 147, 149 à 154 incl.

20051. **Médailles inédites** ou nouvellem. expliq., publ. par Du Mersan. 1852, in-8, fig., dem.-rel., v. viol. (Envoi d'auteur). 2 fr. 50

20052. **Ministres d'Estat** (Histoire des) qui ont servi sous les roys de France de la 3e lignée, av. le sommaire des règnes ausquels ils ont vescu, le tout justifié par les chroniq. des auteurs contemp., chartes d'églises, lettres et mém. des affaires d'Estat, registres anciens et autres bonnes preuves (par Ch. de Combauld, baron d'Auteuil). 1642, in-fol., front. et plus. portr. grav., v. fauve, fil. à comp. 20 fr.

Bel exemplaire en TRÈS GRAND PAPIER. — Armoiries au dos de la reliure, chiffre sur les plats. — On a joint à cet exemplaire un double titre du même livre en petit papier, avec différences au nom d'un autre libraire.

20053. **Estats et offices** (Discours des) tant du gouvernement que de la justice et des finances de France, conten. une briesve description de l'auctorité, jurisdiction et cognoissance et de la charge particul. d'un chascun d'iceux, par Ch. de Figon, maistre ordinaire en la Chambre des Comptes séant à Montpellier. 1580, in-8, av. 1 curieuse planche représent. l'arbre des Estats et offices de France grav. sur bois, vél. 12 fr.

20054. **Chevalerie** (Dissertations historiques et critiques sur la) ancienne et moderne, séculière et régulière, avec des notes par le P. Honoré de Sainte-Marie. 1718, in-4, fig. d'armoiries, cart. 10 fr.

20055. **Chevaliers de Malte** ou de St-Jean de Jerusalem, par Elizé de Montagnac. Organisation contemporaine. Liste générale. 1874. In-12 de VIII et 152 p., br. 1 fr. 50

20056. **Ordre de Malte** (L'), ses grands-maîtres et ses chevaliers, par de Saint-Allais. 1839, in-8, fig. d'armoiries, v. marbr. à l'antiq. 7 fr. 50

On a ajouté à la fin de cet exemplaire environ 200 pages de papier blanc, pour faire des additions ou annotations.

20057. **Armoiries** (Etablissement des) et des surnoms en France. In-4, br. 10 fr.

MANUSCRIT DU XVIIIe SIÈCLE, d'une belle écriture calligraphiée, avec corrections d'auteur et qui paraît inédit.

20058. **Noblesse** (Traité de la), de ses différ. espèces, de son origine, du gentilhomme de nom et d'armes, des bannerets, bacheliers, écuyers, et de leur différence, du noble de race, etc., etc., par G.-A. de la Roque. 1678, in-4, v. br. 6 fr.

20059. **Roy d'armes** (Le) ou l'art de bien former, charger, briser, timbrer, parer, expliquer et blasonner les armoiries, etc.,

par Gilb. de Varennes. 1640, in-fol., planche, v. m. 30 fr.

Edition plus complète que celle de 1635 et plus recherchée.

20060. **Livres armoriés.** La vie de St Jacques de La Marche, religieux-prestre de la régulière observance de St François, canonisé par N. S. P. le pape Benoit XIII le 10 déc. 1726, recueill. par le P. Franc. Lachère. Nancy, P. Antoine, 1730. — La vie de St François Solano, religieux-prêtre de l'Observance de St François, patron du Pérou, composée par le P. Franc. Courtot, édition revue et augmentée par le P. Franc. Lachère. Nancy, Franc. Midon, imprimeur, 1730. — 2 ouvr. en 1 vol. pet. in-8, mar. rouge, fil., tr. dor. (Rel. ancienne). 50 fr.

EXEMPLAIRE AUX ARMES DE LÉOPOLD, duc de Lorraine, marié à Charlotte-Elizabeth de France, fille de Philippe d'Orléans, régent. (Sur les plats : Armes de Lorraine et de Bar accolées de celles de la maison d'Orléans surmontées de la couronne royale. Aux angles, la double croix de Lorraine surmontée de la couronne royale). — Provenance rare.

20061. **Commines** (Cronicque et histoire faicte et composee par feu Messire Philippe de), chevalier, Seigneur d'Argenton, contenant les choses advenues durant le règne du roy Loys unziesme tant en France, Bourgongne, Flandres, Arthois, Angleterre que Espaigne et lieux circonvoisins. On les vend à Paris au cloz Bruniau à l'enseigne Sainct Claude par Maurisse (sic) de la Porte. — (A la fin :) Fin des Cronicques du vaillant et magnanime Roy Charles huytiesme composées par Messire Philippe de Commines... et furent achevees d'imprimer l'an mille cinq cens quarante et troys, le XI jour de aoust par Jehan Real, demourant à la rue Traversaine près le Champ Gaillard, à l'enseigne du Cheval blanc, 2 part. en 1 vol. pet. in-8, lettres rondes, bas. 25 fr.

Edition rare.

20062. **Cabinet du Roy de France** (Le) dans leq. il y a trois perles précieuses d'inestimable valeur, par le moyen desq. S. M. s'en va le prem. monarque du monde et ses sujets du tout soulagez. 1581, in-8, vél. 25 fr.

Ouvrage d'une grande virulence, rare et recherché. L'auteur qui ne se désigne dans sa dédicace à Henri III que par les initiales N. D. C., serait Nicolas Barnaud du Crest en Dauphiné. Des bibliographes veulent qu'il soit de Froumenteau ; cette opinion se confondrait avec la première si, comme on le prétend, Froumenteau n'est qu'un des masques de Barnaud. L'auteur a pour but d'augmenter les revenus du roi et appelle son attention sur une foule d'abus, surtout sur ceux du clergé catholique qu'il vilipende en sa qualité de protestant. Ainsi, après avoir dénombré les prélats, prêtres, moines, etc., il ajoute le nombre de leurs putains, maquerelles, bâtards, par diocèses, couvents, etc., qu'il fait monter en totalité à 900,000.

20063. **Elsevier.** Aminta favola boscareccia di Torquato Tasso. In Leida, Presso Giov. Elsevier. 1656. Pet. in-12, v. 5 fr.

Edition fort bien imprim. et rare, précédée d'une épitre dédicatoire en italien adressée par J. Elsevier à son parrent « Simone di Alfen ».

20064. **Jeannin** (Les Négociations de M. le président). Jouxte la copie de Paris (Hollande), 1659, 2 vol. pet. in-12, portr. gravé en taille-douce, v., fil. 12 fr.

Cette jolie édition s'annexe à la collection des Elsevier, quoique très probablement elle ait été impr. par Nicolas Hercules de Leyde, dont la marque se trouve sur le titre. Publié par l'abbé de Castille, cet ouvrage était un des livres de chevet de Richelieu qui, disait-il, « y trouvait sans cesse à apprendre ».

20065. **Colbert** (Testament politique de Messire J.-B.), ministre et secrétaire d'Etat, où l'on voit tout ce qui s'est passé sous le règne de Louis-le-Grand, jusqu'en 1684. Suiv. la copie imprimée à La Haye, 1693, in-12, v. br.   2 fr. 50

Cet ouvrage est attribué à Courtilz de Sandras.

20066. **Curiosité fructueuse** (La), ouv. dédié aux curieux intéressés. 1739, in-8, v. m.   2 fr.

Dans le même vol. : Le triomphe de la charlatanerie ded. au Grand Ta*** (par Coqueley). 1730. — Dissert. dans laq. on prouve que la femme n'est pas inférieure à l'homme.

20067. **Jupiter et Léda,** chant improvisé, de F. Gianni, trad. par Blanvillain. 1812, in-12, joli frontisp. au trait, br.   1 fr. 50

20068. **Famine** (La) ou les putains à cul, par le Sr de la Valise, chevalier de la Treille. A Paris, chez Honoré l'Ignoré, à la fille qui truye, rue sans bout, 1649, pet. in-4, joli cart.   12 fr.

Pièce fort rare et recherchée.

20069. **Ami des femmes** (L') (par Boudier de Villemert). Hambourg, 1759, in-12, dem.-rel., v. m.   1 fr. 50

20070. **La Fayette** (Madame de). Casaccio, histoire. In-8, v. br.   6 fr.

Manuscrit du xviiie siècle d'une très bonne écriture.

20071. **Tournoi de la Place Royale à Paris.** Le Romant des Chevaliers de la Gloire conten. plusieurs hautes et fameuses adventures des princes et des chevaliers qui parurent aux courses faites à la Place Royale pour la feste des alliances de France et d'Espagne, avec la description de leurs entrées, equipages, habits, machines, devises, armes et blasons de leurs maisons, par François de Rosset. 1613, in-4, vél.   30 fr.

Livre recherché. — Exemplaire grand de marges, dans sa première rebure.

20072. **Corneille Blessebois** (Notice sur la vie et les ouvrages de P. de), par Ed. Cléder. 1857, in-12, pap. vergé, br.   2 fr. 50

Corneille Blessebois est connu des bibliophiles par des écrits sotadiques, le Lion d'Angelie, le Rut ou la Pudeur éteinte, la Bibliothèque d'Arlun, Lupanie, etc. Il est encore auteur d'œuvres dramatiques telles que le Martyre de Ste Reine, l'Eugénie, etc. Il naquit, selon toutes probabilités, à Alençon en Normandie, vers 1640. C'était un homme à bonnes fortunes, un véritable coureur d'aventures galantes. La ville d'Alençon fut pendant plusieurs années le théâtre de ses exploits. Il donne des détails circonstanciés sur les personnes qui l'habitaient alors. Il y fit la connaissance de Mlle de Sçay dont il devint éperdument amoureux. A la suite d'aventures scandaleuses qui se terminèrent par un duel, il fut forcé de s'expatrier, se réfugia en Hollande, où il prit du service dans l'armée de mer de cette puissance, et composa des écrits satiriques dans lesquels il malmena fort ses maîtresses et Mlle de Sçay en particulier. Cette monographie est intéressante et se termine par une bibliographie extrêmement bien faite des ouvrages de cet écrivain singulier et original.

20073. **Boursault.** Le Prince de Condé, roman historique suiv. d'éclaircissements et de pièces intéressantes sur les règnes de François II, de Charles IX et de Henri III. Paris, impr. de P. Didot l'aîné, 1792, 2 vol.

in-12, pap. vélin fort, dem.-rel., v. viol., non rogn.   8 fr.

Véritable chef-d'œuvre de typographie. — Bel exemplaire de la collection Beaupré avec son ex-libris.

20074. **Balzac.** Aristippe ou de la Cour. In Padova, 1687, in-12, cart.   3 fr.

Edition très rare et pour ainsi dire inconnue imprimée à Padoue en Italie de l'*Aristippe* de L. Guez de Balzac, de l'Académie Française.

20075. **Du Bellay** (Joachim). La défense et illustration de la langue française publiée avec introduction et commentaire par J. Tell. 1875, pet. in-12, br.   1 fr. 50

L'ouvrage de Du Bellay est un de ceux qui ont le plus contribué à la pureté de la langue et de la littérature française, débarrassant la poésie des termes pédantesques et maniérés de l'école de Marot dont elle était embarrassée et obscurcie, toutes les tendances de l'esprit français, tous les progrès que la poésie avait encore à faire, sont exprimés dans ce manifeste plein de verve géniale et de bon sens, comme on pourra en juger par cet extrait de la table des chapitres : Que la langue française ne doit pas être nommée barbare. — Que la langue française n'est si pauvre que beaucoup l'estiment. — Que le naturel n'est suffisant à celui qui en poésie veut en faire œuvre digne de l'immortalité. — D'inventer des mots et quelques autres choses que doit observer le poète français. — Observation de quelques manières de parler français. — Exhortation aux Français d'écrire leur langue avec les louanges de la France. Etc, etc. — Cette réimpression d'une edition du xvie siècle est bien exécutée et le commentaire qui y est joint ajoute à son intérêt.

20076. **Langue française au XVIIe siècle.** Institutio linguæ gallicæ a Fr. de Fenne, cum indiculo dictionum. Lugd. Batav. (à la Sphère). 1711. — Entretiens familiers pour les amateurs de la langue françoise, divises en 2 parties : 1o Règles de gramm., 2o manière dont on se doit gouverner parmi le beau monde, par F. de Fenne. Leyde (à la Sphère), 1711. Pet. in-12, frontisp. gravé, vél.   5 fr.

20077. **Fleury** (Claude). Traité du choix et de la méthode des études. 1686, in-12, v.   2 fr.

Edition originale.

20078. **Bertin.** Œuvres. Paris, Ant.-Aug. Renouard, 1806, 2 vol. in-18, beau portr., dem.-rel., v. vert, non rogn.   5 fr.

Très jolie édition parfaitement imprimée.

20079. **Gray** (Th.). Poetical works. 1788. — **West** (Rich.). Poetical works. London, 1788, 2 ouvr. en 1 vol. in-18, front. gravé et portr., v.   1 fr. 50

20080. **Loys le Roy,** dit Regius. L'exortation d'Isocrates à Lémonique, pleine d'enseignemens, pour induyre les hommes à vivre honnestement et aimer la vertu, avec plus. autres liv. trad. de grec en françois. 1569, pet. in-8, couv. en pap.   6 fr.

20081. **Quillet** (Cl.) Callipœdia, seu de pulchiæ prolis habendæ ratione, poema didacticon. Juxta exemplar excusum. Parisiis, ap. Thom. Joly, 1709. Pet. in-8, v. bl., fil. (Aux armes et chiffres de Morante).   3 fr.

20082. **Gruterus** (J.). Lampas sive Fax Artium Liberalium, hoc est thesaurus criticus in quo infinitis locis theologor., jurisconsultor., medicor., philosophor., orator., historicor., poetar., grammaticor. scripta supplentur, corriguntur, illustrantur, notantur, ex otiosa Bibliothecarum custodia erutus et foras prodire jussus. Francof., 1602-1634, 7 très gros vol. in-8, vél. de Holl.   20 fr.

Cette édition est préférable à l'édition in-folio en ce qu'elle contient un grand nombre de morceaux curieux qui n'ont pas été réimprimés. Le 7ᵉ volume donné par Ph. Pareus, n'est pas commun Il a été publié 30 ans après les autres et la justification typographique est plus petite que celle des autres volumes d'environ 1 centimètre. Exemplaire bien complet en parfait état ; reliure uniforme.

20083. Plinii Epistolarum libri X et Panegyricus. Lugd. Batav., ex officina Elsevirior., 1640, pet. in-12, vél. de Holl.   4 fr.

20084. Propertii Elegiarum libri IV. ad fidem veter. membranarum curia J. Bronkhusii. Amst., 1727, in-4, frontisp. gravé et 1 vignette par Picart, v.   3 fr.

20085. Ciceronis (M. T.) Opera omnia D. Lambini edit., access. D. Gothofredi notæ. Genevæ, 1633, 4 tom. en 2 vol. in-4, 2 col., dem.-rel., v. ant.   3 fr.

Edition compacte de toutes les œuvres de Cicéron.

20086. Arati Solensis Phænomena (gr.-lat.). Theonos Scholia. Leontiou Mekanikou (græce). — Arati Solensis Phænomena et Prognostica, interpret. M. T. Cicerone, Rufo Festo Avieno, Germanico Cæsare, una cum ejus comment. C. Juhi Hygini Astronomicon. Parisiis, Guill. Morel, 1559, 2 part. en 1 vol. in-4, planches, dem.-rel.   3 fr. 50

Avec deux grandes planches de constellations grav. s. bois, à la fin. — Raccommodage dans la marge des 3 prem. ff.

20087. Terentii (M.) Varronis, Saturarum Menippearum reliquiæ edid. Fr. Œhler, præmissa est commentatio de Terentii Varronis satura Menippea. Quedlinburgi, 1844, in-8, dem.-rel. (Aux armes du Marquis de Morante).   2 fr. 50

20088. Romischen privatrechts (Lehrbuch fur institutionen und geschichte des) von Fr. Ad. Schilling. Leipzig, 1834, 3 vol. in-8, dem.-rel., mar. viol.   3 fr. 50

20089. Rein (Wilh.). Das Rœmische Privatrecht und der civilprozess bis in das erste Jahrundert der kaiser herrschaft. Leipzig, 1836, in-8, dem.-rel., v. v.   2 fr. 50

20090. Horapollinis Hieroglyphica gr.-lat, cum integris observat. et notis J Merceri et D. Hoeschelii, et selectis Nic. Caussini, cur. J. C. de Pauw. Trajecti ad Rhen, 1727, in-4, v. (Rel. fatiguée).   2 fr. 50

20091. Livres à figures. Q. Horatii Flacci Emblemata imaginibus in æs incisis notisque illustrata. Antuerpiæ, prostant ap. Philipp. Lisaert, auctoris ære et cura, 1612, in-4, vel.   30 fr.

Edition recherchée à cause de ses belles figures gravées en taille-douce par Otho Vænius. Les emblèmes d'Horace sont ici en cinq langues, en latin, en espagnol, en flamand en italien et en français. — Belles épreuves — Exemplaire dans sa première reliure ayant appartenu à « JACQUES MICHEL DE LA ROCHEMAILLET, *conseiller du Roy, général en sa Cour des Monnoyes* », qui a inscrit sur le titre son nom et ses qualités avec sa devise : *Quis ut Deus ?* Au-dessous on trouve cette mention manuscrite : *Ex libris Renati Michaelis Rupimallei Parisini, legato fratris charissimi,* DE LA ROCHEMAILLET.

20092. Flavius Joseph (Histoire des Juifs écrite par) sous le titre de Antiquités judaiques et Histoire de la guerre des Juifs contre les Romains, trad. par Arnaud d'Andilly. Bruxelles, 1713, 5 vol. pet. in-8, av.

un grand nombre de figures en taille-douce, v.   25 fr.

Edition recherchée à causes de ses charmantes figures à mi-page qui sont comme autant de petits tableaux dessinés par le peintre Van Orley.

20093. Siége de Breda. M. Z. Boxhornii historia obsidionis Bredæ et rerum anni 1637. Lugd. Batav., 1640, pet. in-fol., front. et plans, vel. de Holl.   5 fr.

Dans le même vol. : *Grollæ obsidio* cum annexis anni 1627, Hug. Gratio auct. Amst., 1629. Plans.

20094. Provinces-Unies (Tableau de l'hist. génér. des), par Cerisier. 1780, 6 vol. in-12, v. marbr, fil. (Bel exempl.).   4 fr.

20095. Sousa (Ant.) de Macedo. Lusitania liberata ab injusto Castellanorum dominio, restituta legitimo principi Joanni IV Lusitaniæ regi, opus historice-juridic , materiarum varietate jucundum Londini, 1645, in-fol., front. gravé, fig. et portr , v. f.   15 fr.

20096. Espagne (Exposit. des faits et des trames qui ont préparé l'usurpation de la couronne d') et des moyens dont l'empereur des Français s'est servi pour la réaliser, par de Cevallos, prem. secrétaire d'Etat, trad. littéralem. de l'espagnol. 1814, in-8, br.   2 fr. 50

20097. Islas Pithiusas y Baleares (Descriptiones de las). Madrid, 1787, in-4, v. rac.   3 fr.

20098. Littérature anglo-saxonne (Coupd'œil sur les progrès et l'état actuel de la) en Angleterre, par Th. Wright, trad de l'angl. par de La Renaudière. 1836, in-8, pap. vél. de Holl., br.   1 fr. 50

Tiré à très petit nombre.

20099 Charles XII. Anecdotes du séjour du roi de Suède à Bender , ou lettres du baron Fabrice, p. serv. d'éclaircissem. à l'hist. de Charles XII. 1761, in-8, v. m.   2 fr.

20100. Leçons grecques de littérature et de morale, par Noel et de la Place. 1825, 2 vol. in-8, br.   2 fr. 50

20101. Lacédémone anc. et mod., où l'on voit les mœurs et les coutumes des Grecs modernes, des Mahométans et des Juifs du pays, et de quelques particular. du séjour que le sultan Mahomet IV a fait dans la Thessalie, par de la Guilletière. 1676, 2 part. en 1 vol. in-12, v. (Le plan annoncé sur le titre manque).   2 fr. 50

20102 Translatione imperii romani (De) à Græcis ad Francos, adversus Matth. Flaccium Illyricum, lib. III, auct. Rob. Bellarmino, e Soc. Jesu. Antverpiæ, Christ. Plantinus, 1589, pet. in-8, v. (Bel exempl.).   2 fr. 50

20103. Dynasties égyptiennes (Examen crit. de la succession des), par W. Brunet de Presle. 1850, gr. in-8, pl., br.   1 fr. 50

20104. Architecture grecque (L'), par V. Laloux. S. d., in-8, av. nombr. fig. dans le texte, cart. percal., br.   2 fr. 50

20105. Pierre Berthelot (Histoire de), pilote et cosmographe du roi de Portugal aux Indes Orientales, Carme déchaussé, né en Normandie en 1600, mort à Achem en 1638, av des notes par Ch. Bréard. 1889, gr. in-8, portr., papier vergé, br.   5 fr.

Envoi signé de l'auteur avec une lettre autographe ajoutée.

20106. Justiniani Augusti historia in qua bellum Persicum, in Asia, Vandilicum, in Africa, Gothicum, in Europa. Lugd., Fil. Preux, 1594, in-12, v.   1 fr. 50

20107. Dictionnaire chinois, français et latin, av. clefs et tons, publ. par de Guignes. 1813, gr. vol. in-fol., br., non rogn. (Titre coupé en partie).   12 fr.

20108. Amérique (Hist. de l'), par Robertson, trad. de l'anglois (par Suard et Janssen). 1778, 2 vol. in-4. v.   3 fr. 50

20109. Iles Pelew (Relat. des) situées dans la partie occidentale de l'océan Pacifique, compos. sur les journaux du capit. H. Wilson, par G. Keate. 1788, 2 vol. in-8, fig. et cartes, v. éc., fil.   2 fr. 50

20110. Saint-Marin (Légende, hist. et tableau de), république du mont Titan, par Alf. de Bougy, préface par G. Sand. 1865, pet. in-8, pap. vergé, br.   1 fr. 50

20111. Patois de Montpellier. Obras patouèzas de M. Favre prioucurat de Célanova. Mounpéyé, 1839, 2 vol. in-18, dem.-rel.   2 fr. 50

Tomes II et III contenant les XXIV chants de l'Odyssée d'Homère trad. en vers patois et l'histoire comique de Jean l'ont pris.

20112. Eaux minérales de Bagnères-Adour (Observat. sur la nature et les effets des), départ. des Hautes-Pyrénées, suiv. de la descript. des établiss. thermaux, de celle des promenades de la ville et des environs, par P. Sarabeyrouze. Bagnères, 1818, in-8, br. (Piqué).   1 fr. 50

20113. Provence, par Ad. Dumas. 1840, in-8, dem.-rel., mar. citron du Levant à nerfs, tête dor., non rog.   5 fr.

Poésies écrites de la Provence, dont une en provençal, et préface adressée à Châteaubriand. En tête est ajoutée une pièce de vers *autographe signée* de l'auteur.

20114. Montauban. 13 broch. et pièces in-8 et in-4.   6 fr. 50

Harangue faite au Roy à Versailles le 20 septembre 1700, par l'évêque de Montauban, pour la clôture de l'Assemblée génér. du clergé de France. 1700, 20 p. — Mandement de l'Evesque de Montauban au sujet de la rétraction du sr J.-M. de Prades, prêtre de son diocèse. Montauban, J.-F. Teulières, 1754, 8 p. — Assemblée élector. du district de Montauban, 3 procès-verbaux du 2 juillet, 9-10 août 1790 et 30 janvier 1791. Ensemble: 43 p. — Discours prononcé au temple de la Raison le décadi 20 pluviôse, l'an II, par A. B. Séguy, membre de la Société populaire de Montauban. Castres (1793), 19 p. — Notice sur l'Hôtel de Ville de Montauban, par Devals. Montauban, 1869, 20 p. — Notes sur les anc. fossés de la ville de Montauban, l'hôtel Pullignieu et le cercle militaire par E. Forestié. Montauban, 1878, 8 p. — Notice hist. et descriptive sur l'anc. cathédrale de Montauban, antérieurement abbatiale de St-Théodard ou de Mont-Auriol, sous l'invocation de St-Martin de Tours, par le baron Chaudruc de Crazannes. Montauban, s. d. 27 p. — Biographie de Henry Le Bret, auteur de l'Histoire de Montauban, et notes sur Cyrano de Bergerac par F. Forestié. Montauban, 1890, 40 p. — Etc…

20115. Ronchaud (L. de). Premiers chants, poésies. 1839, in-8, br.   1 fr. 50

20116. Du Guay-Trouin (Mémoires de), lieut.-génér. des armées navales de France et commandeur de l'ordre royal et militaire de St-Louis. 1740, in-4, fig., v. m.   5 fr.

Beau fleuron a. le titre, 1 vignette grav. par Fessard, lettre ornée par le même, 3 planches, combats, navires, etc., grav. par J.-P. Le Bas, et un plan de Rio-Janeiro grav. par Coquart. — Ces

mémoires ont été publiés par Godard de Beauchamps et par de La Garde.

20117. Abbaye de Saint-Bertin (Cartulaire de l'), publ. par Guérard. 1841, in-4, rel. pleine en veau ant., fil., tr. marbr. (Bel exempl.).   5 fr.

20118. Abbayes de Dammartin (Histoire des) et de Saint-André-au-Bois, ordre de Prémontré, au diocèse d'Amiens par le baron A. de Calonne. Arras, 1875, in-8, fig., br.   5 fr.

20119. Droz (S) Recherches historiq. s. la ville de Besançon ; fontaines publiques. Besançon, 1856, in-8, br.   3 fr. 50

20120. Annales franc-comtoises (Les) nouvelle série. 1890-93, 5 années en 24 fascicules gr. in-8, br.   6 fr. 50

20121. Eglise du Mans (Histoire de l') par le R. P. dom Paul Piolin. 1851, 6 vol. in-8, br.   18 fr.

20122. Eglise d'Amiens (Nécrologe de l') par l'abbé Roze. Amiens, 1885, in-8, br.   3 fr. 50

20123. Beauvais (Histoire du diocèse de) dep. son établissement au 3me siècle jusq. 2 sept. 1792, par l'abbé Delettre. Beauvais, 1842, 3 vol. in-8, br.   12 fr.

20124. Martin (Henri) et **Lacroix** (Paul). Le dernier chapitre de l'histoire de Soissons. 1838, in-8 de 40 pages.   1 fr. 50

Amusant récit du procès intenté par les auteurs de l'Histoire de Soissons contre le conseil municipal de cette ville, qui s'était érigé en juge appréciateur d'un travail historique. La justice donna gain de cause à Paul Lacroix et Henri Martin contre la coterie municipale.

20125. Sens (Almanach his'or. de la ville, diocèse et bailliage de) pour l'année 1780. Sens, Tarbe (1779), in-16, couvert. pap. 3 fr.

20126. Reims (Observat. sur les monuments et établissements publics de la ville de), sur les embellissements projetés et les améliorations dont ils sont susceptibles, par P.-A. Dérodé-Géruzez. Reims, 1827, in-8, br.   1 fr. 50

20127. Sires de Joinville (Essai sur l'histoire et la généalogie des), 1008-1386, accomp. de chartes et documents inédits, par J. Simonnet. Langres, 1876, in-8, br.   4 fr.

20128. Antoine de Lorraine à Valenciennes (Le voyage du bon duc) en 1543, avec récit du parcours à travers les Ardennes, par Emond du Boullay, communication de H. Vincent. Reims, 1883, br. gr. in-8.   1 fr. 50

20129. Lorraine. (Mém. pour servir à l'hist. de), par Noël. — Du domaine ducal. Nancy, 1838, in-8, br.   2 fr.

20130. Lorraine (Mémoires pour servir à l'hist. de), par Noël. — Règne de Thiébaut Ier (1213-1220). Nancy, 1845, in-8, br.   2 fr.

20131. Loisirs (Les) ou contes et poésies div. de Pons (de Verdun) 1807, in-8, dem.-rel.   2 fr. 50

20132. Charles de Lorraine (Testament politique du duc), précédé d'une notice bibliographique. 1866, in-12, pap. vergé, br.   1 fr. 50

20133. Chroniques Neustriennes ou précis de l'histoire de Normandie, ses ducs, ses héros, ses grands hommes ; influence des Normands sur la civilisation, la littérature, les sciences et les arts ; productions du sol et de l'industrie, commerce, caractéres et mœurs des habitants depuis le IX° siècle jusqu'à nos jours, suiv. de chants neustriens, par Marie du Mesnil. 1825, in-8, portr., v. marbr à l'imitation antiq. **5 fr.**

Avec l'ex-libris du baron de Caix de Saint-Aymour.

20134. Evreux (Essais histor. et anecdot. sur l'anc. comté, les comtes et la ville d') et quelq. endroits remarquables de l'anc duché de Normandie, enclavés aujourd'hui dans le départ. de l'Eure, par Masson de S.-Amand. Evreux, 1813, in-8, v. marbr. à l'imit. antiq. **5 fr.**

Bel exemplaire avec l'ex-libris du baron de Caix de Saint-Aymour.

20135. Eaux minérales de Forges (Nouv. système des) en Normandie, par J. Larouvière ; édit. de 1699, annotée et mise au courant de la science, par le D' Ch. Thomas-Caraman, suiv. du portrait littér. de la duchesse de Chaulnes, par Ed. et J. de Goncourt. 1886, pet. in-8, pap. vergé, plans, br. **1 fr. 50**

20136. Laval (Mémoires ecclésiastiques concern. la ville de) et ses environs, diocèse du Mans pendant la Révolution de 1789 à 1802, par Isid. Boullier, Laval, 1846, in-8, v. m. à l'imit. antiq. (Bel exemplaire.) **5 fr.**

Avec l'ex-libris du baron de Caix de Saint-Aymour.

20137. Etrennes de la St-Jean (Les), par le c" de Maurepas, de Montesquieu, le c" de Caylus, Moncrif, Crébillon fils, Sallé, La Chaussée, Duclos, d'Armenonville et l'abbé de Voisenon. Troyes, 1742, in-12, pap. fort, portr. de M. et M"° Oudot, tiré en bleu, v. **5 fr.**

20138. Recueil de ces Messieurs (par le comte de Caylus, Duclos, Maurepas, etc). Amst., 1745, in-12, v. m. **3 fr. 50**

Sur la manière dont les chrétiens traitent l'amour, réflexions turques. — Il ne faut jamais compter sur rien. — Sur des feuilles de spectateurs. — Eloge de la paresse et du paresseux, etc.

20139. Moyen-âge (Entretiens sur l'histoire du), par J. Zeller. 1884-1892, 4 vol. in-12, br. **2 fr. 50**

20140. Mabillon (Dom). De re diplomatica libri VI. 1681, in-fol., v. br. **20 fr.**

20141. Du Cange. Glossarium ad scriptores mediæ et infimæ latinitatis. 1733-36, 6 vol. av. les pl. de monnaies. — Glossarium novum ad scriptores medii ævi seu supplementum ad auctiorem glossarii Cangiani editionem à D. P. Carpentier. 1766, 4 vol. — Ens. 10 vol. in-fol., v. marbr. (Bel exemplaire.) **90 fr.**

20142. Pasquier (Estienne). Les recherches de la France. 1596, in-fol. **8 fr.**

20143. Annales de France (Les chroniques et) dès l'origine des François, et leur venue es Gaules, par Nic. Gilles, jusqu'au Roy Charles VIII, et dep. additionn. par Denis Sauvage, jusqu'au roy François II, reveues par de Belleforests, Comingeois, av. la suite et augmentation jusques à Louis XIII, ensemble les portraicts des Roys en taille-douce, plus la saincteté du Roy Louys dict Clovis, par J. Savaron. 1622, 1 tome en 2 vol. in-fol., v. **10 fr.**

20144. Historiarum Galliæ ab excessu Henrici IV, lib. XVIII, quibus rerum per Gallos totâ Europâ gestarum accur. narratio contin., aut. Gab. Barthol Gramondo, in Sacro Regis Consistorio Senat. et in Parlamento Tolosano præside Tolosæ, 1643, in-fol., vignette en taille-douce sur le titre, v. fil. **10 fr.**

Cette histoire contient des détails qu'on ne trouve nulle part ailleurs.

20145. Anne de Rohan (Stances de Mademoiselle) sur la mort du Roy. Paris, 1610, pièce pet. in-8, dem.-rel., v. fauve. **5 fr.**

20146. Bussy d'Amboise (Stances inédites de), publ. par André Joubert. Château-Gontier, 1882, broch. in-8. **2 fr.**

Révélations littéraires sur le talent poétique de la célèbre victime du comte de Montsoreau.

20147. Passerat. Joa. Passeratii eloquentiæ professoris et interpretis regii kalendæ januariæ et varia quædam poëmata. — Poésies françoises. Lutetiæ, ap. viduam Mam. Patissonii, 1603, 2 part. en 1 vol. in-8, vel. **10 fr.**

A la fin de ce volume on trouve des poésies françaises de Passerat : *Le Chien courant, Adonis ou la chasse du Sangliir, le Jardin d'amour, Elégies, la Divinité des procès*, etc.

20148. Grammaire française (Traicté de la). Paris, Jaques du Puis, libraire, 1569, pet. in-8, v. gris. **30 fr.**

Edition rare de la grammaire française de Robert Estienne.

20149. Tristan Lhermite. Vers héroïques. 1648, in-4, portr., frontisp. et fig. grav. en taille-douce, v. **8 fr.**

20150. Théâtre. Recueil factice de 7 pièces de théâtre en 1 vol. in-8, dem.-rel., bas. **3 fr.**

Bélisaire, comédie héroïque, par de Moissy. 1769. — L'amant auteur et valet, coméd. en 1 acte, par Céron. 1764. — Le Barbier de Séville, par de Beaumarchais. 1776. — Le Cri de la Nature, coméd., par Arnaud. 1771. — Henri IV ou la réduction de Paris, par P. de V. (P. de Valigny). Leyde, 1768. — Beverlei, trag. bourgeoise, par Saurin. 1768. — Le Siège de Calais, par de Belloy. 1765.

20151. Musica (La), poema, di D. T. Iriarte, trad. dal castigl. dall abate Ant. Garzia. Venezia, 1789, pet. in-4, dem.-rel., mar. r., non rogn. **2 fr. 50**

20152. Entretien des Musiciens (L'), par le S' Gantez, maître de chapelle de Marseille, Arles, Avignon, Grenoble, Aigues-Mortes, Toulouse, Montauban, La Châtre, Le Hâvre, Paris et Auxerre, publ. d'après l'édition rarissime d'Auxerre, 1843, avec preface, notes et éclaircissements par Ernest Thoinan. 1878, in-16 elzévirien, titre rouge et noir, avec frontispice à l'eau-forte en deux couleurs, br. **6 fr.**

L'*Entretien des Musiciens*, par Annibal Gantez, beuveur très illustre et maître de chapelle d'Auxerre, nous initie à la vie et aux habitudes intimes des organistes d'église au XVII° siècle. Le sieur Gantez ne consacre pas exclusivement la chaleur de sa verve méridionale à la musique et aux dilettantes de la cathédrale. Il vante le vin de la plantureuse Bourgogne et en particulier du terroir d'Auxerre. Sa grosse jovialité de chantre s'épanouit dans des notes bachiques, et l'on sent qu'en vicariant dans sa jeunesse il a changé aussi souvent et aussi facilement de crus que de maîtrises. C'est une sorte d'Assoucy sans souci, voyageant à pied la bourse plate et l'esprit à l'aise, couchant au serein, selon son mot, crainte de laisser son manteau au cabaret. Mais pour connaître ce curieux personnage et les étranges révélations de ses let'res, il faut lire son ouvrage.

110 ARCHIVES DU BIBLIOPHILE

Ce volume de bibliophile, imprimé avec soin et tiré à très petit nombre, est orné d'une délicieuse eau-forte de Riballier, qui nous montre le maître de chapelle entre un verre et la dive bouteille, tandis que les enfants de chœur attendent ses leçons.

20153. **Rosecroix** (Les), poème en 12 chants par E. Parny. 1807, in-18, v. m., dent. 1 fr. 50

20154. **Chiromance** (La) de Patrice Tricasse des Ceresars, Mantouan, de la dernière reveue et correction de l'auteur, et nagueres fidelement traduicte de l'italien en langage françois, sur la fin est adiousté certain petit advertissement, pour l'entente des choses, qui plus en ont de besoing. Paris, Cl. Fremy, rue St Jacques, 1561, in-8, fig. s. bois des signes de la main, v. rouge, fil. 20 fr.

Livre rare et recherché. — Exemplaire bien conservé.

20155. **Pharmacopée** (La) qui est la manière de bien choisir et préparer les simples, et de bien faire les compositions des partie en trois livres par Jacques Silvius, médecin de Paris, faite francoise par André Caille, docteur médecin. Lyon, de l'Impr. de Loys Cloquemin et Est. Michel, 1574, pet. in-8, vélin à recouvrem. 25 fr.

Volume rare; exemplaire grand de marges et très bien conservé dans sa première reliure. Au commencement on trouve cette épître : « A tous amateurs de la Pharmacie, André Caille, désire salut et advancement. » — Extrait de la table des matières : De l'élection des simples prinse de la situation et lieu. — Temps de cueillir les racines. — De l'élection des bois. — Du choix des écorces. — Du choix des métalliques et terrestres. — Du choix des simples prins des parties des animaux. — De la sophistication des simples. — Des médicamens substituez. — Manière de piler les herbes. — La façon de cribler. — Façon d'amollir. — Manière de distiller. — L'usage et façon de coulourer les médicamens. — L'usage de sçeller et marquer les médicamens. — L'usage et manière de les frire et rostir. — L'usage et manière de les parfumer. — De la composition des conditz et confitures. — La composition des resinez et sirops. — Etc., etc.

20156. **Magiri** (Joa.) philos professor. in academ. Marpurgensi inclyti, Corona Virtutum moralium universam Aristotelis summi philosophi Ethicen exacte enucleans (gr.-lat.). Francof., 1627, in-8, dem.-rel., vél. 2 fr.

20157. **Mosaico** (Codex de) et veteri jure enucleando, Nic. Mongeorgio aut Bononiæ, 1573, in-4, vél. 2 fr. 50

20158. **Apocalypse** (L'esprit de Bionnens sur l') et les prophéties de Daniel, pour ce qui regarde les dern. temps, avec de nouv. remarques, et une esquisse des plus excellens aut. 1798, in-8, br. 1 fr. 50

20159. **Justini** (S.) philosophi et martyris, Opera quæ undequaque inveniri potuerunt (gr.-lat.), cum notis Frid. Sylburgii, 1593. In-fol., v. 4 fr.

20160. **Providentia divina** (Disputat de Deo et) auth. Sam. Parkero. Londini, 1678, in-4, v. (Bel exemplaire). 2 fr. 50

20161. **Bellarminus**. De gemitu Columbæ sive de bono lacrymaium lib. III. Antuerpiæ, 1621. — De septem verbis a Christo in cruce prolatis lib. II. Antuerp., 1618. — 2 ouvr. en 1 vol. in-8, vél. 1 fr. 50

20162. **Prix d'éloquence** (Discours qui a remporté le) par le jugement de l'Academie française en l'an. 1683 sur ces paroles de la Vierge : on m'appelera bien heureuse dans tous les ages, etc. (par Jacq. de Tourreil). 1683, in-4, couv. pap. 2 fr. 50

20163. **Aringhi**. Roma subterranea novissima in qua antiqua Christianorum et præcipue Martyrum cœmeteria, tituli, monimenta' epitaphia, inscriptiones ac nobilior. Sanctorum sepulchra sex libris distincta illustrantur. Romæ, 1651, 2 vol. in-fol., front. gravé et nombr. fig. en taille-douce, v , fil. 28 fr.

20164. **Scriptura S. Trinitatis revelatrix**, auth. Herm. Cingallo (Christ. Sandio). Goudæ, 1678, pet. in-12, v. 1 fr. 50

20165. **Vies des Saints** (Supplém. aux) et spécialem. aux Petits Bollandistes d'apr. les documents hagiographiques les plus authentiques et les plus récents, par le P. Dom Paul Piolin. S. d., 3 vol. gr. in-8, br. 12 fr.

20166. **Christianisme** (Les solides raisons qui établissent les veritez du) en une manière égalem. claire et convainquante, en sorte qu'il ne peut y avoir lieu qu'on ne l'embrasse (par Belin, évêque de Belley). 1686, in-12, v. 1 fr. 50

20167. **Alcuini** (Beati Flacci Albini seu) abbatis Caroli Magni regis ac imperatoris magistri opera post editionem a D. Andrea Quercetano curatam de novo collecta, multis locis emendata et opusculis primum repertis plurimum aucta variisque modis illustrata cura ac studio Frobenii abbatis ad S. Emeranum Ratisbonæ. Ratisbonæ, 1777, 2 vol. in-fol., frontisp. et vignettes gravées, v. fauve. 25 fr.

Edition la meilleure et la plus complète des œuvres d'Alcuin.

20168. **S. Cæsarii** medici et S. Phœbadi Aginnensis episc. Opera ; edit. nova accurante Caillau. 1842, in-8, br. 1 fr. 50

20169. **Duchesse de Longueville** (La véritable vie d'Anne-Geneviève de Bourbon), par l'auteur des anecdotes de la constitut. Unigenitus (Bourgoing de Villefore). Amsterd., 1739, 2 tom. en 1 vol. in-12, v. m. 4 fr.

Cette édition, dit Brunet, est préférable à la première (1738) sans lieu d'impr. parce qu'on y a rétabli les détails de la conversion du prince de Conti et des relations de Mme de Longueville avec Port-Royal, qui y avaient été supprimés.

20170. **Fénelon**. Dialogues des Morts anciens et modernes avec quelques fables composez pour l'éducation d'un prince (le duc de Bourgogne). Paris, Jacq. Estienne, 1718, 2 vol. in-12, v. 20 fr.

Première édition des Fables de Fénelon publiée par le Marquis de Fénelon sur les manuscrits de l'auteur. Voici ce que dit l'éditeur dans la préface : « Ce qui compose le premier de ces deux volumes, avoit été confié au public, mais sans aveu, d'une manière très informe avec beaucoup d'altérations et un grand mélange de plusieurs choses qui n'étoient point de l'auteur. On a rétabli le tout sur ses originaux et on y a ajouté ce qui compose le second volume qui n'avoit jamais paru. » — Exemplaire grand de marges, dans sa première reliure.

20171. **Fabri** (Dodecameron P.) San-Joriani, sive de Dei nomine atque attributis liber. Lugd., 1592, in-8, vél. à recouvrem. 1 fr. 50

20172. **Ampère**. Histoire littéraire de la France avant le 12e siècle. 1839, 3 vol. in-8, br. 10 fr.

20173. **Bastars de Buillon** (Li), poème du xive siècle publié pour la prem. fois d'après le manuscrit unique de la Bibliothèque Nation. de Paris, par Aug. Scheler. Bruxelles, 1877, gr. in-8 de plus de 350 pag. pap. vergé, br. 4 fr.

20174. **Dit d'aventures** (Un), pièce burlesque et satirique du xiiie siècle, publ. pour la prem. fois d'après le ms. de la Bibl. Roy., par Trébutien. 1835, broch. in-8. 1 fr. 50

20175. **Hotel de Cluny** (Notices sur l') et sur le Palais des Thermes av. des notes sur la culture des arts, principalem. dans les xve et xvie siècles (par Du Sommerard). 1834, in-8, br. 3 fr.

20176. **Moyen âge** (Le) et la Renaissance hist. et description des mœurs et usages, du commerce et de l'industrie, des sciences, des arts, des littératures et des beaux arts en Europe, par P. Lacroix et F. Seré. S. date, in-4, nombr. figures et fac-similés, br. 12 fr.
Abrégé du grand ouvrage du même nom.

20177. **Chasse.** — 13 pièces in-8 et in-4. 10 fr.
Nouv. observat. sur la traduct. du traité de la Chasse de Xénophon, par J.-B. Gail. — Réponse de J.-B Gail à la critique de son traité de la Chasse, par E. Clavier. — Etude sur les lieux où s'est arrêté Charles le Chauve pour ses chasses en 867, par Martin. — Marseille. Laon, 1867. — Précis pour Th. Mention, garde-chasse des terres et seigneuries de Ville-Parisis et de Bois le Vicomte. 1774. — Edit portant création de la charge d'aumônier de la Grande Louveterie de France. 1785. — Arrest en dernier ressort des eaux et forêts de France faisant défenses à toutes personnes de se servir de filets et engins prohibés pour la chasse. 1776. — Règlement pour les oiseleurs et les pêcheurs. 1776. — Arrest qui juge que les gentilshommes et nobles n'ont pas le droit personnel de chasser sur les terres tenues par eux en roture. 1780. — Arrest qui prescrit les formalités à observer pour le dommage qui a pu être fait par le gibier dans les terres ensemencées. 1779 — Etc., etc.

20178. **Chevaux.** Mémoire artificielle des principes relatifs à la fidelle représentation des animaux tant en peinture qu'en sculpture. Première partie concern. le cheval, par Goiffon et Vincent ; ouvrage également intéressant pour les personnes qui se destinent à l'art de monter à cheval. A Alfort, chez l'auteur, à l'Ecole royale vétérinaire, 1779, 3 tom. en 1 vol. in-fol., fig., grand papier, br. 8 fr.

20179. **Militaire de France** (Sixième abrégé de la carte générale du) sur terre et sur mer jusqu'en 1739, divisé en 3 parties, avec les augmentations militaires de 40 pages de plus qu'à l'abrégé de 1738, par Lemau de la Jaisse. Paris, 1740, in-12, v. 10 fr.

20180. **Fortification nouvelle** ou recueil de différ. man de fortifier en Europe, composé par Pfeffinger. La Haye, 1740, in-8, planches, v. fauve. (Bel exemplaire). 2 fr. 50

20181. **Florian.** Galatée, roman pastoral, imité de Cervantes. Londres (Paris, Cazin), 1789, in-18, frontisp. grav., v., tr. dor. 1 fr. 50

20182. **Gaurici** (L) Geophonensis Civitatensis episcopi, astronomi ac astrologi præstantissimi ac vatis celeberrimi opera omnia quæ exstant. Basileæ, 1575. 3 tom. en 2 vol. in-fol., fig s. bois, v. m. 25 fr.
Ces 3 volumes contiennent toutes les œuvres de Luc Gauricus, mathémacien et astrologue. On y trouve l'éloge de l'astronomie, une description de la Sphère céleste, un traité du mouvement des 5 planètes ; des notes s. les tables astronomiques d'Alphonse le Sage ; un calendrier ecclésiastique, le Calendrier de Jules César ; plus. traités astrologiques, un autre sur les nativités et les horoscopes, etc., etc.

20183. **Maupertuis.** Disc. sur les différ. figures des astres : d'où l'on tire des conject. sur les étoiles qui paroissent changer de grandeur et sur l'anneau de Saturne, av. une exposit. abrégée des systèmes de Descartes et de Newton. 1732, in-8, fig., v. (Rel. fatig.). 1 fr. 50

20184. **Comètes** (Entretiens sur les), ouvrage posthume de M. D. R. (Basset des Roziers). S. l., 1747, in-12, v. fauve. (Rel. anc). 2 fr.
Bel exemplaire.

20185. **Géologie** (Eléments de) mis à la portée de tout le monde, offrant la concordance des faits géologiq. av. les faits historiq. tels qu'ils se trouvent dans la Bible, les trad. égyptiennes et les fables de la Grèce, par Chaubard. 1838, in-8, dem.-rel. 1 fr. 50

20186. **Oryctologie** (Histoire naturelle éclaircie dans une de ses parties principales, l'), qui traite des terres, des pierres, des métaux, des minéraux et autres fossiles (par Dezallier d'Argenville). 1755, in-4, frontisp. et nombr. planches, v. 5 fr.

20187. **Conchyliologie** (L'histoire naturelle éclaircie dans une de ses parties princip., la Lithologie et la), dont l'une traite des pierres et l'autre des coquillages (par Dézallier d'Argenville). 1742, in-4, av. un beau front. et 33 pl. gr. de coquilles, v. 5 fr.

20188. **Uranographie** ou traité élément. d'astronomie, accomp. de planisphère par Francœur. 1821, in-8, av. 11 planch., dem.-rel. 1 fr. 50

20189. **Du Hamel du Monceau.** Traité des arbres et arbustes qui se cultivent en France en pleine terre. 1755, 2 vol. in-4, avec environ 250 planches, cart., non rognés. 15 fr.

20190. **Livres à figures.** Divers sujets remarquables tirez de l'histoire grecque, inventez et gravez par Fr. Chauveau, de l'Acad. royale de peinture et sculpture. S. d. (vers 1660), in-4 obl., v. m. 20 fr.
Jolie suite de 18 estampes en largeur, gravées en taille-douce et aux armes du DUC D'AREMBERG.

20191. **Amitié** (De l') (par Mme d'Arconville). Amst., 1761, joli frontisp. gravé par Lempereur. In-8, dem.-rel., mar. bleu, non rogné. 1 fr. 50

20192. **Grand livre des peintres** (Le) ou l'art de la peinture considéré dans toutes ses parties et démontré par principes, av. des réflex. sur les ouvrages de quelques bons maîtres et sur les defauts qui s'y trouvent, par Gérard de Lairesse. 1787, 2 vol. in-4, avec figures de Bénard, v. marbr. (Bel exemplaire). 15 fr.

20193. **Passeri.** Vite de pittori, scultori ed architetti che anno lavorato in Roma morti dal 1641 fino al 1673. Roma, 1772, in-4, front. gravé, v. m. 3 fr.

20194 **Potain**, architecte du Roi. Traité des ordres d'architecture. De la proportion des cinq ordres, où l'on a tenté de les rapprocher de leur origine, en les établissant sur un principe commun. 1767. in-4, av. 59 pl.

grav. par Choffard, v. marbr. (Bel exemplaire). 10 fr.

20195. **Histoire de la gravure.** Memorie spettanti alla storica della calcographia. del conte Cicognara. Prato. 1831, in-8, dem.-rel., mar. v. 3 fr.

20196. **Mercier.** Le Déserteur, drame en 5 actes et en prose. 1770, in-8, couv. pap. 1 fr. 50

20197. **Rasibus** (Le) ou le procez fait à la barbe des Capucins, pièce satyrique par un moine défroqué. A Cologne (Hollande), 1680, pet. in-12, dem.-rel., mar. rouge. 7 fr. 50

20198. **Jean danse mieux que Pierre,** Pierre danse mieux que Jean ; ils dansent bien tous deux. A Tétonville, chez Jean Patinet, 1719, 5 vol. in-12, front. et portr. gravé, dem.-rel. anc. 25 fr.

Satire violente contre les Jésuites et le P. La Chaise. — Avec l'ex-libris du comte Rœderer.

20199. **Monarchie des Solipses** (La), trad. de l'original latin de Melchior Inchofer, de la Comp. de Jésus, av. des remarq. et diverses pièces importantes sur ce même sujet (par P. Restaut). Amst., 1722, in-12, cart. à la Brad., non rog. (Bel exemplaire). 2 fr. 50

20200. **Péculat** (Observations sur un ms. intitulé : Traité du). S. l. (Holl., Elzevier), 1666, pet. in-12, vél. 1 fr. 50

L'auteur de cet ouvrage est Le Vayer de Boutigny. — Cette jolie édition fait partie de la collection des Eleevier. — Bel exemplaire.

20201. **Avenel** (G. d'). Histoire économique de la propriété, des salaires, des denrées et de tous les prix en général depuis l'an 1200 jusqu'en l'an 1800. Paris, 1894-1898. 4 forts vol. gr. in-8, br. 30 fr.

Ouvrage fort curieux et des plus importants, couronné et primé par l'Académie.

20202. **Villermé** (Le Dr). Tableau de l'état physique et moral des ouvriers employés dans les manufactures de coton, de laine et de soie. 1840, 2 vol. in-8, br. 5 fr.

20203. **Origine des Loix, des Arts et des Sciences** (De l') et de leurs progrès chez les peuples anciens (par A.-Y. Goguet, aidé par A.-C. Fugère). 1758, 3 vol. in-4, v. marbr. 6 fr.

La plus belle et la meilleure des éditions de cet ouvrage estimé.

20204. **Amazones** (Traité histor. sur les), où l'on prouve par les médailles qu'elles ont existé. Leyde, 1718, in-12, front. et fig., v. br. 2 fr. 50

20205. **La Bruyère.** Les Caractères de Théophraste, trad. du grec, avec les Caractères ou les Mœurs de ce siècle. Paris, Est. Michallet, se vend à Bruxelles, chez J. Léonard, 1688. In-12, dem.-rel., v. fauve. (Capé). 10 fr.

Edition imprimée à Bruxelles sur un exemplaire de la 1re édit. originale de Paris non entièrement cartonné, c'est à dire avant les suppressions ou modifications faites au texte.

20206. **Quinault** (Le théâtre de). Amsterd., Pierre de Coup, 1715, 2 vol. pet. in-12, frontisp. et fig. à chaque pièce, dem.-rel. anc. 8 fr.

Recueil factice de pièces portant la marque au *Quærendo* et imprimées de 1688 à 1714, avec titres et paginations séparés, et précédés du titre général de *Théâtre*.

20207. **La Thuilerie** (Théâtre de), comédien de la troupe royale. Amsterd., 1745, in-12, v. marbr. 3 fr.

J.-François Juvenon ou Jouvenot, dit la Thuilerie, fils de Lalleur, de la troupe de l'hostel de Bourgogne, débuta sur ce théâtre en 1672 dans les premiers rôles tragiques.

20208. **Lutheri** (De votis monasticis Martini) judicium. Basileæ, 1523. Pet. in-4, titre dans une bordure dans le style d'Holbein, portraits anciens de Luther et de sa femme ajoutés, cart. 20 fr.

Première édition de cet ouvrage célèbre de controverse de Luther. — Bel exemplaire.

20209. **Protestans d'Allemagne** (Les harangues pron en l'assemblée des), par le duc d'Angoulesme, ambassadeur extraord. pour le roy. 1620, pièce pet. in-8, couv. pap. 2 fr. 50

20210. **Jugulum causæ** seu nova, unica, compendiaria, et una propemodum periodo comprehensa ratio, per quam totus doctrinarum Romanensium complexus, de quibus lis est inter Protestantes et Pontifices ; et una Papa, ejusque imperium, funditus evertuntur (auth. Lud. Du Moulin). Juxta exemplar Londinense. 1671, 2 tom. en un vol. in-8, mar. bleu, fil. à la Du Seuil, tr. dor. (Rel. anc.). 4 fr.

20211. **Lerse** (Franz.) Geschichte der Reformation der ehemaligen Reichsstadt Colmar und ihrer folgen bis 1632. Mulhausen, 1856, in-8, br. 2 fr. 50

20212. **Sylphe** (Le) trad. de l'anglois (par P. Le Tourneur). Genève, 1784, 2 vol. pet. in-12, front. gravé par Ransonnette, v. éc., fil. 2 fr. 50

20213. **Fragmens d'histoire** et de littérature (par Hyac. Larroque, de Rouen). La Haye, 1706, in-12, v. 1 fr. 50

20214. **Venise.** Dall' historia Venitiana di M. Ant. Sabellico libri XXXIII. Venetia, 1668, pet. in-4, vél. 2 fr. 50

20215. **Mariage de Louis XIV.** Per la pace seguita fra le corone a maritaggio della Ser. Infanta di Spagna con la Maesta Christianissima. Venezia, s. d., pièce in-4, couv. en pap. 1 fr. 50

Poésies italiennes, composées par Arnolfo Augusti et dédiées au cardinal Mazarin.

20216. **Aretino** (Leon.) segret. apost. de le guerre fatte nelli suoi tempi, e de li Pontificii, Imperatori, Re e altri huomini famosi. Vinegia, 1545, pet. in-8, couv. pap. 2 fr. 50

20217. **Sogni** (Trattato de) secondo l'opinione d'Aristotele per Benedetto Dottori. Padoa, 1575, pet. in-4, dem.-rel., v. br. 2 fr.

20218. **Doria** (Vita del prencipe Andrea) discritta da Lor. Capelloni. Vinegia, 1565, in-4, portr. et lettres ornées, vél. 2 fr. 50

20219. **Anacreonte e Saffo.** Le Odi recate in versi italiani da Fr. Saverio de Rogati. Colle, 1782, 2 vol. gr. in-8, vél. 2 fr. 50

20220. **Tansillo** (La Balia, poemetto di Luigi), pubblic. ora la prima volta con annotaz. da Gio. Ant. Ranza. Vercelli, 1767, in-4, dem.-rel., mar. rouge. 1 fr. 50

Propriétaire-Gérant : **A. CLAUDIN**

Dole. — Imp. Girardi et Audebert. — 611-04.

ARCHIVES DU BIBLIOPHILE

LIVRES RARES ET CURIEUX

EN VENTE A PRIX NETS ET AU COMPTANT

A LA LIBRAIRIE ANCIENNE DE A. CLAUDIN

PARIS, 16, rue Dauphine, 16, PARIS (VIe)

**Adresser les demandes directement et sans aucun intermédiaire.
Prix fixe et sans remise, ni rabais.**

<table>
<tr><td>

ABONNEMENTS
—
UN AN

Paris .... 5 »
Départements .... 6 »
Pays de l'union postale 6 50
Autres pays........... 8 »

Achat de Bibliothèques.

</td><td>

Août - Octobre 1904

Prière de communiquer ce catalogue aux Bibliophiles et aux personnes qu'il pourrait intéresser.

</td><td>

Les envois se font en *port dû* et *contre remboursement*, sauf pour les personnes connues ou qui ont un compte ouvert. — Pour les *Colis affranchis* et envois par poste, les ports, recommandation comprise, doivent nous être remboursés. — Il n'est point fait d'échanges.

Ventes publiques.

</td></tr>
</table>

AVIS TRÈS IMPORTANT

Le nombre sans cesse croissant de demandes d'envoi gratuit des *Archives du Bibliophile* augmentant de jour en jour dans des proportions telles qu'elles exigeraient un tirage trop considérable, nous nous trouvons dans la nécessité de reviser entièrement nos listes d'adresses. — En conséquence, nous n'enverrons désormais nos catalogues qu'aux personnes qui nous honorent de temps à autre de leurs ordres. — A partir du prochain bulletin, nous cesserons le service à toute personne qui ne nous aurait fait aucune demande depuis le n° 350, c'est à dire depuis trois ans, à moins qu'elle ne se fasse inscrire de nouveau en indiquant le genre de livres qu'elle serait susceptible d'acheter par la suite, s'ils se présentaient dans nos catalogues. — *Prière instante à nos clients de Paris de vouloir bien nous redonner leur adresse et nous aviser de leurs changements de domicile.* — DERNIER AVIS.

20221. **Agostino** (Varii sermoni di S.) et altri catholici, et antichi dottori, utili alla salute dell' anime, messi insieme, et fatti volgari da Galeazzo Vescovo d'Aquino. Vinegia, 1553, in-4, lettres initiales ornées, vél. 2 fr. 50

20222. **Marnay** (A. J. de). Mémoires secrets et témoignages authentiques, chute de Charles X, royauté de Juillet, 24 février 1848, accomp. de remarques sur la part de nos gouvernements dans nos révolutions et d'un fac-simile de l'abdication de Louis Philippe, publ. pour la prem. fois d'après l'original. 1875, beau vol. in-8 de près de 500 pag., br. 2 fr. 50

20223. **Tables historiques, généalogiques** et géographiques conten. l'histoire du peuple de Dieu, de la France, de la Lorraine, de l'Autriche, de l'Egypte, etc. (par l'abbé Lionnois). Nancy, 1771, gr. in-fol., dem.-rel., vél. 15 fr.

20224. **Berty** (A.) et Lacour (L.). Annuaire de l'archéologue, du numismate et de l'antiquaire. 1862, in-18 de 180 pag., br. 1 fr. 50

Volume documentaire plein de renseignements inédits sur les collections et les collectionneurs. Musée Campana. Nécrologie Livres et presse archéologique. Etude archéologique sur les bases des colonnes comme moyen de déterminer l'âge des monuments de tous les styles, par Berty. — Recherches sur la situation d'Alise. — Etc.

20225. **Evénements de 1814-1815.** 12 broch. in-8. 8 fr.

Claudien ressuscité au mois d'avril 1814 ou Centon tiré des ouvrages de ce poète sur l'élévation et la ruine de la tyrannie de Buonaparte, par L. A. Decampe. Toulouse (1814). — Robespierre et Bonaparte ou les deux tyrannies. 1814. — Lettre d'un habitant des Vosges sur MM. Buonaparte, de Chateaubriand, Grégoire et Barruel, publ. par de Sénancour. 1814. — Seconde et dern. lettre d'un habitant des Vosges. 1814. — Le Moniteur supprimé ou le double Moniteur du 20 janvier 1814. — De Buonaparte et des Bourbons et de la nécessité de se rallier à nos princes légitimes pour le bonheur de la France et celui de l'Europe, par F. A. de Chateaubriand. 1814. — Réflexions politiques sur quelques écrits du jour et sur les intérêts de tous les Français, par de Chateaubriand. 1814. — Le retour des Bourbons au coup d'œil sur les causes qui rendent le rétablissement de nos princes légitimes désirable aux Français de tous les partis et de toutes les opinions, par Breton de la Martinière. 1814. — Quatre jours de bonheur ou récit de ce qui s'est passé à Dijon pendant le séjour de S. A. R. Monsieur comte d'Artois et de Monseign. le duc d'Orléans dans cette ville, par Cl. Ant. Chambelland. A Dijon, au Cabinet Royal, 1814. — Réflexions s. la révolution du 20 Mars 1815. Besançon, août 1815. — La Vérité et la Justice ou le Cri des Royalistes Français aux députés des départements, par Emeric, doyen des avocats de Nîmes. Avignon, 1815. — Appel à tous les Français contre les calomnies par lesquelles on a cherché à flétrir la conduite du général Bourmont en 1815. Paris, 1840.

20226. Incunable de Venise. Philelphi fabulæ. (In fine :) Expliciunt fabule clarissimi poete Philelphi. Facte Veneciis expensis M. C. 1480. Pet. in-4, gothique à longues lignes au nombre de 30 à la page, couv. en pap.   120 fr.

> Première et seule édition des Fables de Philelphe qui a t été imprimée au xvᵉ siècle. C'est un volume fort rare. Le seul exemplaire qui soit cité par Brunet, est celui de la collection Richard Heber, aujourd'hui au Musée Britannique, qui était incomplet du dernier feuillet et fut vendu alors 3 sterling (75 fr.) malgré cette défectuosité. — Les initiales M. C. ont été attribuées par des bibliographes à Mathieu Capsaca, mais Proctor les attribue avec plus de vraisemb'ance à *Marcus Catanellus.* — Exemplaire bien conservé, très grand de marges, presque non rogné, exempt de piqûres. — Hain, Nᵒ *12955. — Proctor, Nᵒ 4597.

20227. Incunable de Cologne. Incipit prologus super conclusiones de diversis materiis moralibus utiles valde posite per Magistrum Johannem Gerson doctorem Theologie eximium ac cancellarium Parisiensem. — (In fine :) Expliciunt conclusiones de diversis materiis moralibus utiles valde posite per Magistrum Johannem Gerson doctorem Theologie eximium ac cancellarium ecclesie beate Marie Parisiensis. (Absque ulla nota, sed Coloniæ, Ulricus Zell de Hanau, 1472). Pet. in-4, gothique à longues lignes au nombre de 27 par page, dem.-rel., toile lustrée.   65 fr.

> Hain, Nᵒ *7639. — Proctor, Nᵒ 869. Ce dernier assigne à cette impression la date de 1472. — Exemplaire avec le dernier feuillet blanc non indiqué par Hain.

20228. Imprimerie particulière de la chartreuse de Cologne. Vita Scti Brunonis. (Au-dessus de ce titre, belle gravure sur bois de Saint-Bruno, avec cette inscription au bas, dans une banderolle : *S. Bruno initiator Cartus. ordinis* , au-dessus, à gauche, une fontaine avec le mot : *Colonia,* et les armes de Cologne). Au dern. f. (recto :) Finem habet vita sancti Brunonis. Au verso, autre gravure sur bois de S. Bruno, tout à fait différente de celle du titre, aux armoiries de Cologne. (Sine nota, sed Coloniæ, iisdem typis, circa 1500). Pet. in-8, couv. en pap.   80 fr.

> Impression faite à la Chartreuse de Cologne. — Les gravures sur bois sont d'après Merlo l'œuvre d'Anton de Worms. — Merveilleux état de conservation, sans aucune tache ni défaut, comme neuf.

20229. Blois (Impression de). Dionysii Pontani advocati Blesensis juris ususque Forensis consultissimi in consuetudines Blesenses tomus prior a P. Pontano ejus filio I V. D. (juris utriusque doctore) illustratus et recognitus. Blesis, ex typographia Juliani Angelerii, 1556. In-fol., rel. en veau marbré à l'imitation antique, fil.   120 fr.

> Livre très rare. Le texte de la Coutume de Blois proprement dite est en français. Le commentaire qui l'accompagne, rédigé par Denys du Pont, est en latin. Ce sont les prémices de l'imprimerie Blésoise, « typographiæ nostræ primitiæ », comme le déclare Julian Angelier, l'imprimeur, à ses concitoyens « civibus Blesensibus ». Il avait voulu dire, sans doute, que c'était là son premier *labeur* ou ouvrage important, car on connaît de lui un petit livre intitulé : *Les fantastiques batailles de Rodilardus et Croacus* qui est daté de 1554. La

composition du livre de Du Pont était probablement déjà commencée à cette époque et explique la phrase : « *Typographiæ nostræ primitiæ* » que nous avons citée ci-dessus. — Julian Angelier avait d'abord été libraire à Bourges ; il alla ensuite à Tours où il apprit, selon toute apparence, son art et vint définitivement s'établir à Blois où il monta dans cette ville la première imprimerie.

20230. Impression parisienne. M. Fabii Quintiliani de Institutione oratoria libri XII. Parisiis, ex officina Antonii Augerelli sub signo S. Jacobi, via ad S. Jacobum, 1533, in-fol., lettres rondes, v. marbr. 6 fr.

> Les impressions d'Antoine Augereau sont rares.

20231. Evreux (Impression d'). Actes de la Conférence tenue entre le Sieur evesque d'Evreux et le Sieur Du Plessis, en présence du Roy à Fontaine-bleau le 4 de May 1600, publiez par permission et authorité de sa Majesté avec la réfutation du faux discours de la mesme conférence par Messire Jaques Davy, evesque d'Evreux, conseiller du Roy en son Conseil d'Estat et son premier aumosnier. Seconde édition augmentee d'une nouvelle attestation et de quelques additions à la fin de la dernière partie. A Evreux, par Anthoine Le Marié, 1602, in-8, vél.   60 fr.

> Un des premiers livres imprimés à Evreux. L'imprimeur, Antoine Le Marié, exerçait à Paris en 1597. Il était établi à Evreux en 1600 où il vint à la sollicitation du cardinal du Perron. Ses livres sont remarquablement imprimés. — Bel exemplaire dans un parfait état de conservation, absolument pur et intact, dans sa première reliure.

20232. Maubeuge (Impression de). Les Commandaces pour les Trépassez. A Maubeuge, chez Nicolas Wilmet, imprimeur du Roi, 1781. Tête de mort gravée s. bois au titre et fig. s. bois représentant le Saint Ciboire au verso. Pet. in-8, couv. en pap.   20 fr.

> Les impressions faites à Maubeuge avant la Révolution sont de toute rareté. Nicolas-Joseph Woilmet, natif de Mons, reçut en 1747 un brevet du roi qui l'autorisait à exercer à Maubeuge. Il s'intitula alors imprimeur du Roi.

20233. Impression d'Aurillac. Pratique de la dévotion au Sacré Cœur de Notre Seigneur Jésus Christ ou la pratique de l'adoration perpétuelle du Sacré Cœur de Jésus dans le S. Sacrement de l'autel avec la bulle de N S. P. le Pape Innocent XII en faveur de cette même devotion, dédiée à Madame de Noailles, religieuse du Monastère de la Visitation Sainte-Marie à Aurillac. A Aurillac, chez Léonard Viallanes, imprimeur du Clergé, de la Ville, du Collège, etc., 1700, in-16, carré, v. br. (Rare).   10 fr.

20234. Saint Germain en Laye (Impression de) : Traité curieux sur les cataclysmes ou déluges, les revolutions du globe, le principe sexuel et la génération des minéraux, par un membre de l'Académie de Cortone (Ch. Pougens), à M. Ferdin. Mazzanti. A St-Germain-en-Laye, de l'imprimerie de Goujon, libraire, rue des Récollets, 1791, in-8, br.   10 fr.

> Une des premières impressions de St-Germain-en-Laye. — Rare.

20235 Fables d'Æsope (Les), trad. fidèlement du grec avec un choix de plus. autres fables attribuées à Esope par des auteurs anciens, par Pierre Millot, Langrois, professeur des lettres humaines au collège de Bourg-en-Bresse ; ensemble, la vie d'Esope, par Claude-Gaspard Bachet, sieur de Méziriac. Bourg-en-Bresse, Vve de Jos. Tainturier, 1646, in-16, fig. sur bois, vél.   20 fr.

Petite édition fort rare. destinée aux écoliers.

20236. Vire (Impression de). Exercice pratique pour la confession, la communion, la renovation des vœux du bapteme, la consécration à la Sainte Vierge, l'anniversaire de la première communion, de la confirmation et du Saint patron, etc. Vire, Chalmé, 1784, pet. in-12, cart.   5 fr.

20237. Reims (Impression de). Nouv. méthode conten. une explication claire et facile des particules et des différ. manières de parler. Reims, N. Pottier et B. Multeau, imprimeurs, 1709, in-16, de 142 pag., vél.   2 fr.

Manque le dern. feuillet.

20238. Aldes (Editions des). Gregorii Nazanzeni theologi orationes lectissimæ XVI (græcè, edente Marco Musuro). Venetiis, in ædibus Aldi et Andreæ Soceri mense aprili M.D XVI (Ancre aldine sur un feuillet séparé à la fin). In-8, rel. pleine en mar. rouge du Levant jansén. à nerfs, dent. intér., tr. dor. (Rel. de Hardy).   20 fr.

Edition rare et recherchée. — Exemplaire d'Ambroise Didot avec son ex-libris.

20239. Aldes (Editions des). M. Fabii Quintiliani Institutionum Oratoriarum libri XII, diligentius recogniti, 1522. Venetiis, in ædibus Aldi, 1521, gr. in-8, bas.   15 fr.

Cette édition (en caractères italiques) de 1522, dit Brunet, dont la souscription de la fin est datée de 1521, contient, comme celle de 1514, 4 et 230 ff., mais le 4e ff. prélim., au lieu d'être blanc, renferme la traduction des passages grecs du texte de Quintilien.

20240. Aldo Manutio (Orthographiæ ratio ab) Pauli f. collecta ex libris antiquis, Grammaticis. Etymologia, Græca consuetudine, etc. Venetiis, Aldus, 1566, in-8, v. antiq., fil. et ornem. à froid, marque des Aldes sur plat.   5 fr.

20241. Sophoclis tragœdiæ VII (gr.) opera G. Canteri. Lugd. Bat., ex officina Plautiniana, 1593, in-16, vél.   3 fr. 50

Petite édition correcte et encore recherchée, dit Brunet. Elle a été imprimée à Leyde où l'imprimerie de Plantin avait été transportée durant les troubles des Pays-Bas.

20242. Elzévir français. Les Satyres et autres œuvres du Sieur Regnier Dernière édition. Selon la copie imprimée (Leyde, Bonavent. et Abrah. Elzevier, à la Sphere), 1642. Pet. in-12, v. br.   35 fr.

Première édition du Regnier des Elsevier. Elle est beaucoup plus rare et plus jolie que celle de 1652 donnée par les mêmes éditeurs et contient de notables et curieux changements dans le texte de l'auteur.

20243. Origines de l'Imprimerie. J. Dan. Schœpflini Vindiciæ typographicæ. Argentorati, 1760, in-4, av. 7 planches grav. de spécimens des premières impressions de Strasbourg, v. m. (Bel exempl.).   8 fr.

Gutenbergii acta et primordia typographia Argentorati. — Typographia a Gutenbergio continuata a Petro Schœffero perfecta Moguntiæ. — Typographiæ Harlemensium origines. — Reliqua Gutenbergii fata — Gutenbergii successores Argentinæ usque ad sec. XVI — Typographii Alsatiæ extra Argentoratum. — Etc, etc.

20244. Invention de l'imprimerie (De l') ou analyse des deux ouvrages publ. sur cette matière par M. Meerman, suivi d'une notice chronol. et raisonnée des livres avec

et sans date imp. avant 1501 dans les Pays-Bas (par Jansen). 1809, in-8, br.   3 fr. 50

20245. Origines de l'imprimerie, d'après les titres authentiques par Lambinet. 1810, 2 vol. in-8, avec fac-similés, dem.-rel., v.   7 fr. 50

20246. Imprimerie à Rome au XV° siècle. Ang. M. Quirini de optimorum scriptorum editionibus quæ Romæ primum prodierunt post divinum Typographiæ inventum a Germanis opificibus in eam urbem advectum plerisque omnibus earum editionum seu præfationibus, seu epistolis in medium allatis cum brevibus observationibus ad easdem rei typographicæ origini illustrandæ valde opportunis, recensuit, annotationes rerumque notabiliorum indicem adjecit et variis rebus ad natales artis typographicæ dilucidandos facientibus præmisit F. Georg. Scheihornius. Lindaugiæ, 1761. In-4, dem.-rel.   10 fr.

Excellent livre dans lequel se trouvent reproduites les préfaces des premiers livres imprimés à Rome. Cette édition, qui est la plus complète, est curieuse, par les additions intéressantes faites par Scheihorn sur les origines de l'imprimerie.

20247. Origine de l'imprimerie (Analyse des opinions diverses sur l'), par Daunou. An XI, in-8, br.   3 fr.

20248. Libraire parisien (Etude sur le) du XIII° au XV° siècle d'apr. les documents publ. dans le Cartulaire de l'Université de Paris, par P. Delalain. 1891, in-8, br. 6 fr.

Etude très intéressante. — Exemplaire avec envoi d'auteur.

20249. Bibliothèque du Vatican au XV° siècle (La) d'après des documents inédits, par Eug. Muntz et P. Fabre. 1887, in-8, br.   5 fr.

20250. Elsevier (Annales de l'imprimerie des) ou histoire de leur famille et de leurs éditions, par Ch. Pieters. Gand, 1858, in-8, br.   6 fr.

20251. Rabelais Elzévir. Les œuvres de M. François Rabelais, docteur en médecine. S. l. (Amsterdam, Dan. Elsevier, à la Sphère), 1666, 2 vol. pet. in-12, cuir de Russie, fil. dent., losanges à fr. sur les plats, tr. dor.   30 fr.

Seconde édition du Rabelais des Elsevier, reproduisant exactement page par page et ligne pour ligne la première de 1663. — Vendue jusqu'à 205 fr. chez de La Villestreux. — Bel exemplaire, grand de marges.

20252. Erasmi (Adagiorum D.) Roterodami Epitome, editio novissima ab infinitis fere mendis quibus cætera scatebant repurgata nonnullisque in locis adaucta cum triplici indice auctorum, locorum et proverbiorum locupletissimo. Amstelodami, ex officina Elzeviriana, 1663. Pet. in-12, titre rouge et noir, rel. pleine en mar. bleu à longs grains, fil., dent. à fr., tr. dor. (Simier, relieur du Roi).   15 fr.

Jolie édition des Elsevier. — Bel exemplaire.

20253 Des Cartes (René). Les Passions de l'âme. Amsterdam, Louys Elzevier, 1650. Pet. in-12, v. rose, triple filet, dos orné. (Rel. d'Hering et Muller).   15 fr.

Edition rare et recherchée. Le privilège spécial accordé par Louis XIV à Descartes est fort curieux par ses considérants en faveur de la science. — Exemplaire en belle condition.

20254. Plinii (C.) Epistolarum libri X et panegyricus. Lugd. Batav., ex offic. Elsevirior., 1640, pet. in-12, v.   4 fr.

20255 **Titi Livii** Historiarum libri ex recensione I. F. Gronovii. Lugd. Batavor., ex officinâ Elzeviriana, 1645, 3 vol. avec frontisp. gravé. — Gronovii ad T. Livii libros notæ. Lugd. Batav., ex offic Elzeviriorum, 1645, 1 vol. — Ens. 4 vol. pet. in-12, rel. mod. uniforme en veau fauve, fil. 12 fr.

Le volume supplémentaire des notes de Gronovius sur Tite Live, paru après les autres, est de quelques millimètres un peu plus grand.

20256. **Elzévir français.** Les Mémoires de Messire Philippe de Commines, Sr d'Argenton. A Leide, chez les Elsevier, 1648. Pet. in-12, titre gravé, rel. pleine en maroq rouge du Levant jansén. à nerfs, dent. intér., tr. dor. (Rel. de Hardy). 45 fr.

Chef-d'œuvre de la typographie française des Elsevier, cette édition est fort recherchée. — Joli exemplaire.

20257. **Boccace Elzévir.** Il Decameron di Messer Giovanni Boccacci cittadino Fiorentino, si come lo diedero alle stampe gli SSr Giunti l'anno 1527. In Amsterdamo (alla. Sphera, Dan. Elsevier), 1665. Pet. in-12, titre rouge et noir, rel. pleine en mar. br. du Levant, à nerfs, dos orné, triple filet sur les plats, dent. intér., tr. dor. (Rel. de Niedrée). 45 fr.

Jolie édition très recherchée. Cet exemplaire est un de ceux qui commencent par la préface : Gl' amatori della lingua toscana qui serait, paraît-il, de l'abbé J. Ph. Marucelli, résident du grand-duc de Toscane à la Cour de France. — Bel exemplaire.

20258. **Hérésie des Iconoclastes** (Histoire de l') et de la translation de l'Empire aux François, par le P. L. Maimbourg. S. l., suiv. la copie (Hollande, à la Sphère), 1683, 2 vol. pet. in-12, v. ant., fil. 4 fr.

Jolie édition qui s'annexe à la collection des Elzevier. Bel exemplaire très grand de marges.

20259. **Dictionnaire des monogrammes,** chiffres, lettres, initiales, logogryphes, rébus, etc., trad. de l'allem. de Christ (par Sellius). 1762, in-8, 6 pl. de monogrammes, v. marbr. 10 fr.

20260. **Carteggio inedito d'Artisti** dei secolo XIV, XV, XVI, pubblicato ed illustrato con documenti pure inediti dal Dott Giov. Gaye con facsimile. Firenze, 1839, 3 vol. gr. in-8, dem.-rel., vél. 20 fr.

Recueil, dit Brunet, d'un grand intérêt pour l'histoire des Beaux-Arts; les documents qu'il renferme commencent en 1325 et se terminent par 60 lettres de Vasari, publiées d'après ces autographes.

20261. **Cataneo** (P.) Senese, I quattro primi libri di architettura. In Vinegio, Aldus, 1554, in-fol., fig. s. bois, vél. 8 fr.

Ouvrage aussi bien exécuté que bien conçu, av. des gravures en bois d'un beau dessin et de grandes lettres initiales. Vendu jusqu'à 70 fr. dans les ventes.

20262. **Burnouf** (Em.). Des principes de l'art, d'après la méthode et les principes de Platon. 1860, in-8, dem.-rel., v. fauve à nerfs. 2 fr. 50

20263. **Auteurs déguisez** sous des noms étrangers, empruntez, supposez, feincts à plaisir, chiffrez, renversez, retournez ou changez d'une langue en une autre. 1690, in-12, v. 4 fr.

Cet ouvrage, le premier publié en France sur ce genre de recherches bibliograph., a pour auteur Adrien Baillet. Barbier, qui dans le discours préliminaire de son Dictionnaire des Anonymes, rend hommage à l'érudition de Baillet, reprenait en la complétant l'œuvre commencée par ce dernier.

20264. **Ouvrages anonymes** (Dictionnaire des), par Ant. Alex. Barbier, 3e édit. rev. et augm. par Oliv. Barbier, R. et P. Billard. 1871-78, 4 tomes en 8 vol. gr. in-8, br. 38 fr.

Exemplaire en GRAND-PAPIER DE HOLLANDE.

20265. **Pseudonymes latins** (Dictionnaire des noms, surnoms et) de l'histoire littéraire du Moyen-Age (1100 à 1530), par Alfr. Franklin. 1875, gr. in-8, à 2 col., de 683 pag.,, br. 10 fr.

20266. **Struvii** Bibliotheca philosophica in suas c asses distributa. Ienæ, 1707, pet. in-8, v. br. 2 fr. 50

20267. **Cryptographie dévoilée** (La) ou Art de traduire ou de déchiffrer toutes les écritures en quelque caractere et en quelque langue que ce soit, quoiqu'on ne connaisse ni ce caractère ni cette langue ; appliqué aux langues française, allemande, anglaise, latine, italienne, espagnole, suivi d'un précis analytique des langues écrites, etc., par C.-F. Vesin de Romanini. 1857, in-8, br. 6 fr.

20268. **Heures de Metz.** Heures conten. l'Office de l'Eglise avec des prières et des instructions tirées de l'Ecriture Sainte et des Saints Pères. A Metz, chez Brice Antoine, imprimeur du Roy, 1709. In-8, mar. rouge, fil, dent. sur les plats, doublé de moire bleue, tr. dor. (Reliure ancienne). 35 fr.

Belle reliure armoiriée aux armes d'une famille de Lorraine que nous n'avons pu déterminer. Les armoiries du mari sont accollées de celles de la femme originaire de Bourgogne, d'argent à trois chardons de gueules feuillés et soutenus de sinople qui sont celles de Lazare Baillet, conseiller au Parlement de Bourgogne vers 1704. Le cahier du Calendrier des fêtes de janvier et d'une partie du mois de février a été omis dans l'exemplaire au moment de la reliure.

20269. **Jeanne d'Arc** (Notice sur) surnommée La Pucelle d'Orléans, par Michaud et Poujoulat. 1837, in-8, portr., v. viol. 3 fr.

20270. **Jeanne d'Arc** (Les deux procès de condamnation, les enquêtes et la sentence de réhabilitation de), mise pour la prem. fois intégralement en françois d'après les textes latins originaux officiels avec notes et documents, par E. O'Reilly. 1868, 2 vol. gr. in-8, fig., dem.-rel., mar. viol., à nerfs, non rognés. 20 fr.

Bel exemplaire avec envoi autographe signé de l'auteur.

20271. **Grande Guerre** (La), fragments d'une histoire de France aux xive et xve siècles, par R. de Belleval. 1862, in-8, br. 8 fr.

20272. **Guerre de Cent Ans** (L'Archiprêtre, épisode de la) au xive siècle, par Aimé Cherest. 1879, gr. in-8, br. 10 fr.

Excellent livre couronné par l'Institut. — Epuisé et devenu rare.

20273. **Jean de Ferrières** (Vie de), vidame de Chartres, seign. de Maligny (par L. de Bastard d'Estang). Auxerre, 1858, in-8, portr. en 2 coul., dem.-rel. 5 fr.

Tiré à petit nombre sur papier vergé. Envoi autographe d'auteur.

20274. **Histoire de Charles VII** (Essai critique sur l') d'Agnès Sorel et de Jeanne d'Arc ; avec portraits et fac-simile ; par J. Delort. 1824, in-8, dem.-rel., bas. 4 fr.

20275. Histoire de France (Catalogue de l') de la Bibliothèque Nationale. 1855-95, 12 vol. in-4, br. 70 fr.

Exemplaire complet avec les tables.

20276. Loys d'Avila (Commentaire du Seigneur Don) et de Cuniga, grand commandeur d'Alcantara, contenant la guerre d'Allemaigne faiste par l'empereur Charles V, roy des Espaignes és années 1547 et 1548, mis d'espaignol en françois par G. Boilleau de Buillon, par ci-devant commissaire et contrerolleur de Cambray, dédié au Seigneur des Essars. Paris, Chrestien Wechel, 1550. Pet. in-4, vél. 25 fr.

Edition rare. — Elle est restée inconnue de Brunet qui ne cite qu'une édition de l'année suivante (1551) de format petit in-8, aux noms de Vinc. Sertenas et J Longis, libraires-éditeurs parisiens.

20277. Histoire de Lille (Chapitres de l'). Le livre Roisin. — Le privilège de non-confiscation. — Les comptes de la ville. — Titres et documents inédits, par J. Houdoy. Lille, 1872, gr. in-8, br. 3 fr.

20278. Joyeuse entrée d'Albert et d'Isabelle à Lille au XVIᵉ siècle, d'après des documents inédits par J. Houdoy. Lille, 1873, in-8, br. 3 fr.

Tiré à petit nombre.

20279. Roman de Chevalerie. Théâtre d'histoire où avec les grandes prouesses et aventures étranges du noble et vertueux chevaliers Polimantes, prince d'Arfine, se représentent au vrai plusieurs occurrences fort rares et merveilleuses tant de paix que de guerre arrivees de son temps és plus célèbres et renommés pais, roiaumes et provinces du Monde, œuvre non moins plaisante et agréable qu'utile et propre à tous princes, chevaliers, seigneurs, dames et damoiselles et autres amateurs de vertu du siècle présent (par Philippe de Belleville). Bruxelles, Rutger Velpius et Hubert Antoine, 1613, in-4, fig., vél. 65 fr.

Beau livre dédié à Albert et à Isabelle Claire Eugénie infante d'Espagne. Il est orné d'un grand nombre de ravissantes figures sur cuivre d'une exécution remarquable qui sont comme autant de petits tableaux. La première en regard de la dédicace représente l'entrée d'Albert et d'Isabelle à Bruxelles en 1599. Belles épreuves. — Exemplaire parfaitement conservé dans sa première reliure. Il provient de l'abbaye de St Martin de Tournai et fut acheté par l'abbé en 1620.

20280. Chanson de Roland (La), trad. précéd. d'une introduct. et accompagn. d'un commentaire par L. Gautier. 1881, in-8, av. nomb. illust., br. 3 fr.

20281. Satyre Ménippée de la vertu du Catholicon d'Espagne et de la tenue des états de Paris, à laq. est ajouté un discours sur l'interprétat. du mot de Higuiero del Inferno. Ratisbonne, Kerner, 1726, 3 vol. in-8, frontisp., planches grav., v. marbr. 8 fr.

20282. Mirabeau. Conseils à un jeune prince qui sent la nécessité de refaire son éducation et lettre à Guillaume II, roi de Prusse. 1788, in-8, br. 2 fr. 50

20283. Auditeur national, journal de législation, de politique et de littérature. De l'origine Nᵒ 1, 2 oct. 1791-an Nᵒ 727, 5 fruct. an II (1794). 9 vol. in-8, fig., v. m. 10 fr.

Les Nᵒˢ 192, 320, 330, 374 à 413 manquent.

20284. Révolutions de Paris (Les), dédiées à la Nation, par Prudhomme (avec l'introduction). 1789-92, 12 vol. in-8, v. 18 fr.

Avec une quantité de figures représentant les principaux événements de la Révolution. Les tomes I à XII comprennent 155 Nᵒˢ. — La reliure n'est pas uniforme.

20285. Vendée (Guerre de) sous la République. 3 pièces in-4 et 2 placards-affiches in-fol. 20 fr.

Suspension de Rossignol, général en chef de l'armée des côtes de la Rochelle. De l'imprimerie du département de la guerre. Pour copie conforme : Momoro, commissaire national. 7 p. — Copie de la lettre écrite par le général de brigade Chalbos, de Fontenay-le-Peuple, le 13 mai 1793, l'an deuxième de la République française, au Ministre de la guerre. Fontenay-le-Peuple, chez le citoyen Cochon, imprimeur du département de la Vendée et de la Municipalité. 1793, 4 p. — Copie de la lettre écrite par le général de brigade Chalbos, de Fontenay-le-Peuple, le 16 mai 1793, au citoyen ministre de la guerre. A Fontenay, chez Testard et Goichot, imprimeurs du département et du district. 1793, 3 p. — Département des Deux-Sèvres Bulletin du 17 juin 1793 (prise de Chinon et de Saumur par l'armée royaliste, marche sur Angers, etc.). Niort, Lefranc-Elies, imprimeur des départem Placard in-fol. (Pièce raccommodée, quelques mots manquent dans le bas de l'affiche). — Les citoyens de la Vendée à tous les modérés de la République. A Lille. de l'imprimerie de C.-L. Boubers, place de la République. Très curieux placard-affiche dont voici un extrait : « Citoyens, nous venons d'échapper à notre entière destruction. La Vendée n'est plus. Nos champs abreuvés de sang, couverts de cadavres, vont être rendus à la culture..... Qui nous rendra nos femmes, nos enfants, nos freres morts dans cette horrible guerre ! .... Voyez sur nos frontières ces vils pandours en fuyant, arrachant le sein des femmes et rôtissant les enfans .... Celui qui n'est pas franc républicain aujourd'hui est un insensé qui se place entre deux guillotines, sans espoir d'échapper à l'une d'elles..... Si le spectacle de notre pays dévasté ne suffit pas pour vous convaincre, allez à Lyon, demandez au peuple combien il a eu à gémir de sa faiblesse ; voyez Toulon, où les traîtres ont été abandonnés par leurs propres séducteurs..... Voilà ce que vous deviendrez tous, si vous laissez approcher Brunswick ou Condé de vos domaines..... La France redeviendrait un repaire de vautours. » — On lit au bas de cette affiche cette mention : Réimprimé par ordre des représentans du peuple envoyés près l'armée du Nord, pour être, le jour de décadi de Nivose, publié, affiché et lu dans les formes prescrites par la loi révolutionnaire du 14 frimaire. Le représentant du peuple près l'armée du Nord, signé : Chales.

20286. Evénements de Thermidor (Rapport fait au nom des comités de salut public et de sûreté générale sur les), an II, par Courtois, député de l'Aube. An IV (1794), in-8, br. 3 fr.

20287. Observateur Anglois (L') ou correspondance secrète entre Milord All'eye et Milord Alle'ar. Londres, 1777, 4 vol. pet. in-8, cart. 10 fr.

20288. La Fontaine. Pièces de théâtre. La Haye, 1702, in-12, vél. à rec. 6 fr.

Volume assez rare en France. C'est la seule édition, séparée de ses œuvres, du Théâtre de La Fontaine. Il comprend 4 comédies . Penelope, qui est de l'abbé Genest ; Le Florentin, Ragotin, en collaboration avec Champmeslé; Je vous prends sans verd, et une tragédie : Le Duc de Monmouth, par Waërnewick. Chacune de ces pièces a une pagination particulière et une date différente. Ragotin porte la date de 1701.

20289. Boyer, de l'Acad. françoise. Jephté, tragédie. 1692, in-4, couv. pap. 3 fr. 50

Cette pièce fut composée pour les demoiselles de St-Cyr, qui la représentèrent. — Contrairement à la remarque du Catalogue de de Soleinne, citée par Brunet, cette édition in-4 porte le nom de

l'auteur, tout comme sur [les titres] des pièces éditées en in-12.

20290. **Coiffures à la mode** (L'Encyclopédie carcassière ou tableaux des), gravés
sur les desseins des petites-maîtresses de
Paris (par Beaumont). 1768, in-12, avec les
modèles gravés de 48 genres différents de
coiffures, dem.-rel., v. fauve. 25 fr.

Rare et recherché.

20291. **Madame Rolland** (Lettres de),
publ. par Cl. Perraud. recteur de l'Acad. de
Toulouse. 1900-1902. 2 forts vol. gr. in-8,
cart., non rognés. 25 fr.

20292. **Chaulieu.** Œuvres, d'apr. les mss.
de l'aut. La Haye (Paris, Cazin), 1777, 2
vol. in-18, portr., v. f., fil., tr. dor. (A la
reliure de Cazin). 2 fr. 50

20293. **Dictionnaire de l'Académie française** (Remarques morales, philosophiq. et
grammaticales s. le) (par G. Feydel). 1807,
in-8, br. 2 fr. 50

20294. **Dictionnaire de l'Académie françoise,** dédié au Roi. Paris, Coignard, 1694,
2 tom. en 1 vol. in-fol., front. gravé, v.
br. 50 fr.

Édition originale du Dictionnaire de l'Académie, rare et recherchée. Elle est tout à fait différente des suivantes. Les mots y sont rangés d'a-
près leurs racines. Les mots divisés et composés
sont placés après les mots primitifs, lesquels res-
sortent en gros caractères. — L'épître dédicatoire
au Roi, ainsi que la préface, sont de Fr. Charpentier.

20295. **Langue des Celtes-Gomérites**
(Eléments succincts de la) ou bretons ; introduct. à cette langue, et par elle a celles
de tous les peuples connus, par Lebrigant
de Pontrieux. Brest, an VII, pet. in-8,
br. 4 fr.

20296. **Grammaire françoise-celtique**
ou françoise-bretonne, contenant tout ce
qui est nécessaire pour apprendre par les
règles la langue celtique, par Grég. de Ros-
trenen. Brest, an III (1794), pet. in-8,
br. 4 fr.

20297. **Dialecte gascon** (De l'influence du)
sur la langue française de la fin du XVᵉ siècle à la seconde moitié du XVIIᵉ, par Max.
Lanusse. 1893, in-8 de près de 500 pages,
br. 5 fr.

20298. **Langage populaire** (Etude sur le)
ou patois de Paris et de sa banlieue, précéd. d'un coup d'œil sur le commerce de la
France au moyen-âge, les chemins qu'il
suivait, et l'influence qu'il a dû avoir sur
le langage, par Ch. Nisard. 1872, in-8 d'envir. 500 p., br. 6 fr.

20299. **Origines Indo-Européennes** (Les)
ou les Aryas primitifs, essai de paléonto-
logie linguistique, par Ad. Pictet. 1859,
2 vol. gr. in-8, br. 15 fr.

20300. **Formes verbales en grec** (Essai
sur la signification et l'emploi des) d'après
le texte d'Hérodote, par L. Bénard. 1889,
in-8, br. 4 fr.

20301. **Décret en dialecte dorien** (Texte
et explication d'un) proven. de l'île de Car-
pathos, par C. Wescher. Pièce in-8, av. pl.
de fac-simile, cart. à la Brad. 1 fr. 50

20302. **Langue latine.** Ecriture et prononciation du latin savant et du latin populaire, et appendice sur le chant dit des

frères Arvales, par G. Edon. 1882, in-8,
br. 4 fr.

Avec 9 planches, dont 2 sont hors texte. — Cou-
pure dans le blanc du faux-titre.

20303. **Fortunatus** (Hist de). — Hist. des
enfants de Fortunatus. Liège, 1787, 2 vol.
pet. in-8, br. 4 fr.

Traduction fidèle de ce célèbre roman populaire.

20304. **Bruscambille** (Les œuvres de),
conten. ses fantaisies, imaginations et
paradoxes, et autres discours comiques,
reveu et augmenté par l'autheur. Rouen,
Rob. Sejourné, 1629, pet. in-12, vél. 25 fr.

Edition rare de ce recueil facétieux. — Exemplaire bien conservé, dans sa première reliure.

20305. **Meslanges historiques** ou recueil
de plusieurs actes, traictez, lettres missives
et autres mémoires qui peuvent servir en
la déduction de l'histoire depuis l'an 1390
jusques à l'an 1580 (publ. par N. Camuzat).
Troyes, Noel Moreau, dit le Coq, 1619.
In-8, rel. pleine en mar. rouge du Levant,
à nerfs, dos orné, triple filet sur les plats,
dent intér., tr. dor. (Reliure signée de
Hardy). 70 fr.

Recueil fort important, qui contient une foule de
pièces inédites et des plus intéressantes que l'on
ne trouve que là. Voici l'énumération succincte de
quelques-unes d'entre elles : Articles du mariage
accordé entre Thibault, comte de Champagne, et
la sœur ou roi d'Escosse. — Ordonnance du roi
Charles VI sur la défense du pèlerinage de Rome.
— Donation du comté de Mortain à Charles de
Navarre — Traicté du mariage de Loys de France,
duc de Guienne, avec Marguerite de Bourgogne.
— Traicté de mariage d'Isabelle de France avec
Charles, comte d'Angoulème. — Diverses lettres
de François Iᵉʳ pour affaires traictées avec le roy
d'Angleterre Henry VIII. — Narration de l'entrée
et couronnement de la Royne d'Angleterre, Anne
de Boulogne, à Londres, le 2 juin 1533. — Lettres
d'emprunt faict au roy d'Angleterre pour la délivrance de Messieurs les Enfans de France, ostages
en Espagne pour la rançon de François Iᵉʳ. —
Pièces originales de l'entrevue et traicté du Camp
du Drap-d'Or. — Plusieurs lettres de Lazare de
Baïf. — Mémoires militaires du Sʳ de Mergey,
gentilhomme Champenois, sur les guerres de
Flandres et les guerres de religion en Saintonge,
faits par l'auteur en 1615, à l'âge de 77 ans. —
fitc., etc. — Très bel exemplaire, bien complet
de toutes ses parties, auquel on a joint un second
titre, renouvelé à la date de 1644 et au nom de
Jacques Febvre.

20306. **Sillery-Brulart** (Leçons d'une gouvernante à ses élèves, par Mᵐᵉ de), gouvernante de Mˡˡᵉ d'Orléans. Maestricht,
1792, 2 vol. in-12, dem.-rel. 3 fr. 50

Mᵐᵉ de Genlis ne fut pas seulement gouvernante
de Mˡˡᵉ d'Orléans, comme l'indique le titre de cet
ouvrage ; elle fut, ainsi qu'elle le dit dans sa préface, la *maîtresse absolue* de l'éducation de tous
les enfants d'Orléans.

20307. **Nodier** (Ch.). Souvenirs de jeunesse,
extraits des Memoires de Maxime Odin.
1832, in-8, dem.-rel. 4 fr.

« Ce que je peins, dit l'auteur, c'est le jeune
homme que j'étais, sensible, enthousiaste, passionné à sa manière, et ce portrait n'est pas celui
d'un individu, c'est celui d'une espèce. »

20308. **Lemercier** (Nepomucène). Caïn ou
le premier meurtre, parodie-mélodrame
mêlée de couplets en 3 actes, précédés d'un
prologue. 1829, in-32, cart. à la Brad.
1 fr. 50

20309. **Janin** (J.). Correspondance, publ.
par A. de la Fizelière, av. le concours de
Clément-Janin. 1877, in-12, br. 3 fr.

20310. **Galilée.** Systema Cosmicum authore

Galilæo Galilæi Lynceo Academiæ Pisanæ mathematico extraordinario in quo quatuor dialogis de duobus maximi Mundi systematibus Ptolemaico et Copernicano disseritur, accessit appendix gemina qua SS. Scripturæ dicta cum Terræ mobilitate conciliantur. Augustæ Trebocorum, impensis Bonaventuræ et Abrah. Elzevir. bibliopolarum Leydensium, 1635 In-4, front. gravé et portr. de Galilée, v. marbr.   20 fr.
   Livre très rare et recherché. — Voir la note de Brunet.

20311 **Réaumur.** Mémoires pour servir à l'Histoire des Insectes. 1734-1744, 6 vol. in-4, fig , v. marbr.   40 fr.
   Cet ouvrage, dit Brunet, riche en faits curieux et de la plus grande exactitude, sera toujours consulté avec fruit. — Bel exemplaire de la meilleure et la plus belle des deux éditions sous cette date, conforme à la description de Brunet.

20312. **Etat actuel du Parlement de Paris** (Lettre de M. de C** à M. de St **** à Rouen, servant de réponse à la lettre du Parlement de Normandie au Roy, en date du 8 févr., sur l'). 1771, pet. in-8, dem.-rel., perc à la Brad.   3 fr.

20313. **Le Noble.** L'Ecole du Monde ou instruction d'un père à son fils touchant la manière dont il faut vivre dans le monde. Amst., 1709, 6 parties en 3 vol. pet. in-12, vél.   8 fr.
   Le meilleur des ouvrages de Le Noble. L'auteur le considérait comme devant être immortel.

20314. **Theâtre des Jésuites.** 4 broch. in-8.   3 fr. 50
   Les Incommoditez de la grandeur, drame héroïque présenté par les pensionnaires du collège Louis-le-Grand. 1734. (Programme). — Sinoris, fils de Tamerlan, tragédie, par le R. P. J. Badou. Montauban, 1755. — Histoire de Jean Conaxa, riche marchand d'Anvers, par J. Rinald, jésuite. 1812. — Conaxa ou les gendres dupés, comédie. 1812.

20315. **Patriarche de Constantinople** (Un) au XVIIᵉ siècle, Cyrille Lucar. sa vie et son influence (1572-1638), par P. Trivier. 1877, in-8, br.   3 fr.

20316. **Andres** (Giov.). Dell' origine, progressi e stato attuale d'ogni Letteratura. Parma, Stamperia Reale. 1785-1822. 8 vol. in-4, dem -rel., cuir de Russie, tr. éb·rb. (Bel exempl.).   30 fr.
   Ouvrage savant, assez estimé, dit Brunet, qui le porte à 80 fr.

20317. **Tiraboschi** (Girol.). Storia della letteratura Italiana. Milano, 1822-1826, 16 vol., avec portr. — **Lombardi** (Ant.). Storia della letteratura Italiana nel secolo XVIII. Modene, 1827-30, 4 vol. — Ensemble 20 vol in-8, rel. uniforme en dem.-rel., v. fauve, à nerfs, non rog. (Niedrée).   30 fr.
   L'ouvrage de Tiraboschi sur la littérature italienne est fort estimé. — Edition la meilleure et la plus complete, avec les additions mises en leurs places et la vie de l'auteur. L'ouvrage de Lombardi lui fait suite. — Bel exemplaire.

20318. **Boccalini** (Trajano) ragguagli di Parnaso del molt' illust. et excellentiss. sign. Trajan. Boccalini centuria I et II. Venétia, 1614, 2 vol. in-4, vél.   3 fr.

20319. **Visconti** (Le vite dei dodeci) che signoreggiarono Milano, descritte da Paolo Giovio, vescovo di Nocera, trad. da L. Domenichi. abbellite delle vere effigie d'essi principi. Milano, 1665, in-4, frontisp. gravé et portr. des Visconti gr, s. cuivre. cart.   5 fr.

20320. **Ciceronis** (M, T.) Opera quæ supersunt omnia ac deperditorum fragmenta, cum varietate diversorum et optimorum auctorum edidit J. C. Orellius. Turici, 1826-1837, 12 tom. en 8 vol. gr. in-8, dem.-rel., v. vert.   20 fr.
   Edition très estimée.

20321. **Martial.** Epigrammes, trad. en vers français par Constant Dubos, précéd. un essai sur la vie et les ouvrages de Martial, par Jules Janin 1841, in-8 de 535 pag., br.   4 fr.

20322. **Horace** et l'empereur Auguste ou observations pour servir de complément aux comment. sur Horace, par Eusèbe Salverte. 1823, in-8; dem.-rel., v. vert.   3 fr. 50

20323. **Goldsmith** (The Roman history, from the fundatioun of the city of Rome to the destruction of the western empire. London, 1775, 2 vol. in-8, v. fauve.   2 fr.

20324. **Guerre des Bataves** et des Romains (Hist. de la), d'apr. César, Corneille, Tacite, etc., rédig. par le marq. de St-Simon. Amst., 1770, in-fol., av. planch. d'Otto Vœnius grav. par Tempesta et plans et cartes color., cart , non rog.   10 fr.

20325. **Hermogenis** ars oratoria absolutissima (gr.-lat) cum comment. Gasp. Laurentii. Coloniæ, 1614, in-8, bas.   1 fr. 50

20326. **Theophylacti 'Simocatæ** quæstiones physicæ nunquam antea editæ; ejusd. Epistolæ morales, rusticæ, amatoriæ; Cassii quæstiones medicæ; Juliani imp , Basilii et Greg. Nazianzeni Epistolæ aliquot nunc primum editæ (gr.-lat.) opera Bon. Vulcanii Brugensis. Lugd. Batavor., 1597, pet. in-12, bas.   3 fr.

20327. **Menagii** (Ægid.) Juris civilis amœnitates. 1664, in-8, v. b.   2 fr. 50

20328. **Sestertii** (J. Fred Gronovii de), seu subsecivorum pæcuniæ vet. Græcæ et Romanæ lib. IV; access. L. Volusius Mæcianus et Balbus Mensor de Asse: Pasch Grosippi tabulæ numariæ , Mantissa de fœnore unciario et centesimis usuris; item de Hyperpiro, Salmasii epistola et ad eam responsio (gr.-lat.). Lugd. Bat., 1691, in-4, front. gravé, vél. de Holl. (Bel exemplaire).   4 fr.

20329. **Crevier.** Histoire des empereurs romains dep. Auguste jusqu'à Constantin. 1749-1755, 12 vol. in-12, cart., v. marbr.   6 fr.

20330. **Géographie de Virgile** ou notice des lieux dont il est parlé dans les ouvrages de ce poète accompagné d'une carte geograph. par Helliez. 1771, in-12, v.   3 fr.
   Dans le même volume : Histoire raisonnée des discours de Cicéron. avec des notes crit. et histor., etc.

20331. **Aulu-Gelle.** Les Nuits Attiques, traduct. nouvelle (texte latin en regard) par E. de Chaumont, F. Flambart et E. Buisson. Paris, Panckoucke, 1845-46, 3 vol. in-8, dem.-rel., v. fauve.   7 fr. 50

20332. **Eloquence judiciaire à Rome** (Essai sur l') pendant la République, par J. Poiret. 1886, in-8, br.   4 fr.

20333. **Habillement chez les anciens.** Bart. Bartholini commentarius de Pœnula accessit H. Ernstii ejusd. argumenti epis-

tola. Hafniæ, 1655, pet. in-8, av. fig. grav...
cart.   2 fr. 50

Le mot *pœnula* s'applique à un pardessus ou manteau de forme spéciale qui se mettait sur la toge ou la tunique. — 3 figures gravées dans le volume donnent les diverses formes de ce vêtement.

20834. Thucydide (Hist. de) de la guerre du Péloponèse, continuée par Xénophon, trad. par N. Perrot d'Ablancourt. 1662, in-fol., v., fil.   2 fr. 50

20835. Eckhart (J.-G.). Comment. de rebus Franciæ orientalis et episcopatus Wirceburgensis. Wirceburgi, 1729, 2 vol. in-fol., portr. et pl., v. m.   8 fr.

20836. Voiages au Nord (Recueil de), conten. divers mémoires très utiles au commerce et à la navigation (publ par J.-F. Bernard). Amsterdam, 1715-38, 10 vol. in-12, fig. et cartes, v. marbr.   30 fr.

Collection estimée et dont on trouve difficilement tous les volumes réunis qui ont paru à des dates différentes. Elle contient les relations d'Islande et du Groënland de La Peyrère, — le voyage de Fréd. Martens de Hambourg au Spitzberg, — la relation de Terre-Neuve de White, — le mémoire du même sur la navigation du golfe Saint-Laurent, — des lettres de Delisle touchant le Mississipi et la Californie, — la relation du Japon de Le Caron, — le voyage de l'Empereur de la Chine dans la Tartarie, par le P. Verbiest, — une relation du royaume de Corée, — les deux voyages de Linschot au Waigatz, — la relation de la Louisiane et du Mississipi, par le chevalier de Tonti, — la relation des voyages de Gosnol, Pringe et Gilbert à la Virginie en 1602 et 1603, — le voyage de Moscou à la Chine par Evert Isbrands, — la relation des Natchez du P. Le Petit, — la découverte d'un pays plus grand que l'Europe situé dans l'Amérique, par le P. Hennepin (avec la carte), — Etc., etc. — Légère différence dans les fers de la reliure des deux derniers volumes.

20837. Perizonii (Jac.) Ægyptiarum originum et temporum antiquissimorum investigatio. Lugd. Batav., 1711, pet. in-8, v. br.   2 fr. 50

20838. Chine (Nouv. atlas de la), de la Tartarie chinoise et du Thibet, conten. les cartes génér. et particul. de ces pays, ainsi que la carte du royaume de Corée, par d'Anville. La Haye, 1737, gr. in-fol., dem.-rel., v. marbr.   10 fr.

20839. Abyssinie (Voyage en) entrepris par ordre du gouvernem Britannique, exécuté dans les années 1809 et 1810 par H. Salt, trad. de l'angl. par Henry. 1816, 2 vol in-8 br. et atlas in-4 obl. de xxxii planches et cartes, cart.   8 fr.

20840. Ethnographie, anthropologie. 10 broch. in-8.   8 fr.

De la place de l'homme dans la création, par le Dr D. Riolacci. Metz, 1868. — Des races humaines ou élémens d'ethnographie, par J.-J. d'Omalius d'Halloy. (Édition réservée). — De l'unité de l'espèce humaine, par Pierquin de Gemblouz. Bourges, 1840. — Développements histor. sur l'origine de la race française, par A. Rabusson. 1845. — Essai sur la chevelure des différ. peuples, par R. Cortambert. 1861. — Lettres sur la race noire et sur la race blanche, par Gust. d'Eichtal et Ism. Urbain. 1839. — Etude sur la race celtique, par H. Lizeray. 1874. — Evaluation numérique de la population du Nouveau Continent considérée sous les rapports de la différ. des cultes, des races et des idiomes, par Alex. de Humboldt 1825. — De la part des peuples sémitiques dans l'histoire de la civilisation, par Ed. Renan. 1862. — Du recrutement de la population dans les petits Etats démocratiques, par Ed. Mallet. Genève, 1851.

20841. Anthropologie, ethnographie. Réunion de 9 broch. in-8.   7 fr. 50

Unité de l'espèce humaine, par Gabr. de Pages de Chaulnes. Orléans, 1862. — Discours sur l'unité de l'espèce humaine, par L. Hegewald. Dijon, 1858. — Contemporanéité de l'espèce humaine et de div. espèces animales aujourd'hui éteintes, par Alb. Gaudry. 1861. — Classification de l'homme dans la nature, par Aloh. Castaing. 1862. — Coup d'œil sur l'origine de l'homme, esquisse géologique, par de Longuemar. Poitiers, 1856. — L'homme et l'animal, par Pruner-Bey. 1865. — De l'excellence des attributs qui séparent l'homme des animaux, par le Dr Faure Alger, 1877. — De l'unité d'origine du genre humain, par H. de Charencey. — Développement historique sur l'origine de la race française, par A. Rabusson. 1845.

20842. Bible (La Sainte), trad. par Legros. Paris, Desoer, 1819, 7 vol. in-8, pap. fin, dem.-rel., mar. bleu à longs grains, non rognés.   20 fr.

Jolie édition, dit Brunet. Elle reproduit le texte de la traduction estimée de Legros publiée à Cologne en 1739, mais est mieux imprimée. — Bel exemplaire de la collection Beaupré, avec l'exlibris de cette bibliothèque.

20843. Limborch (Phil.). De veritate religionis christianæ, amica collatio cum erudito Judæo. Goudæ, 1687, in-4, v. f.   4 fr.

20844. Raimundi Lullii (Apertorium) Majoricani. — Magica naturalis Magistri Raimundi Lullii. — De Secretis Naturæ seu de Quinta Essentia. Norimbergæ, per Joh. Petreium, 1546, in-4, vél.   5 fr.

Rare. — Le titre manque à l'exemplaire.

20845. Manuscrits de Lyon (Les) et mémoire sur l'un de ces mss., le Pentateuque du vie siecle, par Léop. Niepce, accompag. de deux fac-sim. par L. Delisle. Lyon, s. d., in-8, pap. vergé.   5 fr.

Tiré à 100 exemplaires seulement.

20846. Delisle (L.). Inventaire des manuscrits de Saint-Germain-des-Prés conservés à la Bibliothèque. 1868, in-8, br.   5 fr.

20847. Delisle (L.). Inventaire des manuscrits de l'abbaye de Saint-Victor, conservés à la Bibliothèque. 1869, in-8, br.   4 fr.

20848. Etablissement des Espagnols en Septimanie (Etude histor. sur l') aux viiie et ixe siècles et sur la fondat. de Fonjoncouse, par E. Cauvet. Narbonne, 1877, in-8, br.   4 fr.

Cette étude est précédée d'un fac-simile de l'attestation délivrée en 834, relat. au fief de Fonjoncouse donné à J. Teudefrede par Charlemagne et Louis le Débonnaire.

20849. Guerres de Religion. Commentaires de l'Estat de la Religion et république soubs les rois Henry et François seconds et Charles neuvieme. S. l., 1565, pet. in-8, v.   12 fr.

Cet ouvrage, journal des évènements de 1556 à 1561, écrit avec modération par P. de La Place, juriscons. et historien, né à Angoulême, est recherché des curieux qui donnent la préférence à cette édition.

20850. Mémoires de la Ligue, cont. les événements les plus remarquables dep. 1576 jusqu'à la paix accordée entre le roi de France et le roi d'Espagne en 1598 (par S. Goulard); édit. rev., cor. et augm. de notes crit. histor. (par l'abbé Goujet) Amst., 1758, 6 vol. in-4, v. m. (Bel exemplaire).   30 fr.

20851. De Thou (Histoire univers. de Jacq.-Aug.) avec la suite par Nic. Rigault, les mémoires de la vie de l'auteur dep. 1543 jusqu'en 1551, trad. sur l'édit. latine de Londres av. des remarq. historiq. et critiq. par de Casabon, de Du Plessis Mornay, G. Laurent, Ch. de L'Ecluse, Guy Patin, etc. La Haye, 1740, 11 vol. in-4, portr., v. m. (Exemplaire en bon état).   30 fr.

20352. Derniers jours des rois de France (Recherches historiq. sur les), funérailles, tombeaux, notice sur St Denis, sacre et couronnement, par Berthevin. 1825, in-8, br.   3 fr.

20353. Simon Renard, ses ambassades, ses négociations, sa lutte avec le cardinal de Granvelle, par M. Tridon. Besançon, 1882, in-8, br.   4 fr.

20354. Blois (Histoire de), conten. les antiquitez et singularitez du Comte de Blois, les éloges de ses Comtes et les vies des hommes illustres qui sont nez au pais Blaisois avec les noms et armoiries des familles nobles du mesme pais, par J. Bernier. 1682, in-4, v. antiq. (Bel exemplaire).   45 fr.

20355. Saincts et Sainctes d'Auvergne et du Velay (La vie des), par Jacq. Branche, prieur de N. D de Pébrac, nouv. édit. publ. par l'abbé Marmeisse. Clermont-Ferrand, 1858, 2 vol. pet. in-8, br.   10 fr.

Réimpression avec additions d'après l'édition originale rarissime de 1651.

20356. Rodez. 4 pièces in-fol. et in-4, imprimées et manuscrites.   12 fr.

Mémoire pour le chapitre de l'église cathédrale de Rhodès, défendeur contre M. de Saléon, archevêque de Vienne et ci-devant évêque de Rodez, demandeur. 1747, 8 p. in-fol. — Factum pour les consuls et habitans de la ville de Rodès, demandeurs et défendeurs contre Bernardin de Corneillan, evesque de Rodès, Guill. Calviac, les nommés Constans, Carevac, Nouguié, Mathieu, Frons, Combelles et Cavitrot, bouchers, et les nommés Camboulas et Dumas, entrepreneurs du fournissement des boucheries establis par lesd. consuls (1644). 8 p. in-4. — Justification de M. le vicomte de Corneilhan au sujet des procez qui lui ont esté intentez par la dame de Benoist sa mère ou qu'il s'est vu forcé de lui intenter (vers 1705). 30 p. in-4. — Pactes de mariage faitz et accordez à l'honneur de Dieu et de la Vierge Marie et de toutz les sainctz et sainctes entre Raymond de Barnat, sieur d'Olemps, bourgeoys et habitant de la ville de Roudez, et damoiselle Marie de Gasquet d'Alby. 1589, 8 p. in-fol. Mss.

20357. Marseille (Journal abrégé de ce qui s'est passé en la ville de) dep. qu'elle a été affligée de la contagion tiré du mémorial de la Chambre du Conseil de l'Hôtel de Ville tenue par le Sr Pichatty de Croislante. 1721, in-12, mar. rouge, fil., tr. dor. (Rel. ancienne).   10 fr.

Bel exemplaire dans une bonne reliure ancienne très fraîche.

20358. Etats généraux en Provence (La convocation des), par J. Viguier. Marseille, 1896, in-8, br.   5 fr.

20359. Monuments de Carcassonne (Les), par Cros-Mayrevieille. 1850, in-8, b. 3 fr. 50

20360. Lorraine. Médailles et médaillons frappés en l'honneur de souverains Lorrains. 1715-29, 5 pièces in-4, br.   12 fr.

Explication de la médaille frappée par ordre de l'Hôtel de Ville en l'honneur de Monseign. le prince royal pour sa première entrée dans la ville de Nancy le 25 nov. 1714. Nancy, 1715. Suiv. d'une autre Explication de la médaille frappée par ordre de l'Hôtel de Ville en l'honneur de S. Alt. Séréniss. Monseign. le prince Franç. Etienne de Lorraine pour sa prem. entrée à Nancy. 1715. — Explication de la médaille frappée en l'honneur de S. Alt. Roy. Madame par ordre de l'Hostel de Ville de Nancy, le 14 juillet 1715 (par le P. Hugo). Nancy, 1715. — Explication du médaillon frappé en l'honneur de son Alt. Royale au sujet de la construction nouvelle des Ponts et Chaussées dans le duché de Lorraine et Bar. Nancy, 1726. — Dissertation sur un médaillon frappé à l'honneur de S. Alt. Roy. François II, duc de Lorraine, à l'occasion de son avènement à la couronne. 1729. — Dissertation sur un médaillon frappé au sujet de la Régence de S. Alt. Roy. Madame. Nancy, 1729.

20361. Grosnet (Pierre). Enchiridion Virtutum sive compendiolum morale Petri Grosneti Altissiodorensis artium magistri necnon in utroque jure licentiati in optima Aristotelis Moralia introductorium. Parisiis, ap. Joh. Longis, 1534, in-16, dem.-rel., v. antiq.   8 fr.

Volume rare dédié au chancelier Antoine Du Prat. — L'auteur Pierre Grosnet ou Grognet est né à Toucq, petite ville du diocèse d'Auxerre.

20362. Bailliage d'Auxerre (Cahiers des paroisses du) pour les Etats-Généraux de 1789, par C. Demay. 1885, in-8, br.   5 fr.

Contribution des plus importantes pour l'histoire de la Bourgogne à la fin du xviii° siècle. Le savant éditeur a enrichi ces cahiers d'une introduction du plus haut intérêt et de notes précieuses. Le volume est orné d'une belle carte du bailliage d'Auxerre, tel qu'il existait à la fin du xviii° siècle.

20363. Causes du rire (Des), par L. Dumont. 1862, in-8, dem.-rel., dos et coins de mar. rouge du Levant, dos orné, fil., tête dor., non rogné.   5 fr.

Jolie reliure de Behrends.

20364. Sentiments agréables (Théorie des) (par Levesque de Pouilly). 1749, in-12, 1 frontisp. par de Sève, grav. par Fessard, 1 fleuron et 2 vign. par les mêmes, v.   1 fr. 50

20365. Diable amoureux (Le), nouvelle espagnole (par Cazotte). In-8, frontisp. et 5 fig. en charge, v. m.   20 fr.

EDITION ORIGINALE très rare. Les figures fort curieuses qui sont à l'eau-forte ne sont pas signées. — Cohen les attribue à Marillier. — Bel exemplaire, malgré un trou de vers qui traverse le volume tout-à-fait sur le bord de la marge. — Cet exemplaire provient de la bibliothèque du baron Pichon.

20366. Legouvé (G.). Œuvres complètes. 1826, 2 vol — Œuvres inédites. 1827, 1 vol. — Ens. 3 vol. in-8, portr. de l'auteur par Chasselat, fig. par Desenne, Colin et Leveria, cart. à la Brad., non rogn. (Bel exempl.).   5 fr.

20367. L'histoire par le théâtre, 1789-1851, par Th. Muret. 1865, 2 vol. in-12, dem-rel, v. fauve, dos orné, non rogné.   5 fr.

La Révolution, le Consulat et l'Empire. — La Restauration, etc.

20368. Théâtre (Recueil de pièces de), 8 pièces en 1 vol. in-8, dem.-rel., v. viol.   5 fr.

Les Machabées ou la prise de Jérusalem, drame sacré par Cuvelier. 1817. — Perinet Leclerc ou Paris en 1418, par Anicet Bourgeois et Lockroy. 1832, frontisp. — Lucrèce Borgia, Marie Tudor, Angelo, drames par Victor Hugo. 1833-38. — L'amour d'une reine ou une nuit à l'hôtel S. Paul, par Saint-Yves et Raymond. — Les 2 serruriers, drame en 5 actes, par Félix Pyat. 1841. — Le procès du Mal Ney, par Fontan et Dupeuty.

20369. Corneille. 6 broch. in-12 et in-8. 5 fr.

La jeunesse de Corneille, comédie histor. par

E. Coquatrix, de Rouen. 1844. — Pierre Corneille (le père), maître des eaux et forêts et sa maison de campagne, par E. Gosselin. Rouen, 1864. — Pierre Corneille et J.-Bapt. Diamante, par Ant. De La Tour. 1861. — Différence entre le théâtre de Corneille et celui de Racine, par Em. Errat. Antibes, 1873. — Corneille et ses voisins, comédie par Lucien Elie et Lemaire aîné. Rouen, 1842. — Deuxième centenaire de Pierre Corneille, allocution prononcée en l'église Saint-Roch par l'abbé Millault. 1884. (Pap. de Hollande).

20370. **Philosophie.** 4 broch. in-8. 4 fr.

La Loi, premières leçons du cours de philosophie morale, par Ch. Jeannel. Montpellier, 1858. (Envoi d'auteur). — De l'enseignement de la Philosophie en France au xixᵉ siècle, par l'abbé Bautain. Strasbourg, 1833. — De la vraie et de la fausse philosophie, par le P. Ventura de Raulica. 1852. (Envoi d'auteur à une dame) — Lettre à Sainte-Beuve au sujet de ses idées philosophiques, par Ramon de la Sagra. 1867.

20371. **Académie des Sciences** (L'), par Ern. Maindron, av. 8 planches hors texte, 53 gravures, portr., plans et autograph reprod. d'après des documents originaux. 1888, in-8, br. 6 fr.

Histoire de l'Académie. — Fondation de l'Institut National. — Bonaparte, membre de l'Institut National. — Bibliographie de l'Académie des Sciences.

20372. **Poésies du Moyen-Age,** publiées et mises au jour, par Ach Jubinal. 1834, 3 ouvr. en un vol. in-8, dem.-rel., v. bl. 7 fr. 50

La Complainte d'Outre-Mer et celle de Constantinople, par Rutebeuf (xiiiᵉ siècle). — Des XXIII manières de Vilains. — La Résurrection du Sauveur, fragm. d'un mystère inedit. — La complainte et le jeu de Pierre de la Broce, chambellan de Philippe-le-Hardi, qui fut pendu le 3o juin 1278.

20373. **Hildebert de Lavardin** (Les Mélanges poetiques d'), par B. Hauréau. 1882, in-8, br. 4 fr.

20374. **Nisard** (Ch.). Les gladiateurs de la République des Lettres aux xvᵉ, xviᵉ et xviiᵉ siècles 1860, 2 vol. in-8, br. 7 fr. 50

Franç. Filelfo ou Philelphe. — Poggio. — Laur. Valla. — J.-C. Scaliger. — Gasp. Scioppius. — Franç. Garasse.

20375. **Derniers Jansénistes** (Les), dep. la ruine de Port-Royal jusqu'à nos jours (1710-1870), par L. Séché. 1891, 3 vol. in-8, br. 10 fr.

20376. **Poétique de Racine** (La), étude sur le système dramatique de Racine et la constitution de la tragédie française, par P. Robert. 1890, in-8, br. 4 fr.

20377. **Racine.** Œuvres complètes 1865, 3 vol. in-12, dem.-rel., mar. viol., à nerfs. 3 fr. 50

20378. **Poètes français.** Nouveau recueil des plus beaux vers de ce temps. Paris, Touss. du Bray, 1609, in-8, vél 25 fr.

Recueil de pièces de Malherbe, Du Perron, Bertant, Motin, de Lingendes, de Rosset, etc... — Exemplaire grand de marges, dans sa première reliure avec la signature de *François Ogier*, datée de 1619, sur le titre.

20379. **Beaumarchais** et ses œuvres · précis de sa vie et histoire de son esprit d'après des documents inédits, av. un port. et un fac-similé, par E. Lintilhac. 1887, in-8 de près de 500 pag., br. 6 fr.

20380. **Napoléon.** Monuments des Victoires et Conquêtes des Français, recueil de tous les objets d'arts, arcs de triomphe, colonnes, bas-reliefs, tableaux, etc.. consacrés à célébrer les victoires des Français de 1792 à 1815. In-fol., obl., avec figures

au trait grav. par Tardieu, dem.-rel., v. rouge, non rogné. (Mouillures). 10 fr.

20381 **Buonaparte** (Hist. des deux chambres de) dep. le 3 juin jusqu'au 7 juillet 1815, conten. le détail de leurs séances précéd. de la liste des pairs et des députés, par T. F. D. (F. Th. Delbare). 1815, in-8, br. 2 fr. 50

20382. **Numis Hebræo-Samaritanis** (F. Per. Bayerii de). Valentiæ Edetanorum, 1781, in-4, front., port., vignettes et fig. en taille-douce, v. fauve, fil. 7 fr. 50

Bel exemplaire en GRAND-PAPIER.

20383. **Eyriès.** Abrégé des voyages modernes dep. 1780 jusqu'à nos jours, conten. ce qu'il y a de plus utile, de plus remarquable et le mieux avéré dans les pays où les voyageurs ont pénétré. 1822-24, 14 vol. in-8, cart à la Brad., non rognés. 18 fr.

20384. **Jésuites à Poitiers** (Les). 1604-1762, par Jos. Delfour. 1902, in-8 d'envir. 400 pag., avec 5 grav et 1 plan, br. 5 fr.

L'enseignement secondaire à Poitiers avant les Jésuites. — Premières tentatives des Jésuites pour s'établir à Poitiers. — Installation des Jésuites au Collège Ste-Marthe. — Apogée de la puissance des Jésuites. — Leur expulsion — L'emploi du temps; exercices publics. — Le Théâtre des Jésuites. — Les fêtes publiques. — De q. q. écoliers illustres du Collège Ste-Marthe et du Puygmarreau. — Etc..

20385. **Syrie.** Annales compendiarii regum et rerum Syriæ, numis veter. illustrati, deducti ab obitu Alexandri Magni, ad Cn. Pompeii in Syriam adventum, cum amplis prolegomenis R. P. J. B. Prileszky auct. Viennæ Austriæ, 1744, pet. in-fol., fig. en taille-douce, dem.-rel., v. m. 6 fr.

20386. **Origines Celtiques** (Recherches sur les), principalem. celles du Bugey considéré comme berceau du Delta celtique, par P. J. Bacon. 1808, 2 vol. in-8, portr. et fig., br. 8 fr.

Les pages 80 à 108 du tome II de cet ouvrage n'ont jamais été imprimées. Elles sont remplacées dans la plupart des exemplaires par une notice du même auteur sur un buste antique d'Alcibiade sculpté par Socrate, formant le même nombre de pages.

20387. **Légende des Flamens** (La), cronique abrégée en laq. est faict succinct recueil de l'origine des peuples et estalz de de Flandres, Arthois, Haynault et Bourgogne avec plaisante commemoration de plusieurs choses faictes et avenues en France, Angleterre et Allemaigne depuis sept ou huict cens ans. Paris, Galiot Du Pre, 1558. Pet. in-8, v. 10 fr.

Dans ce livre l'auteur cherche à prouver que toutes les guerres que la France a eu à soutenir depuis Louis le Gros jusqu'à Louis XI ont été suscitées par les Flamands et les Bourguignons. Un chapitre (pp. 76 79) est consacré à JEANNE D'ARC. Le style en est vif, la narration claire et rapide ; l'appréciation des faits judicieuse ; les remarques sont fines. L'indignation toute patriotique de l'écrivain contre Jules II qui trahissait la France (p. 145) est pleine d'une énergie qui approche bien de l'éloquence. — La dernière page, qui ne contient que 8 lignes, est refaite à la plume.

20388 **Chroniques de J. Froissart** (Introduction au premier livre des), par S. Luce. 1869, gr. in-8, br. 3 fr. 50

Envoi d'auteur signé à son « excellent et cher maître, Jules Quicherat ».

20389. **Connétable de Richemont** (Le), Arthur de Bretagne (1393-1458), par E. Cosneau. 1886, gros in-8, br. 5 fr.

20390. Jeanne d'Arc (Histoire de), vierge, héroïne et martyre d'Etat, suscitée par la Providence pour rétablir la Monarchie françoise (par l'abbé Lenglet Du Fresnoy). Paris et Orléans, 1753-54, 3 tom. en 2 vol. in-12, v. marbr.   **10 fr.**

20391. Annales du moyen-âge, compren. l'hist. des temps qui se sont écoulés dep. la décadence de l'empire romain jusqu'à la mort de Charlemagne, par Frantin. Dijon, 1886, 10 vol. in-8, br.   **10 fr.**

20392. Huetius, episcopus Abrincensis, tractatus Paradisi terrestris, nunc primum latine factus, ab auct. recognitus, emendatus et auctus, acced. ejusd. comment. de navigationibus Salomonis. Amstel., 1698, in-8, carte, v.   **1 fr. 50**

20393 Duchesne (L'abbé), de l'Institut. Les premiers temps de l'Etat pontifical, 754-1073. Paris, 1898, gr. in-8, br.   **4 fr.**

20394. Papauté au Moyen-Age (La), études sur le pouvoir pontifical, par F. Rocquain. 1881, gr. in-8, br.   **4 fr.**

20395. Littérature du Moyen-Age (Histoire générale de la) en Occident, par A. Ebert, trad. de l'allem. par Aymeric et Condamin. 1883-84, 2 forts vol. gr. in-8, br.   **12 fr.**

20396. Littérature du Moyen-Age. Brun de la Montagne, roman d'aventure, publ. pour la prem. fois d'apr. le ms. unique de Paris par P. Meyer. 1875, in-8, perc. br., non rog.   **5 fr.**
Publication de la Société des anc. textes.

20397. Guillaume de Palerme, publ. d'après le ms. de la Bibliothèque de l'Arsenal par H. Michelant. 1676, in-8, perc. br., non rogné.   **5 fr.**

20398. Evangile de Nicodème (Trois versions de l'), par Chretien, A. de Coutances et un anonyme, publ. d'après les mss. de Florence et de Londres par Gast. Paris et Alph. Bos. 1885, in-8, perc. viol., non rog.   **6 fr.**
Publication de la Soc. des anciens textes.

20399. Roman d'Aquin (Le) ou de la conquête de la Bretagne par le Roy Charlemaigne, chanson de geste du XII° siècle, publ. par F. Jouon des Longrais. Nantes, 1880, beau vol. in-8, pap. de Hollande, br.   **6 fr.**
Publication à petit nombre faite par la Société des Bibliophiles Bretons, d'après le ms. unique de la Bibliothèque Nationale.

20400. Mistère du siège d'Orléans (Le), publié pour la première fois d'après le manuscrit unique du Vatican par F. Guessard et E. de Certain. 1862, in-4, br.   **5 fr.**

20401. Philosophie scolastique (Esprit de la), par l'abbé de Cupély. Nîmes, 1867, 2 vol. in-12, br. (Rare).   **7 fr. 50**

20402. Mystère breton (Sainte Tryphine et le roi Arthur), en deux journées et huit actes, trad. et publ. par F.-M. Luzel, texte breton en regard, revu et corrigé d'après d'anc. manuscrits par l'abbé Henry. Quimperlé, 1863, pet. in-8, br.   **7 fr. 50**

20403. Bleuniou-Breiz. Poésies anciennes et modernes de la Bretagne (texte breton et traduct. en regard). Quimperlé, 1862, pet. in-8, br.   **4 fr.**

20404. Bibliothèque de N.-D. de Paris. Recherches sur la bibliothèque publique de l'église N.-Dame de Paris au XIII° siècle, par Alfr. Franklin. 1863, pet. in-8, pap. vergé, br.   **3 fr.**

20405 Delisle (L.). Inventaire des manuscrits de N.-Dame et d'autres fonds conservés à la Bibliothèque Nationale. — Etat des manuscrits latins de la Bibliothèque Nationale au 1er août 1871, in-8, br.   **3 fr. 50**

20406. Delisle (L.). Inventaire des manuscrits de la Sorbonne, conservés à la Bibliothèque sous les Nos 15176-16718 du fonds latin. 1870, in-8, dem.-rel. toile.   **4 fr.**

20407. Filelfe (Cent-dix lettres grecques de Franç), publ. intégralement pour la prem. fois, av. traduct, notes et commentaires par Em. Legrand. 1892, gr. in-8 d'environ 400 pag., br.   **8 fr.**
On trouve dans ce volume la correspondance du cardinal Bessarion avec Guillaume Fichet, l'introducteur, conjointement avec Jean de la Pierre, de l'imprimerie à Paris.

20408. Voltaire. Œuvres ; nouv. édit., collationnée s. les éditions originales, av. des notes, préface, avertissements, etc., par Beuchot. 1829-34. 70 vol. in-8, pap. vélin, dem.-rel., mar. r. à grains longs, non rog. (Bel exemplaire).   **100 fr.**
Cette édition, qui est très bien imprimée, est incontestablement la meilleure et la plus ample de toutes les éditions de Voltaire. Elle contient 4 ou 5 volumes de plus qu'aucune, soit en écrits ou pièces inédites ou non recueillies de Voltaire, soit en préfaces et notes explicatives de Beuchot, qui a consacré 20 années de sa vie à ce grand travail. — Vendu jusqu'à 400 fr. dans les ventes.

20409. Voltaire au Collège, sa famille, ses études, ses premiers amis, lettres et documents inédits par H. Beaune. 1867, in-8, br.   **3 fr. 50**

20410. Siècle de Louis XIV, auquel on a joint un précis du siècle de Louis XV (par Voltaire). Genève, 1769, 3 vol. in-4, v. m.   **3 fr.**

20411. Diodori Siculi Bibliothecæ historicæ libri qui supersunt e recensione P. Wesselengii cum interpretat. lat. L. Rhodomanni. atque annotationib variorum integris indicibusque locupletissimis. Bipouti et Argentorati. 1793-1807, 11 vol. in-8, dem.-rel.   **15 fr.**
Edition très estimée. — Elle reproduit celle de Wesseling, avec des corrections faites dans le texte d'après divers manuscrits et avec plusieurs dissertations des nouveaux éditeurs (Heyne et Eyring). Le 11e volume contient d'excellentes tables. — Estimé de 60 à 70 fr. dans le *Manuel du Libraire* de Brunet.

20412. Démosthène et Eschine. Œuvres complètes en grec et en franç, trad. par Auger, édit. rev. par J. Planche. 1819, 10 vol. in-8, portr. grav., card. à la Brad. non rog.   **15 fr.**
Quoique portant le nom de Planche, cette édit. est due à Boissonade, qui a revu le texte et y a ajouté d'excellentes notes.

20413. Eusebii Cæsariensis et Samuelis Aniensis Chronica, Eusebii Pamphili Chronicorum canonicum libri duo opus ex Haicano Codice a doct. Joh. Zohrabo, diligenter expressum et castigatum curantib. A. Maio et J Zohrabo. Mediolani, 1818. — Samuelis præsbyteris Aniensis temporum usque ad suam ætatem ratio, opus ex Haiconi V codicib. edid. J. Zohrabius et A. Maius. Mediolani, 1818. — 2 ouvr. en 1 vol. in-4, br. 4 fr.

Publication importante qui a devancé celle du texte arménien. Estimée de 15 à 18 fr. dans le Manuel du Libraire de Brunet,

20414. **Cour sainte** (La) du P. Nic. Caussin, av. une notable augmentation des personnes illustres de la Cour, tant du Viel que du Nouv. Testament. Rouen, 1655, 2 tom. en 1 vol. in-fol., vel. 6 fr.

20415. **Vaudois** (Histoire des), divisée en trois parties, la première est de leur origine, pure croyance et persécutions qu'ils ont souffert par toute l'Europe par l'espace de plus de 450 ans ; la seconde contient l'histoire des Vaudois appeles Albigeois, la troisième est touchant la doctrine et discipline qu'ils ont eu commune entre eux, et la refutation de la doctrine de leurs adversaires par Jean-Paul Perrin, Lionnois. Genève, 1619, in-8, bas. 30 fr.

Livre rare et recherché, dans lequel on trouve des monuments de l'ancienne langue des Vaudois et Albigeois. Cet ouvrage, composé en partie sur des pièces authentiques, sauvées de l'incendie qui suivit la prise d'Embrun en Dauphiné, est dédié par l'auteur à François de Bonne de Lesdiguières et daté de Nyons en Dauphiné. — Legère mouillure à la fin.

20416. **Vaudois du Piémont** (Histoire littéraire des) d'après les mss. originaux conservés à Cambridge, Dublin, Genève, Grenoble, Munich, Paris, Strasbourg et Zurich, av. fac-simile et pièces justificat. par Ed. Montet. Genève, 1885, in-8, dem.-rel. mar. viol. du Lev., à nerfs, tr. marbr. (Bel exemplaire). 8 fr.

20417. **Pacifico da Novara** (Fra). Summa Confessionis intitulata Pacifica Conscientia. (In fine :) Doctissimi fratris Pacifici Novariensis Seraphici ordinis Minorum Observantie divini Verbi preconis apostolici clarissimi opus. Impressus Venetiis, anno Domini m cccc.ix, die xxvi Marcii. In-8, gothique, de ccvij fl. chiffrés, vêt. (Bel exemplaire). 25 fr.

Livre rare et fort curieux. — Les questions à adresser par le confesseur à ses pénitents sont classées par états et professions. Il y en a pour les célibataires, les gens mariés et pères de famille, les medecins et les chirurgiens, les étudiants, les marchands, les trésoriers et manieurs d'argent, les artisans, les agriculteurs, les infirmiers des hôpitaux, etc., et tous autres qui désirent avoir la conscience tranquille, « pacifica conscientia », comme il est dit au titre.

20418. **Italie** (Hist. de l'), conten. la descript. de ses singularitez, par Fr. et Ant. Schottus (trad. en franç. par Cl. Malingre).1627, in-8, mar. rouge. (Rel. ancienne). 5 fr.

20419. **Bocace** (Contes et nouvelles de), Florentin, traduction libre accommodée au goût de ce temps. Seconde édition, dont les figures sont nouvellement gravées par les meilleurs maîtres sur les desseins de Romain de Hooge. Cologne, Jacques Gaillard, 1702, 2 vol. pet. in-8, nombr. fig. à mipage, br. 30 fr.

Exemplaire NON ROGNÉ. — Rare dans cet état.

20420. **Aristénète françois** (L'), par Félix Nogaret. Versailles, 1797, 2 vol in-18, fig. non sign., dem.-rel., v. m. 3 fr.

20421. **Vieilles filles** (Essai satirique et amusant sur les), trad. de l'angl. par Sibille. 1788, 2 vol. in-12, br., non rog. 6 fr.

20422. **Ambigu littéraire**, ou tout ce qu'il vous plaira, par D** (Descevolle). 1782, in-8, dem -rel., v. m. 1 fr. 50

20423. **Anseaume.** Réunion de 12 pièces de théâtre in-12 et in-8. 3 fr.

Le Chinois poli en France. 1754. — La fausse aventurière. 1757. — Le docteur Saugrado. 1758. L'Isle des Foux. 1760. — Mazet. 1761. — Le Milicien. 1763 — Les Deux Chasseurs et la Laitière. 1763. — L'Ecole de la Jeunesse. 1765. — Le Peintre amoureux de son Modèle. 1767. — Le Tableau parlant, 1769. — La Ressource comique. 1772. — Le Retour de tendresse. 1774.

20424. **Mariage.** C Barlæi dialogi aliquot Nuptiales quib. Quæstiones quædam de nuptiis et conjugio a nobiliss. Jac. Catsio (circa 1660). Pet in-8 de 123 pag , cart. 4 fr.

Ces dialogues sur le mariage et ses conséquences au point de vue moral et philosophique sont extraits des *Faces Augustæ* de Barlæus et ont une pagination spéciale. Ils contiennent les dialogues suivants ; Dialogus de excellentia Nuptiarum Adami et Evæ. — De conjugii necessitate. — De secundis nuptiis. — An formosa sit ducenda. — An philosopho sit ducenda uxor — Etc , etc. — Exemplaire avec la signature de *Boissonade*.

20425. **Sapor**, roy de Perse, déd. à Son Altesse Royale, par du Perret. 1672, 2 vol. in-12, y. 4 fr.

20426. **Esquisses du cœur** (Henry Bennett et Julie Johnson, ou les), roman trad. de l'angl. (de Jean Raithby, par Leriget). 1794, 5 vol. in-18, fig., dem.-rel. toile. 1 fr. 50

20427. **Vicomte de Barjac** (Le), ou mém. pour servir à l'hist. de ce siècle (par le marquis de Luchet). Dublin, 1784, 2 part. en 1 vol. pet. in-12, v. rac., dent. 2 fr. 50

20428. **Crébillon**. Théâtre. 1717, in-12, v. m., fil. 3 fr. 50

Edition originale du théâtre de Crébillon.

20429. **Nivelle de la Chaussée** et la comédie larmoyante, par G. Lanson. 1887, gr. in-8, br. 4 fr.

Vie de La Chaussée. — Œuvres diverses de La Chaussée. — Origines de la comédie larmoyante. — La Chaussée créateur de la comedie larmoyante ; influence de la littérature anglaise. — L'action et le romanesque. — Les caractères et la morale. — La sensibilité. — Imitateurs de La Chaussée. — Etc.

20430. **Garsia** (Car.). Antipatia de 'Francesi e Spagnuoli, opera di piacevole e curiosa, trad. dal spagnuolo in ital. da C. Vilopoggio. Venetia, 1658, pet. in-12, cart. 2 fr. 50

20431. **Chasse.** La Caccia, poema di Erasmo Valvasone. Milano, 1808, in-8, dem.-rel., v. v. 2 fr. 50

20432. **Syphilis**, poëme en deux chants, par Barthélemy, avec des notes par le Dr Giraudeau de St Gervais. S. d., gr. in-8, br. 1 fr. 50

20433. **Scriptores rerum Germanicarum septentrionalium**, vicinorumque populorum vet. diversi quibus contin. historia ecclesiast. et relig. propagatio gestaque Saxonum, Wandalorum, Danorum, Norwegorum, Suedorum, etc. (cura et studio Erpoldi Lindenbrogii), cum præfatio J.-A. Fabricii. Hamburgi, 1706, in-fol., portr , v. 6 fr.

Collection estimée, beaucoup plus importante pour l'étude de l'histoire du Danemark que pour celle de l'Allemagne. — Exemplaire provenant de la bibliothèque du marquis d'Aubais.

20434. **Cour de Berlin** (Hist. secrète de la) ou correspondance d'un voyageur françois, depuis le 5 juill. 1786 jusqu'au 19 janv.

1787, ouvrage posthume (par Mirabeau).
1789, 2 tom. en 1 vol. in-8, d.-rel. 3 fr. 50

20485. **Frédéric-Guillaume I** (Hist. de),
roi de Prusse et électeur de Brandebourg
(par de Mauvillon). Amst., 1741, 2 vol.
in-12, portr., v. 1 fr. 50

20436. **Allemagne aux Tuileries** (L') de
1850 à 1870, collection de docum. tirés du
cabinet de l'Empereur, rec. et annotés par
H. Bordier. 1872, beau vol. gr. in-8, br.
 2 fr. 50

20437. **Victoires du Roy** (Ode sur les), par
un enfant de chœur de la paroisse de Fon-
tenoy. 1745, in-8, d.-rel., mar. viol. 1 fr. 50

20438. **Ouvrages de l'esprit** dans une dé-
mocratie. Lyon, Perrin, 1855, in-8, pap.
teinté, dem.-rel., mar. r. 2 fr. 50
Tiré à 100 exemplaires seulement et non mis
dans le commerce. — Lettre autographe de l'auteur ajoutée.

20439. **Bourbons** (Les) ou précis historiq.
sur les aïeux du roi, sur sa majesté et sur
les princes et princesses du nom de Bourbon qui entourent son trône, par Montjoye.
1815, in-8, br. 3 fr.

20440. **Napoléon.** Hist. de la révolution du
20 mars 1815 ou 5e et dern. partie de l'hist.
du 18 Brumaire et de Buonaparte, par
Gallais. 1815, in-8, br. 2 fr. 50

20441. **Catastrophe de Murat** ou récit de
la dernière révolution de Naples, av. pièces
justificatives, par de Beauchamp. Versailles, 1815, in-8, dem.-rel. 4 fr.

20442. **Thiers** (A.). La monarchie de 1830.
Paris, 1831, in-8, br. 1 fr. 50

20443. **Soulèvement des Pays-Bas** (Histoire du) sous Philippe II, roi d'Espagne,
trad. de l'allem. de F. Schiller par le marq.
de Châteaugiron. 1827. 2 vol. in-8, br. 5 fr.

20444. **Jarry de Mancy.** Atlas histor. et
chronolog. des littératures anciennes et
modernes, des sciences et des beaux-arts,
par A. Jarry de Mancy. 1831, gr. in-fol.,
dem.-rel., v. bl. 5 fr.

20445. **Lyon.** 6 broch. in-8. 3 fr.
Lyon en 1817, par le colonel Fabvier. 1818. —
Réponse du cheval. Desuttes, prévôt du dép. du
Rhône, à un écrit intitulé : Lyon en 1817. L.,
1818. — Sur les événements de Lyon au mois de
juin 1817, par le comte de Chabrol. 1818. — Mémoire aux Chambres à l'occasion des événements
de Lyon, par T. Benazet. 1831. — Les Martyrs
lyonnais ou la Ligue de 1829, à-propos en vers,
dédié aux Jésuites par un jésuite défroqué. 1829.
— Séjour de M. de Chauvelin à Lyon. 1827.

20446. **Bretagne.** Lot de 8 broch. in-8 et
in-4. 6 fr.
La Fronde en Bretagne, 1648 à 1653, par Ducrest de Villeneuve. Nantes, 1867. — Excursion
dans le Finistère, par le comte Le Mesle du Por-
zou. Dax, 1871. — N.-Dame de Bretagne, par F.
de Bigorie de Laschamps. St-Brieuc, 1874. — La
Tour de Clisson, récit en vers par Maguéro. Vannes, 1862. — Statistique archéologique de l'arron-
diss. de Ploermel. Monuments du moyen-âge, par
Rosenzweig. Vannes, 1862. — Lettres à la Noblesse de Bretagne, 1789. — Le mot d'un cosmo-
polite sur les démêlés entre la Noblesse de Bretagne et le Tiers-État 1789. — Arrest du Conseil
d'État qui casse l'arrêté pris par le Parlement de
Paris sur ce qui s'est passé en Bretagne. 1766.

20447. **St-Brieuc.** 1791. Placard-affiche in-
fol. (Parfait état). 10 fr.
Arrêté du Conseil municipal de la ville et communauté de St-Brieuc (29 sept. 1791) pour la proclamation solennelle de la Charte constitutionnelle
acceptée par le Roi, qui sera faite le dimanche

2 octobre, à 3 h. de l'après-midi, sur la place de
l'Hôtel-de-Ville ; « il sera chanté un Te Deum à
l'église cathédrale paroissiale à l'issue de cette
proclamation, ensuite allumé un feu pour mani-
fester la joie publique d'un aussi grand événement, ordonne à tous et chacun des habitans de
la ville et fauxbourgs de St-Brieuc d'illuminer les
fenêtres de leurs maisons depuis 7 heures du soir
jusqu'à 10 heures, sous peine de 50 livres d'a-
mende, etc..... » St-Brieuc, J.-M. Beauchemin, imprimeur du départem. des Côtes-du-Nord, 1791.
(Fleuron spécial de la municipalité gravé s. bois).

20448. **Picardie.** 2 pièces in-4. 8 fr.
Arrest du Conseil d'Etat qui ordonne que les
8 sous pour livre établis par édit de novembre
1771 continueront d'être perçus en sus du principal des droits de passage ou bac à Dours, élection de Doulens 1773, 4 p. in-4. — Etablissement
d'une foire en la ville de Doullens. « Doullens,
chef-lieu de district, distant d'Amiens de 7 lieues,
8 d'Arras, 6 de St-Pol, 9 d'Abbeville, 7 d'Albert,
9 de Domart, 4 d'Auxi-le-Château et traversé par
4 grandes routes, nécessite pour l'intérêt général
l'établissement d'une foire ; en conséquence on
avertit le public qu'il y aura en lad. ville de Doullens une foire tous les troisièmes jeudis de chaque
mois à commencer le 19 janvier 1792 .. » De l'imprimerie de Fr. Caron-Bergnier, imprimeur de
la Maison commune, rue S. Martin. Affiche in-fol.
en travers. (Parfait état).

20449. **Bourgogne.** 4 pièces, différ. formats. 5 fr.
Conférence de Laône entre Frédéric Barberousse
et Louis-le-Jeune, par Cl. Xav. Girault. 1811,
28 p. — Arrest du Conseil d'Estat du 16 mars
1705 portant règlement entre les officiers du bailliage et siège présidial d'Autun pour les droits,
scéances et fonctions de leurs charges. 26 p. —
Memoire pour Franç. Violet, audiencier en la
Chancellerie près le Parlement de Besançon, contre
Alex. de Repas, maire perpétuel du bourg de Vi-
teaux en Bourgogne. 1697, 4 p. in-fol. — Exposé
de la conduite d'Aug. Pelletier de Chambure, ex-
commandant des volontaires dits corps-francs de
la Côte-d'Or, que la Cour d'assises de Dijon a condamné par contumace aux travaux forcés à perpétuité. Bruxelles, 1817, 44 p.

20450. **Dijon.** 2 placards-affiches in-fol. 15 fr.
Arrêté du départem. de la Côte-d'Or concernant
les Sœurs de la Charité et la liberté des opinions
religieuses du 4 juin 1791. Dijon, imprim. de
P. Causse. (Raccommodage. quelques lettres imprimées manquent). — Vente de biens-meubles
d'émigrés en exécution de la loi du 2 sept. 1792
qui en prononce la confiscation au profit de la République française le lundi 5 août 1793 et jours
suivants à Chambolle, à Cérice-François-Melchior
Vogüé, émigré demeurant ordinairement à Dijon ;
le lundi 12 août 1793 et jours suivants à la mé-
tairie de la Chaume, municipalité de Beize, à
Claude-Henri-Etienne Bernard, émigré. A Dijon,
de l'imprimerie de Defay. (Pièce en parfait état).

20451. **Guionorum** (Jacobi, Ioannis, Andreæ et Hugonis fratrum) opera varia ex
bibliotheca Philib. De La Mare, senator,
Divionensis. Divione, 1658, in-4, vél. 10 fr.
Bel exemplaire, dans sa première reliure, comme
neuf, avec la signature de Salvaing de Boissieu sur
la garde.

20452. **Un cercle savant au XVIIe siècle.** François Guyet (1575-1655) d'après
des documents inédits, par Is. Uri. 1886,
in-8, br. 4 fr.

20453. **Peignot.** Recherches historiques sur
l'origine et l'usage de l'instrument de pénitence appelé Discipline. Dijon, 1841, in-8,
dem.-rel., v. rouge. 7 fr. 50
Rare et recherché.

20454. **Peignot** (G.). Choix de testaments
anciens et modernes, remarquables par leur
importance, leur singularité ou leur bizarrerie. 1829, 2 vol. in-8, dem.-rel., dos et
coins de v. fauve, fil., non rogn. 12 fr.

20455. Peignot (Gabr.). Précis histor. et analyt. des pragmatiques, concordats, déclaration, constitution, convention et autres actes relatifs à la discipline de l'Église, en France. 1817, in-8, br.   7 fr. 50

20456. Peignot. Essai chronolog. sur les hivers les plus rigoureux, depuis 396 ans av. J. C., jusqu'en 1820 inclusivem ; suiv. de q. q. recherches sur les effets les plus singuliers de la foudre depuis 1676 jusqu'en 1821, par G. P. (Peignot). 1821, in-8, dem.-rel , mar. vert du Lev., à nerfs, tr. marbr. (Rare).   15 fr.

Un des plus curieux ouvrages de Peignot. — Bel exemplaire.

20457. Peignot (G.). Recherches historiques sur la personne de Jésus-Christ sur celle de Marie, sur les deux généalogies du Sauveur et sur sa famille, av. des notes philolog., etc. Dijon, 1829, in-8, dem.-rel., v. viol.   5 fr.

20458. Niort. 7 pièces imprimées et Mss.   10 fr.

Lettre de M. le Comte de S. Paul au prince de Condé datée de Niort le 6 oct. 1615. 7 p pet. in-8. — Vérification de privilèges par l'élection de Niort de 1627 à 1638, par Alfr. Richard. Melle, s. d., 10 p. in-8. — Arrêt du Parlement qui homologue une ordonnance rendue par le lieuten. général de police de la ville de Niort concernant les alignemens à donner pour les constructions et reconstructions des bâtisses de lad. ville et autres ouvrages y relatifs. 1785, 4 p. in-4. — Discours fait pour être prononcé à l'assemblée des citoyens actifs du district des Cordeliers de la ville de Niort pour l'élection des officiers municipaux, par M. Pauvillier D. M. M. 7 p. in-4, Mss. — Discours prononcé par M. Pauvillier D. M. M , maire de la ville de Niort, en présence du Conseil général de la Commune, le jour de sa première assemblée. 2 p. in-4 Mss. — Discours prononcé par M Pauvillier D. M. M., maire de la ville de Niort, immédiatement après avoir prêté le serment civique en présence de la Commune assemblée le 15 févr. 1790. 4 p. in-4 Mss. — Discours adressé à l'officier municipal qui remplissait ci-devant les fonctions de maire et à son collègue par M. Pauvillier D. M. M. et maire de la ville de Niort, avant la prestation de serment le 15 févr. 1790. 1 p. Ms. — Discours adressé à la garde nationale de Niort par M. Pauvillier, maire de la ville, le jour du renouvellement du serment civique. 1 p. in-4 Ms.

20459. Bibliothèque de Napoléon-Vendée (Catalogue de la), par L. Audé. Napoléon-Vendée, 1857, gr. in-8 de 545 p., br. 5 fr.

20460. Lorraine, Montmédy, Longwy, Metz, Thionville, etc. 12 pièces in-4.   8 fr.

Arrest du Conseil d'Estat qui sans s'arrêter à l'appel au Parlem. de Metz interjeté par des habitans d'Avioth et les officiers de l'hostel de ville de Montmédy et de Chauvency-le-Château, ordonne l'exécution de sentences rendues par les officiers du bureau des finances de Metz. 1731, 10 p. — Édit du Roy portant confirmation des officiers créés ès présidiaux et bailliages de Metz, Toul et Verdun et création d'officiers au bailliage de Longwy. Metz, 1693, 7 p. — Arrêt du Conseil d'Etat qui casse une ordonnance du lieuten. général du bailliage de Metz en ce qui concerne les bailliages de Thionville, Sarlouis et Longwy. 1780, 3 p. — Edit portant création d'officiers ès maréchaussées de Lorraine, de la Sarre, Alsace et Luxembourg. Metz, 1692, 7 p. — Edit du Roy portant création d'un présidial à Longwy. Metz, 1693, 6 p. — Lettres-patentes qui augmentent de 2 jours la durée des foires établies en la ville de Longwy. 1780, 4 p. — Edit du Roy qui supprime la prévôté royale de Longwy et la réunit au bailliage de lad. ville. Metz, 1737, 12 p. — Arrest de la Cour du Parlem. de Metz qui condamne P. Jos Mauvais à être sévèrement repris et blâmé et en 10 livres d'amende pour avoir été convaincu de libelles diffamatoires contre le corps municipal de Montmédy,

Metz, 1779, 7 p. — Charte d'affranchissement de la ville de Thionville octroyée le 15 août 1239 par Henri II, comte de Luxembourg. Metz, 1825, 22 p. in-8. — Etc., etc.

20461. Siège de Mets (Le) en l'an M D.LII (par B. de Salignac). A Paris, par Charles Estienne, imprimeur du Roy, 1553, pet. in-4, couv. en pap.   30 fr.

Livre rare et très recherché. — L'exemplaire est très grand de marges et bien conservé, mais il n'a pas le plan qui manque presque toujours.

20462. Reims (Le dessein de l'hist. de) av. div. curieuses remarques touchant l'établiss. des peuples et la fondation des villes de France, par feu Nic. Bergier. Reims, 1635, in-4, fig., vél.   30 fr.

Ouvrage estimé, illustré d'un portrait de l'auteur, 5 fig. et d'une grande vue à vol d'oiseau de la ville de Reims gravée par E. Moreau. Exemplaire grand de marges très bien conservé.

20463. Orléanais. Les Bourniquettes de St Charles de la paroisse de St-Jean-le-Blanc-lez-Orléans (1653-1770), histoire intime d'un couvent d'Ursulines, par P. Ratouis. Orléans, 1892, gr. in-8, br. 4 fr.

20464. Rues de Versailles (Histoire des) et de ses places et avenues, depuis l'origine de cette ville jusqu'à nos jours, par J.-A. Le Roi. Versailles, 1861, in-8, dem.-rel., bas.   5 fr.

20465. Seine-et-Oise. 5 pièces in-8 et in-4.   4 fr.

Adresse du départem. de Seine-et-Oise à l'Assemblée Nation. dans l'assemblée du 26 juin 1790. 4 p. — Arrest du Parlem. portant homologation d'une sentence du siège de la police de la ville d'Etampes du 10 juill. 1779 concern l'ordre et la tranquillité publique. 1780, 19 p. in-4. — Edit portant suppression des tabellionage et notariat des bailliages unis d'Etampes et de la Ferté-Aleps et création de 12 offices de notaires royaux auxdits bailliages. 1782, 8 p. — Recherches archéolog. sur les abbayes de l'anc. diocese de Paris. N. Dame du Val, par Hérard, architecte. 1853, 40 p. — Arrest du Parlement qui ordonne les opérations et travaux nécessaires à faire relativement aux carrières situées dans les villages de Grizy, Epiais et lieux circonvoisins. 1784, 4 p.

20466. Collège de Tournon (Le) en Vivarais, d'apr. les documents originaux inédits, par Maurice Massip. Privas, 1890, gr. in-8, pap. teinté fort, br.   5 fr.

20467. Montauban (Hist. de la ville de), div. en deux livres, dont le prem. contient plus. matières curieuses, et le second, un sommaire de toutes les guerres de religion, par Henry Lebret, Montauban, Sam. Dubois. 1668, 2 part. en 1 vol. in-4, dem.-rel., v. fauve, à l'antique.   20 fr.

Livre recherché et peu commun. — Bel exemplaire.

20468. Quercy et le département du Lot. 17 pièces in-8 et in-4.   10 fr.

Documents sur le Quercy, par Greil. S. d., 7 p. — Précis du résultat de l'Assemblée du clergé de Quercy, réuni à Caors (sic) sous la présidence de Mgr de Montauban, par droit de hiérarchie. 6 p. Mss. — Opinions et conduite de Lachèze, député du Quercy. 67 p. — Coutume de Gourdon, par A. Krœber. 1860. 12 p. — Délibération prise par les habitans de la ville de Moutech. 15 p. — Proclamation du dép. du Lot. Montauban, 1790, 6 p. — L'Église et le château d'Assier (Lot), par le baron de Rivières. Toulouse 1869, 14 p — Arrest du Conseil qui décharge le pays de Bruillois, la terre et vicomté d'Auvillar, de la traite domaniale et de la traite foraine. Agen, 1728, 12 g. — Cayer des plaintes, doléances et remontrances de la sénéchaussée de Lauzerte, du 10 mars 1789. 12 p. Mss. — Catalogue des matières scientif., histor.

et littér. contenues dans les 50 vol. de l'annuaire dressé par J. Malinowski. Cahors, 1879. 24 p. — Etudes histor. sur l'anc. province de Quercy. La commune de Cahors au Moyen-Age, par Em. Dufour. 46 p (Extrait) — Départem. du Lot, par V.-A Malte-Brun. — Etc., etc.

20469. Almanachs. Le Nécessaire des Dames et des Messieurs ou dépositaire fidèle et discret, utile aux gens d'affaires, négociants, voyageurs, militaires, et à tous les Etats, composé d'un papier nouveau sur lequel on peut, avec un stylet de minéral sans fin adopté au livre, écrire aussi distinctement qu'avec la plume ses pertes et gains, les visites à rendre, les agenda de la semaine, les rendez-vous, pensées, adresses, etc... A Paris, chez Jubert, doreur, s. d. (1788). In-24, mar. r., dent., tr. dor. 12 fr.

Curieux petit almanach. — Il est suivi d'un *Calendrier de la Cour* publié par la veuve Hérissaut en 1788. — Le stylet manque. — Exemplaire de la collection Bonaffé, avec son ex-libris et sa signature sur la garde.

20470. Recueil de ces Messieurs (par Caylus, Duclos et autres). Amsterdam, 1745, in-12, v. marbr. (Bel exempl.). 4 fr.

A deux de jeu, histoire. — Sur la manière dont les chrétiens traitent l'amour, réflexions turques. — Il ne faut jamais compter sur rien. — Lettres pillées. — Eloge de la paresse et des paresseux. — Le chien enragé. — Etc., etc.

20471. Nine, par M. D. B. 1756, 2 part. en 1 vol. in-12, v. m. 2 fr. 50

Ouvrage attribué à L. Desbiez, avocat, né à Dole.

20472. Dunciade (La), poème, nouv. édit., augm. de la généalogie du chien et de la sottise (par Palissot). 1803, in-8, frontisp. gr., br. 1 fr. 50

20473. Livres à figures du XVIII' siècle. Musarion ou la philosophie des Grâces, poème en trois chants de Wieland, trad. par de Laveaux. Basle. 1780, in-8, frontisp., 3 jolies fig. et culs-de-lampe par St-Quentin, pap. de Holl., v. marbr. 6 fr.

Musarion, dit Gœthe dans ses mémoires, fut l'ouvrage qui agit le plus sur moi, et je me rappelle encore l'endroit où j'en lus les premières feuilles, etc.

20474. Dorat. Les Prôneurs ou le Tartuffe littéraire, comédie en trois actes. en vers. En Hollande, 1777, in-8, frontispice et 3 fig. par Marillier, grav. par Duflos et Lebeau, rel. en perc. brune à la Brad., non rogné. 5 fr.

Bel exemplaire, avec l'ex-libris du baron de St-Geniès.

20475. Rabelais (Les œuvres de), nouv. édition, augmentée de plus. extraits des chroniques admirables du puissant roi Gargantua, ainsi que d'un grand nombre de variantes et de deux chapitres inédits du v' livre, avec notes explicatives et notice histor. conten. les documents historiques sur la vie de Rabelais, par L. Jacob, bibliophile. Paris, Charpentier, s. d., in-12 de plus de 500 p., br. 5 fr.

20476. Almanach des Centenaires ou durée de la vie humaine jusqu'à 100 ans et au-delà, démontrée par des exemples sans nombre, tant anciens que modernes. Année 1768. Pet. in-16, v. m. 5 fr.

Volume rare. Cette année, qui forme le 7' volume de la collection, contient des remarques sur le calendrier, le calendrier de l'année 1768, la suite des centenaires, la gazette centenaire ou anecdotes historiques de l'année 1768 et la table générale et alphabétique des centenaires cités dans les 6 premiers volumes.

20477. Enseignement professionnel. — 5 broch. in-8 et in-4. 3 fr. 50

Projet de restauration et de perfectionnement des Ecoles vétérinaires et d'éducation animale présenté à la Convention par Ludot, député de l'Aube. (1794). — Rapport et projet de décret sur les Ecoles vétérinaires, par Himbert, député de Seine-et-Marne. (1794). — Quelques observations sur l'école municipale de dessin de la ville de Metz, par A. Migette. Metz, 1848. — De l'enseignement industriel et de la limitation de la durée du travail eu Angleterre, par Ch. de Cocquiel-Brun. 1853. — Réorganisation de l'enseignement artistique en France, par Edm. Michel. Lyon, 1877.

20478. Musée pédagogique et bibliothèque centrale de l'Enseignement primaire. Catalogue des ouvrages et documents. 1886, 2 vol. gr. in-8, à 2 col., dem.-rel., maroq. rouge, à nerfs. 7 fr 50

20479. Origine de l'Université, par Halmagrand. 1845, in-8. br. 5 fr.

Histoire des études qui ont précédé l'Université — Hist. des études dep. la fondation de l'Université jusqu'à la fondation du Collège de Navarre. — Institution des collèges. — Fondation du Collège de Navarre. — Etc., etc.

20480. Histoire du collège Rollin (ci-devant de Ste-Barbe), et des pension, communauté et collége qui constituent son origine, par Lefeuve. 1853, in-8, br. 4 fr.

20481. Collège Louis-le-Grand (Histoire du). anc. collège des Jésuites à Paris, dep. sa fondation jusqu'en 1850, par G. Emond. 1845, in-8, dem.-rel., v. bleu. 5 fr.

20482. Minéralogie (Recueil de noms par ordre alphabet. appropriés en) aux terres et pierres, aux métaux et demi-metaux et aux bitumes ; av. un précis de leur histoire naturelle et leurs synonymes en allemand, latin et anglois, suiv. d'un tableau lithologique trace d'apr. les analyses chimiques, par le prince Dimitri de Galitzin. Brunsvik, 1802, in-fol., vél. bl. (Bel exemplaire). 7 fr. 50

20483. Historia succinorum corpora aliena involventium et naturæ opere pictorum et cælatorum ex regiis Augustorum cimeliis, Dresdæ conditis æri insculptorus conscripta a Nath. Sendelio medico. Lipsiæ, 1742, in-fol., v. m., dent. 6 fr.

Ouvrage estimé, dit Brunet. — Bel exemplaire.

20484. Boussueti (Franc.) Surregiani doctoris medici de natura aquatilium carmen in universam Gul. Rondeletii doctoris medici et Medicinæ in schola Monspeliensi professoris regii quam de Piscibus marinis scripsit historiam, cum vivis eorum imaginibus opusculum nunc primum in lucem emissum. Lugduni, ap. Math. Bonhome, sub clavi aurea, 1558. 2 tom. en 1 vol. in-4, portr. de l'auteur et fig. s. bois, vél. à recouvrem. 22 fr.

Avec environ 400 figures sur bois très bien gravées de poissons, crustacés, mollusques, etc. — Exemplaire en très bon état, avec la planche additionnelle in-4° repliée de la page 65 (2e partie), représentant une pieuvre avec ses tentacules, feuillet qui manque la plupart du temps.

20485. Guy de Chauliac. Le Guidon en françois pour les barbiers et chirurgiens, veu et corrigé par Maistre Jehan Canappe, docteur en médecine, et depuis reveu et additionné selon les docteurs anciens Hyppocrates, Galien, Avicenne, Albucrasis,

Averroys et Guillaume de Salicet. 1548. Pet. in-8, cart., dos de vél. 10 fr.

Volume rare, mais incomplet du feuillet 262.

20486. **Columelle.** Poème des jardins, trad. en vers franç avec le texte en regard, suivi de notes et d'une flore spéciale, par Norb. Bonafous. 1859, in-8, br. 3 fr.

20487. **Géométrie** (La) réduite en une facille et briefve practique par deux excellens instrumens dont l'un est le pantomètre ou compas de proportion de Mich. Connette, ingén. du duc Albert ; l'autre est l'usage du compas à huict poinctes inventé par Fabrice Mordente, duc de Parme, composé en ital. par Mich. Connette, trad. en franç. par P. G. S., mathématicien. 1626, 2 part. en un vol. pet. in-8, pl., parch. 5 fr.

20488. **Ordre maçonnique** (Statuts et règlemens de l') en France. An de la V.·. L.·. 5826. In-8, dem.-rel. 3 fr.

20489. **Franc-Maçonnerie.** Collection des Statuts et Constitutions de l'Ordre maçonnique en France. Années maçonniques 5806, 5826, 5839, 5859 et 5879. — Ensemble 5 vol. in-8, br. 10 fr.

20490. **Francs-Maçons** (La Vraie Lumière, journal des), par le F.·. Duplais. Versailles, 1851-52, gr. in-8, dem.-rel. 4 fr.

Collection complète de tout ce qui a paru.

20491. **Sorcières en Belgique** (Olim, procès des) sous Philippe II et le gouvernement des archiducs, tirés d'actes judiciaires et de documens inéd. par Cannaert. Gand, 1847, in-8, fig., br. 5 fr.

20492. **Collé** (Ch.). Journal historique ou mémoires critiques et littéraires sur les ouvrages dramatiques et les événemens les plus mémorables dep. 1748 jusqu'en 1751 inclusivement. 1805-07, 3 vol. in-8, dem.-rel., v. m. 6 fr.

20493. **Bibliophile Jacob.** Dissertations relatives à l'histoire de France. Brux. et Leipzig, 1856, in-12. br. 6 fr.

Ce tome, complet en lui-même, forme le tome Ier d'une édition projetée en 15 volumes des œuvres historiques et littéraires du Bibliophile Jacob (Paul Lacroix), dont il n'a paru que ce volume, qui a été détruit en grande partie et mis au pilon. Il contient les X dissertations suivantes : La Fête des Fous, — le roi des Ribauds, — les Francs-Taupins, — les Fous des Rois de France. — le journal de la santé de Louis XIV, — les citoyens-nobles de Perpignan, — les registres du Parlement de Paris, — la liste des Nobles de Dulaure. — Emploi du temps dans les prisons d'Etat, — la chanson de Malborough.

20494. **Angleterre.** Discours véritable de diverses conspirations naguères descouvertes contre la propre vie de la tres-excellente Majesté de la Royne par assassinemens autant barbares, comme sa conservàtion a esté miraculeuse de la main du Tout-Puissant, opposée aux desseings pernicieux de ses Anglois rebelles et aux violences de ses tres-puissants ennemis estrangers. A Londres, par Ch. Yetsweirt, et à La Haye, chez Albert Henry, 1595. Pet. in-4 de 30 pag., couv. en pap. (Rare). 10 fr.

20495. **Reine Marguerite** (Mémoires de la). Paris, Ch. Chappelain, 1628, in-8, dem.-rel. 20 fr.

Edition originale de ces mémoires intéressants, publiés par Mauléon de Granier, secrétaire de la Reine.

20496. **Mausolée du duc de Bourgogne.** Description du Mausolée érigé dans l'église de l'abbaie royale de S. Denis pour les obsèques de Louis-Joseph-Xavier de France, duc de Bourgogne. 1761. Pièce in-4, couv. en pap. 4 fr.

20497. **Ménestrier** (Le P. Cl.-Franç.). Les vertus chrestiennes et les vertus militaires en deuil , dessein de l'appareil funèbre dressé par ordre du Roy en l'église de Notre-Dame de Paris, le 9 septembre 1675, pour la cérémonie des obsèques de tres-haut et très-puissant prince Mgr Henry de la Tour-d'Auvergne, vicomte de Turenne, etc. Paris, Est. Michallet, 1675. In-4, avec grandes planches se déployant, dessinées par Bernin, grav. par Lepautre et Dolivar, couv. en pap. (Très rare). 25 fr.

Cette plaquette est entièrement anonyme, mais à la page 3 de la préface de *la Science et l'Art des Devises*, on lit : « Je fus chargé du soin de rectifier ce qu'on faisoit dans les Nostre-Dame pour les obsèques de M. de Turenne. J'en fis les inscriptions, les devises et le dessein du Mausolée qui fut dressé dans le chœur de cette église. » (Catalogue des œuvres imprimées de Cl.-Franç. Menestrier, par Jos. Renard, N° LXVI.)

20498. **Saint-Evremont.** Œuvres meslées, conten. Considérations sur Annibal ; jugement sur Tacite et Saluste ; l'idée de la femme qui ne se trouve point ; jugement sur les sciences où peut s'appliquer un honneste homme ; dissertation sur la tragédie d'Alexandre ; fragment d'une lettre écrite de La Haye par M. de S. E. Paris, Cl. Barbin, 1670. — Seconde partie des œuvres meslées de M. D** (de St-Evremont). Paris, Cl. Barbin, 1671. — Œuvres meslées conten. de la seconde guerre Punique, de l'éloquence tirée de Pétrone, la matrone d'Ephese, par M. de S. E Troisième partie. Paris, Cl. Barbin, 1670. — Quatriesme partie des œuvres meslées de M. D** (de St.Evremont). Paris, Cl. Barbin, 1670. — Ens. 4 vol. in-12, v. br. 15 fr.

Editions originales.

20499. **Corneille** (P.). Andromède, tragédie, représentée avec des machines sur le théâtre royal de Bourbon. A Rouen, chez Laur. Maury et se vendent à Paris, chez Ch. de Sercy. 1651. In-4, couv. en pap. 12 fr.

EDITION ORIGINALE. — Cet exemplaire n'a que le texte et n'a pas les figures, qui n'ont pas été tirées. — Le premier feuillet qui précède le titre est resté blanc.

20500 **Corneille** (Le Théâtre de P.), reveu et corrigé par l'autheur. Imprimé à Rouen et se vend à Paris, chez L. Billaine, 1664. 2 vol. in-fol., frontisp. et beau portr. de l'auteur grav. par G. Vallet d'après Paillet, vieille bas. 60 fr.

Cette édition mérite d'être recherchée, dit Brunet, parce que l'auteur l'a revue avec soin et que les pièces qui la composent présentent de nombreuses différences avec les éditions originales. Vendue jusqu'à 330 fr., plus les frais, chez Giraud. La reliure du temps est insignifiante ; les deux volumes sont grands de marges et très bien conservés à l'intérieur, sans mouillures, ni piqûres.

20501. **Racine** (Etudes littéraires et morales de), publ. par le marquis de La Rochefoucauld-Liancourt. 1855, in-8, br. 1 fr. 50

20502. **Troupe de Molière** La) et les deux Corneille à Rouen en 1658, par F. Bouquet. 1880, pet. in-12 elzévirien, avec frontisp. gravé et eaux-fortes d'Adeline, br. (Au lieu de 7 fr. 50, net :) 5 fr.

Charmante publication, éditée avec un soin particulier, vignettes, culs-de-lampe et fleurons des

Elsevier. On y trouve un fac-similé de la signature des acteurs de la troupe de Molière.

20503. **Janin** (J.). Rachel et la tragédie. 1859, gr. in-8, av. 10 photogr , br.   3 fr. 50

20504 **Chapelain.** La Pucelle ou la France délivree, poeme héroique. Paris, Aug. Courbé, 1656. In-fol., portraits de Chapelain et du duc de Longueville, frontisp. grave et belles figures d'Abrah. Bosse gravées par Vignon à chaque chant, v. br.   25 fr.
> Edition originale de ce poème célèbre.

20505. **Ascanio Pignatello** (Rime del signor), duca di Bisaccia, di nuovo date in luce da Ant. Bulifon. Napoli, 1692, in-4, beau frontisp. grav., vél.   2 fr. 50

20506. **Aretino** (Libro della prima guerra de li Carthaginesi con li Romani composto da Misser Leonardo) fatto vulgare da uno suo amico et nuovamente stampato. In Vinegia, 1544. Pet. in-8, titre dans un encadrem. gravé s. bois, couv. en pap. 4 fr.

20507. **Macchiavelli** (Œuvres complètes de N.) av. not. par Buchon. 1837, 2 vol. gr. in-8, dem.-rel.   8 fr.

20508. **Goethals** (F. V.). Lectures relatives à l'histoire des sciences, des arts, des lettres, des mœurs et de la politique en Belgique et dans les pays limitrophes, avec gravures à l'eau-forte et fac-simile. Bruxelles, 1887-88, 4 vol. in-8, br.   10 fr.
> Notices très intéressantes. — Nombreux portraits.

20509. **Administration Byzantine** dans l'Exarchat de Ravenne, 568-751 (Etudes sur l'), par Ch. Diehl. 1888, in-8, de 420 pag., br.   5 fr.

20510. **Pragmatiques et Concordats.** Monumens histor. concern. les deux pragmatiques-sanctions de France, av. des notes suiv. d'un Catéchisme sur la matiere des Concordats, par Llorente. 1818, in-8, br.   5 fr.

20511. **Paris.** Les antiquitez, chroniques et singularitez de Paris, ville capitale du royaume de France, par G. Corrozet, Parisien. 1561, in-8, vél.   20 fr.
> Exemplaire de GUY COQUILLE, Sieur de Romenay, jurisconsulte et historien du Nivernais. Sa signature avec la date de 1568 et sa devise : *Nul ne le sait*, se trouve sur le titre. On y trouve encore quelques petites notes de sa main relatives à des épitaphes. Le cahier L (pp. 81 à 88) qui manquait a été remplacé par un cahier de la même édition tiré d'un exemplaire moins grand de marges.

20512. **Charnier** (Le) de l'ancien cimetière Saint-Paul ; etude historique par l'abbé V. Dufour. 1866, in-8, tiré in-4, grand papier de Holl., br.   2 fr. 50

20513. **Noblesse** (Traité de la) et de toutes ses différentes espèces, augm. des traités du Blason des armoiries de France, de l'origine des noms, surnoms et du Ban et arrière-Ban, par de La Roque. Rouen, 1734, in-4, v. fauve. (Reliure ancienne).   25 fr.
> Bel exemplaire. — Cette édition du traité de la Noblesse de De La Roque est la plus complète et la plus recherchée. Elle contient les rôles de plusieurs anciens bans et arrière-bans et en particulier ceux du Poitou.

20514. **Deutsches Stammbuch** herausgegeben von Eduard Dulter. Randern, 1888, in-4, fig. et portr., cart.   3 fr. 50

20515. **Genealogiæ** Imperatorum, Regum, Ducum, Comitum, præcipuorumque aliorum Procerum Orbis Christiani ab anno Christi MCCCC, continuatæ ad annum MDCLXIV à Nic Ritterhusio. Tubingæ, 1664, in-fol., vél., dos de v. br., br.   5 fr.

20516. **Palais de l'honneur** ou les généalogies historiques des illustres maisons de France et de plus. nobles familles de l'Europe, ensemble un traité particulier pour apprendre parfaitement la science du blazon, av. les armes gravées en taille-douce, pour en donner l'intelligence, les cérémonies observées aux sacres des Roys et Reynes, leurs entrées solennelles et de celles faites à divers ambassadeurs, les baptêmes des fils et filles de France et les pompes funèbres faites aux obseques de nos Roys, l'origine et explication des armes, l'institution des ordres militaires, etc., tournois, duels, deffis, etc., par le P. Anselme. 1668, in-4, fig. d'armoiries, v.   15 fr.

20517. **Chapelle et Oratoire du roy de France** (L'hist. ecclésiastique de la Cour, ou les antiquitez et recherches de la), dep. Clovis I jusques à nostre temps, div. en trois livres, par G. du Peyrat. 1645, in-fol., v., fil.   10 fr.

20518. **Caricatures sur le système de Law.** Het groote Tafereel der Dwasheid (Le grand Tableau de la Folie, en hollandais). 1720, in-fol., v. br.   50 fr.
> Très curieux recueil de caricatures et de planches satiriques sur le système de la banque par actions de Law et les suites de son application. Ce sont des placards et pièces volantes qui se vendaient dans la rue. — Exemplaire composé de 61 planches. On y trouve la planche de Bernard Picart « la Fortune des Actions » et les planches de cartes à jouer qui manquent souvent. — Voir sur ce livre l'article de Champfleury dans la *Gazette des Beaux-Arts*, année 1877, p. 96. Voir aussi la *Chronique des Arts*, année 1877. N° 5.

20519. **Révolution.** Le nouveau gâteau des Rois ou le Roi de la Fève, comédie en un acte et en prose, mis au Théâtre du Monde, qui est bien celui des Variétés, par l'auteur des Sept Péchés capitaux, du Remue-Ménage du Paradis, etc., etc. A Paris, de l'imprimerie du Mannequin Royal, au Château du Louvre, en l'année 1790, in-8, de 56 pag., br., non rogné.   6 fr.
> Pièce rare, en parfait état.

20520. **Jacobinisme** (Mémoire pour servir à l'histoire du), par l'abbé Barruel. Hambourg. 1798, 3 vol. — Mémoires pour servir à l'histoire du Jacobinisme (par le même). Tomes IV et V. Augsbourg, 1799, 2 tom. en 1 vol. — Ens. 4 vol. in-8, dem.-rel.   12 fr.
> Les tomes IV et V, parus après coup, manquent le plus souvent et ne sont pas uniformes de reliure.

20521. **Louis XVI, Marie-Antoinette** (Correspondance secrète inédite sur), la Cour et la Ville de 1777 à 1792, publ. d'après les Mss. de la Biblioth. Impér. de St-Pétersbourg, av. préface et notes par de Lescure. 1866, 2 vol. gr. in-8, br.   8 fr.

20522. **Autorité de Rabelais** (De l') dans la Révolution présente et dans la Constitution civile du Clergé, ou institutions royales, politiques et ecclésiastiques tirées de Gargantua et de Pantagruel. En Utopie, de l'imprim. de Thélème, 1791, in-8, dem.-rel., dos et coins de mar. bl., fil., tête dor., non rog.   8 fr.
> Cet ouvrage, qui a paru aussi sous le titre :

3

L'Esprit de Rabelais, est de Ginguené. Il y « démontre que Rabelais dès le xvi° siècle a attaqué les préjugés en philosophe et préparé la destruction de nos sottises politiques et religieuses ». — Une réimpression de ce livre curieux a été faite il y a quelques années. Cette édition est l'originale.

20523. **Mesadventures** (Traité des) de personnages signalez, trad. du lat. de Jean Boccace et reduict en neuf livres par Cl. Witart, escuyer, Sieur de Rosoy, Gasteblé, Belval et de Boralles, conseiller au siège présidial de Chasteau-Thierry. A Paris, chez Nicolas Eve, relieur du Roy, demeurant au Cloz Bruneau, rue Chartière, à l'enseigne d'Adam et d'Eve, 1578, in-8 d'environ 700 pag., v. marb. 12 fr.

20524. **Estienne** (Henry). L'Introduction au traitté de la conformité des merveilles anciennes avec les modernes ou traitté préparatif à l'Apologie pour Hérodote; l'argument est pris de l'Apologie pour Hérodote, composée en latin par Henri Estienne et est ici continué par luy-mesme. A Strasbourg, par Pierre Estiart, 1567, pet. in-8, br. 12 fr.

Edition rare et non mutilée. Elle contient le chap. XXI, intitulé : *De la lubricité et paillardise des gens d'église*, qui manque la plupart du temps. Henri Estienne, dont certains rigoristes avaient attaqué la savante édition d'Hérodote, leur répondit en leur prouvant que sans aller fouiller si loin dans l'antiquité, il se passait de son temps bien des choses surprenantes que l'on traiterait plus tard de fables comme on avait traité certains récits de l'historien grec, et il part de là pour dresser le tableau vivant et satirique des vices en tous genres des moines et religieux, des magistrats, des bourgeois, en un mot de toute la société du xvi° siècle. — Assez bien conservé, mais un peu court de marges.

20525. **Septentrionalis eruditi** (Bibliotheca) sive syntagma tractatuum de scriptoribus illius. J. Molleri introductio in ducatuum Cimbricorum, Slesvicensis et Holsatici historiam. Lipsiæ et Hamburgi, 1699, pet. in-8, bas. 3 fr.

20526. **Bibliographie gantoise**, recherches sur la vie et les travaux des imprimeurs de Gand, par F. Van der Haeghen. Gand, 1858-69, 7 vol. gr. in-8, fig., br. 30 fr.

Ouvrage capital qui a demandé des recherches considérables. On y trouve d'anciennes illustrations populaires tirées sur les anciens bois.

20527. **Bibliothecæ Bodleianæ** (Catalogus impressorum librorum) in acad. Oxoniensi, curâ et operâ Th. Hyde. Oxonii, 1674, in-fol., v. 5 fr.

La Bibliothèque Bodléienne d'Oxford est aujourd'hui une des plus riches d'Europe, en éditions rares du xv° siècle.

20528. **Bibliothèque de Coutances** (Notices bibliograph. et histor. sur les livres écrits en latin, les plus utiles et les plus anciens qui se trouvent à la) ainsi que sur les manuscrits qu'elle renferme, par Julien Letertre. Coutances, 1846, in-8, de plus de 500 p., br. 5 fr.

20529. **Typographie.** Essai sur la Typographie, par Ambr. Firmin Didot. 1851, in-8 à 2 col., av. 4 planch. et tableau généalog. de la famille Estienne, dem.-rel., mar. rouge du Lev., à nerfs, tr. marbr. (Bel exemplaire). 6 fr.

20530. **Imprimerie** (Rapport sur l'), la Librairie, la Papeterie et les industries auxiliaires, fait à la commission franç. du Jury internat. de l'Exposit. Universelle de Londres, par Ambr. Firmin Didot. 1854, in-8, dem.-rel., toile bleue lustrée. (Envoi d'auteur). 3 fr.

20531. **Didot** (Ambroise-Firmin). Observations sur l'orthographe française suivies d'un exposé histor. des opinions et systèmes sur ce sujet dep. 1527 jusqu'à nos jours. 1867, gr. in-8, dem.-rel., mar. rouge. 5 fr.

Avec envoi autogr. signé de l'auteur.

20532. **Typographie parisienne** (Les quatre doyens de la), par Alkan aîné et Leprince. Angers, 1889, gr. in-8, avec portraits, br. 1 fr. 50

Les quatre doyens sont Th. Lefèvre, H. Fournier, J. Claye et l'auteur, qui ne survécut que de quelques mois à son œuvre.

20533. **Geofroy Tory**, peintre et graveur, premier imprimeur royal, réformateur de l'orthographe et de la typographie sous François I⁰ʳ, par Aug. Bernard. 1857, in-8, dem.-rel., dos et coins mar. vert, doré en tête, non rogné. 4 fr.

20534. **Fichet** (Guillaume), sa vie, ses œuvres, introduction de l'imprimerie à Paris, par J. Philippe. Annecy, 1892, in-8, br. 5 fr.

20595. **Fondeur en caractères** (Un), membre de l'Institut, par Alkan aîné. 1886, broch. in-8, avec 2 portraits. 1 fr. 50

Biographie de Laboulaye de l'Institut.

20536. **Imprimerie Nationale** (Réponse de l') aux attaques de ses adversaires. 1792-1896. Paris, Imprim. Nationale, 1896, gr. in-8, dem.-rel., maroq. rouge du Lev. à nerfs, tr. marbr. (Bel exemplaire). 5 fr.

Imprimé aux frais du personnel de l'Imprimerie Nationale.

20537. **Imprimerie** (De l'invention de l') ou analyse des deux ouvrages publ. sur cette matière par Meermen (par Jansen), suivi d'une liste chronolog. et raisonnée des livres av. et sans date imprimés avant 1501 dans les 17 provinces des Pays-Bas. 1809, in-8, br. 5 fr.

20538. **Antiquités typographiques de France.** — I. Origines de l'imprimerie à Albi en Languedoc (1480-1481). Les Pérignations de J. Neumeister, compagnon de Gutemberg en Allemagne, en Italie et en France (1463-1484); son établissement définitif à Lyon (1485-1507) d'après les monuments typographiques et des documents originaux inédits, avec notes, commentaires et éclaircissements, par A. Claudin. 1880, avec planches de fac-similés. — II. Origines et débuts de l'Imprimerie à Poitiers suivis d'une bibliographie des premiers livres imprimés dans cette ville (1479-1515), par A. Claudin, avec reproductions de marques d'imprimeurs dans le texte. 1897. — III. Monuments de l'Imprimerie à Poitiers. Recueil de 260 fac-similés de titres de livres, alphabets de caractères, lettres ornées, filigranes de papiers (1479-1515), publié par A. Claudin. 1897. Album imprimé sur simili-japon. — Ens. 3 vol. gr. in-8, br. 35 fr.

Ouvrages couronnés par l'Institut. — Les deux derniers ont obtenu le premier prix de bibliographie, fondé par Brunet, l'auteur du Manuel du Libraire.

20539. **Incunable de Paris.** Parthenice Catharinaria Fratris Baptiste Mantuani ab Ascensio familiariter exposita (au-dessous, marque de Jehan Petit). Venditur Parrhi-

siis in vico Sancti Jacobi in Leone Argenteo
et inter vicum Cithare et pontem S. Michaelis in Asino diverso colore, vulgo an
Lasne rayé (*sic*). Belle marque de Thielman Kerver à la fin. — Parthenice Mariana
F. Baptiste Mantuani ab Jodoco Badio
Ascensio familiariter explanata ; ejusdem-
que Apologeticon et carmen votitium ad
Divam Virginem cum suis elucidatiunculis.
(Au-dessous marque de Jehan Petit). Venundantur in Leone Argenteo vici Sancti
Jacobi et Asino intercincto vulgo a Lasne
rayé ad vicum Cytharæ. Belle marque de
Thielman Kerver à la fin tenant toute la
page. 2 ouv. en un vol. in-4, caractères ro-
mains, dem.-rel., v. vert.   25 fr.

    Ces deux ouvrages ont été publiés par les soins
de Josse Bade qui était alors à Paris. La *Parthenice Mariana* est précédée d'une lettre de ce dernier à son ami Henri Valluphin, maître d'école à
Lyon, et est datée de Paris en août 1499. « *Ex
gymnasio Parrhisiano ad Nonas Augusti* »
M CCCC.XCIX. — Belles impressions de Thielman
Kerver en caractères romains.

20540. Impression de Nicolas Jenson.
Mamotrectus. Incipit tabula principalium
vocabulorum in Mamotrectum secundum
ordinem alphabeti.(In fine, fol. penultimo :)
Actum hoc opus Venetiis anno domini
1479 nonas Kalendas octobris per inclytum
Nicolaum Jenson Gallicum. In-4, goth. à
2 col. de 38 lign., dem.-rel., v. fauve. 45 fr.

    Exemplaire grand de marges avec son premier
feuillet blanc. — Cachet de la bibliothèque du duc
d'Oldenbourg au commencement.

20541. Incunable de Rome. Incipit tracta-
tulus de duobus se invicem amantibus compositus per dominum Eneam Silvium poe-
tam, imperialemque secretarium qui tandem ad summi secretarium apicem assump-
tus, Pius papa secundus vocatus est. (In
fine :) Enee Silvii Picholominei Senensis
poete laureati historia de duobus amantibus feliciter finit.(Romæ, Stephanus Planck
de Patavia) sub anno Domini 1492 die
quinta mensis Martii. Pet. in-4, goth. de
33 lignes par page, vél.   22 fr.

    Edition rare. Hain, N° *237. — Manquent 2
feuillets dans le milieu du cahier *c*.

20542. Evreux (Impression d'). L. Fenes-
tellæ de sacerdotiis et magistratibus Romanorum libri II, Pomponii Lœti, Raphael.
Volaterrani et Henrici Bebelii ejusd. argumenti libelli omnes nitori suo restituti.
Ebroicis, ap. Jacob. Rossignol, 1660, in-24,
vél.   10 fr.

    Les impressions de Jacques Rossignol sont rares.
Sur le titre on voit l'un des fleurons de Le Marié,
le premier imprimeur d'Evreux, ce qui fait supposer que le matériel de ce dernier est passé dans
l'atelier de Rossignol.

20543. S. Mihiel (Impression de). Traicté
de la tutelle et curatelle par lequel il est
succinctement expliqué et monstré comment les tuteurs et curateurs se doivent
gouverner en ceste charge tutélaire avec
énumération des cas esquels les mineurs
peuvent estre restituez contre leurs tuteurs
et curateurs ou autres avec lesquels ils auront contracté, composé par M. Jean Gillet, escuyer, licencier (*sic*) ès droicts, lieutenant en la justice royale au gouvernement
de Verdun. A S Mihiel, par François Du
Bois, imprimeur et libraire de Son Altesse,
1613, in-8, vél.   30 fr.

    Bel exemplaire d'une impression très rare de
St Mihiel.

20544. Die-en-Dauphiné (Impression de).
Epigrammatum Joa. Owen Cambro-Bri-
tanni ad excellentissim. et doctissimam
heroïnam D. Arbellam Stuart liber singularis. Deiæ Aug. Vocont., ex officina Joh.
Rodolphi Fabri, phil. professoris, sumptibus ejusdem, 1614. Pet. in-8, couv. en pap.
                                      35 fr.

    PREMIER LIVRE IMPRIMÉ A DIE en Dauphiné.
L'imprimeur, Jean-Rodolphe Le Fèvre, était en
même temps professeur à l'Académie protestante
de Die.

**20545. Imprimerie des Juifs portugais
à Amsterdam.** Ordre des prières pendant l'année selon le rite des Portugais.
Imprimé dans la maison de David Crasto
Tartas à Amsterdam, l'an du Monde 5423
(en hébreu). In-24, mar. r., fil., tr. dor.
(Rel. hollandaise du temps un peu fatiguée, avec attaches de fermoir en argent).
                                      20 fr.

    Livre très rare. Le même livre, sous le titre de
« Orden de Oraciones », avait paru en espagnol,
dans le format in-8°, chez David de Crasto, l'année
précédente. (Voir *Bibliotheca Telleriana*, p. 12).

20546. Argot (Etudes de philologie comparée sur l') et sur les idiomes analogues
parlés en Europe et en Asie, par Francisque Michel. 1856, gr. in-8, dem.-rel., dos
et coins mar. Lavall. du Levant, à nerfs,
dos orné, fil., doré en tête, non rog. 15 fr.

    Ouvrage recherché. — Bel exemplaire, très bien
relié par Belz-Niédrée.

20547. Egger (E.). Mémoires d'histoire ancienne et de philologie. 1873, in-8 de plus
de 500 pag., br.   5 fr.

    Polémon, le voyageur archéologue. — Forma-
lités de l'état-civil chez les Athéniens.— Si les
Grecs ont connu l'usage de la lettre de change. —
Sur le prix du papier au temps de Périclès. — Des
journaux chez les Romains. — Etc., etc.

20548. Science des religions (La), par
Em. Burnouf. 1872, in-8 d'envir. 500 pag.,
br.   5 fr.

20549. Histoire de la Vulgate pend. les
premiers siècles du Moyen-Age, par S.
Berger. 1893, gr. in-8 de plus de 400 pag.,
br.   6 fr.

    Ouvrage couronné par l'Institut.

20550. Morale de l'Evangile (La) comparée aux divers systèmes de morale, par
L. Bautain. 1855, in-8, br.   3 fr. 50

20551. Nouveau Testament (Le), trad. en
franç. avec des notes, et la concorde des
4 Evangélistes (par le P. Lambert). 1740,
6 tom. en 7 vol. in-12, v. m.   3 fr. 50

20552. Biblia Sacra Vulgatæ editionis,
Sixti V, P. M. authoritate recognita, jussu
cleri Gallicani denuo edita. Par., Vitré,
1652, 8 vol. reliés en 10 vol. in-12, front.
gravé, v., fil. à comp. à la Dusseuil, tr.
dor.   15 fr.

    Bonne édition, très estimée et d'une belle exé-
cution typographique.

20553. Port-Royal (Mémoires pour serv. à
l'histoire de), par Fontaine. Utrecht, 1736,
2 vol. in-12, v.   5 fr.

20554. Port-Royal (Histoire générale de),
dep. la réforme de l'abbaye jusqu'à son entière destruction par Dom Ch. Clémencet).
Amst., 1755-57, 10 vol. in-12, v. gr. 15 fr.

20555. Descartes. Philosophie morale touch.
les passions de l'âme et par occasion de
toute la nature de l'homme. Bruxelles, Foppens, 1707, in-12, v., dent., tr. dor. 3 fr. 50

20556. Ste-Cécile d'Albi (Monographie de la cathédrale de), par H. Crozes. 1873, in-12, br.   1 fr. 50

20557. Diocèse d'Albi (Le), ses évêques, ses archevêques, par H. Crozes. 1878, in-12, br.   2 fr.

20558. Sceaux, Méreaux. 6 broch. in-8.   4 fr.

Scel du gardien des Frères Mineurs de Dunkerque, par Carlier. 1855. — Un sceau du prieuré de Bray-sur-Aunette (Oise). Senlis, 1875. — Les sceaux de la ville d'Avesnes, par Ern. Mathieu. — Liste de sceaux relatifs à la Flandre maritime, par E. de Coussemaker. Lille, 1871. — Catalogue de la collection de sceaux-matrices de Eug. Hucher. 1863. — Méreaux de la Sainte-Chapelle de Chambéry et de l'église de Belley, par F. Rabut.

20559. Catalogue de Brienne (Le) (1662), annoté par Edm. Bonnaffé. 1873, pet. in-8, dem.-rel. dos et coins mar. rouge, à nerfs, doré en tête, non rog.   4 fr.

Tiré à petit nombre. — Exemplaire numéroté sur Hollande, avec envoi d'auteur et un billet autographe signé d'Ed. Bonaffé.

20560. Art moderne en Allemagne (Dict. d'artistes pour servir à l'hist. de l'), par A. Raczynski. Berlin, aux frais de l'aut. 1842, gr. in-8, br.   2 fr. 50

20561. Artistes inconnus des XIVᵉ, XVᵉ et XVIᵉ siècles. — Académie des arts de Lille. — Ch.-Louis Corbet, sculpteur ; études artistiques par J. Houdoy. 1877, gr. in-8, pap. vergé, dem.-rel., mar. r. du Lev., à nerfs, fil., tête dor., non rog. (Bel exemplaire).   8 fr. 50

20562. Cabinet de Paignon-Dijonval. Etat détaillé et raisonné des dessins et estampes dont il est composé, classé par écoles, rangées à leurs dates, par Bénard. 1810, in-4 à 2 col., br.   4 fr.

20563. Hôtel Drouot (L') en 1881, par Paul Eudel, avec préface par J. Claretie. 1882. — L'Hôtel Drouot en 1882, par le même, av. préface de Arm. Sylvestre. 1883. — Ens. 2 vol. in-12, br.   5 fr.

20564. Foucquet (Jehan). Notice extraite du volume d'appendice des Evangiles publ. par Curmer. In-4, dem.-rel., v. fauve, à nerfs, tr. marbr. (Bel exempl.).   4 fr.

20565. Musée rétrospectif. Exposition de 1865 au Palais de l'industrie. 1867, gr. in-8. dem.-rel., mar. r. du Lev., à nerfs, tr. ébarb. (Bel exempl.)   4 fr.

20566. Maury (Alfr.). Exposé des progrès de l'archéologie depuis 20 ans. 1867, in-4, dem.-rel., mar. viol. du Lev., à nerfs, tr. marbr. (Bel exemplaire).   3 fr. 50

20567. Récompense promise à qui découvrira ou ramènera deux esclaves échappés d'Alexandrie le XVI epiphi de l'an XXV d'Evergète II. 1833, in-8, dem.-rel., dos et coins de mar. br. du Lev., doré en tête, non rogné. (Bel exemplaire).   3 fr.

Annonce contenue dans un Papyrus grec trad. et expliq. par Letronne.

20568. Agostini (Dialoghi di D. Ant.) intorno alle medaglie, inscrittioni, et altre antiquita. Roma, 1625, in-fol., nombr. fig. de médailles, v.   4 fr.

20569. Césars de l'empereur Julien (Les), trad. du grec, avec des remarques et des preuves illustr. par les médailles et autres anc. monumens (par Spanheim). 1683, in-4, médailles dans le texte, v.   3 fr.

20570. Monnaies d'argent de la Ligue achéenne (Essai histor. et crit. sur les), accomp. de recherches sur les monnaies de Corinthe, de Sicyone et de Carthage qui ont eu cours pour le service de cette fédération, par E. Cousinéry. 1825, in-4, fig. de monnaies, br.   3 fr. 50

20571. Impression de Brescia. Isocratis oratio de regno gubernando Dominico Bonomino interprete. Impressum Brixiæ, per Angelum Britannicum, anno Domini M D III (1503), die XXVII mensis Maii. Pet. in-4, lettres rondes, couv. en pap.   10 fr.

Cette traduction d'Isocrate sur le gouvernement d'un Etat est dédiée à Lorenzo Suarez de Mendoza, ambassadeur de Ferdinand, roi d'Espagne.

20572. Impression de Paris, Pauli Orosii historiographi clarissimi opus prestantissimum. Impressus Parrhisiis per Joh. Barbier impressorem necnon librarium juratum in vico S. Jacobi commorantem sub Ensis insignio per Dionisio Roce in eodem vico commorante sub divi Martini intersignio. Anno 1510, die XIII novembris. In-4, marque de l'Epée peinte à l'époque sur le titre, vél.   10 fr.

Edition rare. — Bel exemplaire.

20573. Antiquissima latinor. bibliorum editione (De) ceu primo artis typographicæ fœtu et rariorum librorum phœnice, J. G. Schelhornii diatribæ. Ulmæ, 1760, in-4, dem.-rel. percal.   4 fr.

Dissertation sur les premières Bibles de Mayence et sur l'origine de l'imprimerie.

20574. Imprimerie à Troyes (Recherches sur l'établissement et l'exercice de l'), contenant la nomenclature des imprimeurs de cette ville depuis la fin du XVᵉ siècle jusqu'à 1789, et des notices sur leurs productions les plus remarquables, avec fac-similés et marques typographiques, par Corrard de Breban, 3ᵉ édition, revue et considérablement augmentée d'après les notes manuscrites de l'auteur, par O. Thierry-Poux, de la Bibliothèque Nationale. In-8, titre rouge et noir, pap. vergé, avec fac-similés du premier livre imprimé et 17 marques d'imprimeurs des XVᵉ et XVIᵉ siècles, grav. sur bois, br.   4 fr.

L'imprimerie, à Troyes, date de 1483, et son introduction dans cette ville est due à un des membres de la famille Le Rouge de Chablis, dont M. Monceaux vient de retracer le passé artistique d'une manière si complète. Les foires de Champagne, qui étaient très fréquentées aux XVᵉ et XVIᵉ siècles, donnèrent un essor considérable à la librairie et à l'imprimerie troyennes. L'ouvrage de M. Corrard de Bréban, sans cesse amélioré par des recherches nouvelles, revues et complétées dans cette troisième et dernière édition par M. Thierry-Poux, fait autorité dans le monde bibliographique. Après un exposé de la question historique, on trouve un répertoire par ordre alphabétique des imprimeurs de Troyes, avec indication de leurs demeures et nomenclature bibliographique de leurs ouvrag.s. Le volume se termine par une *liste des imprimeurs troyens distribués dans l'ordre chronologique* — Peu de livres traitant de la typographie provinciale contiennent autant de renseignements intéressants, recueillis avec la patience qui caractérise les bibliophiles de la vieille roche.

20575. Fabliaux (Nouv. recueil de contes, dits), et autres pièces inéd. des XIIIᵉ, XIVᵉ et XVᵉ siècles, pour faire suite aux collections Legrand d'Aussy, Barbazan et Méon, mis au jour pour la prem. fois par A. Jubinal. 1839, 2 tom. en 1 vol. in-8, dem.-rel., v. fauve, dos orné à nerfs.   25 fr.

20576. Femme forte (Le Livre de la) et vertueuse, declaratif du Cantique de Salomon ès Proverbes....., laquelle exposition est extraicte de plusieurs excellens docteurs, utille et prouffitable à plusieurs religieuses et autres gens de devocion, faict. et composé par ung religieux de la reformation de l'ordre de Fontevrault, à la requeste de sa sœur religieuse réformée dudit ordre, (Au-dessous marque de Jehan Petit). Sans lieu, ni date (Paris, vers 1520). Pet. in-8, gothique, v. br., tr. dor.   35 fr.

Livre rare. — Exemplaire grand de marges et parfaitement conservé.

20577. Froissart (Le second volume de) des Chroniques de France, d'Angleterre, d'Escoce, de Bretaigne, de Gascongne, de Flandres et lieux circonvoisins. Imprimé à Paris pour Françoys Regnault, libraire, demeurant en la rue Sainct-Jacques, à l'enseigne Sainct-Claude (1518), In-fol. goth. à 2 col., marque de François Regnault sur le titre et sur un feuillet séparé à la fin, parch.   40 fr.

20578. Graveurs et artistes du XVIIIe siècle. Privilège du Roi accordé, pendant six années, aux sieurs Noël Le Mire et François Bazant (sic), graveurs, pour « une suite gravée des Métamorphoses d'Ovide d'après les dessins de MM. Boucher, Eisen, Cochin, Gravelot, etc... » 10 septembre 1766. — In-4. Document original sur vélin, avec le timbre de la Généralité de Paris et le certificat d'enregistrement à la Chambre syndicale des libraires et imprimeurs de Paris, signé *Ganeau*, syndic, le 23 septembre 1766.   20 fr.

20579. Basan, graveur. Privilège du Roi pour 4 ans, à lui accordé pour « un Catalogue des estampes d'après Rubens et un Dictionnaire des Graveurs anciens et modernes, avec une notice des principales estampes qu'ils ont gravées. » 23 septembre 1767. — In-4. Document original sur vélin, avec le timbre de la Généralité de Paris et le certificat d'enregistrement à la Chambre syndicale signé *Ganeau*, le 30 septembre 1767.   15 fr.

20580. Canada. Réclamations à l'Assemblée Nationale en faveur des anciens habitans de l'Acadie transportés en France lors de la prise de Louisbourg et particulièrement de ceux débarqués à Cherbourg le 14 janvier 1760. Distribué au profit des Acadiens, 1790. Cahier in-fol. manuscrit de 13 pag.   20 fr.

L'auteur de cette pétition, qui n'a signé que de son initiale J...., est un nommé *Jubé*, officier de la garde nationale de Cherbourg, ami de Dumouriez, ainsi que nous avons eu occasion de le constater par la comparaison de son écriture sur un document signé de lui et annoncé sous le Nº 19708 des *Archives du Bibliophile*. Ce mémoire contient à la fin un *Etat nominatif des Acadiens débarqués à Cherbourg*. Ce Mémoire n'a pas été imprimé. Il en a été fait 6 copies : 1º pour le Président de l'Assemblée Nationale ; 2º pour M. Necker ; 3º pour l'un des secrétaires du Comité des rapports sur les pensions ; 4º pour M. Du Bois de Fosseux ; 5º pour le prince de Poix ; 6º pour le comte de Lacépède, au Jardin du Roi. — Cette copie est celle de Dubois de Fosseux.

20581. Cultivateur américain (Lettres d'un) écrites à W. S., écuyer, dep. l'année 1770 jusqu'à 1781, trad. de l'anglois. 1784, 2 vol. in-8, v.   4 fr.

L'auteur et le traducteur de ces lettres, dédiées à La Fayette et publiées par Lacretelle aîné, est Saint-John de Crèvecœur.

20582. Chiens dans les églises. Avis important au sujet des chiens qu'on mène dans les églises. 1749. Placard-affiche avec gravures sur bois, gr. in-fol.   5 fr.

Très curieuse pièce. Voici un extrait du texte de cette affiche, placardée au xviiie siècle dans les églises de Paris : « Le respect que l'on doit à Dieu et à la sainteté de son Temple devraient suffire à des chrétiens pour ne pas mener des chiens à l'église..... Ces animaux remplissent le lieu saint de leurs ordures et d'un bruit qui trouble la piété..... Si nonobstant cet avis, ceux à qui ils s'adressent continuent à commettre une pareille profanation, ils ne trouveront pas mauvais qu'on chasse leurs chiens et même qu'on les fasse tuer hors de l'église..... On avertit aussi des hommes de certaines professions qui entrent dans l'église avec des tabliers, des peignes sur la tête ou avec les cheveux en papillotes, de ne plus s'y présenter dans un extérieur aussi indécent..... Permis d'imprimer et afficher ce 24 juillet 1749. Berryer. — De l'imprimerie de Thiboust, imprimeur du Roy, rue de Cambray, à la Renommée. » — Réimpression sur l'original, le 16 novembre 1872, faite à Epernay par les soins d'un bibliophile et tirée à quelques exemplaires seulement, non mis dans le commerce.

20583. Liberté des cultes. Extrait des registres du Directoire du département de la Haute-Vienne, du 10 juin 1791. A Limoges, chez François Dalesme, imprimeur du département, Placard-affiche in-fol. à 2 col. (Parfait état). ·   15 fr.

Affiche fort curieuse proclamant la liberté de conscience. En voici quelques extraits : « Considérant que la liberté du culte est une partie essentielle de la Constitution, que les citoyens sont libres d'adopter le mode qu'ils jugent à propos pour invoquer et remercier l'Etre suprême, que nul ne peut être inquiété pour ses opinions religieuses, ni pour la forme qu'il a adoptée..... Considérant que la religion catholique étant la seule dont le culte soit salarié par la nation, le public a intérêt de connoître les églises *constitutionnelles*, de les distinguer de celles qui sont seulement tolérées..... Considérant que la Nation étant grevée de dettes, a intérêt pour se rédimer de vendre les églises superflues, et qu'elle ne doit point se priver du produit des ventes pour fournir des églises à la célébration d'un culte anti-constitutionnel..... il est défendu expressément de se servir des églises destinées à un culte non conformiste pour tout autre usage que pour une réunion religieuse, d'y tenir aucune assemblée ou société délibérante ou politique..... Faute par les non-conformistes de se soumettre aux conditions ci-dessus, leurs églises, temples, synagogues, mosquées, et autres lieux destinés à leur culte, seront fermés irrévocablement et ils seront poursuivis et punis comme perturbateurs du repos public, etc..... »

20584. Convoi funèbre des libertés et autres victimes du neuf août mortes pour les citoyens, pour faire pendant à celui des citoyens morts pour la Liberté, suivi du plan figuratif du char funéraire et de ses 50 cercueils, où sont renfermés les restes des victimes du 9 août 1830. — 4 pag. in-fol.   10 fr.

Numéro exceptionnel très rare du *Charivari* daté du 29 juillet 1840, sur papier noir, impression de couleur argentée, avec attributs funèbres, têtes de morts, larmes d'argent, sabliers, dessins satiriques également imprimés en blanc argenté sur fond noir, annonces politiques burlesques. — Véritable curiosité typographique.

20585. Postes, messageries, franchise administrative 5 pièces in-4 et 1 placard-affiche in-fol. — Ens. 6 pièces.   7 fr. 50

Arrêté de l'administration du départem. de Vaucluse concern. les Postes. Avignon, 1793, 4 p. — Extrait des registres du directoire du départem. de l'Ain (établissement d'un courrier de Lyon à Besançon et Strasbourg). Bourg, imprim. de C.-C.-

G. Philipon. 1791, 9 p. — Résultat du Conseil du Roy par leq. Sa Majesté commet Denys Bergaut pour la régie et administration des diligences et messageries par tout le royaume. 1775, 4 p. — Franchise de port par la poste pour les lettres et paquets de l'administration. Circulaire datée de Montpellier, septembre 1790, 3 p. — Avis du directoire du départem. des Basses-Alpes aux municipalités de son ressort (relativement à la franchise des lettres et paquets adressés au département). De l'imprimerie de J. Guichard, imprimeur du départem. des Basses-Alpes à Digne. 1791. Placard-affiche in-fol. — Autre lettre-circulaire ayant le même sujet. 3 p. in-4.

20586. **Paris** (Abrégé des antiquitez de la ville de), conten. les choses les plus remarquables tant anc. que mod. (par F. Colletet). 1664, in-12, v. 3 fr.

20587. **Paris** (Enseignement à). De varia Aristotelis in Academia Parisiensi fortuna extraneis hinc inde adornata præsidiis liber auctore Joa. de Launoy, Constantiensi, 1653, pet. in-8, couv. en pap. 5 fr.

20588. **Paris** (Enseignement à). Jo. Carpentarii regii professoris oratio quam in auditorio regio cum interpretationem Spheræ et logici organi aggrederetur de sua professione habuit contra quorumdam calumnias. 1567, pet. in-8, couv. en pap. 5 fr.

Jacques Charpentier, né à Clermont-en-Beauvoisis, professeur au Collège de France, fut un des adversaires les plus acharnés de Pierre Ramus.

20589. **Noisy-le-Sec.** 2 pièces in-4. 4 fr.

Ordonnance du lieutenant de police portant interdiction de carrières exploitées sans permission au territoire de Noisy-le-Sec par les nommés Charton, Epaulard et Jouvence, plâtriers, et qui les condamne chacun en 500 livres d'amende. 16 mai 1781, 2 p. — Arrest du Parlement portant règlement pour l'administration de la fabrique de Noisy-le-Sec et pour celle des biens et revenus de la Charité de la paroisse du même nom. 13 mai 1782, 24 p.

20590. **Nanterre**, Montesson, le Pecq. — 7 pièces in 4. 6 fr.

Ordonnance de police qui condamne Baudouin et Courtin, carriers à Puteaux, chacun en 500 livres d'amende pour avoir exploité une carrière en cavage et sans permission au territoire de Nanterre. 1782, 3 p. — Ordonnance du lieutenant-général de police portant interdiction d'une carrière exploitée sans permission au territoire de Nanterre par R. Chevalier, plâtrier, qui le condamne à faire faire les ouvrages nécessaires à la sûreté du chemin et des terrains voisins et en 500 livres d'amende. 1781, 3 p. — Ordonnance de police qui condamne différ. particuliers à déblayer les terres étant au-dessus de carrières à plâtre situées dans la paroisse de Nanterre. 1779, 3 p. — Ordonnance de police qui interdit l'usage de carrières exploitées sans permission au territoire de Montesson par les nommés Dreux, Nicolle, Chatelier et autres. 1781, 3 p. — Arrest concern. les marchandises de salines enlevées au Pecq. 1781, 8 p. — Etc.

20591. **Versailles** (Explications des tableaux de la Galerie de) et de ses deux salons. A Versailles, de l'imprimerie de Franç. Muguet, premier imprimeur du Roy. à l'ancien hostel de Seignelay. 1687, pet. in-8, frontisp., v. m. 20 fr.

Premier livre imprimé à Versailles. — Rare.

20592. **Dauphiné, Savoie.** Procès de succession entre les familles Marconis de Valence et De la Croze de Savoie. 1658-1663, 4 mémoires, avertissements ou factums in-4. 10 fr.

20593. **Montélimar.** 5 pièces in-4 et pet. in-fol. imprimées et manuscrites du temps. 12 fr.

Délibération du Conseil général de la commune

de Montélimar en date du 5 mai 1790 (relativement à une lettre circulaire des citoyens soi-disant catholiques de Nîmes). De l'imprimerie de J.-J. Viret, à Valence, 4 p. — Discours prononcé le 29 juin 1790, jour de l'assemblée des électeurs de la garde nationale du district de Montélimar, pour la nomination des députés à la Fédération Nationale, le 14 juillet prochain. A Valence, chez J.-J. Viret, 4 p. — Prestation du serment constitutionnel par les ecclésiastiques dans l'église Ste-Croix, le 30 janvier 1791. Cop. du procès-verbal. 2 p. Mss. — Discours de M. Courtois, curé de Montélimar, prononcé à l'occasion du décret d'organisation de la garde nationale. 4 p. Mss. — 4 discours prononcés à Montélimar : 1º Discours prononcé par le curé de Montélimar avant de lire la lettre du Roi aux évêques de France : 2º Discours prononcé par le curé de Montélimar le 5 juillet 1789, à l'occasion de la réunion des Trois Ordres aux États-Généraux ; 3º Discours du curé de Montélimar pour le 29 juillet 1789, jour du service pour le repos des âmes des généreux citoyens qui ont péri dans la funeste journée du 14 du présent mois ; 4º Discours prononcé par le curé de Montélimar le 14 juillet 1790, jour de la Fédération. — Ens. 16 pièces in-fol. Mss.

20594. **Valence-en-Dauphiné.** Mémoires ou avertissemens pour diverses contestations et procès (XVIIᵉ siecle). 10 pièces in-4. 12 fr.

Advertissement pour Claude Du Moulin, bourgeois de Valence, mary et maistre des biens de damoiselle Colombe-Magdelaine Barnaud contre Estienne Aillan, bourgeois de Crest. 1672, 16 p. — Advertissement pour Jos. Bergier, prieur de St-Félix-lez-Valence, appellant du juge mage dudit Valence, contre Ch. Bressac, secrétaire de l'Université de Valence. 7 p. — Advertissement pour Guy Rouchet, procureur ès cours de Valence, contre Maistre François Chalamel, docteur en medecine. (1660), 16 p. — Advertissement pour Jean Bonin, prestre, chanoine regulier de St-Ruf, prieur de Chasteaudouble et agregé en l'Université de Valence, contre Louis-Annet de Clermon de Chatte. 6 p. — Advertissement pour Michel Laurens, prestre et curé d'Alès (sic), contre Jean Lottelier, prieur de S. Peyrais (sic) et Pierre-André Chausson, prestre habitué en l'église cathédrale de St-Apollinaire de Valence. 12 p. — Advertissement pour le prieur de St-Félix de Valence, contre le syndic du chapitre de St-Apollinaire dudit Valence. 6 p. — Advertissement pour Guill.-Manuel de La Foy, abbé de St-Ruf, prenant le fait et cause d'Anth. d'Arnaud, marchand bourgeois de Valence, son cessionnaire, contre les communautes de Cerrisin, Nicolas Vermelle et Quinsonas. (1643), 5 p. — Le prieur de St-Félix, appellant du juge-mage de Valence. 3 p.

20595. **Berry.** 6 factums ou Mémoires in-fol. et 1 pièce in-4. 12 fr.

Mémoire pour Louis-Pierre-Maximilien de Béthune, duc de Sully, prince souverain de Boisbelle et Henrichemont, contre Armand de Béthune, comte d'Orval. 1731, 46 p. — Second mémoire pour L.-P.-Maximilien de Béthune, duc de Sully, contre Armand de Bethune. 1733, 76 pag. — Troisième Mémoire servant de réponse aux deux derniers mémoires du Marquis de Bethune. 1729, 20 p. — Réponse générale aux quatre mémoires que le Comte d'Orval vient d'ajouter à cinq qui avoient précédé. 1729, 20 p. — Cinquième Mémoire servant de réponse au Mémoire imprimé du Marquis de Béthune intitulé : Réponse générale aux quatre Mémoires. 1730, 22 p. — Sommaire pour Armand de Béthune, comte d'Orval, contre L.-P.-Maximilien, marquis de Béthune. 1729, 11 p. — Edit du Roi portant création d'un grenier à sel dans la ville d'Henrichemont et établissement des droits de ferme dans la principauté d'Henrichemont et de Boisbelle. 1773, 7 p. — Henrichemont était le chef-lieu de la principauté indépendante de Boisbelle, fief de la maison d'Albret, enclavé dans la province de Berry, comme Monaco l'est aujourd'hui dans le département des Alpes-Maritimes. Ce fut le duc de Sully qui succéda aux d'Albret par voie d'achat en 1597. Il fit bâtir la ville d'Henrichemont qu'il appela ainsi en mémoire d'Henri IV. Le territoire de la principauté qui avait environ 48 kilom. de circonférence fut définitivement réuni à la France en 1769.

20596. Mayenne (Essai de statistique minéralog. et géolog. du départ. de la), par Ed. Blavier. 1837, in-8, grande carte, br.   2 fr.

20597. Touraine (Le Paradis délicieux de la) qui comprend dans une brieve chronologie ses raretez admirables, particulièrement les archevesques de Tours et autres choses remarquables, divisé en IV parterres par le R. P. Martin Marteau de S. Gatien. Paris, L. de La Fosse, 1661, 4 part. en 1 vol. in-4, dérel.   20 fr.

Ouvrage fort recherché et devenu très rare. Il est presque impossible d'en trouver des exemplaires complets et en bon état, le livre étant imprimé sur mauvais papier et ayant été beaucoup lu. — Celui-ci a quelques feuillets fatigués. Les premier et second parterres sont complets. Dans le troisième il manque deux feuillets (pp. 155-158) et la fin manque au quatrième qui ne va pas plus loin que la page 56.

20598. Sologne (Vues générales sur l'état de l'agriculture dans la) et sur les moyens de l'améliorer, par Huet de Froberville. Orléans, 1782, in-8, couv. en pap.   2 fr. 50

20599. Flandres. 2 pièces in-fol.   5 fr.

Mémoire pour le grand-prieur et religieux de l'abbaye de St Sauveur d'Anchin, demandeurs en complainte par requête présentée à la Cour le 13 avril 1753 et appellans au besoin de la sentence rendüe par les bailli et hommes de fief de Bertry le 25 janvier précédent contre le procureur d'office dudit Bertry joint à lui Gaspard Jos. Bourchault, seigneur du même lieu. Douay (1753), 11 p. — Jurisprudence de Flandres sur la portion congrue des cures, sur celle des vicaires, sur l'entretien et la réparation des églises, etc. 1751, 7 p.

20600. Donai, Arras. 4 Mémoires ou factums in-fol.   10 fr.

Observations pour Monseign. Jean de Bonneguize, évêque d'Arras, appellant comme d'abus de l'exécution de la bulle d'union de la cure de l'église paroissiale de St-Pierre de Douay au chapitre de la même église de l'an 1448 et de tout ce qui s'en est ensuivi. 1760, 11 p. — Mémoire de révision pour Monseig. J. de Bonneguise, évêque d'Arras, demandeur en révision de l'arrêt du 11 juin 1761 et impétrant de lettres levées en chancellerie le 11 juin 1763. 28 p. — Arrest de la Cour de Parlement du 12 juin 1761 qui déclare M. l'évêque d'Arras non recevable quant à présent dans son appel comme d'abus et dont se fait révision. 14 p. — Mémoire pour les notaires royaux de la province d'Artois aux résidences d'Arras et de Douay dont la ville est en partie du territoire de ladite province, demandeurs en rapport de provisions contre P. Jos. Izambard, bailly de la Seigneurie de l'Ecluse, dépendant en partie de la Flandre et en partie de l'Artois, défendeur. 1750, 11 p.

20601. Artois (Discours abrégé de l'), membre ancien de la Couronne de France et de ses possesseurs depuis le commencement de la monarchie (par de Combault d'Auteuil). 1640. — Traité du ban et arrièreban (par Jacques de la Lande, doyen de l'Université d'Orléans). S. l., ni date, 77 pag. — 2 ouvr. en un vol. pet. in-4, v., fil.   15 fr.

20602. Lille. 6 Mémoires et factums in-fol.   10 fr.

Mémoire pour MM. les doyen, chanoines et chapitre de l'église collégiale de Saint-Pierre et les chepelains de Cripta fondez en lad. église, décimateurs au village de Lambersart, appellans de la sentence rendue par les officiers de la gouvernance de Lille le 9 mai 1744, contre Gilles Balthaz. Vanderbecken, curé de lad paroisse de Lambersart. 18 p. — Mémoire de révision pour MM. les doyen, chanoines et chapitre de l'église collégiale de St-Pierre à Lille et les chapelains de Cripta. 1745.

— Mémoire pour Messire Jean Féry Antoine de Carondelet, seigneur de la Mairie de Thumerie contre les abbé et religieux de S. Christophe à Phalempin, appellans des sentences rendues par les officiers de la gouvernance de Lille les 24 mars 1752 et 20 juillet 1758. 20 p. — Mémoire d'audience pour Pierre Pipelart, marchand demeurant au village de Fortin, contre Nicol. Loithois, marchand en la même ville de Lille. 1763, 5 p. — Mémoire des Eta.s de Lille sur le procès dit des Cinq Points pendant au Conseil d'Etat entre lesd. Etats, les villes et châtellenies de la Flandre occidentale et les autres villes et provinces du ressort du Parlement de Flandre et les gros décimateurs du ressort du même Parlement, demandeurs par requête présentée en 1684. 31 p. — Nouv. mémoire des Etats de Lille sur le procès des Cinq Points, etc. Lille, imprim. de J.-B. Henry. 12 p.

20603. Metz (Histoire de la naissance, du progrès et de la décadence de l'hérésie dans la ville de) et pays Messin, par le P. Mart. Meurisse. Metz, 1670, in-4, br., NON ROGNÉ.   10 fr.

Rare dans cette condition. — Le titre manque et la première page de la dédicace de l'auteur est en partie déchirée. — Le texte de l'ouvrage lui-même est complet.

20604. Metz. Révolution. Défense de procéder à la fabrication de piques pour l'armement des citoyens, proposée par souscription par la Société des Amis de la Constitution de Metz. 1792, 2 pièces in-fol. et in-4.   10 fr.

Extrait des délibérations du Conseil général de la commune de Metz du 27 février 1792 l'an 4e de la Liberté. Interdiction de la « souscription volontaire pour une fabrication de piques nécessaires au complément de l'armement des citoyens dans ce moment de crise et d'allarmes ». Il est enjoint à « tous citoyens non inscrits sur les registres de la garde nationale, ayant en leur possession fusils, épées ou autres armes d'en faire leurs déclarations sous huitaine au plus tard ». Défense de « se former en patrouilles ou compagnies particulières, marcher sous d'autres drapeaux, obéir à d'autres officiers que ceux de la garde nationale ou des troupes en activité .. ». Placard-affiche in-fol. A Metz, chez la Vve Antoine et fils, imprimeur du département de la Moselle. — Extrait du registre des délibérations du Directoire du départem. de la Moselle, du 28 février 1792 (concernant la même affaire). 10 p. in-4.

20605. Forez. Inscriptions; archéologie. —7 pièces in-8.   7 fr. 50

Recueil d'inscriptions foréziennes du XIe au XVIIIe siècle, par L. P. Gras. St-Etienne, s. d., 92 p. — Sur deux colonnes miliaires romaines aux noms de l'Empereur Maximin et de son fils, l'une à Usson, dans le départem. de la Loire, l'autre apportée d'Ampuis au Musée de Lyon par Allmer. Lyon, 1858, 22 p. — Sur quelques inscriptions alléguées de part et d'autre dans une récente polémique par A. Allmer. Vienne, 1859, 15 p. — Observations de l'abbé Roux sur l'ouvrage d'Aug. Bernard, intitulé : Description du pays des Ségusiaves. 1859, 16 p. — Réplique de M. Aug. Bernard à la réponse de l'abbé Roux. 1859, 7 p. — Autre réponse d'Aug. Bernard à la réplique de M. Roux. 8 p. — Lettre autographiée d'Aug. Bernard relative à la même querelle. 13 avril 1859. 1 p.

20606. Couvent de Boulauc (Monographie du) dans le canton de Saramon (Gers), par Ferd. Cassassoles. Auch., 1859, in-8, br.   2 fr.

20607. Toulon. 2 placards-affiches, in-fol. (Parfait état).   10 fr.

Mandement de Monseign. l'évêque de Toulon qui ordonne des prières publiques pour le rétablissement de la tranquillité et le succès des Etats-Généraux. Donné à Mazaugues, le 3 août 1789. De l'imprimerie de Mallard, imprimeur du Roi. — Lettre du Roi à Monseig. l'évêque de Toulon commençant ainsi : « Mons. l'évêque de Toulon, vous connoissez les troubles qui désolent mon royaume. Vous savez que dans plusieurs provinces, des brigands et des gens sans aveu s'y sont répandus et que non contens de se livrer eux-mêmes à toutes sortes d'excès... ils ont persuadé qu'on exécuteroit ma volonté et qu'on répondroit à mes intentions en attaquant les châteaux et en y détruisant les archives et les divers titres de propriété... » et se terminant par cet appel : « Venez donc à mon aide, venez au secours de l'Etat par vos exhortations et par vos prières. Je vous y invite avec instance. » Cette lettre est suivie d'un Mandement qui ordonne la continuation des prières publiques et est daté de Vintimille, le 16 septembre 1789. A Toulon, de l'imprimerie de Mallard, imprimeur du Roi et de Mgr l'Évêque.

20608. Basses-Alpes. 1790-1791. 6 placards-affiches in-fol. imprimés à Digne par J. Guichard.   15 fr.

Affiche invitant les ci-devant seigneurs et autres particuliers qui ont subi des dommages dans leurs propriétés de choisir des experts concurremment avec la commune pour en faire l'estimation dont le montant sera payé par lad. commune. — Arrêté concernant l'hygiène et l'alimentation publique, l'exercice de la médecine et de la chirurgie, la police des cabarets, etc. — Proclamation des administrateurs des Basses-Alpes, formation de la garde nationale, état des compagnies à fournir par chaque canton. — Arrêté du Directoire des Basses-Alpes concernant la nomination en juges de paix et leurs assesseurs, leur compétence. — Proclamation du Directoire du départem. des Basses-Alpes commençant ainsi : « Citoyens. Le Roi et la famille royale ont été enlevés Maintenez l'ordre et la tranquillité publique. L'Assemblée Nationale vous l'ordonne expressément. Que partout, nos très braves gardes nationaux prennent les armes. Que partout on arrête quiconque va à l'étranger... etc... » — Arrêté du Directoire du départem. des Basses-Alpes relatif aux fraudes commises dans la vente des biens nationaux.

20609. Livres armoriés. Diurnal de Montauban, imprimé par l'autorité de Mgr A. F. V. Le Tonnelier de Breteuil. évêq. et sgr de Montauban. Toulouse, 1774. 2 forts vol. pet. in-12, mar. r. du Levant, fil. et dent. à petits fers sur les plats, tr. dor. (Rel. anc.).   15 fr.

Cet exemplaire a sans doute appartenu à Mgr Le Tonnelier de Breteuil lui-même dont on voit une de ses pièces d'armoiries « L'ÉPERVIER D'OR », plusieurs fois frappé sur les plats.

20610. Quintiliani (M. Fab.) Declamationes undeviginti, cum variorum notis. Lugd. Batavor., 1665, 2 vol. in-8, front. gravé, v. br., fil.   8 fr.

Armes de LEFÈVRE DE CAUMARTIN SAINT-ANGE sur les plats.

20611. Charron. De la Sagesse. Paris, Bastien, 1783, in-8, frontispice gravé représentant la Vérité toute nue sur un piédestal et portrait de Charron, v. marbr., dent.   6 fr.

Bel exemplaire en TRÈS-GRAND-PAPIER.

20612. Fénelon. Directions pour la conscience d'un roi, composées pour l'instruction du duc de Bourgogne. La Haye, 1748, in-8, tiré in-4, avec un beau portrait de Fénelon gravé par Desrochers, v. marbr. fil.   8 fr.

Edition précédée d'un avertissement par Prosper Marchand, sous le nom de F. de St-Germain. — Exemplaire en TRÈS GRAND PAPIER.

20613. Savonarola (Prediche del Rev. P. F. Hieronymo) dell' ordine de Predicatori sopra alquanti Salmi et sopra Aggeo Profeta fatte del mese di Novembre, l'anno M CCCC. LXXXXIIII, raccolta dalla sua viva voce da frate Stephano da Co di Ponte suo discepolo. Nuovamente venute in luce. In Vineggia per Bernardino de Bindoni, 1544. — Opera di frate Hieronymo Savonarola da Ferrara della semplicita della vita christiana nella quale insegna come vivere debbe il vero Christiano. In Venetia, al segno della Speranza, 1547. — Del R. P. F. Hieronimo Savonarola nella prima epistola di San Giovanni, et altri luoghi della Sacra Scrittura Sermoni XIX di maraviglioso artificio ad infocarne nell' amor di Iesu Christo, novamente di latino in volgare tradotti. In Venetia, al segno de la Speranza, 1547. — 3 ouvr. en 1 vol in-8, vél.   55 fr.

Très bel exemplaire dans sa première reliure. — Provenant de la collection Didot, avec l'ex-libris de cette bibliothèque.

20614. Constantinople (Histoire de), dep. le règne de l'ancien Justin jusqu'à la fin de l'Empire, trad. sur les originaux grecs par le présid. Cousin. Suivant la copie (Hollande, à la Sphère). 1685, 8 vol. pet. in-8, front. gravé, v. br.   18 fr.

Ecrivains contenus dans ce recueil : Procope, — Agathias, — Ménandre, — Théophilacte, — Simocatte, — Nicéphore de Constantin. — Léon le grammairien, — Nicéphore, — Bryenne, — Anne Comnène, — Nicétas, — Pachymère, — Cantacuzène et Ducas.

20615. Empire des Arabes (Histoire africaine de la divis. de l') et de l'orig. et du progrez de la monarchie des Mahométans dans l'Affrique et dans l'Espagne, escrite en italien par J. B. Birago Avogadro et mise en franç. par M. D. P. (Mich. de Pure). 1666, in-12, v.   3 fr. 50

20616. Antichita della citta di Pozzuolo (Sito et) e del suo amenissimo distretto con la descrittione di tutti i luoghi notabili e degni di memoria e di Cuma e di Baia e di Miseno e de gli altri luoghi convicini con le figure de gli edifici e con gli epitafi che vi sono del Sig. Scip. Mazzella Napoletano. Napoli, 1591, fig. s. bois. — **Balneis Puteolorum** (Opusculum de) Puteolorum Baiarum et Pithecusarum a Joa. Elisio medico instauratum nunc denuo a Scip. Mazzella recognitum, pluribus rebus auctum et illustratum cum addita mentis auctorum omnium qui hactenus de his scripserunt. Neapoli, 1591. — En 1 vol. pet. in-8, mar. rouge, fil. à comp., tr. dor. (Rel. du temps).   10 fr.

20617. Tremblements de terre (Dissertation sur les) et les éruptions de feu qui firent échouer le projet formé par l'empereur Julien de rebâtir le temple de Jérusalem, par Warburton. 1754, 2 vol. in-12, v. m.   3 fr. 50

20618. Nibby (Ant.). Roma antica e moderna. Roma, 1838-41, 4 vol. — Analisi storico-topografico-antiquaria della carta de' intorni di Roma Roma, 1837, 4 vol. avec la grande carte montée sur toile et repliée. — Elementi di Archeologia ad uso dell' archiginnasio Romano. Roma, 1828, 1 vol. — Ens. 9 vol. in-8, vél., bl., fil.   12 fr.

20619. Le Fort (Précis historiq. sur la vie et les exploits de François), citoy. de Genève, gal et grand amiral de Russie, etc., par de Bassville. Genève, 1786, gr. in-8, beau port., pap de Hollande, v.   3 fr. 50

20620. Genève (Hist de), dep. son origine jusqu'à nos jours, par Bérenger. 1772, 6 vol. in-12, v. marb. (Bel exempl.).   5 fr.

20621. Buchon. Quelques souvenirs de courses en Suisse et dans le pays de Baden, av. notices sur plus. anc. manuscr des bibliothèq. publiq. ou particulières relatifs à l'hist. littéraire ou politique de la France. 1836, in-8, br.   2 fr. 50

20622. **Mémoires** de M. D. L. R. (de la Rochefoucauld) sur les brigues à la mort de Louis XIII, les guerres de Paris et de Guienne et la prison des Princes, apologie pour M. de Beaufort, mémoires de M. de La Chastre, etc Amst., chez Louis et Gabriel Elzevirs, 1663, in-12, v.   4 fr.
> Quoique portant l'adresse d'Amsterdam et le nom des Elzevier, ce volume est une contrefaçon et a été imprimé en France, probablement à Rouen.

20623. **Intrigues galantes de la Cour de France** (par Vanel). Cologne, P. Marteau (Hollande), 1694, 2 vol. in-12, front. gr., cart. à la Brad.   6 fr.

20624. **Duchesse de Chatillon** (Histoire véritable de la). Cologne, P. Marteau (à la Sphère). 1699, pet. in-12, dem.-rel. toile lustrée.   5 fr.

20625. **Cardinal Dubois.** Mémoires. 1829, 4 vol. in-8, dem.-rel., v., tr. ebarb.   12 fr.

20626. **Du Barri** (La comtesse). Mémoires. 1829, 4 vol. in-8, dem.-rel., tr. ébarb. 12 fr.

20627. **Théléphe**, en XII livres. Londres (Paris, Cazin), 1784, 2 tom. en un vol. pet. in-12, dem.-rel. anc.   2 fr. 50
> L'auteur de cet ouvrage est J. de Pechméja, né à Villefranche de Rouergue. Exemplaire en GRAND-PAPIER.

20628. **Philanders von Sittewald.** Les Visions de Don de Quevedo, das ist Wunderliche Satyrische und Warhaftige Gesichte). — A la Mode Kehraus wunderliche und Warhaftige Gesichte. Gedruckt zu Leyden bey Adrian Weingarten, 1646, 2 part. en 1 vol. pet. in-12, front. gravé, vel. de Holl. à recouvrem.   6 fr.
> Edition très bien imprimée qui entre dans la collection des Elsevier. — Mascherosch empruntant son titre à l'ouvrage Los Suenos de Quevedo qu'il a pris pour modèle a publié ces II visions sous le nom par lequel il était désigné dans l'Académie des Fructifiants dont il était membre.

20629. **Desmarets.** L'Ariane de M. Des Marets de nouveau reveue et augmentée de plusieurs histoires par l'antheur et enrichie de plusieurs figures. A Leyden, chez Franç. de Hegher, 1644, 2 tom. en 1 vol. pet. in-12, front. gravé et fig. en taille-douce, vél. de Holl., à recouvrem.   20 fr.
> Très jolie et rare édition qui fait partie de la collection des Elsevier. — Bel exemplaire.

20630. **La Grange-Chancel.** Les Philippiques, odes, edit. définitive collat. sur un Ms. d. l'époque, avec remarques inéd. et une étude histor. et biograph. sur Phil. d'Orléans et La Grange-Chancel, par L. de Labessade 1876, gr. in-8, br.   2 fr. 50

20631. **Dassoucy** (Les Avantures d'Italie par). 1679, in-12, v. (Rare).   12 fr.
> On trouve dans ce volume une chanson dont le premier complet fut composé par Molière durant son séjour à Béziers. — Vendu jusqu'à 100 fr. vente Luzarche.

20632. **Guerre des Paysans** (La), par Alex. Weill. 1847, in-12, cart., non rogn.   2 fr.

20633. **Fête des Fous** (Mémoires pour servir à l'histoire de la) qui se faisoit autrefois dans plusieurs églises par Du Tilliot.

Lausanne, 1751, in-4, avec 12 planches gravées, v. fauve. (Rel. ancienne).   20 fr.
> Outre les 12 planches qui font partie de ce curieux volume, on a ajouté dans cet exemplaire une grande et belle planche en double in-quarto gravée par Ransonnette qui représente la cérémonie burlesque de la Fête des Fous se célébrant dès le XIII° siècle dans plusieurs villes de France.

20634. **Argenis**, roman héroïque. La Haye, 1757, 2 vol. in-12, v.   4 fr.
> Dans sa préface, P. de Longue, le traducteur du célèbre roman de Barclay, dit qu'il « donne moins u° e traduction littérale de l'ouvrage qu'un extrait fidèle ». Le second vol. est terminé par 14 lettres. Les lettres 16 et 17 donnent la clef de certains noms employés par Barclay.

20635. **Monnoyes** (Traité des), de leurs circonstances et dépendances, par J. Boizard, augmenté d'un traité pour l'instruction des monnoyeurs et des négociants en matières d'or et d'argent. A Paris, rue St-Séverin, au Soleil d'Or, 1711, 2 vol. in-12, frontisp. et tableau, v.   5 fr.
> Cette édition est rare. Il y eut, dit Debure, défense de la réimprimer, parce qu'elle renferme un traité de l'alliage et de la fabrication de la monnaie d'or et d'argent, dont on a fait et dont on pourrait faire encore un mauvais usage.

20636. **Manuscrits relatifs à la numismatique** (Description des) conservés dans les bibliotheques de Paris, par Paul Lacroix (Bibliophile Jacob). Bruxelles, 1878, in-8, de 49 p., br.   2 fr. 50
> Tirage à part à quelques exemplaires seulement de la *Revue numismatique belge*.

20637. **Singularités de l'histoire** (Polyanthea archéologique ou curiosités, raretes, bizarreries et), par T. de Jolimont. Histoire des œufs, œufs de Pâques, etc. Moulins, 1844. — De l'usage de saluer ceux qui eternuent et de leur adresser des souhaits. Moulins, 1844. — Ensemble 2 opuscules gr. in-8, br.   6 fr.
> Dissertations curieuses et devenues rares.

20638. **Ptolémée Aulétes** (Hist. de), dissertat. sur une pierre gravée antique du cabinet de Madame (par Baudelot de Dairval). 1698, pet. in-8, vignettes en taille-douce, v.   2 fr.

20639. **Raynouard.** Hist. du droit municipal en France, sous la domination romaine et sous les trois dynasties. 1829, 2 vol. in-8, br.   5 fr.

20640. **Dupin** aîné. Notice historique sur les Institutes coutumières d'Ant. Loysel. 1845, in-12, cart. à la Brad.   2 fr. 50
> Exemplaire donné par l'auteur. On y a joint une lettre autographe signée de Dupin.

20641. **Noblesse** (De la), dialogue de Torquato Tasso, où il est exactement traitté de toutes les preeminences et des princip. marques d'honneur des souverains et des gentils-hommes (traduction de J. Baudoin). 1633, pet. in-8, de 912 pp., vel. (Rare).   7 fr. 50

20642. **Mœurs françaises aux temps de la Chevalerie** (Tableau des), tiré du roman de sire Raoul et de la belle Ermeline, mis en français moderne, et accompagné de notes sur les guerres générales et privées, sur l'oriflame, les bannières, les cris d'armes, les rois et les hérauts d'armes, etc., sur les tournois, par L. C. P. D. V. (le comte P. de Vaudreuil). 1825, 4 vol. in-8, musique notée, dem.-rel., v. f., tr. marb.   15 fr.

20643. Ancienne Chevalerie (Mémoires sur l'), par La Curne de Sainte-Palaye, nouv. édit. avec introduction et notes historiques par Ch. Nodier. 1829, 2 vol. in 8, 2 pl. gr., dem.-rel., cuir de Russie avec coins, dos orné, fil. tête dor., non rogn. 15 fr.

Edition la meilleure et la plus complète. — Bel exemplaire.

20644. Science héroïque (La), traitant de la noblesse et de l'origine des armes, de leurs blasons et symboles, des timbres, couronnes, lambrequins, cris de guerre, etc., par Marc de Vulson, Sr de La Colombière. Seconde édition, revue, corrigée et augmentée des armes de plus. illustres maisons. 1669, in-fol., front. et nombr. fig. de blasons grav., v. 45 fr.

Cette édition, dit Guigard, est préférable à la première. — Bel exemplaire qui paraît être en GRAND-PAPIER.

20645. Titles of Honor, by the late famous and learned antiquary John Selden of the Inner Temple; the third edition carefully corrected, with additions and amendements by the author. London, Tyler, 1672, in-fol., portraits et fig., v. 20 fr.

La meilleure édition de cet ouvrage qui est regardé comme le plus important que l'on ait eu sur ce sujet.

20646. Ordre de S. Jean de Hiérusalem (Recueil des Privilèges octroyez à l'), par les papes, empereurs, roys et princes potentats de la chrestienté ; seconde édition, reveue, corrigée et amplifiée d'autres privilèges, franchises et exemptions, par le Sr chevalier Desclozeaux. 1649, pet. in-4, rel. pleine en v. fauve, dos orné, fil., dent. int. (Petit, succr de Simier). 25 fr.

Volume rare.

20647. Menestrier (Le P.). Le véritable art du blason ou l'Usage des armoiries. — Les Recherches du blason. Seconde partie de l'usage des armoiries. 1673. Ens. 2 vol. in-12, front. gravé, 16 pl. d'armoiries. v. rouge, dos orné, fil., armes et chiffre. 30 fr.

Allut indique 7 ff. non chiffrés à la fin du premier ouvrage, il en faut 8. — D'après ce bibliographe le second ouvrage est le plus rare des écrits du P. Ménestrier. — Il est fort rare de trouver les deux volumes réunis, le premier n'est pas tomé et le second porte un titre tout différent.

20648. Estaintot (Rob. d'). Note sur les fiefs de l'arrond. de Louviers. Caen, 1857, broch. in-8. 1 fr. 50

20649. Oronce Finé, Sr de Brianville. Jeu d'armoiries des Souverains et Etats d'Europe pour apprendre le blason, la géographie et l'histoire curieuse. Lyon, B. Coral, se vend à Amsterdam, chez P. Mortier, s. date. Pet. in-12 allongé, frontisp. gravé et pl. d'armoiries, v. br. 6 fr.

Edition rare.

20650. Du Molinet (Le P. C.). Figures des différ. habits des Chanoines réguliers en ce siècle av. un discours sur les habits anciens et modernes des chanoines tant séculiers que réguliers. 1666, pet. in-4, avec 81 pl. de costumes grav. en taille-douce par Le Doyen, dem.-rel. 15 fr.

20651. Livres Jansénistes (Dictionnaire des) ou qui favorisent le Jansénisme (par le P. Dominique de Colonia). Anvers, 1752, 4 vol. in-12, front. gravé, v. marbr. 5 fr.

20652. Poésie et la peinture (Réflexions critiques sur la), par Dubos, de l'Acad. française. 1740, 3 vol. in-12, v marb. 3 fr.

De la nécessité d'être occupé pour fuir l'ennui. — De l'attrait des spectacles propres à exciter en vous une grande émotion : des gladiateurs. — Différentes espèces de carrières chez les anciens Romains. — Que les peintres du temps de Raphaël n'avoient point d'avantage sur ceux d'aujourd'hui. Si le pouvoir de la peinture sur les hommes est plus grand que le pouvoir de la poésie. — Quels vers sont les plus propres à être mis en musique. — Des estampes et des poemes en prose. — Sur les représentations théâtrales des anciens. — De l'art ou de la musique poétique. — Des instruments à corde et à vent dont on se servait dans les accompagnemens chez les anciens. — De la saltation ou de l'art du geste. — Etc., etc.

20653. Poëtes français. Métamorphoses d'Ovide mises en vers françois par Raimond et Charles de Massac, père et fils. Paris, Abel l'Angelier, 1603, in-8, vél. 15 fr.

Exemplaire grand de marges, dans sa première reliure.

20654. Bouchet (J.). Les Triumphes de la noble Dame amoureuse et l'art d'honnestement amer (sic), par le Traverseur des voies périlleuses (J. Bouchet). A Lovain, de l'imprimerie de Jean Bogard, à la Bible d'Or, 1563. Pet. in-8, mar. n. 30 fr.

Edition rare. — Exemplaire grand de marges. Légère mouillure.

20655. Théophile (Des œuvres de), div. en trois part. Rouen, 1656, in-8, bas. (Exemplaire fatigué). 2 fr.

20656. Capitan (Le) ou le Miles gloriosus, comédie de Plaute, déd. à M. d'Emanville (en vers). 1649, in-4, cart. à la Bradel. 5 fr.

Exemplaire de la Bibliothèque de Louis Philippe (Palais-Royal). — Légère mouillure. — Très belles marges.

20657. Devineresse (La) ou les faux enchantemens, comédie représ. par la troupe du roy (par Th. Corneille et Donneau de Visé). 1680, in-12, v. 2 fr. 50

Edition originale.

20658. Saint-Amant. Moyse sauvé, idyle héroïque. Leyde, J. Sambix (à la Sphère), 1654, pet. in-12, v., fil. 3 fr.

Contrefaçon grenobloise publiée sous la même date que l'édition elzévirienne.

20659. Bibliothèque des petits-maîtres ou mém. pour servir à l'hist. du bon ton et de l'extrêmement bonne compagnie (par Gaudet). Au Palais Royal, chez la petite Lolo, 1762, pet. in-12, v. m. 4 fr.

Une liste de livres imaginaires composant la bibliothèque d'un petit maître termine le volume.

20660. Facétie scatologique. Le Dieu des Vents ou les aventures d'Eole métamorphosé en P-t ou simplement le Dieu Pet, badinage en vers libres, vingt-sept petits chants .. par un ancien régent de rhétorique, actuellement professeur aux terres australes du monde littéraire où il a fait de jolies decouvertes, entre autres celle-ci. A La Haye, et se trouve à Paris et dans les princip. villes du Royaume, 1776, in-12, de XX, 318 pp. chiffr. et 2 p. non chiffr. pour l'errata, br, non rogné. 25 fr.

Le plus rare des ouvrages sur la matière. Intitulés de quelques chapitres : Difficulté d'entrer en matière. — Il est vent et vent. — Eloquence du derrière et son chant. — Derrière de M. de Roquelaure baisé par les dames de la Cour. — Descente du Dieu des Vents dans les Enfers. — Histoire d'une jeune fille à qui un pet lâché malheureusement fit venir la vocation de se faire religieuse. —

Sentiments divers sur le Pet. — Nouvelle manière de faire la guerre ; batterie de nouveaux canons. — Histoire d'un pet abominable. — Etc., etc.

20661. About (Ed.). Le Progrès. 1864, gr. in-8, br. — 2 fr.

20662. Bibliothèque du duc de La Vallière (Catalogue des livres de la), par Guill. de Bure, fils aîné. 1783, 3 vol. in-8, portr. gr. par Cochin et pl. de fac-simile, v. m. (Bel exempl.). — 9 fr.

Cette partie est celle contenant les livres les plus rares et les manuscrits les plus précieux qui furent mis en vente après la mort de ce célèbre bibliophile.

20663. Goujet. Bibliothèque françoise ou histoire de la littérature françoise. 1752, 18 vol. in-12, v. — 28 fr.

Excellent livre donnant l'analyse des œuvres des anciens poètes et littérateurs français des xv° et xvi° siècle. — C'est un complément indispensable aux Bibliothèques de La Croix du Maine et Du Verdier.

20664. Simonnet (J.). Essai sur la vie et les ouv. de Gabriel Peignot, accompagné de pièces de vers inédites. 1863, beau vol. gr. in-8, br. — 4 fr.

Monographie très intéressante et des mieux faites concernant Gabriel Peignot. Ce volume contient une bibliographie exacte et très complète, avec les prix auxquels ils ont été portés dans les ventes et catalogues de librairie, de tous les ouvr. écrits, opusc. et articles du savant Gabr. Peignot, si connu des bibliophiles.

20665. Peignot (Catalogue d'une nombreuse collection de livres anciens, rares et curieux, provenant de la bibliothèq. de Gab.). 1852, in-8, br. — 2 fr. 50

Bibliothèque composée de plus de 4.000 ouvrages divers.

20666. Dictionnaire bibliographique (Nouv.) portatif ou essai de bibliographie universelle, par N. L. M. Desessarts An VIII, in-8, v. rac. (Bel exempl.). — 3 fr.

20667. Vinet (Ern.). Bibliographie méthodique et raisonnée des Beaux Arts, esthétique et histoire de l'art, archéologie, architecture, sculpture, peinture, gravure, arts industriels, etc., etc. 1874, in-8 à 2 col. de 288 pag. en 2 fascicules, br. — 6 fr.

Tout ce qui a paru de cette publication destinée à faire suite au *Manuel du Libraire* de Brunet. On y trouve une bibliographie de la *Danse des Morts*, des *emblêmes*, des *livres de fêtes et d'entrées*, de *costumes*, etc.

20668. Bibliographie. Catalogue des livres rares, curieux et singuliers en tous genres, bien conditionnés et des manuscrits anciens compos. la bibliothèque de M. Vict. Luzarche, ancien maire de Tours. 1868-1869, 2 vol. in-8, avec fac-similés et marques typogr., br. — 5 fr.

Ex. en pap. vergé de Hollande. — Catalogue estimé à cause de ses annotations curieuses.

20669. Bibliologie (Dictionnaire raisonné de), par Gabr. Peignot. 1802-1804, 3 vol. in-8, dem.-rel. — 15 fr.

L'un des meilleurs ouvrages du savant bibliographe bourguignon.

20670. Catalogue des livres de la bibliothèq. de G. L. Chauvelin, ministre d'Etat. 1762, in-8, dem.-rel. anc. — 3 fr.

20671. Amis des livres (Société des). Annuaire. 1892, in-12, br. — 3 fr.

Ce volume contient comme variétés : Lettre de Murger à Champfleury. — Emprisonnement de Saint Just sous Louis XVI, lettres et documents inédits par Alfr. Bégis, — Le Pater Noster de Mme de Pompadour, — etc., etc.

20672. Estampes (Catalogue de la riche collection d') et de dessins compos. le cabinet de feu Van den Zande, rédig. par Guichardot. 1855, in-8, dem.-rel., v. viol. — 2 fr. 50

20673. Macaroneana ou mélanges de littérature macaronique des différents peuples de l'Europe, par O. Delepierre. 1852, in-8, br. — 5 fr.

20674. Amours de Tabarin (Les) et d'Isabelle. 1621, in-16, pap. de Holl., cart. à la Brad., non rogn. — 3 fr. 50

Jolie réimpression tirée à 76 exemplaires seulement.

20675. Bruscambille (Facecieuses (*sic*) paradoxes de) et autres discours comiques, le tout nouv. tiré de l'escarcelle de ses imaginations. Jouxte la copie impr. à Rouen chez Th. Mallard, 1615, pet. in-12, couv. en pap. — 8 fr.

Edition rare. — Un défaut dans le papier enlève quelques mots à un feuillet.

20676. Gaultier Garguille. Chansons nouv. édit. suiv. des pièces relativ. à ce farceur av. introduct. et notes par Ed. Fournier. 1858, in-16, pap. de Holl., cart., percal. r., non rogn. — 3 fr. 50

20677. Cazotte (Jacq.). Œuvres badines et morales, historiq. et philosophiq. 1817, 4 vol. in-8, av. portr. et fig. grav., dem.-rel., mar. v. — 20 fr.

Prem. édit. complète orn. de 20 fig. Cette édition a entièrement effacé celles qui l'ont précédée.

20678. Mélanges de littérature et d'histoire, par H. Baron de Villenfagne. Liège, 1788, in-8, front. gr. par Longueil d'après Le Barbier, br., n. rog. — 3 fr.

Sur plusieurs anciens poètes françois inconnus. — Sur deux jésuites nommés Adam. — Notice sur Jacques de Hemricourt. — Origine de plusieurs familles nobles au pays de Liège. — Notice sur la vie et les ouvrages du baron de Walef. — Etc.

20679. Chansons et poésies Wallones (Choix de) du pays de Liège, recueill. par B*** et D***. Liège, 1844, in-8, br. — 3 fr. 50

20680 Saint-Evremond. Réflexions sur les divers génies du peuple romain dans les divers temps de la République. Paris, Renouard, 1795, in-8, pap. velin fin, portr. d'après St-Aubin, v. marbr. (Bel exemplaire. — 3 fr. 50

20681. Molière et les Italiens à propos du tableau des Farceurs apparten. à la Comedie Française, par Aug. Vitu. 1879, broch. in-8, pap. de Holl. — 1 fr. 50

20682. Marie Stuart, tragédie en 5 actes trad. de Fred. Schiller par de Latouche, preced. de quelq. réflexions sur Schiller, Marie Stuart, et les 2 pièces allemande et française. 1820, in-8, rel. pleine en v. fauve, fil., dos orn., dent. intér., non rogné. — 8 fr.

Bel exemplaire. Reliure signée de BAUZONNET.

20683. Hugo (Victor). Œuvres inédites. Choses vues. 1887, gr. in-8, br. — 2 fr. 50

20684. Montégut (Œuvres mêlées de Mme de), maîtresse des jeux floraux, recueill. par de Montégut, son fils, cons. au parlem. de Toulouse. Villefranche de Rouergue, 1768, 2 vol. pet. in-8, port. et front. gravés, br., n. rog. — 3 fr.

20685. Incunable de Rome. Petri Marsi panegyricus in memoriam S. Augustini Ecclesiæ doctoris eximii ad inclytos Ferdinandum et Helisabet Hispaniarum reges christianissimos Sine nota (sed Romæ, S. Herolt de Bamberga, circa 1482) Pet. in-4, de 27 lignes par page, couv. en pap. 20 fr.

Voir Proctor. *Index*, N° 3945.

20686. Incunable de Brescia. Landulfus Cartusiensis in Meditationes Vite Christi et super Evangeliis totius anni opus divinum. (In fine :) Impressa Brixie per Magistrum Angelum et Jacobum de Britannicis anno Domini M CCCC.LXXXV (1495), die XXX octobris. Pet. in-4, goth. à 2 col. de 50 lignes, par page, vél. 20 fr.

20687. Impression gothique de Cologne. Casus papales, episcopales et abbatiales. (Petite figure s. bois d'un prêtre officiant, répétée au verso du titre). — Finiunt Casus papales, episcopales et abbatiales. Impressi Colonie par Martinum de Werdena in vico Burgensi prope domum Consulatus. (1507), figure s. bois de la Vierge et de Ste Anne occupant toute la page, au verso du dern. feuillet. Pet. in-8, gothique, couv. en pap. 15 fr.

Opuscule rare. — L'édition est sans date, mais Proctor, N° 10514, lui assigne celle de 1507.

20688. Miscellanées. Recueil factice de 12 pièces en 1 vol. in-8, br. 4 fr.

Anecdote sur la vie polit. de Burke et sur sa mort, relativem. à ses recherches et à ses calculs sur les finances et le commerce de la France dep. un siècle. An VIII. — Disc. sur la soumission au gouvernement, par Mireur, desservant la succursale de St-Ambroise à Popincourt (vers 1793). — Lettre de M. de Vol*** (Voltaire) à M. d'Am**, conseiller au Parlem. de Paris. Amst., 1765. — Ode à l'intolérance. Amst., M. Mich. Rey, s. d. — Qu'on y réponde ou lettre du docteur Chevalès à M. de Voltaire. Genève, 1772 — Les droits des hommes et les usurpations des autres (par Voltaire). Amst., 1768. — Lettre d'un archevêque à l'auteur de la brochure intitulée du droit du Souverain sur biens-fonds du Clergé et des Moines, et de l'usage qu'il faut faire de ces biens pour le bonheur des citoyens. — A bas tous les jeux, par J. C. Mortier. S. d., avec front. gravé. — Observations modestes sur les pensées de M. d'Alembert. 1774. — Consultation de 40 docteurs en droit canon sur le refus des Sacrements. — Consultation pour l'Université de Paris. 1785. — Mémoire à consulter en matière de rapt sur la séduction. Lausanne, 1768. — Etc.

20689. Assignats. 8 pièces in-8. 8 fr.

Opinion de Périsse-Duluc, député de l'Assemblée Nationale sur le papier monnoie ou papier forcé en circulation sans caisse ouverte. 1790, 22 p. — Adresse des négociants de Bordeaux à l'Assemblée Nationale sur la proposition de rembourser en assignats-monnoie la dette exigible de l'Etat. 1790. 8 p. — Projet de finances présenté par Rousseau, représentant du Peuple sur la nécessité de ne plus émettre d'assignats et les moyens de pourvoir aux dépenses du gouvernement jusqu'à la paix en retirant sur le champ les assignats de la circulation. 40 p. — Projet d'une tontine nationale pour retirer de la circulation quatre mill'ards d'assignats, par Thibault, député du Cantal. An III, 14 p. — Des moyens de retirer de la circulation une grande partie des assignats et de pourvoir aux dépenses de la guerre, par un électeur de 89. An III, 16 p. — Protestation de Bergasse, député de Lyon, contre les assignats-monnoie. 44 p. — Lettre de Bergasse contre les assignats-monnoie, accompagné d'un tableau comparatif du système de Law avec le système de la Caisse d'Escompte et des assignats-monnoie. 56 p. — Fortunes publique et particulières, consolidées par une bonne opération de finance ou plan rajeuni sur les assignats, par le cit. Aug Prunelé, demeurant d'ordinaire à Chalot-St-Mard, dist. d'Estampes. Livré à l'impression le 16 prairial de l'an III, 33 p.

20690. Danton. Documents authent. pour serv. à l'hist. de la Révol. française, par A. Bougeart. 1861, in-8, dem.-rel., v. r. 4 fr.

20691. Louis XVI (Œuvres de) précéd. d'une hist. de ce monarque par le cheval. Du Saussois du Jonc. 1865, 2 tom. en 1 vol. in-8, port., dem.-rel., mar. rouge, plats toile, tr. dor. 4 fr.

20692. Livres précieux, poètes français, anciens chansonniers, théâtre, romans de chevalerie, conteurs, facéties, singularités, vieilles chroniques, gothiques français, raretés bibliographiques, composant le cabinet de feu M. Morel de Lyon. 1873, in-8, pap. de Holl., br. 3 fr.

Exemplaire avec les prix d'adjudication, notes en marge. Il est curieux de comparer les prix de cette époque avec les prix actuels.

20693. Abélard (Ouvrages inédits d') pour serv. à l'histoire de la philosophie scolastique en France, publ. par Vict. Cousin. 1836, in-4, cart. 5 fr.

20694. Champagne encore inconnue (La), documents curieux et inédits publ. par Alex. Assier. 1876, 2 vol. in-8, fig. sur bois, br. 5 fr.

Recueil très intéressant divisé en deux sections : La première, consacrée aux mœurs et usages, est intitulée : *Nos bons aieux ;* la seconde a pour titre : *Les Arts et les Artistes dans la capitale de Champagne.* 1250 1680. — Exemplaire en GRAND-PAPIER DE HOLLANDE. — La fête de l'âne célébrée dans la cathédrale de Sens. — Nouv. recherches sur les Fous de Troyes. — Les animaux excommuniés en Champagne. — Notice historique sur les foires de la Champagne et de la Brie. — Bibliothèque d'un chanoine champenois au XIVe siècle. — Pierre de Larivey, Champenois. — Premiers imprimeurs de la Champagne et de la Bourgogne. — Peintres verriers. — Tailleurs d'images. — Fondeurs de cloches. — Orfèvres. — Note sur Nicolas Jenson, premier imprimeur champenois. — Tableau des principaux maîtres-maçons de la cathédrale de Troyes et des salaires payés à ces maîtres du XIVe au XVIIe siècle. — Etc., etc.

20695. Blason (Traité historique et moral du), ouvrage rempli de recherches curieuses et instructives sur l'origine et les progrès de cet art, par Dupuy-Demportes. 1754, 2 vol. in-12, v. m. 7 fr. 50

20696. Princes légitimes et légitimez (Recueil général des pièces touchant l'affaire des), mises en ordre. Rotterdam, 1717, 4 vol. in-12, v. gr. 3 fr. 50

Bel exemplaire, avec l'ex-libris de Lelarge, d'Eaubonne.

20697. Élémens de la guerre (par Le Roi de Bosroger). 1773, in-8, v. m. (Bel exempl.). 2 fr. 50

20698. Ancienne fortification. Manière, reigle, moyen et façon de bien bastir, édifier, fortifier et munir chasteaux, forteresses, villes et autres places pour deffendre et offendre, empescher et enfermer contre tous invasions et expéditions militaires en différens et diverses manières selon la forme et usance de nostre temps de quelque matière qu'on veult soit de terre, bois, briques, pierres taillez ou de rocher naïfves tout selon la situation et assiette des provinces, lieux et places et nature d'iceux et l'abondance ou indigence des matériaux. Antuerpiæ, ap. Gerardum de Jode, 1573. — Suite de 10 planches gravées de fortifications, non compris le titre, dérel. 8 fr.

La dernière planche doublée et raccommodée.

20699. Architettura (Il cinque libri di

Gio. Bat. Montani Milanese); nel primo libri si contengono li cinque ordini ; nel secondo, li tempii antichi di Roma ; nel terza seguitano li tempii e sepolcri antichi; nel quanto si comprendono varie inventioni ; nel quinto diversi disegni di tabernacoli moderni. Roma, 1691. — Diversi ornementi capricciosi per depositi o altari utilissimi a virtuosi nuovam. curantati da Gio. Bat. Montani. Roma, 1684. — Tabernacoli diversi. 1684. — Le tout en 1 vol. in-fol., v.   15 fr.

Beau recueil, entièrement gravé, représentant des intérieurs d'églises, des autels, tabernacles, etc. — Bel exemplaire.

20700. **Danse des Morts.** Œuvre de Jean Holbein ou recueil de gravures d'après ses plus beaux ouvrages, accompagné d'explications historiques et critiques par Chrét. de Mechel. Première partie contenant le Triomphe de la Mort. Basle, chez l'auteur, 1780. Suite complète en 14 grandes planches in-fol., en feuilles.   20 fr.

La *Danse des Morts*, gravée sur les dessins d'Holbein, comprend 47 sujets avec leurs explications (planches I à XII), plus le *Triomphe des Richesses* et le *Triomphe de la Pauvreté* qui forment les planches XIII et XIV.

20701. **Flagellum Dæmonum,** exorcismos terribiles, potentissimos et efficaces remediaque probatissima, ac doctrinam singularem ad malignos spiritus expellendos facturasque et maleficia fuganda. Item Fustis Dæmonum cum novis exorcismis auct. H. Mengo, accessit insignis tractatus qui Fuga Satanæ inscribitur, aut. P. A. Stampa. Lugd., 1614, 2 part. en 1 vol. in-8, parch.   6 fr.

20702. **Mantice** ou discours de la vérité de divination par astrologie (par Pontus de Thyard). Lion, J. de Tournes et Guill. Gazeau, 1558. Pet. in-4, titre dans un encadrement de grotesques, portr. de l'auteur gravé s. bois, parch. -   5 fr.

Livre très rare. Les feuillets préliminaires contenant la table et les 5 prem. feuillets de texte sont rongés dans le haut et quelques mots de texte manquent.

20703. **Magnétisme.** 2 broch. et opusc. in-8.   3 fr. 50

Lettres sur le Magnétisme et le Somnambulisme à l'occasion de Mlle Pigeavie, par le doct. Frapart. 1839, 160 p. — Le mystère de la Danse des Tables dévoilé par ses rapports avec les manifestations spirituelles d'Amérique. 1853, 32 p.

20704 **Quadruple constitution** (La), mode de l'amour divin et de la sagesse divine, par la Ctesse Caithness, duchesse de Pomar, présidente de la Société Théosophique. 1883, in-8, br.   2 fr. 50

20705. **Blaise de Vigenère,** Bourbonnois. Traicté des Chiffres ou secrètes manières d'écrire. Paris, Abel l'Angelier, 1587, in-4, dem.-rel. anc. en mar. r.   15 fr.

Rare et recherché.

20706. **Exorcismes** (Relation véritable contenant ce qui s'est passé aux) d'une fille appellée Elisabeth Allier, nátifve de La Coste S. André en Dauphiné, possédée depuis vingt ans par deux démons nommez Orgueuil et Boniface, et l'heureuse délivrance d'icelle fille après six exorcismes faits au couvent des FF. Prescheurs de Grenoble, par le R. P. François Farconnet, religieux du mesme ordre, avec quelques raisons pour obliger à croire la possession

et la délivrance. Jouxte la copie imprimée à Grenoble, 1649, in-8, br.   3 fr. 50

Réimpression fac-simile, faite à Lyon en 1875 et tirée à très petit nombre. — Exemplaire en GRAND PAPIER DE HOLLANDE.

20707. **Curiosités de la Médecine.** Luis Venereæ curandæ ratio authore Leonardo Botallo Astense medico regio. Parisiis, Joa. Foucher, 1563. Pet. in-8, couv. en pap.   5 fr.

Ouvrage rare sur la manière de guérir la syphilis. La fin manque après le feuillet 105.

20708. **Réforme de la Médecine** (Coup d'œil sur les révolutions et sur la), par G. Cabanis. 1804, in-8, joli cart. à la Brad., non rogn.   3 fr.

20709. **Chassanion,** de Monistrol. De Gigantibus eorumque reliquiis atque iis quæ ante annos aliquot nostra ætate in Gallia reperta sunt, authore Joan. Cassanione Monostroliense. Basileæ, 1580. Pet. in-8, couv. en pap.   15 fr.

Rare et très bien conservé.

20710. **Epidémies.** 9 opusc. et broch. in-8 et in-4.   6 fr.

Arrest du Parlement contenant règlement sur le fait de la date du 17 juill. 1629 Aix, 1720, 27 p. — Relation succincte touchant les accidents de la Peste de Marseille, son prognostic et sa curation. 1720, 31 p. — Mémoire sur les épidémies du Languedoc adressé aux Etats de cette province, par Banaud et Turben. 1786, 110 p. — Second mémoire sur les épidémies du Languedoc. 40 p. — Recueil d'observations sur la maladie miliaire et épidémique qui a régné à Castelnaudary et qui est actuellement répandue à Toulouse et dans les princip. villes du Languedoc. Toulouse, 1782, 36 p. — Méthode curative pour la dyssenterie épidémique qui afflige une partie de la province de Bretagne. Rennes, 1779, 4 p. in-4. — Traitement de la dyssenterie qui règne dans le dép. de la Moselle (en septembre 1793), par Michel Tennetar. Metz, 1793, 21 p. — Etc., etc.

20711. **Exercice de la médecine par les femmes.** 2 pièces in-4 et in-8.   4 fr.

Sentence du lieuten. criminel au Châtelet qui ordonne l'exécution des arrêts du Parlement faisant défenses à toutes femmes et filles de s'immiscer dans la fonction de matrone et sage-femme dans la ville, fauxbourgs et banlieue de Paris et de prendre enseigne sans avoir été examinée ès écoles de St-Côme et avoir prêté serment. 1779, 4 p. in-4. — De l'exercice de la Médecine par les femmes, par Ad. Wasseige, professeur d'accouchements. Liège, 1886, 28 p.

20712. **Paris.** Exercice de la Chirurgie. — 6 pièces in-4.   7 fr. 50

Discours sur la véritable gloire du chirurgien prononcé aux Ecoles de Médecine pour l'ouverture solennelle des Ecoles de Chirurgie, le 29 nov. 1778, par Et. Grossin Duhanne, professeur actuel de Chirurgie française et médecin de l'Hôtel-Dieu. 1779, 20 p. — Lettres patentes port. règlement pour les Ecoles de Chirurgie de Paris. 1784, 4 p. — Edit portant établissement d'un hospice dans les écoles de chirurgie de Paris. 1775, 4 p. — Lettres-patentes concern. l'hospice fondé dans les écoles de chirurgie de Paris. 1783, 4 p — Réponse signifiée au mémoire imprimé non signifié pour Lajus, maître en chirurgie, demeurant rue de Charonne, paroisse Ste Marguerite (pour mémoire de traitemens, pansemens et médicamens fournis et administrés à l'abbé Du Fosset dans sa maison au Grand Charonne, ainsi qu'à sa gouvernante et personnes de sa maison). 1776, 11 et 8 p.

20713. **Emploi de la Ciguë** Ant Storck, med. Viennensis, tract. quo demonstr. cicutam non solum usu interno tutissime exhiberi, sed et esse simul remedium valdé utile in multis morbis, qui huc usque curatur impossibiles dicebantur. Vindobonæ, 1761, in-12, v. 3 fr.

20714. Chevallier. Dictionnaire des altérations et falsifications des substances alimentaires, médicament. et commerciales av. l'indication des moyens de les reconnaître. 1850, 2 vol. in-8, dem.-rel., v. bl. 3 fr. 50

20715. Botanique. 10 pièces et opuscules in-8 et in-4. 8 fr.

De utilitate Plantationum in patria ab Andr. Skragge. Londini Gothorum, 1760, 32 p. — Recherches sur la vie et les ouvrages de Pierre Richer de Belleval, fondateur du jardin botanique donné par Henri IV à la Faculté de Médecine de Montpellier en 1593. Avignon, 1786, 78 p. — Quelques curiosités végétales (arbres sur des pierres ou sur d'autres arbres ; un sapin sur un cep de vigne, blés de momies), par Ch. de Sourdeval. 4 p. — Essai sur les fleurs et sur leurs effets pernicieux, par J. Barthélemy de St-Fort-sur-Gironde. 1812, 25 p. — Le Mont-Cenis, son histoire et sa végétation, par le Dr L. Bouvier. Annecy, 1863, 32 p. — Etat de la végétation au sommet du Pic du Midi de Bagnères, par Ramond. 65 p. — Des plantes de nos dunes, par J. F. Laterrade. (Extrait). — Rosa Candolleana seu descriptio novæ speciei generis Rosæ a Cl. Ant. Thory. 1819, 19 p. — Sur un mumulus à fleurs monstrueuses, par E. Mussat. 1864, 6 p. et 1 pl. — Etc.

20716. Ancienne Musique. Recueil d'airs sérieux et à boire de différents auteurs. Imprimé au mois de juin 1705. Paris, Christ. Ballard, 1705. Cahier in-4, musique notée, br. 5 fr.

20717. Ancienne musique. Recueil d'airs sérieux et à boire de différents auteurs imprimez au mois de may 1701. Paris, Christ. Ballard, 1701. Cahier in-4, musique notée, br. 5 fr.

20718. Chiens. 2 broch. in-8. 4 fr.

A propos de chien, dissertation fantaisiste (très curieuse), par Ch. Liotard. Nîmes, 1869, 55 p. (Tiré à très petit nombre et non mis dans le commerce). — Essai de poison sur un chien fait (à Tours) par l'ordre de Louis XI, par A. Salmon. (Extrait à pagination continue).

20719. Furetière (Nouv. recueil des factums du procez d'entre défunt l'abbé), l'un des 40 de l'Acad. franç. et quelques-uns des autr. membres de la même Académie. Amsterd., 1694, 2 vol. in-12, front., v. 4 fr. 50

20720. Tacitus cum optimis exemplaribus collatus. Amst., Dan. Elzev., 1678, in-24, titre grav., v. 2 fr. 50

Jolie édition imprimée en caractères microscopiques.

20721. Terentii (Pub.) comœdiæ sex, ex recensione Heinsiana. Amst., ex off. Elzevir., 1661, pet. in-12, joli titre grav., vél. 4 fr. 50

Edition fort jolie. Vendu jusqu'à 44 fr. dans les ventes. Bel exemplaire.

20722. Claudiani (Claud.) opera omnia ex opt. codic. et edit. cum variet. lect. selectis omnium notis et indice rerum ac verborum universo recens. N. L. Artaud. 1824, 3 vol. in-8, cart. à la Brad., non rog. 4 fr.

20723. Herodoti Musæ sive Historiarum lib. IX (gr.-lat.) adnotav. illustrav. J. Schweighauser. Argentorati, 1816, 7 vol. in-8, portr., rel. pleine en v. vert, dent. à froid et fil. dorés sur les plats, tr. marb. (Bel exemplaire). 15 fr.

20724. Aldes (Editions des). Strozii poetæ pater et filius. Venetiis, in ædibus Aldi et Andreæ Asulani, 1513. Pet. in-8, avec l'an-cre aldine au commencement et à la fin, v. br., tr. dor. (Rel. du XVIᵉ siècle). 12 fr.

Edition recherchée des poésies des deux Strozzi. — Exemplaire bien conservé, très grand de marges.

20725. Gallorum Insubrum antiquæ sedes. Mediolani, VII idib. April. 1541. (In fine :) Joannes Antonius Castilloneus Mediolani excudeb. Pet. in-4, cart. 5 fr.

Imprimé avec un beau caractère italique d'une forme tout spéciale qui ressemble beaucoup aux caractères modernes nouveau style adopté aujourd'hui.

20726. Nibby (Ant.). Analisi storico-topograph.-antiquaria de' dintorni di Roma. Edizione seconda. Roma, 1848-49, 3 vol. in-8, dem.-rel., mar. br. du Levant à nerfs, tr. marbr. 10 fr.

Bel exemplaire relié par Galette.

20727. Thesaurus Morellianus, sive famil. Romanarum numismata omnia ; accurat. delin. et disposita And. Morellio ; accurat delin. et disposita And. Morellio ; acced nummi miscellanei, urbis Romæ, Hispanici et Goltziani dubiæ fidei omnes, nunc primum edid. et comment. perpetuo illustr. Sigeb. Havercampus. Amstel., 1734, 2 vol. in-fol., fig., v. fauve, fil. (Rel. anc.). 30 fr.

Ouvrage recherché, illustré de 184 planches de monnaies. — Bel exemplaire en GRAND PAPIER.

20728. Histoire Romaine. 11 pièces et opuscules in-8. 7 fr. 50

Essai sur les origines du peuple Romain, par R. Leudière. 1840, 44 p. — Essai sur quelques chiffres de l'histoire romaine par d'Aigueperse. Lyon, 1860, 15 p. — Examen de div. points du gouvernement et de l'administration de la République Romaine, par Aug. Poirson. 1837, 36 p. — Les Protectorats romains, étude historique et juridique comparative, par Ed. Engelhart. 1895, 21 p. — De Romani exercitus delectu et supplemento ab Actiaca pugna ad ævum Theodosianum auctore C. J. Revillout. 1849, 57 p. — Etude sur la Société Romaine. Les Ediles et les Mœurs, par Edm. Labatut. Toulouse, 1868, 30 p. — Le dernier siècle de la République Romaine, par E. Belot. Lyon, 1872, 24 p. — Traité des impôts du peuple Romain, par Boulanger, de Loudun, 1612, trad. du lat. par Edm. Renaudin. 1871, 80 p. — De la sincérité de Velleius Paterculus, par L. Speckert. 1848, 86 p. — Etc.

20729. Voies Romaines. 8 broch. in-8 et in-12. 7 fr. 50

La voie romaine entre Sisteron et Apt, par D. Arbaud. 1868, 33 p. et 1 grande carte. — Observations sur le mémoire de M. Digot intitulé : Recherches sur le véritable nom et l'emplacement de la ville que la Table Théodosienne appelle Andesina ou Indesina, par Beaulieu. Nancy, 1853, 12 p. — Les fins Rautas et Annessy, par l'abbé Ducis. Annecy, 1863, 49 p. — Le Forum Voconii au Luc-en-Provence, par Fréd. Aube. Aix, 1864, 20 p. et 1 carte. — Projet impérial d'une carte topograph. de la Gaule. Renseignements fournis sur le départem. du Vaucluse, par C. Moirenc. Apt, 1860, 50 p. et 1 grande carte. — Solimariaca (de l'Itinéraire d'Antonin) n'est pas Soulosse, par Aug. Longnon. 1877, 7 p. — Recherches sur l'ancien Forum Hadriani et ses vestiges près de La Haye, par de Westreenen de Tielandt. 1826, in-12 de 29 p. et 1 carte. — Coup d'œil sur les fouilles de la Voie Appienne, par E. Breton. 1855, 27 p.

20730. Livres armoriés. Petri Criniti viri undecunque doctissimi de honesta disciplina libri XXV, de poetis latinis ejusdem libri V, Poëmatum quoque illius libri II. Basileæ, excudeb. Henr. Petrus, 1532, in-4, v. noir. 25 fr.

Bel exemplaire aux armes du célèbre historien et bibliophile : JACQUES-AUGUSTE DE THOU.

20731. **Livres armoriés.** Opera Joa. Joviani Pontani de fortitudine, de principe, de liberalitate, de beneficentia, etc. Impressum Lugduni, expensis Barth. Troth, 1513. Pet. in-8, vél., fil. 8 fr.

Aux armes de SALVAING DE BOISSIEU. Contrefaçon lyonnaise de l'édition des Alde. — Quelques mouillures.

20732. **Girard** (B. de), Sgr du Haillan. De l'estat et succez des affaires de France, œuvre dep. les préced. édit. augm. et illustré, ens. une sommaire hist. des seigneurs, contes et ducs d'Anjou. 1573, 2 part. en 1 vol. in-16, port. de l'auteur gr. sur bois, dem.-rel., v. antiq. à nerfs. 5 fr.

20733. **Gazette de France.** Recueil des Nouvelles ordinaires et extraordinaires, relations et récits des choses avenues tant en ce royaume qu'ailleurs pendant l'année 1704. Paris, au bureau d'adresse, 1705. In-4, v. br. 10 fr.

La marge du haut de cet exemplaire est en partie atteinte d'humidité.

20734. **Bibliothèque historique de la France** conten. le catalogue des ouvrages imprimés et manuscrits qui traitent de l'histoire de ce royaume ou y ont rapport, par Jacq. Lelong, édit. revue et augmentée par Fevret de Fontette. 1768-78, 5 vol. in-fol., v. marbr. (Bel exemplaire). 100 fr.

20735. **Rigord et Guillaume Le Breton** (Œuvres de), historiens de Philippe-Auguste, publ. par H. Franç. Delaborde. 1882-85, 2 vol. et 1 fascic. gr. in-8, br. 8 fr.

20736. **Etat** des grands et petits gouvernements, lieutenants de Roy, commandants et majors des places, leurs appointements et émoluments. — Pet. in-8, reglé, v. marbr. 35 fr.

MANUSCRIT DU XVIII⁵ SIÈCLE calligraphié composé de 132 pages. On y voit que le duc de Gesvres, gouverneur de Paris, ne touchait que 3,018 livres, tandis que le gouverneur de la Bastille avait 13,500 livres d'appointements et 900 livres d'émoluments ; le capitaine du Château du Louvre, 3,400 ; celui du Château des Thuilleries, 4,800 ; le Marquis du Châtelet, gouverneur de Vincennes, avait droit à 7,630 livres. — Etc., etc.

20737. **Coutumier général** (Nouv.) ou corps des coutumes générales et particulières de France et des provinces connues sous le nom des Gaules av. les notes de Toussaint Chauvelin, Julien Brodeau et J. M. Ricard, jointes aux annotations de Du Molin, par Bourdot de Richebourg. 1724, 4 vol. in-fol., v. m. (Bel exemplaire). 20 fr.

20738. **Asie, Afrique, Amérique.** Histoire générale de l'Asie, de l'Afrique et de l'Amérique, conten. l'hist. anc. des peuples de ces contrées, leur hist. moderne, la description des lieux, religions, arts, commerce, coutumes, etc., par M. L. A. R. (Roubaud). 1770-75, 15 vol. in-12, v. éc., fil. (Bel exemplaire). 10 fr.

20739. **Mémoires historiques,** politiques, critiques et littéraires, par Amelot de La Houssaie. Amst., 1737, 8 vol. in-12, v. m. 5 fr.

Voici quelques titres des sujets traités : Duc, Duché, Pairie, Sacre des Rois. — Duel. — Duellistes. — Du Bellay, langue françoise. — Biron. — Bouchet. — Bourbon. — Bourgogne. — Lorraine. — Du Guesclin. — Dunois. — Longueville. — Colbert. — Ambassadeurs. — Autriche. — Etc., etc.

20740. **Observateur anglois** (L') ou correspondance secrète entre mylord All' Eye et mylord All' Ear (par Pidanzat de Mairobert et autres). Londres, 1777-86, 10 vol. in-12, v. m. 25 fr.

Ouvrage piquant et agréablement varié. On y trouve l'oraison funèbre de Mᵐᵉ Justine. La description de la maison Gourdan. — Une femme de condition arrêtée chez la Gourdan. — Maladie singulière d'un curé. — Dialogues au sujet des filles les plus célèbres de la capitale, actrices, courtisanes en titre, femmes du Palais-Royal, etc. — Eloge de Mᵐᵉ la Dauphine (Marie-Antoinette). — Détails sur l'anecdote de Lyon. — Vie et mort de Fréron. — Les églises, les théâtres, etc. — Sur un livre obscène intitulé : La F.. manie. — Procès de Mirabeau. — Confession d'une Lesbienne, etc., etc.

20741. **Asne d'or** (Les Métamorphoses ou l') de L. Apulée, philosophe platonique, œuvre d'excellente invention et singulière doctrine (trad. par J. de Montlyard). 1623, in-8, titre gravé et 11 figures en taille-douce très finement gravées par J. Briot, rel. pleine en v. antique, fil., dent. à fr., tr. marbr. 25 fr.

Edition recherchée. — Bel exemplaire en premières épreuves.

20742. **Moriæ Encomium** sive Stultitiæ laudatio Des. Erasmi declamatio. Londini et Parisiis, Barbou, 1765, pet. in-8, frontisp. grav. par Gravelot, papier fin, v. marbr., fil., tr. dor. 6 fr.

Bel exemplaire à la reliure de Barbou.

20743. **Philosophie.** 14 broch. et opuscules in-8 et in-12. 7 fr. 50

Eloge de Socrate prononcé dans une société de philanthropes Yverdon, 1777, 59 p. — De Prodico Ceio Socratis magistro et antecessore, scrips. E. Cougny. 1857, 93 p. — De la morale pratique dans les lettres de Sénèque, par C. Martha. Strasbourg, 1854, 75 p. — De la Psychologie de Sénèque, par E. Stiévenart. Nancy 1852, 15 p. — Essai sur l'éloquence et la philosophie de St Bernard, par E. Géruzez. 1839, 79 p. — Disc. sur la philosophie de Leibnitz, par Em. Saisset. 1857, 32 p. — Une visite à Hanovre. Mémoire sur Leibnitz, par Nourrisson, 1861, 67 p. — De la Philosophie moderne, par Rivarol, 77 p. — De l'abus de la Philosophie par rapport à la littérature, par l'abbé Ferlet. Nancy, 1773, 44 p. — Discours sur les limites de l'esprit philosophique, par le P. Guénard. 23 p. — Lettres philosophiques, par Sauvigny, gendarme. A Bristol, chez les frères rimeurs, 1756, 33 p. — Le dîner du Comte de Boulainvilliers, par St Hyacinthe. 1768, 48 p. — Etc., etc.

20744. **Anastasii Bibliothecarii** Historia Ecclesiastica sive Chronographia tripertita ex Ms. codice Bibliothecæ Vaticanæ. acced. notæ C. Annib. Fabroti. Paris., Typographia Regia, 1649, in-fol., v. br. 5 fr.

Exemplaire en GRAND-PAPIER. Un trou de vers dans la marge du bas au commencement.

20745. **Abdias** (L'histoire apostolique d'), premier evesque de Babylone institué par les apostres, tournée d'hébrieu en grec par Eutrope, puis en latin par Jule Africain, aussi evesque, et nouvellem. trad. en nostre vulgaire. Paris, Guill. Guillard et la Vve Amaury Warencore, à l'enseigne Ste Barbe. 1564, pet. in-8, dem.-rel. 6 fr.

20746. **Biblia.** Oliva Roberti Stephani, 1557. Gros in-fol., rel. en ais de bois, recouv. de v. br. avec ornements à fr. sur les plats et de petites figures de personnages de la Bible. 8 fr.

Belle édition de Robert Estienne. Ce volume ne comprend que les livres de l'Ancien Testament, avec les Prophètes.

20747. **Imprimerie particulière.** Antiphonaire et Graduel à l'usage des Pénitents de N. D. du Confalon de Pontdevaux, rédigé, imprimé et présenté à ses Confrères par M. C. E Borjon de Scellery, Gouverneur pour le Roy de la Ville de Pontdevaux, ancien Recteur. A Pontdevaux, 1780. Gr. in-fol., composé de 308 ff. sur papier fort, avec musique notee de plain-chant, rel. du temps en v. fauve, larges coins en cuivre, clous en cuivre et en ronde bosse sur les plats. (Bel état de conservation). 90 fr.

Ch. Emman. Borjon de Scellery, gouverneur de Pont-de-Vaux, imprimait lui-même. Son imprimerie, dit M. Sirand (Bibliographie de l'Ain, pp. 35-36), était très petite. Il ne faisait qu'une feuille à la fois et d'un seul côté. Chacun de ses opuscules n'était tiré qu'à 25 ou 30 exemplaires. Le présent volume qui est unique est un tour de force de patience. Comme il ne possédait pas de matériel typographique pour un in-folio et pour les notes de musique, Borjon a imprimé chaque page lettre à lettre avec des caractères à jour parfaitement alignés, imitant la typographie, et en encres de diverses couleurs. A la fin des offices il a imprimé à la presse typographique des fleurons ainsi que ses armoiries avec sa devise : *Ex semine virtus.* Derrière le titre, il a imprimé lui-même à sa presse cet avis : « *En consequence de la suppression de toutes les Sociétés de Pénitence de la Republique, ceux de Pontdevaux ont célébré l'office pour la dernière fois, le 16 Vendémiaire de l'an premier de la République ou 7 Octobre 1792 (vieux style).* » On trouve au f. 301 une *Antienne a la Ste Vierge que l'on chante le IIIe dimanche de chaque mois après l'office du matin, fondée par L. C. Borjon en 1764.* — Ce curieux volume est dans un bel état de conservation. Il est classé par erreur à 1786 dans la Bibliographie de l'Ain, p. 150, il est daté de 1780 pour le titre.

20748. Horlogerie. 2 pièces in-8 et in-4. 10 fr.

Observations avantageuses pour la France et nommément pour la province de Franche-Comté, pour le pays de Gex et le Bugey ainsi que pour tous les horlogers qui sont dans le royaume (vers 1788). 6 p. in-8. (Dans cette pièce qui est signée Mignolet, horloger à Paris, il est question d'une fabrique d'horlogerie que Voltaire avait commanditée à Ferney et il est proposé aux députés de demander aux Etats-Généraux la permission de travailler l'or à 18 karats comme à Genève). — Lettres-patentes portant établissement d'une manufacture royale d'horlogerie à Paris (accordée à Franc. Jean Bralle). 1787, 4 p. in-4.

20749. Midi de la France (Voyage dans les départements du), par Millin. 1807, 5 vol. in-8, dem.-rel., et atlas de planches in-8, br. 25 fr.

20750. Pyrénées (Nouv. mém. pour servir à l'hist. natur. du) et des pays adjacents, par Palassou. Pau, 1823, in-8, dem.-rel., v. ant. (Bel exemplaire). 5 fr.

20751. Jura (Statistique génér. du), par R. Pyot. Lons-le-Saunier, 1838, in-8, br. 2 fr. 50

20752. Franche-Comté. Ordre signé du marquis de Listenois, colonel d'un régiment de dragons pour le service de Sa Majesté « de ne faire aucun désordre dans la terre de Durne... ny d'y prendre aucun logement ». Ornans, 24 avril 1674. — Défenses très expresses « à peine de punitions corporelles à tous cavaliers, soldats et gens de guerre estant sous nos ordres de faire aucunes violences, torts ou degasts dans les villages de Durne » et autres localités voisines. Ordre donné à Chasteauviel le 8 mai 1674 et signé de Montmorency-Luxembourg. — Documents originaux. 2 pièces in-4. 6 fr.

20753. Franche-Comté (Guerres de). Placards-affiches, billets imprimés pour entretien et logement des troupes, levée des milices, réquisitions, etc... 1668-1676. — Environ 35 pièces in-fol. et in-4. 15 fr.

20754. Franche-Comté. Billets d'impositions pour don gratuit, prêt à Sa Majesté pour repousser ses ennemis et faits de guerre, contribution de « quelque somme de deniers pour l'assistance de l'Empire contre l'invasion des Turcs », délibérés et accordés par les Etats généraux assemblés à Dole. — 4 placards originaux in-4 imprimés revêtus des visas autographes et des signatures officielles. Années 1621, 1630, 1635 et 1664. 8 fr.

20755. Franche-Comté. Affaires militaires, réquisitions, entretien et logement des troupes, fortifications de Besançon, levées de la milice. Placards-affiches, billets imprimés avec signatures officielles des autorités, etc. 1677-1707. — Environ 25 pièces in-fol. et in-4. 12 fr.

20756. Franche-Comté. Placards-affiches, Billets imprimés avec signatures officielles des autorités pour impositions, contributions, prestations et réparation des routes, etc. Années 1678-1709. — Environ 30 pièces in-fol. et in-4. 10 fr.

20757. Franche-Comté. Biographies. 9 pièces in-8 et in-18. 6 fr.

Eloge de Jean Jouffroi, cardinal d'Albi (par Dom Grappin). Besançon, 1785, 62 p. — Eloge histor. de Fr. Nic. Eug. Droz, conseiller au ci-devant parlem. de Besançon, par Coste, bibliothécaire. 36 p. — Notice sur Perreciot. Besançon, 1822, 8 p. — Simon de Quingey, page de Charles-le-Téméraire et prisonnier de Louis X, par J. Gauthier. (Extrait). — Notice biogr. sur Jouffroy, par C. Mallet. 1861. — Notice biogr. sur Ant. Franç. Bonvalot, de Salins. Besançon, 1872, 15 p. — Eloge histor. et littér. de Ch. Laumier, par Bousson de Mairet. 15 p. — Célébrités franc-comtoises. Faustin Besson, peintre, par Arm. Marquiset. Besançon, 1859, in-18, de 89 p.

20758. Reims. Monasticon Gallicanum. Planches gravées des Monastères de l'Ordre de St Benoît, congrégat. de St Maur. Province ecclésiastique de Reims; 25 planches gravées s. cuivre offrant les vues à vol d'oiseau des abbayes et prieurés, publ. par Peigne-Delacourt en 1864. In-fol., dans un portefeuille en cart. 20 fr.

20759. La Ferté-sous-Jouarre. Passage de Mesdames de France dans cette localité en 1761 et 1762. — Compliments, chansons, pièces volantes de circonstance. — 6 pièces in-4 et in-12. 10 fr.

Réunion curieuse. — Complainte des manans et habitans de La Ferté-sous-Jouarre, chanson (en langage rustique des environs de Paris). Remiremont, Laurent, imprimeur (1761), 4 p. — Compliment en chansons faites à Mesdemoiselles les filles du roi de France à leur passage à la Ferté-sous-Jouarre. Remiremont, Laurent, imprimeur (1761), 4 p. — Autre édition en 2 p. in-4 à 2 col. — Lettre de Jeannot, paysan de la Ferté-sous-Jouarre, à son compère Nicolas, manant et habitant de St Ouin (sic) sur le passage de Mesdames à La Ferté, le mardi 1er juillet 1761. (Chanson nouvelle en langage rustique de Paris). Remiremont (1761). — Plainte très amère des manans et habitans de la Ferté-sous-Jouarre au sujet de ce que Mesdemoiselles de France ont diné chez les manans et habitans de Triport préférablement à eux. Remiremont, Cl. Emm. Laurent, 1762, 4 p. — Ordonnance nouvelle rendue sous forme du village par le syndic des manans et habitans de La Ferté-sous-Jouarre, le dimanche 23 mai 1762, veille du passage de Mesdemoiselles de France. — Compliment en chanson fait à Mesd. de France à leur second passage à La Ferté pour se rendre aux eaux de Plombières, le 24 mai 1762. Lunéville, Messuy, imprimeur du Roi, 1762, 8 p. in-12.

20760. Sainct Dizier (Lettres de confirmation du Roy des droits et privilèges de la ville de). Paris, Ph. Dupré, 1599. Pièce pet. in-8. (Rare).   5 fr.

20761. Lorraine. 5 broch. in-8.   3 fr. 50
Collections lorraines aux XVIᵉ et XVIIᵉ siècles, documents conservés à la Bibliothèque Nationale, recueillis et annotés par F. de Chanteau. Nancy, 1880, 80 p. — La Salle des Cerfs, tout ce qu'elle a vu, vers prononcés lors de l'inauguration du Musée lorrain. Nancy, 1862, 48 p — Lorraine-France ou l'anniversaire-national, chant patriotique par J. Bonnaire de St Mihiel. Nancy, 1866, 8 p. — Fête séculaire de la réunion à la France de la Lorraine. Nancy, 1866, 32 p. — Etc.

20762. Compiègne (Auteurs de). M. T. Ciceronis sententiarum illustrium, apophthegmatum, parabolarum sive similium, nonnullarum item piarum sententiarum farrago, accurata nunc denuo lima edita aut. Pet. Lagnerio Compendiensi. Lugd, J. Tornæsius et G. Gazeius, 1548, in-16, vel. (Bel exempl.).   3 fr. 50

20763. Le Hâvre. Construction du bassin et des écluses de la Barre du port du Hâvre. 1793, 2 pièces in-fol. et in-4.   6 fr.
Ouvrages à faire en terrassements, charpente, serrurerie, maçonnerie et autres. Clauses et conditions générales. 13 p. in-fol. imprim. — Placard-affiche de l'adjudication au rabais du bassin de la Barre au port du Hâvre, fixée au mercredi 3 avril 1793.

20764. Bretagne (Recherches sur la), par Delaporte. Rennes, 1819, 2 vol. in-8, br.   5 fr.

20765. Nantes. Censura sacræ facultatis Theologiæ Nannetensis lata die prima decembris anni 1717 et approbata die 14 ejusd. mensis et anni adversus propositiones excerptas ex thesibus et codicibus P. Georgelin lectis et propugnatis Rhedonibus in Collegio Societat. Jesu per annos 1716 et 1717. Nannetis, ex typis Viduæ Andr. Querro, 1719. Pièce in-4.   4 fr.

20766. Réveil de Chyndonax (Le), prince des Vacies, Druydes celtiques, Dijonois, avec la saincteté, religion et diversité des cérémonies observ. aux anc. sépultures, par J. G. D. M. D. (J. Guenebauld, doct. méd. Dijonnois). Dijon, Cl. Guyot, 1621, pet. in-4, fig. grav. en taille sur bois, par ch.   15 fr.
Volume recherché. — Exemplaire avec la figure de l'urne.

20767. Guyenne. Généalogie exacte de la maison d'Esteing (sic) produite par devant Mgr de Sèvre, intendant de la province de Guyenne le 28 février 1670. — Placard très grand in-fol. en 2 feuilles collées bout-à-bout, avec armoiries de la famille en tête, gravées en taille-douce. (Taché).   10 fr.

20768. Gironde (Département de la). 5 pièces et opuscules in 8.   5 fr.
Notice sur les ducs d'Espernon, leur château de Cadillac et leurs sépultures, par G. J. Durand. Bordeaux, 1854, 36 p. et 3 pl. — Procès des frères Faucher de la Réole, morts en 1815, victimes de la fureur des partis, publ. par leur neveu C. Faucher. Bordeaux, 1830, 44 p. — Excursion de la Soc. archéolog. de la Gironde. Château de la Brède, par A. de Coste Montauban, 1891, 20 p. — Le Médoc et la plage de Soulac, par H. de la Madelène 15 p. — Quelques faits à ajouter à la description de la ville de Bazas (Gironde), dessins par L. Drouyn, texte par Ch. des Moulins. Caen, 1846, 64 p. et XII pl.

20769. Bordeaux. 2 opusc. in-8, br. 3 fr. 50
Essai sur les origines religieuses de Bordeaux et de quelques villes de l'Aquitaine, par L. W. Ravenez. Bordeaux, 1862, 90 p. — Alfr. de Lançon. Le Trésor de la Chartreuse de Bordeaux. Bordeaux, 1866, 107 p. et 2 pl.

20770. Vins de Bordeaux. 2 pièces in-4.   3 fr. 50
Arrêt du Conseil d'Etat qui exempte du droit de transit tous les vins qui arriveront dans les ports de la Sénéchaussée de Bordeaux pour y être embarqués. 1786, 2 p. — Arrêt du Conseil d'Etat concern. les vins qui entrent dans les ports de la sénéchaussée de Bordeaux ou qui en sortent. 1788, 2 p.

20771. Stanislas, de Lorraine. 6 pièces in-8 et in-4.   6 fr. 50
Poème latin en l'honneur du roi de Pologne, duc de Lorraine et de Bar, lu à l'Académie des Arcades de Rome par le P. Boscovich, jésuite, le jour que le portrait de Sa Majesté y fut placé, traduction de ce poème en vers françois (par Cogollin). Nancy, P. Antoine, s. d., 35 p. — Sinastal (anagramme de Stanislas), histoire dumocienne qui a remporté le prix de littérature à la Soc. Roy. de Nancy pour l'année 1754, par Pierre, substitut. Nancy, Fr. Midon, s. d., 31 p in-4. — Notice histor. sur Stanislas-le-Bienfaisant, dep. la violation de sa sépulture jusqu'à l'inauguration de sa statue par Blau. Nancy, 1831, 44 p. — Les opuscules inédits de Stanislas, roi de Pologne, duc de Lorraine, par L. Lacroix. Nancy, 1866, 62 p. et fac-simile. — Du reproche de vandalisme adressé de nos jours à Stanislas par L. Lallement. Nancy, s. d., 30 p. — Discours prononcé à la cérémonie de l'inauguration de la statue de Stanislas par J. Lamoureux. Nancy, 1831, 8 p. in-4.

20772. Ardennes. Château-Regnault. 3 pièces pet. in-4, dérel.   5 fr.
Sentence générale des terres souveraines de Château-Regnault du XII avril 1575. Charleville, Ant. Nic. de Gamaches, imprimeur libraire de S. Alt. Séréniss. 1764, 17 p. — Ordonnances politiques des terres souveraines de Château-Renault et dépendances du 2 octobre 1586. Charleville, Ant. N. de Gamaches, imprimeur-libraire sous les Arcades, 1769, 10 p. — Deux impressions rares. (Les coins du haut sont rongés et plusieurs lettres manquent). — La souveraineté de Château-Regnault ne se composait que de 17 villages et de leurs dépendances.

20773. Grenoble. Advis donné par M. le Mareschal des Diguières, à l'assemblée de Grenoble (tenue par les Eglises Réformées). 1615. Pièce pet. in-8, couv. en pap. 5 fr.

20774 Vienne-en-Dauphiné. Révolution. Lettres circulaires, procès-verbaux adressés avis, proclamations, placards-affiches. 1789-1791, 13 pièces in-4 et in-fol.   10 fr.
Procès-verbal de la prestation du serment civique de la garde nationale de Vienne et de sa garnison, 24 mai 1790. Vienne, imprim. de la veuve Vedeühé, 1790, 8 p. — Procès-verbal du serment solennel prêté par le régiment de Penthièvre-Dragons conjointement avec les gardes nationales de Vienne et les autres citoyens de tout âge et de tout sexe le 14 juillet 1790. 11 p. — Adresse du Conseil général de la Commune de la ville de Vienne à l'Assemblée Nationale (relativem. à la constitution civile du Clergé). 1791, 4 p. — Jugement du siège de police de Vienne (prononçant la destitution de Davian, ci-devant archevêque, et supprimant sa lettre pastorale). 1791, 4 p. — Proclamation des officiers municipaux de la ville de Vienne du samedi 26 juin 1790 (relativement à une assemblée tenue à Chambéry, d ennemis de la Constitution et dont le résultat est d'introduire en France des gens mal intentionnés et des dépôts de poudre; invitation aux gardes nationales et aux citoyens de redoubler de vigilance à l'égard des passagers et de visiter avec la plus grande exactitude toutes les voitures). Placard-affiche. — Avis aux citoyens « contre les réflexions licencieuses que se permettent des journalistes et des folliculaires… ». Placard-affiche. — Etc., etc.

20775. Normandie (Chroniques d'Angleterre et de). 1846, in-fol., de 250 pag., br. 5 fr.

Documents historiques publiés par les éditeurs du Recueil des historiens des Gaules. Ils embrassent les règnes de Philippe I⁷, Louis le Gros et Louis le Jeune (1060-1080). On trouve dans cet extrait du treizième volume des historiens le texte latin original de la Chronique de Guillaume de Malmesbury, la vie d'Henri II ; l'extrait de la Chronique de Normandie tiré du roman de Rou. — Etc., etc.

20776. Basses-Alpes. Adresses, procès-verbaux, discours, arrêtés, états, circulaires administratives, etc. 1790-1791, imprimées pour la plupart à Digne chez J. Guichard ou à Aix chez Gibelin-David et Emeric-David. 18 pièces in-4   12 fr.

Département du Nord de la Provence, division en districts et cantons. 8 p. — Discours prononcé par le procureur-général syndic du départem. des Basses-Alpes, lors de l'inauguration de l'image de la Bastille 5 p — Etat des citoyens actifs du départem. des Basses-Alpes par districts et par cantons. 1790, 15 p. — Discours prononcé par Dherbez, président du Directoire du départem. des Basses-Alpes, le lundi 31 janv. 1791 au Cours des Récollets de la ville de Digne à l'occasion de l'inauguration de l'image de la Bastille. 6 p. — Arrêté du directoire des B Alpes qui fait défense aux trésoriers, receveurs et collecteurs des deniers publics, d'agioter et de distraire de leurs caisses les sommes qui y sont versées en espèces sonnantes. 6 p. — Nomination de juges de paix. 14 p. — Discours prononcé à l'assemblée électorale des Basses-Alpes relativement à l'élection de l'évêque du département et d'un des juges du tribunal de Cassation. 5 p. — Instruction aux Municipalités sur l'établissement de l'imposition foncière. 21 et 19 p. — Liste des membres des Directoires de District. 2 pag. in-fol. Mss. — Etc , etc.

20777. Basses-Alpes. Arrêtés, procès-verbaux du Directoire du département, proclamations, etc. 1790-1791. Placards-affiches imprimés à Digne par J. Guichard. 12 pièces in-fol.   12 fr.

Envoi de pétitions. — Etat des rôles de la contribution patriotique. — Etablissement d'une digue à Entrevaux. (Raccommodages, quelques lettres manquent). — Arrêté concern. les municipalités qui n'ont pas encore encadastré les biens privilégiés — Salaires des greffiers des nouvelles municipalités. — Recensement de la population, des ressources de chaque commune, etc., avec prière aux officiers municipaux et aux curés et aux prêtres des paroisses et succursales de seconder le patriotisme, le zèle et le désintéressement des administrateurs de tout leur pouvoir. — Arrêté du Directoire qui accorde des honoraires tant à ceux des commissaires nommés pour l'assiette de la contribution foncière qui en demanderont qu'aux secrétaires-greffiers qui s'y occuperont. — Etc., etc.

20778. Basses-Alpes. Révoltes et refus d'obéissance contre l'autorité. 4 placards-affiches in-fol. imprimés par J. Guichard à Digne en 1790-91.   6 fr.

Arrêté du Directoire du dép. des Basses-Alpes concern. la révolte de plus. habitans du Val-des-Monts, district de Barcelonnette du 12 juin 1791. (Raccommodage) — Arrêté de suspension pris par le Directoire contre Allemand, chirurgien, et Nicolas, prêtres et autres coupables de dénonciation calomnieuse envers le corps municipal du lieu de Paimoisson. 1790. — Annulation des délibérations de la commune de Chaudon, canton de Barrême, qui a refusé de se conformer aux décrets de l'Assemblée Nationale. 1790. (Raccommodage). — Annulation des délibérations de la commune de Châteauredon refusant l'encadastrement. 1790.

20779. Celt-Hellénisme ou étymologie des mots françois tirez du grec plus preuves en général de la descente de nostre langue

par L. Trippault, s⁷ de Bardis. Orléans, Eloy Gibier, 1580, in-8, vél.   15 fr.

Volume rare et recherché. — Exemplaire avec le portrait de l'auteur gravé sur bois, qui manque souvent.

20780. Contes, dits, fabliaux (Nouv. rec. de) et autres pièces inéd. des XIIIᵉ, XIVᵉ et XVᵉ s., pour faire suite aux collect. Legrand d'Aussy, Barbazan et Méon, mis au jour pour la prem. fois par Ach. Jubinal. 1839-1842, 2 vol. in-8, dem.-rel., v. fauve à nerfs.   25 fr.

20781. Femmes du siècle (Les différens caractères des) imitez du grec de Simonide (par Mᵐᵉ de Pringy). 1705, in-12, cart. à la Brad. percal. lustrée.   3 fr. 50

Exemplaire av. 1 fig. ajoutée.

20782. Pénitence des beuveurs (La) où l'on enseigne dans un petit traité théologique les moyens dont se doit servir le pénitent qui veut corriger son excès du boire et le confesseur qui le veut aider à ce dessein. Paris, Est. Michallet, 1673, in-12, vél.   5 fr.

Petit livre curieux et fort rare qu'on ne voit pas passer dans les catalogues. L'exemplaire est malheureusement incomplet de deux feuillets, pag. 33-36. L'article X contient des *dialogues populaires d'un habile confesseur et de plusieurs pénitens beuveurs qui apportent des vaines excuses ausquelles on répond.* Cette partie, la plus curieuse peut-être de l'ouvrage, est complète.

20783. Salel et Jamyn. Les XXIIII livres de l'Iliade d'Homère, prince des poètes grecs, trad. du grec en vers franç Les XI prem. par Hugues Salel, abbé de St-Cheron, et les XIII dern. par Amad. Jamyn, tous les XIIII rev. et cor. par led. Am. Jamyn avec les trois prem. livres de l'Odissée d'Homère. 1599, in-12, format allongé, vél.   10 fr.

Edition rare.

20784. Le Sage. Le Diable boiteux ; édit. corr., refondue, ornée de fig. et augm. d'un vol. 1726, 2 vol. in-12, fig. de Dubercelle, v. (Bel exemplaire).   7 fr. 50

Edition qui présente un texte nouveau, retouché et considérablement modifié.

20785. Le Sage. Histoire de Gil Blas de Santillane. Troisième édition. Imprimé à Rouen et se vend à Paris chez P. Ribou, 1721, 2 vol. in-12, av. 17 fig. s. cuivre, v.   15 fr.

Edition rare qui manquait à la collection Rochebilière. — Exemplaire grand de marges, dans sa première reliure.

20786. La Fontaine. Œuvres posthumes. 1696, in-12, v.   4 fr.

Edition originale publiée par Mᵐᵉ Ulrich.

20787. Ancienne imprimerie troyenne (Illustration de l'). 210 gravures sur bois des XVᵉ, XVIᵉ, XVIIᵉ et XVIIIᵉ siècles, publ. par V. L. (Varlot). Troyes, 1850, in-4, br.   20 fr.

Tiré à 80 exemplaires. Exemplaire de feu M. Monceaux, d'Auxerre, avec quelques additions de sa main.

20788. Rousseau (J. J.). 13 opusc. et broch. in-8.   7 fr. 50

Eloge de J. J. Rousseau, par Thiery. 1791, 82 p. — J. J. Rousseau. Extr. du Journal de Paris Nᵒˢ 251, 256, 258, 259, 260 et 261 de l'an VI, par Corancez. 75 p. — Eloge de J. J. Rousseau, par E. Sigogne. Neuchatel, 1878, 31 p. — Pages inédites de Voltaire, par St René Taillandier. Genève, 1862, 74 p. — Lettres de Voltaire et de J. J. Rousseau à C. J. Panckoucke. 1828, 66 p. — Lettres sur les Confessions de J. J. Rousseau, par Ginguené. 1791, 138 p. — Lettres sur les ouvrages et le caractère de J. J. Rousseau. 1789. 92 p. — L'Ile de J. J. Rousseau et le départ d'un fils. Genève, 1842, 8 p. — Quelques réflexions sur l'érection d'une statue à J. J. Rousseau Genève, 1828, 8 p. — Dialogue entre Juinte et Métra, horloger, au sujet de la statue de J. J. Rousseau. Genève, 1828, 8 p. — La Solitude littéraire, ode à l'ombre de Rousseau. 1754, 8 p. (Pièce signée A. S.). — Etc...

20789. Layrac. 5 pièces imprimées et une forte liasse de pièces manuscrites en cahiers ou isolées. (Intéressant dossier). 25 fr.

Notice sur l'église de Layrac (Lot-et-Garonne), par G. Tholin Caen, 1872, 12 p. in-8. — Arrest du Parlem. de Toulouse en faveur des pauvres de Layrac du 4 may 1752, 4 p. in-4. — Arrest du Parlement pour J. M. Dorlan de Polignac, vicaire-général de Metz, seigneur de Layrac, concern. les droits honorifiques de la haute justice, le paiement et perception de la dîme Agen, Nonbel, imprimeur (1769), 4 p. in-4. — Mémoire pour J. Chollet de Bellocq, curé de Layrac, la compagnie des Pénitens Blancs de lad. ville contre le syndic et domestiques des Bénédictins de Layrac (vers 1700). 4 p. in-4. (Raccommodage). — La Carta de las Costumas de la vila de Layrac en Brulez anno Domini 1273. (Copie faite en 1823 par Bénézit St Marc, avocat à Agen, d'après une autre copie authentiquée sauvée du pillage en 1790). 11 ff. in-4 Mss. — Coutumes et privilèges de la ville de Layrac en Brulhois, confirmées de nouveau sur les anciennes, l'an 1527. Copie faite par le même. 8 ff. in-4 Mss. — Divers titres, redevances, droits, transactions et autres pièces Mss. concernant le prieuré de Lyrac (XVII° et XVIII° siecles) — Confrérie du S. Sacrement de Layrac. Statuts et noms des confrères et confrèresses. Pièce Ms. — Justice de Layrac. Procès-verbal de déclaration de grossesse de Marie St Martin, séduite par Jean Cazoneau, valet de ferme ; condamnation par contumace à être pendue et étranglée pour crime d'empoisonnement sur son mari, d'Anne Oustin, veuve de J. Marasse ; Jérome Vigouroux et Lannes condamnés par contumace à être pendus et étranglés pour vol ; — Coutumes de Montesquieu en Brulhois (en patois). Copie Ms. — Vicomté de Lomagne, vicomté de Bruilhois, comté de Lisle. Janvier 1638. Etat de despartition. Cahier Ms. — Etc., etc.

20790. Tarn (Département du). Arrêtés, proclamations, instructions diverses, etc. 12 pièces in-4 et in-fol. 7 fr. 50

Arrêté du Directoire du dép. du Tarn à l'effet d'investir l'administration des pouvoirs que les loix lui délèguent (remise des archives des intendances, états provinciaux, greffes, etc.) 3 sept. 1790. Castres, imprim. de R. G. D. Robert. Placard-affiche in-fol. — Arrêté du Directoire relatif au mode de recouvrement de la contribution patriotique. Castres, 1790, 4 p. — Instruction concern. le service des étapes, lits et voitures aux troupes. Castres, 1790, 4 p. — Avis aux curés, vicaires ou religieux. 1791, 2 p. — Proclamation concernant la tranquillité publique. 1791, 3 p. — Instruction relative à l'administration des travaux de charité décrétés par l'Assemblée Nationale. 1791, 3 p. — Tableau général des districts, cantons et municipalités du départem. du Tarn, du nombre des citoyens actifs du chaque municipalité, des assemblées primaires et des électeurs de chaque canton. 20 p. avec rectifications et notes Mss. (fatigué dans les marges). — Etc., etc.

20791. Tarn (Département du). Albi et autres localités. 5 placards in-fol. et 2 broch. in-8. — Ensemble 7 pièces. 8 fr.

Proclamation du Directoire du départem. du Tarn (concern. la tranquillité publique et l'obéissance aux lois). 1790. Placard-affiche in-fol. (Raccomm en marge). — Lettre du Roi à l'archevêque de Damas, coadjuteur de l'arch. d'Albi suivi du mandement de l'archevêque ordonnant des prières dans toutes les églises du diocèse. Albi, imprim. d'André Dominique Baurens, 1789. Placard-affiche in-fol. — Ordonnances des vicaires généraux de l'archev. d'Albi pour indiquer des processions et prières publiques à l'église N. D. de Lacrèche. Albi, A. D. Baurens, imprimeur, 1789. Placard-affiche in-fol. — Mandement de l'archev. de Damas, coadjuteur de l'archev. d'Albi qui ordonne qu'il sera chanté un Te Deum dans toutes les églises du diocèse conformément au vœu de l'Assemblée Nation. Albi, A. D. Baurens, imprimeur, 1789. Placard-affiche in-fol. — Tableau des membres de l'administration générale du départem. du Tarn. Placard gr. in-fol. Ms. — Délibération du Conseil général de la ville de Graulhet, district de Lavaur, relative à l'élection des membres des administrations du départem. et du district Castres, de l'imprim. de P. G. de Robert, 1790 16 p. in-8. — Discours prononcé le 1er vendémiaire an 6, pour la célébration de la fête de la République, par le profess. de belles-lettres à l'école centrale du dép. du Tarn et imprimé par ordre de l'administration départementale renouvelée séante provisoirement à Albi. Albi, imprim. de D. A. Baurens, an 6, 25 p. in-8.

20792. Castres. 9 pièces in-4 et in-8. 15 fr.

Lettre de l'évêque de Castres au clergé séculier et régulier et à tous les fidèles de son diocèse 1719, 8 p. — Lettre du Roi à l'évêque de Castres. Castres, 1789, 11 p. — Le Triomphe de la Vertu ou procès-verbal de la réception et de l'installation de M. Gausserand, évêque du départem. du Tarn à Castres. A Castres, de l'imprim. de P. G. D. Robert, docteur en philosophie, imprimeur du Roi et du départem. du Tarn, 1791, in-4 de 19 p. — Adresse de la commune de Castres à l'Assemblée Nationale Castres, 6 p. — Décision donnée le 20 mai 1790 par Target et Vigier, députés aux Etats-Généraux de la Sénéchaussée de Castres. — Extrait du registre des délibérations de la Municipalité de la ville de Castres (ordre de saisir les papiers du Sieur Vigier, ci-devant garde du corps, soupçonné de trahison envers la patrie, saisie de sa correspondance au bureau des postes, etc., publication de lettres compromettantes avec les émigrés d'Espagne et autres, ordre d'arrestation, etc.). Castres, impr. de Robert (1792), in-4, de 31 p. (Document très curieux). — Délibération des citoyens catholiques de la ville de Castres. 1790, 16 p. — Extrait du procès-verbal du Directoire du départem. du Tarn (Protestation contre un attroupement de femmes dans la rue Sainte-Foi de Villegoudon le 18 février 1791). 4 p. in-4 — Acte d'accusation dressé par Rabaly, juge au tribunal du Tarn, directeur du jury contre les auteurs des troubles, crimes et délits commis dans les communes de Castres et Labruguière contre la sûreté et la liberté des citoyens en germinal an V. Ordre d'arrestation des membres composant l'administration municipale de la commune de Castres et de l'agent municipal de la commune de Labruguière et autres prévenus au nombre de 132. In-4, de 56 p. (Détails très curieux sur ce complot réactionnaire contre la République. Cet exemplaire est un des originaux imprimés qui ont été notifiés aux accusés et dont il leur a été remis individuellement une copie imprimée. Il porte à la dernière page le mandat de « prise au corps » de la veuve Bonfontan de Labruguière, nommée dans l'acte d'accusation).

20793. Reliures armoriées. Opera D. Cæcilii Cypriani Carthaginiensis episcopi totius Africæ primatis ac gloriosissimi Martyris jam denuo quam accuratissime recognita, collatione facta editiorum Pauli Manutii et Guil. Morelli ad exemplaria aliquot Mss. vetustis. Antuerpiæ, 1568. In-fol , réglé, v. fauve, fil., tr. dor. 30 fr.

Exemplaire aux armes du CARDINAL DE BOURBON, archevêque de Rouen, proclamé roi de la Ligue sous le nom de Charles X. — La reliure a besoin de quelques réparations. — Très bonne conservation intérieure.

20794. Livres armoriés. Hugo Grotius de Mari libero et P. Merula de Maribus. Lugd. Batavor., ex officina Elzeviriana, 1633. Pet. in-16, joli titre gravé représentant un navire armé de canons et voguant en pleine mer, v. fauve. 15 fr.

Bel exemplaire aux armes de P. Daniel Huet, évêque d'Avranches, qui légua sa bibliothèque à la Maison Professe des Jésuites de la rue St-Antoine à Paris, aujourd'hui lycée Charlemagne.

20796. **Manufacture d'armes de St-Etienne** Armement réformé des arsenaux et transforme pour le commerce de l'Inde et la traite des Noirs. Procès fait à J. Jos. Carrier de Montieu, secrétaire de Sa Majesté, négociant, entrepreneur d'armes en la manufacture de St-Étienne, et à Al. Cassier de Bellegarde, lieuten. colonel de l'artillerie, ci-devant inspecteur de la manufacture d'armes de St-Etienne, accusés d'avoir de connivence « par une faveur criminelle soutenu et fait reussir le projet de s'emparer de toutes les armes du Royaume pour vendre les plus mauvaises à l'Etat et les meilleures à l'Etranger ». 1773-78. Mémoires de 131, 84 et 12 p., et un arrêt du Conseil de 4 p. — Ens. 4 pièces in-4. 12 fr.

Curieux détails.

20797. **Emblèmes et devises.** Le Sententiose Imprese di Monsignor Paulo Giovio et del Signor Gabriel Symeoni ridotte in rima per il detto Symeone. In Lione, appresso Gul. Roviglio, 1561. Pet. in-4, figures sur bois d'emblèmes avec jolis ornements Renaissance, vél. 12 fr.

20798. **Philostrati** Lemnii senioris historiæ de vita Apollonii libri VII Alemano Rhinuccino Florentino interprete. Coloniæ, 1532, in-8, vél. 2 fr.

20799. **Virtutum encomia** : sive, gnomæ de virtutibus, ex poetis et philosophis utriusque linguæ græcis versib. adjecta interpret. Henr. Stephani. 1573, in-16, v. fauve. 2 fr. 50

20800. **Epistres de Sénèque** (Les), trad. par Franç. de Malherbe. — Suite des épistres de Senèque, trad. par P. du Ryer. 1648-1654, 2 vol. pet. in-12, port. de Malherbe, v. 2 fr. 50

20801. **Themistii** orationes XXXIII e quibus XIII nunc primum in lucem editæ (gr.-lat.) Dion. Petavius latinæ plerasque reddidit, cum notis, access. notæ et observationes Jo. Harduini. Typographia Regia, 1684, in-fol., dem.-rel., v. vert. 5 fr.

C'est, d'après Brunet, l'édition la plus estimée.

20802. **Justini** historiarum ex Pompeio Trogo lib. XLIIII. Amst., ap Gul. Cæsim, 1621, in-24, frontisp. grav., cart. 4 fr.

Jolie petite édition imprimée en caractères elzéviriens presque microscopiques. — Exemplaire NON ROGNÉ.

20803. **Epistres de Sénèque** (Les), trad. par Franç. de Malherbe, gentilhomme ordin. de la chambre du roy. 1658, pet. in-12, portr., dem.-rel. mar. rouge, dos orné à nerfs, tr. marbr. 2 fr. 50

20804. **Nardini** (Famiano). Roma antica, edizione secunda. In Roma, 1704, in-4, fig. se dépl., vél. 5 fr.

Cet ouvrage, dit Brunet, a été longtemps le meilleur guide que l'on eut pour les antiquités de Rome. Il est encore estimé.

20805. **Raoul-Rochette.** Lettres sur l'authenticité des inscriptions de Fourmont. 1819, in-4. av. 4 pl. br. 2 fr. 50

20806. **Topographie de Syracuse** (Essai critique sur la), au commencement du vᵉ siècle avant l'ère vulgaire pour servir à l'intelligence de quelques auteurs anciens et faire suite aux éditions de Thucydide, par Letronne 1812, in-8, br. 2 fr. 50

Entre toutes les colonies grecques, Syracuse est celle qui a joué le plus grand rôle. Fondée par les Corinthiens 457 ans avant l'ère chrétienne, elle était parvenue en 180 à lever une armée qui battit les Carthaginois. Clef de la Sicile, elle fut assiégée par tous les peuples. Archimède immortalisa un des sièges de Syracuse. L'insuccès des Athéniens contre cette ville a fourni à Thucydide ses meilleurs chapitres. Un plan topographique sert à l'intelligence des événements.

20807. **Sallengre** (H. de). Nov. thesaurus antiquitatum Romanarum. Hagæ Comit., 1716, 3 vol. in-fol., front. gravé et fig. d'antiquités, v. (Bel exemplaire d'un recueil estimé). 8 fr.

20808. **Simson** (Edw,). Chronicon historiam Catholicam complectens ab exordio Mundi ad Nativitatem Christi et exinde ad annum LXXI ex sacris Bibliis cæterisque probatæ fidei auctoribus, access. tabulæ chronologicæ, successiones regum, etc., recensente D Wesseling. Amstelod.,1752, in-fol.,front. gravé, v. fauve, fil., tr. dor. (Bel exemplaire). 4 fr.

20809. **Dictionnaire historique** ou mémoires critiq. et littéraires concern. la vie et les ouvrages de div. personnages distingués, particulièrem. dans la Républ. des lettres, par Prosp. Marchand. La Haye, 1758, 2 tom. en 1 vol. in-fol., v. m. 10 fr.

Bel exemplaire, avec l'ex-libris de la bibliothèque Beaupré.

20810. **Annalium Boicæ gentis** (J. Adlzreitter) partes III, accessore And. Brunneri annalium Boicorum, partes III, cum præfat. God. Gul. Leibnitii. Francof. ad Mœn., 1710, 2 vol. in-fol., v. 7 fr. 50

Exemplaire provenant de la bibliothèque du marquis d'Aubais.

20811. **Saint-Louis** (Histoire de), par Jehan sire de Joinville, les annales de son règne, par Guill. de Nangis, sa vie et ses miracles, par le confesseur de la reine Margueaite (publ. par Melot, l'abbé Sallier, Capperonnier, etc.). 1761, in-fol., vignettes et culs-de-lampe par Eisen et Gravelot, grav. par Le Mire, carte, d.-rel. v. fauve. 15 fr.

20812. **France de St-Louis** (La), d'après la poésie nationale, par Ed. Sayous. 1866, in-8, br. (Envoi d'auteur). 3 fr.

20813. **Première Croisade** (Histoire de la), par J. F. A. Peyre, avec plans et cartes-itinéraires. L., 1859, 2 vol. in-8, br. 8 fr.

Ouvrage remarquable, rédigé d'après les sources manuscrites et les documents contemporains. Il est plein de renseignements inédits sur les causes qui amenèrent le mouvement des peuples de l'Occident vers les pays orientaux. L'organisation de la première Croisade par St-Bernard et le pape Urbain II, la marche envahissante des Croisés en Syrie, en Palestine, le triomphe, l'occupation, le partage de la conquête et l'établissement de la domination féodale avec son droit coutumier, sont ici tracés de main de maître. La liste des chevaliers croisés et de nombreuses pièces justificatives terminent les volumes.

20814. **Prince de Galles** (Preuve exacte du Roy d'Angleterre au sujet de la naissance légitime du), consist. en plus declarat. de quelques milords, nobles et domestiques, trad. de l'angl. Suiv. la copie de Londres (Holl.), vers 1688, pet. in-12, cart. 2 fr. 50

20815. Livres à figures du XVIII' siècle. Victoires et conquêtes de l'empereur de la Chine représentées en 16 planches gravées à Paris, de 1769 à 1774, sous la direction de Cochin, par Alliamet, Choffart, Le Bas, d'après les dessins exécutés à Pékin par l'empereur Kien-Long. In-fol. obl., cart.   45 fr.

Cohen estime cette suite de 250 à 300 fr. « Cette suite de figures est TRÈS RARE, dit-il. Les dessins y ont été exécutés par ordre de l'empereur par les PP. Damascus Sikelbar et Castillion, jésuites missionnaires, et par le P. Attiret, jésuite avignonnais, premier peintre de l Empereur.

20816. Figures de la Bible. Historiæ celebriores Veteris Testamenti iconibus repræsentatæ et ad excitandas bonas meditationes selectis epigrammatibus exornatæ in lucem datæ à Christ. Weigelio. Noribergæ (1708). — Historiæ celebriores Novi Testamenti iconibus repræsentatæ a Chr Weigelio. Noribergæ (1708). — 2 tom. en 1 vol. gr. in-fol.. v. br.   45 fr.

Très belle suite de figures bibliques gravées en taille-douce d'après les peintres hollandais. La suite est complète. Elle comprend 151 planches pour l'Ancien Testament et 100 planches pour le Nouveau Testament, en tout 251 planches de la grandeur de la page. — Belles épreuves tirées sur papier fort.

20817. Iconographie voltairienne ; histoire et description de ce qui a été publié sur Voltaire par l'art contemporain, par G. Desnoireterres. 1879, in-4, pap. de Holl., avec reproductions de tous les anciens portraits connus de Voltaire, dans un carton, non rogné.   10 fr.

20818. Nicéron (Le P.). La Perspective curieuse, avec l'Optique et la Catoptrique du P. Mersenne œuvre très utile aux peintres, architectes, sculpteurs, graveurs, et à tous autres qui se meslent du dessein 1663, fig. dans le texte et 72 grandes planches, et portr. gravés par Daret et Lasne. In-fol., v. br.   10 fr.

Le P. J.-F. Nicéron, connu par ses recherches sur l'optique, est né à Paris en 1613 Il publia à l'âge de 25 ans ce traité de Perspective « ou magie artificielle des effets merveilleux de l'optique par la vision directe », et mourut trop tôt pour la science, à peine âgé de 33 ans — Exemplaire en GRAND-PAPIER — Reliure fatiguée. — Très bon état intérieur

20819. Elzévir français. Histoire du Roy Henry-le-Grand , composée par Messire Hardouin de Péréfixe, archevesque de Paris, cy-devant precepteur du Roy, reveue, corrigée et augmentée par l'autheur. Amsterdam, Daniel Elsevier, 1664, pet. in-12, joli front. gravé, avec un portrait d'Henri IV à cheval, rel. pleine en mar. rouge janséniste du Levant, à nerfs, dent. intér., tr. dor. (Pouillet).   40 fr.

Cette édition de l'histoire d'Henri IV par Péréfixe, à la date de 1664, est plus rare que celle de 1661, et tout aussi jolie. Elle lui est aussi préférée parce qu'elle est bien plus complète et contient un « Recueil de quelques belles actions et paroles mémorables du roy Henry-le-Grand », ainsi qu'un long poème de Henry-le-Grand dédié au roi Louis XIV, dont l'auteur est l'abbé Cassagnes, de Nîmes, l'une des victimes de Boileau, pièces qui ne se trouvent que là. — Un exemplaire dans une belle reliure de Capé a atteint le prix de 181 fr , plus les frais, à la vente Bigillion, en 1878. (N° 5158 du catalogue).

20820. Henry III (Recueil de diverses pièces servans à l'hist. de), roy de France et de Pologne. Cologne (Hollande), 1662. — Discours merveilleux de la vie, actions et dé-

portemens de la Royne Catherine de Médicis, mère de François II, Charles IX. Henry III, rois de France. Jouxte la copie (Hollande), 1663. — Ens. 2 ouvr. en 1 vol. pet. in-12, dem. rel. v.   8 fr.

Les pièces contenues dans la première partie de ce volume sont le journal du règne de Henry III ; l'Alcandre ou les amours du Roy Henry-le-Grand. — Le Divorce satyrique. — Les amours de la reine Marguerite de Valois et la confession de Sancy, par Agrippa d'Aubigné.

20821. Exécution du duc de Montmorency et la duchesse de Montmorency à Moulins. 1889, in-8 de 24 p., br.   2 fr.

Relation inédite d'après deux documents de la Bibliothèque Mazarine. Le duc de Montmorency avait pris les armes en Languedoc contre Richelieu et l'armée royale Battu et fait prisonnier près de Castelnaudary par le maréchal de Schomberg, il fut mené à Toulouse, jugé et condamné pour rébellion à la peine de mort. L'arrêt reçut son exécution dans la cour du Capitole, où le duc fut décapité en 1632. La duchesse, quelques jours après, fut conduite de Toulouse à Moulins, et enfermée pendant deux années dans le château Elle n'en sortit que pour entrer au couvent de la Visitation. En 1645, elle put faire revenir auprès d'elle le corps de son mari exécuté quinze ans auparavant, et lui fit ériger un magnifique mausolée, que l'on admire encore aujourd'hui. La duchesse, qui était en relations avec M™ de Chantal, mourut en juin 1666, supérieure du couvent qu'elle avait choisi pour retraite.

20822. Catéchisme napoléonien. Catéchisme à l'usage de toutes les Eglises de l'Empire français. Agen, 1807, in-12, br.
5 fr.

Ce catéchisme est celui qui a été composé par le cardinal Caprera et est aujourd'hui recherché. Il y est enjoint à tout Français d'aimer et de chérir Napoléon 1er sous peine de damnation éternelle, « car il est celui que Dieu a suscité dans la religion sainte de nos pères et pour en être le protecteur; il a ramené et conservé l'ordre public par sa sagesse profonde et active ; il défend l'Etat par son bras puissant; il est devenu l'oint du Seigneur ; » etc.

20823. Summaire du livre analytique des contractz, usures, rentes constituees, interestz et monnoyes, composé par Maistre Charles du Molin, dict Censeur, advocat en la Cour de Parlement ; ledict summaire nouvellem. extraict et dicté par le mesme autheur en langue françoyse pour le bien, honneur et utilité de la République de France et à tous bons Françoys Paris, P. Gaultier, rue S.-Jacques, à l'enseigne de la Vigne, 1554. In-16, v. avec écusson. (Rel. du temps).   6 fr.

20824. Marot (Les œuvres de Clément), de Cahors, valet de chambre du Roy. La Haye, Adr. Moetjens, 1700, 2 vol. pet. in-12, v.   30 fr.

Edition très rare et recherchée à cause de la beauté de son exécution. — Elle est exécutée avec les caractères des Elsevier qui avaient été achetés à leur liquidation par Moetjens — Exemplaire de premier tirage. — Hauteur : 130 millim.

20825. Fiefs en France (Nouvel examen de l'usage général des) pendant les onzième, douzième, treizième et quatorzième siècles, pour serv. à l'intelligence des plus anciens titres du domaine et de la Couronne, par Brussel. 1750, 2 vol. in-4, v. marbr. 60 fr.

Excellent livre, très recherché et devenu rare.

20826. Chartes et manuscrits sur papyrus de la Bibliothèque royale, collect. de fac-simile accomp. de notices histor. et paléograph. par Champollion-Figeac. 1840, gr. in-fol., pl. de fac-simile, br.   5 fr.

20827. **Diplomata** et chartæ Merovingicæ ætatis in archaio Franciæ asservata delineanda curavit A. Letronne. 1844. — Archives de l'Empire, chartes et diplômes Mérovingiens et Carlovingiens sur papyrus et sur parchemin. par J. Tardif. 1866. — 2 recueils de fac-similés en 1 vol. gr. in-fol., dem.-rel., mar. viol. du Lev., à nerfs, non rogné. 50 fr.

Ces deux recueils ont été combinés ensemble, chaque pièce rangée dans son ordre chronologique, par M. H. Bordier, avec une numérotation nouvelle allant de 1 à 198. Les couvertures des livraisons avec les anciennes tables ont été conservées avec soin et pliées à la fin.

20828. **Diplomatique** (Nouv. traité de), où l'on examine les fondemens de cet art, les regles sur' le discernement des titres, les caractères des bulles pontificales et des diplômes, etc., par deux religieux bénédictins (Dom Tassin et Dom Toustain). 1750-65, 6 vol. in-4, av. nombr. pl. grav. de diplômes et de chartes, veau marbr. 80 fr.

Bel exemplaire de cet ouvrage très estimé.

20829. **Diplomatique** (Dictionnaire raisonné de), cont. les règles principales et essentielles pour servir à déchiffrer les anciens titres, diplômes et monuments, ainsi qu'à justifier de leur date et de leur authenticité, par Dom de Vaines. 1774, 2 vol. in-8, avec planche grav. et fac-similés d'anciennes écritures, v. 8 fr.

20830. **Ménage.** Dictionnaire étymolog. de la langue française, édit. revue et augmentée par Jault. 1750, 2 vol. in-fol., dem.-rel., v. marbr. 15 fr.

La meilleure édition de cet excellent ouvrage.

20831. **Bocace** (Le Décameron de M. Jean), Florentin, traduit d'ital. en françois par Ant. Le Maçon, reveu, corrige et illustré outre les précedentes impressions. Rotterdam, Jean Waesbergue, 1597, in-16, av. des petites fig. sur bois, vél. de Holl. 30 fr.

Edition rare. — Elle est ornée, en tête de chaque journée, de petites figures sur bois ovales qui sont copiées sur celles de l'édition lyonnaise de Guill. Roville. La traduction de Le Maçon est estimée parce que c'est celle qui se rapproche le plus fidèlement du texte original. — Exemplaire bien conservé, avec l'ex-libris de Ch. Sauvageot.

20832. **Célestine** (La), tragi-comédie, de Calixte et Melibee, trad. de l'espagn., annot. et précéd. d'un essai histor. par Germond de Lavigne. 1841, in-12, dem.-rel., mar. r., non rog. 3 fr.

20833. **Pharamond,** tragédie, par M. de C*** (L. de Cahusac). 1736, in-8, couv. pap. 1 fr. 50

20834. **Romantisme** (De l'imitation théâtrale à propos du) poétique du théâtre. 1858, in-12, br. 2 fr.

20835. **Clara Gazul** (Théâtre de), comédienne espagnole (par Prosper Mérimée). 1830, in-8, dem.-rel. mar. Lavallière du Levant, tr. marbr. (Rel. de Pouillet). 8 fr.

Bel exemplaire.

20836. **Béranger** (P.-J. de). Chansons anc., nouv. et inéd. 1828, 2 vol. — Chansons nouv. et dernières, 1833, 1 vol. — Musique des chansons. 1834, 1 vol. — Ens. 3 vol. in-8, dem.-rel., mar. rouge, dos orné à nerfs, pl. toile, tr. dor. 20 fr.

Bel exemplaire, non piqué et en parfait état.

20837. **L'Autographe,** événements de 1870-1871, introduction par Jules Janin (1re et

2e séries). 2 vol. in-fol. obl., dem.-rel. chagr. vert, plats en toile. 8 fr.

Avec de nombreux fac-similés des plus intéressants.

20838. **Romantiques.** Le Village sous les sables, par Ern. Fouinet. Paris, Silvestre, 1834, 2 vol. in-8, dem.-rel., v. r. 3 fr. 50

20839. **Raymond** (Michel). Les Intimes. 1834, 3 vol. in-8, dem.-rel., v. r. 3 fr. 50

20840. **Marie-Madeleine.** — Une vie heureuse. — Résignation. — 1843, gr. in-8, cart., non rog. 3 fr. 50

Belle édition, sur papier vélin, de ces trois nouvelles de Mme Loyré d'Arboville, née de Bazancourt ; elle sort des presses de l'imprimerie royale et a été tirée à 100 exemplaires seulement, par ordre de la reine Marie-Amélie.

20841. **Dumas** (Alex.). La question du divorce. 1880, gr. in-8, br. 2 fr.

20842. **Dumas** (Alex.). Acté. 1839, 2 vol. in-8, br., couverture conservée. 5 fr.

Première édition.

20843. **Roger.** Œuvres diverses, publ. par Ch. Nodier. 1833, 2 vol. in-8, br. 3 fr.

20844. **Corneille** (Théâtre de P.), avec des commentaires (par Voltaire) et autres morceaux intéressants ; édition augmentée. Genève, 1774, 8 vol. in-4, cart., n. rog. 12 fr.

Bonne édition. — Chaque page est encadrée dans des fleurons typographiques.

20845. **Russie** (Hist. philosoph. et polit. de), dep. les temps les plus reculés jusqu'à nos jours, par J. Esneaux 1828-30, 5 vol. in-8, portr., dem.-rel., v. fauve. 8 fr.

Eraillures aux angles de quelques pages.

20846. **Forster** (J.-R.). Hist des découvertes et voyages faits dans le Nord, trad. en franç. par Broussonet. 1788, 2 vol. in-8, cartes, v. 3 fr.

20847. **Norwège** (Voyage en), avec des observat. sur l'histoire naturelle et l'économie, trad. de l'allemand de J. Chrét. Fabricius (par Millin). An X, in-8, dem.-rel., v. vert. 2 fr. 50

20848. **Inde** (Correspondance de Vict. Jacquemont avec sa famille et plus. de ses amis pendant son voyage dans l') (1828-32). Paris, 1835, 2 vol. in-8, portr., carte, dem.-rel, v. viol. 3 fr. 50

20849. **Indoustan** (Mémoires sur l') ou Empire Mogol, par Gentil. 1822, fig. et cartes, br. 2 fr. 50

20850. **Chine, Amérique.** Voyages de la Chine à la côte Nord-Ouest d'Amérique, faits dans les années 1788 et 1789, préc. d'un recueil d'observations sur la probabilité d'un passage Nord-Ouest, etc., par le capit. J. Meares, trad. de l'angl. par L.-J. Billecocq. An III, 3 vol. in-8 br. et atlas in-4, cart. 5 fr.

20851. **Chinois** (Mémoires concern. l'histoire, les sciences, les arts, les mœurs, les usages, etc., des), par les missionaires de Pékin (Amyot, Bourgeois, Cibot, Ko et Poirot, publ. par Batteux et Brequigny). 1776-88, 13 vol. in-4, portr. et fig. grav., v. marbr. 35 fr.

Collection estimée. — Bel exemplaire, comme neuf.

20852. **Afrique** (Voyages d'Ali-Bey-el-Abbani-Domingo-Badia-y-Leiblich en) et en Asie, pend. les ann. 1803, 1804, 1805, 1806 et 1807. Paris, 1814, 3 vol. in-8, portr., br. 5 fr.

20853. Cap de Bonne-Espérance (Voyage au) et autour du monde avec le capitaine Cook, et principal. dans le pays des Hottentots et des Caffres, par A. Sparman, trad. par Le Tourneur. 1787, 3 vol. in-8, cartes et fig., dem.-rel., v. m.   3 fr. 50

20854. Originibus Americanis (G. Hornii de). Hagæ Comit., 1652, pet. in-8, couv. en pap., tr. dor.   5 fr.

20855. Floride française (Hist. de la), par P. Gaffarel. 1875, in-8, cartes, br. 3 fr. 50

20856. France équinoxiale (Nouv. relation de la), cont. la description des côtes de la Guiane, de l'isle de Cayenne, etc., par P. Barrère. 1743, in-12, fig., v. m.   3 fr. 50

20857. Amérique septentrionale (Résumé de l'hist. des revolutions de l') dep. les prem. decouvertes jusqu'aux voyages du général Lafayette en 1824 et 1825, par Dufey, de l'Yonne. 1832, 2 vol. in-18, br.   2 fr.

20858. Tunis (Voyage à), publié en 1811 par Thom. Maggill, trad. de l'angl. 1815, in-8, br.   3 fr.

20859. Algérie (L'), par les capitaines Rozet et Carette. — **Etats tripolitains**, par le Dr Hoefer. — **Tunis**, par le Dr L. Frank. 1850. — En 1 vol. in-8, cart.   2 fr.

20860. Egypte (Mémoires sur l') publ. pend. les campagnes du général Bonaparte dans les années VIe et VIIe. An VIII-X, 3 vol. in-8, br.   6 fr.

20861. Encyclopédie moderne ou dictionnaire abregé des hommes et des choses, des sciences, des lettres et des arts, avec l'indication des ouvrages où les divers sujets sont développes et approfondis, par Courtin. 1827-32, 25 vol. gr. in-8, à 2 col., dont 1 volume entier de planches, dem.-rel., v. vert.   25 fr.

20862. La Huguerye (Mémoires inéd. de Michel de), 1570-1602, publ. d'apr. les Mss. par le baron de Ruble. 1880, 3 vol. in-8, br.   10 fr.

20863. Tolose (Histoire sur les troubles advenus en la ville de) l'an 1562, le 17 may, par G. Bosquet. 1862, pet. in-12, pap. de Holl, br.   4 fr.
Réimpression à petit nombre, faite d'après l'édition originale fort rare du xvie siècle. — Exemplaire d'Edouard Fournier.

20864. Troyes (Fondation de l'office divin, des messes haultes, messes basses, anniversaires, vespres du soir, gaudez, prédications et aumosnes qui se font par chacun jour dans l'eglise paroissiale Ste-Marie-Magdeleine de), avec la declaration des charges desq. est tenu M. le Curé de lad. église et de celles des grosse et petite recepte de la fabrique d'icelle, pour servir d'instruction a ceux qui deservent en lad. église et aux marguilliers d'icelle, le tout rédigé par les soins de MM. Delamarre, Sorel, Le Cointe et Rigolé, marguilliers, en l'année 1676. Troyes, Nic. Oudot (1676). In-4 de IV et 44 pag., couv. en pap. 8 fr.

20865. Terrier de La Tombe-sur-Seine, près Bray-sur-Seine, arrondissem. de Provins, seigneurie relevant de l'abbaye royale de Faremoutiers en Brie. — Gr. in-fol., dem.-rel., mar. vert, non rogné.   20 fr.
MANUSCRIT ORIGINAL DU XVIIIe SIÈCLE, composé de 99 pages. Ce terrier contient des actes de propriété et des reconnaissances féodales qui sont de mai 1715 à décembre 1730. — La fin manque.

20866 Ecoles centrales du départem. de la Seine (Recueil des discours prononces à la rentrée des). An VIII. — **Notices historiques**, critiques et bibliographiques sur plusieurs livres de jurisprudence française remarquables par leur antiquité ou leur originalité, par Dupin. 1820. — En 1 vol. in-8, dem.-rel., mar. bleu, 5 fr.

20867. Bretagne. Protestations adressées au Roi et au public par M. de Botherel, procureur général syndic des Etats de Bretagne. A Nantes, 1791, in-8 de 86 pag., br. — Jugement du tribunal du district de St-Brieuc qui ordonne que 43 exemplaires d'un imprimé ayant pour titre : *Protestations,....., par M. de Botherel*, seront lacéres et brûlés par l'executeur criminel, et qu'il sera informé à la requête de l'accusateur public contre les auteurs, compositeurs et distributeurs desd. imprimés. A St-Brieuc, de l'imprimerie de J.-M. Beauchemin, 1791, 6 pag. in-4. — Ens. 1 broch. et 1 pièce.   5 fr.

20868. Mémoires d'un Tourangeau. Delphine et le commissaire de police de la ville de Tours ; discours d'un habitant de Bicêtre à la Cour de Cassation ; dénonciation à M. le Préfet de police par M. Chicoisneau, suivie d'un Mémoire au Roi. 1838. In-8 de 160 pag., br. — Delphine et le commissaire de police de la ville de Tours. 1838. In-4 de 38 pag. — Ens. 2 pièces.   10 fr.
Affaire de mœurs. La fille du crieur public de Tours, âgée de 15 ans, séduite par le commissaire en chef de cette ville, homme marié. Plainte des parents. Elle réussit si peu que la mère est condamnée en police correctionnelle comme ayant excité sa fille à la débauche ; le père enfermé à Bicêtre. Efforts de l'avocat pour faire casser un jugement qu'il prétend avoir été rendu par suite de faux témoignage. Le fils du commissaire de police provoque l'avocat en duel.

20869. Jublains (Mayenne), notes sur ses antiquites ; descriptions par H. Barbe. Mayenne, s. d., in-4, avec planches, cart.   4 fr.

20870. Enrôlement de Tivan (L'), comédie bressane du XVIIe siècle, en vers, par Brossard de Montaney, conseiller au présid. de Bourg. (L., Perrin), 1870, in-8, caract. antiq., titre r. et n., fig. à l'eau-forte et illustrat. dans le texte, br.   6 fr.
La comédie de Tivan a fait les délices de la société Bressane aux xviie et xviiie siècles. L'auteur a joyeusement tracé le caractère naïf de son héros, les scènes qu'anime ce plaisant personnage sont dialoguées avec beaucoup de naturel et le style est émaillé de gracieux détails. Il y a là une mine féconde à exploiter pour les philologues. C'est en 1675 que Tivan fut composé. Plusieurs vers de la VIe scène font allusion à la campagne d'*Alsace* que le grand Condé allait entreprendre après la mort de Turenne. Une traduction française accompagne le texte patois. — Joli volume illustré, édité avec beaucoup de goût.

20871. Ségusiaves (Pays des). Polémique entre l'abbé Roux et Aug. Bernard. 8 pièces in-8.   6 fr.
Une famille Ségusiave aux trois premiers siècles de notre ère, par Aug. Bernard. Lyon, 1868, 15 p. — Observations de l'abbé Roux sur l'ouvrage de M. Aug. Bernard intitulé : Description du pays des Ségusiaves. Lyon, 1859, 14 p. — Lettres (3) au directeur de la Revue du Lyonnais, dont une autographiée, par Aug. Bernard. 1859. — Réplique de l'abbé Roux à Aug. Bernard. 32 p. — Réponse d'Aug. Bernard à la réplique de M. Roux. 1859, 8 p. — Réplique d'Aug. Bernard à la réponse de l'abbé Roux. 7 p.

20872. Auch (Carte géographique de l'administration provinciale d'), réduite au tiers de celle de la France, par l'Académie des Sciences. — Gr. in-fol. monté sur toile et se repliant en format pet. in-4.　15 fr.

TRÈS BELLE CARTE MANUSCRITE au lavis, véritable chef-d'œuvre de calligraphie. Elle est très détaillée et accompagnée de tableaux des élections, de signes conventionnels, etc.

20873. Bulletins de la Grande Armée imprimés à Grenoble. — Placard-affiche in-fol.　4 fr.

LXXXIVᵉ, LXXXVᵉ et LXXXVIᵉ Bulletins de la Grande-Armée imprimés sur une seule feuille et affiches par arrêté de Fourier, préfet de l'Isère. (Détails de l'Entrevue de Tilsitt, 24-26 juin 1807). A Grenoble, chez J. Allier, imprimeur de la Préfecture.

20874. Corse (Histoire de l'isle de), conten. en abrégé les princip. évènem. de ce pays, le génie, les mœurs, les coutumes de ses habitants (par de La Villeheurnois). 1749, in-12, av. 1 carte, v. m., fil. (Bel exemplaire).　4 fr.

20875. Dictionnaire héraldique contenant tout ce qui a rapport à la science du Blason, avec l'explication des termes, leurs étymologies et les exemples nécessaires à leur intelligence, par G. D. L. T. (Gastelier de la Tour). 1774, pet. in-8, v. marbr.　8 fr.

20876. Dupuy-Demportes. Traité historique et moral du Blason, ouvrage rempli de recherches curieuses et instructives sur les origines et les progrès de cet art. 1754, 2 vol. in-12, v. marbr. (Bel exempl.).　8 fr.

20877. Police des armoiries (Le Blason de France ou notes curieuses sur l'edit concernant la), dédié au Roy (par Thibault Cadot). 1697, in-8, front. gravé et 240 planches d'armoiries gravées en taille-douce dans le texte, v.　25 fr.

Rare et très recherché.

20878. Armorial des principales maisons et familles du royaume, particulièrement de celles de Paris et de l'Isle de France, par Dubuisson. ouvrage enrichi de près de quatre mille écussons gravés en taille-douce. 1757, 2 vol. in-12, fig. d'armoiries, marbr.　100 fr.

Ouvrage très recherché et devenu rare.

20879. Cronique abrégée des faits, gestes et vies illustres des roys de France commençant par Pharamond jusqu'à Charles neuvième de ce nom à present régnant ; nous avons adjousté à chacun d'iceux leur effigie au plus près du naturel qu'il nous a été possible de représenter. Paris, Guill. Le Noir, 1560. Pet. in-8, portraits des rois de France gravés sur bois en ovales, vél. à recouvrem.　20 fr.

Ces portraits sont très bien gravés.—Bel exemplaire en premières épreuves et très bien conservé. On a relié en tête : *Chronicon de regibus Francorum*, 1548.

20880. Ducs d'Austrasie (Les rois et) de N. Clément, trad. en franç par F. Guibaudet. A Coulongne, 1591, pet. in-4, portr. grav. en taille-douce par Woeiriot, v. m.　25 fr.

Cet exemplaire n'a que 60 portraits et le cartouche aux armes de Lorraine. Il finit au cahier S, à la page 133, qui est blanche au verso et paraît de prime-abord terminer le livre, mais il faut 3 autres portraits qui suivent.

20881. Mélanges historiques, littéraires, bibliographiques, publ. par la Société des Bibliophiles Bretons. Nantes, 1878, in-8, pap. vergé, br.　5 fr.

Ce volume de Mélanges contient des chapitres fort intéressants : La tradition de Merlin dans la forêt de Brocéliande — Les clefs de la ville de Nantes depuis le xvᵉ siècle. — Le jeu de St-Maxent, mystère composé par F. Galiczon, prêtre, chanoine de Ste-Croix de Guingamp, représenté à Maxent en Bretagne en 1547 et 1548. — Le Livre de Marguerite de Bretagne, dame de Goulaine, avec un extrait de ses poésies, par A. de la Borderie. — L'art de l'ingénieur et le clergé en Bretagne au commencement du xviiᵉ siècle (l'Henry-mètre de l'invention d'Henry de Suberville, Breton, chanoine de Saintes ; la science des eaux du P. François, etc.). — Descente des Anglais à Camaret le 18 juin 1694, relation originale du capitaine Jamain.— Réception d'un maître libraire à Rennes. — Vieux livres et vieux papiers ; pièces concernant la Révolution en Bretagne ; bons de confiance, par L. de la Sicotière.

20882. Xylographes de Munich. Die Xylographa der Kœniglichen Hof und Staatsbibliothek sowie der Kœniglichen Universitætsbibliothek in München von Prof. H. F. Massmann. Leipzig, 1841, in-8, av. fac-similés, br.　5 fr.

20883 Origines de l'imprimerie. Jo. Dan. Schœpflini Vindiciæ typographicæ. Argentorati, 1760. In-4, avec 7 grandes planches de fac-similés, dem.-rel., dos et coins de veau fauve, à nerfs, dos orné, fil. (Bel exemplaire).　18 fr.

On trouve dans ce volume des documents jusqu'alors inédits sur Gutenberg et ses premiers travaux, ainsi que sur les imprimeurs les plus anciens de Strasbourg. Voici les intitulés de quelques chapitres : Gutenbergii acta et primordia typographica Argentorati. — Typographia a Gutenbergio continuata a Petro Schæffero continuata Moguntiæ — Typographia Argentinensis æra Moguntinensi antiquior — Typographicæ Harlemensium origines. — Reliqua Gutenbergii fata. — Gutenbergii successores Argentinæ usque ad sæc. xvi. — Etc.

20884. Initia typographica illustravit Jo. Frid. Lichtenberger. Argentorati, 1811. In-4, dem.-rel., dos et coins de mar. rouge du Lev., à nerfs, fil., tête dorée, non rogné.　20 fr.

Bel exemplaire relié par Amand. — Ouvrage estimé et très intéressant pour l'histoire des premiers temps de l'imprimerie. Voici quelques intitulés de chapitres . Typographiæ præludia. — Prima Gutenbergii Argentorati tentamina. — Typographica ars Moguntiæ perfecta. — Biblia latina Gutenbergio. — Faustiana. — Psalterium Fausti 1457 et 1459. — Catholicon anni 1460 Gutenbergio vindicatur. — Bambergensis officina Alb. Pfisteri. — Argentoratensis officina Jo. Mentelii et Henr. Eggesteinii. — Argentoratenses officinæ variæ — Hagenoenses officinæ cum Phorcensi. — Primæ in Belgio officinæ. — Speculum Salvationis. — De Prenteris ante inventam typographiam. — Etc., etc.

20885. Bibliotheca Moguntina libris seculo primo typographico Moguntiæ impressis instructa, hinc inde addita inventæ typographiæ historia a Steph. Alex. Wurdtwein. Augustæ Vindelicor., 1787. In-4, avec planches gravées de fac-similés d'anc. impressions et de marques d'imprimeurs, dem.-rel.　20 fr.

Ouvrage estimé, qui peut être consulté encore avec fruit. On y trouve bon nombre de documents authentiques sur les premiers temps de l'imprimerie, une bibliographie des livres imprimés à Mayence par Gutenberg, Fust et Scheffer, ainsi que par les autres imprimeurs mayençais jusqu'au milieu du xviᵉ siècle, avec l'indication des bibliothèques où l'auteur les a vus.

20886. Origines de l'imprimerie en

France (Les). Premiers essais à Avignon en 1444, par A. Claudin. 1898, broch. in-8. 3 fr.

Tiré à petit nombre et non mis dans le commerce.

20887. **Imprimerie à Leipzig.** De origine et incrementis typographiæ Lipsiensis liber singularis ubi varia de litterariis urbis studiis et viris doctis qui in ea claruerunt inseruntur ; accedit librorum sec. xv excusorum ad Maittairii annales supplementum (auctore Jo. Henr. Leichio). Lipsiæ, 1740, in-4, v. fauve. 15 fr.

Ouvrage très bien fait, qui contient une bibliographie des premiers livres imprimés à Leipzig jusqu'en 1517.

20888. **Aldo Manuzio.** Lettres et documents inédits (1495-1515). Armand Baschet collegit et adnotavit sumptibus Antonii Antonelli. Venetiis, 1867, mense aprili. In-8, br. 8 fr.

Tiré à petit nombre et non mis dans le commerce. — Supplique d'Alde Manuce à la seigneurie de Venise pour que son invention des caractères grecs soit reconnue sa propriété durant 10 années. 1495. — Demandes de privilèges pour diverses publications. — Testament d'Alde. Janvier 1514. — Etc , etc.

20889. **Monuments typographiques** (Catalogue des) et d'un choix de livres rares et précieux proven. du cabinet de feu Benjamin Fillon. 1883, gr. in-8, br. 1 fr. 50

Catalogue intéressant par ses détails qui intéressent l'histoire de la typographie. — Bible des Pauvres xylographique. — Lettre d'indulgence datée de 1455 — Catholicon de 1460 et autres raretés des premiers temps de l'imprimerie.

20890. **Impressions néerlandaises** (Recherches bibliograph. sur quelques) du xvᵉ et du xviᵉ siècle, par E. H. J. du Puy de Montbrun. Leide, 1836, in-8, fig , br. 4 fr.

20891. **Gutenberg** (Eloge histor. de J. Gensfleisch, dit), premier inventeur de l'art typographique à Mayence, par J.-F. Née de la Rochelle. 1811, in-8. 3 fr.

20892. **Bibliotheca scriptorum Mediolanensium** (Ph. Argelati) cui acced. J.-A. Saxii Historia litterario-typographica Mediolanensis. Mediolani, 1745, 4 part. en 2 vol. in-fol., dem.-rel., non rog. 20 fr.

Bel exemplaire, absolument non rogné. — On trouve dans cet ouvrage d'excellents renseignements sur la typographie et les imprimeurs de Milan au xvᵉ siècle.

20893. **Imprimerie royale du Louvre** (Hist. de l'), par Aug. Bernard. 1867, gr. in-8, br, 3 fr.

20894. **Imprimeurs parisiens,** libraires, fondeurs de caractères et correcteurs d'imprimerie, dep. l'introduction de l'imprimerie à Paris (1470) jusqu'à la fin du xviᵉ siècle , leurs adresses, enseignes , dates d'exercice. Notes sur leurs familles, leurs alliances et leurs descendances, d'après les renseignements bibliographiques et des documents inédits, avec un plan des quartiers de l'Université et de la Cité, par Ph. Renouard. 1898, fort vol. in-12, br. 12 fr.

Cet ouvrage remplace avantageusement ceux de La Caille et de Lottin parus aux xviiᵉ et xviiiᵉ siècles. C'est un répertoire d'une remarquable exactitude, dans lequel on trouve, par ordre alphabétique, comme dans un dictionnaire, tous les éditeurs, libraires, fondeurs de caractères, correcteurs d'imprimerie ayant exercé dans la capitale aux xvᵉ et xviᵉ siècles, avec les dates de leurs exercices, des renseignements sur leurs familles, leurs alliances, l'indication de leurs demeures, leurs marques et les enseignes sous lesquelles ils abritaient leur industrie ou leur commerce. La nomenclature des enseignes de l'imprimerie et de la librairie parisienne est un travail entièrement nouveau, qui intéressera non seulement les bibliophiles, mais encore les archéologues C'est l'un des côtés les plus curieux de la physionomie du vieux Paris que l'auteur est parvenu à reconstituer rue par rue et maison par maison. Ouvrage appelé à rendre les plus grands services aux bibliophiles, complément indispensable des *Marques typographiques* de Silvestre et du *Manuel du Libraire* de Brunet.

20895. **Imprimerie** (Traité élément. de l') ou le manuel de l'imprimeur, avec des pl. en taille-douce par Momoro. S. d., in-8, fig., br. 3 fr.

20896. **Incunable de Mayence.** Sacre pagine professoris ordinis Predicatorum Thome Valois et Nicol. Triveth in libros Beati Augustini de Civitate Dei commentaria feliciter inchoant. (In fine :) Igitur Aurelii Augustini Civitatis orthodoxe sideris prefulgidi de Civitate Dei opus preclarissimum binis sacre pagine professoribus eximiis id commentantibus rubricis tabulaque discretum precelsa in urbe Moguntina partium Alemanie, non calami per frasim, caracterum autem apicibus artificiose elementatum ad laudem Trinitatis individue Civitatis Dei presidis operose est consummatum per Petrum Schoiffer de Gernsenheim Anno Domini m cccc lxxiij (1473), die v septembris, presidibus ecclesie catholice Sixto tercio Pontifice summo, sedi autem Moguntine Adolfo secundo presule magnifico, tenente autem ac gubernante xpianismi monarchiam Imperatore serenissimo Frederico tercio Cesare semper augusto. (Au-dessous marque de l'imprimeur Pierre Schoyfer, avec ses deux écussons tirés en rouge). Gr. in-fol., goth. à 2 col. de 60 lignes par page, v. 130 fr.

Beau spécimen des impressions de Pierre Schoiffer, l'un des inventeurs de l'imprimerie. Cette curieuse suscription en 19 lignes est tirée entièrement en rouge. Il y est dit que ce volume n'a pas été fait avec les contours de la plume, mais composé artificiellement avec des têtes saillantes de caractères (*non calami per frasim, caracterum autem apicibus artificiose elementatum*), et mené laborieusement à sa fin (*operose est consummatum*).

20897. **Incunable d'Ulm.** Lombardica hystoria. Incipit Legenda Sanctorum (Jacobi de Voragine) que Lombardica nominatur hystoria. (In fine :) Expliciunt quorundam Sanctorum Legende adjuncte post Lombardicam hystoriam. Impresse in Ulm per Conradum Dinckmut anno m. cccc. lxxxviii (1488). Gros in-fol., goth. à 2 col. de 37 lignes par page, rel. en bois recouv. de peau de truie. 70 fr.

Edition rare de la Légende dorée de Voragine, avec la continuation.

20898. **Incunable de Reggio.** Genealogiæ Deorum gentilium ad Ugonem inclytum Hierusalem et Cypri regem secundum Joannem Boccacium de Certaldo. — Joannis Bocchacii (*sic*) de Certaldo de montibus, silvis, fontibus, lacubus, fluminibus, stagnis seu paludibus et de nominibus maris liber incipit feliciter. (Absque nota, sed Regii, Bartholomæus et Laurentius Bruschus, 1481). 2 part. en 1 gros vol. in-fol. de 41 lignes à la page, vél. en ais de bois, dos de vél. 35 fr.

Edition très rare, imprimée à Reggio d'Emilia en octobre 1481. Elle correspond au Nᵒ *3319 de Hain. Le lieu d'impression et la date sont indiqués dans une pièce de vers qui se lit au f. *y ii* et qui manque dans notre exemplaire. La table est placée au commencement au lieu d'être mise au milieu du volume, comme dans l'exemplaire décrit par Hain, qui était incomplet de la fin.

20899. Impression de Lyon. Digestum novum summa cura et diligentia emendatum multisque superadditis egregiis additionibus decoratum tam ad textum quàm ad glosam. (In fine :) Digestum novum cum casibus seu summariis excellentissimorum dominorum doctorum Bartoli de Saxoferrato et Pauli de Castro, Baldi et aliorum utriusque juris professorum ad laudem omnipotentis Dei finit feliciter. Impressum Lugduni per notabilem virum artis impressorie magistrum Jacobum Sacon, anno M.CCCC.IX (1509). Gr. in-fol., goth. à 2 col., lettres ornées sur fond noir, marque d'imprimeur à la fin, dem.-rel., mar. Lavallière. 20 fr.

Belle et rare édition imprimée en rouge et noir. Bel état de conservation.

20900. Consonantiæ Jesu Christi et Prophetarum hoc est, ad ipsius Christi cælitus nobis exhibiti perutilem cognitionem ex divinis Scripturis compendium, auth. F. Ant. Marinario, profess. Carmelitano Parisiis, venundantur sub intersignio floris Lilii, via Jacobæa (typis Nicol. Barbou, 1541). Pet. in-8, dem.-rel. v. fauve, à nerfs. (Rel. de Thompson). 10 fr.

Livre rare et non cité, imprimé par Nicolas Barbou, originaire de Saussay, près Coutances. — Bel exemplaire.

20901. Callimachi Cyrenæi hymni à Jacobo Crucio Bononiensi latinitate donati. Impressum Bononiæ per Benedictum Hectoris, 1509. Pet. in-4, dem.-rel. 5 fr.

Traduction de Callimaque en vers latins. — Rare.

20902. Contemptu Mundi (Liber de) sive de miseria conditionis humanæ a Domino Innocentio Papa tertio compositus. Lipsiæ, excudeb. Mich. Blum, 1534. Pet. in-4, marque d'imprimeur à la fin, v. antiq. 10 fr.

20903. Impression d'Augsbourg. Opusculum de cognitione peccatorum venialium et mortalium, edidit christianissimus doctor Johannes Gerson. (In fine :) Impressus Augustæ, per Joh. Froschauer, 1503. Pet. in-4, gothique, cart. à la Brad. 20 fr.

20904. Paris. Juridictions. 5 pièces in-4. 6 fr.

Arrest du Parlement rendu entre les officiers du Châtelet de Paris et les officiers du bureau des finances, qui maintient les officiers du Châtelet exclusivement à tous autres juges dans l'exercice de la police dans les rues, places publiques et carrefours de la ville de Paris, notamment en ce qui concerne le nettoyement, enlèvement des immondices, le rangement des matériaux, tonnes, tonneaux et autres marchandises d'épicerie, ensemble les échoppes, étalages et la liberté de la voie publique. 1780, 15 p. — Arrest de la Chambre de l'Arsenal qui condamne Guill. Vallette, dit Falgons, et autres, à être pendus en Place de Grève comme faussaires. 1736, 3 p. — Arrest de l'Arsenal qui condamne Jean-Alexandrin Bourges, de Coulong, à estre pendu et estranglé en la Place de Grèves, et autres condamnations contre d'autres accusés. 1736, 2 pièces de 3 et 4 p. — Edit port. suppression de l'Arsenal de Paris et de sa jurisdiction. 1788, 8 p.

20905. Seine-et-Marne. Adresses, proclamations, délibérations, arrêtés, etc. 10 pièces in-4. 7 fr. 50

Délibérations du Directoire du département. de Seine-et-Marne, séant à Melun, des 23 et 31 juillet 1790, concern. la subsistance des prisonniers et la salubrité des prisons. Melun, Tarbé, imprimeur du département., 1790, 3 p. — Proclamation du Directoire de Seine-et-Marne aux citoyens de Brie-Comte-Robert. Melun, 1791, 4 p. — Adresse de l'assemblée des électeurs du départem. de Seine-et-Marne à l'Assemblée Nationale. Melun, 1791, 4 p. — Délibération de l'assemblée directoriale de Seine-et-Marne concern. l'administration des revenus des fabriques Melun, 1790, 4 p. — Prix de patriotisme. Délibération du Conseil général du dép. de Seine-et-Marne (médaille d'or de 300 livres à décerner à des ouvriers). Melun, 1790, 6 p. — Etc., etc.

20906. Reims. Clergé. 3 pièces in-4. 6 fr. 50

Déclaration du Roi portant qu'à l'avenir la Pénitencerie de l'église métropolitaine de Reims sera affranchie de toutes expectatives royales et qu'elle ne pourra être impétrée en Cour de Rome. 1781, 4 p. — Arrest du Parlement portant règlement pour l'administration des fabriques et pour celle des biens et revenus des Charités des paroisses situées dans l'étendue du diocèse de Reims. 1785, 36 p. — Discours prononcé par M. l'évêque du départem. de la Marne et M. de Torbie, électeurs de la ville de Reims, à l'Assemblée électorale, le 31 août 1791. Chaalons, Collignon, imprim. du départem., 1791, 14 p.

20907. Flandre. Procès entre le comte de Béthune et la famille de Beauffremez. Factums et mémoires. 5 pièces in-fol 7 fr. 50

Mémoire sommaire pour Messire Franç.-Eug.-Dominique comte de Béthune et de St-Venant, demeurant en son château de Penin, contre Caroline-Françoise-Joseph de Beauffremez, demeurant en son château de Wesquechal. Lille, 1759, 35 p. — Précis pour le comte de Béthune et St-Venant, contre la marquise de Beauffremetz. 7 p. — Mémoire à consulter pour le comte de Béthune (reddition de comptes de tutelle). Douay, 1757, 8 p. — Etc.

20908. Nancy (Affaire de). 9 pièces la plup. de format in-4. 10 fr.

Relation de ce qui s'est passé à Nancy. Du 31 août 1790, 4 p. — Copie de la lettre adressée par M. de Bouillé à M. de Noue. Toul, à minuit. Pièce volante. 1 page. — Compte rendu à leurs souverains de MM. les officiers du régiment de Lullin de Chateauvieux des mouvements de sédition et de rébellion qui ont eu lieu dans led. régiment dep. le 10 jusqu'au 31 août 1790, de leurs causes et des événements qui y sont relatifs. 43 p. — Compte rendu à leurs souverains par MM. les officiers du régiment de Castella. 8 p. — Copie d'une lettre de M. de Bouillé à M. de la Tour-du-Pin, ministre de la guerre. 1790, 6 p. — Proclamation de la Commune de Nancy imprimée par ordre du Roi. Placard-affiche in-fol. — Adresse des sous-officiers du régiment du Mestre-de-Camp général de la Cavalerie aux gardes nationales de France, aux officiers et sous-officiers de l'armée. Ligny, le 24 sept. 1790, 3 p. in-fol — Extrait des registres des délibérations du Directoire du dép. de la Meurthe, séances des 27, 28, 29, 30 et 31 août 1790, 20 p. — Etc.

20909. Nivernais. 11 broch. in-8 et in-18. 6 fr. 50

Les antiquités d'Entrain (Nièvre), par Héron de Villefosse. 1879, 23 p. et 1 pl. — Aquæ Nisinæi, étude archéologique sur les sources thermales de St-Honoré (Nièvre), par G. Charleul. 1864, 45 p. — Le château de Ternant (Nièvre), historique et archéologique, suivi de notes sur Fours, La Nocle, Maulais et St-Seine, par Ern. Parent. 1880, 76 p. — Mélanges d'histoire et de littérature Nivernaise, par E. Cougoy. (Tirages à part des annuaires). 7 broch. in-18 parmi lesquelles : Mémoires des économes domestiques de Charles de Clèves, comte de Nevers. 11 p. et supplém. de 12 p. — Littérature Nivernaise. III. Le dernier duc de Nevers, manuscrit autographe de ses prem. essais poétiques. 32 p. — IV. Poésies inédites du dern. duc de Nevers. — Poètes latinistes. III. Jean Portier de Nevers. 36 p. — II. Ravisius Textor. — Poésie VI. Les Bocages, comédie pastorale par de La Charnays, Nivernais. 22 p. — Etc.

20910. Franche-Comté. Eaux et forêts, Droits d'usage concédés par les ducs de Bourgogne aux particuliers et communautés pour les bois de chauffage et de construction, réglementés après la conquête, réparation des routes, police des grains, défense de les faire passer en Suisse, vente et tarifs du prix du sel, défense d'acheter des habillements, armes ou chevaux aux soldats, de favoriser les déserteurs, entretien des haras, impositions et réquisitions diverses. — Placards-affiches, lettres-circulaires, arrêtés administratifs des intendants. 1680-1714. — 18 pièces in-fol. et in-4, avec signatures officielles.   **10 fr.**

20911. Jura. 1790-1791. Adresses, arrêtés, proclamations, circulaires administratives, etc... in-8, in-4 et in-fol. — 12 pièces. 10 fr.

Adresse de l'assemblée électorale du départem. du Jura à l'Assemblée Nation. 4 p. — Adresse des prêtres, curés et vicaires du district d'Orgelet, dép. du Jura, dans la séance du 10 mai 1790. 6 p. — Le Directoire du départem. du Jura aux électeurs du ressort (lettre-circulaire sur la nomination de Guillot, évêque d'Orchamps, comme évêque constitutionnel). 3 p. — Extrait des registres du Conseil général du dép. du Jura (règlement et traitement des médecins en cas d'épidémie). Lons-le-Saulnier, 1790, 12 p. — Proclamation du Directoire du département du Jura concernant les subsistances. Placard-affiche in-fol. — Tableau alphabétique des administrateurs du départem. du Jura. Placard-affiche in-fol. — Distribution des bureaux du départem. du Jura. 7 p. in-fol. Mss. — Le Directoire du dép. du Jura aux citoyens du ressort. (Arrestation du Roi à Varennes). Lons-le-Saulnier, 1791. Placard-affiche in-fol. — Tableau général et par ordre alphabét. des districts, cantons et municipalités, composant le ressort du département du Jura, dressé en octobre de l'année 1790. Grand placard in-fol. oblong, Ms. — Etc.

20912. Mâcon. 3 placards-affiches in-4 et in-fol. (Parfait état),   **10 fr.**

Renonciation de l'évêque de Mâcon « à tous les droits généralement quelconques dépendant des différentes terres et seigneuries appartenantes à notre évêché ». 30 juillet 1789. — Délibérations de MM. de l'église de St Vincent de Mâcon, du chapitre noble de St Pierre de Mâcon et de MM de la Noblesse du Mâconnais renonçant à leurs terriers et droits qui en dépendent. 29 juillet 1789. — Souscription pour la taxe minimum du pain et secours à fournir « dans le secret » aux citoyens « qui abandonnent leurs travaux pour le service de la garde bourgeoise » et dont « les familles peuvent éprouver des besoins ». 24 juillet 1789.

20913. Notaires de Lyon. 6 pièces in-4 et in-fol.   **8 fr.**

Factum pour la communauté des notaires de la ville de Lyon contre L. Rougeault, notaire de lad. ville, demandeur, et Ant. Favart, P. Perichon et Odile Guyot, notaires de lad. ville, parties intervenantes. (1675), 4 p. — Supplique des notaires de Lyon à l'Intendant pour faire interdire aux autres notaires de la généralité de venir passer et recevoir aucuns contrats dans la ville et faubourgs de Lyon. 1728, 4 p. — Arrêté de la Communauté des Notaires de Lyon relativement à la distribution d'un jeton de présence en argent pour les assemblées de chaque mois. 1755, 2 p. — Règlement du corps et communauté des 40 notaires royaux et apostoliques de la ville, fauxbourgs et diocèse de Lyon, rédigés par L. Jos. Barond et J. Ant. Hutte, syndics. Lyon, 1775, 27 p. — Mémoire pour Franc. Deleulion, procureur ès cours de Lyon, héritier testamentaire de demoiselle Andrée Romieu son épouse, contre P. Romieu, notaire de la même ville (1736). 9 p. in-fol. — Mémoire pour Jacq. Perrodon, notaire à Lyon, accusé (de faux) contre Est. Demadières, écuyer, accusateur. 1744, 22 p. in-fol.

20914. Bresse, Lyonnais. 6 mémoires et factums in-fol.   **7 fr. 50**

Mémoire à Mgr le contrôleur général des finances par les prévôt des marchands et échevins de la ville de Lyon pour les bourgeois de Lyon possédant fonds dans la province de Bresse, exempts de taille. 1761, 9 p. — Réponse des syndics-généraux du Tiers-Etat de la province de Bresse contre l'exemption de taille des bourgeois de la ville de Lyon. Réplique des prevost des marchands et échevins de la ville de Lyon. 1762, 56 p. — Précis pour les prévôt des marchands et échevins de la ville de Lyon contre les syndics généraux du Tiers Etat de la province de Bresse. 1767, 19 p. — Observations sur le bien jugé de la sentence rendue au siège de l'élection de Lyon le 2 mars 1770 en faveur des bourgeois de lad. ville possédant biens en la paroisse de Sainte-Foy-lès-Lyon contre les consuls collecteurs et quelques habitans de cette paroisse. 1770, 16 p. — Etc.

20915. Lyon. Mémoires et factums. 7 pièces in-fol. et in-4.   **8 fr.**

Précis pour les dames, prieure et religieuses de l'Ordre de St Bernard de la ville de Lyon, contre les dames, abbesse et religieuses de l'abbaye royale de Chazaux de la même ville. 1758, 17 p. in-fol. — Mémoire abrégé du procès qui est à décider au Conseil d'Etat entre les conseillers en la Chancellerie près la Cour des Monnoyes de Lyon et les prévôt des marchands et échevins de la même ville (vers 1705). 8 p. in-fol. — Sommaire pour Ch. Michal, enquêteur et commissaire-examinateur en la ville de Lyon, contre Ant. Levasseur, dessinateur en la même ville de Lyon (confiscation d'un pistolet et d'un couteau de chasse). 1756, 5 p. in-fol. — Procès à cause de l'héritage de Grég. Riou, marchand à Lyon. Extrait de son testament du 30 may 1726, reçu par Me Brigaud. 1744, 2 p. — Supplique de Marie André, veuve de Ch. Bernard Coral, bourgeois de la ville de Lyon, son héritière testamentaire au lieuten. criminel de Lyon (disparition d'un codicille). 1735, 9 p. in-fol. — Mémoire pour Gasp. Lorin, marchand épicier en gros à Lyon, contre Boissien et Villermod et aussi contre Honoré Audras, leur adjoint, tous trois aussi négociants de la même ville. 1755, 23 p in-4. — Mémoire pour Cl. Collin, avocat en Parlement et aux sièges de Lyon, juge civil, criminel et de police en la haute justice du fauxbourg de la Guillotière, des Brotteaux et dépendances. 1775, 72 p. in-4.

20916. Lyon. Etablissements charitables. Mémoires et factums pour des procès. — 3 pièces in-fol. et in-4.   **6 fr.**

Mémoire signifié pour les recteurs et administrateurs de l'Hôpital-Général de la Charité et Aumosne générale de Lyon contre Franç. Robinet, ancien notaire en la ville de Lyon, et J.-M. Bonnet, marchand épicier. 1744, 47 p. in-fol. — Requête signifiée à MM. les Sénéchal, magistrats et officiers en la sénéchaussée du siège présidial de Lyon (relativement au même procès pendant entre l'Hôpital-Général de la Charité, Franç. Robinet et Bonnet). 1745, 19 p. in-4. — Réponse signifiée pour les recteurs de l'Hôpital-Général de la Charité contre Tom. J. Chanot, bourgeois de Lyon, premier mandeur de la Ville (au sujet d'un empiètement de terrain à Ainay). 1745, 16 p. in-4.

20917. Lyon. Fabrique. 6 pièces in-4 et in-fol.   **10 fr.**

Arrest du Conseil d'Etat qui ordonne l'exécution du règlement de 1737 pour la fabrique de Lyon. 1744, 2 p. in-4. — Mémoire présenté par les syndics de tous les corps de commerce libre de la ville de Lyon aux commissaires nommés à l'effet de procéder à l'apurement des comptes de lad. ville. 1772, 43 p. in-4. — Mémoire pour L. Dubois, marchand et maître teinturier à Lyon, contre Brun, Bernard et Roucelet, marchands épiciers à Lyon (vente de cochenille falsifiée qui a altéré la teinture d'une chaudière de 66 livres de soye) 1746, 23 p. in-fol. — Mémoire pour Lafon-des-Faux, marchand à Lyon, contre L. Dubois fils, maître teinturier à Lyon, Brun, Bernard et Rousselet, marchands épicier et autres. 1748, 24 p. in-fol. — Mémoire pour Bouchariat et Gros, négociants (en étoffes de soie) à Lyon, demandeurs en révocation de saisie contre P. Franç. Papillon, maître teinturier à Lyon. 1762, 9 p. in-4. — Second mémoire servant de réponse pour Jacq. Leblanc, maître guimpier, fileur et écacheur d'or et d'argent en la ville de Lyon, contre Ennemond Mogniat, échevin et négociant. (1739), 24 p. in-fol.

20918. **Lozére.** (Révolte de la). Nouvelles des opérations de l'armée républicaine. Placard-affiche in-fol.   10 fr.

> Bulletin du départem. de la Haute-Loire du 3 juin 1793 commençant ainsi : « Citoyens. De nouveaux succès nous annoncent que les rebelles de la Lozère vont être anéantis à jamais. Les couleurs nationales flottent déjà dans les lieux d'où le fanatisme et le royalisme unis les avoient fait disparaître pour les remplacer par les livrées du despotisme et de la révolte..... » Au Puy, de l'imprimerie de Crespy et Guilhaume, imprimeurs du département. — Pièce volante administrative imprimée à deux colonnes, semis de bonnets phrygiens de la Liberté dans la marge entre les colonnes, le cachet en cire du département de la Haute-Loire, le timbre et l'adresse manuscrite du verso de l'envoi par la poste « aux citoyens administrateurs du département du Pas-de-Calais, à Arras. »

20919. **Romans.** 3 pièces, différ. formats.   7 fr. 50

> Contestation concernant l'héritage de feu M. de Lyonne, vivant chanoine de St-Barnard-de-Romans ; testament fait en faveur des PP. Chartreux du Val Ste-Marie de Bouentes. Ms. 5 p. in-fol. — Advertissement pour Laurens Milhard, marchand de la ville de Romans, accusé de divers chefs (de concussion) par devant MM. les subdélégués de la Cour et Chambre de Justice (vers 1665). 12 p. in-4. — Récit de ce qui s'est passé dans la ville de Romans depuis l'entrée jusqu'au départ des Autrichiens du départem. de la Drôme, par Dochier, ancien maire. Valence, 1814, 19 p. in-8.

20920. **Provence.** Pont de Bonpas sur la Durance. — 3 pièces in-fol. et in-4.   5 fr.

> Réponse (signée Franque) au libelle du Sr Pierre Bondon (relativement à la chaussée en pierre faite à Bonpas). 1761, 9 p. in-fol. — Observations (par la municipalité de Cabannes) sur le mémoire intitulé : Réponse aux questions proposées par l'Assemblée générale de Provence (sur l'emplacement d'un pont à établir sur la Durance à Bonpas, Janson ou Noves) avec une carte. 27 p. (les p. 17-20 ont été arrachees) — Observations de la commune de Cabannes, départem. des B.-du-Rhône, sur le projet d'une nouvelle route à travers le terroir de Noves et sur le nouvel emplacement du pont en charpente projeté sur la rivière de Durance. 16 p.

20921. **Carpentras.** 9 pièces in-4 et in-fol.   7 fr. 50

> Pièces qui justifient le droit de M. le duc de Gadagne sur le canal de la Sorgue dans tout le territoire de Vadene. 1757, 8 p. in-4. — Abdication des fonctions sacerdotales. Lettre-circulaire imprimée des administrateurs du district de Carpentras aux maires et officiers municipaux des communes de leur arrondissement. « Les registres des autorités constituées doivent faire une mention honorable de ces hommes qui, secouant les préjugés, ont renoncé au métier de tromper le peuple pour se vouer au succès de la Révolution. Il nous importe donc de connoître tous ceux de notre arrondissement qui se sont distingués par cet acte de vertu... » etc. 22 ventôse an 2 (1793), 2 p. in-4. — Copie de la lettre écrite par les gardes citoyennes de Carpentras à MM. de l'État-Major et du comité militaire de la garde nationale de la ville d'Orange. 1790, 2 p. in-4. — Adresse à la Convention Nationale arrêtée par l'administration du district de Carpentras dans sa séance du 25 frimaire an III (1793). Demande en « autorisation provisoire de restituer aux malheureuses familles des suppliciés en suite des jugemens de *Bédouin* et d'*Orange*, les grains et denrées qui sont le produit de leurs labeurs... » Carpentras, J. Alex. Proyet, imprimeur du district. 4 p. in-4. — Decoupures de journaux du temps, avec additions Mss. relatives au siège de Carpentras par l'armée du départem. du Vaucluse et aux événements du temps. Cahier in-4, de 12 p. — Procès pour testament devant le Recteur du Comtat à Carpentras entre Madeleine de Jacomini et J. Martin de Pellontier. 1713, J. Jos. Franc. de Tertulis, marquis de Pluvinel et de La Roque et le marquis de Cabanes. — Etc.

20922. **Hérault** (Départem. de l'). Clergé constitutionnel. Arrêtés, lettres-circulaires, proclamations, placards affiches. 10 pièces in-4 ou in-8.   12 fr.

> Lettre-circulaire de M. l'évêque du départem. de l'Hérault pour annoncer l'ouverture du Seminaire du département. Juin 1791. Béziers, Odezenne et Domergue fils, imprimeurs de M. l'Evêque, 7 p. in-4. — Arrêté du directoire du district de Montpellier relativement à l'élection des curés constitutionnels. Montpellier, Tournel, imprimeur du district, 1791. Placard-affiche in-fol. — Extraits des procès-verbaux du directoire du district de Montpellier enjoignant aux curés constitutionnels nouvellement élus de se rendre à Béziers pour demander à M. l'Evêque l'institution canonique. Montpellier, Tournel, imprimeur, 1791. Placard-affiche in-fol. — Proclamation des curés élus. 11 avril 1791, 4 p. in-4. — Procès-verbal relatif aux prêtres réfractaires et à l'insurrection survenue le 2 juin 1791 à l'occasion d'un enterrement. Montpellier, imprim. de J. F. Picot, 1791, 10 p. in-4. — Proclamations, arrêtés et extraits de procès-verbaux contre le Clergé non-conformiste. 1790-1791, 5 pièces in-4.

20923. **Hérault** (Départem. de l'). Prêtres réfractaires, inventaire du mobilier des églises. 1791, 2 placards-affiches in-fol.   10 fr.

> Arrêté d'expulsion du territoire du département pris par le corps municipal de Montpellier contre le Sieur Maire, prêtre, qui « a contrevenu aux dispositions de l'arrêté du Directoire de département en date du 9 de ce mois en célébrant la Messe assisté d'ecclésiastiques pour une société réunie dans l'intérieur d'une maison particulière .. En préférant un rassemblement clandestin aux facilités accordées individuellement à tout prêtre de dire la Messe dans les églises nationales et même à toutes les sociétés d'exercer leur culte religieux, il annonce le projet coupable de troubler l'ordre public et de faire supposer une persécution qui n'existe pas. Considérant que le séjour du Sieur Maire dans la ville de Montpellier est dangereux, etc... » Montpellier, de l'imprim de J. Franç. Picot, imprimeur du département, 1791. — Arrêté du directoire du dép. de l'Hérault ordonnant aux municipalités de faire dans la huitaine l'inventaire de « tous les ornements, linges d'autel, vases sacrés, croix, chandeliers et autres effets destinés au service divin et seront réintégrés tant par les ci-devant curés que par tous autres dépositaires ceux desdits effets qui auront été enlevés ou latités (sic)... » A Montpellier, de l'imprimerie de Jean Martel, 1791.

20924. **Aveiron** (Département de l'). 6 placards-affiches in-fol. imprimés à Rodez par Marin Devic et 2 documents in-fol. Mss. — Ens. 8 pièces.   10 fr.

> Arrêté du Directoire du départem. de l'Aveiron concern. la tranquillité publique du 5 juin 1791. Placard-affiche in-fol. — Adresse du Directoire du départ. de l'Aveiron aux citoyens de son ressort. 7 août 1791. Placard-affiche in-fol. — Arrêté du Directoire du départ. de l'Aveiron du 26 juin 1791. (Surveillance sur les mouvements et les démarches des ennemis du bien public, défense de faire aucuns transports d'armes, munitions et ustensiles de guerre, etc). Placard-affiche in-fol. — Arrêté du Directoire de l'Aveiron. 25 juin 1791. (Appel pour des engagements volontaires de soldats-auxiliaires). Placard-affiche in-fol. — Arrêté du Directoire de l'Aveiron relativement à la régie et l'administration des droits ci-devant féodaux. 30 juin 1791. Placard-affiche in-fol. — Etat nominatif des noms, qualités et demeures de tous les membres qui composent l'assemblée générale du départem. de l'Aveiron. 1790, 14 p. in-fol. Mss. (la fin tachée d'humidité). — Etat nominatif des membres qui composent la nouvelle assemblée générale du départ. de l'Aveiron. 2 p. in-fol. Mss.

20925. **Dordogne.** Clergé constitutionnel. 3 pièces in-8 et in-4.   7 fr 50

> Lettre d'un curé, membre de l'Assemblée Nationale à ses paroissiens au sujet des troubles qui affligent sa province. (Pièce signée : Delfau, archiprêtre, curé de Daglan en Périgord) 8 p. in-8. — Lettre-circulaire convoquant les électeurs pour

l'élection d'un évêque, le 27 mars 1791. 4 p. in-4.
(Document signé St Martial, avec une note curieuse du temps sur le caractère de ce personnage qui était alors procureur-général-syndic et dont le nom patronymique était Moreau) — Adresse du Directoire du dép. de la Dordogne à l'occasion de la circonscription des paroisses (en vue du remplacement des curés non assermentés) Périgueux, J. P. Dubreuilh, imprimeur, 10 mai 1791, 7 pag. in-4. (Raccommodage). Suivant une note Ms. du temps, l'auteur de cette adresse serait un nommé *Galaup*.

20926. Périgueux. Troubles de 1791. 3 placards-affiches in-fol   12 fr.

Délibération du directoire du district de Périgueux. Nomination de Giatrac, l'un de ses membres, à l'effet de se transporter dans les communes réfractaires « notamment dans celles de Trelislat, Champsevinel, Saint-Pierre-ez-Liens, Astur, Boulazac et Razac pour rappeler les citoyens au bon ordre », 11 août 1791. A Périgueux, de l'imprimerie des amis de la Constitution et de M. l'Évêque. — Arrêté du Directoire de Périgueux « délibérant sur les rapports faits par ses commissaires qui en vertu de son arrêté du 11 du courant se sont transportés dans plusieurs communes où se sont manifestés des troubles et où ils se perpétuent, rend les communes responsables de tous les dommages causés par les attroupements, enjoint de dénoncer comme ennemis de la Constitution tous ceux qui excitent le peuple, etc.., 18 août 1791. A Périgueux, de l'imprimerie des amis de la Constitution et du district. — Adresse du Directoire du départem. de la Dordogne aux citoyens de ce département commençant ainsi : « Citoyens, des factieux ont projeté la destruction de cet Empire. Répandus dans les campagnes, ils excitent l'homme simple et crédule à s'élever contre les décrets de l'Assemblée Nationale. Les monstres !... » etc... 11 août 1791. Périgueux, J. P. Dubreuilh, imprimeur du département. (Raccommodages, 3 ou 4 lettres manquent.)

20927. Lot-et-Garonne. 3 pièces. 6 fr. 50

Protestation de la Commission permanente établie par l'Assemblée générale de la Noblesse d'Agenois, formant le bureau d'Agen, contre la publication d'un imprimé en 75 pages commençant par ces mots : *La Noblesse d'Agenais*. 1789. Placard in-4. — Adresse aux citoyens du département du Lot-et-Garonne par le corps administratif. Agen, Vve Noubel, 1790. Placard-affiche in-fol. — Département du Lot-et-Garonne. Tableaux nominatifs des administrateurs du département, des administrateurs du district, du Directoire du département, de celui des districts et des divers bureaux. Agen, Vve Noubel, imprimeur. 1790. Placard-affiche gr. in-fol.

20928. La Rivière (L'abbé de), régent au Collège du Plessis à Paris, aumônier de l'évêque de Cahors et de Gaston duc d'Orléans, puis évêque de Langres. 4 pièces in-4.   5 fr.

Lettre du Sr de Nacar (anagramme de Racan) à l'abbé de La Rivière à St-Germain-en-Laye, sur les affaires de ce temps. 1649, 8 p. — Lettre d'un religieux à l'abbé de La Rivière, où luy sont enseignez les faciles moyens de faire la paix avec Dieu et avec le peuple. 15 p. — Lettre de Belleroze (comédien de l'hôtel de Bourgogne) à l'abbé de La Rivière (sur la détresse des comédiens, pièce se terminant par la *Chanson du Savoyard*). 1649, 8 p. — Lettre à l'abbé, burlesque (en vers). 1649, 7 p.

20929. Turenne (Le maréchal de), 1649-1652. 4 pièces in-4.   6 fr.

Lettre de M. le mareschal de Turenne envoyée à M. le duc de Bouillon. 1649, 8 p. — Article principal du traité que Mme de Longueville et M. de Turenne ont fait avec Sa Majesté catholique. 1650, 6 p. — Déclaration du Roy contre les ducs de Bouillon, mareschaux de Brezé, de Turenne et de Marsillac. 1650, 8 p. — Avis de M. le mareschal de Turenne et de M. de Villeroy, présenté à S. Alt. Roy. et à M. le Prince sur les affaires présentes. 1652, 7 p.

20930. Mazarin (Le cardinal). Pièces pour

et contre. 1649-1652. Réunion de 26 pièces in-4.   10 fr.

Le procès-verbal de la canonisation du bienheureux Mazarin faite dans le Consistoire des Partisans par Catalan et Tabouret, séant Emery antipape, apothéose ironique. — Le pourtraict du meschant ministre d'Estat Julle Mazarin et sa chute souhaitée (avec grand portrait de Mazarin gravé sur bois). — L'horoscope de Jules Mazarin naïfvement et fidellement expliquée des centuries de Nostradamus tant du passé, présent qu'advenir. — Discours prophétique conten. 44 anagrammes sur le nom de Jules Mazarin. — Le Pater Noster de Mazarin. — Prediction de Nostradamus sur la perte du cardin. Mazarin en France. — Le Court-bouillon de Mazarin assaisonné par toutes les bonnes villes de France (avec grand portrait de Mazarin gravé sur bois). — La robe sanglante de Mazarin. — Dæmon Julii Mazarini in Gallos (poème latin sur l'enlèvement du président Broussel, avec portrait du même par Van Lochem ajouté). — La juste réfutation des injustes louanges qu'impudemment a osé donner un médecin du Roy à Jules Mazarin, le plus scélérat de tous les hommes et qui est en exécration à Dieu, aux anges et à toute la nature. — Arrest du Parlement portant qu'ouverture sera faite de toutes les chambres de la maison du cardinal Mazarin, et description sommaire de tout ce qui se trouvera dans lad. maison. — Arrest du Parlement portant que tous les biens meubles et immeubles et revenus des bénéfices du cardinal Mazarin seront saisis et commissaires, sequestres et gardiens établis à iceux. — Discours de la clémence et de la justice, au Parlement, pour et contre Mazarin. — Arrest du Parlement, les Chambres assemblées, le 20 juillet 1652, par lequel le cardinal Mazarin est déclaré détenteur de la personne du Roy, et le duc d'Orléans lieutenant-général du Roy dans tout le royaume, etc. — Le procès criminel du Mazarin envoyé d'Espagne à MM. du Parlement de Paris. — Arrest du Conseil d'Estat du Roy donné en faveur du cardinal Mazarin, — Etc., etc.

20931. Mazarinades, pièces satiriques ou historiques sur les événements de la Fronde, 1649-1652. Réunion de 87 pièces in-4.   20 fr.

La parfaite description du coquin du temps métamorphosé en partisan. — Les Comme et Ainsi de la Cour. 1649. — Poésie sur la barbe de M. le P. Pr (premier président). A Bruxelles, 1649. — Dialogue de Jodelet et de l'Orviatan sur les affaires de ce temps. — Le dépositaire des secrets de l'Etat, par le Sr d'Orandre. — Le bon succez de toute la France prouvé par la nature des astres. — Almanach politique marquant ce qu'on doit attendre de l'estat présent des affaires du monde suivant la constellation de chaque royaume. — Le prédicateur déguisé. — La Vérité sans fard. — La Vérité nue. — La Vérité toute nue. 1652. — Requeste présentée au roy Pluton par Conchino Conchini, contre Mazarin et ses partisans. 1649. — Catalogue des Partisans, ensemble leur généalogie. 1649. — La querelle d'un partisan avec sa femme et leurs reproches en forme de dialogue. 1649. — Le dialogue du Faondeur et l'usage de la Fronde. — Le silence du bout du doigt. — Les nouveaux jeux du Piquet de la Cour. — Le Trique-Trac de la Cour. — Les Mestiers de la Cour. — Le Qu'estuveu de la Cour ou les Contre-Veritez. — Chronologie des Reynes malheureuses par l'insolence de leurs favoris. 1649. — La France et les royaumes ruinez par les favoris et les Reines amoureuses. — La guerre des Tabourets. 1649. — Les véritables souffrances et la Passion générale de toute la Cour. 1649. — La Parabole du temps présent. 1649. — Le Tombeau de la Médisance. 1649. — Plaintes d'une fruictière et d'une harangère envoyées à la Reyne. 1649. — La Métamorphose de la France envoyée à une dame de la campagne. 1649. — La France prosternée aux pieds de la Vierge pour la remercier de la paix. 1649. — Les douceurs de la paix et les horreurs de la guerre. 1649. — Le lys fleurissant cultivé par la paix. 1649. — Stomachio boni popularis. — Le secret entretien du Roy et de M. le duc d'Anjou. 1652. — Le Courier du temps apportant ce qui se passe de plus secret en la Cour des Princes de l'Europe. 1649. — Lettre d'un gentilh. de M. le duc d'Orléans écrite à un bourgeois de Paris. 1651. — Remarques importantes à la cause commune sur les actions et la conduite de M. le duc d'Elbeuf dans les affaires de ce temps. 1649 — Advis pour le temps qui court. 1652. — Arrest de la Cour de Parlement donné contre les sédicieux. 1652 — Edict du Roy portant amnistie générale de tout ce qui s'est passé à l'occasion des mouvements passez. 1652. — Etc., etc.

20932. Lorraine. 5 pièces in-4 et in-8. 5 fr.

Arrest du Parlement servant de règlement concernant les minutes des actes reçus par Didier Roussel, tabellion, et la publication des testaments dans le ressort du bailliage de Toul. Metz, 1751, 3 p. in-4. — Extrait des registres du greffe de la Cour souveraine (relativement à l'affichage d'un monitoire de l'Officiel de Toul, à l'occasion d'un assassinat commis dans les bois qui avoisinent la poste de Velpine, sur un garde-forêt). Nancy, 1775, 4 p in-4. — Mémoire pour Pichard, médecin de S. A., demandeur en trouble et nouvelleté, contre les RR. PP. prieur et religieux du couvent de S.-Benoist, érigé à Lay-la-Haute ; procès au sujet de l'usage commun de la fontaine S.-Cloud, derrière le jardin du prieuré. (Vers 1630), 15 p. in-4. (Le premier feuillet de cette pièce est raccommodé et, par suite, une partie du texte manque dans l'exposé des motifs). — De Nancy au Mont-St-Michel, près de Toul, par E. Obry. Nancy, 1883, 37 p. et 1 carte in-8. — Supplém. à l'esquisse géologique de l'arrondissem. de Toul, par Husson. Toul, 1849, 24 p. (Envoi à M. de Lamartine).

20933. Meurthe. Révolution. Délibérations, procès-verbaux, arrêtés, proclamations, etc. 14 pièces in-4. 10 fr.

Délibération, en date du 17 sept. 1791, du Conseil général de la commune de Nancy pour le changement des noms de rue et la destruction des armoiries des maisons. « Considérant que plusieurs rues de cette ville ont des noms de choses qui n'existent plus et dont il est important d'effacer le souvenir, parce qu'il rappelle des regrets à quelques personnes et à tous les événements inséparables d'une révolution ». Suivent les dénominations nouvelles. « Les armoiries avec leurs couronnes, placées au-dessus des portes ou partout ailleurs à l'extérieur, seront enlevées ou cassées avec le ciseau ou le marteau par les propriétaires ou, à leur défaut, par les locataires qui seront autorisés à en retenir les frais sur le prix du loyer, » etc. 6 p. — Procès-verbal du Directoire du dép. de la Meurthe, du 25 sept. 1793 : « Contribution forcée et extraordinaire sur les riches..., dont le produit sera confié à de véritables sans-culottes d'un patriotisme éprouvé et doit être appliqué au soulagement des pères, mères, femmes et enfans de citoyens qui se dévouent à la défense de la patrie. » (Avec le tarif pour l'assiette de cette contribution). 7 p. — Tableau des membres des neuf districts qui composent le départem. de la Meurthe. 9 p. — Proclamation et arrêté du Directoire du dép. de la Meurthe, du 24 août 1793 (arrestation des ex-nobles, des parents en ligne directe des émigrés et tous autres individus reconnus vraiment suspects). 3 p. — Délibération du Directoire du dép. de la Meurthe, du 19 avril 1792 (retirant les fonctions de l'enseignement à des congrégations de femmes et aux maîtres d'école qui n'ont pas prêté le serment civique). 7 p. — Procès-verbal du Direct. du dép. de la Meurthe, du 25 août 1793 (relativement aux certificats de civisme exigés des fonctionnaires). 3 p. — Etc., etc.

20934. Epinal. Copie des actes et contrats passés par J. de Pullagney, notaire à Epinal, en différentes ann. de 1568 à 1595. Un fort cahier in-fol., écriture du XVIe siècle, avec la signature du notaire au bas de chacun d'eux et la mention : « Copié à l'original ». 10 fr.

20935. Stanislas, duc de Lorraine, et la reine Marie Leckzinska. Oraisons funèbres et pièces de circonstance sur leur mort. 7 pièces et opuscules in-4. 10 fr.

Complainte sur la mort de Stanislas Ier, Nancy;

1766, 4 p. — Regrets d'un citoyen sur la mort du roi Stanislas. 3 p. — Honneurs funèbres rendus à la mémoire de Stanislas-le-Bienfaisant, dans l'église primatiale de Nancy, le 10 mai 1766. 16 p. — Inscription latine sur la mort de Stanislas-le-Bienfaisant, par d'Orly, 2 mars 1766. 2 p. — Eloge historique de Stanislas, duc de Lorraine, par le chevalier de Solignac. Nancy (1766), 44 p. — Oraison funèbre de la reine (Marie Leczinska), prononcée dans l'église du collège de Nancy le 12 du mois d'août 1768 par le P. J.-L. Coster. Nancy, 1768, 35 p. — Etc.

20936. Lorraine (Description des fêtes qui ont été données à Mesdames de France depuis leur arrivée en) jusqu'à leur sortie, avec le recueil des chansons qui ont été chantées devant Mesdames de France. Luneville, Messuy, imprimeur du Roi (1761). In-12 de 47 p., br. — Epoque du bonheur de la Lorraine à l'arrivée de Mesdames Adélaïde et Victoire pour prendre les eaux de Plombières. Nancy, Leclerc, 1761, in-12 de 38 p., br. — Ens. 2 pièces. 6 fr. 50

20937. Lorraine (Voyage de Mesdames de France en), à Nancy et à Lunéville. Poésies de circonstances, chansons, placards, feuilles volantes. 15 pièces in-4 et in-fol. 12 fr.

Arrêt de la Cour souveraine de Lorraine qui ordonne des réjouissances publiques pour l'arrivée de Mesdames Adélaïde et Victoire, filles de France, du 26 juin 1761. 3 p. — Autre arrêt du 22 mai 1762. 3 p. — Pastorale exécutée en présence de Mesdames de France à leur passage à Lunéville. Lunéville, Messuy, imprimeur, 4 p. — Portrait du cœur du roi de Pologne présenté à Sa Majesté lors du séjour de Mesdames de France à Lunéville, par Estancelin, fourier des logis du Roi. Lunéville, Messuy, 4 p. — Congratulation à la Lorraine, relative à l'entrée de Mesdames Adélaïde et Victoire. Nancy, 1761, 4 p. — Chanson à l'occasion de l'arrivée des Dames de France à Nancy. Nancy, 1761. Placard in-fol. — Chanson nouvelle au sujet des réjouissances faites au passage de Mesdames Adélaïde et Victoire. Nancy, de l'imprim. de L. Beaurain, 1761, 4 p. — Chanson nouvelle à l'occasion du second voyage de Mesdames de France en Lorraine. par J.-B. Delarivière. 1762. Placard in-4. — Chanson poissarde au retour de Mesdames de France en Lorraine. 1762, 4 p. — Avis de la police aux bourgeois de Nancy (pour tapisser où il sera nécessaire et illuminer au passage de Mesdames dans leur ville). 26 mai 1762. Placard-affiche in-4. — Avis ou lettre-circulaire des volontaires-négociants de Nancy pour la célébration d'une messe solennelle en l'honneur de Mesdames. Placard in-4. — Etc.

20938. Plombières (Séjour de Mesdames de France à) en 1761 et 1762. Pièces de circonstance, chansons, pièces volantes, etc. 6 pièces in-4. 7 fr. 50

Vers sur l'arrivée des Dames de France à Plombières. Remiremont, Laurent, imprim.-libraire, 1761. 2 p. — Ode à l'occasion du séjour de Mesdames de France aux eaux de Plombières, par Saulnier de Wittonville, de Nancy, ancien mousquetaire du Roy. Nancy, Thomas père et fils, imprimeurs. 1762, 11 p. — Chanson des gardes du corps de S. M. le roi de Pologne à Mesdames de France, Adélaïde et Victoire, à leur second voyage aux eaux de Plombières, le 28 mai 1762. Nancy, Hæner, 1762, 4 p. — L'Amour à Plombières, à Mesdames de France Adélaïde et Victoire. Nancy, Hæner, 1762. 4 p. — Etc.

20939. Biographies lorraines. 11 broch. in-8. 6 fr.

Eloge de M. Bagard, prem. médecin du feu roi de Pologne, par Harmant. Nancy (1773), 43 p. (Envoi d'auteur à Buchoz, médecin du comte d'Artois). — Eloge histor. de Ch. Le Pois (Carolus Piso), célèbre médecin lorrain au XVIe siècle, par Saucerotte. Nancy, 1854, 26 p. — Notice sur P.-R. Willemet, professeur de botanique, par Justin Lamoureux. Bruxelles, 1808, 20 p. — Notice sur

L.-J. Begin, président du Conseil de santé des armées, par Grellois 1859, 16 p. — Notice sur la vie et les ouvrages du docteur de Haldat Dulys, par Simonin. Nancy, 1854. 20 p. — Notice biogr. sur le docteur Mougeot père, par Maud'heux fils et Lahache. 20 p. — Léop. Bougarre, avocat et poète lorrain, avec un dessin de Grandville, par J. R. (Renault). Nancy, 1872, 8 p. — Etc., etc.

20940. **Boissy-L'Aillerie** (Précis hist. d'une commune de Seine-et-Oise ou), dep. son orig. jusqu'à nos jours, par l'abbé Loisel. Pontoise, 1886, in-8, pap. vergé, br.   2 fr.

20941. **Brest** (Descript. des trois formes du port de), bâties, dessin. et grav. en 1757, par Choquet. Brest, R. Malassis, 1757, gr. in-fol., pl., cart.   5 fr.
   1 belle fig. en tête et 7 grandes planches se déployant.

20942. **Annales d'Aquitaine** (Les) faicts et gestes en sommaire des roys de France et d'Angleterre, roys de Naples et de Milan, par Jean Bouchet. Poictiers, 1643. — Les Mémoires et recherches de France et de la Gaule Aquitanique, par Jean de La Haye, baron des Coutaux, conten. l'origine des Poictevins. Poictiers, 1648. — De l'université de la ville de Poictiers, du temps de son érection, du recteur et officiers et officiers et privilèges de lad. université. Poictiers, 1648. — En un vol. in-fol., front. gravé, bas.   15 fr.

20943. **Principauté de Monaco** (Documents historiques relatifs à la) dep. le xv⁰ siècle, rec. et publ. par Gust. Saige. Monaco, 1888-91, 3 gros vol. in-4, pap. vergé, cart., non rognés.   28 fr.
   Non mis dans le commerce.

20944. **Estat** de ce qui a esté reçeu et assigné en ceste présente année par le trésorier de l'Espargne Mᵉ Raoul Moreau de la vente de partie du temporel des personnes ecclésiastiques par les receptes generales cy après déclarées ainsi qu'il s'ensuyt y comprins la somme de LXXIX ᵐ. viij ᶜ. iiij ˣˣ l. fournye pour les Suisses de l'année mil vᶜ LXiij. 7 p. Mss. in-fol.   6 fr. 50
   Document original sur vélin d'une belle écriture du xviᵉ siècle. Voici les noms de villes et provinces qui figurent dans cet état de répartition : *Paris, Chaallons, Amyens, Rouen, Bourges, Tours, Poictiers, Ryom, Agen, Lion, Bourgongne, Daulphiné, Bretaigne.*

20945. **Antiquités Nationales** ou recueil de monumens pour servir à l'histoire générale et particulière de l'Empire François tels que tombeaux, inscriptions, statues, vitraux, fresques, etc., tirés des abbayes, monastères, châteaux et autres lieux devenus domaines nationaux, par Aubin-Louis Millin. 1790-an VII, 5 vol. in-4, nombr. fig., v. porphyre, dent., tr. marbr.   70 fr.
   Ouvrage important et des plus intéressants qui nous a conservé des vues de châteaux, d'abbayes et autres monuments civils et religieux qui ont été détruits pendant la Révolution. — Bel exemplaire.

20946. **Millin** (A L.). Voyage dans les départemens du Midi de la France. 1807-11, 4 vol. in-8 et atlas in-4, de 80 pl., dem.-rel., tr. ébarb.   30 fr.
   Ouvrage intéressant et recherché.

20947. **Nervèze** (Mᴵˡᵉ de). Pensées chrestiennes dédiées à Monsieur frère unique du Roy. 1662, pet. in-8, v. m., fil., milieu avec cartouche à pet. fers. (Rel. du temps).   7 fr. 50

20948. **Walckenaer**. Mémoires touchant la vie et les écrits de Marie de Rabutin-Chantal, dame de Bourbilly, marquise de Sevigné. 1842-51, 5 vol. in-12, dem.-rel., v. bleu.   10 fr.

20949. **Magnin** (Ch.). Histoire des Marionnettes en Europe dep. l'antiquité jusqu'à nos jours. 1852, gr. in-8, br.   7 fr. 50

20950. **Effets du luxe** (Discours de la nature et des), par le P. G. B. (le P. Gerdil, barnabite). Turin, 1768, in-8, dem.-rel., toile lustrée, non rogné.   5 fr.

20951. **Arte Cisoria** o tratado del arte del corter del Chuchillo que escrivio Don Henrique de Aragon, marques de Villena. En Madrid, 1766. Pet. in-4, vel. (Bel exempl.).   12 fr.

20952. **Henry-le-Grand** (Histoire du Roy) composée par Hardouin de Péréfixe, evesque de Rodez. Amsterdam, Louys et Dan. Elzevier, 1661, pet. in-12, dem.-rel., v. rose.   6 fr.

20953. **Bibliothèque Nationale**. Essai sur la Bibliothèque du Roi av. des notices sur les depôts qui la composent et le catalogue de ses princip. fonds, par Le Prince, nouv. édit. augm. des Annales de la Bibliothèque présent. tous les faits qui se rattachent à l'hist. de cet établissement dep. son origine jusqu'à nos jours, par L. Paris. 1854, fort vol. in-12, br.   3 fr.
   Sous une forme concise cet ouvrage résume l'histoire de notre premier dépôt littéraire depuis son origine, sous St-Louis. On y trouve des indications nombreuse sur la nature des fonds Baluze, Le Tellier, Colbert, Dupuy, etc , les grandes collections provinciales, formées par les Bénédictins, sont décrites dans ce volume qui renferme encore une description du Cabinet des titres généalogiques, des reliures historiques, du Cabinet des estampes et des médailles, et des collections géographiques.

20954. **Livres armoriés**. Copioso ristretto de gli annali di Rausa. Libri quattro di Giac. di P. Lucarri. In Venetia, 1605, pet. in-4, port., v., fil.   10 fr.
   Exemplaire aux armes de Léonor d'Estampes de Valençay, évêque de Chartres et ensuite archevêque de Reims.

20955. **Girardin** (Œuvres diverses de Mᵐᵉ Emile de), née Delphine Gay. 1860, 5 vol. gr. in-8, br.   8 fr.
   Lettres parisiennes. 2 vol. — Nouvelles et contes. 1 vol. — Romans. 1 vol. — Théâtre.

20956. **Bible** (La Sainte) en lat. et en franç., trad. de Le Maistre de Sacy, rev. et corrig. d'apr. celle de Vence, suiv. de dictionnaires etymolog., archéologiq., philolog. et d'un dictionnaire geograph., par Barbié du Bocage. Paris, Lefèvre, 1834, 13 vol. in-8, pap. vélin, fig., br.   20 fr.
   Très belle édition imprimée par Crapelet.

20957. **Gravures bibliques**. Suite de 14 figures pet. in-4, montées sur papier fort représentant les Prophètes, dessinées et gravées en taille-douce par Léonard Gaultier. *L. Gaultier incidit, J. Messager excudit.* Vers 1590.   10 fr.

20958. **Elzévir français**. De la Sagesse, trois livres par P. Charron, Parisien. Suivant la vraye copie de Bourdeaux. A Leyde, chez Jean Elsevier, 1656, pet. in-12, front. gravé représentant la Vérité nue sortant d'un puits, v. m., fil., tr. dor.   10 fr.
   La figure de la Vérité nue est intacte et non barbouillée comme on la voit dans beaucoup d'exemplaires.

20959. Montaigne (Michel, Seign. de). Essais. Amsterd , Ant. Michiels, 1659, 3 vol. pet. in-12, frontisp. avec port. de l'auteur gravé par Clouwet, v. br.   20 fr.

Edition recherchée, imprimée à Bruxelles par Foppens, et qui fait partie de la collection des Elseviers.

20960. Frédéric II (Œuvres posthumes de), roi de Prusse. Berlin (Strasbourg), 1788, 15 vol. in-8, portr., br.   12 fr.

Mouillure au commencement du tome II.

20961. Chevalerie (Dissertations historiques et critiques sur la) ancienne et moderne, séculière et régulière avec notes par le R. P. Honoré de Sainte-Marie. 1718, in-4, v. porphyre, fil. (Bel exemplaire).   12 fr.

20962. Vulson de la Colombière (Marc de). De l'office des hérauds d'armes et des poursuivans, de leur antiquité, de leurs privilèges et des principales cérémonies où ils sont employez par les roys et princes souverains de la Chrestienté et la plupart des princes qui relèvent d'eux. Paris, Cramoisy, 1645, pet. in-4, rel. neuve en v. marbr. à l'imitat. antique.   20 fr.

Le plus rare des ouvrages de Vulson de la Colombière. La figure des hérauts d'armes qui se voit en tête comme frontispice est remontée.

20963. Origine des noms (Traité de l') et des surnoms, de leurs diversitez, de leurs proprietez, de leurs changements avec plus. questions importantes sur les noms et sur les armoiries, par Gilles André de La Roque. 1681, in-12, v.   7 fr. 50

20964. Wolfius (Christ.). Philosophia rationalis sive *Logica*, methodo scientifica pertractata, — Philosophia prima sive Ontologia methodo, etc., — Philosophia pratica universalis, etc., — Psychologia empirica, etc., — Psychologia rationalis, etc., — Theologia naturalis, etc , — Cosmologia generalis, etc., — Theologia naturalis, methodo, etc., — Elementa matheseos universæ. Veronæ, 1735-1754, 13 vol. in-4, perc. gauf.   25 fr.

Jean Chrét., baron de Wolf, célèbre philosophe, professeur à Halle de droit, de philosophie, de mathématiques, développa et continua la philosophie de Leibnitz, révolutionna l'enseignement en Allemagne par sa méthode qui est l'application des méthodes des géomètres à tout l'ensemble de la philosophie. Poursuivi par la haine des théologiens, il fut chassé de l'université de Halle et de Prusse, recueilli par le landgrave de Hesse Cassel, sollicité par Pierre le Grand et enfin rappelé et réinstallé à Halle par Frédéric le Grand.

20965. Æliani Tactica sive de instruendis aciebus (gr.-lat.) cum notis et animadversionibus Sixti Arcerii, acced. Præliorum aliquot descriptiones et nonnulla alia, additis tabulis æneis. Lugd. Batavor., ap. Ludovic. Elzevirium, 1613, pet. in-4, fig. de batailles, vél.   5 fr.

Louis Elsevier est le premier de la famille des Elsevier. Les livres qu'il a publiés avant 1620 sont beaucoup plus rares que les autres.

20966. Eutropii insigne volumen quo Romana Historia universa describitur. — **Pauli** diaconi Aquileiensis. De Gestis Langobardorum libri VI. Basileæ, 1532, in-fol., dem.-rel.   5 fr.

20967. Eloge de l'Enfer, ouvrage critique historiq. et moral. La Haye, 1759, 2 vol. in-12, front., fleurons, vignettes et 15 fig. par Sibelius, v. m.   12 fr.

Ouvrage curieux attribué à Bernard, d'après une note de von Thol. Paul Lacroix estime que l'auteur est le savant libraire J. F. Bénard dont le nom a été estropié, lequel aurait été amené naturellement à écrire l'*Eloge de l'Enfer*, en rédigeant le texte des *Superstitions ancien. et modernes*, qu'il publiait en 1736. — Bel exemplaire sur PAPIER FORT.

20968. Bussy-Rabutin. Histoire amoureuse des Gaules. Londres, 1777, 5 vol. pet. in-12, v. marbr.   10 fr.

20969. De Lyonne (Mémoires de) au Roy, interceptez par ceux de la garnison de Lille. Le Sr Heron, Courier du Cabinet, les portant à l'armée de Paris. S. l. (Hollande), 1668, pet. in-12, vél.   4 fr.

Ce volume, assez rare, imprimé en Hollande, fait partie de la collection des Elsevier. Il contient, en outre des mémoires, quelques autres pièces et des *Remarques* qu'on attribue à Lisola.

20970. Bembi (P.) Historiæ Venetæ libri XII. Venetiis, ap. Aldi filios, 1551, in-fol., v.   6 fr.

Exemplaire très grand de marges qui paraît être en GRAND-PAPIER.

20971. Storie Fiorentine di Messer Bernardo Segni gentilhuomo Fiorentino del anno MDXXVII al MDLV colla vita di Nic. Capponi gonfaloniere. In Augusta, 1723, in-fol., dem. vel. anc.   5 fr.

20972 Aretino (Dialogues du divin Pietro). Première partie. Paris, Lisieux, 1879, 3 vol. pet. in-18, pap. verge, br.   6 fr.

Première journée. La vie des religieuses. — Deuxième journée. La vie des femmes mariées. — La vie des courtisanes.

20973. Toscanella (Quadrivio di Oratio) il quale contiene un trattato della strada, che si ha da tenere in scrivere istoria. Venetia, 1567 — Tutte le Rime della illustriss. et eccellentiss. sign. Vittoria Colonna, marchesana di Pescara. Venetia, s. d. — Ens. 2 ouvr. en 1 vol. in-8, v. m.   5 fr.

20974. Poesie drammatiche rusticali, scelte et illustrate con note dal Giu. Ferrario. Milano, 1812, gr. in-8, très jolies fig. en taille-douce, v. rac., dent., tr. dor.   12 fr.

Bel exemplaire en GRAND-PAPIER VÉLIN fort. Il contient : *La Catrina* ed *Il Mogliazzo* di Fr. Berni. — *La Tancia* di Mich. Buonarroti. — *Assetta* di Fr. Mariani. — *Capotondo* di Sil. Cartajo. — *Coltellino* di Nic. Campani. — *Canzone per Maggio* di F. Baldovini. — *Catalogo* ragionato di commedie rusticali. On y a relié à la fin du dernier volume : *Le Nozze di Maca*, di Fr. Mariani, sorti des mêmes presses, également en grand papier vélin.

20975. Memorie Bresciane (Le) opera istorica et simbolica di Ott. Rossi. Brescia, 1614, in-4, front. et fig. en taille-douce, cart.   5 fr.

Nombreuses figures dans le texte et hors texte représentant des antiquités, statues, etc., et reproductions d'inscriptions.

20976. Forche Caudine (Le) illustrate, per F. D. Caserta, 1778, gr. in-fol., carte et grandes pl. qui se déployent, cart. 3 fr. 50

20977. Storia d'Italia continuata da quella del Guicciardini sino al 1789. 1832, 15 vol. in-18, portr. gravé par Blanchard d'après Devéria, dem.-rel., toile.   3 fr. 50

20978. Valery. Voyages historiques, litt. et artistiques en Italie, guide raisonné et complet du voyage et de l'artiste. 1838, 3 vol. in-8, carte, dem.-rel., v. fauve. (Bel exemplaire).   6 fr.

20979. Manuscrits italiens de la Bibliothèque nationale (Inventaire des) qui ne figurent pas dans le catalogue de Marsand, par G. Raynaud. 1882, in-8 de 150 p., br. 2 fr.

20980. Bertholde (Hist. de) trad. libre de l'ital. de J. C. Croci. La Haye, 1762, 2 tom. en 1 vol. pet. in-12, front. et titres gravés, v. m. 2 fr. 50

20981. Merlini Cocaii (Opus) poetæ Mantuani macaronicorum, toïum in pristinam formam per me Magistrum Acquarium Lodolam optime redactum. Venetiis, 1613, in-12, fig. sur bois, vél. 5 fr.

20982. Fond du Sac (Le) ou recueil de contes en vers et en prose et de pièces fugitives. Paris, Leclère (Lyon, imprim. de L. Perrin), pap. de Hollande, avec de charmantes figures à mi-page d'après l'édition Cazin. Pet. in-8, plié en feuilles dans un carton. 15 fr.
 Un des plus beaux volumes imprimés par L. Perrin de Lyon — Exemplaire avec une double suite des eaux-fortes tirées à part.

20983. Point de lendemain, conte (par Vivant Denon). Lyon, imprimerie L. Perrin, 1866, in-8, fig. en taille-douce à mi-page, br., avec la couverture originale. 8 fr.
 Conte des plus charmants et des plus délicats. Réimpression de l'édition de 1777, tirée à petit nombre. — Exemplaire sur papier chamois, avec dédicace de l'éditeur : « A mon ami, souvenir de l'Orangerie, Leclerc. »

20984. Art de fumer (L') ou la pipe et le cigare, poème en 3 chants suivi de notes par Barthélemy. 1844, in-8, avec la couverture en rouge et noir, br., non rogné. 5 fr.

20985. Parny. La Guerre des Dieux, poème en 10 chants. 1808, in-18, dem.-rel. 2 fr.

20986. Théâtre français au Moyen-Age, publ. d'après les manuscrits de la Bibliothèque du roi, par Monmerqué et Francisque Michel. 1839, gr. in-8 à 2 col., dem.-rel., v. 8 fr.

20987. Molière (Histoire de la vie et des ouvrages de), par J. Taschereau. 1828, in-8, dem.-rel., v. bl., non rogn. 4 fr.

20988. Molière (Mémoires sur) et sur Mᵐᵉ Guérin, sa veuve, suiv. des mém. sur Baron et s. Mˡˡᵉ Lecouvreur, par l'abbé d'Allainval. 1822, in-8, br. 3 fr.

20989. Festin de Pierre (Observations sur une comédie de Molière intitulée le), par le Sʳ de Rochemont. 1665, in-16 dem.-rel., chagr. v., dore en tête, tr. ébarb. 4 fr.
 Réimpression faite par Gay à Genève, elle est précédée d'une notice bibliograph. par le Bibliophile Jacob. Exemplaire sur papier de Hollande.

20990. Ancien théâtre. Le Capitan par un commédien de la Troupe jalouse. 1638, pet. in-8, v. marbr. 8 fr.

20991. Personnages de Shakspeare (Galerie des) dans les principales scènes de ses pièces avec une analyse succincte de chaque pièce et la reproduction en anglais et en français des scènes auxquelles se rapportent les 80 gravures dont cet ouvrage est orné, par Amedée Pichot et Old Nick (E. Forgues). 1844, gr. in-8, avec 42 pl. sur acier et 88 bois, rel. de l'éditeur avec fers spéciaux, perc. bleue, tr. dor. 12 fr.

20992. Femmes de Shakspeare (Galerie des), collection de 45 portraits gravés par les premiers artistes de Londres, enrichis de notices critiques et littéraires (par Villemain, Philarète Chasles, Georges Sand, Emile Deschamps, Casimir Delavigne et autres). Paris, Delloye, s. d., gr. in-8, pap. vélin avec superbes portraits gravés sur acier, mar. rouge à longs grains, fers spéciaux de l'édition sur les plats, tr. dor. 20 fr.
 Parmi les 45 portraits de ce volume se trouve un portrait de JEANNE D'ARC. Exemplaire non signé. — Ex-libris de Van der Helle.

20993. Mistriss Robinson (Mémoires de), célèbre actrice de Londres, conten. des dét. curieux sur sa carrière dramatique, ses amours av. le prince de Galles; son voyage en France et ses relations av. le duc d'Orléans et plus. personnages célèbres, trad. de l'angl. 1802, in-8, portr., br. en cart., n. rogn. 2 fr. 50

20994. Corneille et son temps, étude littéraire par Guizot. 1852, in-8, maroq. vert du Lev. à nerfs, tr. marbr. 5 fr.

20995. Scarron. Le Romant comique. Suivant la copie (Amsterdam, Abrah Wolfgang, au Quærendo), 1662-63, 2 vol. pet. in-12, frontisp. gravé, v. fauve. 15 fr.
 Très jolie petite édition recherchée qui fait partie de la collection des Elsevier.

20996. Sarasin (Œuvres de). 1683, 2 tom. en 1 vol. in-12, v. br. 5 fr.
 Edition très complète des œuvres de Sarasin. Elle comprend : Discours de Pellisson, — Histoire du siège de Dunkerque, — la Conspiration de Valstein, — s'il faut qu'un jeune homme soit amoureux, — discours, — opinions du nom et du jeu des Eschets, — la pompe funèbre de Voiture, — l'Ode sur la bataille de Lens, — les Poésies diverses, — du lot vaincu ou la défaite des bouts-rimés. — Bellum parisiticum satyra. — Etc.

20997. Scudéry. Alaric ou Rome vaincue, poème héroïque déd. à la seren. reine de Suède. Leyde, J. Sambix, 1654, pet. in-8, bas. 3 fr. 50
 Contrefaçon de l'édition des Elzevier faite en France.

20998. Poésies du XVIIᵉ siècle. 8 pièces et opuscules in-4. 12 fr.
 Dialogue de Damon et Sylvie. 1616, 7 p. in-8. — Les Alcyons ou métamorphoses de Ceyx et d'Alcyonne, mises de nouveau en vers françois par R. et C de Massac. 1616, 16 p. — Poèmes sur la levée du siège de Cazal et réduction en l'obéissance du Roy de toutes les villes rebelles de son royaume, par le Sʳ Bertaut, faisant charge de la poésie près de sa Majesté (vers 1630). 7 p. — Paraphrase sur le *Vexilla Regis* ou harangue aux chrestiens pour les exhorter à combattre les ennemis de nostre salut (vers 1630). 8 p. — Le Flambeau d'Olympe dédié à Mgr le duc de Beaufort avec la voix et les vœux du peuple françois sur le sujet de ses victoires, par le Sʳ Barroys. 1649, 8 p. — La Pyralide, par le Sʳ Barrois, suiv. du Chant Royal sur le siège de Paris. 1649, 8 p. — Les Délices de la Paix représentez par les Estats et les villes de ce royaume, par le Sʳ Bertaut. 1649, 20 p. — Les occupations cléricales durant les vacations extraordinaires du Palais de l'an mil six cent quarante neuf (après la prise de Courtray), élégie. 12 p. — La Satyre du temps ou la guerre déclarée aux partisans en vers burlesques (par Scarron) 1649, 7 p. (Edition originale.) — Vers sur l'effigie ou image de la Justice qui estoit en haut du feu d'artifice fait en la place de Grève le 5 sept. 1649. 2 p.

20999. Poésies du XVIIᵉ siècle. 14 pièces in-4. 10 fr.
 Sonnets sur la naissance de Monseign. le Prince, présentez à Madame. 1650, 20 p. — La France affligée respondant à toutes les personnes et les corps qui suivent, vers héroïques. 1652, 31 p. — Poème contre le schisme ou plainte de l'Eglise

contre ses enfans rebelles, par de Brébeuf. 1658, 23 p. — Chant nuptial sur le mariage du Roy (par La Mesnardière, lecteur ordinaire du Roy). Paris, de l'Imprim. Royale (1660), 25 p. pet. in-fol. (Edition originale ; le titre un peu coupé dans le bas). — L'amour céleste sur le mariage de Louis XIV, Dieu-donné, et de Marie-Thérèse d'Autriche, par de Saincte-Garde, Bernoüin. 1660. 29 p. — Sur le mariage du duc de Bourgogne, madrigal (par Mlle de Scudéry). Cadomi, 1697, 3 p. — Au Roy, sur la paix de 1678. 4 p. — Epistre au Roy sur ses conquêtes, par Bern. de Hautmont, de l'Acad. de Villefranche Orléans, 1641, 4 p. — Sur la paix nouvellement conclue, poème héroï-burlesque, par F. Colletet. 1678, 8 p. — Le portrait du Roy. 1673, 10 p — Le Geay, nouvelle allégorique. 1675, 8 p. — Etc.

21000. Poésies burlesques composées pendant les troubles de la Fronde. Année 1649. Réunion de 35 pièces in-4.   20 fr.

La guerre civile en vers burlesques. — Vers burlesques envoyez à M. Scarron sur l'arrivée du convoy à Paris. — Le rabais du pain en vers burlesques. — Paris débloqué ou les passages ouverts, en vers burlesques. — La curieuse et plaisante guerre des plaideurs en vogue, en vers burlesques. — Le cartel burlesque de deux amis envoyé de Paris à Rueil et refusé pendant la Conférence. — Satire sur le grand adieu des niepces de Mazarin à la France, en vers burlesques. — La Satyre du temps ou la guerre déclarée aux partisans, en vers burlesques. — La chasse aux satyres du temps, vers burlesques. — L'asne du procureur ressuscité, en vers burlesques. — Extase de la France mourant d'amour pour Jésus-Christ crucifié, en vers burlesques. — Paraphrase sur le bref de Sa Sainteté envoyé à la Reyne régente, en vers burlesques. — La Passion de Nostre-Seigneur en vers burlesques. — La Mercuriade ou l'adjournement personnel envoyé à Mazarin par le cardinal de Richelieu, en vers burlesques. — Le burlesque On de ce temps qui sçait tout, qui fait tout et qui dit tout. — Suite et seconde partie du burlesque On de ce temps. — Le grand poète burlesque de l'escole d'Asnières, en vers burlesques — Lettre joviale à M. le marquis de la Boulaye, en vers burlesques. — Etc., etc.

21001. Poésies satiriques et autres. 12 pièces et broch. in-8.   5 fr.

La Cléopédie ou la théorie des réputations en littérature, par P. Daru, an VIII. 60 p. — Les petits tableaux ou la petite lanterne-magique, par Ch. Désandray. Versailles, 1801, 16 p. — Le défenseur de la Philosophie. satire. An VIII, 31 p. — Melpomène et Thalie, par Colin Harleville. An VII, 40 p. — Stances contre un fabricateur de lettres anonymes, par B. Imbert. 1807, 14 p. — St-Roch et St.-Thomas, nouvelle (par Andrieux). 1802, 15 p — Réponse de St-Roch et de St-Thomas à St-Andrieu. 1802, 12 p. — Querelle de St-Roch et de St Thomas sur l'ouverture du manoir céleste à Mlle Cnameroy. 8 p. — Etc., etc.

21002. Du Bartas (Les œuvres de G. de Saluste, Sr du Bartas, reveues, corrigées, augmentez de nouveaux commentaires, annotations, et embellies de figures, plus a esté adjousté la première et seconde partie de la suite, avec l'argument général et amples sommaires au commencement de chacun livre, par S. G. S. (Simon Goulart, Senlisien). Paris, 1611, in-fol , titre gravé et fig. en taille-douce, v. fauve, fil. (Rel. ancienne).   55 fr.

Edition la meilleure et la plus complète des poésies de Du Bartas. — Bel exemplaire.

21003. Deschanel (E). Physiologie des écrivains et des artistes ou essai de critique naturelle. 1864, in-12, br.   1 fr. 50

21004 Livre des Sonnets. Dix dizains de sonnets choisis (de Louise Labé, P. de Ronsard, Joach. du Bellay, Franc. de Malherbe, G. Colletet, Benserade, P. Corneille, J. de la Fontaine, Ste-Beuve, Alfr. de Musset, J. Soulary, Fr. Coppée, Th. de

Banville, précéd. de l'histoire du sonnet par Ch. Asselineau). Paris, Lemerre, 1874. Pet. in-8, br. (avec la couverture).   10 fr.

Exemplaire sur GRAND-PAPIER DE CHINE.

21405. Janin (Jules) Béranger et son temps, frontisp. avec portrait à l'eau-forte de Staal. Paris, Pincebourde, 1866, 2 vol. in-16, br.   10 fr.

Exemplaire sur PAPIER DE CHINE, avec le portrait en noir et en couleur en trois états.

21006. Pasquier (Estienne). Des recherches de la France, livre I, plus un pour parler du Prince. Orléans, P. Trepperel, 1567. 2 tom. en 1 vol. in-16, titre dans un encadrem. grav. s. bois, cart.   12 fr.

Edition rare, imprimée à Orléans.

21007. Annuaires historiques (Collection des) de la Société de l'histoire de France, 1836-63, 27 années en 19 vol. in-16, dem.-rel., v. fauve.   40 fr.

Collection complète depuis son origine. — Ces annuaires contiennent des travaux très intéressants qui ne se trouvent que là. Observations sur les cartes à jouer, par Duchesne. — De la chanson musicale en France, par Bottée de Toulmon. — Liste des théâtres, amphithéâtres et cirques romains dont il existe des vestiges en France. — Liste par ordre alphabétique des lieux où l'on a battu monnaie dep. l'invasion des Francs jusqu'à la mort de Charles le Chauve. — Palais et maisons des rois de France. — Liste des évêchés de la Chrétienté ancienne et moderne, avec leurs noms latins. — Liste des archevêques et évêques de France. — Topographie ecclésiastique de la France. — Liste générale des Saints d'après le Martyrologe général. — Etc. — Le dernier volume contient une table générale des matières contenues dans les 27 années de la collection. — Quelques-uns de ces volumes sont épuisés et devenus très rares.

21008. Courtisan désabusé (Le), ou les pensées morales d'un gentilhomme qui a passé une grande partie de sa vie à la Cour et à la guerre. (par de Bourdonné, parisien). 1696, in-12, v.   2 fr. 50

21009. Domesticité chez les peuples (De la) anciens et modernes, par Grégoire, anc. év. de Blois. 1814, in-8, br.   4 fr.

21010. Evangile du peuple (L') (par l'abbé Bertrand). Dijon, 1849, in-8, br.   1 fr. 50

21011. Exorcismes (Relation véritable contenant ce qui s'est passé aux) d'une fille appellée Elisabeth Allier, natifve de La Coste S. André en Dauphiné, possédée depuis vingt ans par deux démons nommez Orgueuil et Bonifarce, et l'heureuse délivrance d'icelle fille après six exorcismes faits au couvent des FF. Prescheurs de Grenoble, par le R. P. François Farconnet, religieux du mesme ordre, avec quelques raisons pour obliger à croire la possession et la délivrance. Jouxte la copie imprimée à Grenoble, 1649, in-8, br.   3 fr. 50

Réimpression fac-simile, faite à Lyon en 1875 et tirée à très petit nombre. — Exemplaire en GRAND-PAPIER DE HOLLANDE.

21012. Université (Histoire de l') dep. son orig. jusqu'à nos jours, par E. Dubarle. 1829, 2 vol. in-8, dem.-rel.   5 fr.

21013. Rapini (Renati) Hortorum lib. IV, et cultura hortensis hortorum historiam addidit G. Brotier. Parisiis, Barbou, 1780, in-12, v. m., fil., tr. dor. (A la reliure de Barbou).   3 fr.

21014. De La Chambre. Nouv. observat. et conjectures sur l'Iris. 1650, in-4, fig. en taille-douce, v., fil.   4 fr.

21015. Journal de Naconne, œuvre inéd.

de Berchoux (publ. par Aug. Ducoin). 1844, in-8, br. 2 fr. 50

Curiosité littéraire tirée à 50 exemplaires — En 1795, une société d'épicuriens se réunissait à St-Symphorien-de-Lay, près de Roanne. Berchoux, l'âme de la société, eut l'idée de lire dans les assemblées un journal politique humoristique où il flagellait les puissants du jour. Un membre de la réunion copia le journal imaginaire, et c'est d'après ce manuscrit qu'on imprima cette brochure, dont les exemplaires sont devenus rares.

21016. **Franklin** (Correspondance inédite et secrète du Dr), ministre plénipotentiaire des Etats-Unis d'Amérique près la Cour de France dep. l'année 1753 jusqu'en 1790. Paris, 1817, 2 vol. in-8, portr., dem.-rel. bas. 3 fr. 50

21017. **Sedaine**. Pièces fugitives de M. S*** (Sedaine). 1752, in-12, v. m. 2 fr. 50

21018. **Incunable de Venise daté de 1476**. Quadragesimale secundum de quatuor vitiis capitalibus scilicet gula, ira, invidia et accidia. (In fine :) Explicit Sermonarium triplicatum per Adventum .. compilatum per venerabilem fratrem Michaelem de Mediolano. . Impressum vero Venetiis per Franciscum de Hailbrun et Nicolaum de Franckfordia socios. M.CCCC. lxxvi (1476). Laus Deo. Pet. in-4, goth à 2 col. de 42 lignes, parch. 25 fr.

21019. **Incunable de Vicence**. Æneas Sylvius de duobus amantibus. (In fine .) Libellus ornatissimus elegantissimusque Æneæ Silvii poetæ Senensis de duobus amantibus feliciter finit. (Absque nota, sed Vicentiæ, Joaunes de Reno, circa 1476). Pet. in-4, caractères ronds de 24 et 25 lignes à la page, parch. 25 fr.

Édition très rare, imprimée avec les petits caractères ronds de Joannes de Reno, précédemment établi à Santorso. (Voir Proctor, N° 7146). Hain, N° *218). — Manque le 1er feuillet a i contenant le début du texte.

21020. **Incunable de Milan daté de 1476**. Francisci Philelfi Satyrarum Hecatostichon. Impressæ Mediolani Galeacio Maria Sphortia invictissimo duce quinto florente per Christophorum Valdarpher Ratisponensem hujus eximiæ artis imprimendi consummatissimum magistrum. Anno a natali Christiano Millesimo quadragentesimo septuagesimo sexto (1476), idibus novembribus. In-fol., caractères romains, v., dos de mar r. ancien. 250 fr.

« Première édition, très rare et fort recherchée, » dit Brunet. — Ces satires sont pleines d'invectives et d'obscénités. « Il faut, dit Ginguené, avoir essayé de lire ces productions monstrueuses pour se figurer un pareil debordement de fiel. » — Bel exemplaire réglé, très grand de marges, presque non rogné, dans le plus parfait état de conservation, indemne de toute piqûre et sans aucun défaut.

21021. **Impression lyonnaise**. Sermones super Apocalipsim. In Apocalipsim sacratissimarum Christi et totius militantis Ecclesie revelationum melliflua explanatio plurimum omnibus divinum Verbum predicantibus accommoda atque necessaria adeo ut per ea que in presenti libro annotantur per anni circulum et quam maxime in quadragesima et adventu ipsis declamatoribus materia sufficiens atque copiosa reperiatur, habentur, compleatur. Venundantur a Stephano Guenard, prope S. Antonium (Lugduni, circa 1510). Pet. in-4, gothique à 2 col., titre en rouge et noir dans une bordure historiée, avec portraits

de saints grav. s. bois et lettres ornées à personnages, dem.-rel., vél. 20 fr.

Volume rare. — Exemplaire bien conservé.

21022. **Legalis dialectica** ab auctore (Petro Andrea Gammato Bononiensi) recognita et multis additionibus ornata noviter impressa. Impressum Bononiæ in ædibus heredum Benedicti Hectoris de Faellis calcographis formarum accuratissimorum anno Salutis M D XXIIII (1524). Pet. in-4, titre en gothique dans une bordure gavée s. bois, marque d'imprimeur à la fin, couv. en pap. 7 fr. 50

21023. **Virgilii** (P.) Maronis poetæ principis opera cum commentariis Servii, Donati, Mancinelli, Ascensii, etc. Venetiis, in ædib. Lucæ Ant. Juntæ, 1533. In-fol., fig. sur bois, dem.-rel. anc. 15 fr.

Avec de curieuses figures sur bois d'un style archaïque, copiées sur celles de l'édition publiée à Strasbourg au xve siècle par Gruninger. — Raccommodage dans le coin supérieur du titre, avec emportement de quelques lettres.

21024. **Figures sur bois** (Livres avec). Marci Actii Plauti linguæ latinæ principis comœliæ XX vivis pene imaginibus excultæ. Venetiis, per Melchior. Sessam et Petrum de Ravanis socios, 1518. In-fol., avec jolies fig. s. bois à mi-page, dem.-rel., vét. 35 fr.

Édition rare. — L'exemplaire est bien conservé, mais le titre est remonté.

21025. **Silhon** (De). Le Ministre d'Estat, avec le véritable usage de la politique moderne, par le Sr de Silhon. Jouxte la copie (Leyde, Bon. et Abr. Elzevier), 1643-48, 2 vol. pet. in-12, vél. de Holl. 10 fr.

Véritable Elsevier de Leyde, très bien imprimé. — Bel exemplaire

21026. **Almanach de nos grands hommes** (Le petit), pour l'année 1788. S. l., 1788, in-12, dem.-rel. anc. 5 fr.

Première édition de cet ouvrage paru sans nom d'auteur, mais avoué par Rivarol quand il vit qu'on l'attribuait à Champcenetz. Le succès fut énorme, comme le scandale; jamais on ne s'était moqué de tant de gens à la fois, et jamais avec une malice plus impartiale et plus amère.

21027. **Révolution française** ou analyse complète et impartiale du Moniteur, suivi d'une table alphabétique des personnes et des choses. An IX (1801-1802), 7 vol. in-4, frontisp. gravé, dem.-rel. anc., v. marbr. 20 fr.

Les tables qui forment les tomes 4, 5, 6 et 7, sont ainsi divisées : Noms d'hommes, 2 vol. — Noms des villes, 1 vol. — Titres des matières. 1 vol.

21028. **Révolution**. Défense et apologie de la Montagne. Très curieuse affiche révolutionnaire in-fol., tirée sur papier bleu. (Parfait état de conservation). 15 fr.

Cette affiche a pour titre, en grosses lettres : Un moment, pour attirer l'attention des passants. Au-dessous on lit ces mots en guise d'exorde : « A tous les coins de rues, partout où il y a des affiches, dans les caffés, dans les grouppes, dans les spectacles, j'entends des individus qui ont des yeux comme moi, des oreilles comme moi, qui achètent et lisent les journaux comme moi, enfin qui vont à la Convention comme moi, se demander : Qui donc a raison, de la *Montagne* ou du *Marais* ? L'un a tort et l'autre doit avoir raison. He bien ! promenons un instant nos réflexions sur la *Montagne* et dans le *Marais*, et tâchons de découvrir l'asile et la forteresse du Républicanisme ». Suivent en deux colonnes, l'une en face de l'autre, les questions et les réponses de chaque parti. Nous transcrivons un échantillon de ces questions mises en parallèle : Qui est-ce qui a insurgé contre le despotisme, de bonne foi ? La *Montagne* — Qui est-ce qui a voté la mort du tyran ? La *Montagne* ; etc... — Descendons maintenant dans le *Marais* : Qui est-ce qui voulait pendre au croc l'affaire de Louis Capet contre la République ? Le *Côté droit*. — Qui est-ce qui a tenté d'anéantir le Comité de Salut public ? Le *Côté droit*. — Etc., etc. — Cette pièce est signée Dracon, de la Montagne du Panthéon, et porte au bas cette mention : *Del'imprimerie de la Place de la Révolution*.

21029. Révolution. Armée du Nord et des Ardennes. 2 pièces in-4 et in-fol. 15 fr.

Projet présenté aux commissaires de la Convention près l'armée du Nord et des Ardennes, pour sauver la patrie, par le citoyen Montrol, lieutenant au 56ᵉ régiment, à l'armée des Ardennes (la levée en masse ; « il faut qu'animés d'un enthousiasme sacré, tous les hommes indistinctement quittent leurs foyers pour se porter aux frontières, qu'armés de lances, de fourches, ils fondent sur les satellites des despotes ». La République française ne pourrait-elle pas, avant de faire partir ses jeunes défenseurs, les obliger à contracter des liens qui assurassent à la Patrie des rejetons de la Liberté ? Ces enfans, dès le sein maternel, suceraient le lait de l'amour de la Patrie... » De l'imprimerie de la citoyenne veuve Nicolas (1793), 4 p. in-4. — Extrait de l'ordre des armées du Nord et des Ardennes du 5 ou 6 juin 1793 : Défense à tout gradé de donner aucun congé absolu ou limité, sous peine d'être fusillé. « Tout homme qui sera repris fuyant ou facilitant la fuite d'un soldat, sera fusillé sur-le-champ et sans aucunes formes de procès... Tout homme qui, à dater du jour de la connoissance du présent ordre, auroit une permission pour aller aux eaux, sera fusillé ..; etc... » Donné au quartier-général de Baillancourt le 5 juin 1793, signé le général de brigade, chef de l'état-major de l'armée : Desbrulys, contresigné par l'agent national chargé de rendre à l'armée les fuyards... A Arras, de l'imprimerie du citoyen Leducq. Placard-affiche pet. in-fol., avec le visa Mss. autographe suivant, au bas de la pièce : « *Le général de division Duval.* » (Raccommodage.)

21030. Ardennes. 7 pièces in-8 et in-4. 8 fr.

Le baptême des Ardennes suivi du repas du compère Thomas et de Mam'selle Tempérament (*sic*) chez Madame Miroton avec un septpseaume qui casse les verres et f.... le tour aux Feuillans. 1790, 7 p. in-8. — Adresse des électeurs du dép. des Ardennes, députés extraordinaires des villes de Mézières et Charleville, prononcée à la barre de l'Assemblée Nationale le 4 mai 1790 par Bailly, électeur député de Charleville. 4 p. in-8. — Loi relative aux commissaires de l'Assemblée arrêtés à Sedan. 18 août 1792, 2 p. in-4. — Discours prononcé à la barre de la Convention Nationale par la députation de la Société populaire, jacobite et montagnarde de Sedan. An II (1793), 8 p. in-4. — Lettre des commissaires de l'armée du Centre à l'Assemblée Nationale suiv. de lettres du Conseil général de la commune de Sedan et de M. Lafayette. An IV (1795), 7 p. in-8. — Projet dont la grandeur, la beauté, l'utilité, le produit et le peu de dépense ne peuvent être reconnus véritables qu'après en avoir fait la lecture prononcé par le citoy. Desmarais, bibliothécaire de Rocroy, départem des Ardennes (dégagement du Louvre et des Tuileries à Paris). 24 p. in-8. (Taché.)

21031. Forest des Ardennes (Figure d'un loup ravissant trouvé en la) et de la destruction par luy faicte en plus. bourgs, villages et dependances d'icelle forest, au moys de décembre dern. passé Jouxte l'ex. imprimé à Troyes, 1587, br. in-8 avec vign. sur bois au titre. 2 fr. 50

Récit des méfaits commis par une bête monstrueuse dans les villages. d'Orchimont, Fumay, Revin, etc. — Réimpression faite en 1876, à Lyon, par L. Perrin. — Exemplaire en Grand-Papier de Hollande.

21032. Normandie. Récits populaires de

crimes et d'exécutions. Pièces volantes de colportage. 2 pièces pet. in-4. 10 fr.

Sentence de mort rendue contre Jean Hoillet père et les trois enfans tous atteints et convaincus de vols et sacrilèges, d'avoir pris les vases sacrez dans les églises, d'avoir volé dans les forêts de Blangis et d'Aumale et de plusieurs autres crimes pour lesquels ils ont esté exécutez tous le même jour dans la place du Vieil Marché de Rouen le 23 aoust 1727. Permis d'imprimer et de colporter ce 28 aoust 1727, 2 p. — Arrest de la Cour du Parlem. de Rouen qui condamne le nommé Lavolsé, sa femme, son fils le cadet et sa servante, le père à être rompu et expirer sur la roue, le fils à être rompu et jeté au feu, sa femme pendue et brûlée et sa servante pendue pour avoir tué et assassiné leur fils aîné pour avancer leur cadet, conseiller au bailliage le samedi 19 juillet 1727. 1 p. Au verso : Jugement à mort qui condamne Eustache Podron dit Pistolet, manœuvre maçon, d'être pendu en place de Grève (pour vol commis nuitamment à Rennes en la boutique de Placide Meunier, marchande de toile). 22 juillet 1727, 1 p.

21033. Argentan. Déclaration des terres, fonds, baux et biens appartenant au Couvent de Saint Dominique d'Argentan fournie le 25 octobre 1732 à M. Daupeley contrôleur. 6 p. in-fol. 5 fr.

Document manuscrit.

21034. Coutances (Carte de l'évêché de) divisée en ses archidiaconés, dédié à Mgr de Talarn de Chalmazel, évêque de Coutances, dressée par Laurent. géographe, graveur. A Coutances, chez Wébert, libraire, 1769, 1 feuille gr. in-fol. 3 fr. 50

Cette carte a été en partie doublée et raccommodée. Elle est très réparable.

21035. Faits miraculeux (Deux discours sur les) advenus depuis quelque temps à l'endroit de plus. pèlerins de S. Michel du Mont de la mer, avec les cantiques ou chansons sur lesq. ont esté faits lesd. discours, ens. un sonnet sur la construction et bastiment de l'église et abbaye dudit Mont S. Michel en quel temps et soubz quel Roy de France a esté bastie et fondée et par qui, par Christofle de Bordeaux, Parisien, l'an de son aage LXXVI, et anc. Pélerin dud. Mont 1613, in-8, br. 3 fr.

Opuscule rarissime. — Réimpression faite en 1875, à Lyon, par L. Perrin. — Exemplaire en Grand-Papier de Hollande.

21036. Bayeux (Carte topographique du diocèse de) divisé en ses 4 archidiaconés et 7 doyennés, dédié à Mgr d'Albert de Luyne, évêque de Bayeux, par Jaillot, 1739, gr. in-fol., monté sur toile. 8 fr. 50

Dans le bas un plan de la ville et environs de Bayeux et un autre de la ville et faubourg de Caën. Cette carte, exposée à l'air sur un mur d'appartement, a jauni et a un peu souffert. Elle est réparable.

21037. Biographies Normandes. 11 pièces et broch., la plupart in-8. 6 fr.

Notice biograph. et littér. sur les deux Porée, par Alleaume. Caen, 1854, 90 p. — Notice histor. sur la vie et les travaux de Brunel (ingénieur, constructeur du tunnel de la Tamise, né à Hacqueville), par Ed. Frère. Rouen, 1850, 33 p. — Notice biogr. sur Franç. Rich. de la Londe (né à Caën en 1685), par Latrouette. Caën, 1850, 78 p. et 1 portr. — Notice sur Edouard Adam (chimiste, né à Rouen), par J. Girardin. Rouen, 1856, 30 p., 1 portr., 6 pl. et 2 facsimil. — Notice histor. sur la vie et les ouvrages de G. Lemonnier, peintre d histoire (né à Rouen). 1824, 23 p. — Notice histor. sur Moisson-Devaux (botaniste, né à Caen en 1742), par P. A. Lair Caën, 1803, 35 p. in-12. — Eloge de l'abbé de Vertot (né au château de Bennetot en 1655). Extrait de l'Acad. des Inscriptions. — Etc., etc.

21038. Abbaye de Clairmarais. Nomination par le Roi Louis XV, le duc d'Orléans, régent, présent de Dom Antoine de La Houssoye, comme abbé de l'abbaye de Clairmarais au diocèse de St Omer « dont la disposition nous appartient par droit de patronage royal ou autrement à la charge neanmoins de cinq mille livres de pensions annuelles et viagères » à certaines personnes dénommées dans l'acte, « Nous avons promis et promettons de pouvoir sur ce obtenir de notre S. Père le Pape, de l'evesque diocésain ou autres supérieurs ecclesiastiques toutes bulles apostoliques et provisions qu'il apartiendra », etc... Paris, 29 juin 1718. — Document original sur vélin avec la signature du Roi, contresignée : Phelippeaux.   10 fr.

21039. Paris. Voyage dans le département de Paris, par J. La Vallée. 1792. Cahier in-8, br.   6 fr.

Avec une carte de la France divisée en 83 départements et 10 arrondissements métropolitains, une autre coloriée du département de Paris divisé en 3 districts et 16 cantons, et 4 autres planches à l'aqua-tinta. (Costumes des habitans du départem. de Paris, vue de Paris ou Nord-Ouest, Panthéon français, château et campagne de Sceaux).

21040. Paris. 3 broch. in-8.   4 fr.

Notice sur un plan de Paris du XVI° siècle, nouvellem. découvert à Bâle, par Jules Cousin. 1875, 31 p. — François Miron et l'administration municipale de Paris sous Henri IV, par P. Cottin. 1885, 16 p. — Relation véritable de ce qui s'est passé en la sédition arrivée à Paris le 26 août 1648, par Alph. Feillet. 1866, 15 p.

21041. Paris (Harangue faicte au Roy à l'ouverture de ses Estats-Généraux en la ville de) pour le Tiers Estat le 27 octobre 1614, par Messire Robert Myron, prevost des marchands 1615 — Harangue prononcee en la salle du Petit Bourbon le 23° février 1615 à la closture des Estats tenus à Paris par Révér. Père en Dieu Messire Armand Jean Du Plessis de Richelieu, evesque de Luçon. — En un vol. pet. in-8, couv. en pap. (Rare).   8 fr.

21042. Paris. 8 pièces in-4 et in-8.   6 fr.

Ordonnance de police concern. l'illumination de la ville et fauxbourgs de Paris du 5 nov. 1778 — Ordonnance de police aux habitans de la ville et fauxbourgs de Paris d'illuminer la façade de leurs maisons samedi 26 décembre pour l'heureux accouchement de la Reine. 1778, 4 p. — Lettres patentes portant privilège exclusif de faire par le moyen du ventilateur la vuidange des fosses, puits et puisards et défense à toutes personnes de faire la vuidange dans la ville et fauxbourgs de Paris suivant l'anc. méthode. 1779, 4 p. — Déclaration du Roi qui autorise les prévôts des marchands et échevins de la ville de Paris à faire un emprunt de de 750,000 livres en rentes perpétuelles. 1781, 7 p. — Les Embellissements de Paris, pièce qui a remporté le prix de poésie à l'Institut impérial, par Marie J. J. Victorin Fabre. 14 p. — Etc.

21043. Paris. Etats-Généraux. 4 pièces in-4.   6 fr

Réquisitoire du Procureur du Roi et de la ville de Paris au sujet d'un imprimé ayant pour titre : Quels sont les moyens que doivent employer les habitans de Paris pour obtenir de nommer eux-mêmes leurs représentans aux prochains Etats-Généraux et n'en pas laisser la nomination aux officiers de l'Hôtel de Ville ? 1780, 28 p — Ordonnance pour avertir les habitans de la ville et des fauxbourgs de Paris de déposer dans un coffre à l'Hôtel de Ville, leurs mémoires et observations destinés au cahier de lad. ville aux Etats Généraux. 1789, 4 p. — Règlement fait par le Roi en interprétation de celui du 28 mars dernier concernant la convocation des Trois Etats de la Ville de Paris. 1789, 8 p. — Arrêt du Parlement pour maintenir l'ordre et la tranquillité publiques relativement aux assemblées qui doivent se tenir dans Paris concern. la convocation des Etats-Généraux. 1789, 4 p.

21044. Paris. Collèges, enseignement. 7 pièces et factums différ. formats.   10 fr.

Robert de Sorbon, fondateur de la Sorbonne, par H. Jadart. Reims, 1878, 64 p. in-8. — Mémoire sur l'affaire de Du Poirier, prêtre principal du Collège de Tours à Paris où l'on voit sa doctrine et celle de ses disciples. 1726, 4 p. in-4. — Raisons pour lesquelles l'evesque du Mans a mis le Collège du Mans au Collège des PP. Jésuites de Paris. (Vers 1632), 8 p. in-4. — Mémoires des facultez de droit et de médecine servant de réponse au mémoire imprimé au nom des Régens de la Faculté des Arts (question de préséance dans les processions générales et autres cérémonies publiques). 8 p. in-4. — Procès entre Pierre Lallemant, recteur de l'Université de Paris et les trois facultés de Théologie, Décret et Médecine (même question de préséance que ci-dessus). 1644, 32 p. in-4. — Mémoire pour les administrateurs, proviseurs, procureur, prêtres et communauté du Collège des Lombards fondé en l'Université de Paris contre Bigres de Chevilly et dame Bigres, marquise de Verneuil, légataires universels de Prat, leur oncle (contestation au sujet d'un legs de 100,000 livres fait au Collège des Lombards). 1750, 17 p. in-fol. — Mémoire pour la dame marquise de Verneuil contre les administrateurs du Collège des Lombards. 1750, 15 p. in-fol.

21045. Paris à l'époque de la Fronde. 14 pièces in-4.   8 fr.

Mémoires et plaintes des rentiers de l'Hostel de Ville de Paris sur les contraventions aux arrests, règlemens et déclaration du mois d'octobre 1648 présentez à Nosseign. du Parlement. 1649, 23 p. — Factum conten. les justes deffenses les rentiers de l'Hostel de Ville de Paris et les moyens véritables de la seureté de leurs rentes et de leur conservation. 1649, 35 p. — Relation véritable de tout ce qui s'est passé aux barricades de Paris les 26, 27 et 28 d'aoust 1648, 8 p. — Arrest du Parlement port. défenses à tous colonels, capitaines, lieutenans, officiers et gardes des portes de cette ville de Paris de laisser passer aucunes personnes de quelque qualité et condition qu'elles soient avec passeports que par les portes S. Jacques et S. Denis. 1649, 4 p. — Vers sur l'effigie ou image de la Justice qui estoit au haut du feu d'artifice fait en la place de Grève le 5 sept. 1649, 4 p. — Requeste de toutes les dames et bourgeoises de la ville de Paris, présentée à la Reyne, le dimanche 7 mai 1649, 7 p. — Contribution d'un bourgeois de Paris pour sa cotte-part au secours de sa patrie. 1649, 8 p. — Le triomphe des armes Parisiennes et le retour de l'abondance à Paris. 1649, 8 p. — Le bandeau levé de dessus les yeux des Parisiens. 1649, 12 p. — L'écho lugubre de la France avec l'oppression de la ville de Paris, 1649, 7 p. — Le signale combat et siège de la Table emportée d'assaut par les Parisiens au Mardy-Gras. 1649, 8 p. — Etc., etc.

21046. Paris. Maison de la Croix d'Or de la Place Dauphine 2 documents.   6 fr.

Déclaration de Cl. Clerselier, avocat au Parlement, d'une maison sise en l'Ile du Palais à laquelle pend pour enseigne l'image Sainte Anne, à présent la Croix d'Or, ayant issue sur la Place Dauphine, en la censive du Roi, à cause de son domaine. 16 mars 1658. Original sur vélin. — Requête présentée au grand voyer de la généralité de Paris par Franç. Clerselier, Sr des Noyers, propriétaire d'une maison sise Place Dauphine, « faisant une des encoignures de la petite rue Dauphine où il est pour enseigne la Croix d'Or », demandant la permission de « faire eslever le cintre d'une arcade de la maison sur lad. place pour la rendre conforme à celles des maisons voisines ». 8 mai 1691. Original sur vélin avec signatures.

21047. Paris et environs. Documents originaux sur vélin. 4 pièces   10 fr.

Quittance autographe signée de « Sœur Renée de la Salle, humble abbesse de Sainct Anthoine des Champs lez Paris », de la somme de 6 livres 5 sols pour un quartier échu d'une rente à prendre sur

les greniers à sel de la ville de Paris. 4 juin 1603.
— Arrêt de réception de Pierre Eustache Deslandes, compagnon comme maître orfèvre de Paris à titre de privilège en conséquence d'un arrêt du Conseil et lettres patentes enregistrées en la Cour des Monnoyes. 14 oct. 1758. — Vente par Cl. Dupot et Cather. Gervais sa femme à Franç. Eust. de Gournay, commissaire des guerres demeurant à Versailles, d'une maison sise « au village de Chaillot à présent fauxbourg de la Conférence près Paris... pardevant sur la grande rue de Chaillot ditte des Batailles et par derrière sur le quay de la rivière de Seyne... » 5 février 1760. — Brevet portant privilège d'établir une manufacture de bière anglaise (sous le titre de *Brasserie royale*) sur la route de Versailles à Chaville. 7 juillet 1775. (Signature de Louis XVI).

21048. Paris. Maison de la Corne de Cerf dorée, rue Beaurepaire. 2 documents originaux sur vélin.　　　6 fr.

Déclaration de « Noël Ransnay, marchand espicier bourgeois de Paris y demeurant rue Xainctonge en Marais du Temple » au sujet de deux maisons qu'il possède « joingnantes sizes à Paris rue Beaurepaire en l'une desquelles est pour enseigne la Corne de Cerf dorée », lesquelles relèvent du domaine du Roi et sont chargées de 12 den. parisis de cens. 15 janvier 1658. — Jugement de la chambre souveraine du Terrier du domaine qui condamne ledit Ransnay à payer la somme de 14 livres 10 sols pour 29 années d'arrérages dudit cens. 19 août 1658. Original avec signatures.

21049. Paris. Récit véritable et remarquable d'un amant qui a ressuscité sa maîtresse. Avec permission. (1730). Pièce volante de colportage pet. in-4 de 2 p.　　　10 fr.

Récit populaire d'un événement extraordinaire, véritable *canard*. Jacq. Durand, fils d'un parfumeur de la rue de Grenelle, faubourg St-Germain, amoureux dès son enfance de la fille d'un épicier son voisin, la demanda en mariage à son père dès qu'il eut atteint l'âge de 17 ans. Le père consentit à cette union dès que Durant aurait atteint l'âge de 22 ans. Un an après, la belle Dupuis fut mariée contre son gré à un riche marchand drapier, gascon d'origine, nommé de La Garonne. De désespoir, Durand s'engagea et resta 3 ans sans donner de ses nouvelles. Il revint à Paris en novembre 1730, « dans l'intention de revoir sa chère Dupuis et de l'accabler de reproches » Il apprend avec douleur qu'elle était morte et enterrée. Il s'en va chez le bedeau de la paroisse et lui offre une somme pour déterrer le corps. Il croyait n'embrasser qu'un cadavre ; quelle fut sa surprise lorsqu'il sentit sortir du corps de sa chère Dupuis un soupir. On l'emporta et la mit au lit, « puis aiant fait venir un chirurgien qui lui donna les remèdes convenables, il eut la joie de voir sa chère maîtresse bien rétablie au bout de deux jours », la garda et se maria avec elle. La Garonne, ayant entendu parler de cette histoire, fit assigner son beau-père pour se voir condamner à lui renvoyer sa femme, mais il perdit son procès et la belle Dupuis demeura « comme légitime dudit Durand. »

21050. Paris et ses environs. Voitures et moyens de transport. 9 pièces in-4　7 fr. 50

Arrêt du Conseil qui nomme le Sr Perreau pour faire au compte du Roi, à compter du 1er janvier 1779, l'exercice du droit et privilège des carrosses de place de la ville et faubourgs de Paris. 2 p. — Lettres-patentes du Roi concern. les carrosses de place et les voitures des environs de Paris. 1779, 8 p. — Arrest du Conseil qui résilie à compter du 1er avril prochain les baux faits aux propriétaires des carrosses de place de la ville de Paris, par les anciens concessionnaires, du privilège desdits carrosses. 2 p. — Ordonnance de police concern. les carrosses de place et ceux de remise du 12 avril 1779. 8 p. — Arrêt du Conseil d'Etat qui réunit au domaine le privilège accordé à l'établissement des voitures de la Cour et de celles de St-Germain. 1775, 3 p. — Arrest du Conseil qui proroge jusqu'au 1er octobre 1787 l'augmentation de 10 s. par place (en raison de la cherté des fourrages) accordée aux fermes des voitures de la Cour. 1786, 3 p. — Arrest du Conseil qui ordonne que les coches d'eau actuellement établis au Port St-Paul seront provisoirement transférés au Port de la Tournelle, quai St-Bernard. 1786, 3 p. — Etc., etc.

21051. Saint-Ouen, Montmorency. 5 pièces in-4, en patois des environs de Paris.　　　10 fr.

Agréable conférence de deux paisans de St-Ouen et de Montmorency sur les affaires du temps. 1649, 8 p. — Suite de l'agréable conférence de deux paisans. 1649, 8 p. — Troisième partie de l'agréable conférence de deux paisans de St-Ouen et de Montmorency ou la rencontre de Pierrot et de Janin. 1649, 8 p. — Suite et quatrième partie de l'agréable conférence de Pierrot et de Janin, paisans de St-Ouen et de Montmorency. 1649, 8 p. — Cinquiesme partie et conclusion de l'agréable conférence de deux paisans de St-Ouen et de Montmorency. 1649, 11 p.

21052.. Versailles, Marly. Harangues faites au Roy par le cardinal de Noailles, archevêque de Paris, l'archevêque de Reims et l'archevêque d'Alby, présidents de l'assemblée generale extraordin. du Clergé de France, de 1700 à 1711. 10 pièces in-4. 15 fr.

Harangue faite à Versailles le 11 juin 1700. 15 p. — Harangue à Versailles le 19 juin 1701. 13 p. — Harangue faite à Trianon le 10 juillet 1701. 11 p. — Harangue à Versailles le 31 may 1702. 12 p. — Harangue à Versailles le 3 juin 1705. 13 p. — Harangue faite à Versailles le 9 sept. 1705. 16 p. — Harangue à Versailles le 23 mars 1707. 12 p. — Autre harangue à Versailles le 13 avril 1707, par l'évêque d'Auxerre. 8 p. — Harangue faite au Roy et à la Dauphine, à Marly, le 17 juin 1711. 16 p. — Harangue faite à Marly le 12 sept. 1711. 13 p.

21053. Saint-Germain-en-Laye. 14 pièces in-4.　　　8 fr.

Le Roman des Esprits revenus à St-Germain, burlesque et sérieux. 1649, 16 p. — Les courtisans de St-Germain révoltez contre le Cardin. Mazarin. 1649, 7 p. — Les logemens de la Cour à St-Germain-en-Laye. 1649, 6 p. — Le miracle nouveau d'un crucifix qui parla vendredy dernier dans S. Germain à la Reyne Régente. 1649, 8 p. — Le politique chrestien de S. Germain à la Reyne. 1649, 12 p. — L'apparition d'un phantosme à S. Germain-en-Laye et les discours qu'il tint. 1649, 8 p. — Harangue faite au Roy par M. le prevost des marchands à St-Germain-en-Laye. 1652, 8 p. — L'entretien secret de MM. de la Cour de St-Germain avec MM. de la Cour de Parlement de Paris. 1649, 23 p. — Etc., etc.

21054. Charenton, Villejuif, Aubervilliers. 7 pièces in-4.　　　8 fr.

Les dernières paroles de M. de Chastillon, tué à Charenton le lundy 8 février 1649. 8 p. — Louange de feu M. le marquis de Clanleu, tué à Charenton en combattant pour le service du Roy et du Parlement. 1649, 7 p. — La rencontre des esprits du duc de Chastillon et du baron de Clanleu après leur mort arrivée à Charenton. 1649, 8 p. — Lettre de consolation envoyée à Mme de Chastillon sur la mort de M. de Chastillon. 1649, 8 p. — La promenade des bourgeois de Paris au camp de Villejuifve en vers burlesques. 1649, 11 p. — Le siège d'Aubervilliers en vers burlesques. 1649, 8 p. — Lettre de prediction escrite à Mme la duchesse de Vendosme au mois de juin 1647 où par une juste observation d'astrologie est noté le temps que M. le duc de Beaufort son fils devait sortir du bois de Vincennes. 1649, 7 p.

21055. Ruel (Conférence et paix de). 1649, 4 pièces in-4.　　　5 fr.

Advis, remonstrance et requeste par huict paysans de huict provinces députés pour les autres du royaume sur les misères et affaires du temps présent. 1649, au Parlement de Paris, et de ceux deputez et assemblez à Ruël sur la conférence. A Paris, composé par Misère et imprimé en Calamité, 1649, 32 p. — Advis à la Reyne sur la conférence de Ruel. 1649, 4 p. — Lettre conten. ce qui s'est passé en l'assemblée du Parlement depuis le dimanche et lundy 14 et 15 may 1649 sur le sujet des articles signés à Ruel). 1649, 4 p. — Les généreux sentimens du véritable François sur la conférence et paix de Ruel avec exhortation à tous bons François de ne point poser les armes que le cardinal Mazarin ne soit mort ou hors du royaume. 1649, 8 p. — Contre les ennemis de la Conférence et de la Paix. Alidor à Ariste. 1649, 10 p.

21056. Duché d'Albret. Mémoire pour Ch. Godefr. de la Tour d'Auvergne, duc de Bouillon et d'Albret, contre le Comte de Marcellus et autres, détenteurs des domaines engages du duché d'Albret. 1755, in-fol. de 87 p.   5 fr.

21057. Nostre-Dame de Lyesse (Discours d'une histoire et miracle advenu en la ville de Montfort à cinq lieues près Rennes en Bretaigne, avec une oraison à). Imprimé à Rennes, 1588, br. in-8.   2 fr. 50

Réimpression faite en 1876 à Lyon, par L. Perrin, d'une pièce rarissime. Anne des Grez fut accusée d'infanticide par ses maîtres et condamnée à être pendue. Elle fut sauvée de la mort en invoquant N.-D. de Liesse. A la fin de la pièce, se trouve une oraison en vers français. — Exemplaire en Grand-Papier de Hollande.

21058. Limoges. Moulins de St-Etienne sous les murs de la Cité de Limoges. Copie authentique collationnée de 5 chartes des années 1022, 1056, 1061, 1188 et 1210, faite par devant notaire « sur les titres en parchemin étant scellés » représentés par Estienne Maleden de Fonjaudran, chanoine de l'église de Limoges. Controlé à Limoges les 15 et 25 juin 1746, 2 feuilles doubles in-fol., avec signatures des témoins et timbres de la généralité de Limoges.   10 fr.

21059. Limoges (La conversion de M. Poylevée, cy devant premier arcboutant de la religion prétendue réformée de), converty à la foy catholique, apostolique et romaine. Paris, Rob. Quenet, 1630, br. in-8.   2 fr 50

Réimpression faite en 1875, à Lyon, par Louis Perrin. On trouve dans la narration des indications sur l'état de la religion réformée à Rochecrouart et dans le Limousin, ainsi que l'acte officiel de l'abjuration du ministre Poylevé. — Extmplaire en Grand-Papier de Hollande.

21060. Limousin. Lettre de consolation au duc de Vantadour, cy-devant lieutenant pour le Roy ès pais de Languedoc et chanoine de l'église N. Dame de Paris sur la mort du duc de Vantadour, son frère, lieutenant pour le Roy au pais de Limosin. 1649. Pièce pet. in-4.   4 fr.

21061. Marche. Commentarii in leges Marchiæ municipales Nic Callæo Garactensi auctore. Parisiis, P. L'Huillier, 1573. pet. in-4, vél. (Rare).   20 fr.

21062 Lyon. Révolution. 20 pièces, la plupart in-8.   15 fr.

Discours du Clergé de Lyon au Tiers-Etat. 1789, 4 p. — Observations des députés du Tiers-Etat de la ville de Lyon 1789, 23 p. — Cahier du Tiers-Etat de la sénéchaussée de Lyon. 52 p. — Récit sanglant de ce qui s'est passé à Lyon le 3 juillet au sujet des réjouissances occasionnées par la réunion des Trois-Ordres. 1789, 6 p. — Composition de l'assemblée administrative du district de Lyon et de son directoire. 2 p in-4. — Mandement de l'évêque du départem. de Rhône et de Loire, métropolitain du Sud-Est, qui accorde provisoirement aux curés des paroisses rurales la permission de célébrer deux fois la Messe, les jours de dimanches et fêtes seulement. 1791, 15 p. — Avertissement pastoral de l'évêque de Rhône et Loire aux ecclésiastiques qui exercent dans son diocèse le ministère de la Confession. 1791, 20 p. — Instruction pastorale de l'évêque de Rhône et Loire pour le Carême de 1792. 46 p. — Opinion de la Chambre

de commerce de Lyon (sur une nouvelle émission d'assignats). 1790, 16 p. — Réponse à la Chambre de commerce de Lyon et à tous ceux qui ont écrit contre une nouvelle émission d'assignats (par Ch. Micoud). 1790, 30 p. — Décret sur la Conspiration de Lyon. 1790, 23 p. — Les Sections de la ville de Lyon aux citoyens Dubois-Crancé et Gauthier, représentans du Peuple près l'armée des Alpes. 91 p. — Discours de Camille Jordan en réponse au message du Directoire relatif à Lyon. 14 p. — Précis pour le citoyen Vast, commissaires des guerres employé à l'armée des Alpes, détaché à Lyon (accusé de prévarication). 1792, 8 p. — Décret qui confisque les marchandises expédiées à Commune-Affranchie (ci-devant Lyon) et autres communes déclarées en état de rébellion. Niort, an II (1793), 3 p. in-4. — Arrêtés et correspondance avec le Comité de Salut public du représentant du peuple Cadroy en mission dans le départem. du Rhône. An III (1794), 40 p. — Siège de Lyon. Histoire de Commune-Affranchie (1789-1796) recueillie dans les conversations d'un soldat du siège (de Cuzien, aide de camp du général de Précy). Lyon, 1843, 107 p. — Un chapitre de plus au Mérite des Femmes. Souvenir de la Terreur à Lyon en 1793, par Maurice de L. Lyon, 1844, 53 p. in-18. — Etc.

21063. Lyon. Manuscrits autographes de Gonon. 8 petits cahiers en une liasse. 8 fr.

Copies de pièces rares ou inédites préparées pour des réimpressions ou des publications, notes diverses. — Noëls et chansons lyonnaises. 18 pièces. — Eloge de Challier, le père du Peuple, par le démocrate Bellay. — Révolution. Copies de proclamations et d'affiches. Les arbres de la Liberté à Lyon et dans les communes rurales. 4 pièces. — Lyon. Ode de l'antiquité et excellence de la ville de Lyon, par Ch. Fontaine, Parisien ; Catacrise de l'opinion de ceux qui tiennent en droit romain ou loy en coustume en Lyonnois, par P. Allard, Sr de Sardon, 1598, etc. 6 pièces. — Passage de Napoléon Ier à Lyon. Récit en 21 p. 1 pièce. — Clergé. Liste des églises de Lyon avant 1789 ; appel au clergé catholique de Lyon pour l'exhorter à prendre l'initiative de répudier le double salaire qu'il perçoit pour les actes de son ministère, etc. 3 pièces. — Etc., etc. — Quelques-unes de ces pièces ont été publiées, d'autres sont inédites. Ces papiers ont été recueillis dans la chambre de Gonon, après sa mort, suivant une note manuscrite d'un de ses amis.

21064. Bresse, pays de Gex. 7 pièces in-4 et in-8.   7 fr. 50

Factum du procez pendant au Conseil pour les officiers du Roy au Présidial et bailliages de Bresse, Valromey et Gex, défendeurs pour la conservation des cas royaux de sa juridiction royale esdicts pays contre Messire Franc. de Bonne, duc de Lesdiguères, pair et connestable de France, marquis de Treffort, comte de Pondevelle (sic) et de Chastillon esdits pays ayant prins le faict et cause en main pour les officiers. 1625, 8 p. in-4. — Lettres patentes d'affranchissement pour le pays de Gex. 15 p. in-8. — Discours du maire de Sacconex prononcé le 14 juillet 1790. Se trouve chez Philippe Crépet à Sacconex. 14 p. — N° 1. Adresse d'un maire du district de Gex à ses concitoyens. Sacconex, 10 mai 1790, 8 p. in-8. — N° 2. Seconde adresse d'un maire du canton de Fernex-Voltaire, district de Gex, départem. d'Ain, à ses concitoyens. 1790, 42 p. (Manque la fin). — N° 3. Troisième adresse d'un maire du canton de Fernex-Voltaire, district de Gex, sur la dixme. 1790, 21 p in-8. — Discours prononcé à l'assemblée générale du Tiers-Etat des provinces de Bresse et Dombes le 27 avril 1784 par Riboud. Lyon, 1784, 28 p. in-8.

21065. Bresse. 2 documents manuscrits in-fol.   15 fr.

Permission accordée par le Roi Louis XI à Pierre Laurans, sécrétaire du prince de Condé de faire faire des machicoulis au-dessus des principales portes de ses domaines et poser des girouettes de fer blanc « aux faistes des couvertures ». Les dits domaines sont au pays de Bresse l'une à Beynoz au mandement de Montluel, l'autre à Tremoys, mandement de Miribel. Octobre 1611. Original sur vélin gr. in-fol. en largeur, signé *Louis*, contresigné *De Loménie*. — Remontrances présentées au Roi par les syndics du pays de Bresse « ensuite des délibérations prises en l'assemblée générale dud. pays et ès assemblées particulières ». Cahier original d'une très belle écriture avec les réponses en marge de chaque article, signé *Rossan*, « scindic général et député de Bresse. On lit à la fin cette note : « Fait et arresté par le Roy estant en son Conseil tenu à Versailles le xxvi° de juillet 1701. » Signé : *Louis* et contresigné : *Phelippeaux*. 9 pag. in-fol.

21066. Montluel. 2 pièces Mss. Originaux sur vélin. 6 fr.

Brevet du roi en faveur de Claude Saulmier le nommant maître de la poste de Montluel en la généralité de Lyon « vacante par suite de la révocation du nommé Alabé qui en estoit pourveu ». Compiègne, 10 septembre 1698. Pièce signée *Louis*, contresignée : *Le Tellier*. — Lettres-patentes de juge du district de Montluel, départem. de l'Ain, élu pour six années conformément aux décrets constitutionnels en faveur du Sieur Bregheot. 5 janvier 1791. Pièce avec la signature de Louis XVI.

21067. Savoie. 3 pièces in-8 et in-4. 6 fr.

La trefve accordée entre le Roy d'Espagne et le duc de Savoye, avec les ambassades envoyez vers sa Majesté très chrestienne pour terminer leur différent à la paix. 1615, 15 p. — Recueil des manifestes et articles accordez par le duc de Savoye pour la résolution de la paix, ensemble les lettres conten. les desseins qu'ont les Espagnols contre cette séréniss. maison et son Estat, trad. d'italien par noble Est. du Molard, gentilh. Savoysien. Chambéry, jouxte la copie imprimée à Thurin, 1615, 98 p. in-8. (Manque la fin). — L'ambassadeur de Savoye envoyé du mandement de son Altesse par le Sénat de Chambéry à la Reine Régente, mère du Roy. 1649, 8 p. in-4.

21068. Dauphiné. Avertissemens ou mémoires pour procès plaidés au xviie siècle devant diverses jurisdictions de la province. 12 pièces in-4. 10 fr.

Advertissement pour le syndic du monastère de Durbon, ordre des Chartreux, contre noble Jean de Morges, prieur de Ventavon. 4 p. — Advertissement de noble J. de Morges, prieur de Ventavon, contre le syndic du monastère de Durbon. 7 p. — Pour P. Audoin de Janerat, grand prieur au monastère de St André le Bas de Vienne, contre Nic. Harand de la Condamine et Jean-François d'Emeras du Tour, religieux profèz aud. monastère. 6 p. — Pour Ant. Bergier, bourgeois de la Côte St André, contre Ant. Pèlerin. 20 p. — Addition d'advertissement pour Cl. Colomb, marchand de Gap, contre Jacq. Roux 29 p — A Nosseign. du Parlement de Grenoble supplie humblement le syndic du couvent des Frères Mineurs estably à Moirant contre Jacq. Trenonay la Montagne, bourgeois dudit Moirant (1674), 17 p. (Piqué en marge). — Advertissement pour damoiselle Marguerite Roseyron contre Clémence du Moulin appelante de sentence du juge des appeaux de Valence. 4 p. — Pour Maistre Gasp. Vgnion, avocat, contre Franç. Vgnion, chastellain de Reaumont. 17 p. — Addition d'advertissement pour Messire Antoine de Ponchon, seigneur commandeur de St Romain en Galles lez Vienne et de Monteux, contre René Servant, prestre séculier se disant curé dudit Monteux. (1674), 22 p. — Response pour noble François Cot de Corbu à l'advertissement de Maistre François Cousin, advocat. 32 p. (Manque la fin). — Etc., etc.

21069. Dauphiné. Factums pour procès devant la Cour de justice de Vienne au xviie siècle. — 7 pièces et factums in-4. 10 fr.

Advertissement pour Ant. Pelerin, bourgeois de Vienne, mari de damoiselle Antoinette Bouin, appellant de sentence donnée par le vibailly de Vienne le 20 déc. 1666, 21 p. — Pour le Chapitre de St Maurice de Vienne contre les Allemand Sieurs de Montmartin. 1644, 3 p. — Advertissement pour le Chapitre de St Maurice de Vienne contre J. Ben. Morin et P. Pellisson, procureur ès cours de Vienne (paiement de dimes au terroir de Levesqua). 4 p. — Avertissement pour Anne-

Clémence de Grolée, dame de S. Romain, épouse de Guill. de Joly, bailly de Bresse, contre Alex. de Grolée, Seign. de Mepieu et Bouvesse. 5 p. — Procès entre Cl. Berger, vi bailli de Vienne, et Cl. Papet (diffamation), arrêt de la Cour de Parlement de Dauphiné du 2 août 1684 15 p. — Procès en appel devant le Parlement de Dauphiné d'une sentence abusive de l'official de Vienne qui avait ordonné la reprise d'une instance périmée au bout de 38 années (demand. en cassation de mariage contraint et forcé sans jamais avoir été consommé entre Agatange Dizerand S. de Senand et Anne De Lattier de Bayanne, son épouse). 1685, 126 p. (Détails curieux). — Advertissement pour J. Chastanier, lieutenant particulier au bailliage de Vienne, contre une sentence rendue en la judicature de Chatonay le 6 février 1676 contre nobles Cl. et Gasp. de Ferron père et fils. 18 p.

21070. Loire et Haute-Loire. 7 pièces in-8 et in-4. 8 fr.

Les députés Foréziens à la Convention, Marcellin Béraud de St-Etienne, compte rendu à ses commettants de sa conduite politique annoté par J. M. Devet. St-Etienne, 1884, 40 p. — Le Forez sous la Terreur. Dénonciation des Stéphanois contre le représentant Javognes, annotée par J. M. Devet. St-Etienne, 1884, 36 p. — Rapport fait par Legonidec sur le sujet de loi relatif à un échange entre l'hospice de St Chamond, dép. de la Loire, et le citoyen Roux. 12 ventose an 9. 7 p. — Procès-verbal du serment solemnel prêté par les deux compagnies du bataillon des chasseurs Corses en garnison au Puy, chef-lieu du départem. de la Haute-Loire, conjointement avec les gardes nationales de cette ville, la maréchaussée et les autres citoyens de tout âge et de tout sexe, le 14 juillet 1790. 3 p. in-4. — Tyrannie de Robespierre dans le départem. de la Haute-Loire. an 3e (1794), 27 p. — Loi qui accorde un secours de 45,000 livres aux départem. de la Haute-Loire et du Puy-de-Dome pour les dégats occasionnés par les eaux. 1790, 2 p. in-4. — Voyage dans le depart. de la Haute-Loire, par Lavallée. (1792), 32 p., 1 carte et 4 vues.

21071. Franche-Comté. 1636-1666. 5 placards-affiches et pièces volantes in-fol. et in-4, la plupart avec signatures officielles des autorités. 6 fr.

Ordre de venir travailler aux fortifications de la ville de Dole. 15 mars 1636. — Défense de fréquenter les ennemis François « à couleur d'un commerce réciproque. 18 août 1644. — Réquisition d'hommes de 18 a 50 ans pour la garde des villes du Comté de Bourgogne. 7 sept. 1648. — Répartition de la levée du sel aux saulneries de Salins. 23 juillet 1666. — Etc...

21072. Montbéliard. 3 documents mss. sur papier, xvie et xviie siècles. Pet. in-fol. 10 fr.

Les XVII premiers et 21, 23, 25 articles de la Manumission des habitans de Montbéliard faict l'an 1243 par feu le très illustre Regnauld de Bourgongne et sa femme, comte et comtesse de Montpéliard (*sic*), avec les annotations du docteur Carolus Molinæus, jureconsulte de France et Germanie, conseiller du prince. Copie du xvie siècle d'une très belle écriture. 22 o. et demie. — Cession faite par Mgr le prince de Montbéliard au profit de ses cinq enfants, tant masles que filles, des revenus du Comté de Colligny-le-Neuf. — Procuration faitte par les princes et princesses, fils et filles de Mgr le prince de Montbéliard, au proffit d'Anne de Coligny, leur sœur et fille dudit seigneur prince de Montbéliard. 2 actes passés à Bâle le 20 juillet 1687, trad. des originaux allemands par Geiger, secrétaire-interprète au Conseil souverain d'Alsace. 10 p.

21073 Dijon. Récit populaire de colportage. 1 pièce in-4. 8 fr.

Arrest de la Cour du Parlem. de Dijon, rendu contre Alex. Bourdel, atteint et convaincu d'avoir fait plus. crimes énormes à Dijon, paroisse de St-Nicolas. Sa femme relevant de maladie, étant assise auprès du feu, led. Bourdel prit un couteau, la poignarda et la porta dans son lit... Sur les 11 heures du soir, il fut chez le curé, fit sonner la cloche pour porter le Saint-Sacrement ; le curé entre, va au lit de sa femme ; ce malheureux, avec le même couteau, a poignardé le curé et son clerc. Il a été exécuté à Dijon le 20 déc. 1730 (condamné à faire amende honorable devant la cathédrale de Dijon, nud en chemise, la corde au col, les deux mains coupées, la langue arrachée, ensuite mené à la place ordinaire du supplice pour y être consommé vif dans l'huile bouillante) Avec permission. 2 p. — Les pièces volantes de ce genre sont aujourd'hui introuvables.

21074. Grandes et effroiables merveilles (Les) veues le premier jour du mois de juin près la vile d'Authun, ville fort ancienne en la duché de Bourgongne, de la caverne nommée aux Fées et la déclaration de lad. caverne, tant des Fées, Seraines, Géans et autres esprits, le tout veu par le Sgr Dom Nicolle de Gaulthières, gentilhomme espagnol, et les tesmoignages de deux paysans lesq. lui firent ouverture de lad. caverne, trad. de l'espagnol en franç. par le Sgr de Ravières, Angoumois. Suyvant la coppie impr. à Rouen, 1585, ie-8, br.   3 fr. 50

Opuscule très rare. — Description curieuse d'une caverne et de ses merveilles qui n'ont jamais existé que dans l'imagination de l'auteur. — Réimpression faite en 1875, à Lyon, par L. Perrin. — Exemplaire en GRAND-PAPIER DE HOLLANDE.

21075. Langres (Cayer-commun des trois Ordres du bailliage de). 1789, in-8, cart., dos de toile rouge.   5 fr.

21076. Haute-Marne. 6 pièces in-8 et in-4.   6 fr.

L'évêché de Langres au XVIe siècle. Bar-le-Duc, 1868, 78 p. in-8.— Arrest du Grand Conseil (contestation au sujet d'un canonicat vacant de l'église cathédrale de Langres). 1737, 91 p. — Arrest du Conseil d'Estat qui fait défense aux juges des traites de Langres de rendre aucunes sentences et jugemens pour servir d'acquit à caution (saisies de drogueries et epiceries tirées de Lorraine et entrées en fraude à Langres). 1708, 7 p. — Arrest du Parlement en faveur des curez et leur clergé, contre les seigneurs hauts-justiciers (contestation entre le curé de Brachey et Nicolas Janson, seigneur de Brachey). 1716, 7 p. — Arrest du Parlement qui homologue une sentence des officiers de la mairie royale de Perthes pour le maintien de l'ordre public et la police. 1788, 4 p. — Etc.

21077. Champagne. «Madame la duchesse douairière de Guize, comtesse d'Eu. estant à Paris, désirant gratiffier et favorablement traicter Me Anthoine Josin, lieutenant en la chastellenie de Cormissi, en considération des services qu'il rend journellement à Monseigneur l'archevesque de Reims, son petit-fils, lui fait don du sixième denier de la finance du grenier à sel de Cormicy, 19 janvier 1630. » — Original sur vélin, avec le sceau des armes de la duchesse de Guise et sa signature autographe : Katherine de Clèves.   12 fr.

21078. Champagne. 5 pièces sur parchemin et sur papier.   10 fr.

Diplôme de bachelier delivré par l'Université de Reims à Michel Ledier, du diocèse d'Evreux, le 25 novembre 1725, signé par le P. N.-Franç.-Xav. Souciet et autres autorités. Original sur parchemin. — Denombrement pour droits féodaux rendu à Sa Majesté à cause de son château de Sainte-Menehould, par Catherine de Rougé Du Plessis-Bellièvre, épouse d'Emmanuel-Maurice de Lorraine, duc d'Elbeuf, de la terre et seigneurie de la vallée de Bievrès, lui appartenant en propre. 9 décembre 1751. Original sur parch. min avec sceau en cire rouge de la duchesse d'Elbeuf et timbre sec de la généralité de Châlons. — 3 actes de vente et constitution de vente et constitution de rentes passés à Vitry-le-François, datés de 1626, 1639 et 1660. — Requête à l'intendant de Cham-

pagne pour la saisie et confiscation des biens de Blanchot et Humblot, fugitifs du royaume pour cause de religion. Piece sur papier, déchirée par le milieu et à l'état de fragment.

21079. Champagne. 8 pièces et opuscules in-4 et in-8.   8 fr.

Arrest du Parlement (contestation entre les religieuses de l'abbaye de N.-D. d'Andeay, diocèse de Châlons, et les curés de Villevenard, de Courgeonnet et Joches). 8 p. in-4. — Notice histor. et descriptive sur la cathédrale de Châlons-sur-Marne, par l'abbé Estroyez-Cabassolle. Châlons-sur-Marne, 1842, 76 p. in-8. — Ad illustriss. ac reverendiss. Le Clerc de Juigné archiepiscopum Parisiensem patronum munificentissimum elegia (piece de vers latins par les élèves du petit séminaire de Châlons). Châlons, s. d. (XVIIIe siècle), 3 p. in-4. — Le Berger, fable, présentée à l'évêque de Châlons par M. Légier. Besançon, 1782, 4 p. in-8. — Album de planches et dessins pour servir à l'histoire, en 3 vol., de la ville d'Epernay. 1868, 32 planches in-8. — Almanach populaire du départem. de la Marne pour 1832. Première année. Châlons (1831), in-4 à 2 col. — Almanach populaire de la Marne pour 1832. Deuxième année. — Etc.

21080. Reims (Dialogues funèbres [en vers] sur le trespas de très haut et très illustre prince Loys de Lorraine, cardinal de Guyse, archevesque duc de), par Cl. Brioys, prestre doyen, chapp. et basse-contre de l'église N.-D. de Reims. Reims, N. Constant, imprimeur ordinaire du Roy, 1621. Pet. in-8, cart.   25 fr.

Pièce très rare.

21081. Reims. 8 pièces in-4.   6 fr.

Mandement du vicaire général de Mgr de Mailly, archev. de Reims, pour la publication de la bulle Unigenitus. Reims, B Multeau, imprimeur. 1714, 12 p. et 1 placard de 1 p. — Interdiction, suspension et excommunication de Cl.-Remy Hillet, curé de St-Martin, J.-Franç. Debeine, curé de S.-Jean et S.-Sixte, et L. Geoffroy, curé de S.-Symphorien de Reims, pour refus de recevoir la bulle Unigenitus. 1714, 24 p. — Instruction ou dépêche envoyée de la part de Sa Sainteté à l'abbé Borio, chargé des affaires de la Cour de Rome en France, au sujet de la promotion de M. de Mailly au cardinalat, du 29 nov. 1720 (en ital. et en français). 14 p. — Ordonnance de l'archev. de Reims relativement au refus de plus. prêtres et curez de son diocèse de recevoir la Constitution Unigenitus. Reims, 1717, 3 p. — Thèse latine sur le vin soutenue devant l'Ecole de Médecine de Reims par Ant.-Pierre-Marie Liberge, du Mans. 1787, avec une curieuse vignette d'en-tête dessinée par J. Robert en 1760 et gravée sur bois par Papillon. 4 p — Déclaration du Roy qui ordonne qu'à l'avenir les lettres de change et billets à ordre stipulez payables en foires de Reims seront payez et acquittez par les marchands domiciliez dans lad. ville par les marchands forains qui s'y rendent dans le cours de la franchise de ces foires. 1737, 3 p. — Arrest du Conseil d'Estat qui condamne Cloquet, syndic du diocèse de Reims, et P. Cornette, huissier, chacun en 300 livres d'amende pour n'avoir pas fait controller un compte fait sous seing privé. 1716, 4 p.

21082. Reims. Le Sacre et Couronnement de Louis XIV, roy de France et de Navarre, dans l'église de Reims, le 7 juin 1654, où toutes les cérémonies, séances des cardinaux, prélats, etc., sont fidèlement décrites. 1717, in-12, front., v. (Bel exemplaire).   8 fr.

21083. Troyes. 6 pièces in-8 et in-4.   5 fr.

Notice sur Nic. Caussin (né à Troyes), confesseur de Louis XIII, par l'abbé Et. Georges. 1887, 27 p. in-8. — Arrêtés des Parlemens de Bordeaux et de Navarre du 3 sept. 1787, sur la translation du Parlement de Paris à Troyes, discours de Huès, maire à Troyes. 1787, 28 p. in-8 — Mandement et instruction de Mgr l'évêque de Troyes au sujet de l'office in festo S. Gregorii VII. 1719, 59 p. in-4. — Lettre de M. l'évêque de Troyes à Ch.

Butler, relat. à la prétendue opinion unanime de la Congrégation des Cardinaux sur la promesse de fidélité à la Constitution 1801, 17 p. in-8. — Sentiment de l'évêque de Troyes, résidant à Londres, sur la légitimité de la promesse de la fidélité. Londres, 1800, 120 p. in-8. — Congrès scientifique de France. Session tenue à Troyes. (Programme). 1864, 15 p. in-4.

21084. Aube (Départem. de l'). 4 broch. in-8,　　　　　　　　　　　　　　　4 fr.

Précis pour les citoyens de la paroisse de Verrières, district de Troyes, contre Edm.-Joach. Guérard, bourgeois de Troyes (détournement des eaux d'une source ou fontaine commune) 1791, 24 p. — Notice histor. et généalog. de la terre et baronne de Chacenay, par L. Coutant Troyes, 1851, 35 p. — Recherches histor. sur Jully-sur-Sarce, par L. Coutant. Troyes, 1853, 30 p. et 1 pl. lithogr. — Notice histor. sur Clairvaux, par Forneron. 1837. (Extrait). 32 p.

21085. Loire (Navigation de la), droits de péage, etc. 11 pièces pet. in-8.　　　6 fr.

Arrest du Parlement pour les marchands fréquentant la rivière de Loyre et autres fleuves y descendans. 4 p. — Arrest par leq. il est enjoinct a toutes personnes qui ont moulins sur la rivière de Loire de les mettre en telle manière que la voye navigable demeure de 8 toises au droict fil de l'eau, et aussi d'oster les gourds, ancres, duicts, roullis, pieux, cordages, et toutes autres choses qui empêchent la navigation. 4 p. — Arrest portant deffenses aux musniers et propriétaires des moulins de tenir leursd. moulins autrement que hors la voye navigable et iceux moulins tenir cul à cul. 1631, 8 p. — Arrestz généraulx pour les marchands fréquentant la rivière de Loire. portant règlement sur la navigation. 16 p. — Edict par manière de provision sur l'évaluation des peages prétenduz en sel, réducts à prix d'argent. 1626, 16 p. — Edict pour les marchands fréquentant la rivière de Loire, sur lequel il est défendu à toutes personnes tenans péages mis sus depuis 100 ans de ne les plus lever. 1604, 16 p. — Etc., etc.

21086. Berry, Nivernais, Bourbonnais. Péages de la Loire et de l'Allier. 20 pièces pet. in-8.　　　　　　　　　　　　　10 fr.

Arrest du Parlement par leq. est ordonné que le péage de Mienne-lez-Cosnes, appartenant aux Dames de l'Annonciade de Bourges, se payera aud lieu de Mienne. 1627, 4 p. — Arrest par leq. le droict de sallage prétendu au peage de S. Thibault soubz Sancerre est réduict à prix d'argent. 4 p. — Arrest par leq. est déclaré le droit de péage sur la rivière de Loire au lieu de Chambon. 8 p. — Arrest par leq. le seigneur du péage de Givardon est condamné balizer et nettoyer la rivière ès fins et limites de son péage 1604, 4 p. — Arrest par leq. est faict défences du comte de Montpensier de lever aucune chose sur les marchandises passant par les lieux de la Boutiere et Pragoliu, sur la rivière d'Allier. 4 p. — Arrest du Parlement pour les marchans fréquentans la rivière de Loire, contre les eschevins et habitans de Moulins. 1602, 4 p. — Arrest par leq. est déclaré le droict de péage sur la rivière de Loyre au lieu de Givry. 8 p. — Déclaration du prétendu péage d'Aubigny qui se lève sur la rivière de Loyre. 4 p. — Arrest par leq. est faict défenses de prendre aucuns droits de péage ès lieux et districts de Lymous et Maulmont et la Ferté-Choudron. 4 p. — Déclaration du prétendu péage de Mesves autrement appelé le peage de Fourneaux, qui se lève sur la rivière de Loire. 4 p. — Arrest de la suppression du double et nouveau peage prétendu en la ville de La Charité. 4 p. — Etc., etc.

21087. Touraine, comté de Blois. Péages de la Loire et de la Vienne 9 pièces pet. in-8.　　　　　　　　　　　　　　　5 fr.

Déclaration du droit de péage qui se lève à Chinon sur les denrées et marchandises. 1609, 7 p. — Déclaration du prétendu péage de Nouaistre sur la rivière de Vienne. 1620, 4 p. — Arrest par lequel est déclaré le droict de peage sur la rivière de Loire au lieu d'Amboise. — Arrest par lequel les bourgeois sont exemps au péage de Blois. 1611, 8 p. — Etc., etc.

21088. Orléanais. Péages de la Loire. 16 pièces pet. in-8.　　　　　　　　6 fr.

S'ensuit la déclaration des marchandises, denrées et choses qui sont voicturées et conduites par les destroicts du grand péage d'Orléans par la rivière de Loire, lesq. sont redevables au Roy nostre sire. 16 p. — Sentence par laq. les challans et bateaux sont déclarez exempts d'imposition venduz par marchands forains en la ville d'Orléans. 1605, 7 p. — Arrest par leq. est enjoinct aux religieux du couvent de St-Mesmin recepvoir leur droit de salage audedans du destroict dud. St-Mesmin et non en la ville d'Orléans. 1605, 4 p. — Arrest par leq. est déclaré le droit de péage sur la rivière de Loire, au lieu de Beaugency. 8 p. — Transaction par laq. appert que les marchands fréquentans la rivière de Loire et autres fleuves descendant en icelle, ont droit de navigation en la rivière de Loiret. 4 p. — Ensuit la déclaration des prétendus droicts et proffits deubs pour le péage de Sully. 1630, 8 p. — Arrest par leq. est déclaré le droit de péage sur la rivière de Loire au lieu de Gien. 8 p. — Transactions faictes et passées entre les marchands fréquentant la rivière de Loire et les musniers de S. Denis les Jargeau, portant règlement de la tenue et assiette des moulins sur lad. rivière. 7 p. — Etc., etc.

21089. Anjou. Peages de la Loire dans la traversée de cette province. 10 pièces pet. in-8.　　　　　　　　　　　　　　6 fr.

Règlement des impositions qui se lèvent sur la rivière de Loire et autres rivières descendant en icelle au païs d'Anjou. 1599, 8 p. — Déclaration des droits du péage de St-Aubin. 4 p. — Arrest par lequel est faict défenses aux religieux du couvent de N. D. du Lauroux et aux prieurs de St-Aubin d'Angers et de St-Macé de lever ni exercer aucun péage sur les bateaux et chalans chargez de marchandises en la rivière de Loire à l'endroit de la seigneurie de Trèves. 1626. — Coppie de la pancarte du tribut prétendu appelé la Cloison d'Angers levé sur les bateaux et marchandises passant par la rivière de Loire ès lieux des Ponts de Sée, Ingrande et autres lieux du pays d'Anjou. — Arrest du Conseil contre les maires et eschevins d'Angers relativement au même péage. 1643, 14 p. — Arrest par leq. est fait défences aux religieuses du couvent de N. D. de Rouzeray-lez-Angers de ne lever aucun péage sur la rivière de Loire. 1604, 3 p. — Etc...

21090. Anjou (Remarques sur la succession du duc d') tant par rapport à sa validité qu'à l'égard de ses conséquences, à quoi on a ajouté le contract de mariage de Louis XIV par où il renonce à la succession d'Espagne (en français et allemand). Cologne, Pierre Marteau, 1701, pet. in-4, de 79 p., cart. (Rare).　　　　　　　　　　12 fr.

21091. Gabriel le Bien-venu, gentilhomme Angoumoysin. Foucade aux Estats. 1615, pièce pet. in-8, br.　　　　　　　2 fr. 50

21092. Landes. 7 pièces in-8 et in-4. 6 fr. 50

Lettre pastorale de M. l'évêque des Landes. 1791, 30 p. in-4. — Protestation à la Convention Nationale par la Société républicaine de Mont-de-Marsan « contre les débats scandaleux qui ont érigé le Sénat français en une arène de gladiateurs » (1791) 4 p. in-4. — Coup d'œil histor. sur la paroisse de Montaut (Landes) à l'époque de la Révolution française, par Sebie. Auch, 1864, 24 p. — Les Landes, par de Bergues La Garde. 1868, 71 p. — Rapport sur les dunes du golfe de Gascogne, par L. F. Tassin. Mont-de-Marsan, an X, 54 p. — Lencouaq, Bessani. L'ordre de St Jacques de l'Epée dans les Landes et la province d'Auch, par le baron de Cauna. Aire, 1872, 20 p. — Etc.

21093. Toulouse (Almanach historique de la ville de) avec des augmentations et des changements considérables pour l'année 1781, par Baour, imprim. Toulouse (1780), in-16, v. marb.　　　　　　　　4 fr.

21094. Marseille. Etats généraux ; Révolution. 12 pièces in-8.　　　　　7 fr. 50

Mémoire à l'Assemblée Nationale sur la procédure prévôtale que l'on prend à Marseille, par Barbaronx, de Marseille. 1789, 27 p. — Nouv. dénonciation de la procédure prévôtale de Marseille, par le C¹ᵉ de Mirabeau. 1789, 4 p. — Lettre aux Marseillois sur l'objet de leur députation aux Etats-Généraux. 15 p. — Délibération du Conseil municipal renforcé de la ville de Marseille du 7 nov. 1789, 8 p. — Au peuple Marseillais. Découverte et dénonciation d'un abus occasionné et entretenu par la caisse patriotique qui fait manger le pain à Marseille à 2 deniers par livre plus cher, par C. Suau. 8 p. — La Contre-Révolution éventée ou vie et actions secrètes de J Fr. Lieutaud, commandant-général de la garde nationale de Marseille, par Sarrazin. 15 p. — Dialogue entre la ville d'Aix et celle de Marseille. 12 p — Discours des sous-officiers et soldats du II⁰ régiment d'infanterie prononcé dans l'assemblée des Amis de la Constitution séant à Marseille. 8 p. — La prédiction accomplie, adresse aux Marseillais par Sans-Souci, soldat de la garde nationale. 8 p. — Grand jugement contre Bremond-Jullien. 8 p. — Etc., etc.

21095. Voyages (Abrégé de l'histoire générale des), par J. F. La Harpe. 1825, 30 vol. in-18, portr., fig., v. rac.   10 fr.

21096. Patin (Ch.). Relations historiques et curieuses de voyages en Allemagne, Angleterre, Hollande, Bohême, Suisse, etc. Lyon, 1676, in-12, front., port. et fig., v. br. 4 fr.

On trouve dans ces relations des particularités intéressantes pour l'hist. littéraire, l'archéologie et des notes sur les princip. musées.

21097 Voyages faits dans le Nord (Hist. des découvertes et des), par J R Forster, mises en franç par Broussonet. 1788, 2 vol. in-8, cartes, dem.-rel.   3 fr.

21098. Des Roziers, secrétaire interprète du Roy. La Grammaire espagnole. 1659, pet. in-12, vél. (Bel exempl.).   2 fr. 50

21099. Espagne (Histoire d') dep les prem. temps, par Ch Romey. 1839-41, 6 vol. in-8, fig. et portraits, dem.-rel., mar. viol. 8 fr.

Histoire estimée. Elle ne va que jusqu'à la fin du règne d'Alphonse X en 1284. — C'est tout ce qui en a paru.

21100. Espagne (Itinéraire descriptif de l') et tableau élement. des différ. branches de l'administration et de l'industrie de ce royaume, par Alex. de Laborde. 1809, 5 vol. in-8 et atlas in-8, br.   5 fr.

21101. Card. Ximénés (Parallèle du), 1ᵉʳ ministre d'Espagne, et du card. de Richelieu, par l'abbé Richard. Trévoux, 1705, in-12, v., tr. dor.   1 fr. 50

21102. Cuba (Aperçu statist. de l'île de), préc. de quelq. lettres sur la Havane, par Huber. 1826, in-8 av. cartes, cart. à la Brad, non rogn.   3 fr.

21103. Conversion des sauvages (L'arrivée des Pères Capucins et la) à nostre saincte foy déclarée, par le R. P. Claude d'Abbeville, prédicateur capucin. 1628, br in-8.   2 fr. 50

Réimpression faite à Lyon, par L. Perrin, en 1876, de cette pièce rarissime. — Exemplaire en GRAND-PAPIER DE HOLLANDE.

21104. Expédition de Chine, par P. Varin. 1862, gr. in-8, fig, d.-rel. , chagr. v. 1 fr. 50

21105. Prairie du Jacinto (La), roman trad. de l'allem de Ch. Sealsfield, par G. Revilliod. Genève. Fick, 1861, gr. in-8, cart. perc. bleu, non rog. (Envoi d'auteur).
                    2 fr.

21106. Schweizer-Geschichte (G. Em. von Hallers Bibliothek) und aller theile, so dahin bezug haben. Bern, 1786, 7 vol. in-8, cart   10 fr.

Bibliographie historique de la Suisse, estimée et peu commune.

21107. Helvetische bibliotheck, bestehend in histor., polit. und critischen, beytragen zu den geschichten des Schweitzerlands. Zurich, 1735-1741, 6 part. en 5 vol. in-8, cart , n. rog.   8 fr.

21108. Angleterre (Histoire d') dep. la prem. descente de Jules César, écrite sur un nouv. plan par Robert Henry, l'un des ministres d'Edimbourg, trad. par A. M. Boulard. 1789, 5 vol. in-4, pl. et cartes, v. rac.   10 fr.

21109. Procez de Charles Stuart (Hist. entière et vérit. du), roy d'Angleterre, conten. en forme de journal, tout ce qui s'est passé sur ce sujet dans le Parlement, et en la Haute-Cour de Justice, et la façon en laq. il a esté mis à mort au mois de janv. 1648, le tout fidèlem. recueilly des pièces authent. et trad. de l'angl. Sur l'impr. à Londres par I. G. l'an 1650, Rouen, s. d., pet. in-12, cart.   2 fr. 50

21110. Médecins numismatistes (Etudes historiq. et critiq sur les), conten. leur biographie et l'analyse de leurs écrits, par le Dʳ Renauldin. 1851, in-8, br.   4 fr.

21111. Magnétisme. Correspondance de M. M****** (Mesmer) sur les nouv. découvertes du Baquet octogone de l'homme-baquet et du baquet moral, pouv. servir de suite aux aphorismes rec. et publ. par MM. de Fr. (Fortia de Piles, J. (Journiac de Saint Méard) et B. (Louis de Boisgelin). Libourne, 1785, in-18, av. fig et airs notes grav., cart   10 fr.

Correspondance imaginaire, petit livre fort rare sur le magnétisme animal.

21112. Vaccine (Hist. de l'introduct. et des progrès de la) en France, par Fr. Colon. 1801, in-8. — **Millin.** Elemens d'histoire naturelle. 1797. — Ens. 2 ouvr. en 1 vol. in-8, v.   1 fr. 50

21113. Mélanges. Rec. de 12 opuscules en 1 vol. in-8, cart. à la Bradel.   3 fr. 50

Nivellement des princip. sommets de la chaîne des Pyrénées, par Reboul. 1817. — Notice sur le calendrier talmudique. — Notice du traité des connues géométriques de Hassan Ben Ha.theon, par Sédillot. 1834. Planches. — Introduct. au traité d'astronomie d'Aboul Hhassan Ali, par Sédillot. 1833. — Sur l'écriture hieroglyphique égyptienne, par Arago. 1832 — Relation d'un voyage en France par le cheikh Réfaa. 1833. — Rech. géograph. sur l'Afrique centrale, par Latreille. 1824. — Notice sur les poids, mesures et monnaies de Tunis. 1832. — Etc.

21114. Mélanges scientifiques. Réunion de 18 ouv. en 2 vol. in-8, dem.-rel. 3 fr. 50

Observat. sur div. objets importans (par le C¹ᵉ d'Essuile). Berlin, 1787. — Observat. sur les salines de la Meurthe, de celui du Bas-Rhin et du pays conquis de la Layen, par Toisel. An III. Planche. — Rapport sur le Museum d'hist. natur. par Thibaudeau. An III. — Rapport sur l'établiss. d'un Conservatoire des arts et métiers, par Grégoire. An III. — Rapp sur les arts qui ont servi à la défense de la République, par Fourcroy. An III. — Instruction pour parvenir à opérer la refonte du papier An II. — Résultats d'expériences sur les différ. états du fer, par Clouet. An VII. — Mort aux tyrans. Programmes des cours révolut. sur la fabricat. des salpêtres, des poudres et des canons. An II. — Mém. sur les eaux minérales et les établissem. thermaux des Pyrénées (par Lomet). An III. Planches. — Tableau méthod. des minéraux, par Daubenton. An IV. — Recherches sur la préparat. que les Romains donnoient à la chaux, par de la Faye 1777. — Mém. pour servir de suite aux rech. sur la préparat. que les Romains donnoient à la chaux, par de la Faye. 1778. — Mém.

sur les moyens de perfect. les moulins et la mouture économique, par Bucquet. 1786.

21115. Livres et leurs ennemis (Les), par Alkan aîné (Abraham). 1883, broch. in-8.
1 fr. 50

21116. Nodier (Ch.). Bibliothèque grecque-latine, compren. le tableau chronolog., biograph. et bibliogr. des auteurs inspirés et des auteurs ecclésiast. depuis Moïze jusqu'à St-Thomas d'Aquin. 1826, in-8, br.
2 fr. 50

21117. Librairie. 2 pièces pet. in-8.   6 fr.
Edict du Roy par lequel est déclaré toute librairie exempte de traicte, imposition foraine et autres droits « pour le grand bien, commodité et profit que prennent de l'impression des livres tous gens de lettres et singulièrement les supposts et escoliers de nos universitez... désirant entretenir, accroître et augmenter l'art d'imprimer ». St-Germain-en-Laye, 23 sept. 1553, 7 p. — Arrest de la Cour de Parlement par leq. la marchandise de papier est déclarée franche et exempte de tout droit de péage. Orléans, 1631, 8 p.

21118. Siècles païens (Les) ou dict. mytholog., héroïque, polit., littéraire et géograph. de l'antiquité païenne, dep. l'orig. du monde jusqu'à la fin du siècle d'Auguste, par l'abbé Sabatier de Castres. 1784 9 vol. in-12, v. m.
2 fr. 50

21119. Taigny (E.). Mélanges, études littér. et artistiques. 1869, in-12, dem.-rel., mar. viol. à nerfs.
2 fr.
Isabey, sa vie et ses œuvres. — Catherine II et la princesse Dasckhoff. — Quelques mots sur l'art allemand. — Gœthe et Werther, etc.

21120. Procès de Charles Stuart (Histoire entière et vérit. du), roy d'Angleterre, conten., en forme de journal, tout ce qui s'est passé sur ce sujet dans le Parlement, et en la Haute-Cour de Justice, et la façon en laq. il a esté mis à mort, au mois de janv. 1648-9, le tout fidèlem. recueill. des pièces authentiq. et trad. de l'angl. Londres, 1650, pet. in-12, dem.-rel., v. ant. (Bel exempl.).
4 fr.

21121. Angleterre (Voyage d'un amateur en), avec une préf. nouv. et des supplém. par A. Michiels. 1872, gr. in-8, br.   2 fr.

21122. Premier Empire (Chronique des événements de 1814 et 1815 p. serv. à l'hist. du) et de la Restauration, par Amédée Pichot. S. d., in-8, figure, br.
3 fr.

21123. Histoire du règne de Louis-Philippe Ier, roi des Français, par V. de Nouvion. 1861, 4 vol. in-8, br.
4 fr.

21124. Valesiana ou les pensées critiques, historiq. et morales et les poésies latines de M. de Valois, recueill. par son fils. 1694, in-12, port., fig., v.
2 fr. 50
A la suite · Hadriani Valesii historiographi regii, poëmata.

21125. Corrozet (Gilles). Le Thrésor des histoires de France, réduites par tiltres, partie en forme d'annotations, partie par lieux communs, reveu, corrige et augmenté jusques à présent. Paris, Galliot Corrozet, 1603, pet. in-8, cart.   5 fr.

21126. Histoire de France (Rec. de pièces intéress. pour serv. à l') et autres morceaux de littérature trouv dans les papiers de l'abbé de Longuerue. Genève, 1769, in-12, cart, non rogné
3 fr.
Abrégé de la vie du cardinal de Richelieu. — Abrégé de la vie du cardinal Mazarin. — Traduction d'une lettre de Fra Paolo, Vénitien. — Introduction à l'hist. de France. — Hist. abrégée de la

donnation du Dauphiné. — Dissert. sur la question si Esdras a inventé de nouveaux caractères hébreux.

21127. Acta Litteraria ex manuscriptis eruta atque collecta cura Burc. Gotth. Struvii. Ienæ, 1706, 2 tom. en 1 vol. in-8, vél.
3 fr. 50
Gesta Dagoberti regis. — De criteriis Manuscriptorum. — Excquiæ Jac. Puteani. — Etc.

21128. Famille de Bourbon (Mémoires et recueil de l'origine, alliances et succession de la royale), branche de la maison de France, ensemble, de l'histoire, geste et services plus mémorables, faictz par les princes d'icelle aux Rois et couronne de France. La Rochelle, P. Haultin, 1587, in-8, vél.
8 fr.
Volume rare attribué à P. de Belloy par les uns et à Pelisson par les autres.

21129. Marguerite de Valois (Mémoires de), reine de France et de Navarre, ausquels on a ajouté son éloge, celui de M. de Bussy et la fortune de la Cour. La Haye, 1715, 2 tom. en 1 vol. in-12, portr., v.
3 fr. 50

21130. Montluc (Commentaires de Messire Blaize de), mareschal de France, où sont décrits les combats, rencontres, escarmouches, batailles, sièges, assauts, escalades, prises ou surprises des villes, etc., ensemble diverses instructions qui ne doivent estre ignorés de ceux qui veulent parvenir par les armes, etc. 1661, 2 vol. in-12, v.
10 fr.

21131. Bijoux du Moyen-Age. Notes sur les affiques par H. Bordier. 1876, broch. in-8, avec fig. —   1 fr. 50
Les affiques ou « fermaux » étaient des broches ou agrafes servant à fixer ou à tenir fermés sur la poitrine des femmes leur corsage ou mantelet. Sur ces bijoux étaient souvent gravées des devises amoureuses dont on trouvera des exemples dans cette intéressante petite monographie.

21132. Droit de la femme. Son devoir au moyen âge, d'après les manuscrits de la Bibliothèque Nationale, par Louis de Berker. 1880, beau volume pet. in-8 écu, pap. de Hollande, titre rouge et noir, lettres ornées, couvert. parchemin, br., au lieu de 7 fr. 50, net .
5 fr.
Droit de la femme dans l'antiquité. — Premiers âges du monde. — Promiscuité. Suprématie de la femme. — Conquête de la femme. Droit naturel. — Droit du mari et du père. — Devoir de la femme au moyen âge. — Le manuscrit de Jehan Petit d'Arras. — Texte du manuscrit Miroir des Dames, manuscrit d'un Franciscain du XVIIe siècle. Le livre du régime des princes, manuscrit de Gilles de Romme. — L'Art d'amour, manuscrit. — Le livre des trois vertus de Christine de Pisan. — La princesse. — La ménagère. — La toilette. — La femme du marchand. — L'appartement d'une bourgeoise de Paris. — La chambre d'une femme en couches. — La Veuve. — La jeune fille. — L'ouvrière — La fermière. — La femme lettrée. — Le tout est suivi d'un Glossaire philologique et explicatif.

21133. Amours de Henri IV (Histoire des) avec diverses lettres escrites à ses maistresses et autres pièces curieuses. Leyde, J. Sambix (à la Sphère), 1664, pet. in-12, v.
6 fr.
Jolie édition imprimée à Bruxelles par Foppens et qui s'annexe aux Elseviers.

21134. Défense des femmes (Resp. aux impertinences de l'aposté capit. Vigoureux sur la), par J. Olivier, aut. de l'Alphabet de la Malice des mauvaises femmes. 1617, pet. in-12, cart. (Rare).
7 fr. 50

21135. **Apologie des Dames** appuyée sur l'histoire (par Mme Galien de Chateau-Thierry). 1737, in-12, dem.-rel., maroq. viol. à nerfs. 2 fr. 50

21136 **Le fouet des paillards** ou juste punition des voluptueux et charnels, conforme aux arrests divins et humains, par M. L. P. (Mathurin le Picard), curé de Mesnil-Jourdain. Rouen, Est. Vereul. 1623. In-12, vél. 20 fr.

Livre rare et très recherché. — Mathurin Le Picard, qui donnait de si bons conseils de morale aux autres, fut l'instigateur des désordres qui amenèrent la perversion des mœurs chez les religieuses de Louviers. Il fut condamné, pour crime de magie et sortilège, à être brûlé vif.

21137. **Contrelésine** (La) ou plutôt discours, constitutions et louanges de la libéralité, augm. d'une comédie intitulée : Les Nopces d'Anti-Lésine, trad. de l'ital. 1618, in-12, vél. 3 fr. 50

21138. **Roulliard** (Sébastien), de Melun, avocat en Parlement. La magnifique Doxologie du Festu. 1610, in-8, v. f. 8 fr.

Dissertation enjouée sur la paille ou le fétu. — Curieux et rare.

21139. **Pipe cassée** (La), poème épitragipoissardihéroïcomique (par Vadé). Paris, Leclère, 1866. Pet. in-8, vignettes dessinées par Eisen et grav. par Sornique, br. 8 fr.

Tiré à petit nombre pour les souscripteurs sur les anciennes planches du temps. — Exemplaire en grand-papier rose-clair.

21140. **Hexaméron rustique** ou les 6 journées passées à la campagne entre des personnes studieuses, par La Motte Le Vayer. Amst. (à la Sphère), P. Mortier, 1698, pet. in-12, frontisp. grav., v. 3 fr. 50

Des parties appelées honteuses aux hommes et aux femmes — De l'antre des Nymphes. — De l'éloquence de Balzac. — De l'intercession de quelques saints particuliers. — Etc.

21141. **Puits de la Vérité** (Le), histoire gauloise (par Du Fresny). 1698, in-12, v. (Rel. fatiguée). 3 fr.

Gasconnable risible. — La Babillarde. — Le Tais-Toy, vaudeville. — Chanson paysanne servant de leçon aux grands. — Le Destin aux Gaulois. — Etc., etc.

21142. **Golconde** (La Reine de), conte (par de Boufflers). S. l. (vers 1760). In-8, titre gravé, couv. en pap. 1 fr. 50

Edition originale.

21143. **Eloge de l'âne**, traduction libre du latin de Daniel Heinsius, par L. Coupé. 1796, in-16, dem.-rel., veau fauve, non rog. (Bel exemplaire). 5 fr.

21144. **Pipe cassée** (La), poème épitragipoissardihéroïcomique (par Vadé) Paris, Belin, s. d. Pet. in-8, avec eaux-fortes de Mesplès, br., dans un carton. 20 fr.

Charmante publication. — Exemplaire numéroté sur papier fort du Japon, avec double suite des figures et culs-de-lampe, dans le texte et hors texte. — Publié à 40 fr. et épuisé.

21145. **Ane promeneur** (L') ou Critès promené par son âne, chef-d'œuvre pour servir d'apologie au goût, aux mœurs, à l'esprit et aux découv. du siècle. Prem édit., rev., corr. et piéc d'une préface à la mosaïque dans le plus nouveau goût (par Gorsas). A Pampelune, chez Démocrite, 1786, fig. à l'eau-forte, v. m., fil. (Bel exemplaire). 3 fr. 50

Ouvrage satirique curieux et singulier, en prose et en vers.

21146. **Gramont** (Scipion de), s^r de St-Germain. De la nature, qualitez et prérogatives admirables du poinct, où se voyent plusieurs belles et subtiles curiositez. 1619, in 8, vél. (Rare) 6 fr.

21147. **Torelli** (J.) Veronensis geometrica. Veronæ, 1769, in-8, fig., v. rac. 2 fr. 50

21148. **Histoire du faux Martin Guerre**. Arrêt mémorable du Parlement de Tolose, conten. une histoire prodigieuse de nostre temps avec 100 belles et doctes annotations de Maistre Jean de Coras, conseiller en lad. Cour et rapporteur du procès. Lyon. Ant. Vincent, 1561. Pet. in-4, vél. 15 fr.

Cause célèbre. — Exemplaire grand de marges et très bien conservé, dans sa première reliure.

21149. **Mirouer du bibliophile parisien** (Le), où se voyent au vray le naturel et les joyeulx esbattements des fureteurs de vielz livres. Imprimé à Paris par Guiraudet et Jouaust pour M. Bonnardot, Parisien. M V.CCC.XLVIII. In-16, titre en gothique, br. 10 fr.

Tiré à petit nombre et devenu rare. — « Cet opuscule, dit l'auteur, est susceptible de divertir un instant les bibliophiles et les gens du monde qui ne les comprenent pas. »

21150. **Foires** (Ce qu'on apprenait aux) de Troyes et de la Champagne au xive siècle, suivi d'une notice histor. sur les foires de la Champagne et de la Brie (par Alexandre Assier). 1858, pet. in-8 de 48 p., pap. vergé, br. 1 fr. 50

A propos des foires de Champagne, l'éditeur raconte le fabliau de la bourse pleine de Sens, où l'on voit les mésaventures du chevalier René de Decize, au comté de Nevers.

21151. **Histoire comique de Francion** (par le S^r Du Parc), pseudonyme de Ch. Sorel. 2 vol. pet. in-12, v. fauve, fil. (Bel exemplaire). 10 fr.

21152. **Marot** (Les œuvres de Clément), de Cahors, valet de Chambre du Roy. La Haye, Adr. Moetjens, 1700, 2 vol. pet. in-12, v. 35 fr.

Edition très jolie et recherchée à cause de la beauté de son exécution. Elle est exécutée avec les caractères des Elsevier, qui avaient été achetés à leur liquidation par Moetjens. — Exemplaire de premier tirage, très grand de marges. — Hauteur : 135 millim.

21153. **Ovide** (Commentaires sur les Epîtres d'), par Gasp. Bachet, Sr de Méziriac, de l'Acad. françoise. La Haye, 1716, 2 vol. in-8, v., fil. 2 fr. 50

21154 **Ovide** (Traduction des épistres d') (et des élégies amoureuses) en vers françois (par l'abbé J. Barrin). Rouen, 1676, in-12, vél. 2 fr.

21155. **Horace**. Odes, trad. en vers (texte en regard), par un lieut.-g^al. 1836, in-8, dem.-rel., v. v. 3 fr.

21156. **Perse**. Satires, trad. en vers françois et accomodées au goût présent, par LeNoble. av. quelques satires sur le théâtre. Amst., 1706, pet. in-8, v. 2 fr. 50

21157. **Editions Cazin**. La Dunciade, poème en 10 chants, par Palissot. Loudres, 1781, pet. in-18. portr. de Monnet gr. par Voysart, v. ec., fil., tr. dor. (A la reliure de Cazin). 2 fr. 50

21158. **Noëls provençaux** (Recueil de), composé par Nic Saboly, bénéficier et maître de musique de l'église de S.-Pierre

174   ARCHIVES DU BIBLIOPHILE

d'Avignon. Avignon, 1772, in-12, dem.-rel.,
vél.   3 fr.

21159. **La Rochefoucauld.** Réflexions ou
sentences morales. Sixième édit., augm.
1693, in-12, v.   12 fr.

Edition dans laquelle on a rétabli le Discours
préliminaire de La Chapelle-Bessay retranché de
toutes les éditions faites après 1665. Elle contient
un supplément de 50 maximes, dont la moitié sont
publiées ici pour la première fois.

21160. **Barclaii** (Euphormionis Lusinini
sive Joa.) Satyricon, partes V, cum clavi.
Lugd. Batav., apud Elsevirios, 1637, pet.
in-12, front. gravé, vél.   3 fr.

La première des deux éditions données sous
cette date. Elle se reconnaît aux pages 207, 209,
chiffrées par erreur 107, 109.

21161. **Promotiou au cardinalat** (Relation
des négociat. qui se sont faites à la Cour
de Rome pour la) des sujets proposez par
la France, dep. l'année 1644 jusqu'en l'année 1654 (par P. Linage de Vauciennes).
1676, in-12, v.   2 fr. 50

21162. **Credo des Jésuistes** (Le), dédié
aux François (en vers). 1611. — Salutation
angélique ou advis (en vers), dédiee à la
Royne Régente par les François. 1611, 5 p.
— L'Ave Maria des Catholiques (en vers),
avec sa suite. 1611, 8 p. — Le Confiteor des
Catholiques (en vers). 1611, 8 p. — Ensemble 4 pieces pet. in-8.   5 fr.

Les deux dernières pièces, l'*Ave Maria* et le
Confiteor, sont signées des initiales N. D. P.

21163. **Questions religieuses.** 10 opuscules et broch. in-8.   6 fr.

Accord de la religion et des cultes chez une nation libre, par Ch.-Alex. de Moy, curé de St-Laurent à Paris. An IV (1795), 110 p. — Du developpement des dogmes dans la doctrine catholique,
par l'abbé P. Goux. 1858, 142 p. — De l'immunité
ecclésiastique et monastique, par Dom F. Cha-
vard 1877, 39 p. — L'Eglise et ses adversaires
en 1825 et 1845, par Franz de Champagny. 1845,
33 p. — Du projet de loi sur le sacrilège présenté à
la Chambre des Pairs par l'abbé F. de La Mennais. 1825, 19 p — Lettre de l'abbé de La Mennais
sur les attaques dirigées contre lui à l'occasion de
son dern. ouvrage. 1826, 43 p. — Réponse à quelq.
questions sur le pouvoir temporel du Pape, par
Mgr de Salinis. Auch, 1860, 96 p. — Observations
sur un mémoire adressé à l'épiscopat sous le titre :
Sur la situation présente de l'Eglise gallicane relativement au droit coutumier. 1852, 104 p. — Etc.

21164. **Pére Paul** (La vie du), de l'Ordre
des Serviteurs de la Vierge et théologien de
la séréniss. République de Venise, trad. de
l'ital. (de Fulgence, par Fr. Graverol).
Amst., J. de Ravestein, 1663, pet. in-12,
v.   2 fr. 50

Jolie petite édition qui s'annexe aux Elsevier.

21165. **Religion** (Entretiens du doct. au
sujet des affaires présentes par rapport à
la) (par le P. Lallemand). 1738, in-12, v.
br.   2 fr. 50

Exemplaire ayant appartenu au P. Valentin de
Paris, capucin. On a frappé sur l'un des plats, en
lettres d'or, cette mention : « A l'usage du pere
Valentin de Paris capucin. »

21166. **S. Basile le Grand** (Homélies de),
archev. de Cæsarée en Cappadoce, sur
l'hexaméron, c'est à dire sur les six jours
de la prem. sepmaine ou création du
monde, mises de grec en franç. par Fr. Jean
de S.-François, relig. feuillentin. 1616,
in-8, v., fil.   2 fr. 50

21167. **Theologia dogmatica** et moralis,
ad usum seminariorum auct. Lud. Bailly.
Lugd., 1818, 8 vol. in-12, dem.-rel. 3 fr. 50

21168. **Eglise gallicane** (Estat de l') durant
le schisme, extraict des registres et actes
publiques (par Pierre Pithou). Paris, Mamert Patisson, 1594, in-8, cart.   5 fr.

Pierre Pithou, natif de Troyes, en Champagne,
mérita, par son érudition, une réputation éclatante.
Elevé dans les doctrines du protestantisme, il entra
plus tard dans le sein de l'Eglise catholique. L'E-
glise gallicane est un recueil des pièces authentiques qui constatent la lutte de la puissance spirituelle depuis 1408 jusq. 1552. — Bel exemplaire,
très grand de marges, presque non rogné.

21169. **Calvin** (J.) et son époque, appréciat.
d'après ses ouvrages, les meilleurs docum.
et d'importantes publicat. par G. Goguel.
Toulouse, 1863, in-12, portr., br.   1 fr. 50

21170. **Chandler** (Sam.). A vindication of
the history of the Old Testament, in answer
to the misrepresentations and calumnies
of Th. Morgan. London, 1741, 2 part. en un
vol. in-8, v. m.   2 fr. 50

21171. **Secret des Mystères** (Remarques
crit. sur un livre de l'abbé de Vallemont
intit. : Dissertation du) (par l'abbé Nic.
Baudoin, chanoine de St-Michel de Laval).
Bruxelles, 1717, in-12, v. (Bel exemplaire).   3 fr. 50

21172. **Doctrine des mœurs** (La), qui ré-
présente en cent tableaux la différence des
passions et enseigne la manière de parvenir à la sagesse universelle, par de Gomberville. 1688, frontisp. et nombr. fig,
v. f., dent., tr. dor.   4 fr.

21173. **Cicéron** (Les offices de), trad. en
franç., avec des notes et des somm. des
chapitres, par le traducteur des lettres de
S. Augustin (Dubois). 1692, in-8 réglé, v.,
tr. dor.   2 fr.

21174. **Ambassades des Romains** (Considérations histor. et diplomat. sur les)
comparées aux modernes, par Ch.-Aug.
Weiske. Zwickau, 1834, in-8, dem.-rel, v.
viol.   3 fr. 50

21175. **Re vestiaria** (Oct. Ferrarii de), lib.
tres. Patavii, 1642, pet. in-8, fig., dem.-rel.,
v. m.   1 fr. 50

21176. **Bas-Empire** (Histoire du). Annales
Constantini Manassis, nunc primum in
lucem prolati, et de græcis latini facti, per
Jo. Leuvenclaium. Basileæ, 1573, pet. in-8,
v.   4 fr.

Manassès vivait encore en 1150, au temps de
Manuel Comnene, à la sœur duquel il a dédié cet
ouvrage.

21177. **Annali Turcheschi** (Gl') overo vite
de Principi della Casa Othomana di Fr.
Sansovino. Venetia, 1573, pet. in-4, vél.
      6 fr.

21178. **Turquie** (Discours et histoire véritable des navigations, pérégrinations et
voyages faicts en la) par Nicolas de Nicolay, seigneur d'Arfeville, valet de chambre et géographe ordinaire du Roy de
France, conten. plus. singularitez que l'auteur y a veu et observé, avec plus. belles et
mémorables histoires advenues en nostre
temps, plus les figures au naturel tant
d'hommes que de femmes, selon la diversité des nations, leur port, maintien, habits, loyx, religion et façon de vivre tant
au temps de paix comme de guerre, le tout
distingué en quatre livres, reveu et augu-
menté de quelques figures oultre la première impression. A Anvers, chez Arnould

Coninx, 1586. In-4, fig. s. bois de costumes presque à chaque page, v.   50 fr.

Livre recherché. — C'est à tort, fait remarquer Brunet, que les 60 gravures sur bois dont cette édition est ornée sont faites d'après les dessins du Titien. Il est vrai de dire qu'elles sont très bien dessinées et gravées dans la perfection. Ce sont des copies réduites des dessins originaux de Nicolay lui-même Ces copies sont l'œuvre en grande partie d'Ahasverus von Londfeld ou Londerzeel, un des meilleurs artistes flamands de l'époque. Cet exemplaire contient la planche du *Calender* au pénis infibulé qui manque presque toujours ou bien que l'on trouve le plus souvent barbouillée. Le texte l'explique en ces termes : « Ces religieux, soubs le membre viril se percent la peau où ils passent un anneau de fer ou d'argent assez gros et pesant, à fin qu'estants ainsi bouclez, ne puissent en aucune manière exercer la luxure encore qu'ils en eussent envie ou commodité. »

21179. **Levant** (Voiage de) fait par le commandement du Roy en l'année 1621, par le Sr D. C. Troisième édition. 1645, in-4, titre gravé, vél.   15 fr.

Le faux-titre porte : *Voyage de Levant par le Sieur Des-Hayes.* — Relation du voyage de Paris à Constantinople par terre. — Description de la ville de Constantinople et de ses environs. — Relation du voyage de Constantinople en Hierusalem, avec les plans des places les plus importantes de Turquie. — Description de la Terre Sainte et de l'estat auquel sont à présent les saints lieux.

21180. **Bosnie** (La) considérée dans ses rapports avec l'empire Ottoman, par Ch. Pertusier. 1822, in-8, portr., br.   1 fr. 50

21181. **Marine.** 8 pièces in-8 et in-4 et un placard-affiche. — Ens. 9 pièces.   12 fr.

De la politique maritime de la France sous Louis XIV et de la demande que Muley-Ismaël, empereur du Maroc, adressa à ce monarque pour obtenir en mariage la princesse de Conti, par R. Thomassy. 1841. 29 p. in-8. — Rapport à l'Assemblée Nationale au nom du Comité de Marine par le marquis de Vaudreuil, sur les classes de la Marine 1790, 23 p. in-8, — Observations et projet de décret sur les classes (de la marine), par le marquis de Vaudreuil et le chevalier de la Coudraye. 1790, 15 p. — Observations sur les tribunaux de commerce en matière maritime et sur l'administration de la police, de la navigation et des ports (par Coppens, président du dép. du Nord et procureur du Roi de l'Amirauté de Dunkerque). Douai, février 1791, 37 p. in-4. — Ordonnance du Roi concernant la composition des équipages des navires marchands. 1784, 4 p. in-4. — Lettre du Roi à M. l'Amiral concern. la navigation des bâtimens appartenans aux sujets des puissances neutres. 1780, 3 p. in-4. — Arrêt du Conseil d'Etat port. défenses à tous capitaines de corsaires de rançonner en mer les bâtimens ennemis. 1780, 3 p. in-4. — Ordonnance du Roi port. défense de rançonner aucuns navires ou marchandises ennemies, à commencer du 1er déc. prochain. 1782, 6 p. in-4. — Le Ministre de la marine à ses concitoyens. Curieuse affiche révolutionnaire signée *Dalbarade* et imprimée à Arras chez le citoyen Leducq. En voici un court extrait : « Citoyens ! Nos plus mortels ennemis sont nos ennemis intérieurs... Aujourd'hui nos forces maritimes sont pour eux un objet de terreur. Ils veulent nous enlever cet infaillible moyen de défense et de victoire Ils savent que pour l'armement des vaisseaux il faut des subsistances et des approvisionnements de tous les genres... Ils usent de tous les moyens, de tous les artifices pour en arrêter la circulation, pour provoquer le pillage et en empêcher l'arrivée. . Sans subsistances, point de forces maritimes, point de résistance à nos ennemis. Nos côtes leur seront ouvertes, ils pénétreront sans obstacle jusqu'à vous, vos propriétés seront dévastées, vos femmes, vos enfants, vous-mêmes serez leurs premières victimes... » Etc. (1793). 1 placard-affiche in-fol.

21182. **Manuscrit d'un religieux réformé de Cluny.** Poème épique ou traduct. de la Genèse en vers franç., avec des

remarq. littérales et historiques pour servir d'explication. 1751, in-fol , parch. 12 fr.

Manuscrit original de plus de 800 pages, d'une bonne écriture. Il ne comprend pas moins de 7,770 vers, avec le texte latin de la Genèse en regard.

21183. **Histoire de la calotte** (Mémoires pour servir à l'). Moropolis, chez le libraire de Momus, à l'enseigne du Jésuite démasqué. 1735, 4 part. en 1 vol. pet. in-12, v. fauve.   6 fr.

Recueil de pièces satiriques et facétieuses en prose et en vers, composées par de Margon, l'abbé Desfontaines, Aymon Gacon et autres.

21184. **Héro et Léandre,** poème trad. de Musée en vers français, suivi de notes par P. Ristelhuber. Strasbourg, 1859, in-8, pap. vélin, dem.-rel., mar. rouge du Lev., à nerfs, tr. ébarb. (Rel. de Capé).   4 fr.

Édition de bibliophile, tirée à très petit nombre ; dédiée à l'Académie du Dimanche. — Bel exemplaire.

21185. **Richardet,** poème. Liège, 1776, 2 vol. pet. in-12, format Cazin, v. éc., fil., tr. dor.   4 fr.

Imitation, plutôt que traduction, par Anne-Fr. Dumouriez, père du général, du *Ricciardetti* de Carteromaco.

21186. **La Fayette** (Œuvres complètes de Mesdames de), de Tencin et de Fontaines, précéd. de notices histor. et littér. par Etienne et A. Jay. 1825, 5 vol. in-8, portr. gr., dem.-rel., v. fauve, tr. ébarb.   10 fr.

21187. **Thuani** (Jac. Aug.) poemata sacra. 1599. pet. in-12, v. fauve.   4 fr.

Recueil des poésies sacrées de Jacq.-Aug. de Thou. — Remarquable spécimen d'impression de Mamert Patisson, successeur de Robert Estienne.

21188. **Hobbes** (Th.). Elementa philosophica de Cive. Amst., Lud. et Dan. Elsevier, 1657. — Vindiciæ pro Lege et Imperio, contra tractatum Hobii de Cive. Ultraj., 1661, 2 ouvr. en 1 vol. pet. in-12, front. gravé, vél.   5 fr.

Cette édition du *de Cive* est incontestablement la plus jolie de celles données par les Elseviers.

21189. **Roman de la Cour de Bruxelles** (Le) ou les advantures des plus braves cavaliers qui furent jamais, et des plus belles dames du monde (par Puget de La Serre). Spa (Liège), 1628, 1 tome divisé en 2 vol. in-8, v. fauve.   25 fr.

Livre des plus rares. — L'auteur de ce roman y a fait figurer, sous des noms supposés, les principaux personnages de la noblesse belge de l'époque, la duchesse de Croy, la duchesse d'Aerschott, le prince de Chimay, etc. — Vendu 440 fr. chez de Jonghe. — Notre exemplaire est incomplet des pages 495-500, 509-512 et 719-720.

21190. **Pascal** (Discours sur les pensées de), où l'on essaye de faire voir quel estoit son dessein, avec un disc. sur les preuves des livres de Moyse (par Dubois de la Tour). 1672, in-12, v.   2 fr.

21191. **La Rochefoucauld.** Le premier texte de La Rochefoucauld publ. par F. de Marescot. Paris, Jouaust, 1869, in-12, cart. vélin souple, non rogné.   10 fr.

Un des 15 exemplaires imprimés sur PAPIER DE CHINE.

21192. **La Bruyère.** Les caractères de Théophraste trad. du grec avec les caractères ou les mœurs de ce siècle. 1692, in-12, v.   5 fr.

Septième édition qui présente de notables différences sur la précédente et est augmentée de 77 caractères nouveaux.

21193. Montesquieu. Lettres Persanes, seconde édition, revue, corrigée et diminuée par l'auteur. Cologne, Pierre Marteau, 1721, 2 tom. en 1 vol. pet. in-12, titres rouges et noirs avec chiffre entrelacé. 312 p. chiffr. pour le tome Ier et 347 p. chiffr. pour le tome II, v.   30 fr.

Seconde édition originale donnée par l'auteur. Les éditions datées de l'année précédente sont fort rares, sinon toutes, au moins pour celle que l'on croit être la première et à laquelle l'auteur n'a eu aucune part. Cette seconde diffère entièrement de celle-ci. L'ordre des lettres n'est pas le même; la première de cette édition était précédemment la sixième et il y en a dix de moins. Voir dans l'*Amateur d'autographes* de Charavay, Nos des 1er et 16 juillet 1869, p. 205, article signé L. V. (Louis Vian) sur cette édition que le signataire croit être de 1723 Il donne des détails intéressants sur les lettres qui ont été supprimées, modifiées ou ajoutées. Serait-ce cette édition dont parle Voltaire dans laquelle Montesquieu a fait des changements pour pouvoir entrer à l'Académie ? Cela paraît fort probable, les recherches de M. Vian ne laissent guère de doute à cet égard. L'édition aurait été anti-datée pour les besoins de la cause du futur académicien. — Elle est tellement rare que M. Vian avait cru longtemps que son exemplaire était unique

21194. Boileau-Despréaux. Œuvres div. du sieur D*** avec le traité du Sublime ou du merveilleux dans le discours, trad. du grec de Longin. 1685, 2 part. en 1 vol. in-12, front. et fig., cart.   3 fr. 50

Cette édition renferme de plus que les précédentes quelques *épigrammes* et le *Remerciement à l'Académie française.*

21195. Pandectæ Justinianeæ, in novum ordinem digestæ, cum legibus Cod. et Novellis, quæ jus Pandectarum confirmant, explicant, aut abrogant (cur. R. J. Pothier). L., 1782, 3 vol. in-fol., v. m. (Bel exemplaire)   4 fr.

21196. Jure liberorum (M. Vertranii Mauri, de) liber singularis in quo numerosæ prolis privilegia ex antiquo jure, Romano recensentur ed. cura Joach. Cluten Parchimensis. Megapolitani. Argentorati, 1610, in-8, encadrement gravé sur bois autour du titre, vél.   2 fr. 50

Sur la garde se trouve un long envoi autographe de Cluten à Hector Canay, président du Conseil à Montbéliard.

21197. Corporations françaises (Histoire des) d'arts et métiers av. préface historique et conclusion par J. P. Mazaroz. 1878, in-8, br.   4 fr.

21198. Etat des lettres au XIIIe siècle (Discours s. l'), par Daunou, précéd. d'une notice s. l'auteur par Guérard. S. d., in-8, portr., br.   3 fr. 50

21199. Manuscrits. Notices et descriptions. 19 broch. in-8 et in-4.   15 fr.

Notice et extraits du recueil des Miracles de N. D. de Roc-Amadour, par G. Servois. 1856, 42 p. — Note sur le recueil intitulé . De miraculis S. Jacobi, par L. Delisle. 1878, 14 p. — Lettre touch. le Ms. de la Bibliothèque de Rome No 354 perdu pendant 28 ans, suiv. de quelq. pièces inédites du xiiie siècle relat. à div. métiers du Moyen-Age, par Ach. Jubinal 1838, 45 p. — Note sur le Ms. de Prudence No 8084 du fonds latin de la Biblioth. Impér., par L. Delisle. 7 p. — Note sur un Ms. intitulé . Annales Mundi ad annum 1264, par le Cte Ch. de L'Escalopier. 1842, 50 p. — Notice sur un Ms. latin intitulé : Albani belli libri V, par J. J. Champollion-Figeac. 1807, 20 p. — Notice sur 2 Mss. de la commune de Montpellier (par J. Renouvier). 1835, 31 p. — Mémoire sur un opuscule anonyme intitulé . Summaria brevis et compendiosa doctrina felicis expeditionis et abbrevia-

tionis guerrarum ac litium regni Francorum par N. de Wailly. 1849, 60 p. in-4. — Le palimpseste de Montpellier, notice par A. Boucherie. 1872, 31 p. in-4. — Notice sur un recueil histor. présenté à Philippe-le-Long par Gilles de Pontoise, abbé de St-Denis, par L. Delisle. 17 p. in-4 — Le Ms autographe de Sigebert de Gembloux, par de Reiffenberg. 10 p. — Analyses et extraits des Mss de la Bibliothèque Roy. de Bruxelles, par de Reiffenberg. 2 pièces, chacune de 16 p. — Etc., etc.

21200. Races humaines (Les) et leur part dans la civilisation, par le Dr Clavel. 1860, gr. in-8, br.   2 fr. 50

21201. Dictionnaire historique et critique ou recherches sur la vie, le caractère, les mœurs et les opinions de plus. hommes célèbres tirées des diction. de Bayle et Chaufepié, par de Bonnegarde. L., 1771, 4 vol. in-8, v. m.   3 fr. 50

21202. Entretien des Musiciens (L'), par le Sr Gantez, maître de chapelle de Marseille, Aix, Arles, Avignon, Grenoble, Aigues-Mortes, Toulouse, Montauban, Aurillac, La Châtre, Le Hâvre, Paris et Auxerre, publ. d'après l'édition rarissime d'Auxerre (1643), avec preface, notes et éclaircissements par Ern. Thoinan. 1878, in-16 elzévirien, titre rouge et noir, avec frontispice à l'eau-forte en deux couleurs, br.   6 fr.

L'*Entretien des Musiciens*, par Annibal Gantez, beuveur très illustre et maître de chapelle d'Auxerre, nous initie à la vie et aux habitudes intimes des organistes d'église au xviie siècle. Le sieur Gantez ne consacre pas exclusivement la chaleur de sa verve méridionale à la musique et aux dilettantes de la cathédrale. Il vante le vin de la plantureuse Bourgogne et en particulier du terroir d'Auxerre. Sa grosse jovialité de chantre s'épanouit dans des notes bachiques, et l'on sent qu'en vicariant dans sa jeunesse il a changé aussi souvent et aussi facilement de crus que de maîtrises. C'est une sorte d'Assoucy sans souci, voyageant à pied, la bourse plate et l'esprit à l'aise, couchant au serein, selon son mot, crainte de laisser son manteau au cabaret. Mais pour connaître ce curieux personnage et les étranges révélations de ses lettres, il faut lire son ouvrage. Ce volume de bibliophile, imprimé avec soin et tiré à petit nombre, est orné d'une délicieuse eau-forte de Riballier qui nous montre le Maistre de chapelle entre un verre et la dive bouteille, tandis que les enfants de chœur attendent ses leçons.

21203. Alvin. L'enfance de Jésus, tableaux flamands poème tiré des compositions de Jérôme Wierix, par L. Alvin. 1860, pet. in-8, fig., br. (Publié à 10 fr.).   5 fr.

Joli volume imprimé à Lyon par Louis Perrin. Il est orné de la reproduction des quatorze ravissantes compositions de Jérôme Wierix.

21204. Tableaux célèbres (Idées italiennes sur quelques), par A. Constantin. Florence, 1840, gr. in-8, fig., dem.-rel., v. ant. 2 fr. 50

21205. Académie royale de peinture (Relation de ce qui s'est passe en l'établissem. de l') et de sculpture, publ. par P. L. (P Lacroix, bibliophile Jacob). Bruxelles, 1857, in-8, br.   2 fr.

21206. Jean Godefroy, peintre et graveur, par P. L. Jacob. 1862, br. in-8.   1 fr. 50

Etude biographique sur un graveur normand auquel on doit la planche célèbre de la bataille d'Austerlitz, suivie du catalogue complet de son œuvre.

Propriétaire-Gérant : **A. CLAUDIN**

Dole. — Imp. Girardt et Audebert. — 766-04.

ARCHIVES DU BIBLIOPHILE

LIVRES RARES ET CURIEUX

EN VENTE A PRIX NETS ET AU COMPTANT

A LA LIBRAIRIE ANCIENNE DE A. CLAUDIN

PARIS, 16, rue Dauphine, 16, PARIS (VIe)

Adresser les demandes directement et sans aucun intermédiaire.
Prix fixe et sans remise, ni rabais.

ABONNEMENTS

UN AN

Paris .... 5 «
Départements .... 6 »
Pays de l'union postale 6 50
Autres pays .... 8 »

Achat de Bibliothèques.

Novembre-Décembre 1904

Prière de communiquer ce catalogue aux Bibliophiles et aux personnes qu'il pourrait intéresser.

Les envois se font en *port dû* et contre *remboursement*, sauf pour les personnes connues ou qui ont un compte ouvert. — Pour les *Colis affranchis* et *envois par poste*, les ports, recommandation comprise, doivent nous être remboursés. — Il n'est point fait d'échanges.

Ventes publiques.

21207. Bibliotheca historica instructa a Burc. Gott. Struvio, aucta a J. G. Meuselo, ita digesta ut pæne novum opus videri possit. Lipsiæ, 1782-1804, 11 tomes en 22 vol. in-8, v. porphyre, fil.   45 fr.

Bel exemplaire dans une condition irréprochable, ayant fait partie de la BIBLIOTHÈQUE PARTICULIÈRE DE NAPOLÉON 1er. Sur le titre de chacun de ces volumes, on trouve le timbre rouge à l'aigle impérial avec cette légende en exergue : *Cabinet de S. M. l'Empereur et Roi.*

21208. Revue universelle des Arts, rédigée et publiée par Paul Lacroix (Bibliophile Jacob) et Marsuzi de Aguirre. Brux., 1855-66, 23 vol. gr. in-8, br.   65 fr.

Exemplaire bien complet de cette revue importante et estimée. Elle contient une foule de documents des plus curieux sur l'histoire des arts, des renseignements précieux et des monographies qui n'existent que là. Voici au hasard quelques énoncés des matières traitées : Godefroy, peintre de François 1er, par L. de Laborde. — Inventaire des dessins de Raphaël qui faisaient partie de la collection Jabach. — Épitaphes d'artistes dans les anciennes églises de Paris. — Iconographie du vieux Paris, par A. Bonnardot. — Iconographie des rois de France, par Vallet de Viriville. — Travaux exécutés au château de Fontainebleau sous Louis XIII, par L. de Laborde. — Origines des anciennes corporations. — Catalogue de l'œuvre d'Abraham Bosse, par G. Duplessis. — Les estampes de Geoffroy Tory, par J. Renouvier. — Goya, par G. Brunet. — Ameublement du Roi à Versailles. — L'œuvre de Cuvillies, par Bérard. — Les livres xylographiques. — Les artistes étrangers en France. — Catalogue de l'œuvre d'Et. Ficquet. — Catalogue de l'œuvre de Savart. — Catalogue des

estampes qui forment l'œuvre de Daniel Marot. — Etc., etc., etc.

21209. Peinture (La), poème par Fournier des Ormes, préc. d'une dissertat. sur le poème didactique, par Charpentier (de St-Prest). S. d. (vers 1840), gr. in-8, pap. vélin, fig., br.   1 fr. 50

21210. Peinture en Italie (Hist. de la) dep. la renaissance des beaux-arts jusq. vers la fin du XVIIIe siècle, par l'abbé Lanzi, trad. de l'ital. par Mme A. Dieudé. 1824, 5 vol. in-8, br.   7 fr. 50

21210 bis. Peintres (Observat. sur quelques grands), dans lesq. on cherche à fixer les caractères distinctifs de leur talent, avec un précis de leur vie, par Taillasson. 1807, in-8, v. rac.   1 fr. 50

21211. Ecole royale Militaire. 1776-1779, 13 pièces in-4.   12 fr.

Déclaration du Roi, portant règlement, non seulem. sur l'éducation que recevront à l'avenir les Elèves de l'Ecole Royale Militaire, mais encore touch. l'administration des biens de cet Etablissement. 1776, 8 p. — Arrest du Cons. qui nomme des Commissaires pour procéder à l'Inventaire des biens et effets de l'Ecole militaire. 1776, 3 p. — Arrest du Cons. d'Etat qui nomme les Administrateurs de la fondation de l'Ecole militaire et qui règle les fonctions de cette administration. 1776, 4 p. — Arr. du Cons. d'Etat qui révoque celui du 10 mai précédent, concern. le bureau d'Administration de l'Ecole militaire. 1777, 3 p. — Ordonnance port. règlement pour la tenue du Bureau d'Administration de l'Ecole militaire. 1777, 6 p. — Ordonnance du roi, qui règle l'âge auquel il sera

expédié des Lettres de sous-lieutenans aux cadets gentilshommes de la Compagnie établie à l'Ecole militaire. 1778, 2 p. — Règlem. en faveur des Elèves de l'Ecole militaire. 1779, 8 p. — Règlement concern. la chapelle de l'Ecole militaire. 1779, 4 p. — Ordonnance du Roi, concernant l'Ecole militaire. 1780, 6 p. — Règlement fait par le roi pour l'Ecole militaire. 1788, 4 p. — Règlement que le Roi fait arrêter, concern. l'Ecole, dite des Orphelins militaires, destinée à l'éducation des fils d'anciens Officiers et militaires de tout grade. 1788, 15 p. — Lettres patentes port. le rétablissement du trésorier de l'Ecole Militaire. 1776, 3 p.

21212. Régiments. 12 pièces in-4.   12 fr.

Ordonnance du Roi pour réformer la compagnie des Grenadiers à cheval. 1775, 3 p. — Ordonnance concern. les Dragons et portant création de six régiments de Chasseurs à cheval (avec détail des uniformes à porter). 1779, 16 p. — Ordonnance concern. la cavalerie et port. création de six régiments de Chevaux-légers (avec détail des uniformes). 1779, 15 p. — Ordonnance pour attacher aux régiments de chasseurs à cheval les officiers des légions supprimées (avec l'état nominatif desdits officiers). 1779, 11 p. — Ordonnance sur le rang des régiments de Dragons entr'eux et l'incorporation des légions. 1776, 7 p. — Ordonnance pour mettre le régiment d'infanterie de Penthieu sous le nom d'Austrasie. 1776, 2 p. — Ordonnance concern. les compagnies colonelles, mestres-de-camp et lieutenantes-colonelles de ses troupes d'infanterie, cavalerie, Hussards et Dragons. 1779, 3 p. — Ordonnance concern. les Hussards et pour mettre sur pied le régiment du colonel-général des Hussards. 1783, 12 p. — Ordonnance portant suppression du corps des volontaires étrangers de Lauzun. 1783, 11 p. — Ordonnance pour supprimer dans le régiment des Carabiniers de Monsieur le trésorier, créer un quartier-maître trésorier et augmenter les appointements des quartiers-maîtres de brigade et des porte-étendards. 1783, 4 p. — Etc.

21213. Militaires invalides. 6 pièces in-4 et in-8.   7 fr. 50

Ordonnance du Roi concernant la constitution et l'administration de l'Hôtel royal des Invalides, les officiers, bas-officiers et soldats pensionnés. 1776, 15 p. — Ordonnance du Roi concern les compagnies détachées de l'Hôtel des Invalides. 1776, 7 p. — Lettres-patentes qui autorisent l'aliénation de terrains apparten. à l'Hôtel des Invalides, prescrivant les formalités à remplir pour cette aliénation et réglant les conditions auxq. elle aura lieu. 1782, 4 p. — Ordonnance du Roi pour augmenter les appointemens des lieutenans des compagnies de bas officiers et de fusiliers de l'Hôtel des Invalides, etc. 1784, 4 p. — L'ami des Vétérans de l'armée, ou examen impartial du 2ᵉ rapport de Dubois de Crancé sur les Invalides. 1791, 46 p. in-8 — Rapport par G. Lacuée au nom d'une commission spéciale, sur une résolution du 1ᵉʳ nivôse, relative à la manière d assurer les dépenses de l'hôtel national des militaires invalides. An 6, 19 p. in-8.

21214. Régiments suisses au service de la France. Rôles de revues de compagnies, avec l'état nominatif des hommes. Originaux sur vélin, avec signatures des colonels, commandants et capitaines. 4 documents originaux sur vélin, in-fol.   12 fr.

Rolle des montres et reveües faites à Linas et à Montlhéry par le sieur de Cappy, commissaire des guerres à la compagnie de Pérolle, du 2ᵉ bataillon du régiment suisse de Phiffer. Janvier 1685. — Rolle des montres et reveües faites en la place d'armes de la ville de Mons à la compagnie du sieur de Salis, du régiment de son nom 8 et 15 juillet 1691. — Rolle des montres et reveües faites à Céret les 13 et 22 avril 1691, à la compagnie de Fribolet cadet. — Rolle des montres et reveües faites les 7 et 16 mai 1693, en la place d'armes de la ville de Mons, du régiment suisse de Salis.

21215. Pièces historiques du XVIᵉ siècle, édits, lettres-patentes, etc. 11 pièces pet. in-8.   12 fr.

Mandement du Roy pour faire assembler certains personnages de chascune province pour consulter les moyens du Concile général, réformation de l'Eglise et convocation des Estats. (1558), 14 p. — L'oraison des falaces et ruine du Monde, prononcée en la présence des très illustres et reverendissimes legatz et autres Pères de l'universel Concile de Trente, par Franç Camilli, de l'ordre de S. Dominique, inquisiteur de Ferrare. (1563), 18 p. — Lettres-patentes du Roy portant commandement et injonction à tous ses lieutenants-généraux et gouverneurs des provinces de faire entièrement observer et entretenir l'édit de pacification (édit d'Amboise) Paris, Rob. Estienne, 1564, 16 p. — Lettres-patentes du Roy portant défenses à tous ses subjects d'achepter dedans un an, ny cacher et recéler aucuns meubles ou immeubles appartenans aux officiers de ses finances ayant malversé en icelles. Paris, Rob. Estienne, 1566, 8 p. — Lettres-patentes du Roy par lesq il prolonge à ceux du Clergé le temps à eux prefix pour faire le rachapt de leurs terres aliénées et en outre donne pouvoir aux deputez d'iceux establis à Paris, de trouver et prendre argent à rente par le moyen des prevost des marchans et eschevins d'icelle. Paris, Rob. Estienne. 1566, 24 p. — Inhibitions et deffenses faictes par le Roy à toutes personnes de transporter ny sortir hors ce royaume aucune somme ou quantité d'or ou d'argent. Lyon, B. Rigaud. 1567, 8 p. — Lettres-patentes du Roy portant inhibitions et deffences à toutes personnes de n'aller au service de qui que ce soit sans exprès congé et permission de Sa Majesté, ny aussi de aider, secourir ou favoriser les subjectz des Pays-Bas du roy Philippe Catholique qui lui vouldroyent troubler ses estatz, sur peine de la vie et confiscation de biens. Lyon, B. Rigaud, 1566. (Figure s. bois de Charles IX à cheval, s. le titre). 10 p. — Lettres-patentes du Roy pour les compaignies d'ordonnances qui se doivent trouver le 20 du mois de juin prochain près la personne de M. le duc d'Anjou et de Bourbonnois, et celles qui se doivent trouver près le marquis de Villars, admiral de France. Lyon, Mich. Jove, 1573, 8 p — Commandement du Roy pour la publication de l'édit d'octroy de chauffage aux officiers des eaux et forests. Paris, Fed. Morel, 1579, 11 p. — Etc.

21216. Henri IV (Règne d'). 8 pièces pet. in 8.   6 fr.

De justa et canonica absolutione Henrici IV christianiss. Franciæ et Navarræ regis. 1594, 15 p. — Extraict des registres des Estats sur la réception du Concile de Trente au royaume de France. 1594, 7 p. — Edict et articles accordez par le Roy sur la réunion du sieur de Bois-Dauphin au service de Sa Majesté. 1596, 24 p. — Le Soldat. 190 p. — Prière très devote pour destourner le déluge qui nous menace et calmer l'ire de Dieu. 1602, 8 p. — Edict du Roy conten. le règlement général des tailles, illustré des annotations de L. Charondas le Caron, pleines d anciennes et notables recherches 1602, 64 p. — Très humble remonstrance (en vers) au Roy sur le restablissement des Jesuites. Imprimé à Villefranche l'an 1606, 10 p. — Articles de la justice de MM. les connestable et mareschaux de France establie en leur siège de la Table de Marbre du Palais à Paris. 1609, 31 p.

21217. Louis XIII (Règne de). Pièces historiques ou satiriques Lot de 45 pièces pet. in-8.   12 fr.

Les Mânes de Henry-le-Grand se complaignant à tous les princes, peuples de ce royaume, et à tous les potentats ses alliez durant son règne. 16 p — Considérations à la France sur la consolation envoyée de Rome à la Royne mère du Roy, régente en France. 15 p. — Le Passe-temps de M. Guillaume. 1611, 10 p. — Leonora (pièce de vers latins sur Eléonore Galigaï, marquise d'Ancre). 4 p. — Concini Tumulus (pièce de vers). 3 p. — Cassandre françoise. 22 p. — Le Diogène françois. 16 p. — Response au Diogène françois. 15 p — Remerciement des Poules à M de Bouillon. — Discours de Maistre Jean Jouffl à sur les debats et divisions de ce temps. 1614, 16 p. — L'Anti-Morgard sur ses prédictions de la présente année 1614. 10 p. — Seconde responce de Jacques Bonhomme, paysan de Beauvoisis, à son compère le Crocheteur. 1614, 14 p. — La Vérité, la Justice et la Paix au Roy. 1615, 11 p. — L'Héraclite Parisien aux pieds du

Roy. 1615, 16 p. — Arrest de Parlement du 2 janvier 1615 touch. la souveraineté du Roy au temporel et contre la pernicieuse doctrine d'attenter aux personnes sacrées des Roys. 1615, 29 p. — Advertissement à la France touchant les libelles qu'on sème contre le gouvernement de l'Estat 1615, 23 p. — Lettre de M. le duc de Mayenne au Roy, avec la response à icelle par Sa Majesté (signée *Richelieu*). 1617, 14 p. — Response au manifeste publié par les perturbateurs du repos de l'Estat. 1617, 16 p. — Les fièvres de la Paulette et ses regrets. 1617, 16 p. — L'homme d'Estat catholique présenté au Roy. 32 p. — Le courier général des affaires de ce temps (curieuse figure sur bois d'un homme berné dans une couverture que tiennent divers personnages) 1619, 15 p. — Lettre du Roy envoyée à la Royne mère. 1619, 8 p. — Lettre de la Royne mère et la responce du Roy (datée de Loches). 1619, 8 p. — Seconde et dern. lettre de la Royne mère envoyée au Roy, d'Angoulesme, le 10 mars 1619. 12 p. — Lettre de Cleophon à Polémandre sur les affaires de ce temps. 1619, 40 p. — Lettres de MM. les chancelier, garde des sceaux et président Jeannin, escrites à la Royne Mère. Bourdeaus, 1619, 13 p. — Le Guidon françois, ensemble Radamante armée de vengeance. 1620, 23 p. — Discours d'Estat et salutaire advis à la France mourante. 1621, 30 p. — Harangue et protestation faicte au Roy au nom des Trois Ordres de France et de MM. les Parisiens sur son prochain départ. 1622, 16 p. — Le Courrier fidelle envoyé à la Noblesse françoise. 1622, 13 p. — La France en convalescence ou ses très humbles remonstrances au Roy pour la recherche des financiers et la réformation de l'Estat. 1624, 23 p. — La fièvre continue de Brioys. 1631, 12 p. — Relation de ce qui s'est passé entre le Roy et M. son frere depuis le 6 février jusques à présent, ensemble les lettres de M de Bellegarde escrites au Roy. 1631, 8 p. — Lettre de la Royne Mère du Roy (datée d'Avesnes), avec la response de sa Majesté. 1631, 15 p. — Ordonnance du Roy portant itératives défenses à toutes personnes de retirer ou recéler aucuns serviteurs de la Reyne sa mère et de M. son frère sur peine de crime de lèze-majesté. 1632, 7 p. — Etc., etc.

21218. Louis XIII (Règne de). Mariage du Roi et alliance avec l'Espagne. 5 pièces pet. in-8. 6 fr.

Articles et conventions arrêtées en Espagne le mercredi 20 d'aoust 1612 par le duc de Mayenne, assisté de M. de Puisieux et de M. de Vaucelas, avec le duc de Lerme, sur le mariage du roy Louis XIII avec l'infante dame Anne, princesse d'Espagne. 1614, 23 p. — Articles et conventions arrêtées en France le mercredi 20 aoust 1612 par l'illustriss. duc de Pastrana et le seign. Dom Inigo de Cardenas, ambassadeur du roy catholique, sur le mariage de Dom Philippe, prince d'Espagne, et Madame Elizabeth de France. 1614, 16 p. — Discours sur les mariages de France et d'Espagne, conten. les raisons qui ont meu M. le Prince à en demander la surséance. 1614, 23 p. — Les terreurs paniques de ceux qui pensent que l'alliance d'Espagne doive mettre la guerre en France. 1615, 23 p. — Mandement de l'évesque de Paris pour le voyage du Roy. 1615, 8 p.

21219. Louis XIII (Règne de). Etats-Généraux de 1614-1615. 9 pièces pet. in-8. 7 fr 50

Le project des principaux articles de la paix et le choix du lieu designé pour la tenue des prochains Estats. 1614, 15 p. — Les articles des cayers généraux de France présentés par Maistre Guillaume aux Estats (pièce satirique en vers, avec une clef manuscrite du temps indiquant en marge les noms des personnages tournés en ridicule). 15 p. — La harangue d'Alexandre le Forgeron prononcée au Conclave des Réformateurs. 1614, 16 p. — Advis, remonstrances et requestes aux Etats-Généraux tenus à Paris, 1614, par six paysans. 62 p. — Gazette des Estats et de ce temps du seigneur Gio, serviteur de Piera Grosa, trad. d'ital. en françois le 1er janv. 1615 — L'image de la France représentée à MM. des Estats, avec la réfutation d'un libelle intitulé : le Caton françois, faict contre ceux qui maintiennent la Religion et l'Estat. 1615, 136 p. — Lettre de N. S. P. le Pape

escrite à MM. de la noblesse deputez aux Estats-Généraux. 8 p. — Etc.

21220. Louis XIII (Règne de). Révolte des Princes. 1614-1615. Réunion de 24 pièces pet. in-8. 15 fr.

Lettre de M. le Prince à la Royne (datée de Mézieres), 1614, 15 p. — Lettre de M. le cardinal de Sourdis (datée de Bordeaux) à la lettre de M. le Prince. 1614, 6 p. — Libre harangue faicte par Mathault en la personne de M. le Prince (de Condé) en son chasteau d'Amboise, le 16 juin 1614. 16 p. — Lettre de M. le cardinal du Perron à M. le Prince. 1614, 8 p. — Copie de la lettre de N. S. Père le Pape envoyée au prince de Condé, en réponse de celle que ledit prince avoit escrite à Sa Sainteté pour luy faire trouver bonnes ses armes. 1615, 8 p. — Arrest du Parlement contre le prince de Condé et autres princes, seigneurs et gentils-hommes qui, sans permission du Roy et contre son auctorité, depuis son absence ont pris les armes et commettent tous actes d'hostilité qui vont à la ruine et désolation de son pauvre peuple. 1615, 8 p. — Lettre du Roy à M. le prince de Condé, ensemble la responce (datée de Coucy) de M. le prince au Roy. 1615, 8 p. — Lettre de M. le duc de Longueville au Roy. 1615, 7 p. — Lettre de M. de Vendosme au Roy (datée d'Ancenis) 1614, 8 p. — Seconde lettre de M. le duc de Vendosme au Roy, avec une lettre à la Royne (toutes deux datées de Lamballe). 1614, 8 p. — Lettre de M. le Prince (de Condé) escrite à M. de Guise (datée de Coucy). 1615. — Discours touch. l'injustice et la foiblesse du party de ceux qui ont pris les armes contre le Roy. 1615, 24 p — Advis à M. le Prince. 1615, 21 p. — Le manifeste de M. le comte de Soissons envoyé au Roy sur les troubles et jugement des seigneurs de la Cour, 32 p. — Discours sur les conférences faictes entre M. le Prince, M. de Villeroy et autres deputez de leurs Majestez. 1615, 16 p. — Articles accordez par le duc de Ventadour, lieutenant pour le Roy en Languedoc, à M. le prince de Condé et autres princes, officiers de la Couronne et seigneurs qui l'ont assisté. 1615, 31 p. — L'heureuse trompette pour la paix, adressée à M. le prince de Condé. 1615 — L'ordre tenu en la déclaration du Roy sur la détention de la personne de M. le Prince. 1616, 8 p. — Etc., etc.

21221. Condé (Les princes de) et de Conty pendant la Fronde, leur emprisonnement, etc. — Réunion de 34 pièces in-4. 15 fr.

Les admirables sentiments d'une fille villageoise envoyez à M. le prince de Condé touchant le party qu'il doit prendre. 1649. — Lettre d'un gentilh. françois à M. le prince de Condé pour le dissuader de la guerre qu'il fait à sa patrie. 1649. — Les impietez sanglantes du prince de Condé. — Le jeu de dames que M. le prince de Condé a joué avec M Gaitault — Récit véritable de ce qui s'est passé à l'emprisonnement des Princes. 1650. — Discours et considérations politiques et morales sur la prison des princes de Condé, Conty et duc de Longueville. 1650. — Discours consolatoire à Mme la princesse douairière sur l'emprisonnement de MM. les princes de Condé et de Conty, ses enfans. — Advis d'un religieux contre les faiseurs de libelles diffamatoires touchant l'emprisonnement des princes. 1650. — Apologie pour MM les Princes envoyée par Mme de Longueville à MM. du Parlement de Paris. — Discours désintéressé sur ce qui s'est passé de plus considérable dep. la liberté de MM. les Princes jusqu'à présent. 1651. — Discours au Parlement sur la détention de MM. les princes de Condé, de Conti et duc de Longueville. — Discours d'Estat où il est prouvé par un raisonnement invincible que la perte du Mazarin et la délivrance des Princes sont absolument nécessaires pour calmer les troubles de la monarchie. — Oraison faite par M le prince de Condé en prison. — Déclaration du Roy du 25 février 1651, par laquelle Sa Majesté révoque toutes les lettres de cachet données en conséquence de la détention de MM les princes de Condé, de Conty et duc de Longueville, et les remet dans tous leurs biens, gouvernemens et charges. 1651. — Déclaration du Roy pour l'innocence de Mgr le prince de Condé. 1651. — Etc., etc.

21222. Beaufort (Le duc de), surnommé le

Roi des Halles, pendant les troubles de la Fronde, 1649-50. Réunion de 19 pièces in-4 dans une vieille couverture en vélin. 10 fr.

Lettre de M. de Balzac au duc de Beaufort, du 31 janv. 1649. — Satire de Mazarin envoyée au duc de Beaufort. — Les ressentiments de la ville de Paris sur les obligations qu'elle a à la glorieuse protection de M. le duc de Beaufort. — Le grand Gersay battu ou la canne de M. de Beaufort au festin du Renard aux Thuilleries, en vers burlesques. — Lettre de Du Pelletier au duc de Beaufort. — Le Bransle-Mazarin dansé au souper de quelques-uns de ce party-là chez Renard, où M. de Beaufort donna le bal. — Arrest du Parlement portant absolution de la calomnieuse accusation intentée contre M. le duc de Beaufort par le cardin. Mazarin. — Harangue faite par le duc de Beaufort aux soldats parisiens. — Les Palmes héroïques du généreux duc de Beaufort (poème par Charlotte Hénault). — Parallèle du duc de Beaufort avec le Roy David. — L'illustre prince, duc de Beaufort exilé, restably et remis au trône de sa gloire. — Advis important et nécessaire à M. de Beaufort et à M. le Coadjuteur (le cardinal de Retz). — La grande conférence des hermites du Mont-Valérien sur les affaires de ce temps, présentée à M. de Beaufort. 1649, 8 p. — Etc., etc.

21223. Cardinal de Retz (Jean-Franç.-Paul de Gondi), dit le Coadjuteur, pendant les troubles de la Fronde. 8 pièces in-4.
7 fr. 50

Les éloges et louanges des peuples adressés à Monseign. l'archev. de Corinthe, coadjuteur de Paris; ensemble les progrez des armes des bons François, par le Sr Rozard. 1649. — Ode panégyrique à Monseign. l'archev de Corinthe, coadjuteur de Paris (par Du Til), 1649. — Advis de Monseign. le Coadjuteur prononcé au Parlement de Paris pour l'éloignement des créatures du cardin. Mazarin, le 12 juillet 1651. — Advis désintéressé sur la conduite de Monseign. le Coadjuteur. 1651. — Response d'un véritable désintéressé à l'advis du faux désintéressé sur la conduite de M. le Coadjuteur. 1651, 20 p. — Response du curé à la lettre du marguillier sur la conduite de M. le Coadjuteur. 1651. — Le Trompette de la Fronde ou le Miroir qui ne flatte point, pour la conservation de l'Estat et tranquillité publique, 1651. — La véritable Fronde des Parisiens pendant J.-Franç.-Paul de Gondy, archev. de Corinthe, coadjuteur de Paris et depuis le vœu du Mazarinisme, indigne cardinal de la Sainte Eglise, ennemy juré des princes du sang et ami du Mazarin et des Mazarins. 1652.

21224. Forêts de la Gaule (Les) et de l'ancienne France, aperçu sur leur histoire, leur topographie et la législation qui les a régies, suiv. d'un tableau alphabét. des forêts et des bois principaux de l'empire français, par L.-F.-Alfr. Maury. 1867, in-8, br.
6 fr.

21225. Alésia, étude sur la septième campagne de César en Gaule (par le duc d'Aumale), 1859, in-8, br.
5 fr.

Avec deux cartes. On a ajouté une vue ancienne à vol d'oiseau de la *Cité d'Alize et du bourg de Ste-Reine*, gravée sur cuivre au xvii° siècle par Mérian.

21226. Déclinaison latine en Gaule (La) à l'époque mérovingienne, étude sur les origines de la langue française, par H. d'Arbois de Jubainville. 1872, in-8, br. 4 fr.

21227. Buffon (Histoire des travaux et des idées de), par P. Flourens. 1850, in-12, br.
1 fr. 50

21228. Fabliaux et contes des poètes français des XI°, XII°, XIII°, XIV° et XV° siècles, tir. des meill. auteurs, publ. par Barbazan, édit. revue et augm. par Méon, avec un glossaire, 1808, 4 vol. in-8, fig., rel. pleine en cuir de Russie.
50 fr.

Edition la meilleure et la plus complète. — Bel exemplaire.

21229. Roman du Renart (Le), publ. d'après les Mss. de la Biblioth. du Roi des XIII°, XIV° et XV° siècles, par Méon. 1826, 4 vol. — Le Roman du Renart, variantes et corrections par P. Chabaille. 1835, 1 vol. — Ens. 5 vol. in-8, br.
30 fr.

21230. Hôtel de Cluny (L') au moyen-âge, par M°° de St-Surin, suivi des Contenances de table et autres poésies inédites des XV° et XVI° siècles. 1835, pet. in-8, pap. de Holl., br.
4 fr.

L'ouvrage contient en outre 6 rondeaux acrostiches adressés à Louise de Savoie et reproduits d'après un manuscrit appartenant à M. du Sommerard.

21231. Complainte du commun peuple (La) à l'encontre des boulangers qui font du petit pain et des taverniers qui brouillent le bon vin, lesquels seront dampnez au grand Diable s'ils ne s'amendent, av. la louange de tous ceux qui vivent bien, et la chanson des brouilleurs de vin. S. d. (fin du XVI° siècle), pet. in-8, joli cart. à la Brad., non rog.
5 fr.

Jolie réimpression à 76 exemplaires.

21232. Contes nouveaux en vers, dédiés à S. A. R. Monsieur (par de St-Glas). 1672, in-12, front. gr., v. br.
5 fr.

Le Fou et le Cocu. — Le Dortoir. — La femme sans mari. — Les femmes sont toujours prestes. — Avis aux maris. — Le Docteur. — Etc.

21233. Hélisenne de Crenne (Les œuvres de Madame), à sçavoir les angoisses douloureuses qui procèdent d'amours, les épistres familières et invectives, le songe de ladicte dame, le tout reveu et corrigé de nouveau par elle (publ. par Cl. Collet, de Rumilly-en-Champagne). Paris, Est. Groulleau, 1560, in-16, avec de petites figures s. bois à mi-page, v. fauve, dent., tr. dor.
55 fr.

Volume rare et recherché. — Exemplaire de Méon.

21234. Le Noble. Histoire secrète des plus fameuses conspirations de la conjuration des Pazzi contre les Médicis, — **Epicaris**, ou histoire secrète de la conjuration de Pison contre Néron. Suivant la copie (Hollande, à la Sphère), 1698. — En 1 vol. pet. in-12, v.
4 fr.

Le fond de chacun de ces petits ouvrages est véritable. Le premier est la relation d'un événement tragique de 1478, agrémenté de circonstances amoureuses.

21235. Comédies du XVII° siècle. Les Visionnaires. — La Sœur. — Don Japhet d'Arménie. — Le Pédant joué. — La Mère Coquette. Avec une introduction, des notices et des notes par Tancrède Martel. 1888, in-12, br.
2 fr. 50

21236. Tristan L'Hermite (Un précurseur de Racine), sieur du Solier (1601-1655), sa famille, sa vie, ses œuvres, par N.-M. Bernardin, av. un portrait de Tristan l'Hermite. 1895. gr. in-8, br.
5 fr.

21237. Campistron. Œuvres. 1698, in-12, v.
3 fr. 50

Cette édition des œuvres de *Capistron* (*sic*) est de beaucoup antérieure à celle de 1715, que Quérard donne pour la première. Elle comprend *Arminius, Virginie, Andronic, Alcibiade, Phocion* et *Tiridate*, dont le permis d'imprimer est daté d'août 1696.

21238. Légende du bonhomme Misère (Recherches sur les origines et les variations de la), par Champfleury. 1861, in-8, pap. vergé, cart., non rog. 5 fr.

Avec une liste des ouvrages qui ont été écrits sur le bonhomme Misère.

21239. **Journée des Madrigaux** (La). suivie de la Gazette de Tendre (avec la carte de Tendre) et du Carnaval des Précieuses ; introduction et notes par E. Colombey. 1856, pet. in-8, pap. vergé, br., non rogné. 3 fr.

21240. **Marguerite d'Angoulême** (Essai sur la vie et les ouvrages de), duchesse d'Alençon, reine de Navarre, précédé d'une notice sur Louise de Savoie, sa mère, par Le Roux de Lincy, 1853, in-8, gr. pap. de Holl., br. 5 fr.

Imprimé pour la Société des Bibliophiles françois. — Exemplaire avec envoi d'auteur.

21241. **Libri.** Lettres sur le Clergé et sur la liberté d'enseignement. 1844, in-8, joli cart. à la Brad., non rogné. 6 fr.

Volume rare de ce célèbre détrousseur de bibliothèques. (Voir *Brunet*, Supplément, qui l'estime de 12 à 15 fr.). — Bel exemplaire.

21242. **Affaire Libri.** Réponse de M. Libri au rapport de M. Boucly, publié dans le Moniteur universel. 1848. — Lettre à M. Hatton, juge d'instruction, au sujet de l'incroyable accusation intentée contre M. Libri, contenant de curieux détails sur toute cette affaire, par P. Lacroix (bibliophile Jacob). 1849 — Lettre de Libri à M. Barthélemy St-Hilaire, administrateur du Collège de France. Londres, 1850. — Lettre de M. Libri à M. le présid. de l'Institut de France. Londres, 1850. — Ens. 4 vol. in-8, dem.-rel. uniforme, mar. r. du Levant, à nerfs. 10 fr.

21243. **Chasse.** Apologetico della Caccia ove dopo narati e vitij da molti scrittori rimproverati alla Caccia e Cacciatori scopronsi le virtà di li e'l modo d'usaria per conseguir ottimo temperamento di complessione, quadratura di corpo, continua sanita, fortezza ed agilità à militare, acurezza di sensi, sagacita d'animo et longa vita per Accursio Corsini, gentilh. di Bologna. Bergamo, 1626, in-4 de plus de 650 pag., cart. à la Brad. 20 fr.

Curieux éloge de la chasse à tous les points de vue : santé, vigueur du corps et de l'esprit, developpement des facultés intellectuelles, *etc.* Volume rare.

21244. **Ænigmatographia** sive sylloge ænigmatum et Griphorum convivalium ex variis auctoribus collectorum, editio II recensente Nic. Reusnero. Francof , 1602. — **Lauterbachii** (Johan.) ænigmata, additus, simul N Reusneri œnigmatis. 1601. — ΓΡΙΦΟΛΟΓΙΑ sive sylvula logogriphorum auctore N. Reusnero. 1602. — 3 ouvr. en 1 vol, pet. in-12, vél. 5 fr.

Ouvrage peu commun, dit Brunet.

21245. **La Parole** (Traité de). 1705. In-12, 4 fr.

Une note manuscrite de l'avocat Moillard sur un exemplaire que possède la Bibliothèque Nationale, dit que ce traité est de Denis Le Brun, avocat au Parlem. de Paris, mort en 1706 — Exemplaire avec un *ex-dono* qui attribue l'ouvrage au même.

21246. **Art de péter** (L'), essai théori-physique et méthodiq. à l'usage des personnes constipées, des personnes graves et austères, des dames mélancoliques et de tous ceux qui sont esclaves du préjugé, suiv. de l'histoire du pet-en-l'air et de la reine des amazones, où l'on trouve l'origine des vuidangeurs ; nouv. édition, augm. de la Société des francs-péteurs. pour ceux qui désireront y être initiés. En Wesphalie, chez Florent-Q, rue du Pet-en-Gueule, au Soufflet. 1776, in-8, curieux frontisp. gravé, en double état, en noir et à la sanguine. 10 fr.

Réimpression fac-simile de l'ancienne édition. Exemplaire sur GRAND-PAPIER DE CHINE.

21247. **Yvresse** (Eloge de l') (par Sallengre). La Haye, 1714, in-12, front. gravé, v. 4 fr.

Livre curieux et amusant. — Qu'il est bon pour la santé de s'enivrer quelquefois. — Règles qu'il faut garder en s'enyvrant.— Aversion ridicule que quelques-uns ont eue pour le vin. — Ne forcer personne à boire. — Etc.

21248. **Tableau de l'amour** considéré dans l'Estat du Mariage, divisé en 4 parties (par N. Venette). Parme, chez Franc d'Amour (Hollande, à la Sphère), 1691, pet. in-12, dem.-rel, v. antiq., dos orné, tr. marbr. (Petit). 6 fr.

21249. **Démonomanie des Sorciers** (De la), de nouveau reveu et corrigé oultre les précédentes impressions par J. Bodin, Angevin. Anvers, Jeh. Keerberghe, de l'imprimerie d'Arn. Conninx, 1593. In-8, dem.-rel , mar. rouge. 20 fr.

Edition rare d'un livre recherché. — Bel exemplaire. — De la définition du sorcier. — De l'association des esprits avec les hommes.— Des moyens naturels et humains pour sçavoir les choses occultes. — Des invocations tacites des malings esprits. — De l'ecstase et ravissement des sorciers. — De la lycanthropie et si les esprits peuvent changer les hommes en bestes. — Si les sorciers ont copulation avec les démons. — De l'inquisition des sorciers. — Etc., etc.

21250. **Aretinus** (Angelus). De maleficiis, cum additionibus D. Augustini Ariminensis D. Hier. Chuchalon et Barth. de Landriano. His accesserunt tractatus diversi. Lugd., 1555, in-8, vél. en peau de truie estampée. 6 fr.

21251. **Catholicon** (Le) de la basse Germanie, satire, Cologne, 1731. Pet. in-8, br. 4 fr.

L'auteur de ces satires est Carto, baron de Walef, liégeois, né en 1652. — La Chicane. — Les médecins de la Chine. — L'Ivrognerie. — Harpagon. — Etc.

21252. **Evangiles apocryphes** (Les), trad. et annotés d'après l'édit. de J.-C. Thilo par Gust. Brunet. 2e édit., augmentée. 1863, in-12, br. 7 fr. 50

21253. **Tertullien** (Apologétique de) ou défense des chrétiens contre les accusations des Gentils, de la traduct. de l'abbé Giry, avec texte latin à côté. 1684, in-12, frontisp. grav., v. br. 1 fr. 50

21254. **Recueil historique** conten. diverses pièces curieuses de ce temps. Cologne (à la Sphère), 1666. Pet. in-12, vél. 6 fr.

Projet pour l'entreprise d'Alger. — Relation des voyages faits à Tunis par de Bricard. — Relation de la campagne de Hongrie et des combats de Kerman et S.-Godart entre les troupes allemandes, françaises, et l'armée des Turcs. — Discours abrégé des asseurez moyens d'anéantir la monarchie des princes ottomans. — Relation de tout ce qui s'est passé au voyage de Naples, par le duc de Guise. — Des cours histor. et politiq. sur les causes de la guerre de Hongrie (par L. du May). — Discours polit. sur le traitté de paix entre Léopold I et Mahomet, dernier empereur des Turcs.

21255. **Satyræ duæ.** Hercules tuam fidem, sive Munsterus hypobolimæus ; et virgula divina cum brevibus annotatiunculis, quibus nonnulla in rudiorum gratiam illustrantur (a Dan. Heinsio), accessit his accurata Burdonum fabulæ (per Rutgersium) quibus alia nonnulla hac editione accedunt. Lugd. Batav., apud Lud. Elzevirium (typis Jo. Elzevirii). 1617. — **Lipsii** De constantia, libri duo. Francof., 1615. — 2 ouvr. en 1 vol. pet. in-12, rel. pleine en v. fauve, fil., dent. intér., tr. marbr.   6 fr.

Le premier ouvrage est un recueil de pièces écrites contre Scioppus, en réponse à un odieux libelle de ce dernier contre Scaliger, intitulé : *Scaliger hypobolimæus.* Les deux satires seraient de Heinsius et le *Burdonum fabulæ* de Scaliger lui-même. Cette édition est exécutée avec beaucoup de soin et la pagination saute, sans qu'il manque rien à l'ouvrage, de la page 5o9 à la page 6o3, avec un faux-titre dans l'intervalle.

21256. **Ménestrier** (Le P.). Description de la décoration funèbre de Saint-Denis pour les obsèques de la Reine. Paris, Rob. J. B. de la Caille, 1683, 12 p. — Mausolée dressé dans l'église de Nostre-Dame de Paris au service solennel célébré pour le repos de l'âme de très-haute, très-excellente et très-vertueuse princesse Marie-Thérèse, infante d'Espagne, reine de France et de Navarre. (A la fin :) Permis d'imprimer le 1er sept. 1683. De l'imprimerie de Pierre Le Petit. 12 p. — Pet. in-4, couv. en pap.   20 fr.

Ces deux productions anonymes du savant Jésuite Cl. Franc. Menestrier sont fort rares. Elles sont citées par MM. Allut et Renard. Ce dernier, qui relève de légères inexactitudes dans le titre donné par Allut, en commet une plus grave en indiquant que l'*avis* de l'imprimeur pour d'autres ouvrages sous presse du même auteur est placé à la fin, tandis qu'il figure au commencement sur le verso du titre. Renard déclare qu'il n'a pas vu le *Mausolée* et qu'Allut est le premier à signaler cette brochure mentionnée aussi par Brunet. Tous deux disent que le permis d'imprimer est du 4 septembre 1683 ; la date est bien celle du 1er septembre rapportée ci-dessus. Allut a dû commettre une faute répétée par Brunet, qui l'a copié.

21257. **Le Nain de Tillemont** (La vie de), avec des réflex. sur div. sujets de morale et quelques lettres de piété. Cologne, 1711, in-12, portr., v.   3 fr.

Cet ouvrage, qui a paru aussi sous le titre : La vie et l'esprit de Lenain de Tillemont, s. l., 1713, in-12, est, d'après le P. Lelong, de l'abbé Mich. Tronchay, né à Mayenne, longtemps membre du chapitre de St-Thugal, à Laval.

21258. **Port-Royal** (Histoire de l'abbaye de) (par Jér. Besoigne). Cologne, 1752, 6 vol. in-12, cart.   12 fr.

Cet ouvrage se divise en deux parties : Histoire des religieuses, histoire des Messieurs. L'auteur, figurant parmi les appelants contre la Bulle Unigenitus, perdit son principalat et sa chaire au collège du Plessis, fut privé des droits du doctorat et banni du royaume par lettres de cachet.

21259. **Sully** (Mémoires du duc). 1822, 6 vol. in-8, portr. de Sully et d'Henry IV, dem.-rel., v. ant., tr. marbr.   12 fr.

Belle édition.

21260. **Campagnes de Rocroi et de Fribourg** (Relation des) en l'année 1643 et 1644, déd. à Mgr le duc d'Enguien. Paris, 1673, in-12, v. br.   25 fr.

Edition originale, très rare, de cette relation. Elle se trouve dans le recueil en vers et en prose publ. par La Monnoie et a été réimprimée dans la collection des *Petits Classiques français* publ. par Ch. Nodier et déd. à la duchesse de Berry. — Bel exemplaire, grand de marges, dans sa première reliure.

21261. **Aristotelis** Politicorum libri VIII (gr.-lat.) cum perpetua Dan. Hensii in

omnes libros paraphrasi. Lugd. Batav., ex officina Elzeviriana, 1621, in-8, vél. de Holl. à recouvrem.   5 fr.

21262. **Horatii** (Quinti) Flacci opera cum novo commentario ad modum Joa. Bond. Ex typographia Firm. Didot, 1855. In-16, papier jaune, filets noirs, frontisp., vign. de Barrias, percal. gauf., non rog.   8 fr.

Charmante édition, dit Brunet, présentant un excellent texte ou commentaire latin, rédigé avec autant de savoir que de goût par Dübner, une vie d'Horace en français par M des Vergers, et une préface intéressante de A.-F. Didot.

21263. **Virgilii** (P.) Maronis Carmina omnia perpetuo commentario ad modum Joan. Bond explicuit Fr. Dubner. Ex typographia Firm. Didot, 1858, in-16, chaque page encadrée d'un filet rouge, avec 27 vign. photographiées, rel. pleine mar. br. du Levant, a nerfs, large dent. intér., mors en maroq., double garde en pap. marbré, tr. dor., dans un étui.   30 fr.

21264. **Curtii** (Q.) Rufi Historiarum libri. Amstel., ex officina Elzeviriana, 1660, pet. in-12, titre gravé, carte, v. r. imitant le maroquin, dent., écusson sur les plats, tr. dor.   5 fr.

Cette édition, dit Willems, est assez bien exécutée. Elle reproduit celle de 1633, publiée par les soins de Heinsius, qui a le mérite d'une grande correction.

21265. **Paléographie** des Chartes et Manuscrits du XIe au XVIIe siècle, par Alph. Chassant. 1854, in-12, avec 9 planches se repliant, dem.-rel., mar. br.   4 fr.

21266. **Chevalier du Soleil** (Histoire du), de s. frère Rosiclair et de l. descendants, trad. libre et abrégée de l'espagnol (par le Mis de Paulmy). 1780, 2 vol. in-12, v. m.   3 fr.

21267. **Conquêtes du grand Charlemagne**, roi de France, avec les faits héroiques des douze pairs de France et du grand Fierabras et le combat fait par lui contre le petit Olivier qui le vainquit et des trois frères qui firent les neuf épées dont Fierabras en avoit trois pour combattre contre ses ennemis. Troyes, Garnier, s. d. (xviiie siècle). Pet. in-8, br., non rogné.   5 fr.

21268. **Jean de Paris** (Histoire de), roi de France. Troyes, J. A. Garnier (xviiie siècle). Pet. in-8, grande fig. s. bois s. le titre, cart. antiq.   3 fr.

21269. **Lettres Grecques**, par le rhéteur Alciphron, ou anecdotes s. les mœurs et les usages des grecs, trad. p. la prem. fois en franç. av. des notes historiq. et critiq. (par l'abbé Jér. Richard). Amst., 1785, 3 vol. in-12, br., non rogn.   3 fr. 50

21270. **Antiquité des Larrons** (L'), ouvrage non moins curieux que délectable composé en espagnol par Don Garcia et trad. en françois par le Sr Daudiguier. 1621, in-8, vél.   10 fr.

La noblesse et l'excellence du larcin. — De la noblesse et variété des larrons. — Le larron raconte son industrie pour se tirer des galères de Marseille. — Le larron raconte une disgrâce qui lui arriva dans Lyon pour un cordon de perles. — Des statuts et loix des larrons. — Etc., etc.

21271. **Le Sage.** La Valise trouvée. Maëstricht, 1779, in-12, front. par Tardieu, br., non rogné.   3 fr.

Ce volume contient à la suite de la *Valise* : La

Journée des Parques et *Le Bijoutier Philosophe,* comédie.

21272. **Contes de Perrault.** Lettres sur les Contes de fées, attribués à Perrault. et sur l'origine de la Féerie (par Walckenaër). 1826, in-12, br. 4 fr.

21273. **Histoire de la gravure sur bois** (Essai typograp. et bibliograp. sur l'), par Amb. Firmin Didot. 1863, in-8 à 2 col., br. 5 fr.

De la gravure dans l'antiquité. — De la gravure sur bois au moyen âge. — Des cartes à jouer et de leur origine. — Premiers livres xylographiques avec gravures. — Principaux livres à gravures sur bois antérieurs à Alb. Durer. — Indication des principales gravures sur bois des différents maîtres de l'école hollandaise et flamande. — Hans Holbein. — Graveurs sur bois célèbres de l'Italie. — Origine des gravures en camaïeu. — Imprimeurs et éditeurs de livres à gravures depuis Ulrich Gering jusqu'à Geofroy Tory. — La gravure sur bois à Lyon. — Ouvrages à gravures remarquables publiés en Espagne. — La gravure sur bois en Angleterre au xve siècle, au xvie et au xviie siècles, etc.

21274. **Nostradamus.** Les vrayes centuries et prophéties de Maistre Michel Nostradamus. Amsterdam, J. Jansson a Waesberge, 1668. Pet. in-12, frontisp. grave représentant l'incendie de Londres et portr. en pied de Nostradamus, dem.-rel. anc. 25 fr.

Très jolie édition fort recherchée et qui fait partie de la collection des Elzévirs français.

21275. **Apocalypse de Méliton** (L') ou révélation des mystères cénobitiques, par Méliton (Cl. Pitoys). Sainct-Léger (Hollande), Noel et Jaq. Chartier, 1665, pet. in-12, joli frontisp. gravé, rel. pleine en v. fauve, fil., tr. dor. (Muller sr de Thouvenin). 10 fr.

Jolie édition qui se joint aux Elsevier. — Bel exemplaire de Pieters. — Brunet dit ne pas être Elzevirienne. Bérard n'indique pas d'autre édition Elzevirienne que celle-ci de 1665 et je partage avec Brunet l'opinion qu'elle ne l'est pas.

21276. **Henry le Grand** (Hist. du roy), compos. par Mre Hardouin de Péréfixe, evesque de Rodez. Amst., L. et D. Elzevier, 1662, pet. in-12, v. 3 fr.

Contrefaçon de l'édition elzévirienne exécutée à Grenoble.

21277. **Pharsale de Lucain** (La) ou les guerres civ. de Cesar et de Pompée en vers franç. (par Brebeuf) Jouxte la copie impr., 1656, pet. in-12, dem.-rel. anc. 3 fr.

Edition peu commune qui sort des presses de Grenoble.

21278. **Moyens de chasser la gueuserye** (Les), contraindre les fénéants, faire vivre et employer les pauvres, desdiez à MM. du Clergé, faict par Barthélemy de Laffemas, varlet de chambre du roy, natif de Beausemblant en Daulphiné: qui represente sur ce le nombre des maistrises de Paris. 1600, pet. in-8, v. m. (Bel exemplaire). 35 fr.

Opuscule fort rare, orné du portrait de l'auteur à l'âge de 56 ans, gravé sur bois. A la fin se trouvent *les noms des arts et mestiers qui ont maistrise à Paris.* — Dans le même volume on a relié : Discours sur les causes de l'extrême cherté qui est aujourd'huy en France et sur les moyens d'y remédier (attribué à B. de Girard, sgr du Haillan). 1574. (Manquent les pp. 56 à 64) — Elégie de la France se complaignant de la dissolution des Damoyselles Françoises (par le P. Etienne, minime). 1577. (Cette pièce de vers suivie de quelques autres forme les pp. 33 à la fin de la *Remonstrance aux Dames et Damoyselles de France sur leurs ornements dissolus.*)

21279. **Césars** (Les), par le Cte de Champagny. 1867, 4 vol. in-12, br. 5 fr.

21280. **Jeanne d'Arc** (La famille de), documents inédits. généalogie, lettres de J. Hordal et de Cl. du Lys à Ch. du Lys, publ. pour la prem fois par E. de Bouteiller et G. de Braux. 1877. — Nouvelles recherches sur la famille de Jeanne d'Arc, enquêtes inédites, par les mêmes. 1879. — Notes iconographiques sur Jeanne d'Arc, par les mêmes. 1879. — Ensemble 3 vol. in-8, br. 20 fr.

Réunion complète des 3 ouvrages de ces auteurs sur Jeanne d'Arc. — Bel exemplaire en GRAND-PAPIER WHATMANN, avec épreuves des gravures avant et avec la lettre en plusieurs états sur divers papiers. — Epuisé et recherché.

21281. **Jeanne d'Arc.** Nic. Vernulæi Joanna Darcia vulgo Puella Aurelianensis tragædia. Lovanii, 1629. Pet. in-8, cart. à la Brad. 20 fr.

Volume rare. — Bel exemplaire.

21282. **Jeanne d'Arc** (Opuscules histor. relatifs à) dite la « Pucelle d'Orléans », par Charles du Lis ; nouv. édit. précéd. d'une notice histor. sur l'auteur accompagn. de div. notes et développements de deux tableaux généalogiques inédits av. blasons, par Vallet de Viriville. 1856, pet. in-8, br. 4 fr.

21283. **Martial de Paris**. Sièges d'Orléans et autres villes de l'Orléannais. Orléans, 1866. — **Christine de Pisan**. Jeanne d'Arc, chroniq. rimée. Orléans, 1865, 2 pet. vol. in-32, br. en 1 cart. anc. 3 fr.

21284. **Concordat.** Correspondance authentique de la Cour de Rome avec la France, dep. l'invasion de l'Etat Romain jusqu'à l'enlèvement du Souverain Pontife. 1809, in-8, dem.-rel. 4 fr.

21285. **Pouvoir temporel du pape.** Ragguaglio del dominio temporale del papa, dove si tratta esattamente del governo di Roma, e di tutto lo stato ecclesiastico. 1676, in-12, v. 1 fr. 50

21286. **Bibliographie instructive** ou traité de la connoissance des livres rares et singuliers, par G. F. de Bure. 1764-68, 4 vol. in-8, parch. 3 fr.

Histoire, jurisprudence, sciences et arts.

21287. **Peignot** Mémorial religieux et biblique, ou choix de pensées s. la religion et s. l'écriture sainte, par G. P. (G. Peignot). Dijon, 1824, in-18, dem.-rel., v. v. 1 fr. 50

21288. **Peignot** (G.). Choix de Testamens anciens et modernes, remarquables par leur importance, leur singularité ou leur bizarrerie. av. des détails historiq. et des notes. 1829, 2 vol. in-8, dem.-rel., v. ant., non rogn. 10 fr.

21289. **Peignot** (G.). Manuel du bibliophile ou traité du choix des livres, conten. les developpem. s. la nature des ouvrages les plus propres à former une collection précieuse et particulièrement sur les chefs-d'œuvre de la littérature sacrée, grecque, latine, française, étrangère, etc. Dijon, 1823, 2 vol. in-8, dem.-rel., v. ant. 7 fr. 50

21290. **Peignot** (G.). Traité du choix des livres conten. des observations pour former une collection, des recherches littéraires, un mémorial bibliographiq., etc. 1817, in-8, cart. à la Brad., non rogn. 5 fr.

21291. **Peignot** (G.). Essai de curiosités bibliographiques. 1804, in-8, dem.-rel., v. vert. **6 fr.**

21292. Peignot (G.). Manuel bibliographique ou essai sur les bibliothèques anciennes et modernes, et sur la connaissance des livres, des formats des éditions; sur la manière de composer une bibliothèque choisie, etc. 1800, in-8, dem.-rel., bas. **5 fr.**

21293. Peignot (G.). Recherches sur l'époque ou les premiers chrétiens, les Romains et les peuples d'Occident ont commencé à adopter la semaine, c'est à dire la division des jours du mois en nombre septénaire. S. l., n. d. (1830), in-8, dem.-rel., vél., non rogn. (Extrait). **2 fr. 50**

21294. Bibliothèques publiques de Belgique (Histoire des), par P. Namur. Bruxelles, 1840, 3 tomes en 2 vol. in-8, dem.-rel., v. ant., non rogn. **6 fr.**

21295. Catalogue de la bibliothèque Benzon. 1875, in-8, cart. perc. grise, n. rogn., couv. cons. **3 fr.**
Collection choisie, formée entièrement de livres rares et précieux, livres d'heures manuscr. av. miniatures, et imprimés s. vélin, incunables. Poètes français du xv⁰, xvi⁰ et xviiⁱ siècles, Romans de chevalerie, chroniques gothiq., etc. — Prix de vente ajoutés en marge.

21296. Catalogue de la bibliothèque du comte de l'Espine. 1868, in-8, dem.-rel., v. fauve. **2 fr. 50**
Livres de littérat. et d'hist., manuscr. historiq., ouvrages imprim. s. vélin et manuscrits av. miniatures. Exemplaire interfol. de papier blanc av. les prix d'adjudicat. et les noms des acquéreurs ajoutés. Exemplaire de l'expert.

21297. Catalogue des livres rares et précieux, dessins et vignettes, compos. la bibliothèque du comte H. de La Bédoyère. 1862, gr. in-8, cart., percal. grise lustrée, n. rogn., couv. cons. **3 fr. 50**
Cette collection remarquable est suivie d'une table alphabétique des noms d'auteur. Les prix d'adjudication sont imprimés à part à la fin.

21298. Catalogue de livres anciens et modernes en divers genres faisant partie de la librairie de L. Potier. 1870, in-8, dem.-rel., toile lustr., n. rogn. **2 fr. 50**
Bel exemplaire av. les prix de vente ajoutés en marge.

21299. Heures desrobées (Les) ou méditat. histor. du docte et fameux jurisconsulte Phil. Camerarius, conseiller du Senat de Nuremberg, ville imperiale, mis en franç. par F. D. R. (Franç. de Rosset). 1610, in-8, vél. (Bel exemplaire). **8 fr.**
Des anciennes noises et débats des Juifs pour raison de leurs généalogies. — Du mont Hécla et des miracles d'Islande. — Contre les brevets ou sortilèges et remèdes contre nature. — De l'excellence des langues. — De la loy salique. — Quelques choses mémorables des Bibliothèques. — Les vrais ornemens des femmes. — De la poudre à canon. — De la ruine des Templiers et de leur ordre. — Etc.

21300. Pierre Messie (Les diverses leçons de), gentilhomme de Séville, conten. variables et mémorables histoires mises en françois par Cl. Gruget, de nouveau reveues, corrigées et augmentées de la cinquiesme partie et de trois dialogues touchant la nature du soleil, de la terre et des météores. 1569, in-16, v. **5 fr.**

21301. Appian Alexandrin, historien grec, des guerres des Romains livres XI, trad. en franç. par maistre Claude de Seyssel, premièrement evesque de Marseille, et depuis archevesque de Thurin, plus y sont adjoustez 2 livres, nouvellem. trad. de grec en franç., par le Sr d'Avenelles. 1560, 2 part. en 1 vol. in-8, vél. **5 fr.**

21302. Funérailles et diverses manières d'ensevelir des Rommains, Grecs et autres nations tant anciennes que modernes, descrites par Claude Guichard, docteur ès droits et déd. à Charles Emmanuel, duc de Savoye. A Lyon, par Joan. de Tournes, imprimeur du Roy, 1581, in-4, fig. s. bois, dem.-rel., mar. bleu. (Bel exemplaire). **12 fr.**

21303. Mélanges historiques. 5 ouvr. en un vol. in-8, dem.-rel., v. fauve. **5 fr.**
Les Suisses appréciés par l'histoire ou quelques-unes de leurs perfidies, révoltes, refus de combattre, etc., par Rivière, de Grenoble. 1819. — Mémoires du Comte de Las Cases, communiqués par lui-même avec détails sur le séjour de Napoléon à Sainte-Hélène. 1819. — Mémoire pour servir à l'histoire de France en 1815 avec le plan de la bataille de Mont-Saint-Jean. 1820. — La catastrophe de l'ex-roi de Naples Joach. Murat, extr. des Mémoires du général Coletta. 1823. — Relazione delle circostanze relative agli avvenimenti politici e militari in Napoli nel 1820 e nel 1821 dal generale G. Pepe. 1822.

21304. Législation primitive, consid. dans les dern. temps par les seules lumières de la raison, par A. de Bonald. 1802, 3 vol. in-8, br. **3 fr. 50**

21305. Iliade (L'), poème av. un discours sur Homère, par de La Motte. 1714, in-8, frontisp. et fig. grav., v. br. **2 fr.**
1 frontisp. et 12 fig. par Roettiers, Nattier, Dieu, Delamonce, grav. par Chaufourier, Edelinck.

21306. Homère. Iliade, trad. nouv. accompagn. de notes, d'explications et de commentaires et précéd. d'une introd. par Eug. Bareste. 1843, gr. in-8, portr. et nombr. illustrations par Titeux et Lemud, dem.-rel., chagr. viol. **5 fr.**

21307. Roland furieux, trad. de l'Arioste par le comte de Tressan ; édit. revue, corr. et augm. de notes, de sommaires et d'une table. 1822, 3 vol. in-8, port. et fig. de Colin, br. **3 fr. 50**

21308. Plainte des filoux et écumeurs de bourses, à nosseigneurs les réverbères. S. l., n. d. (xviiiᵉ s.). Plaquette in-8, cart. **1 fr. 50**

21309. Pogge (Les Contes de), Florentin, avec introduct. et notes par P. Ristelhuber. Paris, Lemerre, 1867, in-16, pap. de Holl., br. **6 fr.**

21310. Faust (Aventures du docteur) et sa descente aux Enfers, trad. de l'allem. (de Fréd.-Max. Klinger). Amst., 1802, 2 vol. in-12, dem.-rel., bas. **1 fr. 50**
Les figures annoncées sur le titre manquent.

21311. Robespierre (Hist. de la conjuration de Maximil.) (par de Montjoye). 1796, in-8. — Considérations sur la guerre actuelle des Turcs, par de Volney. Londres, 1788, 1 titre grav. et 1 planche. — Vie de Pitt ou essai biographique par Chanin. 1806. — Ens. 3 ouvr. en 1 vol. in-8, dem.-rel. **3 fr. 50**

21312. Robespierre (La mort de), trag. en 3 actes, av. des notes où se trouvent des particularités inconnues, relativ. aux journées de sept. et au régime intérieur des prisons, précéd. du poème de l'anarchie en 1791 et 92, par *** (Ant. Serieys). 1801, in-8, dem.-rel. **3 fr. 50**

21313. Dictionnaire des honnêtes gens rédigé par P. Sylvain Maréchal p. serv. de correctif aux dictionnaires des grands hommes, précédé de l'Almanach des honnêtes gens. 1791, in-8, dem.-rel., v. bl.   6 fr.

Ouvrage curieux et rare dans lequel les noms de saints du Calendrier sont remplacés par des noms de philosophes, de poètes, de savants et d'honnêtes gens.

21314. Septembriseurs (Les), scènes histor. (par H. Regnier d'Estourbet). 1829, in-8, dem.-rel.   3 fr.

21315. Elogia doctorum virorum ab avorum memoria publicatis ingenii monumentis illustrium auth. Paulo Jovio Novocomense episcopo Nucerino. Antuerpiæ, Joa. Bellerus, 1557, pet. in-8, cart.   4 fr.

Exemplaire NON ROGNÉ. — Rare dans cet état.

21316. Allen (Will.). Traicté politique, trad. nouvellem. en franç., où il est prouvé par l'exemple de Moyse et par d'autres, tirés hors de l'escriture, que tuer un tyran, titulo vel exercitio, n'est pas un meurtre. Lugduni, 1658, in-16, dem.-rel., dos et coins mar. corinthe, pap. fort, non rogné.   6 fr.

Réimpression faite en 1793, à l'époque de la Révolution, d'un ouvrage que Guy Patin attribue au poète de la Fronde, Jacques Carpentier de Marigny. — Bel exemplaire.

21317. Jésuites (Histoire impartiale des), dep. leur établissem. jusqu'à leur première expulsion (par Linguet). S. l., 1768, 2 vol. in-12, v. m.   5 fr.

Bel exemplaire, av. le nom de R. PIEROT, CHIRURG.-MAJOR, frappé en lettres d'or sur les plats.

21318. Jésuites en France (Nouv. mémoire à consulter du jeune jésuite sur l'état actuel des), suivi de sa pétition à la Chambre des députés, par l'abbé Marcel de la Roche-Arnaud. 1829, in-8, br.   1 fr. 50

21319. Convulsionnaires. Pièces justificatives de la maladie de Madeleine-Élisabeth Bailleux, et de sa guérison opérée par N.-S. Jésus-Christ, à l'intercession de S. Maur, le 22 juin 1764. In-12, br.   2 fr. 50

21320. Jésuites (Des), par Michelet et Quinet. 1843, in-12, br.   1 fr. 50

21321. Papesse Jeanne (Hist. de la), fidèlem. tirée de la dissertat. latine de Spanheim (par J. Lenfant). La Haye, 1736, 2 vol. pet. in-8, curieuses fig., v. m.   10 fr.

Livre recherché. — Bel exemplaire.

21322. Crespet (Le P.), Célestin. Discours catholique de l'origine, de l'essence, excellence, fin et immortalité de l'âme. Tome premier. 1604. Gros in-8 de plus de 1.000 pages, v.   4 fr.

21323. Lefébure (Le R. P.). De la folie en matière de religion. 1866, in-12, br. (Envoi d'auteur).   1 fr. 50

21324. Voyages de l'âme dévote (Les 3) à la crèche de Jésus incarné, à la croix de Jésus crucifié, à l'autel de Jésus immolé. S. l., n. d (Lyon, 1668), in-12, av. plus. fig. et frontisp. grav., v. m. à l'ant.   4 fr.

21325. Berruyer (Le P.). Hist. du peuple de Dieu dep. son orig. jusqu'à la naissance du Messie, tirée des seuls livres saints, ou le texte sacré des livres de l'Ancien Testament réduit en un corps d'histoire. 1728, 7 vol. — Supplém. à la 1re édition de l'histoire du peuple de Dieu. 1734, 1 vol., 1 frontisp., 2 vign. par Boucher, cart. et planch. Ens. 8 vol. in-4, v. fauve.   12 fr.

Exemplaire ayant appartenu à la Substitution du Valdec, proche Soleure en Suisse, M.D.CC. XXVIII, portant l'inscription ci-dessus frappée en lettres d'or sur le premier plat de chacun des volumes.

21326. Thibaud (Le R. P. Jos.-Vict.), prédicateur ordin. de la duchesse de Savoye. Sermons sur les festes de la Circoncision et de l'Epiphanie de Nostre-Seigneur. Aix, Est. David, 1648, in-8, vél.   4 fr.

21327. Figures des différents habits des chanoines réguliers de ce siècle, avec un discours sur les habits anciens et modernes des chanoines tant séculiers que réguliers, par le P. C. Du Molinet. 1666, pet. in-4, front. grav. et 31 planches de costumes religieux très bien gravées par Le Doyen. dem.-rel., mar. r.   20 fr.

Volume peu commun. — Bel exemplaire.

21328. Congrégation des Filles de l'Enfance (Rec. de pièces concern. la) de N.-S. J.-C., conten. l'innocence oprimée par la calomnie ou l'hist. de lad. congrégation, etc. (par Ant. Arnauld et P. de Porrade). Amst., 1718, 2 part. en 1 vol. in-12, v.   3 fr.

21329. Saint Claude et Saint Oyend, patrons de la ville et de la terre de Saint-Claude. Vitraux de la cathédrale ; cartons communiqués par Hucher, peintre-verrier au Mans. Imprimerie N.-D. des Prés, in-8, fig., br.   5 fr.

Suite de 20 planches retraçant la vie des deux saints, avec explication des sujets représentés.

21330. Livres à figures. Achillis Bocchii Bonon. symbolicarum quæstiouum, de universo genere, quas serio ludebat, lib. V. Bononiæ, 1574, pet. in-4, fig., v. fauve. (Reliure ancienne).   28 fr.

Ouvrage recherché, avec 152 belles figures en taille-douce dont il est orné et qui sont attribuées à Giulio Bonasone. L'une d'elles représente une guillotine. — Exemplaire réglé. — Un petit trou de ver dans la première moitié du volume.

21331. Erasmus. Primus liber grammaticæ institutionis Theod. Gazæ sic translatus per Erasmum Roterodamum ac titulis et annotatiunculis explanatus ut citra negotium et percipi queat et teneri. Lovanii, ap. Theodoric. Martinum Alustensem. Anno MDXVIII (1518) ad Calendas Martias (avec la marque de la double ancre au dern. feuillet). Pet. in-4, br., NON ROGNÉ. 30 fr.

Rare — Bel exemplaire conforme à la description donnée par Van Iseghem dans la Biographie de Thierry Martens (N° 123). Ce bibliographe ne connaissait que l'exemplaire de la collection Vergauwen, de Gand, aujourd'hui dispersée.

21332. Avanturier Buscon (L'), histoire facécieuse, compos. en espagn. par F. de Quevedo, cavalier espagnol. Lyon, 1662, pet. in-8, v.   3 fr.

21333. Fleurs, fleurettes et passe-temps ou les divers caractères de l'amour honneste (par Rob.-Alc. de Bonnecase de St-Maurice). 1666, pet. in-12, dem.-rel., v. m.   4 fr.

Petit livre curieux et peu commun. — Raccommodage au dern. feuillet.

21334. Mérard Saint-Just. Poésies (recueillies par l'abbé Jos. de la Porte ou plutôt composées et rassemblées par S.-P. de Mérard Saint-Just) Partout et pour tous les temps (Paris, Cazin, 1789). In-18, v. porphyre, fil , tr. dor.　　　5 fr.

Tiré à petit nombre.

21335. Poètes gascons (Recueil de), cont. les œuvres de P. Goudelin de Toulouse, avec le dictionnaire de la langue toulousaine (Les Folies de Le Sage de Montpellier et de Michel de Nîmes). Amst , 1700, 2 vol. in-12, front. gr., portr., dem.-rel., mar. rouge.　　　28 fr.

Bel exemplaire de cette collection recherchée de poésies patoises du Midi.

21336. Hamilton (Ant.). Mémoires du comte de Grammont, histoire amoureuse de la Cour d'Angleterre sous Charles II, réimpression conforme à l'édition princeps (1713), préface et notes par B. Pifteau. 1876, in-8, br.　　　5 fr.

Frontisp. et 6 eaux-fortes par J. Chauvet, lettres, fleurons et culs-de-lampe par L. Lemaire.

21337. Diocèses de Langres et de Dijon. Hist. ecclésiastique et civile, polit., littéraire et topograph. du diocèse de Langres et de celui de Dijon, qui en est un démembrement, par l'abbé de Mangin. 1765, 3 vol. in-12, dem.-rel., v. fauve.　　　70 fr.

Ouvrage fort rare, qui ne passe presque jamais sur les catalogues. — Bel exemplaire.

21338. Sens (Impression de). Quæ regia potestas ? Quo debent authore solennes Ecclesiæ conventus indici cogique ? Qui in his, cum emendanda est omnium ordinum depravatio, Regum, sacerdotum. nobilium, præerunt, magistratuum, populi locus et ordo considendi, Carolo IX, domino suo, Cl. G. (Claudio Gouste), præt. Sen. (prætore Senonensi), authore. Apud Senones, e typogr. Ægidii Richebois. 1561. Pet. in-4. vél. bl　　　50 fr.

Les impressions de Gilles Richebois, imprimeur protestant, élève de Jean de Tournes, qui vint de Lyon s'établir à Sens, sont très belles et fort rares. Il fut massacré lors du tumulte de Sens.

21339. Paris (Cartulaire de l'église de Notre-Dame de) publ. par Guérard, av. la collaborat. de Géraud, Marion et Deloye. 1850, 4 vol. in-4, cart.　　　18 fr.

21340. Jean de Troye (Mémoires de), av. des notes crit. et des observat. 1786, in-8, 2 titres, dont 1 ajouté, dem.-rel.　　　4 fr.

21341. Pays-Bas au XVIᵉ siècle (Révolution des). Fondation de la République des Provinces-Unies, par J. L. Mottley, trad. de l'angl. par G. Jottrand et A. Lacroix. S. d., 6 vol. in-12, br.　　　6 fr.

21342. Codicille d'or ou petit recueil tiré de l'institution du prince chrétien, composé par Erasme, mis premièrement en franç. sous le roy François Iᵉʳ et à présent pour la seconde fois, av. d'autres pièces (par Cl. Joly). S. l. (Hollande, à la Sphère), 1665, pet. in-12, v.　　　3 fr. 50

21343. Monumenta sepulcralia et inscriptiones publicæ privatæque ducatus Brabantiæ, F. Swertius posteritati collegit Antuerpiæ. 1613, in-8, v.　　　2 fr.

21344 Académie des Inscriptions et Belles-Lettres (Hist. de l') dep. s. établissement. 1718-81, 19 vol. — Mémoires

de littérature tirés des registres de l'Acad. des inscriptions. 1772-81, 81 tom. en 82 vol. — Eloges des académiciens morts. 1740, 3 vol. — Ens. 104 vol. in-12, frontisp. grav., dem.-rel. anc.　　　30 fr.

21345. Beaumarchais et son temps, études sur la société en France au XVIIIᵉ siècle, d'apr. des docum. inéd., par L. de Loménie. 1858, 2 vol. in-8, d'environ 500 p. chacun, br.　　　6 fr.

21346. D'Aguesseau (Le Chancelier). Sa conduite et ses idées politiques et son influence sur le mouvement des esprits pend. la première moitié du XVIIIᵉ siècle, avec des documents nouveaux et plus. ouvrages du chancelier, par Francis Monnier. 1860, in-8 de 500 pag., br.　　　4 fr.

21347. Instruction primaire sous la Révolution. L'Instruction primaire dans le département de la Marne, pend. la Révolution. 1789-1800, par l'abbé Puiseux. Chalons-sur-Marne, 1882, in-8, br.　2 fr. 50

21348. Satyre Ménippée de la Vertu du Catholicon d'Espagne et de la tenue des Estats de Paris, nouv. édit. augmentée à la fin de plusieurs notables recherches et observations qui descouvrent de plus en plus les secrets de la Ligue. Sans lieu, ni nom d'imprimeur, 1595. Pet. in-8, dem.-rel , mar. rouge.　　　12 fr.

Edition rare. Raccommodage dans le coin de la marge du titre.

21349. Michelet (J). Bible de l'Humanité. 1864, in-12, d'envir. 500 pag., br.　　　3 fr.

21350. Eugénie de Guérin, journal et lettres, publ. av. l'assentiment de sa famille, par G. S. Trébutien. 1863, in-12, br.　3 fr.

21351. George Sand (La sensibilité et l'imagination chez), par L. Marillier. 1896, pet. in-8, br.　　　2 fr. 50

21352. Platon (La vie et les écrits de), par A Ed. Chaignet. 1871, in-12 de 550 pag., br.　　　2 fr. 50

21353. Méziriac (Gaspard Bachet, Sʳ de), de l'Académie française. Commentaires sur les Epistres d'Ovide, nouv. édition, av. plus. autres ouvrages du même auteur, dont quelques-uns paraissent pour la prem. fois (publ. par Sallengre). La Haye, 1716, 2 vol. in-8, frontisp. gravés, v.　6 fr.

Exemplaire en GRAND-PAPIER.

21354. Roland furieux, poème héroïque de l'Arioste, trad. par le comte de Tressan. 1780, 5 vol. in-12, v. éc., fil., tr. dor. 4 fr.

21355. Aimans artificiels (Traités sur les), trad. de l'anglais de J. Michell et J. Canton, par le P. Rivoire. 1752, in-12, v. marbr.　　　2 fr. 50

21356. Chats (Les) (par de Moncrif). 1727, in-8, v.　　　3 fr. 50

21357. Incunables de Milan et de Turin. Lectura aurea domini Floriani super titulo de Servitutibus. Impressa Mediolani per Magistrum Ulderichum Scinzenzeler anno M CCCC.lxxxxvij (1497), die XIII septembris. — Lectura aurea famosissimi doctoris D. Floriani de Sancto Petro de Bononia super nono libro ff. seu Pandectarum. Impressum Mediolani per Magistrum Uldericum Scinzenzeler. Anno M.CCCC.lxxxxvij (1497), die viij Junii. — Florianus super X li. fforum in ti. finium Regum et communi dividen-do. Impressa Mediolani per dignissimum opificem Magistrum Udericum (*sic*) Scinzinzeler. Mcccclxxxxvii (1497), die ii Augusti. — Allegationes eximii domini Lapi de Castelbovo. Mediolani impresse per Uldericum Scinzenzeler opera et impensa Magistri Johannis de Lignano anno dni M.cccc.lxxxxviij (1498) die viij mensis Februarii. — Solemnis et elegans disputatio in materia legitimationum per famosum in utraque censura interpretem dominum Martinum Caretum Laudensem. Finis laus Deo. (Marque de l'imprimeur Scinzinzeler). — Tractatus de successionibus ab intestato per Math. Mathuselanum de Bononia ; de Beneficiorum permutatione per Petr. de Ubaldis de Perusia ; de translatione Concilii Basilee ad civitatem Ferrarie, per do. Cataldinum de Boncompagnis ; de precedentia doctoris et militis per do. Signorellum de Homodeis de Mediolano ; de materia Tormentorum per Guidonem de Suzaria. Taurini, impressum per Magistrum Nicolaum de Benedictis de Hispania et Magistrum Jacobinum Suicum Sangermanatum, anno domini M.cccc.lxxxx (1490), die xxii mensis aprilis. — Tractatus de testibus Albrie. Impressum Mediolani ad impensas domini Petri Antonii de Castellionio anno dni M.cccc.lxxxxiiij (1494), die xxv mensis Februarii. — Ensemble en 1 vol. gr. in-fol., goth. à 2 col., marques d'imprimeurs, rel. du xv⁰ siècle en ais de bois, recouverts de v. br., avec ornements a froid composés d'un semis de fleurs de lys couronnées dans des losanges et de rosaces sur les côtés, fermoirs. 100 fr.

L'imprimeur Jacquemin Suigo, auquel sa ville natale vient d'élever une statue, était originaire de San-Germano, près Verceil en Piémont. Il exerça d'abord à San-Germano de 1484 à 1485, ensuite à Verceil, puis en 1486 à Chivasso. En 1487, nous le trouvons à Venise où il dédie un ouvrage de droit qu'il vient d'imprimer à son compatriote Pierre Cara, sénateur de Savoie, de passage dans cette ville. Aidé et protégé par ce puissant personnage, il quitte Venise pour aller à Turin, où il imprime seul jusqu'en 1490. Il s'associe ensuite avec un autre imprimeur, Nicolas Benedetti, d'origine catalane, qui avait travaillé aussi à Venise. Benedetti vient à Lyon et y établit un dépôt de livres en 1493. Il y fonde définitiv ment un atelier typographique et s'y fixe avec Suigo. — Le volume qui contient ces divers ouvrages est dans sa première reliure du temps ; le dos, en partie enlevé, aurait besoin d'être refait ; mais les fermoirs sont entiers et in'acts, ce qui se voit rarement.

21358. Incunable. Tabula super totam Summam venerabilis domini Anthonini directiva. (In fine :) Tabula super totam Summum venerabilis domini Anthonini per dominum Johannem Molitoris ordinis Predicatorum conventus Coloniensis patrem compilata anno domini M.cccc.lxxxiiij (1484), pridie nonas Julii finita feliciter explicit. In-fol., goth. à 2 col. de 45 lignes par page, dem.-rel. vél. 38 fr.

Edition rare décrite par Hain, N° '1262. — On l'attribue généralement aux presses de Cologne, mais nous croyons qu'elle est plutôt de Strasbourg. — Exemplaire bien complet, avec le dernier feuillet blanc que n'indique pas Hain. — Initiales rubriquées. — Parfait état de conservation, sans la moindre piqûre.

21359. Incunable de Florence. Leonis Baptiste Alberti de re Ædificatoria incipit. (In fine :) Leonis Baptistæ Alberti Florentini viri clarissimi de re ædificatoria

opus elegantissimum et quam maxime utile Florentiæ accuratissime impressum opera Magistri Nicolai Laurentii Alemani. Anno salutis Millesimo octuagesimo quinto (1485), quarto kalendas Januarias. In-fol. à longues lignes, au nombre de 34 par page, caractères romains, dem.-rel., v. vert. 40 fr.

Première édition de cet ouvrage. — Raccommodages à la marge des prem. ff.

21360. Incunable de Venise. Petri Lombardi Liber Sententiarum. (In fine :) Celeberrimus ac famosissimus Sententiarum liber Magistri Petri Lombardi sacre theologie doctoris eximii, anno domini 1477 per Magistrum Vendelinum de Spira in urbe Veneciarum litteris eneis impressus die decima mensis Martii finit feliciter. Laus Deo. In-fol., goth. à 2 col. de 42 lignes par page, vél., fil., dent. 80 fr.

Belle et rare édition. — Elle est curieuse par son colophon, dans lequel il est dit que le livre a été imprimé avec des caractères d'airain (*litteris eneis*). Ce volume est cité par Hain sous le N° 10186, mais sans description, comme pour les livres qu'il n'a pas vus par lui-même. — Proctor, N° 4413.

21361. Incunable de Venise. Oratoriæ artis Epitoma vel quæ brevibus ad consumatum spectant oratorem ex antiquo Rhetorum gymnasio dicendi scribendique breves rationes necnon et aptus optimo cuique viro titulus ; in super et perquam facilis Memoriæ artis modus Jacobi Publicii Florentini lucubratione in lucem editus fœlici numine inchoat. (In fine :) Erhardus Ratdolt Augustensis ingenio miro et arte perpolita impressioni mirifice dedit, 1485, pridie calend. Februarii Venetiis. Pet. in-4, avec nombr. lettres ornées et historiées, vél. 60 fr.

Livre recherché à cause d'un très curieux alphabet mnémonique gravé sur bois, dans lequel les lettres sont figurées par des compas, des violons, des échelles, des grelots, des tenailles, des pioches, et objets de toutes sortes. L'alphabet est complet, mais il y manque le feuillet H 1.

21362. Incunable de Valence-en-Dauphiné. Perutilia ac summe in practica necessaria excellentissimi juris utriusque consulti Domini Guidonis Pape Grationopolitani commentaria super statuto si quis per litteras. Ad laudem excelsi ac omnipotentis Dei feliciter incipiunt statuti Delphinalia. (In fine :) Commentaria et apparatus egregii et excellentissimi juris utriusque consultissimi domini Guidonis Pape super Statuto Dalphi. : signis per litteras. Anno domini M.cccc xcvi (1496). Pet. in-fol., gothique à 2 col. de 42 lignes, vél. 350 fr.

Premier livre imprimé a Valence-en-Dauphiné. Eu tête du volume on trouve une lettre de Jean d'Albon, bachelier de Valence, à Antoine de Chaponay, docteur en droit, procureur du Roi en Dauphiné, dans laquelle il lui dit qu'il a fait imprimer ce livre par Hélie Olivelli, libraire de l'Université de Valence (*rogatum feci M. Hellam Olivellum hujusce nostre universitatis bibliopolam constitutum ut opusculum hoc sua impensa curaret imprimendum*). — Bel exemplaire, grand de marges et parfaitement conservé.

21363. Polilogium Aristotelis octo Politicorum operose manipulatum ; conclusiones ccclxxiiij cum alphabetico indice utiliter constringens pro civitatum rectoribus indigenis et advenis affabre impressum. (Au-dessous de ce titre belle gravure sur bois tenant une partie de la page, représentant St Thomas apôtre et St Thomas le confesseur). Lipsi (*sic*) impressit Uolfangus Monacensis in platea Grimmensi apud S. Paulum (sine anno, circa 1500). In-fol., goth. à 2 col., dem.-rel.   35 fr.

Edition rare des Politiques d'Aristote. Elle n'est pas citée dans les listes de Leich. L'imprimeur *Wolfgang Sœckel*, de Munich, a exercé à Leipzig à partir de 1496. Cette impression sans date ne nous paraît pas être du xv⁰ siècle, mais bien des premières années du xvi⁰.

21364. **Impression de Mayence.** Æneæ Sylvii libellus Aulicorum miserias copiose explicans. Lector, eine lege et probabis. Ex officina literaria Joannis Schæffers Moguntiui. (Iu fine :) Excusum est hoc Ænee Sylvii opusculum per Joannem Schæffer typographum, sane quam accuratum Moguntiaci ubi divinum inventum stanneis typis excudendi libros primo natum pridie nonas julias anno post Christi natalem M DXVII. (Au-dessous les deux écussons de Schoyfer). Pet. in-4, titre dans une curieuse bordure historiée gravée sur bois, v. antiq.   35 fr.

Volume rare. — A la fin Schoyfer revendique pour Mayence l'honneur de l'invention de l'imprimerie en caractères mobiles d'étain (*stanneis typis*).

21365. **Impression de Paris.** Sophologium Sapientie Magistri Jacobi Magni. (Au-dessous, marque de Jehan Petit). (In fine :) Impressum per Gaspardum Philippe MDVI (1506), 20 augusti. (A la fin belle marque de l'imprimeur Gaspard Philippe tenant toute la page). In-4, gothique, dem.-rel., mar. bleu.   25 fr.

Edition rare. Belles lettres ornées sur fond criblé. Philippe s'établit ensuite à Bordeaux.

21366. **Impression de Paris.** Lavacrum conscientie. (Au-dessous, marque de N. de la Barre). Venales invenies in coronato lilio vici S. Jacobi. (Sine anno). Pet. in-8, goth., rel. en vieille peau de daim.   25 fr.

Nicole de La Barre est un imprimeur parisien très peu connu, dont les productions se rencontrent très rarement. Originaire du Soissonnais, il avait le grade de maître ès-arts à l'Université de Paris, et avait été régent, c'est-à-dire professeur enseignant, avant de se faire imprimeur. Il a débuté en 1497 rue de la Harpe, en face de l'Ecu de France. Nous le trouvons ensuite associé temporairement avec Antoine Denidel, maître-ès-arts comme lui. Après juillet 1500, il change de demeure et va s'établir rue Saint-Jacques, au Grand-Saumon, devant la chapelle de Saint-Yves. Il s'installe ensuite définitivement un peu plus haut, du même côté de la rue, à l'enseigne de la Fleur de Lys couronnée (*in coronato Lilio*). C'est l'adresse qu'il donne sur ce livre. Sa marque à *l'ange barré*, qui ne porte pas la fleur de lis ajoutée plus tard, indique que le *Lavacrum conscientie* est une des premières impressions faites par lui à cette dernière adresse. (*Pour plus de détails sur cet imprimeur, voir notre Histoire de l'Imprimerie en France*, tome II, p. 287-302). — Le texte de l'ouvrage, qui est complet, se compose de cxi ff. chiffrés. Vient ensuite la table des matières ou *Registrum*, en deux ff. non chiffrés, dont le dernier nous manque.

21367. **Impression de Lyon.** Solemnis et hodierne practice quam commodissimus tractatus vectigalium, gabellarumve casus etiam quotidianas decidens per egregium juris utriusque lumen D. Jo. Bertachinum de Firmo editus. Excudeb. Lugduni Benedictus Bonnyn sumptibus honesti viri Vincentii de Portonariis de Tridino de Monte Ferrato. 1533. Pet. in-8, goth. à 2 col., dem.-rel., toile lustrée.   5 fr.

21368. **Sermones estivales** de tempore Beati Vincentii ordinis fratrum Predica-

torum sacre theologie professoris acutissimi declamatorisque laudatissimi. Lugduni, A. Bonnyn (circa 1520). Pet. in-4. goth à 2 col., cart.   12 fr.

21369. **Impression de Chambéry.** Plainte apologétique au Roy très chrestien de France et de Navarre, pour la Comp. de Jésus, contre le libelle de l'autheur sans nom intitulé : Le franc et véritable discours, etc., avec quelques notes sur un autre libelle dict : Le Catéchisme des Jésuites, par Loys Richeome, Provençal. A Chambery, par Geofroy Du-Four, marchand-libraire et imprimeur de ladite ville. 1603. — Attestation de MM. l'evesque et magistrats de la ville d'Anvers contre la calomnie du libelle diffamatoire cy-devant publié soubs titre de l'histoire notable du Père Henry bruslé, etc. 1603. — En 1 vol. pet. in-8, vél.   15 fr.

Edition rare. — Exemplaire bien conservé, dans sa première reliure.

21370. **Impression grecque de Plantin.** Euripidis Tragœdiæ sex (græcè) quib. præter infinita menda sublata carminum omnium ratio hactenus ignorata nunc primum prodit opera Gul. Canteri. Antuerpiæ, ex offic. Christ. Plantini, 1581. In-16, v. (Rel. du temps).   5 fr.

Première édition de cet auteur où l'on se soit occupé de la critique métrique. Elle est jolie et ne se trouve pas facilement, dit Brunet. La dédicace de Canter à Marc Laurin ou Lauwereins, grand protecteur des lettres à l'instar de Grolier, est en grec.

21371. **Invention de l'alphabet.** De literis inventis ad illustriss. Th. Herbertum auctore Gul. Nicols, libri sex. Londini, 1711, in-8, frontisp. gravé, dem.-rel., vél. bl.   4 fr.

Curieux poème sur l'invention des lettres et de l'alphabet.

21372. **Vossius.** De artis poeticæ natura ac constitutione. — Poeticarum institutionum libri III. — De Imitatione cum oratoria, tum precipue poetica, deque recitatione veterum. — De poetis græcis. — De poétis latinis. — Amstel., Lud. Elzevir., 1647. — **Borrichius** (Olaus). Dissertationes academicæ de poetis, publicis disputationibus, in regio Hosniensi lyceo, assertæ, ab anno 1676 ad annum 1681. Francof., 1683. — De somno et somniferis maxime papaveris dissertatio. Francof., 1681. — Ensemble en 1 vol in-4, vél.   5 fr.

21373. **Mécanique des langues** (La) et l'art de les enseigner, par Pluche. 1751. In-12, v. marbr.   2 fr. 50

Pluche, professeur au collège de Reims, son pays natal, puis principal du collège de Laon, n'échappa qu'avec le concours de Rollin à une lettre de cachet pour avoir professé des sentiments opposés à la Bulle Unigenitus.

21374. **Viridarium** sacræ ac profanæ eruditionis a P. F. de Mendoça Olysiponensi. Col. Agripp., 1650. In-8, curieux frontisp. gravé en taille-douce, vél. de Holl.   4 fr.

21375. **Manuscrits** (Notices et extraits des) concern. l'histoire ou la littérature de la France qui sont conservés dans les bibliothèques ou archives de Suede, Danemark et Norvège, par A. Geffroy. 1855, in-8, dem.-rel., v. viol. (Bel exemplaire).   6 fr.

21376. **Diodori Siculi** Bibliothecæ historicæ libri qui supersunt ex recens. P. Wesselingii cum interpretatione latina L. Rhodomani atque annotationibus variorum integris, cum commentationibus III Chr. Gottl. Heynii et cum argumentis disputationibusque Jer. Nic. Eyringii. Biponti, 1793, 11 vol. in-8, br.   8 fr.

Excellente édition de Diodore de Sicile.

21377. **Talbert** (L'abbé). Eloge historique du card. d'Amboise, archev. de Rouen, prem. ministre de Louis XII. Besançon, 1777. — Eloge de Philippe d'Orléans, rég. du royaume pend. la minorité de Louis XV. Besançon, s. d. — Eloge de Michel de L'Hopital, chancelier de France. Besançon, s. d. — 3 ouvr. en 1 vol. in-8. v. m.   3 fr.

21378. **Marquis d'Almachen** (Mém. de Pierre-François Pradez, de Beragrem), conten. ses voyages et tout ce qui lui est arrivé de plus remarq. dans sa vie. Amst. (à la Sphère), 1677, 2 tom. en 1 vol. in-12, v.
                3 fr. 50

21379. **Pologne** (Congratulation et resjouissance sur la grande et inespérée nouvelle advenue de l'election de Monsieur, frère du Roy, au royaume de), déd. à son excellence par Vict. Du Val. Paris, D. Du Pré, 1573. pet. in-8, dem.-rel.   10 fr.

Pièce très rare. — Qq. ff. un peu rognés en tête.

21380. **François Ier** (Règne de). Double d'une lettre escripte par ung serviteur du Roy très chrestien, à ung Secretaire Allemant, son amy, auquel il respond à sa demande sur les querelles et differens entre Lempereur et ledict seigneur Roy. Par laq. il appert évidemment lequel des deux a esté aggresseur, autant en la premiere quen la pres. guerre. Au bout d'icelle est adjouste un arbre de consanguinite dentre les maisons de France, Autriche, Bourgongne, Milan et Savoye, par laq. il appert évidemment qui vient aujourdhuy à la succession desdictes maisons. Nouvellem. reveu et corrigé bien et diligemment imprime à Paris au mont sainct Hylaire, à lenseigne du Phœnix, près le college de Reims. S. d. (vers 1536), pet. in-8, couv. pap.   10 fr.

Ecrit en faveur des droits de François Ier sur le duché de Milan. — Pièce rare, surtout avec l'arbre généalogique, qui manque la plupart du temps.

21381. **Delisle** (L.). Notice sur le recueil intitulé : De Miraculis S. Jacobi. 1878, broch. in-8.   1 fr. 50

21382. **Mystère provençal** (Ludus Sancti Jacobi, fragment de) découvert et publ. par C. Arnaud. Marseille, 1858, pet. in-8, pap. de Holl., br.   5 fr.

Tiré à très petit nombre.

21383. **Provence.** Histoire de Sainte Rossoline de Villeneuve, de l'ordre des Chartreux, conten. celle de son culte, par Pierre-Joseph (de Haitze). Aix, J. David, 1720. — Histoire de la vie et du culte du bienheureux Gérard Tenque, fondateur de l'Ordre de St-Jean de Jérusalem, par Pierre-Jos. de Haitze. Aix, Jos. David, 1730. — 2 ouvr. en 1 vol. in-12, d.-rel. anc. (Rare).   15 fr.

21384. **Pratique** pour se préparer à la mort, par l'évêque de Marseille, à l'usage de son diocèse. Marseille, Brébion, 1735, in-12, v.   2 fr. 50

21385. **Toulouse.** Histoire sur les troubles advenus en la ville de Tolose l'an 1562, le 17 may, par G. Bosquet. 1862, pet. in-12, pap. de Holl., v. fauve, fil.   4 fr.

Réimpression à petit nombre de la collection Gay.

21386. **Eaux de Plombières** (Essay sur la manière de prendre les), par J. Le Maire. Remiremont, 1748, in-12, couv. en pap.
                4 fr. 50

21387. **Troyes** (Arrest de la Cour des Aydes portant règlement entre les président, lieutenant et esleuz en l'eslection de), 9 juin 1658. Troyes, François Jacquard (1658). pièce pet. in-8, d.-rel., toile lustree.   5 fr.

21388. **Franche-Comté** (Les Mémoires historiques de la Républ. Séquanoise et des princes de la) de Bourgongne, avec un sommaire de l'histoire des catholiques rois de Castille et Portugal de la maison desdicts princes de Bourgogne, par Loys Gollut, advocat au Parlem. de Dole. Dole, Ant. Dominique, 1590. Fort vol. in-fol. de plus de 1.100 pag., v.   20 fr.

Exemplaire en assez bon état, sauf un petit raccommodage au titre.

21389. **Lyon.** 8 pièces in-4.   6 fr. 50

Ordonnance consulaire qui enjoint aux maîtres des communautés d'arts et métiers de Lyon, de présenter aux maîtres-gardes de leur communauté, pour y être enregistrés, les brevets des apprentifs qu'ils auront obligés. Lyon, 1778, 4 p. — Mémoire pour Cl. Lecourt, maître barbier, de Lyon, greffier de M. le premier chirurgien Ju Roi, demandeur et accusateur, contre Lambert, May, Olivier et Perrin, syndics de la communauté des maîtres barbiers de Lyon, et leur adhérans, defendeurs et accusés. Lyon (1770), 14 p. — Réplique aux observations sur les édits, déclarations et arrêts concern. les jurés mouleurs et aydes mouleurs, visiteurs et compteurs des bois à brûler de la ville et fauxbourgs de Lyon, pour lesd. jurés, mouleurs et aydes mouleurs deffendeurs, contre les marchands de bois sur la rivière de Saône, demandeurs. 7 p. — Rapport de Mayeuvre sur les établissements qui peuvent raviver les arts et les manufactures de Lyon. Lyon, s, d., 19 p. — Ordonnance qui fait défenses de troubler les habitants de Lyon et les forains dans la fabrication, le transport et la vente de toute espèce de pain. Lyon, 1776, 3 p. — Arrêt du Parlement qui fait défenses aux boulangers de Lyon d'employer des œufs ou sucre et autres mixtions, comme aussi de cuire dans leurs fours aucunes pieces de pâtisserie, ni viandes, etc. Lyon, 1759, 8 p. — Etc.

21390. **Lyon.** Voierie. 9 pièces in-4.   10 fr.

Mémoire pour le Sr Grand, architecte et officier de la voyerie à Lyon, contre Messire Lazare-Victor de Jarente, abbé commendataire de l'abbaye d'Aunay. 1763, 63 p. — Ordonnance concern. la liberté et la commodité de la voie publique. Lyon, 1778, 4 p. — Ordonnance de voierie concern. les échoppes, les ponts et le placement des matériaux de construction sur la voie publique. Lyon, 1776, 6 p. — Jugement de police qui enjoint aux nommés Bernard et Fay, propriétaires de deux maisons, d'enlever et faire enlever dans la huitaine les cuirs et suifs étendus et empilés dans leursd. maisons, etc. Lyon, 1776, 4 p. — Ordonnance de police concern. le passage des gens à pied, à cheval, des voitures, etc., sur le pont St-Clair. Lyon, 1776, 3 p. — Ordonnance port. défenses de jouer aux jeux de hazard. Lyon, 1776, 3 p. — Ordonnance de voierie port. que toutes les terres, décombres et autres matières provenant des déblais de caves et démolitions, seront conduites par les charretiers et maçons au Quai Neuf et fauxbourgs d'Aincourt. 1793, 3 p. — Etc., etc.

21391. **Auvergne** (Excursion agronomique en), principalem. aux environs des Monts-d'Or et du Puy-de-Dôme, par J.-A.-V. Yvart. 1819, in-8, br.   3 fr.

21392. **Gastelier de la Tour.** Généalogie de la maison de Chasteauneufrandon, dressée sur les titres originaux, vieilles chartes et autres renseignements. 1783. Pet. in-4, dem.-rel.   30 fr.

Très rare. — Avec additions et corrections ma-

nuscrites de la main de feu Henri Chazaud, archiviste de l'Allier. — Raccommodage au dern. feuillet.

21393. Paradin (Guill), de Cuyseaulx. Annales de Bourgongne. Lyon, Ant. Gryphius. In-fol., titre dans un bel encadrement historié gravé s. bois, v. br., fil. 20 fr.

21394. Périgord. 5 broch. in-8. 5 fr.

De la forêt royale de Ligurium, mentionnés dans le capitulaire de Kiersi (an 877), par Max. Deloche. 24 p. et 1 carte. — Forêt royale de Ligurio, par A. de Gourgues, 18 p. — Le bassin hydrographique du Couzeau, dans ses rapports avec la vallée de la Dordogne, par Des Moulins. Bordeaux, 1864, 180 p. — Documents inédits sur Tocane-St-Apre (Dordogne), par Dujarric-Descombes. Périgueux, 1884, 20 p. — Rapport au préfet de la Dordogne sur les archives de l'anc. comté de Périgord, par Dessales. S. d., 84 p. — Chanson sur le siège de Sarlat (nov. 1587), attaqué par Turenne. 1835. (Extr) 5 p.

21395. Maison de Chastillon-sur-Marne (Histoire de la), conten. les actions plus mémorables des comtes de Blois et de Chartres, de Penthièvre, de St-Paul et de Porcien, la vie de S. Charles de Blois, duc de Bretagne. etc., avec les généalogies des anciens comtes de St-Paul, de Blois, de Flandres, de Rethel, de Soissons, de Sancerre, de Joigny, etc. , ensemble les armes de toutes les familles nobles de France et des Pais-Bas alliées par mariage à celle de Chastillon, reproduites sur cuivre, le tout justifié par charte, titres, etc., par André du Chesne, Tourangeau. 1621. In-fol., fig. d'armoiries, v. br. 30 fr.

Ouvrage recherché. — Mouillures aux derniers feuillets.

21396. Rouen, Ruell et St-Germain-en-Laye. Procez-verbaux des deux conférences, la première tenue à Ruel le dern. jour de février, et autres jours, la deuxième tenue à St-Germain-en-Laye le 16e jour de mars 1649, entre les deputez du Roy et ceux du Parlement, et des compagnies souveraines de la ville de Rouen. 1649, in-4, parch. 4 fr.

21397. Saint-Omer (Voyage du roi au camp de) et dans les départemens du Nord en 1827. Paris, 1827, in-8, br. 2 fr.

21398. Noblesse d'Evreux. Recherches de la noblesse de l'élection d'Evreux, 1523 avant le démembrement des elections de Conches et de Pont de l'Arche, publ. pour la prem. fois et annotée par P.-F. Lebeurier. Evreux, 1868, in-12, pap. fort, br. 2 fr. 50

21399. Noblesse (Abrégé chronolog d'édits, declarations, règlements, arrêts et lettres patentes des Rois de France de la troisième race, concern. le fait de), précéde d'un discours sur l'origine de la noblesse, ses espèces, droits, prérogatives, la manière d'en dresser les preuves, etc., par L.-N.-H. Chérin. 1788. Pet. in-12, v. ec. (Bel exemplaire). 8 fr.

21400. Anjou (Les coustumes, usages et communes observances du pays et duché d'), avec le procès-verbal d'icelles publ. par Messeigneurs Maistres Thibault Baillet, président, et Jehan Le Lièvre, conseiller en la Cour de Parlement à Paris. par commission et mandement du Roy, depuis reveues et corrigées sur l'original ; ensemble un traicté dudict coustumier composé par Maistre Pierre Poysson, conseiller au siège présidial d'Angers. A Angers, par René

Piquenot, imprimeur, demourant en Précigné, à l'enseigne Sainct-Julian. 1569. Pet. in-4. marque d'imprimeur sur le titre, vél. à recouvrem. 25 fr.

Edition rare. — Exemplaire grand de marges, dans sa première reliure.

21401. Le Noble. Les avantures provinciales Le Voyage de Falaise, nouvelle divertissante. 1697, in-12, portr., v. 4 fr.

21402. Bérose et Annius de Viterbe ou !les antiquités caldéennes, par de Fortia d'Urban. 1808, in-12. v. porph., fil. 2 fr. 50

21403. Statuis illustrium Romanorum (Em. Figrelii liber de). Holmiæ, 1656, pet. in-8, vel. de Holl. 4 fr.

Comme l'indique Brunet, on trouve à la suite de cet ouvrage celui de Scheffer sur les colliers des anciens (de antiquorum torquibus).

21404. Culte d'Adonis (Mémoire sur les monuments du), dans le territoire de Palæobiblos, par le R. P. Alex. Bourquenoud. 1861, gr. in-8 de 51 pages et une planche, br. 1 fr. 50

21405. Sépultures nationales (Des) et particul. de celles des rois de France, par Legrand d'Aussy, suivi des funérailles des rois, reines, princes et princesses de la monarchie franç., dep. son orig. jusques et y compris celles de Louis XVIII, par de Roquefort. 1824, in-8, br. 3 fr.

21406. Etat militaire de France, avec les états-majors des régiments suivant la nouvelle forme, et un recueil d'ordonnances par de Montandre-Longchamps, chancelier de Montandre et de Roussel. Paris, s. date (1764), pet. in-12, v. m. 10 fr.

L'étiquette sur le dos du volume porte le millésime 1764. L'approbation est datée d'avril 1763.

21407. Cavalerie (Le nouveau newkastle ou nouveau traité de) (par Cl. Bourgelat). 1747, pet. in-12, front. gravé, v. marb. 4 fr.

Bourgelat, avocat écouté, puis mousquetaire passionné pour les chevaux, établit à Lyon la première école vétérinaire qu'on ait vue en Europe. Il est regardé comme le créateur de l'Hippiatrique.

21408. Gassion (La vie du Mareschal de). 1673, 4 vol. in-12, v. br. (Armoiries sur les plats). 15 fr.

L'auteur de cet ouvrage est l'abbé de Pure, une des victimes de Boileau. L'histoire est précédée de la généalogie de la maison de la maison de Gassion. — On trouve rarement ces 4 volumes réunis.

21409 Guerres de la Fronde. Mémoires de M. D. L. R. (M. de la Rochefoucauld) sur les brigues à la mort de Louis XIII ; les guerres de Paris et de Guyenne et la prison des Princes ; apologie de M de Beaufort. Mémoires de Mr. de la Chastre ; lettre du Cardinal à M. de Brienne. Cologne (Hollande, à la Sphère), 1569, pet. in-12, vél. de Holl. 5 fr.

21410. Jésuites. Canones congregationum generalium Soc. Jesu cum aliis nonnullis ad praxim pertinentibus. Romæ, in collegio Societatis Jesu, 1581, pet. in-8, vél. 8 fr.

Volume rare, sorti de l'imprimerie particulière de la Compagnie de Jésus, à Rome. — Bel exemplaire grand de marges, dans sa première reliure.

21411. Read (Ch.). Henri IV et le ministre Daniel Chamier d'après un journal inédit de ce dernier à la Cour, en 1607. 1854, in-8 de 96 p., br. 2 fr.

Le journal du ministre dauphinois est intéressant à lire ; il nous renseigne sur la vie intime du roi, traitant quelquefois les affaires entre deux haltes de chasse. Ce document est suivi d'un appendice où l'on remarque des indications inédites sur le rachat des villes de France par le roi, une harangue de d'Aubigné, une lettre de la reine Elisabeth, etc., etc.

21412. Florimond de Raymond (Essai s. la vie et les ouvrages de), par Tamizey de Larroque. 1867, in-8, br. 3 fr.

21413. Bibliothèque historique de la France conten. le catalogue des ouvrages imprimés et manuscrits qui traitent de l'histoire de ce royaume, par Dom Jacq. Lelong, édition revue et considérablement augmentée par Fevret de Fontette (et autres), 1768--78. 5 vol. in-fol., v. m. 90 fr.

Edition la meilleure et la plus complète de cet excellent livre indispensable à tous ceux qui s'occupent d'histoire de France.

21414. Bibliothèque de la duchesse de Mazarin. Catalogue des livres de la bibliothèque de feue Madame la duchesse de Mazarin dont la vente se fera en son hôtel quai Malaquais au plus offrant et dernier enchérisseur le mardi 15 janvier 1782, 3 heures de relevée et jours suivants. Le présent catalogue se distribue à Paris chez P. M. Delaguette, imprimeur de la Cour des Monnoies, 1782, in-8, couv. en pap. (Rare). 5 fr.

« Ce catalogue est curieux par la nomenclature presque générale de tous nos anciens Romans que cette aimable Duchesse avait pris plaisir à rassembler. Tous ses autres livres plus curieux ont été légués par testament. » (Note Ms. du temps placée sur le titre).

21415. Livres choisis et curieux vendus à l'amiable au XVIIIᵉ siècle par des libraires parisiens. 1775-1780. — Reunion de 6 catalogues. 10 fr.

Ces sortes de catalogues qui ont précédé les catalogues à prix marqués du XIXᵉ siècle et qui de nos jours ont disparu pour la plupart et sont beaucoup plus rares que les catalogues de bibliothèques vendus aux enchères. Ils sont très bien classés et renvoient souvent pour plus de détails à la Bibliographie de De Bure. — Catalogue de livres choisis et curieux de la plus belle condition qui se trouvent à Paris chez Bailly, libraire, quai des Augustins, entre la rue Git-le-Cœur et le Pont St-Michel. 1775. (Parmi les Mss. on voit un *Catholicon* du XIIIᵉ siècle ; le *Pèlerinage de humaine lignié* par G. de Guigneville (sic) daté de 1331 ; le *Roman de la Rose* et la *Chastelaine du Vergier* composé en rimes françoises, Ms. sur vélin de la plus belle conservation, etc). — Catalogue de livres choisis et curieux provenans du cabinet de M. B*** dont la vente se fera à l'amiable le mercredi 3 février 1779 et jours suivans jusqu'au 20, depuis 9 heures du matin jusqu'à 9 du soir, chez Bailly, libraire, quai des Augustins, entre le Pont S. Michel et la rue Git-le-Cœur. Les prix seront marqués sur chaque livre. — Catalogue de livres choisis et curieux de la plus belle condition reliés en maroquin et veau doré sur tranche provenant d'une bibliothèque que vient d'acquerir Froullé, libraire, Pont Notre-Dame, en face du quay de Gêvres, et qui seront vendus à l'amiable le lundi 8 février 1779 (et jours suivans jusqu'à la fin du mois). Les prix seront portés au commencement de chaque volume. — Vente à l'amiable d'une bibliothèque considérable conten. beaucoup d'articles intéressants chez J. G. Mérigot jeune, libraire, quai des Augustins, au coin de la rue Pavée. Cette vente sera ouverte le lundi 8 mars 1779 jusqu'au 20 du même mois. Les prix à l'amiable seront marqués sur chaque article. — Vente à l'amiable d'un cabinet de livres bien choisis. Cette vente commencera le lundi 21 février 1780 et continuera jusqu'au mardi 29 du même mois inclusivement, depuis 8 h. du matin jusqu'au soir, chez Cressonnier, libraire, quai des Augustins, entre le Pont S. Michel et la rue Gilles-Cœur, maison de la Marchande de Modes au premier. Les prix seront marqués sur chaque livre. — Etc.

21416. Librairie parisienne au XVIIIᵉ siècle. Livres de fonds et d'assortiment ; livres au rabais. 1770-1780. Reunion de 12 catalogues in-8. 8 fr.

Ouvrages proposés à un rabais considérable. Moutard, libraire à Paris, rue du Hurepoix, à l'entrée du quai des Augustins, a acquis depuis peu un nombre de livres suivants qu'il propose à prix de rabais jusqu'au mois d'avril prochain 1771, le tout en feuilles, passé lequel temps il n'en sera plus donné qu'au prix ordinaire. 1770 (avec 2 colonnes indiquant les prix ordinaires et les prix de rabais). — Vente de plusieurs gros articles du fonds de librairie de l'Hôtel de Thou, rue des Poitevins, proposés à des diminutions considérables jusqu'au 1ᵉʳ sept. 1776. — Catalogue du fonds de librairie de l'Hôtel de Thou. 1777. — Catalogue des livres qui se trouvent chez Ruault, libraire, rue de la Harpe, à Paris. 1777. — Catalogue des livres proposés à un rabais considérable chez G. Desprez, imprimeur ordinaire du Roi et du Clergé de France à Paris, rue St-Jacques, au coin de la rue des Noyers, à commencer au 15 décembre 1777 jusqu'au 15 avril 1778. — Ouvrages proposés à un rabais considérable. Crapart, libraire, Place St-Michel, à l'entrée de la rue d'Enfer, vis-à-vis le Corps-de-Garde à Paris, a acquis un certain nombre des livres suivants qu'il propose à un prix de rabais considérable jusqu'au mois d'avril 1777. — Catalogue des livres qui se trouvent chez Moutard, imprimeur-libraire de la Reine à l'Hôtel de Cluny, rue des Mathurins, à Paris. 1778. — Livres en feuilles proposés à un rabais considérable chez Robustel, libraire, Cloître des Jacobins de la rue S. Jacques jusqu'au 1 août 1779 — Catalogue des livres qui se trouvent chez la Veuve Desaint, libraire, rue du Foin, la première porte cochère à droite en entrant par la rue S. Jacques. 1780. — Catalogue des livres de sortes et d'assortiments qui se vendent à Paris chez Guill. Desprez, rue S. Jacques, au coin de la rue des Noyers. 1780. — Catalogue des livres qui se trouvent à Paris chez Pissot, libraire, quai des Augustins. 1780 — Catalogue des livres du fonds de la Vve Tilliard et fils, libraires à Paris, rue de la Harpe, au coin de la rue Pierre-Sarrazin (On trouve chez les mêmes libraires des assortimens de vieux livres rares. — Note Ms.).

21417. Bibliotheca Belgica (Valeri Andr. Desselij de Belgis vita scriptisq. claris. præmissa topographica Belgii totius seu Germaniæ inferioris descriptione. Lovanii, 1643, in-4, dem.-rel. anc. 6 fr.

21418. Révolution des Pays-Bas (Histoire de la) sous Philippe II, par Th. Juste. 1855, 2 vol. gr. in-8, rel. en perc. viol. 6 fr.

21419. Discours véritable de l'exécution faicte de cinquante tant sorciers que sorcières exécutez en la ville de Douay. Jouxte la copie impr. à Mons en Hainaut, 1606, br. in-8. 2 fr. 50

Réimpression faite à Lyon, en 1876, par L. Perrin. — Exemplaire en GRAND-PAPIER DE HOLLANDE.

21420. Bibliotheca historica Dano-Norvegica, sive de scriptoribus rerum Dano-Norvegicarum commentarius historico literarius, per N. Pet. Sibbern. Hamburgi, 1716, in-8, v., fil. 4 fr.

21421. Prophéties perpétuelles très curieuses et très certaines de Ch. Jos. Moult, qui auront cours pour l'an 1269 et qui dureront jusqu'à la fin des siècles, faites à St-Denis-en-France, l'an 1268. 1771, pet. in-8, dem.-rel. anc. 2 fr. 50

21422. Bijoux du Moyen-Age. Notes sur les affiq es, par H. Bordier. 1876, broch. in-8 av. fig. 1 fr. 50

Les affiques ou « fermaux » étaient des broches ou agrafes servant à fixer ou à tenir fermés sur la poitrine des femmes leur corsage ou mantelet. Sur ces bijoux étaient souvent gravées des devises amoureuses dont on trouvera des exemples dans cette intéressante petite monographie.

21423. Le Play. L'Organisation de la Famille selon le vrai modèle signalé par l'histoire de toutes les races et de tous les temps. Tours, 1875, in-12, br.   2 fr.

21424. Célibat des prêtres (Les inconvénients du) prouvé par des recherches historiques (par l'abbé Jacq. Gaudin). Genève, 1781, in-8, v. marbr.   5 fr.

 L'abbé Gaudin, auteur de ce livre, fut d'abord Oratorien. Il se maria en 1791, devint juge, puis bibliothécaire de la Rochelle.

21425. Phile Versus iambici de Animalium proprietate ; cum auctario J. Camerarii. Ex typographeo H. Commelini (Genevæ), 1596. — **Codini** (G.) Selecta de originibus Constantinopolitanis, nunc primum in lulem edita, interprete Georg. Dousa. (Genevæ). Apud Commelinum, 1596. — **Longi** pastoralium, de Daphnide et Chloe, libri IV (gr.-lat.) ex versione Gothofredi Jungerman. Hanoviæ, 1605. — 3 ouvr. en 1 vol. pet. in-8, dem.-rel.   5 fr.

21426. Porphirii de non necandis ad epulandum animantibus, libri IIII (gr.-lat.) ex græco exemplari facta versio latina scholiis et præfationibus illustrata per F. de Fogerolles. Lugd., 1620, pet. in-8, vél. noir.   6 fr.

 Cette traduction latine de Porphyre est de François de Fogerolles, Bourbonnais, qui l'a accompagnée de notes et scholies. — Volume rare.

21427. Coeffeteau (F. N.), prédicateur ordinaire du Roy. Responce à l'advertissement adressé par le Séreniss. Roy de la Grande-Bretagne, Jacques Ier, à tous les Princes et Potentats de la Chrestienté. 1610, pet. in-8, vél.   5 fr.

 Cette réponse a été faite sur le désir de Henri IV.

21428. Savaron (J.), lieutenant d'Auvergne. De la Souveraineté du Roy et que sa majesté ne la peut souzmettre à qui que ce soit, ny aliéner son domaine à perpétuité, avec les preuves et authoritez contre un autheur incogneu, par J. Savaron. 1620, pet. in-8, couv. pap.   4 fr.

21429. Flagellantium (Historia) de recto et perverso flagorum usu apud Christianos (auctore Jac. Boileau). In-12, v. (Bel exempl.).   2 fr. 50

21430. Corneille et Gerson dans l'Imitation de J. C., par Onés. Leroy. 1842, in-8, avec fac-similé de miniature d'après le ms. de Valenciennes, in-8, br.   8 fr. 50

 L'œuvre de la vieillesse de Corneille. celle qui semblait le plus opposée à son génie, lui l'auteur du Cid, traduisant en vers le livre de l'humanité chrétienne, fait ici l'objet d'une étude consciencieuse. C'est un commentaire où sont mis en parallèle de nombreux passages de cette traduction des morceaux analogues de Saint-François de Sales, Fénelon et d'autres directeurs de la vie spirituelle, puis des poètes, Brebeuf, Racine, Ducis, Du Cerceau, Gresset, etc. ; viennent ensuite des preuves nouvelles pour affirmer que l'auteur de l'Imitation est en effet Gerson, de ce livre le plus beau qui soit sorti de la main de l'homme, suivant l'expression de Fontenelle.

21431. Hospitaliers bretons au XIIIᵉ siècle. L'Hôpital des Bretons à Saint-Jean-d'Acre au XIIIᵉ siècle, par J. Delaville Le Roulx. Nantes, 1880. In-8, pap. vergé, br. 1 fr. 50

 Cet hôpital en Terre Sainte, fondé en 1256, était

spécialement affecté aux malades et infirmes originaires de la province de Tours. Une chapelle, sous l'invocation de St-Martin, était annexée à l'hospice.

21432. Médecine, Pharmacie. Statuts de la Faculté de Médecine de l'Université de Paris avec les pièces justificatives de ses priviléges et des droits et soumissions à elle deubs par les apothicaires et chirurgiens, ensemble les jugemens rendus contre les empiriques et les médecins non approuvez par lad. Faculté de Médecine et les réglemens pour la réception des apothicaires et chirurgiens et pour la visite des boutiques et drogues et compositions de médicamens, recueil fait et mis en ordre par Maistre Denis Puylon, docteur regent et doyen de lad. Faculté. 1672, in-4, v. br. (Rare).   12 fr.

21433. Thériaque françoise (La) avec les vertus et proprietez d'icelle selon Galien, mises en vers françois par Pierre Maginet, pharmacien Salinois et dispensé publiquement à Salins par led. Maginet et Claude Thouverey frères, pharmaciens en l'an 1623. Lyon, 1623. Pet. in-8, couv. en pap. 25 fr.

 Très rare et fort curieux.

21434. Avicennæ liber Canonis, de Medicinis cordialibus Cantica, de removendis nocumentis in regimine Sanitatis, de Syrupo acetoso, quorum priores tres primo quidem Andreas Alpagus Bellunensis philosophus ac medicus eminentissimus Arabicæque linguæ peritissimus transtulit, etc., accessit vita Avicennæ ex Sorsano ejus discipulo a' Nic. Massa sumpta. Venetiis, apud Juntas, 1582, gros iu-fol., v. br. (Rare).   20 fr.

 Édition rare et estimée des œuvres complètes d'Avicenne.

21435. Fallopii (Gabr.) medici tractatus, de simplicibus medicamentis purgantibus. Venetiis, 1566. — Ejusd. de compositione medicamentorum et de Cauteriis. Venetiis, 1570. — 2 ouvrages en 1 vol. pet. in-4, parch.   6 fr.

21436. Pauli Æginetæ opus de re medica nunc primum integrum latinitate donatum per Joa. Guinterium Andernacum doctorem medicum. Parisiis, ap. Sim. Colinæum, 1532, in-fol., v. (Rel. du temps).   15 fr.

 Première édition de la traduction des œuvres médicales de Paul d'Egine par Jean Gonthier d'Andernach. — Chef-d'œuvre d'impression de Simon de Colines. — Bel exemplaire qui paraît être en GRAND-PAPIER.

21437. Gonthier d'Andernach (Eloge historique de J.), médecin ordinaire de François Ier, avec un catalogue raisonné de ses ouvrages, par L. A. P. Hérissant. 1765, pet. in-8, br.   4 fr.

21438. Ars chirurgica Guidonis Cauliaci medici celeberrimi lucubrationes chirurgicæ ab infinitis prope mendis emendatæ ac instrumentorum Chirurgicorum formis quæ in aliis impressionibus desiderebantur exornatæ , Bruni præterea, Theodorici, Rolandi, Lanfranci et Bertapaliæ Chirurgiæ maxima nunc diligentia recognitæ ; his accesserunt Rogerii ac Gulielmi Saliceti Chirurgiæ. Venetiis, apud Juntas, 1546, in-fol., v. f. (Rel. du temps).   20 fr.

21439. Chirurgie (Traicté de) conten. la vraye méthode de guérir playes d'arquebusade selon Hippocras, Galien et Paracelse avec réfutation des erreurs qui s'y commettant, par Jacq. Veyras, docteur en médecine, et Tannequin Guilhemet, chirurgien du Roy de Navarre, avec l'advis de Laurent Joubert, chancelier de l'Université de Mompelier (*sic*). Lyon, Barth. Vincent, 1581, pet. in-8, couv. en pap.   25 fr.

Volume rare. — Outre les traités annoncés ci-dessus, il contient trois discours recueillis des leçons orales de Laur. Joubert par Pierre Veyras, « escolier en médecine escrivant soubs ledit Joubert », dont voici les sujets : S'il est meilleur se coucher de bonne heure et lever matin que de se coucher tard et lever tard. — Seconde question discourue par M. Joubert avec Maistre Tannequin Fermillon, chirurgien de la ville de Nymes, touchant la peste, comment on la peut guérir méthodiquement et artificiellement. — Si quelqu'un peut mourir de sa blessure passé 40 jours.

21440. Arnaldi Villanovani philosophi et medici summi opera omnia cum Nic. Taurelli annotationibus. Basileæ, 1585, in-fol., à 2 col., v. f.   12 fr.

Œuvres complètes d'Arnauld de Villeneuve. — Édition rare.

21441. Guillemeau (Les œuvres de Chirurgie de Jacq.), chirurgien ordinaire du Roy et juré à Paris, avec les portraits et figures de toutes les parties du corps humain et des instrumens nécessaires au chirurgien, augmentées et mises en un vol. et enrichies de plusieurs traictez pris des leçons de M° Germain Courtin. Rouen, 1649, in-fol., fig., v. (Bel exempl.).   12 fr.

Édition la plus complète.

21442. Riolani (Joa.) Ambiani, medici Parisiensis opera omnia tam hactenus edita quam postuma authoris postrema manu exarata et exornata. 1610, in-fol., v. (Bel exempl.).   10 fr.

Édition la meilleure et la plus complète des œuvres anatomiques et médicales de Riolan, né à Amiens.

21443. Médecin de soi-même (Le) ou l'art de se conserver la santé par l'instinct (par J. Duvaux, chirurgien de Paris). Leyde, 1682, pet. in-12, v.   6 fr.

Ce livre, devenu peu commun, dit Brunet, devait avoir une suite qui n'a pas été imprimée. La raison en est, selon Gouget, qui tient ce renseignement de l'auteur lui-même, que ce volume souleva contre lui le corps des médecins.

21444. Grandes forêts de la Gaule (Histoire des) et de l'anc. France, précéd. de recherches sur l'histoire des forêts de l'Angleterre, de l'Allemagne et de l'Italie, et de considérations sur le caractère des forêts des diverses parties du globe, par L. F. Alfr. Maury. 1850, in-8, pap. vergé, br.   7 fr. 50

21445. Romantiques. Les Hirondelles (poésies) par Alphonse Esquiros. 1834, in-16, br., non rogn.   3 fr. 50

21446. Livre des Hirondelles (Le). Recueil de poésies (par G. S. Trébutien). Caen, 1858, pet. in-8, carré, pap. de Hollande, br.   5 fr.

Imprimé à très petit nombre, pour distribution intime. — Exemplaire avec envoi autographe signé de l'auteur.

21447. Romantiques. Gloriana, par Louis Ulback (*sic*). 1844, in-8, dem.-rel., maroq. rouge à nerfs.   3 fr. 50

Première édition. — Bel exemplaire.

21448. Romantiques. Erostrate, poème par X. Labensky. 1840, in-8, dem.-rel., maroq. Laval. à nerfs. (Bel exempl.).   3 fr. 50

21449. Album littéraire, recueil de morceaux choisis de littérature contemporaine. 1830, in-12, fig. sur acier, rel. pl. en soie rouge moirée, tr. dor. (Rel. de l'éditeur).   3 fr. 50

Marie ou le mouchoir bleu, par Béquet. — Mirabeau, par Villemain. — Les Espagnols au Pérou, par Mazure. — Origine de la poésie, par Roquefort, etc.

21450. Venise (Examen de la liberté originaire de), trad. de l'ital. (par Amelot de la Houssaye), avec une harangue de L. Helian, ambassad. de France, contre les Venitiens. Ratisbonne (Hollande, à la Sphère), 1677, pet. in-8, vél. de Holl.   4 fr.

Cet ouvrage est une traduction du Squitino della libertà Veneta attribué à Alf. de la Cueva ou mieux à M. Velserus, livre qui fit grand bruit et que le Sénat condamna au feu.

21451. Voyage de Jérusalem et autres lieux saints (en 1644), par Messire Fr. Ch. Du Rozel, Sr du Gravier (en Normandie), secrétaire de la chambre du Roy, publ. avec préface, annotations et commentaires par Bonneserre de St-Denis. 1864, in-8, pap. vergé, titre rouge et noir, br.   4 fr.

Relation originale publiée pour la première fois d'après le journal manuscrit de l'auteur. Ce carnet de voyage était accompagné d'un curieux passeport délivré à Venise le 4 août 1644 par le Sr Des Hameaux, ambassadeur de France, et d'un certificat de présence aux Saints Lieux délivré le 17 octobre de la même année par Pierre de Montpileux, commissaire apostolique, gardien de toute la Terre Sainte. Charles-François Du Rozel habitait Paris, rue et paroisse Saint-André. Il était originaire du lieu de Pervenchères au Perche et fils de Mathieu du Rozel, demeurant au château de Vauvineux. — Publication intéressante tirée à très petit nombre.

21452. Chine (Histoire de ce qui s'est passé au royaume de la) en l'année 1624, tirée des lettres écrites et adressées au R. P. Mutio Vitelleschi, général de la Comp. de Jésus, trad. d'ital. en françois par un Père de la même compagnie (Vencislas Pantaléon). 1629, pet. in-8, dem.-rel. (Rare).   15 fr.

21453. Tibet. (Histoire de ce qui s'est passé au royaume de Tibet, tiré des lettres escriptes en l'année 1626, trad. de l'ital. en françois par un prestre de la Comp. de Jesus. Paris, Séb. Cramoisy, 1629, in-8, dem.-rel. (Rare).   15 fr.

On lit au bas du titre cette mention manuscrite : « *Ex dono Sebastiani Cramoisy.* »

21454. Ninon de Lenclos (Lettres de) au Marquis de Sévigné. 1810, 2 vol. in-12, br., non rogn.   4 fr.

Frontispice et portrait ajoutés de Ninon de Lenclos et du Marquis de Sévigné.

21455. Erasme. Divo Maximiliano jubente Pragmatice Sanctionis medulla excerpta (a Jac. Spiegelio). Selestadii, in ædibus Lazari Schureni, 1520, pet. in-4, bordure historiée gravée sur bois autour du titre et datée de 1519, couv. en pap.   12 fr.

Petit volume rare imprimé à Schelestadt. A la fin de la dédicace à l'empereur Maximilien il est fait l'éloge d'Erasme dans ce passage : « *Cujus virtutes insignes efficit magnus ille Erasmus Roterodamus.* »

21456. Confession d'Augsbourg. Historia Augustanæ Confessionis contin. seriem variarum deliberationum et actorum in causa religionis, eo tempore, quo Augustæ confessio fidei, quæ et ipsa inserta est, Carolo V, Imper. à Johanne electore Saxoniæ, et conjunctis princip. de civitat., primum exhibita est in Comitiis anni 1530,

2

contexta a Dav. Chytræo. Francof. ad Mœnum, 1578, in-4, vel. 8 fr.

21457. **Blason** (Traité histor. et moral du), ouvrage rempli de recherches curieuses et instructives sur l'origine et les progrès de cet art, par Dupuy Demportes. 1754, 2 vol. in-12, v. m. 6 fr.

21458. **Capefigue.** Œuvres diverses. 1843-45, 2 vol. in-12, dem.-rel., mar. viol., plats toile. 3 fr.

La Réforme et la Ligue. — Philippe d'Orléans, roi de France.

21459. **Proudhon.** De la justice dans la Révolution et dans l'Eglise. 1858, 3 vol. in-12, dem.-rel. 5 fr.

21460. **Evénements de 1815**, par Louis-Philippe d'Orléans, ex-roi des Français. 1849, 2 tom. en 1 vol. in-12, mar. n. 2 fr. 50

21461. **Bulletin de Paris** ou relation historique des événem. qui sont arrivés en France en 1814 et 1815 et particuliér. pend. le siège de Paris, dep. le 22 juin jusq. 8 juillet 1815, in-8, br. 2 fr. 50

21462. **Comtes de Paris** (Les), hist. de l'avénement de la 3ᵉ race, par Ern. Maurin. S. d., gr. in-8, br. 2 fr. 50

21463. **Ducs d'Orléans** (Hist. des), par Laurentie. 1832, 4 vol. in-8, br. 3 fr. 50

21464. **Histoire des Gaules** (Extraits des auteurs grecs concern. la géographie et l'), texte et traduct. par Edm. Cougny. 1879, 6 vol. gr. in-8, br. 16 fr.

21465. **Regum Francorum** (Chronographia), publ. par H. Moranville. 1891, 2 vol. gr. in-8, br. 7 fr. 50

21466. **Merlin Coccaïe** (Hist. maccaronique de), prototype de Rablais (*sic*), où est traicté les ruses de Cingar, les tours de Boccal, les adventures de Leonard, les forces de Fracasse, les enchantemens de Gelfore et Pandrague, et les rencontres heureuses de Balde, etc., plus l'horrible bataille advenue entre les mousches et les fourmis. 1606, 2 vol. pet. in-12, v. m. (Bel exempl.). 5 fr.

Réimpression faite en 1734.

21467. **Cueillete de la soye** (La) par la nourriture des vers qui la font, echantillon du Théâtre d'agriculture d'Oliv. de Serres, sgr de Pradel, édit. annotée par N. Bonafous. 1843, in-8, br. 2 fr. 50

21468. **Satyre Ménippée** de la vertu du Catholicon d'Espagne et de la tenue des Estats de Paris, plus le regret sur la mort de l'asne ligueur. Ratisbonne, M. Kerner (à la Sphère), 1664, pet. in-12, avec une grande planche représentant la Procession de la Ligue, v. fauve, fil., dent., tr. dor. (Rel. de Simier). 15 fr.

Très jolie édition imprimée à Bruxelles par Foppens et qui s'ajoute aux Elsevier. — Bel exemplaire.

21469. **Straparole.** Les facétieuses nuits, trad. par J. Louveau et P. de Larivey. 1857, 2 vol. in-16, pap. vergé, cart. percal. rouge, non rogn. 6 fr.

21470. **Le Maire des Belges.** Le Promptuaire des Conciles de l'Eglise catholique, avec les Scismes et la différence d'iceulx, faict par Jean Le Maire de Belges, elegant hystoriographe, traicté singulier et exquis. 1545. De l'imprimerie de Denys Janot, pour

Galiot du Pré, libraire juré de l'Université de Paris, in-16, v. 10 fr.

Edition rare en lettres rondes.

21471. **Le Sage.** Le Bachelier de Salamanque ou les mémoires de X. Cherubin de la Ronda, tirés d'un Ms. espagnol. 1786, in-12, fig, cart. 15 fr.

Edition originale.

21472. **Poetæ Latini minores** curavit J. Christ. Wensdorf. Altenburgi, 1780-98, 10 vol. in-8, vél. bl. 20 fr.

Collection très estimée et devenue peu commune. Outre les auteurs que contient le recueil précédemment publié par Burman, on en trouve une foule d'autres qui n'ont pas été compris par ce dernier. Ou en trouvera la liste détaillée, volume par volume, dans Brunet. — Bel exemplaire de la bibliothèque de l'ancien ministre Guizot avec son cachet en tête de chaque volume.

21473. **Rétif de la Bretonne**, sa vie et ses amours, documents inedits ; ses malheurs, sa vieillesse et sa mort, ce qui a été écrit sur lui ; ses descendants ; catalogue complet et détaillé de ses ouvrages, suivi de quelques extraits par Ch. Monselet. 1854, in-12, pap. vergé, portr. et fac-simile, vél. souple, non rog. (Bel exemplaire). 8 fr.

21474. **Rétif de la Bretonne** (Bibliographie et iconographie de tous les ouvrages de), avec notes histor., critiques et littéraires, par P. L. Jacob, bibliophile. 1875, in-8, pap. de Holl., br. 8 fr.

21475. **Littérature de France** (Journal général de la) ou indicateur bibliographique et raisonné des livres nouv. en tous genres. estampes, cartes géograph, etc., qui paraissent successivement en France, classés par ordre de matières, accompagné de notes analyt. et critiques (par Ph. Loos et Boucher de la Richardière). Paris et Strasbourg, Treuttel et Wurtz, 1798-1811, 14 vol. in-8, cart., non rog. (Rare). 25 fr.

21476. **Impression de Paris.** Laur. Valle de lingua latina quam optime meriti de ejusdem elegantia libri sex deque reciprocatione libellus cum Ant. Mancinelli lima suis locis apposita et cum Jodoci Badii Ascensii epitomatis singulis capitibus antepositis et subinde non contemnendis explanationibus cumque repertorio atque indice vocabulorum ; item ejusdem utilissime annotationes in Antonium Raudensem et apologus seu actus scenicus in Pogium Florentinum..... addita preterea sunt de usu negationum alia quedam..... (Au-dessous, marque de Jehan Gourmont tirée en rouge). Venales reperiuntur in domo Johannis de Gourmont in clauso Brunello ad intersignium duarum ciparum ante Collegium Coqvereti (1509). Beau titre imprimé en rouge et noir. Pet. in-fol., v. br. 40 fr.

Volume rare. — L'imprimeur Jean Iᵉʳ de Gourmont était originaire de Saint-Germain-de-Varreville, en Normandie. Il a exercé à Paris de 1507 à 1523. (Voir Renouard, imprimeurs Parisiens.)

21477. **Livres avec figures sur bois.** Guill. Caoursin Obsidionis urbis Rhodiæ descriptio. Ulmæ, impressa per Joan. Reger de Kemnat, M.CCCC XCVI (1496) In-fol., goth., av. fig. sur bois de la grandeur des pages. v. br. 180 fr.

« Ce volume, dit Brunet, est un recueil de 9 opuscules du même auteur relatifs à la ville de Rhodes, formant ensemble 60 ff. à 47 lignes par page, sous les signatures a-h, y compris le premier f, au verso duquel est représenté *Gulielmus Caoursin vice-cancellarius Rhodi* offrant son livre *Magistro*

Rhodi. Les gravures sur bois, au nombre de 36, sont assez belles pour le temps. Ces grandes illustrations sont en effet remarquables. Ce sont d'intéressants spécimens qui prouvent qu'à Ulm l'art de la gravure sur bois était très avancé. L'exemplaire est incomplet de 5 feuillets à la fin; les feuillets *hi, hiii, hiiii, hv* et *hvi.* — Nous avons 32 planches sur 36 — Un exemplaire complet de ce livre vaut actuellement de 5oo à 6oo fr.

21478. **Figures sur bois** (Livres avec). Titi Livii Romanæ historiæ principis libri omnes una cum doctissimor. virorum in eos lucubrationibus et artificiosis picturis præcipuas historias apte representantibus exornati. Francof , 1578, 2 tom. en 1 gros vol. in-fol., titre dans une bordure richement ornementée et figures à mi-page signées du monogramme de Jost Amman, v.   25 fr.

21479. **Art de peindre** (L'), poème, av. des réflexions s. les différ. parties de la peinture, par Watelet. 1760, pet. in-8, fig., v. m. (Bel exemplaire).   8 fr.

Avec 1 frontisp., 1 fleuron, 5 vignettes, 8 portr.-médaillons et 6 culs-de-lampe dessinés par Pierre, grav. par Watelet ; 4 culs-de-lampe par Marguerite Lecomte. plus 1 fig. au trait par Pierre, grav. par Watelet.

21480. **Livres à figures.** Histoire de la vie de David, par l'abbe de Choisy. Paris, Vve Martin Durand (s. d., vers 1690). Pet. in-4, frontisp. gravé par Schoonebeek et nombr. fig. en taille-douce, à mi-page, v. fauve, fil.   20 fr.

Cette édition, publiée en Hollande vers la fin du xvii* siècle, contient une suite de 48 jolies figures sur cuivre.

21481. **Gayetés Françoises.** Estreine de Pierrot à Margot. Réimprimé av. notice bibliograph. par P. L. (Paul Pacroix). Genève, 1868, pet. in-12, pap. de Hollande, br.   4 fr.

Réimpression à petit nombre d'une facétie en vers publ. pour la prem. fois en 1614.

21482. **Jardin d'amour** (Le) ou le Vendangeur, poème trad. littéralem. de l'ital. de L. Tansillo par C.-F. Mercier. 1798, in-12, frontisp. gravé, br., non rog. (Bel exemplaire).   6 fr.

21483. **Champion de la Vertu** (Le) ou le vieux baron anglois , histoire gothique, trad librement de l'angl par M. L. D. (de La Place). 1787, pet. in-18 format Cazin, v. éc., fil., tr. dor. (A la reliure de Cazin).   2 fr. 50

21484 **Ami d'Anacréon** (L') ou choix de chansons par E.-T. Simon (de Troyes). 1804, in 18, joli frontisp. grave, br., non rog.   3 fr.

21485. **Guimard** ou l'art de la danse, pantomime-poème par Duplain. Londres, 1783 — Humbles violettes recueillies sur les pas d'Hortense. — La nouvelle Rosine, ou vie d'une courtisane, pot-pourri, par M. D. C. Amst., 1785. — Epître à Blanchard (l'aéronaute), citoyen de Calais, pensionné par Sa Majesté Louis XVI. 1785. — Essai sur l'amour (par Dreux, de Tours). Amst., 1788. — Le Décameron anglois ou recueil des plus jolis contes trad. de l'angl. par Mary Wouters. 1783. — 6 ouvr. en 1 vol. pet. in-18 format Cazin, v.   4 fr. 50

21486. **Comtesse** (La), comi-parade en un acte et en prose (par Ch. Collé). Londres, 1765, pet. in-12. pap. de Holl., br. 3 fr. 50

Réimpression à 100 exemplaires numérotés, faite en 1866.

21487. **Léandre Nanette** ou le double Qui-pro-quo, parade en 1 acte, en vers et en vaudeville, achevée en 1755, à Charlotte de Montmartre, par M G**, comédien du Roy. A Clignancourt, 1756. In-8, avec musique du vaudeville, dem.-rel., v. fauve, non rogné.   8 fr.

Rare. — Bel exemplaire relié par Thouvenin.

21488 **Théâtre italien** (Le) de Gherardi, ou le recueil général de toutes les comedies et scènes françoises jouées par les comédiens italiens du Roi pend. tout le temps qu'ils ont été au service. 1717, 6 vol. in-12, mus. gravée et fig. en taille-douce, v. f.   10 fr.

21489. **Synode nocturne** (Les actes du) des Lemanes, Propélides, à la ruine des biens, vie et honneur de Calianthe. In-4, cart. 5 fr.

Copie manuscrite d'un ouvrage très singulier, dans le style rabelaisien, attribué à Guill. Reboul,. C'est un livre rarissime, dont on ne connaît qu'un seul exemplaire, qui est conservé à la Bibliothèque Nationale. — Ce volume a été réimprimé dans la *Bibliothèque bibliophilo-facétieuse* des frères Gébéode (Gust Brunet et Oct. Delepierre). Cette copie est celle qui a servi à la réimpression. Elle contient en outre les notes et l'avant-propos autographes d'Octave Delepierre, l'éditeur.

21490. **Navigations françaises** (Les) et la révolution maritime du xiv* au xvi* siècle, d'apr les documents inédits tirés de France, d'Angleterre, d'Espagne et d'Italie, par P. Margry. 1867, in-8, br.   8 fr.

Les marins de Normandie aux côtes de Guinée avant les Portugais. — Les deux Indes au xv* siècle et l'influence française sur Christophe Colomb. — La navigation du capitaine de Gonneville et les prétentions des Normands à la découverte des terres australes sous Louis XII. — Le chemin de la Chine et les pilotes de Jean Ango. — L'hydrographie d'un découvreur du Canada et les pilotes de Pantagruel. — Etc , etc.

21491. **Avezac** (D'). Martin Hylacomylus, Waltzemuller, ses ouvrages et ses collaborateurs, voyage d'exploration et de découvertes à travers quelques épîtres dédicatoires, préfaces et opuscules en prose et en vers du commencement du xvi* siècle, notes, causeries et digressions bibliographiques et autres, par un géographe bibliophile (d'Avezac). 1867, in-8, pap. vélin fort, br.   5 fr.

Très intéressantes recherches sur les premiers livres imprimés à Saint-Dié en Lorraine au commencement du xvi* siècle, notamment sur la *Cosmographiæ introductio* de 1507, dans laquelle le nom d'AMÉRIQUE pour désigner le nouveau continent a été émis pour la première fois. C'est d'après cette mention que l'on a appelé depuis AMÉRIQUE la terre nouvellement découverte qu'Améric Vespuce venait de connaitre après Christophe Colomb. On trouve dans ce volume de précieux renseignements bibliographiques. La *Grammatica figurata* imprimée à St-Dié en 1507 et dont l'exemplaire unique a été detruit lors de l'incendie de la bibliothèque de Strasbourg en 1870, y est décrite avec une scrupuleuse exactitude, ainsi que les autres productions de l'imprimerie de St-Dié. Tiré à très petit nombre.

21492. **Guérin de Frémicourt** (La vie militaire de M.), chevalier de l'ordre de St-Louis, major commandant pour le roi à l'Orient. pour servir d'exemple et d'instruction à son fils. A L'Orient, de l'imprimerie de L. C R. Baudoin, imprimeur du Roi et de la Marine, 1780. gr. in-8, portr. grave par Gathelin, v., fil.   10 fr.

Exemplaire en papier de Hollande.

21493. **Boursaint** (Correspondance particul. de), conseiller d'Etat, membre du conseil

d'amirauté, au ministère de la marine (publ. par Blanchard), 1834, gr. in-8, portr., dem.-rel, mar. Lavall., à nerfs. 3 fr. 50
Non mis dans le commerce.

21494. **Henri IV** (Lettres inédites d') et de plus. personnages célèbres, tels que Fléchier, La Rochefoucauld, Voltaire, le comte de Caylus, Anquetil Duperron, etc, publ. av des notes et une introduct. par Serieys. 1802, in-8, v. 2 fr.

21495. **Hugo** (A.). Hist. de l'empereur Napoléon, avec 31 vign. par Charlet. 1833, in-8, fig. sur bois, cart. 3 fr.

21496. **Soirées de Neuilly** (Les), esquisses dramatiques et historiques, publ. par de Fougeray, ornées du portr. de l'éditeur et d'un fac-simile de son écriture, le vrai est ce qu'il peut. 1827, 2 vol. in-8, portr. d'après H. Monnier et fac-simile, dem.-rel., v. r., non rog. 6 fr.

21497. **Lachambeaudie** (P.). Fleurs d'exil. Fables et poésies nouvelles. Bruxelles, 1852, in-12, br. 2 fr.

21498. **Simon** (J.). L'Ouvreur de huit ans. 1867, gr. in-8, dem.-rel., v. viol. 1 fr. 50

21499. **Théorie acoustico-musicale** ou de la doctrine des sons rapportés aux principes de leur combinaison, par A. Suremain-Missery. 1793, in-8, dem.-rel. 3 fr. 50

21500. **Représentations en musique** (Des) anciennes et modernes (par le P. Ménestrier). Paris, 1681, in-12, mar. vert, fil., gardes en papier doré, tr. dor. (Reliure ancienne). 38 fr.
Un des plus rares ouvrages du savant Père Jésuite. — On trouve très rarement ce livre en aussi belle condition ancienne. — Exemplaire de la bibliothèque Guyot de Villeneuve. — Extrait de la table des matières : Bon et mauvais usage des représentations en musique. — Mère folle de Dijon et d'autres lieux. — Plaisanteries de carnaval. — Des chœurs de la comedie. — Commencement des opéras en France. — Chant dramatique dans l'Eglise. — Balet comique de la reine Catherine de Médicis. — Le sieur Perrin commence en France les opéras. — Establissement d'une académie de musique à Paris. — Liste de plusieurs festes ou représentations en musique de la Cour de Savoye et de celle de Bavière. — Etc., etc.

21501. **Bibliotheca historica** instructa a Struvio aucta a Budero, nunc vero a Meuselio ita digesta, amplificata et emendata ut pene opus novum videri possit. Lipsiæ, 1789, 21 tomes suiv. d'un tome d'index En tout 22 tomes en 11 vol. in-8, dem.-rel, v. fauve, 25 fr.
Bel exemplaire d'un excellent livre. — Estimé de 40 à 50 fr. dans le Manuel du Libraire de Brunet.

21502. **Origine des lois** (De l'), des arts et des sciences et de l. progrès chez les anciens peuples (par Goguet et Fugère). 1759, 6 vol. in-12, v. 3 fr. 50

21503. **Bibliotheca pontificia** duobus libris distincta : in primo agitur de omnibus romanis pontificibus qui scriptis claruerunt ; in secundo vero de omnibus auctoribus qui eorum vitas et laudes posteritati consecrarunt ; cui adjungitur catalogus hœreticorum, qui adversus romanos pontifices aliquid ediderunt, auct. Lud Jacob Cabilonensi Burgundo. Lugd., 1643, in-4, vél. 20 fr.
Un des plus rares ouvrages du P. Jacob, de Chalon. — Exemplaire de Salvaing de Boissieu, avec sa signature, donné par l'auteur lui-même.

21504. **Mosaïques chrétiennes** (Les) des basiliques et des églises de Rome, décrites et expliquées par H. Barbet de Jouy. 1857, in-8, br. 3 fr.

21505. **Inscription grecque** (Dissertat. sur une anc.) relat. aux finances des Athéniens, conten. l'état des sommes que fournirent, pend. une année, les trésoriers d'une caisse particul., par l'abbé Barthélemy. 1792, in-4, planche, dem.-rel., v. anc. 2 fr. 50

21506. **Forêts de la Gaule** (Recherches histor. et géograph. sur les grandes) et de l'ancienne France, par L.-F.-A. Maury. 1848, in-8, br. (Envoi d'auteur). 5 fr.

21507. **Changements dans le climat de la France** (Des), histoire de ses révolutions météorologiques, par le Dr Fuster. 1845, in-8 de 500 pag., br. 6 fr.
Livre des plus intéressants, devenu rare. — Des saisons et des productions de la Gaule au temps de Jules César. — De la dégradation du climat de la France. — Du climat de la France pendant le Moyen-Age et en vue de ses vignobles. — De la vendange et des vins du Nord de la France pendant le moyen-Age ; vins de Bretagne, de Normandie, d'Orléans et de Paris. — Des grandes intempéries de la France. — Hivers du Midi. — Mesures du froid de nos grands hivers. — Des causes des changements de notre climat. — Etc., etc.

21508. **Origines du langage** (Une nouvelle explication de l'A-B-C, étude physiologique sur les), par A.-M. Clairefond. Moulins, 1878, gr. in-8, br. 3 fr. 50

21509. **Histoire secrète des religions** (Les Grands Initiés, esquisse de l'), par Ed. Schuré. 1889, in-8 de 500 pag., br. 4 fr.
Rama, le Cycle aryen. — Krishna, l'Inde et l'initiation brahmanique. — Hermès, les mystères d'Egypte. — Moise, la mission d'Israël. — Orphée, les mystères de Dionysos. — Pythagore, les mystères de Delphes. — Platon, les mystères d'Eleusis. — Jésus, la Mission du Christ.

21510. **Pantcha-Tantra** (Le) ou les cinq ruses, fable du brahme Vichnou-Sarma ; Aventures de Paramarta, et autres contes, le tout trad. pour la prem. fois, sur les originaux indiens, par l'abbé J.-A. Dubois. 1826, in-8, pap. velin, br. 4 fr.

21511. **Amarasinha**, Sectio prima de cœlo ex tribus ineditis codicibus Indicis Mss. cur. P. Paulino a S Bartholomæo. Romæ, 1793, in-4, cart. 1 fr. 50

21512. **De Guignes**. Histoire générale des Huns, des Turcs, des Mogols et des autres Tartares occidentaux. 1756-58, 5 vol. in-4, v. marbr., fil. 80 fr.
« Ouvrage très estimé, dit Brunet, et dont les exemplaires ne sont pas communs. » — Bel exemplaire.

21513. **Mystères de la Franc-Maçonnerie** (Le Berceau historique des) ou tableau de l'histoire ancienne de l'ordre, par Kiener. 1859, br. gr. in-8. 1 fr. 50

21514. **Rituel Maçonnique**, par N.-C. des Etangs. Grades symboliques : Apprenti, premier degré ; Compagnon, deuxième degré ; Maître, troisième degré. — Grades capitulaires : Rose-Croix, quatrième degré. — Grades philosophiques : Chevalier Kadosch, cinquième degré. 5847. 5 tom. en un vol. in-4, br. 5 fr.

21515. **Clavel**. Histoire pittor. de la Franc-Maçonnerie et des sociétés secrètes anc. et mod. 1843, gr. in-8, fig. s. acier, rel. 20 fr.

21516. **Pausaniæ** Græciæ descriptio accurata (gr.-lat.) ex Romuli Amasæi interpretatione access. G. Xylandri et F. Sylburgii annotationes et notæ Joach. Kuhnii. Lipsiæ, 1696, in-fol. à 2 col., rel. en vél. cordé de Hollande.   15 fr.

Édition très estimée. — Bel exemplaire. — C'est un de ceux signalés par Brunet comme imprimés sur un meilleur papier, plus fort que ceux du tirage ordinaire, et qu'il dit être très rare et ne pas valoir moins de 60 a 80 fr.

21517. **Augeri** (Messire Gaspar), prédicateur du Roi. La vie de Monseign. Ignace Cotolendi, de la ville d'Aix, évêque de Metellopolis, vicaire apostolique en la Chine occidentale. Aix, Ch. David, 1673, pet. in-4, dem -rel., mar. Lavall.   20 fr.

21518. **Boileau.** Satires du Sr D***. 1669, in-12, front. gravé, mar. rouge, fil. à la Du Seuil, tr. dor. (Rel. ancienne un peu fatiguée).   10 fr.

Quatrième édition originale.

21519. **Boileau-Despréaux.** Œuvres. Paris, P. Didot, 1800, 2 vol. in-12, pap. vél., très joli portr. gravé par de Launay ajouté, dem.-rel., v. rouge, non rog.   5 fr.

Édition très bien imprimée.

21520. **Fénelon** (F. de Salignac de La Motte). Les avantures de Télémaque, fils d'Ulysse. 1730, 2 tom. en 1 vol. in-4, frontisp., fig. de Coypel, v. m.   5 fr.

21521. **Racine** (J.). Œuvres complètes avec les notes de tous les commentateurs, par L. Aimé-Martin. Paris, Lefèvre (Imprim. de P. Didot), 1820, 6 vol. in-8, fig. d'après les compositions de Gérard, Girodet et Prud'hon, dem.-rel., mar. rouge à longs grains, non rogné.   60 fr.

Édition estimée. — Bel exemplaire en GRAND-PAPIER VÉLIN avec la suite complète des FIGURES AVANT LA LETTRE.

21522. **La Bruyère.** Les Caractères de Theophraste, trad. du grec av. les Caractères ou les mœurs de ce siècle, édit. av. toutes les variantes, une lettre inéd. et des notes littéraires et historiq. par Adr. Destailleurs. 1854, 2 vol. in-16, pap. vergé, cart. percal. r., non rogn.   12 fr.

Ouvrage épuisé de la Bibliothèque Elzevirienne.

21523. **Sévigné** (Mad. de). Lettres à Mad. la comtesse de Grignan, sa fille. La Haye, 1726, 2 tom. en 1 vol. gr. in-12, titres imprimés en rouge et noir, rel.   35 fr.

Édition très rare. Elle contient 43 lettres de plus que les premières éditions sous cette date publiées à Rouen et a été publiée sur un manuscrit différent. D'après une note manuscrite du temps qui se trouvait sur l'exemplaire de M. Walckenaer, l'éditeur serait un nommé *Gendebien*. — Exemplaire conforme à la description du catalogue Rochebilière (Nᵈ 675). — Exemplaire grand de marges et bien complet avec les *Explications de quelques endroits des lettres de Madame de Sevigné*, le *Catalogue des livres de P. Gosse* et les deux demi-pages d'errata à la fin de chaque volume.

21524 **Duclos.** Œuvres. 1821, 3 vol. in-8, dem.-rel., v. fauve.   5 fr.

21525. **Destouches.** Œuvres dramatiques, précéd. d'une notice s. la vie et les ouvrages de cet auteur. 1820, 6 vol. in-8, portr. et fig. de Desenne et Delvaux, dem.-rel., v. m.   10 fr.

21526. **Delille** (Jacq.). L'Imagination, poème. 1806, 2 vol. in-18, pap. vélin, fig. de Le Barbier et Delvaux, dem.-rel., mar. r., non rogn. (Bel exempl.).   4 fr.

21527. **Le Sage.** Histoire de Gil Blas. Qua-

trième édition. Paris, Vve Ribou, 1732, 3 vol. — Histoire de Gil-Blas, tome IV. Paris, P. Jacq. Ribou, 1737, 1 vol. — Ens. 4 vol. in-12, fig., v. br.   30 fr.

Édition rare de Gil-Blas. La 4ᵉ partie n'avait pas encore paru en 1732. On a joint à cet exemplaire cette partie à la date de 1737. — Exemplaire grand de marges et bien conservé en reliure uniforme du temps.

21528. **La Harpe** (J. F.). Lycée ou cours de littérature anc. et mod. 1834, 2 vol. gr. in-8 à 2 col., dem.-rel., v. fauve à nerfs.   3 fr.

21529. **Théâtre d'un paresseux**, par Ch. J. Evreux, 1886, beau vol. gr. in-8, br.   2 fr. 50

Un imbécile ou un conseil aux femmes. — La princesse des Ursins ou un mariage royal. — Physiologie ou toute vérité n'est pas bonne à dire. — Un jaloux posthume. — Résignation. — Le grand monde.

21530. **Questions politiques et sociales.** 16 pièces ou ouvrages en 1 vol. in-8, dem.-rel., cuir de Russie.   6 fr.

De la Restauration et de la Monarchie élective ou réponse à l'interpellation de quelques journaux sur mon refus de servir le nouveau gouvernement, par de Châteaubriand. 1831. — De l'avenir de la France, par du Conny. 1832 — Dernière époque de l'histoire de Charles X, ses derniers voyages, sa maladie, sa mort, ses funérailles, son caractère et ses habitudes dans l'exil, suivi des actes et procès-verbaux relatifs à son décès, par de Montbel. S. d. (Imprimé sur papier tricolore). — Les grandeurs de la patrie et ses destinées en présence des révolutions et des puissances en 1840, par E. Madrolle. 1840. — Procès des lettres attribuées par le journal La France au roi Louis Philippe. 1841. — Manifeste pour les princes légitimes. 1843-44. — Les Amours de Louis Philippe, par le P. Simplon. — Cri de liberté, par Ch. Marchal. 1848. — Organisation du Socialisme démocratique, par Victor Antoine (de Malzeville). 1848. — Régularisation du travail ou système moral et financier du travail, par Mathur. Rousseau. 1848. — L'honneur et l'argent avant et après février 1848, dialogue sur la vénalité du règne de Juillet et sur les grandeurs de la République Française, par l'abbé M. B***. 1848. — Jésus-Christ devant les Conseils de guerre, par Vict. Meunier. 1848. — Etc.

21531. **Réforme sociale** (La) en France, déduite de l'observation comparée des peuples européens, par F. Le Play. 1872, 3 vol. in-12, br.   5 fr.

La Religion. — La Propriété. — La Famille. — Le Travail. — L'Association. — Les Rapports privés. — Le Gouvernement. — Les Conditions de la Réforme, etc.

21532. **Voltaire** (Vie polémique de) ou Histoire de ses proscriptions, av. les pièces justificatives, par G****y. (l'abbé Ant. Sabatier de Castres). An X, 1802, in-8, cart., tr. ébarb.   4 fr.

En mettant pour nom d'auteur les initiales ci-dessus, on voulait faire regarder cet ouvrage comme l'œuvre de Geoffroy, alors fameux par ses feuilletons dans le *Journal de l'Empire*. Q. q. personnes donnèrent dans le piège, mais la supercherie fut bientôt découverte.

21533. **Poulain** (J), Dunoysien. Anthologie françoise ou rencontres sur divers sujets esquetz sont comprises plusieurs belles, rares et doctes instructions pour la conduite et fin de l'humaine vie. (1614), in-8, très beau titre gravé par Jaspar Isaac, v. br.   6 fr. 50

21534. **Columbi** (Révér. père maistre ès ars et en saincte théologie Frère Jehan), frère mineur, evesque de Troye et penitencier de N. S. Père le Pape en Avignon. Confession générale avec certaines règles tant a confesseurs que a penitens. — Directoire de ceulx qui sont en l'article de la mort extraict de la bonne doctrine de Maistre Jehan Gerson par révér. père, frère Jeh. Columbi. Imprime à Lyon par Claude Nourry al's le Prince, s. date (vers 1525). 2 part. en un vol. pet. in-8, gothique, marque d'imprimeur à la fin, couv. en pap.   12 fr.

Petit volume rare cité par Brunet. — Forte piqûre de vers dans le coin de la marge du bas et piqûre moins forte au commencement dans le texte.

21535. Couronne de gloire (La), pour feu Messire Claude de la Chastre, mareschal de France, tissue par les mains ouvrières du bon-heur, de l'honneur, de la vertu et de l'éternité, déd. à M. son fils par le P. Jaques George de la Comp. de Jésus. 1615, in-4, vél.   12 fr.

Livre très rare. — Légère piqûre à la fin dans le bas de la marge.

21536. Livres armoriés. Nouvelles littéraires, contenant ce qui se passe de plus considérable dans la république des Lettres, par Du Sauzet et autres. La Haye, 1715-1719, 9 vol. pet. in-8, v. fauve. 25 fr.

Bel exemplaire aux armes DE BRÉHAN, COMTE DE PLELO, avec sa devise *Fides Brientensium*. Le comte de Plélo était un diplomate et grand bibliophile. Il fut tué au siège de Dantzig. Ces nouvelles, extraites de tous les journaux du temps, se recommandent par un grand nombre de pièces fugitives, turtout par une multitude d'anecdotes littéraires de cette époque qui ne se rencontrent pas ailleurs. Cette collection qui va d'ordinaire jusqu'en 1720, s'arrête au milieu de l'année 1719.

21537. Ex-libris. Bibliothèque de M. Beaupré, conseiller à la Cour de Nancy, petite eau-forte par J. Thiéry. — Ex-libris de Ch. Mehl avec un curieux sonnet à ses livres. — Ex-libris signe Narat, representant d'un côté Gutenberg et sa presse, d'un autre les ecussons de Fust et Schoyfer, premiers imprimeurs de Mayence; en haut un monogramme ; en bas l'inscription « ex libris meis » tirée en rouge. — Les 3 ex-libris ensemble.   1 fr. 50

21538. Reliure du XVIe siècle en peau de truie estampee avec ornements estampés à froid avec le double aigle couronné de l'Empereurs d'Allemagne, surmonte de la lettre H. In-8.   12 fr.

Cette reliure bien conservée recouvre l'ouvrage suivant : *M. Fabii Quintiliani Institutionum Oratoriarum libri XII. Lugd., Ant. Gryphius, 1565.*

21539. Reliure en peau de truie avec dentelles, cartouches et autres ornements estampés à froid, datée sur l'un des plats de 1599. In-fol.   15 fr.

Cette reliure très bien conservée est un beau spécimen. Elle recouvre l'ouvrage de Scaliger, intitulé *De emendatione Temporum, item Veterum Græcorum fragmenta selecta*, imprimé à Leyde en 1598 par l'imprimerie Plantinienne pendant les troubles des Pays-Bas.

21540. Histoire de l'admirable Don Iñigo de Guipuscoa, chevalier de la Vierge et fondateur de la monarchie des Inighistes, av. une description de l'établissement et du gouvernem. de cette formidale monarchie, par le Sr Hercule Rasiel de Selva, édit. augm. de l'Anti-Coton et de l'hist. critique de ce fameux ouvrage. La Haye, 1738, 2 vol. pet. in-8, fig. grav. ajoutée, cart. à la Brad., non rogn.   4 fr.

Satire très violente contre les Jésuites.

21541. Duplex antidotus contra duplex

venenum quod ex fonte Theophilino ebibit Leodegarius Quintinus Hæduus, propugnatore D. Didaco Sanchez Del Aquila magistro theologo. Hispali (a la Sphère), sumptibus Johann. de Ribera, 1657, pet. in-8, v. br.   12 fr.

Véritable Elsevier de Leyde. — Sanchez del Aquila est un masque sous lequel se cache un moine espagnol nommé Thomas Hurtado. Le *Duplex antidotus* est dirigé contre le P. Théodore Raynaud et sert de réponse à deux opuscules que le savant jésuite avait publiés sous le pseudonyme de *Leodegarius Quintinus Hæduus*. Voir à ce sujet l'intéressante note de Willems (*Les Elsevier*, N° 809, p. 199) dans laquelle il cite une lettre de Guy Patin relative à l'ouvrage. — Rare.

21542. Panegyrici veteres interpretat. et notis illustrav. Jac. de la Baume Soc. Jesu, ad usum Seren. Delphini. 1676, in-4, front. et vign. grav., rel.   1 fr. 50

21543. Heures nouvelles, latin français, à l'usage de Paris et de Rome, par l'abbé Dassance, vicaire de Montpellier. Paris, Curmer, 1841, gr. in-8, av. de grandes compositions de Cheinbach grav. par Keller, texte encadré dans une bordure formée d'arabesques, de feuillages, de fleurs, de petits sujets histories, etc., rel. en v. bl., fil. et ornem., dent. intér., tr. dor.   10 fr.

21544. Sentimens de Gerson (Le bouclier de la France ou les) et des canonistes, touch. les differens des rois de France av. les papes (par Eustache Le Noble). Cologne, J. Sambix (à la Sphère), 1690, in-12, dem.-rel., dos et coins de mar. r., non rogné.   4 fr.

Bel exemplaire relié par Vogel.

21545. Sainct Didier (La vie et passion de Mgr), martir et evesque de Langres jouée en ladicte cité l'an mil cccc. iiii^{xx} et deux compos par vénérable et scientificq. personne maistre Guill. Flamang, chanoine de Lengres, publ. av. introd. de Carnandet. 1855, in-8, dem.-rel., v. fauve, non rogné, couvert. conserv.   6 fr.

Bel exemplaire tiré sur PAPIER ROSE tendre.

21546. Concilii Pisani (Acta primi) celebrati ad tollendum schisma ann. Dom. 1409 et Concilii Senensis 1423, ex cod. Ms. ; item constitut. factæ in div. session. Sacri gener. Concilii Pisani. 1612, pet. in-4, maroq. ve t, fil. (Rel. anc.).   4 fr.

21547. Ordre de Citeaux. Liber Privilegiorum sacri ordinis Cisterciensis per summos pontifices concessorum et per christianissimos nostros Franciæ et Navarræ reges. 1606, in-4, vél. (Rare). 15 fr.

21548. Ceillier (Dom). Histoire genér. des auteurs sacrés et ecclesiastiques. 1729-38, 7 vol in-4, v.   20 fr.

Tomes I à VII.

21549 Eglise de France (Histoire de l'), composée sur les documents originaux et authentiques, par l'abbé Guettee. 1853, 9 vol. gr. in-8, br.   10 fr.

21550. Pères de l'Eglise (Bibliothéq choisie des) grecque et latine ou cours d'eloquence sacrée, par Guillon. 1824-28, 26 vol. in-8, dem.-rel., v. fauve.   30 fr.

Importante et utile collection, dit Brunet, elle est divisée en 4 classes : Pères apostoliques ; pères apologistes ; pères dogmatiques, pères controversistes. Bel exemplaire.

21551. Voyage de la Terre Sainte (Le), conten. une vérit. descript. des lieux plus considér. que N. S. a sanctifie de sa pre-

sence, prédications, miracles et souffrances, l'estat de la ville de Jérusalem, tant anc. que mod., les guerres, combats et victoires que nos princes ont remporté sur les infidèles, avec quelques cérémonies de la Pasque des Chrestiens Orientaux, plus une légère descript. des princip. villes de l'Italie fait l'an 1632, par J. D. P. (J. Doubdan, prêtre). 1657, in-4, fig., v.   **7 fr. 50**
Reliure en peu fatiguée, mais bon état intérieur et belles marges.

21552. Négociations de la France dans le Levant ou correspondances, mémoires et actes diplomatiques des ambassadeurs de France à Constantinople et des ambassad. envoyes à Venise, Rome, Malte, Jérusalem, en Turquie, en Perse, etc., par E. Charrière. 1848, 3 vol. in-4, cart., non rogn.   **15 fr.**

21553. Codex diplomaticus civitatis et ecclesiæ Bergomatis a canonico Mario Lupo. Bergomi, 1784, 2 vol. in-fol., cart., non rognés.   **15 fr.**

21554. Albigeois (Le poème de la Croisade contre les) ou l'épopée nationale de la France du Sud, au XIIIe siècle, étude historique et littéraire, par G. Guibal. Toulouse, 1863, in-8 de 600 pag., br.   **4 fr.**

21555. Biblia Hebraïca cum interlineari interpretatione latina Xantis Pagnini item Novum Testamentum græce cum vulgata interpretatione interlineari studio Ariæ Montani. Genevæ, 1609, 2 part. en 1 vol. in-fol., vel.   **8 fr.**

21556. Volkelii (Joh.) Misnici de vera Religione libri V quib. præfixus est Joh Crellii Franci liber de Deo et ejus attributis et nunc demum adjuncti ejusd. de uno Deo Patre libri II in quib. multa etiam de Filii Dei et Spiritus Sancti natura disseruntur. (Amstelodami, 1642). In-4, vél. vert. (Aux armes du président de Menars).   **8 fr.**
Volkelius fut ami de Socin. C'est dans ce livre qu'est renfermé le système complet du Socinianisme. Cette édition, qui a été imprimée à Amsterdam en 1642, a été condamnée au feu. Elle est plus complète que la première de 1630. (Voir Brunet).

21557. Poétes du XVIe siècle. Les 23 livres de l'Iliade d'Homère, prince des poëtes grecs, trad. du grec en vers françois, les XIe prem. par Hug. Salel, abbé de S. Cheron, et les XIIIe derniers par Amadis Jamyn secrétaire de la chambre du Roy, tous les XXIIII rev. et corrig. par le dit Am. Jamyn, av. les 3 prem. livres de l'Odyssée d'Homère, trad. par le dit Jamyn, plus une table bien ample s. l'Iliade d'Homère. Paris, L. Breyer, 1584, in-12, vél.   **15 fr.**
On a ajouté à cet exemplaire le fac-simile de l'écriture d'Amadis Jamyn, une vue de Chaource en 1609 et le blason d'Amadis Jamyn grav. s. une table de cuivre au collège de Chaource.

21558. Pièces curieuses. 6 pièces en 1 vol. in-12, v.   **4 fr.**
*Aventures singulières du faux chevalier de Warnick, prisonnier d'Etat au donjon de * et de M. le M D**, aussi prisonnier de chambre avec ce chevalier (par L. Dupré d'Aulnay). Londres, 1750 (1re partie). — Lettre à Mme la Marquise V. de G. sur le début de Mlle Clairon à la Comédie Française. La Haye, 1745. — La Pupille, comédie par Fagan. 1734. — La forest enchantée, spectacle orné de machines, animé d'acteurs pantomimes et accompagné d'une musique qui en exprime les différ. actions, exécuté sur le grand théâtre du Palais des Thuilleries. 1754. — La comédie des actions,*

par Panard et Sticotti. 1745. — Amusements lyriques, ballet représenté à Puteaux. 1750.

21559. Lesdiguières (Histoire du connestable de), conten. toute sa vie avec plus. choses mémorables serv. à l'histoire générale, par L. Vidal, sécretaire duit connestable. Grenoble, J. Nicolas, 1649, in-8, de près de 1,000 pag., dem.-rel., v. rouge.   **15 fr.**

21560. Pontis (Sr de). Mémoires, cont. plus. circonstances remarq. des guerres, de la cour et du gouvernem. de ces princes, sous les rois Henry IV, Louis XIII et Louis XIV. 1715, 2 vol. in-12, v. gr.   **5 fr.**

21561. Princesse Palatine (Correspondance complète de Madame la duchesse d'Orléans, née), mère du Régent, traduct. entièrem. nouvelle par G. Brunet. 1855, 2 vol. in-12, br.   **10 fr.**

21562. Marquis de Sourches (Mémoires du) s. le règne de Louis XIV, publ. par le comte de Cosnac et A. Bertrand. 1882, 4 vol. in-8, br.   **12 fr.**

21563. Villette (Mis de). Œuvres. Londres (Paris, Cazin, 1786), in-18, v. éc.   **5 fr.**
Exemplaire imprimé sur PAPIER D'ÉCORCE DE TILLEUL.

21564. Erasme. Les Colloques, ouvrage très intéressant : par la diversité des sujets, par l'enjoûment et pour l'utilité morale, nouvelle trad. par Gueudeville, av. des notes et des figures très ingénieuses. Leide, 1720, 6 vol. in-12, frontisp. gravé par Schynvoet et 60 jolies figures à l'eau-forte et à mi-page, v.   **25 fr.**
Édition recherchée.

21565. Faernus (Gabr.). Centum Fabulæ ex antiquis scriptoribus delectæ et carminibus explicatæ. Bruxellis, Foppens, 1682, pet. in-8, fig. s. bois.   **4 fr.**
Ce recueil est orné de jolies fig. s. bois gravées à mi-page.

21566. Enfant blasphémaut Dieu (L') lequel morut pauvrement. S. l., n. d. (commencement du XVIe siècle), pièce pet. in-8, carré, caract. antiques, br.   **3 fr. 50**
Réimpression d'une moralité en vers, rarissime. — On ne connaît qu'un seul exemplaire de l'original ; il est imprimé en lettres gothiques et a dû paraître dans les premières années du XVIe siècle. — Cette reproduction a été faite avec le plus grand soin et est suivie d'une notice sur ce curieux livre. Elle est sortie de la presse particulière d'un bibliophile qui n'en a tiré que 40 exemplaires, et a mis à la fin sa marque et sa devise parlante.

21567. Facéties. Règlement d'accord pour la préséance des saveliers et des cordonniers. S. d. (commencement du XVIIe siècle), in-16, pap. de Holl., cart.   **3 fr.**
Réimpression à 76 exemplaires d'une pièce très rare.

21568. Jérusalem délivrée (La) trad. en vers franç. par Baour-Lormian. 1819, 3 vol. in-8, dem.-rel., v. fauve. (Bel exemplaire).   **3 fr. 50**

21569. Variétés littéraires pour servir de suite aux mélanges histor., crit. de physique, de littérat et de poésie, par le marquis d'Orbessan, présid. à mortier du parlem. de Toulouse Auch, 1778, 2 vol. in-8, fig., br., n. rog.   **6 fr.**
Mémoire sur le domaine antique des Pisans dans la Corse. — Sur l'origine des Postes. — Essais sur l'orig. des parlements de France — Sur un Priape antique. — Eclaircissements sur Ausone. — Sur Ange Politien, etc.

21570. Backer (L. de). Droit de la femme, son devoir au moyen âge, d'après les manuscrits de la Bibliothèque Nationale. 1880, beau vol. pet. in-8 écu pap. de Hollande, titre rouge et noir, lettres ornées, couvert. parchemin, br. (Au lieu de 7 fr. 50, net) :   5 fr.

Droit de la femme dans l'antiquité. — Premiers âges du monde. — Promiscuité de la femme — Conquête de la femme. — Droit maternel. — Droit du mari et du père. — Devoir de la femme au moyen âge. — Le manuscrit de Jehan Petit d'Arras. Texte du manuscrit. — Miroir des Dames. — Manuscrit d'un franciscain du xviiᵉ siècle. — Le livre du régime des Princes. — Manuscrits de Gilles de Romme. — L'Art d'amour, manuscrit. — Le livre des trois vertus de Christine de Pizan. — La princesse. — La Ménagère. — La toilette. — La femme du marchand. — L'appartement d'une bourgeoise de Paris. — La chambre d'une femme en couches. — La veuve. — La jeune fille. — L'ouvrière. — La fermière. — La femme lettrée. — Le tout est suivi d'un glossaire philosophique et explicatif.

21571. Horace (Hist. de la vie et des poésies d'), par le baron Walckenaer. 1858, 2 vol. in-12, br.   2 fr. 50

21572. Horace éclairci par la ponctuation, par le chevalier Croft. 1810, in-8, dem.-rel. v.   1 fr. 50

Le texte a été revu par Charles Nodier.

21573. Terentii (P.) Afri Comœdiæ ex recensione Dan. Heinsii collata ad antiquissimos Mss. codices Bibliothecæ Vaticanæ cum variantibus lectionibus, larvis et personis depromptis ex eisdem codicibus et italica versione (Nic. Fortiguerra) recensuit, notasque antiquam artem comicam illustrantes addidit C. Cocquelines. Romæ, 1767, 2 vol. in-fol., nombr. fig. à mi-page, dem.-rel., v. marbr.   18 fr.

Belle édition de Térence. Elle est ornée de culs-de-lampe gravés et de reproductions des miniatures du manuscrit du Vatican, en tête de chacun des actes des comédies.

21574. Valerii Flacci (C.) Setini Balbi Argonauticon lib. octo vet. novaque lect. var., comment., excurs. testim., edid. N. E. Lemaire. 1824, 2 vol. in-8, cart. à la Brad., non rog.   3 fr.

21575. Théâtre des Grecs (Le), par le P. Brumoy, rev. et augm. de la traduct. d'un choix de fragm. des poètes grecs, tragiq. et comiq. par Raoul-Rochette. 1820, 16 vol. in-8, fig., dem.-rel., v. rac.   15 fr.

21576. Peletier (Jacques), du Mans. L'arithmétique départie en 4 livres, reveue et augmentée par l'auteur. Lyon, J. de Tournes, 1584, in-8, vél.   10 fr.

Bel exemplaire dans sa première reliure.

21577. Numismatique du moyen-âge, consid. sous le rapport du type, accomp. d'un atlas comp. de tables chronolog., de cartes géograph. et de fig. de monnaies grav. sur cuivre, par J. Lelewel ; ouvrage publ. par J. Strazzéwicz. 1835, 3 part. en 1 vol. in-8, et atlas in-4 obl., dem.-rel. 28 fr.

21578. Mémoires pour serv. à l'histoire de France et de Bourgogne, conten. un journal de Paris sous les règnes de Charles VI et de Charles VII, l'histoire du meurtre de Jean Sans-Peur avec les preuves, les états des maisons et officiers des ducs de Bourgogne de la dern. race, des lettres de Charles le Hardy, duc de Bourgogne, etc. (publ. par Louis Franç. Joseph de la Barre, de l'Académie des Inscriptions). 1729, in-4, v. marbr.   15 fr.

21579. Bourgogne (Histoire véritable d'une femme qui a tué son mary laq. après exerça des cruautez inouyes sur son corps, exécutée à Soiran en), distant d'une lieue d'Aussonne le 18 janvier 1625. Lyon, 1625, br. in-8.   2 fr. 50

Réimpression faite en 1876 à Lyon, par L. Perrin. — Exemplaire en GRAND-PAPIER DE HOLLANDE.

21580. Besançon (Origines de la commune de), par Aug. Castan. Besançon, 1858, in-8, br. (Envoi d'auteur).   2 fr. 50

21581. Du Chalard (Joach.), natif de la Souterraine en Limosin. Sommaire exposition des ordonnances du Roy Charles IX sur les plaintes des 3 estats de s. royaume, tenuz à Orleans l'an 1560. Lyon, B. Rigaud, 1567, in-16, vél.   5 fr.

21582. Nantes, Poictiers. Exécrable cruauté de trois voleurs habillez en hermites, lesq. tuoyent et desvalisoient tous les Passagers et Voyageurs aux environs de Nantes en Bretagne, ens. les meurtre et violement d'une Damoiselle de Poictiers, femme d'un riche seigneur de lad. ville, commis par lesd. voleurs habillez en Hermites. Jouxte la copie impr. à Lyon, 1625, br. in-8.   2 fr. 50

Réimpression faite chez Louis Perrin, à Lyon, en 1875. — Exemplaire en GRAND-PAPIER DE HOLLANDE.

21583. Mounier (Le R. P. Frère Hyac.), docteur et regent en théologie, de l'Ordre des Frères Prescheurs en la province de Provence. Poésies sacrees sur la Très-Saincte Trinité, le tres auguste Sacrement de l'Eucharistie et les singulières excellences de la Mère de Dieu, avec plusieurs quatrains moraux, paraphrases et traductions des hymnes et proses plus célebres de l'Eglise. Aix, Est. David, 1636, in-8, frontisp. grave, dem.-rel., mar. n. 20 fr.

Volume rare. — Exemplaire grand de marges et b en conservé. Le frontispice gravé est signé : *Joannes Mavory fecit S. Maximini.*

21584. Nice, Provence, Marseille. Discours des terribles et espouventables signes apparus sur la mer des Gennes au commencement d'aoust dernier, avec les prodiges du sang qui est tombé du ciel, en pluye du coste de Nice et en plus. endroicts de la Provence, ens. l'apparition de deux hommes en l'air lesq. se sont battuz plus. fois et ont esté veus en grande admiration durant trois jours sur l'isle de Martegue qui est une ville sur la mer à cinq lieues de Marseille. Jouxte la coppie impr. a Lyon, 1608, br. in-8.   2 fr. 50

Réimpression faite à Lyon, chez Louis Perrin, en 1875. — Exemplaire en GRAND-PAPIER DE HOLLANDE.

21585. Bordeaux (Mémoire relatif à quelques projets intéress. pour la ville de), par Dupre de St-Maur, intendant de Guienne. Bordeaux, 1782, in-4, br.   3 fr.

21586. Languedoc (Mémoire sur la province de) fait en l'année 1697 par ordre de Monseign. le duc de Bourgogne. — In-4, avec cartes et tableaux, vel.   25 fr.

MANUSCRIT original daté de Montpellier le dern. décembre 1697, composé de 143 pages, non compris une table des matieres placée au commencement. — Bon état de conservation.

21587. Abjuration (Déclaration des motifs qui ont porté le Sʳ Antoine Rudavel, ministre de La Salle ès Cévennes, à l') de la religion prétendue réformée, faite par luy solennellement dans l'église de Montpellier, ès mains de M. Rebuffi, vicaire général de Mgr l'évêque. 1627, br. in-8.   2 fr. 50

Réimpression faite à Lyon en 1875. Antoine Rudavel s'adresse à ses coreligionnaires et cherche à justifier son abjuration. Il résulte de l'acte de congé donné par le Consistoire de La Salle que le néophyte avait soigneusement caché son dessein de changer de religion. — Exemplaire en GRAND-PAPIER DE HOLLANDE.

21588. Pontgibaud en Auvergne, la ville, le chateau, le comté, les mines, par Ambr. Tardieu. Moulins, 1882, gr. in-8, av. portr., 1 vue de la Chartreuse du Port Sainte-Marie, de blasons en couleurs, etc., br.   7 fr. 50

21589. Haute-Marne. Role censier des habitans de Maranville avec table alphabétique. In-4, parch.   15 fr.

MANUSCRIT DU XVIIIe SIÈCLE d'une bonne écriture courante.

21590. Tours (Examen de certains privileges et autres pièces pour servir au jugement du procès qui est pendant au Parlement de Paris entre Mgr l'archevesque de) et le Chapitre des Chanoines de S. Martin de Tours en vertu d'un appel comme d'abus interjetté par M. le procureur-général. S. l., n. date (XVIIe siècle). In-4, de 285 p., v. br.   6 fr.

21591. Bretagne, Dauphiné, Toulouse. Célèbre conversion de la personne et famille de Geofroy de Vaux, jadis de l'Ordre de S. François, Breton de nation, du diocèse de Treguier, après avoir esté ministre de la doctrine Calvinienne ès pays de Dauphiné, faicte à Toloze devant Monseigneur l'Illustriss. et Révér. Cardinal de Joyeuse, cinq ou six evesques, tout le clergé et bien dix mille personnes ou davantage en la grande place S. Estienne, le dimanche 19 janvier 1597, après la grand'Messe de Paroisse et prédication. A Paris, chez Jean Le Blanc, jouxte la copie imprimée à Toloze, 1597, in-8, caract. antiq., br. 3 fr. 50

Exemplaire en GRAND-PAPIER DE HOLLANDE. — Reproduction fac-simile faite à très petit nombre, à Lyon, en 1875. L'opuscule original est d'une excessive rareté. Geofroi de Vaux raconte qu'étant allé à Chambéry pour passer en Piémont, il fut obligé de rétrograder jusqu'à Valence et qu'en allant à Chabeuil il fut arrêté par un parti de protestants qui le blessèrent de plusieurs coups de feu et ne lui laissèrent la vie sauve qu'à condition d'embrasser leur religion. Il devint ministre et à la suite d'une maladie il quitta le Dauphiné pour aller de là à Revel en Languedoc, puis à Toulouse où il abjura.

21592. Ligue (Choix de documents inédits sur l'histoire de la) en Bretagne, publiés par A. de Barthélemy. Nantes, 1880, in-8, imp. sur pap. verge, br.   4 fr.

Ce recueil de pièces originales va de 1589 à 1594. L'éditeur y a joint des documents postérieurs relatifs aux événements de la même période historique, tels que des informations et des enquêtes. L'ouvrage est terminé par une table alphabétique.

21593. Morbihan (Dict. topograph. du départ du), compr. les noms de lieu anc. et mod. rédigé par Rosenzweig. 1870, in-4, br.   3 fr.

21594. Lorraine. Lettres de M. ***, chanoine de S. Pierre de Bar, à Willemin, doyen des avocats au Bailliage de Pont à Mousson, sur les circonstances édifiantes qui ont précédé et accompagné la mort de J.-Bapt. Et. Bailly, s. diacre du diocèse de Toul,

décédé à Bar le 19 nov. 1781 à l'âge de près de 24 ans chez Mlle Bailly, sa tante, qui l'avait élevé dès sa plus tendre jeunesse. Verdun, 1782, in-12, v.   4 fr.

21595. Lorraine (Les chapitres nobles de). — Le chapitre d'Epinal. Angers, 1871, gr. in-8, br.   2 fr.

21596. Pompe funèbre (Inscriptions et symboles heroiques pour la) de tr. haut, tr. puissant et tr. excellent prince Léopold 1er, duc de Lorraine et de Bar. Nancy, 1729, in-4, br.   6 fr.

21597. Charleville (Histoires véritables arrivées en la personne de deux bourgeois de la ville de) qui ont esté estranglez et emportez par le diable dans lad. ville. Jouxte la copie impr. à Charleville, 1637, br. in-8.   2 fr. 50

Réimpression faite chez Louis Perrin, à Lyon, en 1874. — Exemplaire en GRAND-PAPIER DE HOLLANDE.

21598. Notre-Dame de Boulogne (Histoire de), par Ant. Le Roy, chanoine et archidiacre de Boulogne. Boulogne, 1682, in-8, v. br.   12 fr.

21599. Saint Germain (La vie, les vertus et les miracles du grand), evesque d'Auxerre, avec un catalogue des autres personnes de la mesme ville et diocese d'Auxerre, par Dom Georges Viole. 1656, in-4, dem.-rel., v. marbr. (Bel exemplaire).   20 fr.

21600. Histoire prodigieuse et admirable arrivée en Normandie et pays du Mayne, du ravage qu'y ont fait une quantité d'oyseaux estrangers et inconnuz sur les fruicts et arbres desd. pays et ont ruine et infecté plus. villes et villages, au grand estonnement du peuple, 1618, br. in-8.   2 fr. 50

Réimpression d'une pièce fort rare faite chez Perrin, à Lyon, en 1875. — Exemplaire en GRAND-PAPIER DE HOLLANDE.

21601. Mont S. Michel (Iustructions pour la confrairie des pellerins du) erigee en paroisse de S. Nicaise de Rouen, ens. les statuts et ordonnances de lad. confrairie avec la bulle des indulgences accordees aux Pellerins du Mont S. Michel, par N. S. P. L. P. Innocent X. Rouen, 1668, in-8, pap. teinté, br.   2 fr.

Réimpression fac-simile à petit nombre.

21602. Namur (Histoire générale, ecclésiastique et civile de la ville et province de), par Galliot. Bruxelles, 1788-91, 6 vol. pet. in-8, br.   10 fr.

21603. Paris (Le Voyageur à), extrait du guide des amateurs et des étrangers voyageurs à Paris, par Thiery. 1790, 2 part. en 1 vol. pet. in-12, av. 1 plan; v. m. 3 fr. 50

21604. Voyage de Paris à S. Cloud par mer (par Néel) et retour de Saint-Cloud à Paris par terre (par Lottin l'aîné). Lille, Henry, s. d., in-18, frontisp. grav., br.   1 fr. 50

21605. Choisy-le-Roi. Arret du cons. d'Etat qui maintient le s^r Maréchal de Sainscy, comme administrateur de l'abbaye de S. Germain-des-Prés, dans le droit de tenir un bac s. la riviere de Seine, au lieu de Choisy-le-Roi. 1781, pet. in-4, dem.-rel., v. viol.   2 fr. 50

21606. Imprimerie (Origines de l'). D. Schœpflini Vindiciæ Typographicæ. Argentorati, 1760, in-4, fac-similes d'anciennes impressions, br., non rog. 5 fr.

Gutenbergii acta et primordia typographica Argentorati. — Typographia a Gutenbergio continuata et a P. Schœffero perfecta Moguntiæ. — Fallaces Fausti inscriptiones —Typographiæ Harlemensium origines, etc.

21607. **Imprimerie** (Histoire abrégée de l') ou précis sur son origine, son établissement en France, les divers caractères qu'elle a employés, les premiers livres qu'elle a produits, ses ornements, etc., les noms de ceux qui l'introduisent, etc., par Delandine. Lyon, s. d., in-8, dem.-rel., v. fauve. 6 fr.

On a relié à la suite : Bibliothèque historique et raisonnée des historiens de Lyon, et des ouvrages manuscrits et imprimés qui ont quelque rapport à l'hist. ecclésiastique et civile, et au gouvernement (par le même). (Une lettre autographe relative à cet opuscule est reliée à la suite) — Bibliothèque publique de Lyon. Etat de la Bibliothèque pendant le cours de l'année 1815 et 1816, par Delandine, biblioth. 2 parties. — Compte rendu des travaux de la Société d'agriculture de Macon par A. Mottin. Macon, 1827.

21608. **Imprimerie**. Geschichte der Buchdruckerkunst in ihrer entstehung und ausbildung von C. K. Falkenstein. Leipsig, 1856, in-4, à 2 col., portr. de Gutemberg, nombr. fac-similés d'impressions et de fig. sur bois, dem.-rel., perc. bl. 15 fr.

Histoire de l'imprimerie et de son origine dans tous les pays, avec fac-similés d'anciennes impressions. — Ouvrage estimé et devenu en quelque sorte classique.

21609. **Imprimerie** (La Science pratique de l') contenant des instructions très faciles pour se perfectionner dans cet art (par Fertel). Saint-Omer, 1723, in-4, fig. 10 fr.

21610. **Petity** (L'abbé de). Encyclopédie élementaire ou introduct. à l'étude des lettres, des sciences et des arts. 1767, 2 tom. en 3 vol. in-4, front. gr. par Gravelot, et fig., dem.-rel. 5 fr.

Le tome III traite spécialement de l'imprimerie.

21611. **Typographiæ Romanæ** (Specimen historicum) XV sæculi, opera et studio P. Fr. X. Laire. Romæ, 1778, in-8, v. 5 fr.

Bibliographie spéciale des livres imprimés à Rome avant 1500

21612. **Origine de l'Imprimerie de Paris** (L'), dissertation historique et critique divisée en cinq parties, par André Chevillier, docteur et bibliothecaire de la maison de Sorbonne. 1694, in-4, v. 12 fr.

Ouvrage estimé et très bien fait qui est constamment mis à contribution par les historiens de l'imprimerie. Il contient des détails intéressants sur Ulric Gering et ses compagnons qui apportèrent les premiers l'art typographique en France.

21613. **Les Estienne**. Stephanorum historia, vitas ipsorum ac libros complectens (auctore Mich. Maittaire). Londini, 1709, in-8, portr. de Rob. Estienne, 2 part. en 1 vol. in-8, v. fauve, fil. (Rel. ancienne). 10 fr.

Histoire des Estienne, imprimeurs célèbres. — Ouvrage estimé. — Bel exemplaire.

21614. **Bibliographie limousine** (Essai sur la), par P. Poyet. Limoges, 1862, in-8, de 67 p. et 1 planche, br. 10 fr.

Tiré à très petit nombre et devenu rare. — Recherches intéressantes sur les premiers livres imprimés à Limoges au xv° et au xvi° siècle.

21615. **Imprimerie en Angleterre** (Dissertation sur l'origine de l'), trad. de l'an-

gl. du docteur Middleton, par D. G. Imbert. 1775, in-8, br. 4 fr.

21616. **Typographie Genevoise** (Etudes sur la) du xv° au xix° siècle et sur les origines de l'imprimerie en Suisse, par E. H. Gaullieur. Genève, 1855, in-8, avec fac-simile. 12 fr.

Tiré à très petit nombre et devenu rare.

21617. **Imprimerie en Belgique** (Essai sur l'histoire de l') depuis le xv° jusqu'à la fin du xviii° siècle, par J.-B. Vincent. Bruxelles, 1867, gr. in-8, br. 5 fr.

21618. **Thierry Martens** (Recherches hist. et critiq sur la vie et les éditions de), par J. de Gand. Alost, 1845, in-8, avec 8 pl., dem.-rel. 4 fr.

21619. **Imprimerie à Halle**. Vorakademische buchdruln Kergeschichte der Stadt Halle, eine festschrift von Gust. Schwetschke. Halle, 1840, gr. in-8, fig., cart. perc. viol. 8 fr.

21620. **Polytypage** (Histoire et procédés du) et de la stéréotypie, par A. G. Camus. An X, in-8, br. 2 fr. 50

21621. **Femmes compositrices d'imprimerie** (Les) sous la Révolution française en 1794, par un ancien typographe (A. Alkan). 1862, br. in-8. 1 fr. 50

21622. **Romans de chevalerie**. Bibliografia dei Romanzi e poemi cavallereschi Italiani (par Gamba). Milano, 1838, in-8, br. 4 fr.

21623. **Bibliographie de l'anatomie**. Dictionnaire anatomique suivi d'une bibliothèque anatomique, par Tar n, medecin. 1753, in-4, v marbr. 10 fr.

21624. **Bibliothèque du roi** (Essai histor. sur la) et sur chacun des depôts qui la compos., avec la descript. des batimens et des objets les plus cur. à voir dans ces differ. dépôts (par Le Prince). 1782, pet. in-12, br., n rog. 3 fr.

Exemplaire contenant les pp. 336 à la fin qui furent supprimées dans beaucoup d'exemplaires.

21625. **Mathematische Bibliothek**. Einleitung zur Mathematischen bücherkentnis. Breslau, 1772, 2 vol. in-8, d'environ 600 pp. chacun, dem.-rel, v. m. 8 fr.

21626. **Tableau de l'amour** considéré dans l'estat du ménage, div. en quatre part. (par Nic. Venette). Parme, Fréd Gaillard (à la Sphère), s. d. (vers 1690), in-12, v. 4 fr.

21627. **Plinii** (C.) Historiæ Naturalis lib. XXXVII, cum sel. comment J. Harduini ac recent. interpr. novisque adnotat. 1827-1832, 11 vol. in-8, cart. à la Brad, non rog. 10 fr.

21628. **Jesuites modernes** (Les), pour faire suite au mémoire du comte de Montlosier, par l'abbé de La Roche-Arnaud. 1826, in-8, dem.-rel., v. vert. 2 fr.

21629. **Impression de Paris**. Terentii (P.) Aphri comicorum elegantissimi comedie a Guidone Juvenale viro perquam litterato familiariter explanate et ab Jodoco Badio Ascensio una cum explanationibus rursum annotate cumque ejusdem Ascensii prenotamentis atque annotamentis suis locis adhibitis. (Au-dessous de ce titre, qui est imprimé en rouge et noir, marque de Jehan Petit). (In fine :) Publii Terentii Aphri poete comici lepidissime comedie à Guidone Juvenale familiariter explanate

ejusque explanationes ab Jodoco Badio
Ascensio accuratius una cum textu per
omnia recognita optatum hic capiunt finem. Impresseque diligentissime rursus
Parrhisiis, per Nicolaum de Pratis, anno
Domini Millesimo quingentesimo octavo
(1508), tercio Kalendas Apriles. Pet. in-
fol., gothique, dem.-rel.   70 fr.

> Edition fort rare. — Elle a été faussement attri-
> buée à Jean Du Pré par Panzer, qui la date par
> erreur du xve siècle

21630. **Incunable de Lyon.** Sermones
aurei de Sanctis fra.ris Leonardi de Utino.
(In fine :)

> Aurea de Sanctis Utini preconia vatis
> Deque incarnati solenni lumine verbi
> Lugduni impressit Trechsel bene tersa Johannes.

Anno Domini m.cccc xcv (1495), die xxiiij
Martii. (Au-dessous marque de l'imprimeur
J. Trechsel sur fond noir). In-4, v. fauve.
25 fr.

21631. **Incunable de Lyon.** Casus longi
Bernardi (Bottoni Parmensis). — (In fine :)
Expliciunt casus longi cum notabilibus
domini Bernardi super quinque libros Decretalium. Impressi Lugduni per Joannem
Bachelier, anno domini m cccc (1500), die
vero xviii mensis decembris. Pet. in-fol.,
gothique à 2 col. de 52 lignes, v. marbr.   120 fr.

> Les livres imprimés par Bachelier, à Lyon, se ren-
> contrent très rarement. Bachelier était associé à
> ses débuts en 1496 avec un nommé Pierre Berthe-
> lot. — Au bas du 2e feuillet on trouve cette signa-
> ture d'un ancien possesseur au xvie siècle : *Ex
> libris Stephani Loys, civis Bisuntini.*

21632. **Incunable de Strasbourg.** Speculum Exemplorum (auctore Ægidio Auri-
fabro) omnibus Christicolis salubriter ins-
piciendum ut exemplis discant disciplinam.
(In fine :) Ad laudem et gloriam indivi-
dueque Trinitatis beatissime Marie Virginis, omnium sanctorum et angelorum
finitum est et completum hoc Speculum
exemplorum in civitate Argentina. Anno
Domini m.cccc lxxxvij (1487), in die Sancti
Adriani martyris gloriosi in Martio. In-
fol., gothique à 2 col. de 47 lign, par page,
v. fauve. (Rel. ancienne).   60 fr.

> Hain, No '14917. — Proctor, No 609. — Sui-
> vant ce dernier bibliographe, ce volume est sorti
> de l'atelier anonyme dans lequel a été imprimé le
> *Jordanus de Quedlimburg,* daté de 1483.

21633 **Comestoris** (Scholastica historia magistri Petri) Sacre scripture seriem brevem
nimis et expositam exponentis. (In fine :)
Scholastica historia magistri P. Comestoris. Impressa Argentine finit feliciter.
Anno salutis nostre millesimo quingentesimo xv (1515). die mensis Julii. Pet.
in-fol., goth. à 2 col., v. marbr.   20 fr.

> Edition rare. — Piqûre dans la marge.

21634. **Impression grecque de Louvain.**
Hieron. Aleandri Mottensis tabulæ sane
quam utiles Græcarum Musarum adyta
compend.o ingredere cupientibus : Oratio
dominica cum angelica salutatione et aliis
quibusdam piis orationibus, Symbolum
apostolorum., Symbolum Sanctorum Patrum, Symbolum Divi Athanasii carmina
Sybillæ Erithreæ de Domino nostro ; Epigrammata in Septem Sapientes ; eorumdem preclara dicta ; sententiæ in invidiam
Lovanii, ap Theodoricum Martinum Alos-
tensem, mense decembri an M.D XVIII
(1518). Pet. in-4, br., NON ROGNÉ. 25 fr.

> Opuscule très rare, cité par Van Iseghem dans

sa Biographie de Thierry Martens (No 151). Ce
bibliographe n'en cite que deux exemplaires, l'un
dans la collection Vergauwen, aujourd'hui dispersée, et l'autre à la Bibliothèque Royale de
Bruxelles.

21635. **Imprimerie particulière de Pic
de la Mirandole.** Joannis Francisci Pici
Mirandulæ domini et Concordiæ Comitis
examen vanitatis doctrinæ gentium et ve-
ritatis christianæ disciplinæ distinctum in
libros sex quorum tres omnem Philosophorum sectam universim reliqui Aristoteleam
et Aristotelis armis particulatim impugnant
ubicumque autem christiana et asseritur
et celebratur disciplina. (Fol. cov). Finis
sexti et ultimi libri Joannis Francisci Pici
Mirandulæ domini et Concordiæ comitis in
examen vanitatis doctrinæ gentium et ve-
ritatis Christianæ disciplinæ. Impressit
Mirandulæ Joannes Maciochius Bundenius
non authoritate modo eorum ad quos pertinet sed pontificio Anno a Virginis partu
millesimo quingentesimo vigesimo (1520),
qua potuit diligentia. (Marque de l'imprimeur à la fin). In-fol., rel. en ais de bois.
50 fr.

> Jean-François Pic de la Mirandole, comte et
> prince de Concordia, fit venir dans son château de
> Mirandole un imprimeur de Ferrare du nom de
> *Jean Maciochi* et lui fit imprimer deux des ou-
> vrages de son aïeul le célèbre savant, l'un intitulé
> le *Liber de variis calamitatum causis nostrorum
> temporum,* in-4 de 34 ff., et l'autre, qui est le
> présent volume, forme un in-folio de 208 feuil-
> lets. Ce dernier, beaucoup plus important, parut
> l'année suivante. L'imprimeur l'exécuta aussi vite
> qu'il lui fut possible, ainsi qu'il le déclare lui-
> même (*qua potuit diligentia*), mais, dans sa pré-
> cipitation, il laissa passer un grand nombre de
> fautes et d'erreurs, au point qu'il dut mettre à la
> fin un très curieux errata de non moins de 7 pa-
> ges, en tête duquel il plaça l'avis suivant : *Im-
> presso vero et recognito opere subnotata sunt
> isthæc errata, nam alia nonnulla omissa, neque
> omnes inversiones, adjectiones, detractiones,
> permutationes, præposteras, collocationes litte-
> rarum, aspirationum, accentuum, diphtongorum,
> punctorum subsignavimus, quando ea facillime
> et advertere lector per sese queat et corrigere.*

21636. **Conservatione Sanitatis** (De).
(Autre titre imprimé en rouge au recto
du 7e feuillet). Florida Coronæ Medicinæ
omnibus sanitatem affectantibus utilis et
necessaria edita per Antonium Gazium Pa-
tavinum Artium ac Medicinæ professorem
minimum. (In fine :) Divino favente numine, ego Antonius Gazius Patavus medicorum omnium minimus die xii Augusti
de anno Domini m cccc lxxxx. presens
opus absolvi ad laudem Redemptoris nostri
et ad tuam et amicorum tuorum utilita-
tem... Impressum Venetiis per Johannem
de Forlivio et Gregorium fratres. Anno
Salutis m cccc lxxxxi (1491), die xx mensis
Junii. In-fol., caractères romains à 2 col.,
marque d'imprimeur à la fin, cart. a la
Brad.   50 fr.

> Ouvrage rare et recherché. — Conforme à la
> description de Hain, No '7501. — Bel exemplaire,
> avec initiales rubriquées.

21637. **Herodiani** historiæ de imperio post
Marcum vel de suis temporibus e græco
translatæ, Ang. Politiano interprete. Par.,
Rob, Stephanus, 1544. — Trebellius Pollio,
Flavius Vopiscus, J. Bapt. Egnatii Veneti
in eosd. annotationes, sex Aurelius Victor
Pomponius Loetus J. Bapt Egnatius de
principibus romanorum. Par., R. Stepha-
nus, 1544. — Dion Cassius Nicæus Ælius
Spartianus, Julius Capitolinus, Ælius Lam-

pridius, Vulcatius Gallicanus. J. Bapt. Egnatii Veneti in eosd. annotat. Parisiis, Rob. Stephanus, 1544. — En 1 vol. in-8, dem.-rel. 3 fr. 50

Beaux spécimens des impressions de Robert Estienne.

21638. **Macrobii** opera, J. Is. Pontanus recensuit et Saturnaliorum lib. Ms. ope auxit ordinavit et castigav., notas adjecit. Lugd. Bat , ex officina Plantiniana, 1597, in-8, v. br. 2 fr. 50

Pendant les troubles des Pays-Bas, l'imprimerie Plantinienne fut transportée d'Anvers à Leyde ; c'est dans cette succursale provisoire que ce volume a été imprimé.

21639, **Institutio astronomica** juxta hypotheses tam veterum quam Copernici et Tychonis dictata a P. Gassendo. 1647, in-4, fig. s. bois, vél. (Bel exemplaire). 2 fr. 50

21640. **Alphonsi** Romanor. et Hispaniar. Regis Astronomicæ tabulæ in propr. integritatem restitutæ opera Pasch. Hamelli mathematici. 1545, in-4, parch. 3 fr. 50

Édition rare des Tables Alphonsines. — Forte piqûre et mouillure à la fin.

21641. **Hughens.** Nouv. traité de la pluralité des mondes, trad. par M. D*** (Dufour). 1702, in-12, av. 5 fig., v. 2 fr.

21642. **Magnétisme animal** (Elémens du) ou exposition succincte des procédés, des phénomènes et de l'emploi du magnétisme, par de Lausanne. 1818, in-8, dem.-rel. 3 fr. 50

On a relié à la suite dans le même volume les ouvrages suivants : *Nouvel essai sur la lumière et les couleurs* ou amusement philosophique d'un bourgeois, par J. N. Déal. 1823. — *Essai sur la théorie de l'audition* et vues nouvelles sur la composition de l'atmosphère, par J. N. Déal. 1827. — *Les Singularités de la Nature* (par Voltaire). Basle, 1768.

21643. **La Baguette divinatoire** (physique occulte ou traité de la). La Haye, 1762, 2 vol. in-12, frontisp. et nombr. fig., v. m. 4 fr.

La baguette fait trouver les sources d'eau, les minières, les trésors cachez, les voleurs et les meurtriers fugitifs, et explique les phénomènes les plus obscurs de la nature. L'auteur, Pierre Le Lorrain, a pris dans la première édition, et on ne sait pourquoi, le titre d'abbé de Valmont. — Reliure fatiguée ; bon état intérieur.

21644. **Julius Obsequens** de Prodigiis, cum notis Joa. Scheffleri. Amst., 1679, pet. in-8, titre gravé, v. 2 fr. 50

21645. **Tempore Magorum** (Lec. Leichneri Saltzunbergensis), hoc est quo Magi et Oriente recens. natūm Christum Bethlehemi adorarint, comment. analytica Amstel., 1655, pet. in-12, rel. pl. en v. marbr. imit. l'anc., dos orné à nerfs, fil. sur les plats, dent. int., tr. r. (Petit). 5 fr.

Bel exemplaire.

21646. **Hiéroglyphes** (Memoires sur l'interprétation des) de l'état actuel des connaissances hieroglyphiques, extrait du rapport de M. Olry sur l'origine hieroglyphique de l'alphabet, remarques sur les règnes numériques des anciens Egyptiens, par E. Jomard. inscription de Rosette de l'écriture de Papyrus. S, d., in-4, dem.-rel , v. viol. 4 fr.

MANUSCRIT DU XIXᵉ SIÈCLE, écrit en partie par Méon. A la suite de ce manuscrit est relié l'ouvrage imprimé suivant : Essai sur le système des hiéroglyphes phonétiques de Young et de Champollion, par Salt, trad. de l'angl. par Devere. 1827, av. fig.

21647. **Iles Antilles** (Histoire naturelle et morale des) de l'Amérique, par de Rochefort. Lyon, 1667, 2 vol. pet. in-12, fig., cart. 7 fr. 50

L'ouvrage se termine par un vocabulaire caraïbe.

21648. **Européens dans les deux Indes** (Histoire philosoph. et politique des établissements et du commerce des), par Guill. Th. Raynal. Genève, 1780, 9 vol. in-8, portr. et fig. de Moreau et atlas in-4, tr. marbr. (Bel exemplaire). 10 fr.

21649. **Thompson.** Les Saisons, poème, trad. de l'angl. 1795, in-16, av. 1 frontisp. et 4 charmantes fig. de Binet grav. par Blanchard, cart. à la Brad., n. rog. 3 fr. 50

21650. **Quatre Saisons** (Les) ou les Géorgiques franç., poème par le C. de B. (Bernis). 1763, in-12, v. m. 3 fr.

Dans le même vol. : Relation de Phihihu, émissaire de l'empereur de la Chine en Europe, trad. du chinois (par Frédéric II, roi de Prusse). Cologne, P. Marteau, 1760. (Satire de la religion catholique et de ses ministres). — Tiré à quelques exemplaires seulement et devenu très rare.

21651. **Théâtre complet des Latins,** par J.-B. Levée et par feu l'abbé Le Monnier, augm. de dissertat. par Amaury Duval et Alex. Duval. 1820, 15 vol. in-8, br. 10 fr.

21652. **Voltaire.** Œdipe, tragédie. Paris, chez P. Ribou, 1719, 1 vol. in-8, dem.-rel, mar. citron. 4 fr.

Édition originale du premier ouvrage de Voltaire.

21653. **Théâtre.** Recueil des pièces du P. Brumoy. La Haye, 1743, pet. in-12, v. 3 fr. 50

Ce recueil contient les pièces suivantes, qui ont toutes un titre et une pagination particuliers : Boîte de Pandore. — Isaac. — Jonathas et David. — Le couronnement du jeune David. — Plutus.

21654. **Théâtre de La Fosse** (Le). Amst., 1703 (à la Sphère). — **La Grange** (Le théâtre de). Amst. (à la Sphère), 1709. En 1 vol. in-12, frontispices, dem.-rel, bas. 4 fr.

En outre des œuvres de de la Fosse et de de Lagrange, ce volume contient : Gabinie, de Brueys, et le Distrait, de Regnard. — Les pièces qui composent ce volume sont toutes avec des titres séparés, quelquefois accompagnés de frontispices gravés et possédant une pagination particulière pour chacune.

21655. **Délie,** pastorale représ. sur le théâtre du Palais-Royal (par Donneau de Vizé). 1668, in-12, cart. 3 fr. 50

21656. **Bertaut** (Recueil des œuvres politiques de J.), abbé d'Aunay et premier aumônier de la Royne. Paris, Mamert Patisson, 1601, pet. in-8, dem.-rel., dos et coins de vél. bl., tr. dor. 30 fr.

Édition originale des poésies de Bertaut, qui fut ensuite évêque de Seez. — Bel exemplaire, ayant appartenu à Millin de Granmaison, avec une note intéressante d'Octave Delepierre, dans la bibliothèque duquel il est passé depuis. — Vendu 60 fr. Solar et 70 fr. Giraud.

21657. **La Bruyère.** Les Caractères de Théophraste, trad. du grec, avec les Caractères ou les Mœurs de ce siecle. Neuvième édition, revue et corrigée. Paris, Est. Michallet, 1696, in-12. 30 fr.

Edition recherchée, qui présente le texte définitif de La Bruyère, avec ses dernières retouches. — Bel exemplaire, préparé pour la reliure.

21658. **La Bruyère** (Les Caractères de), suivis des Caractères de Théophraste, trad.

du grec par le même. Paris, de l'imprimerie et de la fonderie de P. Didot l'aîné et de Jules Didot fils. 1819. 4 vol. in-18, dem.-rel., *non rognés.*   4 fr.

Jolie édition faisant partie de la collection dédiée à Mᵐᵉ la duchesse d'Angoulême. — Elle est précédée d'une notice par Suard.

21659. **Balzac** (Réunion complète des œuvres de), imprimées par les Elsevier. 7 vol. pet. in-12, vél. et v.   90 fr.

Jean-Louis Guez de Balzac, de l'Académie française, est, avec Malherbe, un des écrivains qui, au commencement du xviiᵉ siècle, ont le plus contribué au perfectionnement de la langue française. L'influence matérielle que Balzac exerça sur la prose, ressemble beaucoup à la réforme que Malherbe opéra dans la poésie. Tous deux firent faire à la langue un pas immense et doivent être regardés à ce titre comme les prédécesseurs directs de Pascal et de Racine. La réunion des œuvres de Balzac, imprimées par les Elsevier, est fort difficile à faire. Celle-ci est bien complète, avec le volume du *Socrate chrestien,* de bonne date, qui est le plus rare de tous. Cet exemplaire est ainsi composé : Œuvres diverses, augm. en cette édition de plusieurs pièces nouvelles. Amsterdam, Dan. Elsevier, 1664, beau titre gravé. — *Lettres familières* à Chapelain. Amst., L. et Dan. Elsevier. 1661. — *Lettres à Conrart.* Amst., les Elsevier. 1664, titre gravé. — *Lettres choisies.* Amsterdam, les Elzeviers, 1678, titre gravé. — *Entretiens.* Amsterdam. L. et Dan. Elzevier, 1663, titre gravé. — *Aristippe ou de la Cour.* Amsterdam, Dan. Elsevier, 1664, titre gravé. — *Socrate chrestien, et autres œuvres du mesme autheur.* Amsterd., J. Pluymer, 1662, titre gravé. — Tous ces volumes sont grands de marges et bien conservés dans leurs premières reliures — Ces éditions contiennent des lettres-préfaces de l'auteur et des imprimeurs qui ne sont point dans les éditions de Paris, ainsi que des augmentations.

21660. **Le Sage.** Histoire de Gil-Blas de Santillane. Seconde édition. Paris, Pierre Ribou, 1715, 2 vol. in-12, fig., v.   20 fr.

Seconde édition, copiée exactement, page pour page et ligne pour ligne, sur la première, parue la même année et avec les mêmes figures

21661. **Le Sage.** Histoire de Gil-Blas de Santillane. Troisième édition. Imprimée à Rouen et se vend chez la veuve Ribou. 1721, 2 vol. in-12, fig., v. br.   2 fr.

Édition rare. — Exemplaire grand de marges et bien conservé, dans sa première reliure uniforme.

21662. **Gresset.** Les poésies de M. G. (Gresset). A Blois, chez Philbert-Joseph Masson, 1734, in-12, front. gravé par J.-B. Scotin, v.   20 fr.

Édition ORIGINALE de Gresset. Très rare avec le frontispice gravé qui manque la plupart du temps. Gresset, né en 1709, à Amiens, avait 26 ou 27 ans lorsqu'il fit ce recueil et était encore chez les Jésuites. — Conforme à la description du catalogue Rochebilière. — Hauteur : 161 millim.

21663. **Perle précieuse évangélique** (La) et trésor divin du marchant chrestien, fondée sur texte d'Evangile, conten. choses salutaires et nécessaires à toutes personnes chrestiennes, autheur F. Pierre Le Febvre, de l'ordre de S. Françoys. On les vend à Paris par Vivant Gaultherot, 1458 (sic pour 1548). In-16, titre dans un encadrement gravé sur bois, style de G. Tory, cart.   20 fr.

Livre singulier et fort rare. L'auteur était probablement Valenciennois ou Artésien, car le privilège du Roi est contresigné par le conseil de Valenciennes, et il est dit à la fin que frere Pierre Le Febvre « ha achevé ce petit traicté en la cité d'Arras. » — Belles marges.

21664. **Conversion de Jean Guillebert** (Disc. admirable de la), natif de Péronne, religieux de S. Dominique, qui s'estoit fait

huguenot, puis voulut mourir en sa prem. religion de vray catholique. 1617, pet. in-8, pap. vergé, br.   2 fr.

Réimpression à très petit nombre faite en 1876, par les soins du doct. Cazin.

21665. **Boitel de Gaubertin.** Histoire des choses plus mémorables de ce qui s'est passé en France dep. la mort de feu Henry le Grand, jusques en l'année mil six cens dix-huit, et autres choses remarq. advenues aux pays estrangers, par P. Boitel, sʳ de Gaubertin. Lyon, 1618, in-12, vél.   3 fr. 50

21666. **Louis XVI** (Collection des meill. ouvrages qui ont été publ. pour la défense de), roi des Français, rédigé par Dugour. 1796, 2 vol. in-8, portr., fig, br.   3 fr. 50

21667. **Duc de Guise à Naples** (Le) ou mémoires sur les révol. de ce royaume en 1647 et 1648 (par le comte A. de Pastoret). 1828, in-8, dem.-rel., v. olive.   3 fr.

On a relié à la suite : *Histoire de Don Juan d'Autriche,* par A. Dumesnil. 1827.

21668. **Tasso** (Torquato). La Gerusalemme liberata. Parma, nel regal palazzo, co'tipi Bodomiani, 1794, 3 vol. in-fol., grand papier vélin fort, cart., non rognés.   20 fr.

Chef-d'œuvre de la typographie de Bodoni. — Magnifique édition. — Elle a été publiée au prix de 170 fr.

21669. **Sannazar** (L'Enfantement de la Vierge, poème en trois livres, trad. en vers franç. du latin de), avec le texte en regard et fac-simile, préc. d'une not. sur la vie de l'aut., par le marquis de Valori. 1838, in-8, br.   2 fr.

21670. **Arrest** donné en l'audience de la Grand'Chambre, le jeudy 22 nov. 1601, sur la question qui estoit entre le frère d'un religieux homicidé, prétend. restitut. contre le prieur des frais par luy faits pour réparat. de l'homicide du défunt ; en cest arrest est inséré le plaidoyé de L. Servin, advocat du roy. 1602, pièce pet. in-8, couv. en pap.   2 fr. 50

Le procès était intenté par Fr.-Jaques Regnard à Joseph-Arnaud de la Borix, prieur de Lurcey.

21671. **Ferrières** (Le récit et les preuves données au roy des complots, suppositions et pillages faits par les sieurs de Riantz, procureur de S. M. au Chatelet de Paris, et Bouton de), par les Sieur et Dame de Bellegarde. S. l., 1673, 3 part. en 1 vol. in-12, v. (Rare).   8 fr.

Procès relatif à la possession de la baronnie de Ferrières, près de Paris. — Cet exemplaire contient l'arrêt et la généalogie de la famille Leclert de Feuquières de Bellegarde, qui manque la plupart du temps.

21672. **Erasme** (Les colloques d'), ouvrage très intéressant pour la diversité des sujets, par l'enjouement et pour l'utilité morale, trad. par Gueudeville, avec des notes et des figures très ingénieuses. Leyde, 1720, 6 tom. en 4 vol. in-12, front. gravé et quantité de jolies figures en taille-douce à mi-page, v. gr. (Bel exemplaire).   25 fr.

21673. **Horace** (Les Œuvres d'), odes, satires, épîtres, art poétique, traduction nouv. par Jules Janin. 1860, pet. in-12, elzévirien, avec fleurons et culs-de-lampe, br.   4 fr.

21674. **Platonis** opera omnia quæ exstant (gr.-lat.) Massilio Ficino interprete cum commentariis. Lugd., ap. Francisc. Le Preux, 1590, in-fol. à 2 col., vél.   6 fr.

21675. **Lucani** (M. A.) Pharsalia cum variet. lect. argum. et selectis variorum adnotat. quib. suas addidit P. A. Lemaire. 1830, 3 vol. in-8, cart. à la Brad., non rog. 4 fr.

21676. **Quinctiliani** (M. Fabii) de Oratoria Institutione libri XII totum textum recognovit, pluribus in locis emendavit, selectas variorum interpretum notas recensuit, explanavit, castigavit. novas adjunxit Cl. Capperonerius Mon-Desiderianus. Parisiis, Coustelier, 1725, in-fol., v. 5 fr.
> Edition fort estimée. — Bel exemplaire.

21677. **Lycophronis** Chalcidensis Alexandra (gr.-lat.) cum erudiss. Is. Tzetzis commentariis. Genevæ, P. Stephanus, 1601, in-4, v., fil. 2 fr. 50

21678. **Justinus.** Trogi Pompei historiarum Philippicarum epitome, ex Mss. codd. emendatior et prologis auctior (ed. Jac. Bongarsio). 1581, in-8, vél. 4 fr.
> Edition peu commune et recherchée à cause des notes de Bongars. — Bel exemplaire.

21679. **Cornelius Nepos.** De vita excellentium Imperatorum, ex recognit. Steph. And. Philippe. Paris, Barbou, 1754, in-12, frontisp. de Cochin, vignettes, cul-de-lampe, pap. fort de Holl., v. marb., fil, tr. dor. 3 fr.
> Bel exemplaire à la reliure de Barbou.

21680. **Rutilii** (Cl.) Galli itinerarium integris Simleri. Castalionis, Pithoei, Sitzmanni, Barthii. Graevii, alioramque animadversionib illustratum ex museo Th. J. ab. Almeloveen Amst., 1687, pet. in-12, frontisp. grav., v. 3 fr.

21681. **Notitia dignitatum** utraque cum Orientis tum Occidentis ultra Arcadii Honoriique tempora et in eam Guidi Panciroli commentarium ; ejusd. authoris de Magistratibus municipalibus liber. Lugduni, 1608, 2 tom. en 1 vol. in-fol., fig. s. Lois, dem.-rel. ans. 5 fr.

21682. **Marmora Arundelliana ;** sive saxa græcè incisa, publicavit et commentariolos adjec. J. Seldenus. Londini, 1629, pet. in-4, vél. 3 fr.

21683. **Wower** (Joa. a) De Polymathia tractatio, integri operis de studiis veterum ἀποσπασμάτιον. Ex bibliopolio Frobeniano. 1603, pet. in-4, vél. 2 fr. 50

21684. **Manilii** (M.) Astronomicon a Jos. Scaligero ex vetusto codice Gemblacensi infinitis mendis repurgatum ; ejusd. notæ quib. auctoris prisca astrologia explicatur, accesser. Th. Reneси et Ism. Bullaldi animadversiones. Argentorati, 1631, in-4, front. gravé, v. 4 fr.

21685. **Beaux-arts** (Dict. des), par Millin. 1806, 3 vol. in-8, dem.-rel. 4 fr.

21686. **Beaux-arts** (Essai sur la nature, le but et les moyens de l'imitation dans les), par Quatremère de Quincy. 1823, gr. in-8, dem.-rel., mar. n. 3 fr.

21687. **Jean Cousin** (Une gravure de) à la date de 1582, par H. Monceaux. 1878, br. in-4, pap. vergé avec 1 pl. 3 fr.
> On croyait généralement que Jean Cousin était mort en 1560 La découverte de cette pièce datée permet de reculer de plus de 20 ans l'exercice de ce maître célèbre et permet de restituer à son œuvre une foule de pièces dans lesquelles on avait bien reconnu sa manière, mais qu'on ne pouvait lui attribuer à cause de leur date en quelque sorte pos-

thume La gravure reproduite représente le fameux enfant pétrifié, de Sens : ce phénomène était le fœtus d'une petite fille qui s'était ossifié dans le ventre de sa mere qui la garda ainsi 28 ans sans pouvoir accoucher. Le médecin Simon de Provenchères écrivit sur ce sujet une dissertation imprimée en 1582.

21688. **Artistes Français à l'Étranger** (Les). recherches sur leurs travaux et sur leur influence en Europe, par L Dussieux. 1856, in-8, br. 2 fr.

21689. **Lenormant** (Fr). Les origines de l'histoire d'apr. la Bible et les traditions des peuples orientaux. de la création de l'homme au déluge. 1880, in-12, br. 2 fr.

21690. **Dictionnaire universel,** historiq., critiq. et bibliographiq. ou histoire des hommes de toutes les nations qui se sont rendus célèbres par des vertus, des talens, de grandes actions, des opinions singulieres, des inventions, des découvertes, des monuments, des crimes, etc., dep. la plus haute antiquité jusq. nos jours, av. les dieux de toutes les mythologies et des notes de Brotier et Mercier de S. Léger, par Chaudon et Delandine. 1800 12, 20 vol av. 1200 portr. en médaillons grav., br. 15 fr.

21691. **Dictionnaire typographique,** historique et critique des livres rares, singuliers, estimés et recherchés en tous genres, avec les prix qu'ils se vendent en vente publique, par Osmont. 1768, 2 vol. in-8, v. marbr. 6 fr.

21692. **Biographies d'imprimeurs** et de libraires. 1 vol. et 3 broch. gr. in-8. 2 fr.
> Les quatre doyens de la typographie parisienne, par Alkan et Lagrince. Angers, 1879, port. — Un fondeur en caractères (Ed. Laboulaye), membre de l'Institut, par Alkan. 1886, portr — Notice sur L. C Silvestre, anc. en libr. éditeur, par Alkan. 1868 — La librairie parisienne. Spécialité de livres dépareillés (Le Père Lecureux), par Alkan. 1879.

21693 **Imprimerie,** Cercle de la Librairie. Première exposition. 1880, gr. in-8, rel. toile, n. rog 4 fr.
> Spécimen intéressant des travaux en chromotypographie exécutés par l'imprimerie parisienne. En tête, se trouve une histoire de la typographie française par les livres depuis l'origine jusqu'à la fin du xviiie siècle, avec indication des premiers livres imprimés dans chaque ville de France.

21694 **Compagnons imprimeurs** (Essai s la police des) sous l'ancien régime, par L. Morin, typographe. Lyon, 1898, broch. gr. in-8, à 2 col. 2 fr.
> Très intéressante étude rédigée d'apr. des documents inédits et des textes d'archives dep le xvie siècle jusqu'à la Révolution.

21695 **Invention de l'Imprimerie** (Eclaircissem. s. l'hist de l'), par A. de Vries, trad. du holland. par Noordziek. La Haye, 1843, in-8, br. 5 fr.

21696. **Claudin** (A). Les origines et les débuts de l'imprimerie à Bordeaux. 1897, in 8, avec 37 fac-similés, br. 12 fr.
> Les fac-similés qui accompagnent le texte reproduisent les titres de livres dont on ne soupçonnait pas l'existence ou sur lesquels on n'avait que des données vagues et erronées. — Tiré à très petit nombre et épuisé.

21697. **Bibliothèque Orientale** ou dictionnaire universel conten. généralement tout ce qui regarde la connoissance des peuples de l'Orient, leurs histoires et traditions, leurs religions, sectes et politique, gouvernement, guerres, révolutions, leurs sciences et leurs arts, leur magie, médecine, mathématiques, observations astronomiques, etc , par d'Herbelot. Maestricht, 1776, in-fol. à 2 col., v. fauve, fil.   20 fr.

21698. **Catalogue** de la bibliothèque de Félix Solar. 1860, 2 part. avec supplém. en 1 vol gr. in-8, dem.-rel., chagr. br., non rogné.   3 fr.

21699. **Catalogo** dei libri dal conte Aug. Maria D'Elci donati alla imperiale e real libraria Mediceo - Laurenziana Firenze, 1826, in-4, portr., dem.-rel., v. antiq. 5 fr.

21700. **Bibliographie des éditions originales** d'auteurs français, composant la bibliothèque de feu A. Rochebilière, ancien conservateur de la Bibliothèque S¹ᵉ Geneviève, rédigée avec notes et éclaircissements par A. Claudin (avant-propos par M. Pauly, de la Bibliothèque Nationale). 1882-84, 2 jolis vol. in-18, caractères antiques, avec fleurons, lettres ornées et têtes de pages elzéviriens, br.   5 fr.

Ce catalogue complet en 2 volumes est reconnu généralement comme étant le guide le meilleur et le plus sûr dans le choix des éditions originales de nos classiques français qui y sont décrits minutieusement avec des détails précis qu'on ne trouve pas dans le *Manuel du Libraire* de Brunet. Les notes et éclaircissements dont ces deux volumes sont semés contiennent une foule de particularités curieuses et révèlent de petits faits ignorés ou peu connus des plus intéressants pour l'histoire littéraire. — C'est un répertoire indispensable à tout bibliophile. Feu M. Regnier, de l'Institut, le cite avec les plus grands éloges dans les dernières publications de la collection des *Grands Classiques de France*.

21701. **Bibliothèque de J. Renard** (Catal. de la partie réservée de la), de Lyon, compr. le choix de ses plus beaux livres ; édit. rares en caract. gothiques, romans de chevalerie, chroniques, poëtes-franç des xvᵉ et xviᵉ s , mystères, curiosités littéraires, nombr. pièces hist , livres à grav , elzévirs, reliures anc , volumes ayant appart. à Grolier, Maibli, Diane de Poitiers, de Thou, le comte d'Hoym, la marquise de Pompadour et autres bibliophiles célèbres. 1884, in-18, br.   1 fr. 50

21702. **Chasles** (Michel), de l'Institut. Catalogue de la bibliothèque scientifique, historique et littéraire. 1891, in-8, avec fascicule de supplément.   2 fr. 50

Collection importante composée de plus de 4 000 articles. C'est la bibliothèque la plus complète de sciences mathématiques qu'ait formée un particulier. Exemplaire en PAPIER DE HOLLANDE.

21703. **Van Praët**. Catalogue des livres imprimés sur vélin qui se trouv. dans des bibliothèques publiques (autres que la Biblioth Royale) et particulières. 1828, 4 vol. in-8, br.   15 fr.

Livre estimé à cause de l'importance et de la grande valeur des livres décrits, de l'exactitude rigoureuse des descriptions et des notes curieuses qui les accompagnent.

21704. **Fiefs nobles** (Discours pour la subvention des affaires du Roy et rétablissement des) de la France en leur première nature. S. l , 1564, pet. in-8, couv. pap.   20 fr.

Très curieux opuscule de III pages peu connu. Il parut au lendemain de la majorité de Charles IX et de l'invitation faite aux États d'aviser aux moyens de subvenir aux 40 millions de dettes du Roi. Il préconise quatre moyens : Suppression des fonds secrets récemment institués et répétition contre les prévaricateurs ; révocation des largesses faites par Henri II aux femmes « qui aians jouy de la substance de la personne du Prince jouissent et possèdent si inutilement celle de la bource du peuple », — fonte et frappe des joyaux ecclésiastiques d'or et d'argent, — vente du temporel ecclésiastique, cause des misères du peuple, de la ruine des maisons nobles et des mœurs et source de la guerre civile. Il repousse les autres moyens proposés, comme vente des forêts et des églises, « dont on a trop abusé », et impositions sur la « seule minière de ce royaume, blé, vin et sel, traînant après soi la ruine universelle de tous les États ».

21705. **Monnoies des Barons** (Traité des) ou représentation et explication de toutes les monnoies d'or, d'argent, de billon et de cuivre qu'ont fait frapper les possesseurs de grands fiefs, pairs, evêques, abbés, chapitres et autres seigneurs de France, par Tobiésen-Duby. 1790, 2 vol. in-4, avec 119 pl. gravées de médailles, cart., non rognés.   30 fr.

21706. **Origines des chevaliers**, armoiries et heraux, ens. de l'ordonnance, armes et instruments desq. les François ont anc. usé en leurs guerres, rec. par Cl. Fauchet. 1606, pet. in-8, dem.-rel.   5 fr.

Livre estimé. — Dans le même vol. : Les vérit. cérémonies royale, faite à la réception des chevaliers de l'ordre du S. Esprit dans le chateau de Fontainebleau, ens. toutes les particular. qui se sont passées en icelles les 14, 15 et 16 may 1633, avec les noms et qualités des cardinaux, prélats, commandans qui ont esté reçeus chevaliers et associez de l'ordre. 1633. — Les cérémonies royales qui ont esté faictes à la réception de MM. les Chevaliers de l'ordre du St-Esprit en l'église des Augustins de Paris. — Un peu court de marges en tête.

21707. **Ordre teutonique** (Histoire de l'), par un chevalier *de l'ordre* (Guill. Eug. Joseph baron de Wal). Paris et Rheims, Cazin, 1784-91, 8 vol. in-12, br., non rognés. (Rare).   30 fr.

21708 **Hérault de la Noblesse de France** (Le) a Henri IIIᵉ de ce nom très chrétien et très puissant Roy de France et de Pologne, par Pierre d'Origny, seigneur de Sainte - Marie - souz - Bourg en Rethelois. Rheims, J. de Foigny, 1578, broch. in-8.   1 fr. 50

Réimpression à petit nombre d'un opuscule fort rare d'après l'exemplaire unique de la Bibliothèque Nationale.

21709. **Europe vivante** (L') et mourante ou tableau annuel des principales cours de l'Europe, suite du mémorial de chronologie généalogiq. et historiq., 1759. Brux. (1760), in-16, v.   3 fr.

21710. **Montmorency** (Présentation de Mons. de) en l'office d'admiral de France, 1612, pet. in-4, vél. (Bel exemplaire).   4 fr.

21711. **Révolte des Princes sous Louis XIII.** Déclaration du Roy en faveur des Princes, Ducs, Pairs, officiers de la couronne, seigneurs, gentilhommes et autres qui s'étaient éloignez de Sa Magesté. 1617, pet. in-8, cart. à la Brad.   2 fr. 50

21712 **Madame du Montier** (Lettres de) recueillies par Mᵐᵉ Le Prince de Beaumont. Lyon, 1780, 2 vol. in-12, v.   3 fr.

Correspondance entre la mère et la fille qui sollicite et reçoit les conseils de la première, pour se guider dans des circonstances critiques.

21713. **Jésuites** (Les mystères les plus secrets des), contenus en diverses pièces originales. Cologne, 1727, in-12, v. marbr.   3 fr. 50

Ce volume contient : Les instructions secrètes

des jésuites ; — Prophétie de Ste Hildegarde ; — Décret de la Faculté de théologie de Paris, de l'an 1554. — Le mystère des Jésuites lorsqu'ils prennent la résolution d'attenter à la vie d'un roi. — Avis aux princes, etc.

21714 **Lettre** à un ami où l'on rend compte d'un livre qui a pour titre : Histoire critique du Vieux Testament, publ. à Paris en 1678. Amsterd., Dan. Elsevier, 1679, pet. in-8, v.   5 fr.

L'auteur, Fréd. Spanheim, analyse dans cette lettre un livre de Rich. Simon, que Bossuet fit supprimer dès son apparition et dont quelques rares exemplaires avaient échappé à la destruction. — Véritable Elsevier. — Rare.

21715. **Charitate** (Disquisitio theologica de) ad obtinendam veniam peccatorum in sacramento pœnitentiæ, per contritionem necessaria. Embricæ (Amstelod.), 1686, in-12, v.   2 fr. 50

Par l'abbé Jacques Boileau.

21716. **Agnez de Saint-Amour** ou la fervente novice, par Mich. Ang. Marin, religieux minime. Avignon, 1761, 2 vol. in-12, v.   4 fr.

Histoire d'un noviciat dans laq. une maîtresse instruit ses filles des devoirs de leur état et où celles-ci lui sont soumises.

21717. **Furetière** (Nouv. recueil des factums du procez d'entre défunt l'abbé), l'un des 40 de l'Académie franç. et quelques-uns des autres membres de la même Académie. Amst., 1694, 2 vol. in-12, frontisp. gravés, v.   4 fr.

Dans ce recueil se trouve : Plan et dessein du poème allégorique et tragico-burlesque, intitulé : *Les Couches de l'Académie.*

21718. **Amant dupé** (L') et contant, histoire galante. Lyon, 1711, pet. in-12, couv. pap.   2 fr. 50

21719. **Gay** (Fables by John) with the life of the author. London, 1796, in-16, frontisp., portr. et jolies figures gravées en taille-douce à mi-page, percal.   4 fr.

Ces fables, composées pour l'éducation du jeune duc de Cumberland, sont le plus connu et le plus apprécié des ouvrages de Gay. Les figures, au nombre de 70, qui accompagnent le texte, sont charmantes.

21720. **Guizot.** Collection de Mémoires relatifs à la Révolution d'Angleterre. 1823-26, 25 vol. in-8, br.   20 fr.

21721. **Antonio** (Nic.). Bibliotheca Hispana vetus sive Hispani scriptores ad annum MD. Matriti, 1788, 2 vol., portr. — Bibliotheca Hispana nova ab anno MD. ad MDCLXXIV. Tomus primus. Matriti, 1783, 1 vol. — Ens. 3 vol. in-fol., dem.-rel. toile, non rognés.   30 fr.

21722. **Tyrannie heureuse** (La) ou Cromwel politique, avec ses artifices et intrigues dans tout le cours de sa conduite, par le Sr de Galardi. Leyde, J. Pauwels (à la Sphère), 1671, pet. in-12, beau front. gravé en taille-douce, vél.   9 fr.

Joli volume, imprimé par Foppens à Bruxelles, qui s'ajoute à la collection des Elzeviers.

21723. **Angleterre, Ecosse, Irlande.** Joa. Janssonii Atlas sive theatrum Orbis Terrarum in quo Magna Britannia seu Angliæ et Scotiæ necnon Hiberniæ regna exhibentur. Amstelod., 1652, gr. in-fol., frontisp. et cartes enluminées, vél. de Holl., dent., tr. dor.   15 fr.

La reliure est fatiguée, les cartes qui sont très nombreuses, finement enluminées à l'époque même, sont en très bon état. — Ce volume, qui forme le

tome IV du Grand Atlas de Jansson, comprend la Grande-Bretagne tout entière.

21724. **Hume.** Histoire d'Angleterre dep. l'invasion de Jules César jusq. la Révolution de 1688 et dep. cette époque jusqu'à 1760, par Smollett, trad. de l'angl., nouv. édit. rev. et corrigée, et précéd. d'un essai sur la vie et les écrits de Hume par Campenon. 1819-22, 22 vol. in-8, dem.-rel., v. fauve.   10 fr.

21725. **Allemagne** (Histoire générale d') dep. l'an de Rome 648 jusqu'en 1740, par le P. Barre. 1748, 11 tomes en 10 vol. in-4, frontisp. gravé, fig. et carte, v. marbr.   12 fr.

21726. **Le Noble.** L'histoire secrète des plus fameuses conspirations de la conjuration des Pazzi contre les Médicis. 1698, in-12, v.   1 fr. 50

21727. **Chansons joyeuses** (Recueil de) ou petit traité de la gaillardise enrichy des sotises du temps et nouvellement mis au jour par M. Gaspard Gaillardin pour la récréation de la jeunesse. A Paris, chez Pancrace L'Eveillé, imprimeur de la Compagnie de la Calotte, à l'enseigne des bons mots, rue Foiret, année 1724, le 10e mars. — In-4, v. m.   20 fr.

MANUSCRIT DU XVIIIe SIÈCLE contenant des chansons galantes et historiques du temps de la Régence. Piqûre dans la marge, vers la fin.

21728. **Longus** (Les Pastorales de). Daphnis et Chloé, traduction d'Amyot complétée par P. L. Courier, 45 compositions au trait par Léop. Burthe, préface par Amaury Duval. Paris, Hetzel, 1863, in-fol., pap. vélin, fig. tirées en bistre, rel. en perc. rouge.   10 fr.

21729. **Florian.** Œuvres. Paris, 1823, 13 vol. in-8, fig., dem.-rel., dos et coins, mar. corinthe à longs grains, non rognés. (Rel. de Simier).   40 fr.

Edition estimée, la seule complète de cet auteur, ornée d'un portrait et de 24 grav. Bel exemplaire en GRAND PAPIER VÉLIN avec les figures avant la lettre. On y a ajouté la suite des gravures de Desenne.

21730. **Paris** (Fondation du Collège de la Marche à) en 1420. Cahier in-4, br.   8 fr.

MANUSCRIT DU XVIIIe SIÈCLE d'une écriture très nette. Il commence ainsi : « Collège de la Marche. Voici l'histoire de la fondation de ce collège tirée de Wassebourg dans ses Antiquités Belgiques et qui y a vescu environ 30 ans comme boursier, procureur, régent et principal. » Le fondateur du collège, Guillaume de la Marche, y institue 4 bourses au profit de pauvres écoliers à choisir dans la ville de La Marche ou lieux circonvoisins du duché de Bar et 2 bourses dont les titulaires seront pris à Rosières-aux-Salines dont il avait été longtemps curé. Beufve de Wrinville, exécuteur testamentaire de Guillaume de la Marche, ajoute à ces fondations celle de 6 bourses pour les pauvres écoliers de Wrinville près St-Mihiel, Buxières et Buxerolles ou lieux voisins du Barrois.

21731. **Borbonii** (Nic.) poematia exposita. 1630, in-8, vél.   5 fr.

On trouve dans ce recueil, à la page 169, le poème intitulé : *Parallèles de César et de Henry le Grand,* par M. le duc de Sully. — Nicolas Bourbon naquit en 1574 à Vandœuvres en Champagne. Signature de Du Bouchet sur le titre.

21732. **Regnier** (Math.). Œuvres av. les commentaires de Viollet-Le-Duc. Paris, Desoer, 1822, in-18, dem.-rel., dos et coins, v. bl., n. rogn.   4 fr.

Très jolie édition fort estimée. — Bel exemplaire.

21733. **Bordier** (H.). Les inventaires des archives de l'Empire, rép. au marquis de Labordo, directeur général, cont. un errata pour ses préfaces et ses inventaires. 1867, in-4, br. 1 fr. 50

21734. **Première croisade** (Récit de la), extrait de la chronique de Matthieu d'Edesse et trad. de l'arménien d'après quatre Mss. de la biblioth. du couvent de S. Lazare à Venise, et un Ms. de la Biblioth. Nat. à Paris, par Ed. Dulaurier. 1850, in-4, br. 2 fr. 50

21735. **Richard Lescot** (Chronique de), religieux de S. Denis (1328-44) suiv. de la continuation de cette chronique publ. p. J. Lemoine. 1896, in-8, br. 4 fr.

21736. **Chroniques** (Choix de) sur l'histoire de France. 1853, gr. in-8 à 2 col., br. 4 fr.
Mémoires sur Jacques Cœur et actes de son procès. — Jacques Du Clercq. — Mém. de Lefebvre de St-Remy. — Etc. — Pièces relatives à la prise de Constantinople en 1453.

21737. **Georges Chastelain** (Sire). Œuvres historiques inédites. 1888, gr. in-8 à 2 col., br. 3 fr.

21738. **Histoire du siège d'Orléans** publ. pour la prem. fois d'apr. le manuscrit uniq. conservé à la biblioihèq. du Vatican, par Guessard et de Certain. 1862, gros in-4, cart., n. rogn. 5 fr.

21739. **Jeanne d'Arc**, recueil historique et complet par Chaussard. Orléans, 1806, 2 tom. en 1 vol. in-8, av. 2 portr. de Jeanne d'Arc, dem.-rel., v. bl. 10 fr.

21740. **Montrésor** (Mémoires de). Div. pièces durant le ministère du card. de Richelieu ; relat. de Fontrailles ; affaires du comte de Soissons, ducs de Guise et Bouillon, etc. Cologne, J. Sambix (à la Sphère), 1664-1665, 2 vol. pet. in-12, rel. pl. en v. fauve, fil. avec fleurons aux angles des plats, dos orné à nerfs. (Rel. neuve). 10 fr.
Première édition publiée par Foppens, de Bruxelles. Elle se joint à la collection des Elzeviers. — Rare avec le second volume qui a paru après coup. — Bel exemplaire.

21741. **Arnauld** (L'abbé). Mémoires, conten. quelques anecdotes de la Cour de France. dep. 1634 jusqu'à 1675. Amst., 1756, 3 vol. in-12, v. m. (Bel exemplaire). 6 fr.

21742. **Frère Fiacre** (La vie du vénérable), Augustin déchaussé, conten. plus. traits d'histoire et faits remarquables arrivez sous les règnes de Louis XIII et Louis XIV. 1722, in-12, v. m. . 3 fr. 50

21743. **Maison de Soubiran de Campaigno**, notice histor. et généalog. par J. Noulens. 1874, gr. in-8, br. 3 fr. 50

21744. **Antiquités, mythologie,** diplomatique des chartes et chronologie. 1786-an II, 5 vol. in-4, v. m. 8 fr.
De l'Encyclopédie méthodique publiée par Panckoucke.

21745. **Vincent de Beauvais** (Études sur), théologien, philosophe, encyclopédiste, ou spécimen des études théologiques, philosophiques et scientifiques au moyen-âge, XIIIᵉ siècle (1210-1270). par l'abbé J.-B. Bourgeat. 1856, in-8, br. 2 fr. 50

21746. **Bruckeri** (Jac.) Historia critica philosophiæ a mundi incunabulis ad nostram usque ætatem deducta. Lipsiæ, 1767, 7 tom. en 6 vol. in-4, portr., v. m. 20 fr.
Bel exemplaire de cet ouvrage estimé.

21747. **Montaigne** (Michel de), par Bigoria de Laschamps. 1855, in-12, br. 3 fr. 50

21748. **Montaigne** (Mich. de), s. origine, s. famille, par Th. Malvezin. Bordeaux, 1875, in-8, pap. vergé, fac-simile, br. 4 fr.

21749. **Sciences philosophiques** (Dictionnaire des), par une Société de professeurs de philosophie. 1844, 6 tom. en 3 vol. gr. in-8, dem.-rel., dos et coins dem-rel., v. fauve, fil., non rog. 10 fr.

21750. **Savérien.** Histoire des philosophes modernes. 1773, 8 vol. in-12, av. des portr. grav. dans le genre du crayon par François, v. éc. 10 fr.

21751. **Philosophie spiritualiste.** Le livre des Esprits, conten. les principes de la doctrine spirite, par Allan Kardec. 1863, in-12, vél. 2 fr. 50

21752. **Césars** (Les), par le comte Franz de Champigny. 1859, 3 vol. in-12, bas. rac. 4 fr.

21753. **Henri le Grand** (Histoire du roi), par Hardouin de Perefixe, nouv. édit. enrichie d'une notice sur Henri IV par Andrieux. 1822, gr. in-8, pap. vél., beau portr. grav., dem.-rel., dos et coins v. rouge, non rog. 5 fr.
Très belle édition. — Exemplaire en Grand-Papier vélin.

21754. **De Thou** (Histoire universelle de Jacq.-Aug. de), dep. 1543 jusq. 1607, trad. de l'édit. latine de Londres (par J.-B. Le Mascrier, Ch. Le Beau, l'abbé Des Fontaines, etc.). Londres (Paris), 1734, 16 vol. in-4, portr., v. 35 fr.
Édition préférée. — L'histoire du président de Thou est fondée sur la vaste érudition de l'auteur, sur la solidité et la liberté de ses réflexions, sur la hardiesse et la fidélité de ses portraits, son amour constant de la vérité, que jamais il ne supprime, ni ne déguise. — Cette histoire contient sur le XVIᵉ siècle des détails qu'on ne trouve nulle part ailleurs.

21755. **Rousset** (J.). Les intérêts présens des puissances de l'Europe, fondez s. les traitez conclus dep. la paix d'Utrecht. La Haye, 1734-35, 14 vol. — Supplém. 1736, 3 vol. — Ens. 17 vol. in-12, v. m. 10 fr.
Exemplaire en très bon état. — Une différence dans les fers de la reliure des 9 premiers volumes.

21756. **Struvius** (Ch. G.). Bibliotheca historica. Lipsiæ, 1782-1804, 22 part. en 11 vol. in-8, v. marbr., fil. (Aux armes de Morante). 15 fr.

21757. **Colonia** (Le P. de). Histoire littéraire de la ville de Lyon, avec une bibliothèque des auteurs Lyonnois distrib. par siècles. L , 1728-30, 2 vol. in-4, v. fauve. 25 fr.
Exemplaire en très belle condition.

21758. **Champagne** (Texte de la coutume du bailliage de Troyes en), avec les sommaires des articles, procez-verbal et table des matières. Troyes, Jacques Le Febvre, 1715, in-24, parch. 2 fr. 50

21759. **Nevers** (Discours du P. Lanfondras de Losopothamie, premier capucin de France, second du monde, prononcé devant nos révérendes, très révérendes et bénignes mères Visitandines de). Cahier in-4, couv. pap. 5 fr.
Manuscrit du XVIIIᵉ siècle, d'une écriture très lisible. C'est un discours facétieux débutant ainsi : « Tant et tant de fois vous m'avez demandé, c'est-à-dire supplié, illustres amazones, que je vinsse dans votre benin couvent flanqué de bastions et de

grilles de toutes parts, comme une citadelle inexpugnable, pour alimenter vos âmes virginales du pain doucereux de la parole évangélique, etc. »

21760. Miscellanées d'archéologie normande relative au département de l'Eure, par Raymond. Bordeaux, 1880, pet. in-8, pap. vergé, br. 6 fr.

Cet ouvrage posthume de l'éminent archéologue est fort intéressant Voici un aperçu des sujets qui y sont traités avec la verve et le style entraînant dont Raymond Bordeaux possédait le secret : Les autels de l'église de Sébécourt. — Le pèlerinage de Sainte-Suzanne. — L'église de Bretagnoles. — Les vitraux de Saint-Antoine de Sommaire. — Les confréries des Captifs dans le département de l'Eure — Les incendies de Boncourt. — L'église d'Epreignes et la statue de saint Christophe. — Le château de Courteilles — Les maisons anciennes des villes du département. — La légende du sire des Essarts et les ruines de son donjon. — Les tapisseries de l'église de Vernon. — Le château-fort de Neubourg et l'église de la Toison-d'Or. — Louviers, Louvedal et Louvetot. — Le vase antique d'Heudebouville. — L'église de Normandie, près Évreux. — Le château de Navarre. — Les armoiries des corporations d'arts et métiers du département de l'Eure. — Armoiries des confréries de charité. — Les confréries de charité.

21761. Isidore (Le P.), de Niort, gardien du couvent de Poitiers. Le Missionnaire controversiste, cours entier de controverses, dans leq tous les points de la foy catholique, apostolique et romaine, combattus par les Calvinistes, sont pleinement prouvez par l'Ecriture sainte, les Conciles, les Pères grecs et latins, et par les ministres de la religion prétendue Réformée. Poitiers, 1686, in-8, vél. 7 fr. 50

Rare. — Piqûre dans la marge.

21762. Carcassonne (Extrait de la transition passée entre Mgr le mareschal duc de Beleisle (sic) et la commune de), le 1er déc. 1746, et les nouv. convent. qui ont été faites entre led. Sgr mareschal et la commun. à raison de l'abonement desd. droits de leude-mage et menu, droits seigneuriaux et domaniaux. Carcassonne, J.-B. Coignet, 1715, pet. in-4, bas. 5 fr.

21763. Pyrénées (Les) et le Midi de la France, pend. les mois de novembre et déc. 1822, par A. Thiers. 1823, in-8, br. 1 fr. 50

21764. Dialecte blaisois (Du) et de sa conformité avec l'anc. langue et l'anc. prononciation franç., par F. Talbert. La Flèche, 1874, gr. in-8, br. 3 fr.

21765. Religion des Gaulois (La), tirée des plus pures sources de l'antiquité, par le P. Dom *** (Jacques Martin), religieux bénédictin de la Congrégation de S Maur. 1727, 2 vol. in-4, av. fig. en taille-douce, v. fauve. (Rel. ancienne). 10 fr.

Bel exemplaire.

21766. Guerres de religion. De postremis motibus Galliæ varia utriusque partis scripta scitu dign'ssima. Francof., 1586. — Apologie catholique contre les libelles, déclarations, advis et consultations faictes, escriptes et publiées par les liguez perturbateurs du repos du royaume de France qui se sont esleves deepuis le decez de feu Monseign. frère unique du Roy, par E. D. L. J C. (Etienne de Lalouette, jurisconsulte). S. l, 1585, 2 ouvr. en 1 vol. in-8, vél. 8 fr.

Mouillure aux dern. ff. du second ouvrage.

21767. Sacre des rois de France (Cérémonies et prières du), accompagn. de re-

cherches histor. (par Menin, publ. par Motteley). Paris, Didot, 1825, in-16, dem.-rel, v f. 4 fr.

Jolie impression, faite à l'instar de celles des Elsevier.

21768. Duc de Lauzun (Le), par Mme de S .. y, née de W....u (de Sartory, née de Wimpfen, nièce du général). 1807, 2 tom. en 1 vol. in-12, v. 2 fr.

21769. Romantiques. Scènes contemporaines laissées par Mme la vicomtesse de Chamilly. Paris, Urb. Canel, 1828, avec lithographie du Tableau du Sacre par Henri Monnier. In-8, dem.-rel., v. bleu. (Très bon état). 8 fr.

Par Loève-Veimar, Vanderburch et Romieu. « Romieu-lampion, le viveur et le mystificateur, la terreur des concierges, qui devint préfet sous le second Empire, et que j'ai eu le plaisir de voir essayant, à l'âge de 50 ans, d'apprendre la polka. Charmant spectacle ! » (Note autographe de M. de Gramont sur la garde de l'exemplaire.)

21770. Romantiques. Solitude, par J.-M. Dargaud. 1833, in-8, vign. grav. s. bois par Porret sur le titre, dem.-rel. mar. viol, à nerfs. (Bel exemplaire). 2 fr. 50

21771. Roman de chevalerie. Histoire de Oger le Dannois. In-4, lettres rondes, à 2 col., figures sur bois dans le texte, couv. en pap. 15 fr.

Cette édition doit être celle de Paris, Bonfons, 1583, indiquée dans Brunet. Le texte est complet, mais le titre manque. Quelques figures sont dans le style de Jean Cousin, d'autres sont d'une époque plus ancienne. — Belle conservation.

21772. Ausonii (D. Magni) opera interpret. et notis illustr. Jul. Floridus, Can. Carnot, in usum Delphini. 1730, in-4, front grav, dem.-rel., dos et coins cuir de Russie. 8 fr.

Edition estimée. — Bel exemplaire NON ROGNÉ, avec l ex-libris de la collection Beaupré, de Nancy.

21773 Griphi Ausoniani (Enodatio per Francisc Sylvium Ambianatem. (Au-dessous marque de la presse de Josse Bade). In ædibus Ascensianis, 1516, pet. in-4. dem.-rel. toile. 5 fr.

21774. Kotzebue (Une année mémorable de la vie d'Aug. de), publ. par lui-même, trad. de l'allem. (par G.-J.-F. Girard, de Propriac et J.-B. Dubois). 1802, 2 tom. en un vol. in-18, v. 2 fr. 50

21775. Femme (La), poème, par J.-A. de Cassius. Agen, 1848, 2 vol. in-8, br. 3 fr.

21776. Notre-Dame des Tables (Office pour la fête des miracles de) qui se celebre dans l'Eglise paroissiale de ce nom, le 31 aoust. Montpellier, Rochard, 1772, pet. in-8, fig. de Chalmandrier, v. br. 4 fr.

21777. Cantiques Provençaux ou les pseaumes, les hymnes et les prières de l'Eglise sont exposées d'une manière proportionnée à l'intelligence des plus simples. Aix, 1703, in-12, v. m. 4 fr.

21778. Almanach (Calendrier intéressant ou) physico-œconomique, par M. R***. 1773, pet. in-16, v., fil., tr. dor. 2 fr. 50

Ce recueil est différent de celui publié à Bouillon sous le même titre, à partir de 1770, par Sigaud de la Fond.

21779 Le Gangneur, Angevin. La Technographie ou briefve methode pour parvenir à la parfaitte connoissance de l'écriture françoyse de l'invencion de Guillaume Le Gangneur Angevin, sécretaire ordinaire de la Chambre du Roy. 1599, 45 planches en taille-douce, plus le portrait de Le Gangneur. — La Rizographie ou les sources, elémens et perfectious de l'écriture Italienne, par G. Le Gangneur, Angevin. 1599, avec 31 pl. grav. en taille-douce — La Calligraphie ou belle écriture de la lettre Grecque, par Guill. Le Gangneur Angevin. (1599). Avec 11 pl. grav. — 3 ouvr. en un vol. in-4, obl., vél.   45 fr.

Recueil des plus beaux modèles d'écritures du XVI° siècle. — Exemplaire bien complet. — On trouve rarement ces 3 ouvrages réunis, dit Brunet. Le portrait du calligraphe Le Gangneur manque la plupart du temps.

21780. **Langue française**. Matériaux pour servir à l'historique du français, par A. Delboulle. 1880, gr. in-8, br.   4 fr.

21781. **Roman de Flamenca** (Le), publ. d'après le Ms. unique de Carcassonne, trad et accompagn. d'un glossaire par Paul Meyer. 1865, gr. in-8, b.   5 fr.

21782. **Poètes français du XVI° siècle.** Les œuvres de Virgile Maron trad. de latin en (vers) françois par Robert et Anthoine Le Chevalier d'Agneaux frères de Vire en Normandie, dédiées au Roy. Paris, G. Auvray, 1582, 2 tom. en 1 vol. in-4, vél. à recouvrem.   40 fr.

Première édition très rare du Virgile des frères d'Agneaux. Cette version libre en vers français contient non seulement les Géorgiques, les Bucoliques et l'Enéide, mais encore les épigrammes, le Moretum et autres petits poèmes attribués à Virgile. — Exemplaire grand de marges, dans sa première reliure.

21783. **Marot** (Œuvres de Clément), de Cahors en Quercy, valet de chambre du Roy, reveues et corrigées de nouveau. Rouen, Cl. Le Vilain, 1615, 2 part. en 1 vol. pet. in-12, portr. ajouté, v.   10 fr.

Cette édition, dit Lenglet Dufresnoy, un des éditeurs de Marot, est bonne et assez estimee.

21784. **Peletier du Mans** (Jacques). L'art poetique d'Horace, trad. en vers françois, recongnu par l'auteur depuis la première impression. Imprimé à Paris, par Michel de Vascosan, au mois d'aoust 1545. Pet. in-8, dem.-rel., mar. vert. (Rare).   20 fr.

21785. **Desportes** (Philippe). Cent Pseaumes de David, mis en vers françois avec quelques cantiques de la Bible et autres œuvres chrestiennes et prières du mesme autheur. Rouen, R. du Petit-Val, 1600, pet. in-12, vél.   5 fr.

21786. **Muze historique** (La) ou recueil des lettres en vers contenant les Nouvelles du temps, par le Sr Loret Années 1650 à 1655 en un vol., avec titre général a la date de 1658 et frontisp. gravé par Chauveau. In-fol., v. br. (Aux armes de d'Aremberg).   25 fr.

21787. **Colletet.** Le Trebuchement de l'yvrogne (en vers). 1627, pet. in-8, couv. en pap.   5 fr.

Pièce originale fort rare. Elle est suivie d'autres « gayetez de Caresme Prenant » par le mesme autheur et se termine par une « fantaisie sur des divers peintures de Priape ». — Rogné sur le côté.

21788 **Gombauld** (Les Epigrammes de), divisés en trois livres. Paris, Aug Courbe, 1657, in-12, dem.-rel, mar. vert. 7 fr. 50

21789. **Livres armoriés.** Monumenta Paderbonensia ex historia Romana, Francica, Saxonica eruta. Amstelod., ap Dan. Elsevirium, 1672, in-4, front. gravé, portr. et

fig. en taille-douce, v. fauve. (Rel. ancienne)   15 fr.

AUX ARMES DU PARLEMENT DE NORMANDIE, composées de l'épée, le sceptre, la main de justice et les balances soutenues par deux lions et accompagnées de la devise : Compensat, Æquat, Vindicat. Belles armoiries frappées en or sur chaque plat du volume.

21790. **Figures sur bois** (Livres avec). J. Obsequentis Prodigiorum liber; Polydori Vergilii Urbinatis de Prodigiis libri III. — J. Camerarii de Ostentis libri II; hæc omnia formis seu figuris illustrata. Lugd., ap. Joan. Tornæsium, 1589, in-16, nombr. fig. s. bois du Petit Bernard ou de ses élèves, vél.   8 fr.

21791. **Littérature de l'Europe** (Histoire de la) pend les xv°, xvi° et xvii° siècles, trad. de l'angl. de Hallam, par A. Borghers. 1839, 4 vol. in-8, dem.-rel, v. viol.   10 fr.

21792. **Annales littéraires** ou choix chronolog des princip. articles de littérature insérés par Dussault dans le journal des Débats depuis 1800 jusqu'à 1817 inclus., rec. et publ. par l'auteur des Mémoires histor. de Louis XVII (J. Eckard). 1818, 5 vol. in-8, vél. bl.   6 fr.

21793. **Université de Paris** (Histoire de l'), par Ch. Richomme. 1840, in-8, dem.-rel., chagr. br.   3 fr.

21794. **Glossarium eroticum** linguæ latinæ, sive theogonia, legum et morum nuptialium apud Romanos, explanatio nova auctore P. P. (Pierrugues). 1826, in-8, cart. à la Brad., n. rogn.   15 fr.

Ouvrage recherché. — Bel exemplaire en papier vélin fort de Hollande.

21795 **Epistre de Cleriande la Romayne** à Reginus son concitoien, translat. de lat. en françoys par Macé de Villebresme, l'un des gentilz-hommes de la chambre du Roy, publ par G. Guiffrey. 1875, gr. in-8, pap. de Holl., fig. sur bois, br.   3 fr.

Publié à 25 francs.

21796. **Jehan de Poytiers** (Procès criminel de), Sr de Saint-Vallier, publ. d'après les monuments origin. avec introduct. et notes par G. Guiffrey. 1867, in-8, titre et vign. à l'eau-forte, pap. de Holl., br. 6 fr.

21797. **Prophétie** (La) de Rouellond de la Rouellondiere de Chollet, ms. du xvi° s. édité pour la prem. fois avec une prof. et des renseignem. histor. sur ses prophéties histor. par E. Auger. Beauvais, 1861, in-12, pap. vergé, br.   2 fr.

Tiré à un petit nombre d'exemplaires seulement.

21798. **Barricades** (Les), scènes historiques, mai 1588 (par L. Vitet). 1827, in-8, dem.-rel., dos et coins de v. v., non rogn.   2 fr. 50

21799. **Moreau** (Recueil des interrogatoires subis par le général), des interrogatoires de quelques-uns de ses co-accusés, des procès-verbaux de confrontation et autres pièces produites au soutien de l'accusation dirigée contre ce général. An XII, couv. pap.   3 fr.

21800. **Trahison de Pichegru** (Mémoire concern. la) dans les années 3, 4 et 5, rédigé en l'an VI par de Montgaillard. An XII, in-8, br.   2 fr. 50

21801. **Lettres de cachet** (Des) et des prisons d'Etat (par le comte de Mirabeau),

Hambourg, 1782, 2 vol. in-8, v. ée., fil. (Bel exempl.) 3 fr.

21802. **Duc de Chartres** (La vie privée ou apologie de très séréniss. prince Mgr le). A cent lieues de la Bastille, 1784, pet. in-8, dem.-rel. 3 fr.

21803. **Reine d'Etrurie** (Mémoires de la) écrits par elle-même ; trad. de l'ital. par Lemierre d'Arcy. 1814, in-8, cart., n. rogn. 4 fr.

21804. **Louis XVIII** (Ephémérides historiques et polit. du règne de) dep. la Restauration, par Cypr. Desmarais. 1825, front, par Couché. — **Charles X** (Chronique législative du règne de) mise en ordre par L. Rondonneau. 1830. — **Conquête d'Alger** (La) ou relation de la campagne d'Afrique par A. Perrot. 1830, avec carte. — **Garde royale** (La) pendant les événemens du 26 juillet au 6 août 1830, par un officier d'état-major. 1830. — Ens. 4 ouvr. en 1 gros vol. in-8, dem.-rel., cuir de Russie. 4 fr.

21805. **Charles X** (Dern. époque de l'hist. de), ses dern. voyages, sa maladie, sa mort, ses funérailles, son caractère et ses habitudes dans l'exil suiv. des procès-verbaux relat. à son décès, par de Montbel. Versailles, s. d., in-8, dem.-rel. 2 fr.

21806. **Antiquité des Gaules** (Epitome de l') et de France, par feu M⁰ Guill. du Bellay, sgr de Langey, cheval. de l'ordre du Roy et son lieut. gén. en Piedmont. Avec ce, un prologue ou préf. sus toute son hist. et le catalogue des livres alléguez en ses livres, etc. Plus sont adjoust. une oraison et deux épistres taites en lat. et par luy mesme trad. en franç. Paris, V. Sertenas, 1556, pet. in-4, vél. à recouv. (Bel exemplaire). 18 fr.
Ouvrage rare. L'oraison et les épîtres qui le terminent sont relatives à la guerre du roi Jean de Hongrie contre les Turcs.

21807. **Bussi-Rabutin** (Lettres de Roger de) avec les réponses, édition où l'on a inséré les 3 vol. de nouvelles lettres publ. en 1700 et range toutes les lettres selon l'ordre chronologique. Amst., 1738, 6 tom. en 3 vol. in-12, portr., parch. 5 fr.

21808. **Recueil historique** conten. diverses pièces curieuses de ce temps. Sur l'imprimé à Cologne (Hollande, à la Sphère), 1666, pet. in-12, v. 5 fr.
Projet pour l'entreprise d'Alger, voyages faits à Tunis par de Bricard. — Diverses particularités de l'expédition de Gigery de l'année 1664. — Relation de la campagne d'Hongrie et des combats de Kermain. — Discours des asseurez moyens d'anéantir la monarchie des princes Ottomans. — Voyages de Naples par le duc de Guise. — Discours politiques et historiques (de L. du May) sur les causes de la guerre de Hongrie.

21809. **Pérefixe** (Hard. de). Histoire du Roy Henry le Grand. Amst., Louys et Dan. Elsevier, 1661, pet. in-12, frontisp. gravé représent. le roi Henri IV a cheval, vél. 10 fr.
Première des deux éditions imprimées la même année par Dan. Elsevier. — Hauteur : 133 millim.

21810. **Naples** (Hist. civile du royaume de), trad. de l'italien de P. Giannone, avec de nouv. notes, reflexions et médailles fournies par l'aut. et qui ne se trouv. point dans l'édit. italienne (par Beddevolle). La Haye, 1742, 4 vol. in-4, port., dem.-rel., v. m. 6 fr. 50

21811. **Toscana** (Istorie del granducato di) sotto il governo della casa Medici. Firenze, 1781, 5 vol. in-4, fig., br. en cart. 6 fr.

21812. **Rébellion de Flandres** (Sumario de las guerras civiles de la), recopilado por el Maestro Pedro Cornezo. En Leon, en casa de Phelippe Tinghi, 1577, pet. in-8, v. 6 fr.

21813. **Charles-Quint** (Voyage de), poème historiq. de René Macé, publ. av. introd., notes et variantes par G. Raynaud. 1879, in-8, br. 4 fr.
Exemplaire sur PAPIER DE CHINE.

21814. **Du Prat** (Hist. vérit. de M.) et de Mˡˡᵉ Angélique, par Mˡˡᵉ Daunois, La Haye, 1703 — Hist. du connestable de Bourbon. Amst., 1696, frontisp. grav., 2 ouvr. en 1 vol. pet. in-12, dem.-rel. 4 fr.

21815. **Corse** (Atlas de l'isle de), par Bellin. 1769, in-4, front. gravé et 34 cartes, v. m. (Bel exemplaire). 6 fr.

21816. **Maréchal de Vielleville** (Mém. sur la vie du), par Vinc. Carloix, son secrétaire. S. l. (vers 1845), gr. in-8, dem.-rel., v. f. 3 fr. 50

21817. **Moyens d'abus**, entreprises et nullitez, du rescrit et bulle du pape Sixte Vᵉ du nom, en date du mois de sept. 1585, contre le sérén. prince Henry de Bourbon, roy de Navarre, et Henry de Bourbon, prince de Condé, par un catholique, apostol. et romain (P. de Belloy). Cologne, Herm. Jobin, 1586, in-8, vel. à recouv. 5 fr.
Bel exemplaire dans sa première reliure.

21818. **Mémoires de la Ligue**, cont. les événements les pl. remarquables dep. 1576 jusqu'à la paix accordée entre le roi de France et le roi d'Espagne, en 1598 (par J. Goulard) ; édit. rev., corr. et augm. de notes crit., histor. (par l'abbé Goujet). Amst., 1758, 6 vol. in-4, v. m. 30 fr.

21819. **Reine Marguerite** (Les Mémoires de la) (publ. par Auger de Moléon, seign. de Granier). Paris, Chappellain, 1628. — **Fortune de la Cour** (La), ouvrage curieux tiré des memoires d'un conseiller du duc d'Alençon, frère du roy Henri III. 1642, 2 ouvrages en un vol. pet. in-8, v. 10 fr.
Le dernier de ces ouvrages est attribué, par Barbier, à Pierre de Dampmartin, et, par V. Luzarche, à de la Neuville, Sieur des Iles.

21820. **Colbert** (Testament politique de J.-B.), ministre et secretaire d'Etat, où l'on voit tout ce qui s'est passé sous le règne de Louis-le-Grand jusqu'en l'année 1684, avec des remarques sur le gouvernement du royaume. La Haye, 1693, in-12, v. 2 fr. 50
Cet ouvrage est attribué à Courtilz de Sandras.

21821. **Saint-Simon.** Mémoires complets et authentiques s. le siecle de Louis XIV et la Régence. S. d., 5 vol. in-4, à 2 col., illustrés par Janet-Lange, Foulquier et Pauquet, br. 15 fr.

21822. **Eugène de Savoye** (Hist. du prince) (par de Mauvillon). Vienne, 1745, 5 vol. in-12, portr. et planch. grav., v. fauve. 5 fr.

21823. **Evénemens militaires** (Hist. des) et politiq. de la dern. guerre, dans les 4 parties du monde, par de Longchamps. Amst., 1787, 8 vol. in-12, v. m. 3 fr. 50

21824. Parfaites chronologies (Discours chronologiq. conten. l'intention. l'ordre et les maximes des) pour les discerner des mauvaises, pour servir d'apologie à Scaliger, Temporarius. P. Petau, et autres bons chronologistes. par le Sr Petit, commissaire provincial de l'artillerie de France et ingénieur de S. M. 1636, in-4, v. fauve, fil.
4 fr.

21825. Suède (La) redressée dans son véritable interest, trad de l'allem. S. la copie imprim. Brème (Hollande. à la Sphère), de l'imprimerie du Dôme, 1682, pet. in-12, v.
3 fr. 50

Jolie petite édition qui s'annexe aux Elsevier.

21826. Protestantisme (Recueil de pièces de controverse relatives au). 8 pièces en 1 vol. in-8, br.
4 fr.

Lettre de Haller à sa famille. 1821. — Pétition à la chambre des pairs, par Douglas Loveday, anglais et protestant, se plaignant du rapt de ses deux filles et sa nièce. 1821. — Lettres de M. de Laval à ses anciens correligionnaires. 1825. — Le Solitaire coup d'œil sur l'église de Lyon. 1825. — La règle de foi défendue. 1835. — Relation de la conversion de Miss Hartwel. 1836. — Lettre au rédacteur de l'indicateur au sujet d'une brochure. — Réponse à de Gasparin sur l'inspiration de la Bible. 1853.

21827. Confession de foy, faicte d'un commun accord par les fidèles qui conversent ès pays bas, lesquels désirent vivre selon la pureté de l'Evangile de N. S. Jesus-Christ. 1561, in-16, br.
3 fr.

Réimpression fac-simile faite par J.-G. Fick à Genève en 1855.

21828. Comédie du Pape malade et tirant à la fin, ou ses regrets et complaintes sont au vif exprimées, et les entreprises et machinations qu'il fait avec Satan et ses supposts pour maintenir son siège apostolique et empescher le cours de l'Evangile, sont cathégoriquement descouvertes, trad. de vulgaire arabic en bon romman et intelligible, par Thrasibule Phenice. 1561, in-16, cart., non rogné.
4 fr.

Attribué à Théod. de Bèze. Réimpression fac-simile faite à Genève par Fick.

21829. Procés de Pierre Brully (Le), successeur de Calvin, comme ministre de l'église franç. réformée de Strasbourg. Poursuites intentées contre ses adhérents à Tournay, Valenciennes, Lille, Douay, Arras. 1544-1545, d'après les pap. inéd. des archives du royaume de Belgique, par Ch. Paillard. La Haye, 1878, in-8, br. 2 fr. 50

21830. Protestantisme. Histoire de la Confession d'Auxbourg (*sic*) contenant les principauls traittez et ordonnances faittes pour la Religion quand l'Electeur Jehan, duc de Saxe, avec les citez et autres Princes Protestants présentèrent leur Confession de Foy (icy insérée) à l'Empereur Charles V en Estats generauls de l'Empire tenus à Auxpourg, 1530, recueillie par le D. David Chytræus, professeur des S. lettres en l'Université de Rostoch et nouvellem. mis en françois par Luc Le Cop. Anvers, Aln. Coninx, 1582, in-4, vél. 35 fr.

Ce volume rare, dit Brunet, renferme un grand nombre de documents relatifs à l'histoire de la Réforme. — Exemplaire grand de marges. Légere mouillure aux dern. feuillets.

21831. Amyraut (Moyse). Considérations sur les droits par lesq. la nature a reigle les mariages. Saumur, 1648, pet. in-8, vél.

(Piqûre dans la marge de plus. feuillets à la fin).
3 fr.

21832. Nouveau Testament. Etudes élément. et progressives de la parole de Dieu, par L. Burnier. 1862, 2 vol. in-8, dem.-rel. toile v.
2 fr. 50

21833. Scripture vindicated ; in answer to a book intituled Christianity as old as the creation. London, 1730, 3 part. en 1 vol. in-8, dem.-rel. anc
3 fr.

21834. Apthorp (East), vicar of Croydon. Letters on the prevalence of Christianity before its civil establishment. London, 1778, in-8, dem.-rel. anc.
3 fr.

21835. Nash (D. W.). The Pharaoh of the Exodus, an examination of the modern systems of Egyptian chronology, London, 1863, in-8, perc. bl., non rogn.
2 fr. 50

21836. Lanternes (Essai histor. sur les) (par Dreux du Radier et autres). S. l., n. d. (XVIIIe s.), in-8, dem.-rel.
4 fr.

Livre curieux et peu commun.

21837. Boufflers. Œuvres manuscrites. Lettres et poésies. 1771-1779, in-fol., réglé, dem.-rel., dos et coins de v. fauve à nerfs, non rogné.
15 fr.

MANUSCRIT DU XVIIIe SIÈCLE en grande partie AUTOGRAPHE DU CHEVALIER DE BOUFFLERS, composé de plus de 200 pag. — Parfait état de conservation.

21838. Angola, histoire indienne, ouvrage s. vraisemblance suiv. d'Acajou et Zirphile, conte. Agra (Paris), 1775, in-12, v. m.
3 fr. 50

Le chevalier de La Morlière s'est attribué ce roman, mais beaucoup de gens, dit Barbier, pensent que c'est un manuscrit trouvé dans les papiers de La Trémoille.

21839. Gaudriole, conte. La Haye, 1746, jolie petite vignette en taille-douce sur le titre. — **Acajou et Zirphile,** conte (par Ch. Pinot). 1744, 2 ouvr. en 1 vol. in-12, v.
3 fr.

21840. Tanzaï et Néardané, hist. japonoise (par Crébillon fils). Pékin (Paris, Casin), 1781, 2 vol. in-18, v. éc., fil., tr. dor.
3 fr. 50

21841. Douze manières d'abus (De) qui sont en ce monde, en div. sortes de gens, et du moyen de corriger iceux et les éviter, traicté fort utile et beau, extr. des œuvres de S. Cyprian, et nouvellem. en franç. 1558, pet. in-8, couv. en pap.
3 fr. 50

Edition rare, inconnue à Brunet, qui ne cite que celle de 1577. Les notes marginales en manchettes sont un peu atteintes.

21842. Papesse Jeanne (La), poème en 10 chants (par Ch. Borde). 1777, in-8, La Haye, 1778, in-8, br., non rogné. 4 fr.

21843. Mariage des prêtres. Avantages du mariage et combien il est necessaire et salutaire aux prêtres et aux évêques de ce temps-ci d'épouser une fille chrétienne. Brux, 1758, 2 tom. en un vol. in-12, v. marbr.
20 fr.

Cet ouvrage, par Pierre Desforges, chanoine d'Etampes, est fort rare et des plus singuliers. Il fournit le seul exemple qu'on puisse trouver à cette date, 1758, d'un ecclésiastique prêchant les théories que les prêtres constitutionnels devaient pratiquer 34 ans plus tard. Aussi fut-il condamné par le Parlement à être lacéré et brûlé par la main du bourreau, ce qui fut exécuté. Les exemplaires en furent recherchés et détruits avec soin, ce qui explique la rareté de ce volume. L'auteur fut mis à la Bastille. On a joint à cet exemplaire deux ff.

in-4 conten. l'Arrêt du Parlement, 3o sept. 1758, et le procès-verbal de son exécution.

21844. Diversitez galantes (Les) conten. : Les soirées des auberges, nouvelle comique. — L'apoticaire de qualité, nouvelle galante et véritable. — L'aventure de l'hostellerie ou les deux rivales. — Le mariage de Belfégore, nouvelle facétieuse. — L'occasion perduë recouverte, nouvelle comique. 1665, in-12, v. **7 fr. 50**

Cet ouvrage a été attribué à Donneau de Visé, par Barbier, et à Villiers, comédien, par Brunet.

21845. Bruscambille (Les Œuvres de) conten. ses fantaisies, imaginations et paradoxes et autres discours comiques, le tout nouvellem. tiré de l'escarcelle de ses imaginations, reveu et augmenté par l'autheur. Rouen, Martin de la Motte, rue de la Haranguerie, proche du quay, 1685, pet. in-12, vél. **20 fr.**

Edition rouennaise rare et très complète.

21846. Lettres, nouvelles (et galantes) d'une dame à un cavalier. 1703, in-12, v. 1 fr. 50

21847. Banteroche (Œuvres de M.). La Haye, Moetjens, 1682, pet. in-12, frontisp. gravé, v. **4 fr.**

Les pièces contenues dans ce volume sont : L'amant qui ne flatte point. — Le soupé mal apresté. — Crispin médecin. — Le Deuil. — Les apparences trompeuses. — Crispin musicien. — Les nobles de province. — Chaque pièce a son titre et sa pagination particulière. — Jolie édition qui peut s'annexer aux Elsevier.

21848. Corneille (Horace, tragédie, par Monsieur de). Lyon, Cl. La Rivière, 1654, pet. in-8, vél. **4 fr.**

Edition rare de cette pièce imprimée à Lyon avec un permis spécial *au nom du Roy.*

21849. Dancourt (Pièces de théâtre composées par). Brusselles, Foppens, 1698, 3 vol. pet. in-12, v. gr. **5 fr.**

Jolie petite édition.

21850. Palaprat (Les Œuvres de). La Haye, 1695-97, 2 vol. pet. in-12, vél. de Holl. 6 fr.

L'ouvrage contient les pièces suivantes dont plusieurs ont été faites en collaboration avec Brueys : Le grondeur. — Le muet. — Le consert ridicule. — Le ballet extravagant. — L'important de Cour. — La femme d'intrigue. — Attendez-moi sous l'orme. — La sérénade. — Le bourgeois de Falaise. — Les mœurs du temps. — Le secret relevé. — Le triomphe de l'hiver. — Chaque pièce a son titre et sa pagination particulières.

21851. Histoire comique de Francion (La vraye) composée par Nic. de Moulinet, Sr du Parc (pseudonyme de Ch. Sorel), gentilh. Lorrain, soigneusement reveue et corrigée par Nath. Duez, maistre de langues. Leyde et Roterdam chez les Hackes, 1668, 2 vol. pet. in-12, front. gravés et fig., v. fil. (Armoiries sur les plats). **45 fr.**

Très jolie édition, rare et fort recherchée qui entre dans la collection des Elsevier. Des exemplaires reliés en maroquin moderne se sont vendus des prix fort élevés dans des ventes. Nous ne citerons que ceux-ci : 185 fr. Pichon ; 250 fr. de la Villestreux et 705 fr. L. de Montgermont (Voir Willems, les Elzevier, N° 1795).

21852. Palæphati De Incredibilibus (gr.-lat.) cum notis Corn. Tollii. Amst., ap. Lud. Elzevirium, 1649, pet. in-12, v. **4 fr.**

Jolie édition assez recherchée, dit Brunet.

21853. Annales de l'Imprimerie des Elsevier ou histoire de leur famille et de leurs éditions, par Ch. Pieters. Gand, 1858, gr. in-8, dem.-rel., toile lustrée, tr. ébarb. **6 fr.**

21854. Bibliographie du XVᵉ siècle. Repertorium bibliographicum in quo libri omnes ab arte typographica inventa usque ad annum M D. typis expressi, ordine alphabetico vel simpliciter enumerantur vel adcuratius recensentur opera Lud. Hain. Stuttgartiæ. 1826-31, 4 vol. in-8, à 2 col., br. **120 fr.**

Excellent ouvrage donnant la description et la collection de tous les incunables, avec des listes de villes et des imprimeurs qui ont exercé au xvᵉ siècle. — Indispensable à toute bibliothèque publique ou particulière à l'égal du *Manuel du Libraire* qu'il complete pour ce genre de curiosités bibliographiques.

21855. Le Noble. Contes et fables. 1707, 2 vol. in-12, frontisp. gravé et nombr. fig. à mi-page grav. en taille-douce par Ertinger, v. br. **5 fr.**

L'ouvrage contient cent fables, des pièces diverses et la traduct. en vers de quelques odes d'Horace avec le texte latin en regard.

21856. Madame de Maintenon (Mémoires sur) recueillis par les dames de Saint-Cyr. 1846, in-12, br. **2 fr. 50**

21857. Cousin (Vict.). Madame de Hautefort et Madame de Chevreuse; nouvelles études sur les femmes illustres du xviiᵉ siècle. 1856, 2 vol. in-8, portraits, dem.-rel., perc. viol., non rogn. **7 fr. 50**

21858. Comte de Comminge (Mémoires du). La Haye, 1735, in-12, v. **2 fr. 50**

Première édition de ce roman célèbre qu'on regarde comme le chef-d'œuvre de Mᵐᵉ de Tencin. On prétend que d'Argental et de Pont-de-Veyle, neveux de cette dame, ne seraient pas étrangers aux succès littéraires de leur tante. Si même on en croit une dame de Courteille, amie de d'Argental, ce roman serait l'œuvre de ce dernier.

21859. Deutsche Real Encyklopædie (Allgemeine) für die gebildeten Stænde. — Conversations-Lexikon. Leipzig, 1864-1868, 15 vol. — Supplément. Leipzig, 1872-73, 2 vol. — Ens. 17 vol. gr. in-8, dem.-rel., maroq. viol. **18 fr.**

21860. Année historique ou rev. annuelle des questions et evenem. politiq. en France, en Europe et dans les princip. états du monde, par J. Zeller. 1860-63, 4 tom. en 2 vol. in-12, dem.-rel. **3 fr.**

21861. Polybe (Histoire de), trad. du grec par Dom Vinc. Thuillier, av. commentaire ou corps de science militaire par De Folard. 1727-30, 6 vol. in-4, portr., cartes et fig., v. rac. **15 fr.**

Piqûres de vers à plusieurs volumes.

21862. Frontini (S. Jul.) libri IV Stratagematicon, cum notis integris Modii, Stewechii, Scriverii, et alior. curante Fr. Oudendorpio. Lugd. Batav., 1779, in-8, port., vél. dor. de Holl., dent. (Aux armes de la ville de Leyde). **4 fr.**

21863. Code militaire ou compilation des ordonnances des rois de France concern. les gens de guerre, par de Briquet. 1747, 5 vol. in-12, v. m. (Bel exemplaire). **6 fr.**

21864. De La Noue (Le Seigneur). Discours politiques et militaires nouvellement recueillis et mis en lumière. A La Rochelle, chez Marin Villepoux, 1590, in-16, de près de 1000 pag., vél. à recouvrem. **10 fr.**

Edition rare.

21865. Antiquités Nationales (Abrégé des) ou recueil de monuments pour servir à l'histoire de France, par Millin, ouvrage orné de 250 planches. 1827, 4 vol. in-4, cart., non rogn.   25 fr.

Les planches représentent des vues de châteaux, abbayes et autres monuments dont la plupart ont été détruits pendant la Révolution.

21866. **Paris** (Mausolée dressé dans l'église de Notre-Dame de) ou service solennel célébré pour le repos de l'âme de Marie-Thérèse, reine de France. 1683, pièce in-4.   6 fr.

21867. **Art d'obtenir des places** (L') ou conseils aux solliciteurs (par Ymbert). 1816, in-8, br.   1 fr. 50

Mouillure aux dern. ff. dans la marge du fond.

21868 **Historiæ Anglicæ** lib. XXVII, aut. Polydoro Virgilio Urbinate, accessit præter alia nonnulla series regum Angliæ à primis initiis usque ad hanc ætatem, ex nova edit. Ant. Thysii. Lugd. Batav., 1651, in-8, v.   3 fr. 50

21869. **Angleterre** (Hist. d') dep. l'invasion de Jules César jusqu'à la révolution de 1688, par Dav Hume, contin. jusqu'en 1783 par Smollet et Adolphus ; trad de l'angl. ; précéd. d'un essai sur la vie et les écrits de D. Hume, par Campenon et l'Acad. franç. ; suiv. d'un précis des évenem. dep 1783 jusqu'en 1820, par Aikin. — 1819-22. 22 vol. in-8, dont un de tables, par Quesné, dem.-rel., v. viol.   12 fr.

21870. **Robertson** (W.). Œuvres complètes, précéd. d'une notice par J. A. C. Buchon. 1836, 2 vol. gr. in-8, dem.-rel., v. r., tr. marbr.   3 fr.

21871. **Anglo-Saxons** (Hist. des), par sir Fr. Palgrave, trad de l'angl. par Alex. Licquet. Rouen, 1836, in-8, fig , br. 2 fr. 50

21872. **Valvidares** (Ramon). Fabulas, satiricas, politicas y morales sobre el actual estado de la Europa. 1811, in-12, v. (Aux armes de Lord Stuart de Rothesay). 2 fr.

21873. **Celenio** (Inarco). El si de las Ninas, comedia en III actos, en prosa. Madrid, 1806, pet. in-8, cart. à la Brad., non rogn   3 fr.

21874. **Contarini.** Annali delle guerre di Europa per la monarchia delle Spagne. Venezia, 1720, 2 vol. in-4, vél. (Bel exempl.).   3 fr.

21875. **Madame de Davesan** (Les Mémoires de la vie de) (par L G. Gomez de Vasconcellos, dame Gillot de Beaucour). 1678, 4 tom. en 2 vol. in-12, v. (Rare).   10 fr.

Mme de Beaucourt est auteur de divers ouvrages, notamment de l'*Arioste moderne* ou *Roland le furieux*, qui donna à Quinault l'idée de l'opéra de Roland, et que Gouget, par erreur, attribue à Madeleine Poisson, dame Vasconcelle Gomez de Taigueredo, cousine par alliance de l'auteur.

21876. **Francesco Filelfo** (vita di) da Tolentino del Carlo de Rosmini. Milano, 1808, 3 vol. in-8, port , dem.-rel., v. viol.   5 fr.

21877. **Fabrice d'Aquapendente** (Œuvres chirurgicales de Hier.) divis. en deux parties : le Pentateuque chirurgicale et les opérations manuelles qui se pratiquent sur le corps humain, enrichies de plus. figures inventées par l'auteur. Lyon, 1670, gros vol. pet. in-8, parch. marbr.   8 fr.

Elève et digne successeur de Fallope à l'université de Padoue, Fabrice d'Aquapendente est rangé, à juste titre, parmi les bons écrivains, les plus fameux anatomistes et les plus célèbres chirurgiens du XVIᵉ siècle.

21878. **Valleriola** (Commentarii in sex Galeni libros de Morbis et symptomatibus Francisco) autore. Lugduni, ap. Seb. Gryphium, 1540, in-4, réglé, v. br. (Rel. du XVIᵉ siècle).   35 fr.

Cet exemplaire a appartenu au célèbre MARTIN AKAKIA, médecin de François Iᵉʳ, député de l'Université au Concile de Trente en 1545. — Akakia était originaire de Chalons-sur-Marne, et selon l'usage du temps, changea son nom de *Sans Malice* en celui d'Akakia qui veut dire la même chose en grec. — Son nom : DOMINUS MARTINUS ACAKIA est frappé en lettres d'or sur les deux plats du volume.

21879. **Horticulture.** Traité de la culture des différ fleurs (par Guérineau de Saint-Péravi). 1765, in-12, v. marbr.   3 fr.

Fleurs étudiées : Narcisse, Giroflers, Tubéreuses, Anémones, Jacinthes, Jonquilles, Iris, Lis et Amaranthes.

21880. **Plinii** (C) Historiæ naturalis lib. XXXVII cum select. comment. J. Harduini ac recentior. interpretum novis que adnotationib. Paris, Lemaire, 1827-52, 11 vol. in-8, dem.-rel., v. fauve, non rogn. 10 fr.

21881. **Des Etangs** (N. C.), anc. président de la L∴ des Trinosophes, orn. de son portr. et précéd. d'une notice histor. sur l'auteur par F. D. Pillot. 1848, beau vol. gr. in-8, portr., br.   5 fr.

Le véritable Lien des Peuples. — Des Imitations. — Fêtes et cérémonies. — La Franc-Maçonnerie justifiée des calomnies répandues contre elle. — Origines de la Franc Maçonnerie. — Etc., etc.

21882. **Ecossisme** (Mém. sur l'), par le F∴. Chemin-Dupontès. 1823, in-12, br.   2 fr.

21883. **Contes maçonniques,** par Bazot. 1845, in-12, br.   1 fr. 50

21884. **Manuel maçonnique** ou tuileur des div. rites de maçonnerie pratiq. en France dans lequel on trouve l'étymologie et l'interprétation des noms et des mots mystérieux donnés dans les différ. rites et suivi du calendrier lunaire, par un vétéran de la maçonnerie (Vuillaume). 1830, in-8, av. 32 fig., dem.-rel., v.   7 fr. 50

21885 **Maçonnerie d'adoption** (La vraie) précéd de quelques réflex sur les Loges irrégulières. Philadelphie, rue de l'Equerre, à l'aplomb, 1786, pet. in-12, dem-rel., v. r.   2 fr. 50

21886. **Maçonnerie symbolique** (Etudes histor. et philos. sur les trois grades de la), par le F∴ Redarès. 1859, in-12, br.   1 fr. 50

21887. **Fri-Maçons** (Les), hyperdrame (par Clément, de Genève). Londres, 1740, in 8, couv. pap.   2 fr.

21888. **Maçonnerie adonhiramite** (Recueil précieux de la). Avignon, 1810, 2 vol. in-18, fig , br.   2 fr. 50

21889 **Hauts grades de la Maçonnerie** (Les plus secrets mystères des) dévoilés ou le vrai Rose-Croix, trad. de l'angl , suivi de Noachite, trad. de l'allem. (par Berage). Jerusalem, 1778, in-12, fig., rel.   3 fr. 50

21890. **Rose-Croix** (Rituel de l'ordre chapitral, nouveau grade de) et l'analyse des 14 degrés qui le précéd., par J. M. Rayon. S. d , in-8, br.   1 fr. 50

21891. **Quevedo Villegas,** caballero del habito de Santiago, Obras escogidas. Madrid, 1788, 4 tom. en 2 vol. pet. in-8, v. gr.   6 fr.

21892. **Granada** (Antiguedad y‖encelencias da) par Fr. Bermudez, de Pedraza, natural della. Madrid, Luis Sanchez, 1608, pet. in-4, vél. 10 fr.

21893. **Dom Carlos,** nouvelle historiq. et galante (par de S. Réal). Amst., chez J. Amoureux, 1674, pet. in-12, couv. en pap. 3 fr.

21894. **Droit de bâtardise** (Du) sur les membres du chapitre de St-Dié, par F. de Chanteau. 1877, br. in-8. 1 fr. 50

21895. **Lucien** (Mythologie dramatique de), trad en français et accompagnée du texte grec et d'une version latine par Gail. 1798, in-4, grand-papier vélin de Hollande, v. porphyre, dent., tr. marbr. (Bel exemplaire). 6 fr.

21896. **Antigoni** Carystii, Historiarum mirabilium collectanea (gr.-lat.), G. Xylandro interprete, cum notis J. Meursii (circa 1620). Pet. in-4, dem.-rel. 1 fr. 50

21897. **Barclaii** (Joa.) Euphormionis Lusinini sive Satyricon partes V cum clavi access conspiratio Anglicana. Lugd. Bat., Elzevir., 1655, pet. in-12, frontisp. grav., vél. 3 fr.
Cet exemplaire contient l'épître dédicatoire à P. Daubray, qui ne se trouve pas dans tous.

21898. **Diplomatique** (Nouv. traité de), où l'on examine les fondemens de cet art, les régles sur le discernement des titres les caractéres des bulles pontificales et des diplômes, etc., par deux religieux Bénédictins (Dom Tassin et Dom Toustain). 1750-65, 6 vol. in-4, av. nombr. planches grav. de diplômes et de chartes, v. fauve. (Rel. ancienne). 110 fr.
Bel exemplaire aux armes du chapitre de Toul.

21899. **Ancienne chevalerie** (Mémoires sur l'), considérée comme un établissement politique et militaire, par La Curne de Sainte-Palaye. 1759, 2 vol. in-12, v. mar-br. 6 fr.
« Mémoires très curieux, » dit Brunet. « Cette première édition, ajoute-t-il, est plus belle que la seconde » (1781). — Bel exemplaire.

21900. **Eugéne de Savoye** (Vie du prince), maréchal de camp général des armées de l'Empereur en Italie. La Haye, 1703, in-12, v. 2 fr. 50

21901. **Saint-Omer** (Histoire civile, politique, militaire, religieuse, morale et physique de la ville de), ou annales histor., statist. et biograph. de cette ville, par J. Derheims. St-Omer, 1843, in-8, front., dem.-rel., mar. viol. 4 fr.

21902. **Normandie** (Principes généraux du droit civil et coutumier de la province de), conten. les régles générales et particul. tirées du texte de cette coutume, par Ch. Routier. Rouen, 1742, in-4, v. 2 fr. 50

21903. **Noblesse de Normandie.** Recherche de la noblesse de l'elect. d'Evreux en 1523, av. le démembrement des élect. de Conches et de Pont-de-l'Arche, publ. pour la prem. fois et annot. par l'abbé Lebeurier. Evreux, 1868, in-12, br. 1 fr. 50

21904. **Nantes** (Histoire de), par A. Guépin. Seconde édition, avec dessins de Hauke et 2 plans. Nantes, 1839, gr. in-8, dem.-rel., v. bleu, et atlas de 84 planches, dans un carton. 10 fr.
La plupart de ces planches sont en eaux-fortes, avant la lettre. — Manque la planche 17e (détails de la cathédrale).

21905. **Morbihan** (La petite Mer appelée). Guerre de César contre les Vénètes, Locmariaker, par Tranois. St-Brieuc, 1853, pet. in-4, br. 1 fr. 50

21906 **Deux-Sèvres** (Annuaire statist. du départ. des) par E. Jacquin. Niort, an XIII, in-8, carte, br. 2 fr.

21907. **Champagne** (Recherches sur les personnages nés en) dont il existe des portraits dessinés, gravés ou lithograph. Liste des portr., noms des artistes dont ils sont l'œuvre, indication du format, précédés d'une courte notice biograph. par S. Lieutaud. 1856, in-8, br. 8 fr.
Tiré à petit nombre et devenu rare.

21908. **Reims** pendant la Révolution. Les massacres à Reims en 1792, d'apres des documents authentiques, par A. Barbat de Bignicourt. Reims, 1872, in-8, br. 3 fr.

21909. **Vermandois** (Le Coutumier de), contenant les commentaires de Buridan et de La Fons, ceux de Godet et de Billecart sur Châlons, de Buridan sur Rheims et de Vrecin sur Chaulny. 1728, 2 vol. in-fol., v. 5 fr.

21910. **Nivernois** (Histoire du pays et duché de), par Guy Coquille, sr de Romenay. 1632, in-4, v. br. 15 fr.
Cet exemplaire a appartenu au chancelier Séguier. Ses armoiries ont été grattées sur les plats de la reliure.

21911. **Allier** (Dictionnaire des noms de lieux habités du département de l'), par Chazaud. Moulins, 1881, in-12, br. 2 fr. 50

21912. **Bourbonne-les-Bains** (Traité des eaux minérales de), conten. une explicat. méthod. s. leurs usages, par Baudry. Dijon, 1736, in-8, br., non rog. 5 fr.

21913. **Haute-Vienne** (Description des monumens des differ. âges observés dans le département de la), av. un précis des annales de ce pays, par C.-N. Allou. 1821. in-4, br. 4 fr.

21914. **Nevers** (Droits féodaux sur la Loire daus le detroit de la châtellenie de), par L. Roubet. Nevers, 1865, in-8, br. 3 fr.

21915. **Thèse de philosophie imprimee sur satin à Clermont.** Sapientissimoque ornatissimoque viro domino D. Petro Dufraisse urbis Claremontanæ civi spectatissimo. Petrus André de la Roche D. D. D. Conclusiones ex universa Philosophia. Harum Conclusionum veritatem Deo auspice sedebit defensurus Petrus André de la Roche Claromontanus in aula majori Collegii Claromontani die 13 Augusti ann. 1682, præses erit Joannes Josay sacræ theologiæ doctor Facultatis Tolosanæ, necnon ejusdem Collegii Moderator. Claromonti, ap. Nic. Jacquard typ Placard gr. in-folio. Les armoiries de Du Fraisse, gravées en taille-douce et signees *Moneyras fecit à Clermont,* sont placées en tête. — Belle pièce TIRÉE SUR SATIN, sous verre dans un cadre noir, avec ornements dorés. Hauteur : 1 m. 08 sur 78 cent. de largeur. 35 fr.
Le verre est fêlé dans le coin de droite et la pièce est un peu coupée dans les replis.

21916. **Thèse de Philosophie du Collége des Jésuites de Clermont-Ferrand imprimée sur satin.** Illustrissimo viro D. Joanni de Ribeyre baroni de Fontenilles, D. de Lezeux, Ligone, etc., Regi à consiliis et in suprema Rationum curia quondam Computorum magistro, addictissimus ex matre pronepos Joa. Bapt. Delaire, D. D. D. Theses ex universa Philosophia. Has Theses Deo favente propugnabit Joannis Delarre Claromontanus in Regio Claromonferrandensi Collegio Societatis Jesu, die Junii anno 1672. Claromonti, ap. Nic. Jacquard, typog. — Placard gr. in-fol., precédé d'une superbe gravure de la Vierge avec les armoiries de Ribeyre, gravées par N. Pitau, d'après Philippe de Champagne, tirée par Landry. Cette gravure en taille-douce tient près de la moitié du tableau. — Belle pièce IMPRIMÉE SUR SATIN, sous verre, dans un cadre noir, avec ornements dorés. — Hauteur : 1 m. 08 sur 78 cent. de largeur.   40 fr.

. Quelques plis un peu coupés.

21917. Bourgogne. 8 pièces pet. in-4. 4 fr.

Requeste présentée à Mgr le Prince par les vignerons de son gouvernement de Bourgogne, en vers burlesques. 1649. — Requeste et remontrance adressées par le Parlem. de Dijon à M. le Prince à son arrivée en Bourgogne (en mai 1649). — Réponse de M. le Prince à la requeste et à la remontrance qui lui ont été adressées par le Parlement de Dijon à son arrivée en Bourgogne. 1649.

21918. Titres du comté de Forez (Inventaire des), fait en 1532, lors de la réunion de ce comté à la Couronne de France, par Jacq. Luillier, suivi d'un appendice cont. plus. pièces inédites et des fragments de l'inventaire des titres du Forez, dressé en 1473 par Perrin Gayand, publ. par A. Cheverondier. Roanne. 1860, gros vol. in-4, dem.-rel.   7 fr. 50

21919. Ménestrier (Le P.). Eloge historique de la ville de Lyon et sa grandeur consulaire sous les Romains et sous nos Rois. Lyon, 1669, 4 part. en 1 vol. in-4, frontisp. et vign. sur cuivre. nombr. fig. d'armoiries, v.   25 fr.

Ce volume contient un armorial des prévosts des marchands et de l'échevinage de Lyon, qui est continué par des feuilles additionnelles jusqu'en 1673.

21920. Colonia (Le P. de). Histoire littéraire de la ville de Lyon, avec une bibliothèque des auteurs lyonnois sacrés et profanes, distribués par siècles. 1728, 2 tom. en un vol. in-4, v. marbr.   10 fr.

Avec l'ex-libris du baron de Cayx de St-Aymour.

21921. Album du Dauphiné, ou recueil de dessins représentant les sites les plus pittoresques, les villes, bourgs et princip. villages ; les églises, châteaux et ruines les plus remarquables du Dauphiné, avec les portraits des personnages les plus illustres de cette province, av. un texte histor et descriptif par Cassien et Debelle. Grenoble, 1835, 3 vol. in-4, dem.-rel., toile bl.   45 fr.

21922. Massacres du Midi (Mémoire histor. s. la réaction royale et sur les), par le cit. Fréron. 1824, in-8, dem.-rel., bas. 3 fr.

Cachet de bibliothèque sur le titre.

21923. Thèse de philosophie gravée et imprimée sur satin à Toulouse. Praecelso ac praepotsuti viro domino Antonio de Malaret, baroni de Fonbeauzard, domino de Croix-Benitte, etc., et in Supremo Occitaniae Senatu advocato generali pro laurea artium has Theses de universa Philosophia Deo duce et praeside R. F. Joanne Navarre, Doctrinae Christianae sacerdote tueri conabitur Joannes Castel clericus, Seminarii S. Lazari alumnus e loco Verzeille diaecesis Carcassonensis in Collegio Squillano Tolosae primario die 4e mensis Julii, anno 1762 — Tolosae, e typographia viduae J. P. Robert Collegii regii Squillani typographi in vico S. Ursulae, 1762. — Placard in-folio maximo en deux pièces accordées. Celte du haut est une très belle gravure allégorique en taille-douce, avec cette legende : *A Toulouse, chez Grangeron, Gran. fecit;* la seconde partie continue l'ornementation avec deux superbes cariatides formant pilastres et supportant un entablement avec corbeilles de fruits et draperies dans le haut et sur les côtés, avec soubassement. — Le texte de la Thèse est imprimé au milieu dans un espace réservé. La partie gravée occupe plus des deux tiers du tableau. — SUPERBE PIECE TIRÉE SUR SATIN et parfaitement conservée, sous verre, dans un beau cadre doré, avec moulures. Hauteur, 1 m. 10, largeur, 76 cent.   50 fr.

21924. Marseille (Trésor de la dévote confrairie des Agonisans, érigée dans l'église collegiale N.-D. des Accoules de la ville de). Marseille, F. Brebion, 1786, in-12, parch.   3 fr.

21925. Du Tronchet (Lettres missives et familières d'Est.), secret. de la royne-mère du roy, av. le monologue de la Providence divine au peuple franç., rev., corrig. et augm. de plus, lettres amoureuses. Rouen, 1615, pet. in-12, v. (Rare).   10 fr.

21926. Paris (Cartulaire de l'église Notre-Dame de), publ. par Guerard. 1850, 4 vol. in-4, cart. a la Brad.   20 fr.

21927. Voyage spirituel d'un jouvenceau vers la terre de paix pour y vivre essentiellement en Dieu, qui en son voyage rencontra trois sortes de disputations, avec quelques proverbes que la vieillesse parle au jouvenceau, et un dialogue spirituel. Joinct une danse à laquelle s'assemblent de tous endroicts de la terre les desirs etniques avec leurs pervers, desbauches et dissolus sens et pensees, tant en dissolution qu'en apparence de saincteté, dansants tous main à main et sautans jusques en l'Enfer, par Hiel. S. l., n. d. (vers 1640), pet. in-8, vél.   20 fr.

Livre singulier, non mentionné par Brunet. On y trouve es préceptes ou adages tels que ceux-ci (p. 64) : « Bois du bon vin dont ton âme se resjouisse .. Mange viande saine et ton pain de bon froment, qui entretiendra ton corps en santé .. Revestis-toy de drap de la plus fine laine, cela te fera bon au corps et humiliera ton âme . Etc. » — Les PROVERBES de la vieillesse au jouvenceau commencent à la page 52 pour finir à la page 78.

21927 bis Maupas du Tour, evesque du Puy. La vie de la vénérable Mere Jeanne-Françoise Frémiot (Mme de Chantal), fondatrice, premiere mère et religieuse de l'ordre de la Visitation de Saincte-Marie. 1647, in-4, avec de grandes et belles figures gravees s. cuivre par Huret, d.-rel.   10 fr.

21928. Inscriptiones sacrosanctae vetustatis non illae quidem Romanae ; sed totius fere orbis summo studio ac maximis impendiis terra marique conquisitae feliciter incipiunt Magnifico viro Domino Reymundo Fuggero... Petrus Apianus,.. et Barptholom. Amantius. Ingolstadii, in aedib. P. Apiani, 1534, in-fol. de 20 ff. prél. et

4 ff. de table, fig. en bois par Orstendorfer, rel. en ais de bois, recouvert de peau de truie estampée, fermoirs. (Rel. du xvi° siècle). 35 fr.

Volume rare, sorti de L'IMPRIMERIE PARTICULIÈRE que l'auteur P. Bienewitz (Apianus), avait établie dans sa maison. — Bel exemplaire, dans sa première reliure.

21929. Incunable de Strasbourg. Epistolæ Beati Bernardi. (In fine :) Expliciunt Epistole Beati Bernardi abbatis Clarevallensis. — Tractatus Beati Bernardi de miseria et brevitate hujus vite et de vera scientia incidit feliciter. (In fine :) Apologia Beati Bernardi abbatis Clarevallensis ad Cluniacenses de Concordia ordinum sive excusatio ejus ad eosdem. (Absque ulla nota, sed Argentorati, Henr. Eggestein, circa 1473). Gr. in-fol., goth. à 2 col. de 60 et 62 lignes, derelié. 110 fr.

Hain, N° 2870. — Bel exemplaire, bien conservé.

21930. Incunable de Spire. Malleus Maleficarum (ab Henrico Institore et Jacobo Sprenger). — Sine nota (sed Spiræ, Petrus Drach. 1492). In-4, goth. de 190 ff. à 2 col., de 40 lignes par page, v. br. 70 fr.

Livre fort curieux, qui contient des détails singuliers sur le pouvoir et les opérations des sorcières dans des questions comme celles-ci : *An maleficœ prestigiosa illusione operantur circa membra virilia quasi illa omnino sint a corpore avulsa, — De modo quo membra virilia auferre solent*, etc — Brunet, dans son *Manuel du Libraire* (III, 443), dit que la première édition de cet ouvrage est celle de Cologne, 1507. Celle-ci, qu'il n'a pas connue, lui est antérieure de 15 années. La date de 1492 est fixée par Proctor, N° 2389 — Hain la décrit sous le N° 9240, et la croyait même plus ancienne, car il la place avant une édition datée de 1487.

21931. Incunable d'Augsbourg. Sermones aurei de Sanctis Fratris Leonardi de Utino sacre Theologiæ doctoris, ordinis Predicatorum (item tractatus de Prædestinatione et reprobatione divina authore Magistro Henrico de Gorichem S. Theologiæ professore, item de Symonia eodem authore, item determinatio quodlibetica Magistri Johannis de Mechlinia). Laus Deo M.CCCC LXXIIII (1474). In-fol., vél. 160 fr.

Edition très rare, sortie des presses particulières de l'abbaye des SS. Ulric et Afre, à Augsbourg, dans laquelle l'abbé Melchior de Stanheim avait établi une imprimerie. — Superbe exemplaire, dans le plus parfait état de conservation, comme neuf, sans aucune piqûre. — Initiales peintes en rouge et en bleu. — Hain, N° 16130.

21932. Incunable de Venise daté de 1476. Prohemio di Donato Acciaioli nella historia Fiorentina trad per lui in vulgare. (A la fin :) Fine de duodecimo et ultimo libro della historia del popolo Fiorentino composta da Messer Lionardo Aretino in latino et tradocta in lingua tosca da Donato Acciaioli a di xxvii dagosto Mcccclxxii (1473) Impresso a Vinegia par lo diligente huomo maestro Jacomo de Rossi di natione Gallo, nel anno del Mcccclxxvi (1476), a di xii di Febraio. In-fol., vél. 45 fr.

Très belle impression de JACQUES LE ROUGE, imprimeur français établi à Venise, compatriote et ami de Nicolas Jenson.

21933 Incunable de Venise. In nomine domini nostri Jesu Christi, Amen. Incipit liber qui dicitur Supplementum (Pisanellæ Summæ ab authore Nicolao de Ausmo. (In fine :) Impressum est hoc opusculum Venetiis, per Francisc. Renner de Hailbrun,

M.cccc.lxxxii (1482). Laus Deo. Gros in-8 de plus de 1000 pag., goth. à 2 col. de 38 lignes, dem.-rel., v. bl· 30 fr.

21934. Incunable de Bâle. Expositio beati Gregorii pape super Ezechielem in Omelias. (In fine :) Omeliarum Beati Gregorii pape super Ezechielem liber secundus finit feliciter. (Sine loco et nomine typographi, sed Basileæ, Mich· Furter). Anno Domini M.cccc xcvi (1496). In-4, goth. à 2 col. de 47 lignes, v. m. 20 fr.

Hain, N° 7946. — Proctor, N° 7733.

21935 Sermones dormi secure de tempore et de Sanctis (auctore Ricardo de Maidstone). Basileæ impressi anno domini 1489, in vigilia Petri et Pauli apostolorum, 2 tom. en 1 vol. in-4, goth. à 2 col., parch. 20 fr.

Raccommodage au titre de la première partie.

21936. Celifodina absconditas Scripture thesauros tamdem (auctore Magistro Joh. de Patz ordinis fratrum Heremitarum S. Augustini). denuo pressa, elimata atque ubi truncata prius habebatur supplemento integrata diligenterque ex archetypo emendata. (In fine :) Impressum Liptigk per baccalaureum Martinum Lantzperg Herbipolensem anno 1510, necnon completum ipso die Laurenti martyris. (Au-dessous la marque de l'imprimeur). Gros in-4, goth, à 2 col., belle figure s. bois s. le titre, rel. du temps bien conservée en ais de bois, recouv de v. br., avec rosaces et fleurs de lys à fr., avec fermoirs intacts. 30 fr.

On remarque en tête de ce volume une lettre de Raymond Péraud, de Saintes, légat du Pape, cardinal de Gurck, adressée à l'auteur.

21937. Imprimerie en Europe (De l'origine et des débuts de l'), par Aug. Bernard. 1853, 2 vol in-8. avec fac-similes, br 25 fr.

Un des meilleurs ouvrages sur la matière. — Exemplaire avec les tables qui ont été imprimées après coup et manquent la plupart du temps.

21938. Gutenberg (Un nouveau document sur). Témoignage d'Ulrich Gering, le premier imprimeur parisien, et de ses compagnons, en faveur de l'inventeur de l'imprimerie, par A. Claudin (1883). Broch. in-8. (Tirage à part, article extrait du Livre). 2 fr. 50

Tirage à part à 50 exemplaires de la revue Le Livre. Ce document important, qui dit positivement que Gutenberg est l'inventeur de l'imprimerie telle qu'elle se pratique, a été publié ici pour la première fois en 1883 Depuis, il a fait le tour de la presse et a été publié in extenso en 1887 par L. Sieber, de Bâle M. L. Delisle en a donné le fac-simile intégral accompagné d'un savant commentaire. Le 9 septembre 1792, les honneurs du Panthéon furent demandés à l'Assemblée Nationale pour Gutenberg par Anacharsis Cloots, « l'orateur du genre humain. »

21939. Imprimerie en France (Les origines de l'), premiers essais à Avignon en 1444, par A. Claudin. 1898, br. in-8. 3 fr. 50

Analyse des documents découverts par l'abbé Requin. Résumé de la question.

21940. Première presse à Paris (Histoire de la). The first Paris Press, on account of the books printed for G. Fichet and J. Heylin in the Sorbonne (1470-1472), by A. Claudin, illustrated monograph, issued by the Bibliographical Society. London. 1898, pet. in-4, pap. vergé, avec fac-similés, br. 25 fr.

Publication faite par la Société bibliographique de Londres pour les membres seulement et non mise dans le commerce. Cette monographie con tient l'histoire du premier établissement de l'imprimerie à Paris, avec sa liste bibliographique complète des livres imprimés à Paris dans l'enceinte de la Sorbonne. On y indique le nombre d'exemplaires connus et les bibliothèques où ils se trouvent. Ce travail est suivi de pièces et documents originaux inédits. A cet exemplaire est joint un tirage à part de la *Typologie Tucker*, contenant le compte rendu ou analyse détaillée en français de l'ouvrage.

21941. Première presse à Paris (La). 1898, broch. in-4, à 2 col., imprimée avec luxe. 2 fr. 50

Compte rendu ou analyse détaillée en français, rédigé par M. Henry Tucker et présentant un résumé complet de l'ouvrage précédent.

21942. Private printing in France during the fifteenth century by A. Claudin (Printed at Edinburgh, by T. and A Constable. 1896). Broch. gr. in-8, pap. vergé. 10 fr.

Tirage à part à 25 exemplaires numérotés et signés par l'auteur. — Extrait des « Bibliographica » publ. par MM. Kegan, Paul, Trench et Cie, à Londres L'histoire des imprimeries établies en France au xve siècle, dans les maisons religieuses ou particulières, est un sujet des plus intéressants qui n'avait jamais été traité Les établissements de ce genre, peu ou point connus, sont au nombre de onze. On trouve dans cette monographie la liste des livres sortis de ces presses.

21943. Imprimerie à Troyes (Recherches sur l'établissement et l'exercice de l'), contenant la nomenclature des imprimeurs de cette ville depuis la fin du xve siècle jusqu'à 1789, et des notices sur leurs productions les plus remarquables, avec fac-similés et marques typographiques, par Corrard de Bréban ; 3e édition, revue et considérablement augmentée d'après les notes manuscrites de l'auteur, par O. Thierry-Poux, de la Bibliothèque Nationale In-8, titre rouge et noir, pap. verge, avec fac-similés du premier livre imprimé et 17 marques d'imprimeurs des xve et xvie siècles, grav. sur bois, br. 4 fr.

L'imprimerie à Troyes date de 1483, et son introduction dans cette ville est due à un des membres de la famille Le Rouge de Chablis, dont M. Monceaux vient de retracer le passé artistique d'une manière si complète. Les foires de Champagne, qui étaient très fréquentées aux xve et xvie siècles, donnèrent un essor considérable à la librairie et à l'imprimerie troyennes. L'ouvrage de M. Corrard de Bréban, sans cesse amélioré par des recherches nouvelles, revues et completées dans cette troisième et dernière édition par Thierry-Poux, fait autorité dans le monde bibliographique. Après un exposé de la question historique, on trouve un répertoire par ordre alphabétique des imprimeurs de Troyes, avec indication de leurs demeures et nomenclature bibliographique de leurs ouvrages. Le volume se termine par une *liste des imprimeurs troyens distribués dans l'ordre chronologique* — Peu de livres traitant de la typographie provinciale contiennent autant de renseignements intéressants, recueillis avec la patience qui caractérise les bibliophiles de la vieille roche.

21944. Typographie à Metz (Essai philologiq. s. les commencem. de la) et s. les imprimeurs de cette ville (par Tessier). Metz, 1828, in-8, br. 7 fr. 50

21945. Clément-Janin. Les imprimeurs et les libraires dans la Côte-d'Or. Dijon, 1883, in-8, portr. et fac-simile, br. 5 fr.

21946. Imprimerie à Limoges (Les origines de l'), par A. Claudin. Limoges 1896, in-8 de 50 pag., pap fort, avec 14 planches de fac-similes, dont 3 se dépliant, br. 7 fr. 50

Limoges est la plus ancienne ville de France dans laquelle l'industrie des cartiers qui ont précédé les typographes ait été exercée à une date certaine. Dès 1386, Barthélemy de Pistorie est mentionné dans un terrier et qualifié d'imprimeur. D'autres industriels de même genre sont cités en 1427, 1441, 1461, 1479 et 1484. La typographie n'apparut réellement qu'en 1495, mais se développa rapidement Deux typographes, Jean Berton, originaire de Touraine, mais qui paraît avoir appris son art à Lyon, et Richard de la Nouaille, produisent tour à tour nombre de livres d'une excellente exécution.

21947. Imprimerie à Limoges (Notes pour servir à l'histoire de l'). L'imprimeur Claude Garnier et ses pérégrinations (1530-1557), par A. Claudin. Limoges. 1894, br. in-8, avec 7 planches de fac-simile. 6 fr.

Claude Garnier a débuté en 1520 avec Martin Berton. Il quitta Limoges en 1529 pour se rendre à Bazas, où il transporta sa presse et y imprima en 1530 le bréviaire de Bazas, et en 1531 une vie de St Jean-Baptiste d'après un ancien manuscrit du Chapitre, revu par le chanoine Jean Dibarola, conseiller au Parlement de Bordeaux. — Il va ensuite à Auch, où il imprime en 1533 le Bréviaire de la cathédrale Sainte-Marie. On le perd ensuite de vue pendant quelques années pour le retrouver vers 1550 à Limoges, où il termine sa carrière quelques années après.

21948 Imprimerie à Poitiers (Les débuts de l') — Les Bulles d'indulgence de Saintes. — Jean Bouyer, Saintongeais, prototypographe poitevin, par A. Claudin. La Rochelle, 1894. broch. in-8, avec 4 fac-similés. (Rare). 5 fr.

21949 Premiers livres imprimés à Poitiers (Bibliographie par ordre chronologique des), 1479-1515, par A. Claudin. 1897, gr. in-8, br. 4 fr.

Description complète et détaillée de LXXVIII éditions, avec l'indication des bibliothèques où elles se trouvent, suivie d'une table alphabétique des ouvrages.

21950 Imprimeurs de Toulouse (Les enlumineurs, les relieurs, les libraires et les) aux xve et xvie siècles (1480-1530), documents et notes pour servir à leur histoire, publiés et annotés par A. Claudin. 1893, in-8, pap. de Hollande, br. 7 fr. 50

On a longtemps contesté à Toulouse la gloire d'avoir eu l'imprimerie de bonne heure au xve siècle, et des bibliographes ont voulu placer à Tolosa en Espagne les livres sortis des presses de la capitale du Languedoc. Les documents publiés ici tranchent la question d'une façon définitive en faveur de la France. Les noms des imprimeurs qui ont signé ces premiers livres se retrouvent dans les rôles d'impôts de la ville, avec l'indication des quartiers où ils avaient établi leur industrie. — Tiré à petit nombre et devenu rare.

21951 Imprimeurs de Toulouse au XVIe siècle (Les libraires, les relieurs et les). 1531-1550, d'après les registres d'imposition conservés aux archives municipales, documents et notes pour servir à leur histoire, publiés et annotés par A. Claudin. 1893, in-8, pap. de Hollande, avec 3 planches de fac-similés, br. 7 fr. 50

Complément du travail précédent.

21952. Imprimerie à Toulouse. Un écrivain Saintongeais inconnu, Mathurin Alamande, poete et littérateur de Saint-Jean-d'Angély (1486-1531). — Notes sur une impression de Toulouse et sur un libraire rouennais établi à Castres en 1519. La Rochelle, 1893, broch. in-8 avec 3 planches de fac-simile (Rare). 5 fr.

Mathurin Alamande était un ami de Jean Le More, l'imprimeur de La Réole. Il remporta le prix aux Jeux floraux à Toulouse, enseigna à Lectoure, à Agen et ailleurs Jacques L. Fèvre d Etaples et les plus grands savants de l'époque étaient en relations avec lui. Le volume dont il est question renferme quelques-unes des poésies d'Alamande et a été imprimé à Toulouse par Jean Faure pour Guillaume Le Nud, originaire de Rouen, libraire à Castres.

21953. Imprimeurs parisiens du XV° siècle (Liste chronologique des) 1470-1500, par A. Claudin. 1901, broch. in-8   4 fr.

Cette liste définitive d'imprimeurs qui complète et rectifie les travaux de La Caille, de Lottin, de Madden et autres historiens plus récents de l'imprimerie parisienne, donne les dates exactes du commencement et de la fin de leurs exercices, l'emplacement des ateliers, l'indication des enseignes, ainsi que les noms des correcteurs ou réviseurs de textes attachés aux imprimeries.

21954. Imprimerie à La Réole (Les origines de l') en Guyenne (1517). Recherches sur la vie et les travaux de Jean Le More dit Maurus de Coutances, imprimeur et professeur de grammaire (1507-1550), par A. Claudin. Bordeaux, 1894, broch. in-8 av. 9 planches de fac-simile. (Rare)   6 fr.

La Réole, petite ville qui fait actuellement partie du département de la Gironde, a eu l'imprimerie avant Bordeaux. C'est une physionomie bien curieuse que celle de Jean Le More, Normand d'origine, correcteur d'imprimerie à Paris, qui vient s'installer à La Réole avec un vieux matériel et qui y imprime une grammaire qu'il a composée pour ses élèves et d'autres livres, passe ensuite à Lectoure où il enseigne aux gages de la ville, puis à Agen, ensuite à Montauban, enfin à Toulouse, où il se fixe définitivement et devient un personnage éminent dans le corps enseignant. Après avoir acquis une certaine aisance, il se marie sur le tard et s'attire les railleries et les inconvénients d'une union disparate. Il a de plus à compter avec Etienne Dolet dont il s'est fait un ennemi.

21955. Imprimerie à Rouen. Un typographe rouennais oublié. Maître J. G., imprimeur d'une édition de Commines en 1525, par A. Claudin. Paris, 1896, broch. in-8, pap. de Hollande, av. 3 planches de fac-similés.   5 fr.

Le typographe désigné par les initiales J. G. n'est autre que Jacques Le Gentil qui avait épousé Anne Le Forestier, fille de Jacques Le Forestier, imprimeur-libraire rouennais. Le Gentil acheta la maison de son beau-père à l'enseigne de la *Fleur de Lys d'Or* et continua le métier jusqu'en 1555 environ.

21956. Imprimerie à Sisteron (Les origines de l') en Provence (1513). — Les pérégrinations d'un imprimeur (1507-1515). — Imprimerie établie à Servoules, commune de Sisteron, pendant la Révolution, notes et documents publ. par A. Claudin. 1894, broch. in-8, avec 7 planches de fac-similés. (Rare).   6 fr.

Sisteron eut une imprimerie bien avant Aix, Marseille, Nîmes et autres villes plus importantes du Midi. Un imprimeur du nom de Thomas de Cloches (*Thomas de Campanis*), qui avait exercé dès 1507 à Lyon, vint s'établir à Sisteron en 1513 et y imprima un bréviaire qu'il a exécuté avec le matériel du premier livre imprimé à Arles en 1501.

21957. Imprimerie en Béarn (Note pour servir à l'histoire de l'). Les antécédents d'Henry Poyvre et de Jean de Vingles, premiers imprimeurs de la ville de Pau, par A. Claudin. Auch, 1894, broch. in-8.   2 fr. 50

21958. Barthélemy de la Gorge, libraire, relieur et marchand mercier à Grenoble (1516-1522), par A. Claudin. 1892, broch. in-8, pap. de Holl., avec fac-simile de la signature de B. de la Gorge.   2 fr.

21959. Pierre César et Jean Stoll, imprimeurs parisiens du XV° siècle, documents inédits publ. par A. Claudin. Besançon, 1900, broch. in-8.   5 fr.

Tous les historiens de l'Imprimerie, sans exception, ont cru que Pierre César, dit *Cesaris*, le second imprimeur Parisien, était flamand et appartenait à la famille des De Keysere, de Gand. La découverte de documents inédits, dans les archives de l'ancienne Sorbonne, permet maintenant d'affirmer qu'il s'appelait de son vrai nom Pierre Wagener ou Wagner, qu'il était allemand, originaire de Schwiebus en Silésie et que le nom de *Kayser* traduit en latin par *Cesaris* n'était qu'un sobriquet. Fac-similés de trois de ses signatures avec grilles et paraphes à la fin. — Tiré à 50 exemplaires seulement et devenu rare.

21960. Imprimerie à Uzès au XV° siècle (L'), description d'un bréviaire inconnu imprimé dans cette ville en 1493, par A. Claudin. Besançon, 1899, broch. in-8 avec fac-simile   4 fr.

Jean Du Pré, de Lyon, appelé par l'évêque Nicolas Maugras, vint à Uzès en 1493 et y imprima le bréviaire de la cathédrale. Ce fait n'avait encore été révélé par aucun historien de l'Imprimerie. — Tiré à 50 exemplaires seulement et devenu rare.

21961. Tipografía Española o historia de la introduccion, propagacion y progresos del arte de la imprenta en Espana a la que antecede una noticia general sobre la imprenta de la Europa y de la China adornado todo con notas instructivas y curiosas su autor Fr Mendez, 2ª édit. corrégéda por Dion. Hidalgo. Madrid, 1861, gr. in-8 av. fac-simile et marques d'imprimeurs, dem.-rel., mar. br., non rogné.   25 fr.

Ouvrage très estimé contenant l'histoire de la Typographie espagnole au XV° siècle. — Edition la meilleure et la plus complète.

21962. Tipografía Complutense (Ensayo de una) por D. Juan Catal. Garcia. Madrid, 1889, gr. in-8, à 2 col., dem.-rel., mar. br., non rogn.   20 fr.

Histoire et bibliographie des livres imprimés à l'Université d'Alcala depuis sa fondation par le cardinal Ximenès en l'année 1502, avec l'indication des bibliothèques où se trouvent conservées les éditions qui y sont mentionnées.

21963. Initia typographica illustrav. Is. Frid. Lichtenberger. Argentorati, 1811, in-4, dem.-rel., cuir de Russie avec coins, dos à nerfs.   5 fr.

Dans le même vol.: Literari-che-Kritische abhandlung uber die zwo alleralteste gedruckte deutsche Bibeln, welche in der kurtursti, bibliothek in Munchen, von Ger. Steigenberger. Munchen, 1787.

21964. Thierry Martens (Recherches historiq. et critiq. s. la vie et les éditions de), par De Gand d'Alost. Alost, 1845, in-8, frontisp., br.   4 fr.

21965. Thierry Martens (Biographie de) d'Alost, premier imprimeur de la Belgique, suiv. de la bibliograph. de ses éditions par Van Iseghen. Alost, 1852, in-8, 1 carte, br.   5 fr.

21966. Moulins (Impression de). Antiquitez du prieuré de Souvigny en Bourbonnois où est monstré le pouvoir des Saincts et plusieurs choses notables de la royale maison de Bourbon, qui en est fondatrice, par F. Sebastien Marcaille, bachelier formé en sainte théologie et vicaire général de Monseigneur de Cluny audit prieuré. A Molins, par Pierre Vernoy, imprimeur et libraire ordinaire du Roy. 1610, in-8, titre gravé par Gabriel Seive, vél.   100 fr.

Volume très rare qui passe pour être le premier livre imprimé à Moulins. Le titre gravé représente dans des médailles les principaux Saincts de l'ordre de Cluny: S. Mayeul, St Odille, St Légier et

St Principin. — *Exemplaire grand de marges et bien conservé dans sa première reliure.*

21967. Moulins (Impression de). Le Divertissement d'un esprit religieux sur quelques rencontres de dévotion (pièces de vers) dédié à Madame la Duchesse de Montmorency. A Moulins, par Jacques Vernoy, libraire et imprimeur, à l'enseigne du nom de Jésus (1647). Pet. in-12, mar. olive, fil. à comp., tr. dor. (Rel. ancienne).   20 fr

Petit volume rare. — Ces poésies sont l'œuvre d'un religieux, comme il est dit dans la dédicace, qui a gardé l'anonyme. La dédicace à la duchesse de Montmorency signée de l'imprimeur Jacques Vernoy se termine par ce libellé : De vostre Imprimerie de Moulins le 10 février 1647.

21968. Bibliographie de Lyon. Bibliographie historiq de la ville de Lyon pend. la Révolution française, conten. la nomenclat. des ouvrag. publ. en France ou à l'étranger et relatifs à l'hist. de cette ville, par P. M. Gonon. Lyon, 1844, gr. in-8, br.   6 fr.

21969. Bibliothecæ Fabricianæ (Historia) auctore J. Fabricio. Wolfenb., 1718, in-4, v.   2 fr. 50

Dans le même volume : Oth. Sperlingii de nummis non cusis tam veter. quam recentior. Amst., 1700.

21970. Recherches bibliographiques sur le Télémaque, les Oraisons funèbres de Bossuet et le Discours sur l'Histoire Universelle (par Caron). 1840, in-8, br.   4 fr.

Recherches très intéressantes. — Exemplaire avec les additions publ.ées en 1850.

21971. Scriptorum Græcorum (Lexicon bibliographicum sive index editionum et interpretationum) tum sacrorum tum profanorum, cura et stnd. Hoffmann. Lipsiæ, 1832, 2 tom. en 1 gros vol. in-8, dem.-rel., mar. r., à nerfs.   4 fr.

21972. Boileau-Despréaux et Brossette. Lettres familières publ. par Cizeron-Rival. L., 1770, 3 vol. pet. in-12, v. marbré. 5 fr.

Exemplaire avec envoi autographe signé Cizeron-Rival ainsi libellé : « Pour M. Palissot de Montenay, de la part de son très humble serviteur : CIZERON-RIVAL »

21973. Livres à figures. Médailles sur les princip. événements du régne de Louis le Grand, avec des explications histor. (par Charpentier, Tallemant, Racine, Boileau, etc.). Paris, imprim. royale, 1733, gr. in-fol., fig., v. m.   25 fr.

1 beau front. contenant un superbe port. de Louis XIV par Coypel et 289 planches grav. par Leclerc, Simonneau et Cochin.

21974. Médailles de grand et moyen bronze du cabinet de la Reine Christine frappées tant par ordre du Sénat que par les colonies Romaines et par les villes grecques, gravées aussi délicatement qu'exactement d'après les originaux par Pietro Santes Bartolo en LXIII planches expliq. par un commentaire trad. du lat. de Sigeb. Havercamp. La Haye, 1742, in-fol. av. pl. de médailles, v. marbr.   20 fr.

21975. Chanceliers et gardes des sceaux de France distingues par les régnes de nos monarques dep. Clovis Ier jusqu'à Louis XIV, enrichie de leurs armes, blasons et généalogies, par Franc. Du Chesne, fils d'André, historiographe de France. Paris, chez l'auteur, rue et Montaigne Sainte Geneviève, vis-à-vis le Collège de Laon.

1680, in-fol., nombreux blasons gravés en taille-douce, v.   40 fr.

Exemplaire exceptionnel, tiré sur TRÈS GRAND-PAPIER.

21976. S. Louys (Hist. de), roy de France, IX. du nom, XLIIII. du nombre, prés. au roy le jour de la celebration géner. et solennelle de sa feste (par P. Matthieu). 1618, in-8, v. m.   10 fr.

Bel exemplaire d'un livre rare.

21977. Capitularia Regum Francorum, additæ sunt Marculfi monachi et aliorum formulæ veteres et notæ doctiss. viror., Steph. Baluzius Tutelensis in unum collegit et emendav., editio auctior curante P. de Chiniac. 1780, 2 vol. in-fol., v. marbr.   25 fr.

Édition la meilleure et la plus complète des Capitulaires. — Bel exemplaire.

21978. Histoire ecclésiastique de la Cour (L') ou les antiquitez et recherches de la Chapelle et oratoire du roy de France, dep. Clovis I jusques à nostre temps, div. en trois livres, par Guill. du Peyrat. 1645, in-fol., v.   10 fr.

21979. Pasquier (Estienne). Œuvres conten. ses recherches de la France, ses lettres et ses œuvres mêlées, avec les lettres de Nic. Pasquier, son fils. Amsterdam, 1723, 2 vol. in-fol., v. marbr.   20 fr.

Édition estimée et la plus complète.

21980. Première Croisade (Histoire de la), par J.-F.-A. Peyré, avec plans et cartes-itinéraires. L., 1859, 2 vol. in-8, br.   8 fr.

Ouvrage remarquable, rédigé d'après les sources manuscrites et les documents contemporains. Il est plein de renseignements inédits sur les causes qui amenèrent le mouvement des peuples de l'Occident vers les pays orientaux. L'organisation de la première Croisade par St-Bernard et le pape Urbain II, la marche envahissante des Croisés en Syrie, en Palestine, le triomphe, l'occupation, le partage de la conquête et l'établissement de la domination féodale avec son droit coutumier sont ici tracés de main de maitre. La liste des chevaliers croisés et de nombreuses pièces justificatives terminent les volumes.

21981. Clermont. Canons synodaux statuez par Révér. Père en Dieu Messire Joachim Destaing, evesque de Clairmont. A Clairmont, par Bertrand Durand, imprimeur du Roi (vers 1600), pet. in-8, dem.-rel., v. bleu.   10 fr.

21982. Cathédrale de Rodez (Histoire de la) av. pièces justificatives et de nombr. documents s. les églises et les anciens artistes du Rouergue, par Bion de Marlavagne. Rodez, 1875, in-8, av. 27 fig., br. (Envoi d'auteur).   5 fr.

Ouvrage très bien fait. Il se termine par un glossaire des principaux termes d'art employés dans les documents cités qui sont du plus haut intérêt.

21983. Nobiliaire de Montpellier (Notes pour servir à un), par de Tourtoulon. Montpellier, 1856, in-8, br. (Envoi d'auteur).   5 fr.

21984 Dauphiné (Le trésór de l'Eglise abbatiale de Saint-Antoine en) ou la vérité sur les reliques du patriarche des Genobites, par L. T. Dassy. Marseille, 1855, in-8, frontisp., br.   3 fr.

21985. Goudelin (Las obros de P.) augmentados noubelomen de forço pessos, ambé le dictionnari sur la lengo moundino. Toulouso, 1774, pet. in-8, portr. et frontisp. grav., v. marbr. 5 fr.

Bonne édition de ces poésies patoises.

21986. **Cantinella provençale** du xie siècle en l'honneur de la Madeleine, chantée annuellem nt à Marseille le jour de Pâques jusques en 1712, trad. av des notes par Bory. Marseille, 1861, in-8, pap. de Holl, br. (Envoi d'auteur.) 3 fr.

21987. **Théâtre des Empereurs Romains** ou le recueil de leurs caractères tirés de l'histoire (en vers). Aix, Ch. David, imprimeur du Roy, 1688, pet. in-4, dem.-rel., v. rouge. 10 fr.

21988. **Marseille.** Abrégé des indulgences concédées par plus souverains pontifes, à l'archiconfrerie de la ceinture de Saint-Augustin et de Ste-Monique, sous l'invocation de N. D. de Consolation érigée dans l'Eglise des grands Augustins de Marseille. Marseille, Brébion, 1686, in-16, dem.-rel., mar. vert. 5 fr.

21989. **Ministres destruits** par eux-mesmes dans leurs articles de foy, par le R. P. Honoré Michel de Marseille, frère mineur Observantin de la province S. Louis et missionnaire apostolique au païs des Sévennes. Montpellier, Dan. Pech, imprimeur du Roy, de Monseign. l'Evesque et de la ditte ville, 1659, in-8, vél. (Rare). 12 fr.

21990. **Cartulaire** du chapitre de l'Eglise cathédrale Notre-Dame de Nîmes, publ. et annoté par E. Germer-Durand. Nîmes, 1874, in-8, pap. vergé, br. 6 fr.

21991. **Pineton de Chambrun** (Les larmes de Jacq.), pasteur de la maison d'Orange, qui continuent les persécutions arrivees aux Eglises de la principauté d'Orange dep. l'an 1660, réimpression av. notes de Schæffer. 1854, in-12, dem.-rel., mar. r. 3 fr.

21992. **Ami des muses** (L') (par Boudier de Villemert). Avignon, 1758, in-8, v. fauve. (Rel. anc.). 4 fr.

Vers d'un cordelier adressés à une demoiselle, en lui envoyant une toilette de bois de Ste Lucie. — Vers adressés à une demoiselle, sous le nom de Thémise, sur une rose. — Le soldat réformé. — Pygmalion. — L'allée de Sylvie. — A Madame de H.... qui se levait dès le point du jour pour aller à la chasse. — Epître d'un Prieur à Mademoiselle de ..... — Le rajeunissement inutile. — Etc., etc.

21993. **Walckenaer.** Géographie ancienne, historique et comparée des Gaules Cisalpine et Transalpine, suiv de l'analyse géograph. des itineraires anciens et d'un atlas de 9 cartes. 1839, 3 vol in-8, et atlas in-4, dem.-rel., dos et coins de veau fauve, à nerfs, dos ornés, fil., dor. en tête, non rogn. 15 fr.

21994. **Le Caron.** Panégyrique ou oraison de loüange au Roy Charles VIIII, nostre souverain seigneur, présenté à la Roine, Mère du Roy. A Paris, par Robert Estienne, imprimeur du Roy, 1566. — Panégyrique II ou oraison de l'amour du Prince et obéissance du Peuple enve-s luy au Roy Charles VIIII, par Loys Le Caron, advocat en la Cour de Parlement à Paris. Paris, Rob. Estienne, 1567. — Panégyrique III du devoir des Magistrats, dédié à Messieurs de la Cour de Parlement à Paris par Loys Le Caron, advocat en icelle. Paris, Rob. Estienne, 1567. — En 1 vol. pet. in-8, dem.-rel., mar. bleu, tr. dor. 15 fr.

Bel exemplaire grand de marges et en parfait état. — On trouve rarement ces 3 panégyriques de Le Caron, réunis.

21995. **Rabelais** et l'architecture de la Renaissance, par Ch. Lenormant. 1840. gr. in-8 avec 2 pl., br. 2 fr. 50

21996. **Professions nobles** (Desseins de) et publiques contenant plusieurs traictez divers et rares et entre autres l'histoire de la Maison de Bourbon avec autres beaux secrets historiques, extraicts de bons et autentiques mémoires et manuscripts, dediez au tres chrestien et victorieux roy de France et de Navarre Henry IIII et proposez en forme de leçons paternelles pour advis et conseils des chemins du Monde, par Ant. de Laval, géographe du Roy, capitaine de son parc et chasteau lèz Moulins en Bourbonnois à son fils. Paris, Abel L'Angelier, 1605, in-4, av. portrait d'Henri IV en pied, gravé par Th. de Leu, vél. à recouvrem. 35 fr.

Exemplaire grand de marges et dans sa première reliure de ce livre recherché qui contient des morceaux curieux dont la plus grande partie se rapporte à l'histoire de France et surtout à l'époque de la Ligue. L' Histoire de la maison de Bourbon *contient la vie du connétable Charles de Bourbon qui mourut devant Rome. Elle est écrite par Gilbert Marillac, secrétaire de ce prince, et continuée par Ant. de Laval. On y trouve un discours sur l'entrée du Roi à Moulins en 1595, deux traités sur les sciences occultes, l'un sur les almanachs, prédictions, présages, et divinations, l'autre des philtres, breuvages, charmes, sortilèges, anneaux magiques et autres fascinations diaboliques en amour. Le dernier chapitre traite* des peintures convenables aux basiliques et palais du Roy, mesme a sa galerie du Louvre a Paris.

21997. **Charivari** (Histoire morale, civile, politique et littéraire du), depuis son origine vers le ive siècle, par le doct Calybariat de Saint-Flour, suiv. du complément de l'histoire des charivaris jusqu'à l'an de grâce 1833, par Eloi Christ Bassinet, sous-maître à l'école primaire de Saint-Flour et aide chantre à la cathédrale (par Gabr. Peignot) 1833, in-8, dem.-rel, v. vert. 15 fr.

Un des ouvrages les plus curieux et les plus rares de Peignot.

21998. **Bruscambille**, comédien original. Pensées facétieuses et bons mots. A Cologne, chez Ch. Savoret, rue Brin d'Amour au Cheval Volant, 1709, in-12, frontisp. grav., v. 7 fr. 50

21999 **Bibliographie scatologique.** Une société Caennaise du xviiie siècle et les écrits qu'elle a inspirés (par A. Canel, de Pont-Audemer). En Prusse (Paris), l'année scatologique, 5859, broch. in-8, pap. vergé. 1 fr. 50

Petite dissertation fort intéressante et très b en écrite.

22000. **Hieroglyphica** (J. Pierii Valeriani Bellunensis) seu de sacris Ægyptiorum aliarumque gentium literis commentarii. Lugd., 16 0, 2 tom en un vol., in-fol, fig. s. bois, vieille rel. en peau de mouton. 4 fr.

22001. **Portæ** (Joa. Bapt) Neapolitani de humana Physiognomia libri VI in quib. docetur quomodo animi prop nsiones naturalibus remediis compesci possint. Neapoli, 1602, in-fol., portr. de l'auteur sur le titre et nombreuses figures fort curieuses gravées en taille-douce dans le texte et représentant les diverses physionomies de l'homme et de la femme avec leurs ressem-

blances avec celles des divers animaux,
vél.   20 fr.

    Édition la meilleure et la plus complète de cet
ouvrage singulier et fort recherché. Exemplaire
très grand de marges, dans sa première reliure.

22002. Possession de Loudun. Histoire
abrégée de la Possession des Ursulines de
Loudun et des Peines du P. Surin, ouvrage
inédit. 1828, in-12, v., fil.   5 fr.

22003. Convulsionnaires. Le Naturalisme
des convulsions dans les maladies de l'épidémie convulsionnaire (par Hecquet). Soleure, 1733, 2 tom. en 1 vol. in-12, v. m.
                                        4 fr.

22004. Sciences occultes. Mutus liber in
quo tamen tota Philosophia Hermetica figuris hieroglyphicis depingitur, ter optimo
maximo Deo misericordi consecratus so-
lisque filiis artis dedicatus authore cujus
nomen est Altus. Rupellæ, ap. Petr. Sa-
vouret, 1677. Pet. in-fol., rel défaite. 25 fr.

    Livre très rare sur la haute chimie hermétique.
— L'auteur est nommé dans le privilège « Jacob
Saulot des Marets ». — L'ouvrage se compose de
15 planches gravées; la 13e manque.

22005. De L'Ancre (Pierre), conseiller au
Parlement de Bourdeaux Tableau de l'in-
constance des mauvais anges et démons où
il est amplement traicté des Sorciers et de
la sorcellerie, avec un discours contenant
la procedure faite par les inquisiteurs d'Espagne et de Navarre à 53 magiciens, apos-
tats, juifs et sorciers. Paris, N. Buon, 1612,
in-4, avec une grande et très curieuse planche du Sabat des Sorciers gravée par
Ziarnko, artiste polonais, dem.-rel., dos
et coins de cuir de Russie.   120 fr.

    Livre très rare et fort recherché surtout lorsque
la planche du *Sabat des Sorciers* s'y trouve. Elle
manque dans la plupart des exemplaires. — Très
belles marges. Exemplaire Beaupré.

22006. Bourgongne (Les Coustumes du
pays de) rédigées par escript, visitées, or-
données et corrigees par les seigneurs,
tant des parlemens que de l'ostel de très
puissant illustrissime prince Philippe, jadis
duc de Bourgongne conte (*sic*) de Flandres, etc., par l'auctorité et commandement
dudit seigneur, tant à la requeste et postu-

lation de ses subjects dudit pays de Bourgongne. Avec les postilles de droit escript
interpretant lesd. coustumes selon la permission et commandement dudit prince
très puissant (au-dessous la marque de la
fleur de lys tirée en rouge, avec les initiales P. B. autour). Venundantur Luduni
(*sic*) in vico Mercuriali per Petrum Balet,
ad intersignium Sancti Johannis Baptiste.
— A la fin : Cy finissent les coustumes du
duché de Bourgongne, corrigées et rédigées
par vénérable et discrète personne Maistre
Hugues Descousu, docteur, en tous droitz.
Nouvellement imprimées à Lyon par Anthoine du Ry pour Pierre Ballet, libraire
demourant aud. lieu, en la rue Mercière, à
l'enseigne de Sainct Jehan Baptiste. Et
furent achevées l'an M.ccccc et xvi, le vii
jour de novembre. — (Viennent ensuite
une dédicace à Jean Fournier, président
au Parlement de Bourgogne, par Jean
Thierry de Langres, professeur de droit,
datée de Valence, le 2 des Ides de novembre; le privilège donné par François 1er à
Crémieu en mai 1516 et au verso du dernier feuillet la belle marque de Pierre
Ballet, tenant presque toute la page.) —
Très petit in-4, gothique à 2 col., titre en
rouge et noir, avec une très curieuse initiale ornée, imitant les caprices de plume
des calligraphes de l'époque, vél.   100 fr.

    Édition de toute rareté. Elle a échappé aux
recherches de Brunet, qui ne cite qu'une édition de
1517. Elle est indiquée inexactement d'après lui par
le président Bouhier dans son Histoire des commentateurs de la Coutume de Bourgogne. Brunet ajoute :
« Cette édition que je n'ai pas vue doit être fort
rare ; on ne dit pas si l'ouvrage est écrit en latin
ou en français. » — Elle n'a pas été vue davantage de MM. Moteau et Garnier, les auteurs de la
Galerie Bourguignonne, qui ne la citent pas dans
la liste qu'ils donnent des ouvrages de Hugues
Descousu, né à Chalon-sur-Saône. — Cette édition n'est décrite que par M. J. Baudrier dans sa
Bibliographie Lyonnaise, t. III, page 29, d'après
un exemplaire de sa bibliothèque, le seul connu.

Propriétaire-Gérant : **A. CLAUDIN**

Dole. — Imp. Girardi et Audobeit. — 995-04.

VIENT DE PARAITRE :

HISTOIRE DE L'IMPRIMERIE EN FRANCE

Au XVe et au XVIe siècle,

Par **A. CLAUDIN**, ✳, Lauréat de l'Institut.

TOME TROISIÈME

L'IMPRIMERIE A LYON (1473–1488)

Ce troisième volume, impatiemment attendu, n'est
pas inférieur aux deux premiers et présente un intérêt exceptionnel. Il traite spécialement des origines et
du développement de l'art typographique à Lyon, la
seconde ville de France.

Plusieurs bibliographes, tels que Mercier de Saint-
Léger, le Dr Montfalcon, Antoine Péricaud, Aimé
Vingtrinier et Natalis Rondot, avaient traité la question avant nous et nous nous étions imaginé qu'il ne
s'agissait que de réunir les renseignements acquis, de
coordonner entre eux des documents déjà connus
pour les présenter en un faisceau historique, en y
ajoutant les fac-similés nécessaires à l'intelligence du
texte et des spécimens des principaux livres illustrés
parus à Lyon dans le cours du XVe siècle.

Tel était le plan que nous nous étions tracé dès le

début et que nous avions commencé à mettre à exécution.

Grande a été notre surprise lorsqu'au cours de vérifications et de recherches complémentaires pour retrouver et identifier les originaux cités, nous avons fait la découverte de livres inconnus et d'imprimeurs nouveaux.

Il nous a fallu recommencer notre travail de fond en comble sur de nouvelles bases ; c'est ce qui expliquera pourquoi le troisième volume, dont la rédaction était déjà très avancée, a tardé si longtemps à paraître. Ce n'est plus un volume comme il avait été tout d'abord annoncé, mais bien deux volumes qui seront nécessaires maintenant pour marquer les étapes de l'imprimerie lyonnaise.

Lyon a joué un rôle glorieux et pour ainsi dire prépondérant dans l'histoire de l'Imprimerie en France. Eclose trois ans après celle de Paris, la typographie lyonnaise a égalé, si elle n'a pas dépassé dans une certaine mesure son aînée. Si les ateliers paraissent à première vue avoir été moins nombreux, ils ont produit davantage. On n'avait pas tenu compte d'une foule de petits imprimeurs qui, n'ayant eu qu'une existence éphémère, n'avaient pas signé des œuvres qui méritaient cependant d'être tirées de l'oubli.

Nous fournissons la preuve qu'à Lyon on a imprimé les premiers livres français. Tandis qu'à Paris on s'attardait encore aux textes latins des classiques, aux ouvrages de théologie et de scholastique, on imprimait déjà à Lyon, concurremment avec des livres latins pour les prêtres, les juristes et les écoliers, des textes en langue vulgaire, nos premiers romans de chevalerie, des récits merveilleux, des facéties, des contes, des ballades, des pièces de poésie populaire, etc.

C'est ainsi que le *Roman de la Rose*, les *XV Joyes de Mariage*, les *Quatre Fils Aymon*, la *Mélusine*, le roman de *Pierre de Provence et la belle Maguelonne*, les *Evangiles des Quenouilles*, la *Farce de Pathelin*, et autres monuments de notre vieille littérature nationale, étaient mis au jour, à l'abri de la censure et loin des foudres de la Sorbonne.

Les premiers livres de chirurgie, de médecine et de sciences ont été imprimés à Lyon bien avant Paris.

C'est encore à Lyon qu'a paru en 1478 le *Miroir de la Redemption*, premier livre illustré publié en France.

L'illustration du livre à Lyon a pris ensuite un élan et un développement remarquable qu'on était loin de soupçonner, comme l'a constaté avant nous Natalis Rondot dans son excellente étude sur les graveurs surbois et les imprimeurs à Lyon au xv° siècle.

Ce ne sont pas des œuvres d'art à proprement parler, mais c'est une imagerie d'un style à part, mélangée d'art allemand, flamand, bourguignon, italien et français. Il y eut d'abord des dessinateurs et des graveurs étrangers attachés comme ouvriers aux ateliers de leurs compatriotes fixés à Lyon, dont ils illustrèrent les livres, mais il y avait aussi de longue date des maîtres cartiers indigènes et des « tailleurs d'hystoires » qui se sont assimilé la manière de travailler des autres et ont contribué aux diverses transformations à la suite desquelles un art français spécial a fini par dominer.

Ce troisième volume (le premier de l'Imprimerie à Lyon) se compose de 550 pages. Il contient 12 planches hors texte en couleurs et plus de 500 reproductions d'impressions rares, alphabets des divers caractères employés par les typographes lyonnais cités, lettres ornées, etc., le tout groupé par ateliers dans l'ordre chronologique, qui permettent ainsi d'identifier sûrement une foule de livres dont on ne connaissait pas exactement l'origine.

La copie du volume suivant qui terminera l'imprimerie à Lyon est toute prête. Nous espérons le faire paraître dans le courant de l'année 1905.

Prix du III° volume de l'*Histoire de l'Imprimerie en France* :

— Papier vélin teinté à la forme, fabriqué exprès. Au lieu de 150 fr. Pour les souscripteurs :   **100 fr.**

— Véritable papier fort du Japon, fabriqué exprès. Au lieu de 200 fr. Pour les souscripteurs :   **150 fr.**

Il reste encore quelques exemplaires des tomes I et II de l'**Histoire de l'Imprimerie en France** qui forment l'histoire complète de l'*Imprimerie à Paris*.

Prix des 2 volumes pris ensemble :

— Papier vélin teinté à la forme :   **300 fr.**

— Véritable papier fort du Japon :   **400 fr.**

L'**Histoire de l'Imprimerie en France** est publiée aux frais de l'Imprimerie Nationale. Aucun soin, aucune peine, aucune dépense n'ont été épargnés, pour en faire une œuvre monumentale digne du grand établissement de l'Etat.

L'ouvrage est tiré à petit nombre et ne sera pas réimprimé. 800 exemplaires seulement sont mis en vente.

AVIS AUX SOUSCRIPTEURS. — *Des mutations et des décès ayant pu se produire depuis la publication des deux premiers volumes, nous prions les souscripteurs de vouloir bien nous donner à nouveau les indications nécessaires pour l'envoi de ce troisième volume, qui ne pourra être livré que dans quelques jours, lorsque le pliage et la mise en carton des feuilles tirées sera terminée.*

VIENT DE PARAITRE :

LES ORIGINES DE L'IMPRIMERIE A MONTPELLIER. — Description d'une plaquette inconnue imprimée dans cette ville en 1501. — Dernière pérégrination de l'imprimeur lyonnais Jean Du Pré, par Félix DESVERNAY. Pet. in-4° avec reproduction sur la couverture d'une estampe lyonnaise du xv° siècle, 2 planches de fac-simile et reproduction intégrale de la plaquette en 16 pages, br. (Tiré à petit nombre).   **10 fr.**

Voici une véritable découverte bibliographique qui va mettre en émoi ceux qui s'intéressent aux débuts de l'Imprimerie dans les villes de France. La plus ancienne date qu'on avait recueillie pour l'introduction de l'imprimerie à Montpellier était 1577. Aucuns même prétendaient que le lieu d'impression était supposé et que l'imprimerie dans cette ville ne datait que de 1594. — M. Desvernay fait avancer de près d'un siècle la première impression de Montpellier avec l'opuscule latin de Thomas Rocha, traitant de l'influence médicale des astres sur le corps humain, livret ignoré qu'il a retrouvé dans un recueil de pièces de la bibliothèque de Lyon. La date d'achèvement est du 15 mai 1501 et cette plaquette de 16 pages a été imprimée à Montpellier : « *Impressum in insigni ac fervida medicorum Montispessulani villa.* »